KB208702

몽록(夢鹿) 법철학 연구총서 9

현대 법철학과 법이론 입문

Einführung in die Rechtsphilosophie und Rechtstheorie der Gegenwart

울프리드 노이만/프랑크 잘리거/빈프리드 하세머 엮음
윤 재 왕 옮김

박영사

「몽록 법철학 연구총서」는 평생을 법철학 연구와 강의에 바치신 故 심재우 교수님의 학문적 삶을 기리기 위해 유가족의 지원에 힘입어 창간된 법철학 연구 시리즈입니다. 총서의 명칭 '몽록(夢鹿)'은 심재우 교수님의 아호입니다.

서문

이 책의 제8판은 인명이나 실정법과 관련된 사항을 그사이의 변화에 맞게 수정한 데 그친 반면, 지금 이 제9판은 책 전체와 관련해 새로운 구상에 따라 기획되었다. 그리하여 지난 몇 년 동안 법철학적 논의에서 부상한 새로운 주제들에 대한 글을 싣게 되었다. 「법경제학(알프레드 뷜레스바하)」, 「신경과학과 법(라인하르트 메르켈)」, 「(형)법의 절차화(프랑크 잘리거)」가 여기에 해당한다. 초판부터 실린 아르투어 카우프만의 이념사 논문은 디트마 폰 데어 포르텐이 새로 가다듬었다.

그 대신 법학과 사회과학의 관계에 관한 글은 특정 시대에 구속된 주제에 해당한다는 판단에 따라 신판에서는 배제했다. 체계이론에 관한 글도 배제했는데, 이 주제는 이념사에 관한 글에 소개된 내용(2.4.1)을 참고하면 된다.

우리는 아르투어 카우프만의 제자이자 그가 소장을 맡았던 뮌헨 대학의 법철학 연구소에서 함께 일한 두 명의 저명한 법철학자 라인하르트 메르켈과 디트마 폰 데어 포르텐이 이 책에 합류한 것을 매우 기쁘게 생각한다. 그리고 아르투어 카우프만의 '손자세대'에 속하는 프랑크 잘리거가 공동 저자뿐만 아니라 공동 편집자를 맡아 카우프만의 이 기획을 계속 이어나가게 된 것 또한 매우 기쁘게 생각한다.

이 책의 초판부터 함께했던 두 저자 빈프리드 하세머와 로타 필립스는 이 신판이 완성되기 전에 유감스럽게도 유명을 달리했다. 두 사람의 글은 구판에 실린 그대로 이 책에 싣게 되었다. 오랫동안 이 책의 공동편집인이었던 빈프리드 하세머와는 신판의 구상과 관련해서도 대화를 주고받았다는 사실을 여기에 밝혀둔다.

신판의 출간을 위해 애써준 리잔드라 팔크너, 율리아 마토, 셰렌 살레이, 타마라 슈나이더에게 감사의 말을 전한다.

이 신판은 아르투어 카우프만에게 헌정한다. 이 『입문』이 법철학과 법이론의 가장 중요한 영역을 탐구하는 방향에 지침 역할을 하고, 더 나아가 '함께 철학하기'로 이끄는 초대장이 되기를 희망했던 카우프만의 뜻은 그의 영감과 주도로 시작된 이 책의 제9판에서도 변함없이 계속되고 있다.

2016년 프랑크푸르트/뮌헨

울프리드 노이만
프랑크 잘리거

제7판 서문

신판에서는 제6판과 비교해볼 때 주로 지난 10년 동안의 법철학적 논의를 고려해 여러 가지 측면의 변화가 이루어졌다. 예컨대 제6판이 발간된 이후 계속 중요한 의미를 얻게 된 법적 논증이론을 독립된 논문으로 추가했다. 그리고 생명법과 생명윤리에 관한 논문도 새롭게 추가했다. 이에 반해 '법과 언어'에 관한 글과 '마르크스주의 법이론'에 관한 글은 신판에서는 삭제했다. 후자의 주제는 이 제7판과 향후 출간될 신판에서 '역사적 논의'에 통합해 다루게 될 것이다. '법과 도덕의 관계'에 관한 논문을 새로 추가함으로써 이 중요한 주제를 다루지 않는다고 아쉬워한 독자들의 요구에 부응하게 되었다. 지금까지 별개의 논문으로 다루었던 '분석적 법이론'은 제7판에서는 배제했고, 각각의 개별 주제와 관련된 논의에 통합된 상태에서 다루도록 했다.

이 『입문』의 탄생을 주도했고, 제6판까지 결정적 역할을 했던 아르투어 카우프만은 2001년 4월 11일에 세상을 떴다. 우리는 이 책에서 핵심적 의미를 지닌 카우프만의 두 논문을 수정 없이 그대로 제7판에 수용해 출간한다. 다만 참고문헌만을 최신 상태에 맞게 바꾸었고, 오탈자를 수정했을 따름이다. 다른 논문들도 새로 출간된 문헌들을 고려해 가다듬었다.

초판부터 이어져 온 이 책의 기획 의도, 즉 독자들이 최근의 법철학적 및 법이론적 핵심 문제에 관한 논의상황을 개관할 수 있게 만들고 동시에 '함께 철학하기'에 초대한다는 의도는 변함이 없다. 그리고 다양한 법질서와 법문화 사이의 활발한 교류를 강화하는 데 이바지한다는 의도 역시 변함이 없다.

신판을 출간하는 작업에 애써준 우르테 아이젠하르트, 베라 자하어, 루츠 아이담, 알렉산더 콜츠에게 감사한다. 사항색인을 작성했을 뿐만 아니라 교정 및 여타 기술적인 작업을 능숙하게 조율해준 사샤 치만에게 특별한 감사의 말을 전한다.

2004년 프랑크푸르트

빈프리드 하세머
울프리드 노이만

초판 서문

이 책의 전신은 두 편집자가 함께 쓴 『현대 법철학과 법이론의 근본문제(1971년)』이다. 이 얇은 책 — 원래 영어로 쓴 논문 시리즈였고, 그사이 한국어와 일본어로 번역되었다 — 은 현재의 법철학 및 법이론 논의에 관심이 있는 독자들에게 정보를 제공한다는 소박한 목표를 갖고 쓰였지만, 의외로 큰 반향을 얻게 되었다. 그 책에 대한 비판은 대부분 서술이 너무 짧고 압축적이어서 방향설정이 필요한 독자들에게는 사전지식이 없이는 이해하기 어려운 책이라는 내용이었다. 이 비판을 계기로 저자들은 서술을 대폭 확대하려고 노력했고, 그러다 보니 결과적으로 이 얇은 책의 신판이 아니라 완전히 새로운 책이 탄생하게 되었다. 하지만 『근본문제』 역시 이 책 나름의 기능을 수행할 수 있을 것이다.

『근본문제』와는 별개로 이보다 훨씬 두꺼운 새 책을 출간하게 된 다른 이유도 있다. 독일의 모든 주는 지난 몇 년 사이에 사법시험 과목을 변경해 법철학이 — 이 분과가 법학의 기초분과라는 성격과는 별개로 — 사법시험의 선택과목이 되었다. 이는 법철학이 지닌 가치에 대한 평가절하가 아니라 오히려 평가절상에 해당한다. 즉 예전에는 사법시험 응시자들이 '법철학 기초'를 수강하기만 하면 응시요건을 충족했지만, 이제 법철학을 선택한 응시자는 필기시험과 구술시험을 통해 이 분야에 관한 포괄적이고 심화한 지식을 섭렵했다는 것을 증명해야 한다.

현재 법철학, 법이론, 법학방법론과 관련해서는 탁월한 문헌들이 많이 있다. 하지만 법철학을 시험과목으로 선택한 학생들이 시험에 필요한 기초적 지식과 특히 (넓은 의미의) 법철학의 최신 경향을 개관할 수 있는 문헌은 아직 없다.

현재 대다수 법철학 문헌은 지나치게 특수한 내용을 담고 있다. 이러한 일반적 경향에 매몰되지 않기 위해 다수의 공동 저자를 끌어들이게 되었다. 한 명 또는 두 명의 저자보다는 열두 명의 저자가 팀을 이루어 작업하면 독자들이 주제에 대해 더 깊이 통찰하고 폭넓게 개관할 수 있을 것이다.

이 책의 저자들은 각자의 논문에 대해 학문적 책임을 전적으로 부담한다. 당연히 서로 대립하는 견해들이 등장할 수밖에 없지만, 이는 독자들이 전체를 개관한다는 전제하에 조금도 부정적으로 여길 필요가 없다. 더욱이 논문들 사이의 실질적 연관성을 보장하기 위해 오랜 기간에 걸쳐 뮌헨 대학의 「법철학과 법정보학 연구소」에서 함께 연구하면서 서로 친숙한 관계에 있는 저자들이 집필하게 되었다. 특히 이 책의 출간을 위해 함께 작업하면서 저자들 사이에 활발한 의견 교환이 이루어졌다. 내용의 중첩이나 견해 차이에 대해 논의했고, 이를 최대한 피하고자 노력했다. 논문들 상호간의 지시를 통해 투명성과 활용도를 높이려고 노력했다. 인용 방식과 참고문헌의 선택 그리고 차례와 색인의 통일성을 기한 것도 이러한 목표를 위한 것이었다.

그러나 이 책의 독자는 다음과 같은 점을 고려해야 한다. 즉 법철학과 법이론적 문제들은 다른 법과대학 강의나 수험용 서적에서 법도그마틱 지식을 다루는 방식으로 다룰 수는 없다는 사실이다. 근본적 문제는 단순히 지식 습득의 대상이 아니라 비판적으로 함께 생각하고 깊이 생각해야만 하는 대상이다. 비록 일차적으로는 문제 상황 자체에 관한 지식을 습득하는 일이 중요하다 할지라도 독자는 문제를 선택하고 서술할 때는 서술된 내용에 대한 저자들의 견해를 유보할 수 있는 능력을 지녀야 한다.

비록 입문서는 최대한 포괄적이어야 하는데도 불구하고 이 책이 법철학과 법이론의 문제들을 빠짐없이 망라해 완결성을 갖추고 있다고 말할 수는 없다. 많은 문제가 논의되지 않았고, 때로는 그저 도표의 형태로 간략하게 묘사되었을 따름이다. 그래서도 이 책은 — 명백히 강조하건대 — 예시적 성격을 지닐 뿐이다. 『근본문제』에서도 이미 그랬듯이 이 책도 학생들이 법철학적 및 법이론적 문제를 어느 정도는 '사례'에 비추어 익힐 수 있도록 하려고 노력했다. 이렇게 해서 지나치게 시야를 좁히지 않는 상태에서 한 측면을 개관하면서도 초점을 뚜렷하게 포착하는 서술이 되고자 노력했다. 독자들 역시 이 노력에 상응하는 결과를 얻기를 바랄 따름이다. 무엇보다 이 책의 일차적 목표는 정보제공이 아니라 문제를 함께 생각하는 일이고, 특히 사회과학적 관점에 대한 고려에 커다란 비중을 두었다.

이 책은 일차적으로 법철학을 사법시험 과목으로 선택한 학생들이 시험 준비에 활용할 수 있게 만든다는 목표를 갖는다. 하지만 저자들은 수험생들에게만 말을 걸려는 것이 아니라 법철학에 관심이 있는 사람들에게도 방향설정을 제공하고 함께 생각하자고 제안하고자 한다. 그리고 저자들은 독일 바깥의 독자들도 함께할 수 있기를 희망한다. 진정한 법철학적 및 법이론적 주제들은 결코 한 나라에 국한될 수 없기 때문이다.

책의 체계는 법철학과 법이론의 일반적이고 전통적인 주제들을 앞부분에 배치하고 뒤로 가면서 더 특수하고 새로운 주제들을 배치했음을 밝혀둔다. 역사에서 등장한 이론들은 현재 상황에서 직접 중요한 의미가 있는 경우에만 논의 대상이 되었다는 점도 함께 밝혀둔다.

1976년 10월 뮌헨

아르투어 카우프만

차례

1. 법철학, 법이론, 법도그마틱

아르투어 카우프만

1.1 법철학과 법도그마틱

법철학은 철학의 한 분과이지 법학의 한 분과가 아니다. 그렇다고 해서 법철학을 (일반)철학이라는 유(類)에 속하는 특수한 종(種)으로 보아서도 안 된다. 철학은 언제나 그리고 그 모든 형태에서 인간의 삶의 근본문제를 다루어야 하고, 카알 야스퍼스가 '포괄적인 것(das Umgreifende)'이라고 부르는 것[1]을 다루어야 한다. 간단히 말해 철학은 '모든 것'을 문제 삼는다.

법철학은 더 특수하다는 점에서 철학의 다른 하위분과와 구별되는 것이 아니라 법의 근본적 문제를 철학적 방식으로 성찰하고 논의하며, 가능하다면 이에 대한 대답을 찾으려고 한다는 점에서 구별될 따름이다. 간단히 표현하자면, 물음은 법률가가 제기하고 대답은 철학이 한다고 말할 수도 있다. 그 때문에 법철학자는 법학과 철학 두 분과 모두에 대한 지식을 쌓아야 하고, '순수 철학자들'의 법철학과 '순수 법률가들'의 법철학 가운데 어느 쪽이 더 끔찍한지를 묻는다면 — 이 물음은 자주 제기된다 — 둘 다 끔찍하다고 답해야 할 것이다.

다시 한번 말하지만, 법철학은 법학이 아니고, 무엇보다 법도그마틱이 아니다. 칸트

---

1 *Jaspers*, Einführung in die Philosophie, 25. Aufl. 1986, S. 24 이하. 위 본문과 같은 의미로 철학을 이해하는 견해로는 *Edith Stein*, Einführung in die Philosophie, 1991, Einleitung(S. 21 이하)도 참고.

에 따르면 도그마틱이란 "순수 이성 자체의 능력에 대해 사전에 비판적으로 성찰하지 않은 채 수행되는 순수 이성의 도그마틱적 절차"라고 한다.[2] 이 점에서 도그마틱 학자는 자신이 별다른 심사를 거치지 않고 진리로 여기는 전제들에서 출발한다. 즉 '주어진 사실(ex datis)'로부터 출발한다. 따라서 법도그마틱 학자는 법이 도대체 무엇이고, 법에 대한 인식이 존재하는지, 존재한다면 어떠한 상황에서 어떠한 방식으로 존재하는지를 묻지 않는다. 물론 그렇다고 해서 법도그마틱이 무비판적으로 수행된다는 뜻은 아니다. 하지만 예컨대 법률규범을 비판적으로 심사하는 것[3]처럼 법도그마틱이 비판적으로 수행되는 경우일지라도 체계 내재적으로 논증하고, 따라서 현재 효력을 갖는 법체계 자체를 문제 삼지는 않는다. 법도그마틱의 범위 내에서는 이는 얼마든지 정당한 태도이다. 이에 반해 법도그마틱이 법철학과 법이론의 비도그마틱적(또는 메타 도그마틱적) 사고를 쓸데없는 것으로 여기고, '순수 이론적' 또는 비학문적으로 간주하게 되면 이때부터 법도그마틱은 위험한 분과가 된다.

물론 철학과 법철학이 아무런 전제조건도 없이 수행될 수 있다는 말은 아니다. 이 점은 파스칼이 『포트 로얄의 논리학(1662)』에서 도저히 도달할 수 없는 '완벽한 논리학'으로 지칭했던 것에 비추어 보면 쉽게 이해할 수 있다. 즉 어떠한 개념도 사전에 명확하게 규정하지 않은 채 사용해서는 안 되고, 어떠한 주장도 사전에 그 진리성을 증명하지 않은 채 제기해서는 안 된다는 두 가지 요건을 완벽하게 충족하는 것은 아예 불가능하다. 두 요건을 충족하려면 무한회귀(infinitum regressus)에 빠지지 않을 수 없기 때문이다.

그렇지만 적어도 철학은 — 도그마틱과는 달리 — 학문과 체계의 근본문제와 기본적 전제조건을 '캐묻는' 시도를 할 수 있으며, 이 점에서 철학은 체계 초월적 태도를 보여야 한다.[4] 이러한 태도는 결코 백지상태(tabula rasa)에서 출발하지 않는다. 특히 최근

---

2 *Kant*, Kritik der reinen Vernunft, Ausgabe B, S. XXXV. 이 주제에 관해서는 *Eike v. Savigny*, Die Rolle der Dogmatik — wissenschaftlich gesehen, in: *U. Neumann* u. a., Juristische Dogmatik und Wissenschaftstheorie, 1976, S. 100 이하도 참고.

3 예컨대 '법질서 방위(형법 제47조 1항, 제56조 3항)'에 관한 BGHSt 24, S. 40 이하 참고. 이 판결은 도그마틱적으로 논증하고 있긴 하지만, 법률규범에 대한 비판적 성찰을 수행한 판결이다.

4 이에 관해서는 *H. Coing*, Grundzüge der Rechtsphilosophie, 5. Aufl. 1993, S. 3. "법철학은 법학의 영역에서 밝혀낸 인식들을 포기하지 않으면서도 법학의 경계를 뛰어넘어야 한다. 즉 법철학은 법이라는 문화현

에 발전된 해석학(Hermeneutik)은 '선판단' 또는 '선이해'가 의미를 이해하기 위한 선험적 조건이라는 사실을 밝히고 있다. 그 때문에 해석학은 특히 언어를 다루는 학문(법학 역시 여기에 속한다. 법학은 기본적으로 언어 텍스트를 다루는 학문이기 때문이다[5])에서 중요한 의미가 있다. 그러나 철학은 그와 같은 사전기획에 머물러 있어서는 안 되고, "계속 의미를 집요하게 파고들어 밝혀진 측면에 비추어" 이 사전기획을 수정해야 한다.[6] 철학에서는 철학 자신의 존재 이외에는 문제로 삼을 수 없는 것이란 존재하지 않는다(이 점은 법철학에서도 마찬가지다). 철학자는 원칙적으로 그 어느 것도 의문을 품지 않고 받아들여서는 안 된다. 이 점에서 철학은 실제로 다른 개별 학문보다 더 '근원적'이고 더 '철저한' 학문이라고 말할 수 있다. 다만 이 사실로부터 철학이 다른 도그마틱적 학문보다 '더 중요한' 문제를 다룬다는 식의 결론을 내려서는 안 된다. 예컨대 암을 다루는 의학적 연구는 정당한(정의로운) 법의 기준을 다루는 법철학적 연구 못지않게 중요하다. 철학과 도그마틱의 관계는 '더 중요하고 덜 중요하다'가 아니라 그저 '서로 다르다'라는 의미로 이해해야 한다. 즉 어느 한쪽이 다른 한쪽을 대체할 수 없다.

1.2 법철학의 대상 영역

앞에서 이미 암시했듯이 법철학과 법도그마틱은 대상 영역에서 차이가 있다. 학문이론에서는 하나의 학문이 다루는 구체적 대상 전체를 '**실질객체**'라고 말하고, 이에 반해 학문이 이 대상을 탐구할 때 취하는 특수한 관점을 '**형식객체**'라고 말한다(그 때문에 형식객체를 '연구객체'라고 부르기도 한다). 따라서 각 학문의 특징은 형식객체를 통해 규정되고, 이에 반해 실질객체는 여러 학문에 공통될 수 있다. 이 점에서 '법'은 모든 법학

상이 제기하는 특수한 문제를 철학의 보편적이고 원칙적인 물음과 결합해야 한다."

5 이에 관해서는 특히 *Gadamer*, Wahrheit und Methode, 5. Aufl. 1986, S. 270 이하, 330 이하; *Esser*, Vorverständnis und Methodenwahl in der Rechtsfindung, 2. Aufl. 1972, 특히 S. 136 이하 참고. 이 밖에도 *A. Kaufmann*, Beiträge zur juristischen Hermeneutik, 2. Aufl. 1995, S. 51 이하, 74 이하, 86 이하, 92 이하도 참고. 해석학과 법학의 연관성을 명확하게 밝히고 있는 최근 문헌으로는 *J. Stelmach*, Die hermeneutische Auffassung der Rechtsphilosophie, 1991 참고.

6 *Gadamer*, Wahrheit(각주 5), S. 271.

적 학문분과에 공통된 실질객체이고, 민법, 헌법, 행정법, 형법 등의 각 학문분과는 형식객체의 측면에서 서로 차이가 있다. 최근에는 공통의 실질객체가 다시 다수의 형식객체로 갈수록 분화하는 현상을 관찰할 수 있다(예컨대 범죄학이 형법학과는 별개의 분과로 독립하고, 범죄학 자체도 다시 다수의 특수한 하위분과로 독립한다). 이러한 분화는 학문이 갈수록 전문화하고 특수화하는 결과를 낳는다. 이제 더는 멈출 수 없는 이러한 분화과정은 제한된 '전문영역'으로 시야가 좁혀질 위험을 낳지 않을 수 없다. 즉 다양한 영역들 사이의 연관성, 대상 영역 전체의 모습, 근본적인 측면을 놓칠 수 있다. 그 때문에 철학이 더욱 중요한 의미를 지니게 된다.

이름 자체가 보여주듯이 개별 학문의 본질은 개별적인 것을 지향하지, 존재자 전체를 지향하지 않는다는 데 있고, 그 때문에 철학의 특징은 **형식객체의 총체성**이라고 말할 수 있다. 즉 우리가 잘 알고 있듯이 철학은 개별적인 것 또는 개별적인 것의 다양성이 아니라 전체, 연관성, 근본적인 것을 탐구한다. 바로 이 점이 철학이 안고 있는 가장 커다란 난관이다.

개별 학문은 특정한 실질객체, 즉 개별 학문이 형식객체라는 특정한 측면에서 탐구하는 구체적인 존재자에 구속된다. 그러나 철학에서는 이처럼 실질객체와 형식객체에 대한 이중의 구속이 없다. 도대체 철학이 어떤 '대상'을 갖는 것일까(철학은 어쨌든 실체적 대상을 갖지 않는다)? 즉 철학은 특정한 실질객체를 갖지 않으며, 철학의 토대가 되는 형식객체는 무한대이다(굳이 말하자면 철학의 형식객체는 '존재 일반'이다). 이처럼 철학에서는 한편으로는 실질객체가 없고, 다른 한편으로는 형식객체가 보편적이라는 사실이 곧 철학적 인식과 철학적 방법을 매우 어렵고 문제가 많게 만든다. 물론 철학 역시 언제나 경험할 수 있는 개별적인 것(예컨대 특정한 법규범)에서 출발하지 않을 수 없다. 하지만 철학의 고유한 대상이 곧 특정의 개별적인 것은 결코 아니며, 개별적인 것은 단지 무언가 그 배후에 있는 것, 개별적인 것을 '초월한 그 무엇'에 도달하기 위한 수단일 따름이다(예컨대 법규범 자체가 '도대체' 무엇인가를 묻기 위한 수단).

따라서 철학이 특정한 실질객체를 갖지 않고, 이에 반해 보편적 형식객체를 갖는다는 점은 필연적으로 철학이 사변적 성격을 지니도록 만들지 않을 수 없다. 즉 철학자는 전체를 인식해야 하지만, 인간의 사고는 어차피 언제나 개별적인 것을 지향할 수밖에 없다. 우리가 존재 전체 또는 법 전체를 직접 포착하는 것은 처음부터 불가능하다. 그 때문에 철학이 대상을 직접적으로 포착하고 단번에 파악하는 것은 있을 수 없는 일이고, 오히려 개별적인 것에서 출발해야 한다. 물론 이는 처음부터 철학적 탐구의 목표인 '전체'를 의식하고 염두에 두면서 이루어진다. 아마도 야스퍼스를 인용해 이렇게 말할 수 있을 것이다. "학문으로서의 철학은 전체를 지향하긴 하지만, 철학의 실현은 오로지 그때그때 개별적인 것에서 이루어진다."[7]

개별 학문에서는 말 그대로 개별적인 것을 다루기 때문에 원칙적으로 연구자 혼자 자신의 연구실이나 실험실에서 학문적 발견을 하는 것도 얼마든지 가능하다. 그러나 철학에서는 그와 같은 것이 불가능하다. 오로지 수많은 부분으로부터 출발할 때만 인간의 인식이 전체에 근접할 수 있기 때문이다. 그 때문에 철학의 목표는 — 목표에 도달할 수 있다는 전제하에 — 함께 철학하는 많은 사람의 협력을 통해서만 도달할 수 있다. 이러한 협력이 곧 '논의(Diskurs)'이다. 이러한 이유에서 철학에서는 **커뮤니케이션**, 즉 '통보를 통한 공동체'[8]가 매우 중요한 역할을 하고, 다른 개별 학문에서보다 상호작용, 상호주관성, 합의, 의견의 수렴이 훨씬 더 중요하다.[9] 관점의 다양성, 즉 다양한 이론의 **다원주의**는 — 제대로 이해하기만 한다면 — 철학에 장애가 되거나 난관을 불러일으키는 것이 아니라 철학이 온전히 발현되기 위한 필수적 조건이다.

바로 이와 같은 측면에서 (법)철학적 상대주의에 대해서도 새롭게 조명할 필요가 있다. 다양한 철학자들의 견해를 하나하나 구체적으로 살펴보면 철학에서는 도저히 어떻게 할 수 없을 정도로 상대주의가 지배한다는 결론에 도달하게 된다. 따라서 철학을 수백 년 또는 수천 년에 걸친 상호협력으로 파악하는 사람, 즉 차이 속에서 수렴지점을 파악할 수 있는 사람만이 상대주의에서 벗어날 수 있다.

---

7 *Jaspers*, Philosophie, 3. Aufl. 1956, 1. Bd., S. 322.

8 이에 관해서는 *Jaspers*, Einführung(각주 1), S. 21 이하 참고. 이 밖에도 *Arthur Kaufmann*, Gerechtigkeit — der vergessene Weg zum Frieden, 1986, 특히 S. 122 이하도 참고.

9 이에 관해 자세히는 *Arthur Kaufmann*, Rechtsphilosophie im Wandel, 2. Aufl. 1984, S. 57 이하 참고.

1.3 법철학에서 올바른 물음을 제기하는 방법

(도그마틱적인) 개별 학문에서 물음의 방향은 대상에 의해 규정된다. 개별 학문은 애당초 개별적인 것만을 지향하기에 제기하는 물음도 직접 이 개별적인 것에 연결되기 때문이다. 구체적으로 말하자면, 법률가에게 어떠한 문제가 제기되는지는 곧바로 그때그때의 형식객체로부터 밝혀진다. 예컨대 불법행위로 인한 손해배상이 형식객체라면 당연히 민법 제823조 이하의 규정에 해당하는지를 묻게 된다.

철학과 법철학에서는 사정이 다르다. 철학과 법철학의 대상은 존재 전체 그리고 법 전체이다. 그러나 — 이미 말했듯이 — 우리의 사고가 단번에 이 전체를 포착할 수는 없고, 반드시 전체의 부분인 개별적인 것에서 시작해야 하기에 철학에서 방법적 문제 제기는 대상에 의해 규정되지 않는다. 물론 "무엇이 존재 전체인가?" 또는 "무엇이 법 전체인가?"라고 물을 수는 있지만, 이 물음만으로는 철학과 법철학을 이어나갈 수 없다. 따라서 예컨대 법의 목적과 목표가 무엇인가?, 법실증주의의 의미는 무엇인가?, 법과 윤리의 관계는 무엇인가?, 법의 기능은 무엇인가?, 법의 역사성이라는 측면은 무엇인가?, 존재/당위 방법이원주의는 무엇인가?, 법의 '일반적 원칙'과 '법규칙'의 관계는 무엇인가? 등등 훨씬 더 자세하고 구체적인 물음에서 시작해야 한다. 이처럼 구체적인 물음을 제기한 이후에 비로소 전체의 모습을 — 비록 완전하지 않지만 — 어느 정도 끼워 맞출 수 있다. 이 점에서 어떠한 학문적 철학도 분석적 방법을 포기할 수 없다. 물론 분석 다음에는 종합이 이루어져야 한다.

그렇다면 철학에서 올바른 물음을 제기하는 방법은 무엇을 통해 규정되는가? 이는 대답하기 어려운 물음이다. 특정한 방향으로 물음을 제기해야 할 강제란 철학에서는 존재하지 않기 때문이다. 원칙적으로 볼 때 올바른 방법을 거치는 이상, 어떠한 구체적인 것에서 출발하더라도 전체에 다가갈 수 있다(물론 부분과 전체 사이의 관계에서는 '해석학적 순환'이 나타난다. 즉 무엇이 부분인지는 전체에 대한 선이해가 없이는 알 수 없으며, 거꾸로 전체는 부분에 대한 지식을 통해서만 이해할 수 있다). 따라서 법철학적 물음이 사형제도나 책임원칙에서 시작할 수도 있고, 민법상의 '신의성실'이나 법인(法人)이라는 법제도에서 시작할 수도 있다. 심지어 '우측통행!'과 같이 매우 기술적으로 느껴지는 규범도 얼마든지 '법규범 전체'의 의미, 본질, 의의에 대한 법철학적 물음에 대답하기 위한 실마리가 될 수 있다.

이상의 설명에 비추어 볼 때, 모든 철학이 궁극적으로는 존재 전체, 진리 전체, 법 전체라는 똑같은 목표를 지향하는데도 불구하고 철학적 문제 제기의 숫자는 무한대라는 것을 알 수 있다. 이 점에서도 철학은 문제 제기의 숫자가 원칙적으로 제한되는 개별 학문과는 차이가 있다. 따라서 개별 학문은 특정한 연구 대상과 관련해 어떻게든 목표에 도달할 수 있는 반면, 철학에서는 '사물의 본성상' 그것이 불가능하다.

그러나 특정한 시기의 철학은 전체가 아니라 전체의 개별적 측면만을 염두에 두기 때문에 다른 측면들은 소홀하게 취급되지 않을 수 없다. 그 때문에 새로운 시대의 철학에서는 지금껏 소홀하게 취급되던 측면을 포착해 이를 파악해야 한다는 과제가 제기된다. 그리하여 철학의 궁극적 목표 자체는 언제나 똑같은데도 불구하고 역사와 **역사적 상황**에 따라 끊임없이 새롭고 다른 과제가 등장하게 된다.[10] 구체적인 예를 들어보자. 17세기와 18세기에는 합리주의적이고 관념론적인 자연법 독트린이 법의 합리적이고 관념적인 측면을 지나치게 강조했는데, 이로 인해 역사법학과 법실증주의라는 합리주의와 관념론에 반대하는 경향이 필연적으로 등장하게 되었다. 19세기의 법실증주의는 나름의 역사적 과제를 수행했다. 즉 **실정성**(Positivität)이라는 법의 **실존적** 측면을 다시 시야에 포착해야 했다. 그러나 20세기에 들어 극단적인 실증주의적 사고가 불러일으킨 끔찍한 법의 남용을 겪은 이후 이제 우리의 과제는 법제정과 법발견에서 등장하는 자의(恣意)에 대해 한계를 설정하는 **'처분 불가능한 것'**을 찾아내는 일이다. 더욱이 그와 같은 처분 불가능한 것을 추상적인 가치의 천상에서가 아니라 구체적인 법현실 속에서 찾아내야 한다.[11] 이 예를 통해서도 알 수 있듯이 철학자는 전적으로 자신의 시대가 마주한 문제를 거쳐서만 물음을 제기할 수 있다.[12]

---

10 이 점에서 "모든 시대는 자신의 법학을 새롭게 써야만 한다"라는 라드브루흐의 말(*Radbruch*, Rechtsphilosophie, 9. Aufl. 1983, S. 222 = GRGA, Bd. 2, 1993)은 당연히 법철학에도 해당한다. 이에 관해서는 *Jaspers*, Einführung(각주 1)도 참고. "지나간 시대를 우리의 시대로 받아들이는 일은 옛날의 예술작품을 다시 한번 제작하는 것과 마찬가지로 불가능하다."

11 이에 관해서는 예컨대 *W. Hassemer*, Unverfügbares im Strafprozeß, in: Rechtsstaat und Menschenwürde; Festschrift für W. Maihofer, 1988, S. 183 이하 참고.

12 이에 관해 자세히는 *Arthur Kaufmann*, Rechtsphilosophie(각주 9), 특히 S. 69 이하, 101 이하 참고.

앞에서 서술한 내용은 올바른 철학적 문제 제기가 매우 커다란 영향을 미치고 학문의 책임과도 밀접한 관련이 있다는 사실을 분명하게 보여줄 뿐만 아니라 특정한 철학은 오로지 이 철학이 제기하는 문제에 비추어서만 이해할 수 있다는 점도 보여준다. 즉 어떠한 철학적 사고도 해당하는 철학자가 어떠한 문제를 제기하면서 대상에 접근하고 특정한 사상가가 특정한 문제를 제기하도록 만든 역사적 상황이 무엇인지를 이해하지 않고서는 제대로 이해할 수 없다. 이 점에서 철학적 이론에 대한 지식만으로는 철학이라 할 수 없으며 — 하이데거가 적절히 지적하듯이 — "기껏해야 철학학(Philosophie-wissenschaft)에 불과할" 따름이다.[13]

1.4 철학주의, 과학주의의 오류와 철학을 다루는 잘못된 방식

앞에서 이미 언급했듯이 '순수 철학자'의 법철학은 '순수 법률가'의 법철학과 마찬가지로 그 자체 해악이다. 오로지 법만을 지향하는 '법철학자'는 **과학주의**(Scientismus)의 오류, 즉 (도그마틱적인) 개별 학문을 과도하게 높이 평가하고 법학적인 사고만을 일방적으로 지향하는 오류에 빠질 위험이 있다. 이렇게 되면 법철학적 문제 — 그리고 법의 근본문제 — 에 대해 철학을 원용하지 않거나 철학적 지식이 없이 대답하려고 한다. 이러한 태도는 상당히 널리 확산해 있다. 야스퍼스는 매우 정확하게 다음과 같이 지적한다. "철학적 문제와 관련해서는 거의 누구나 판단할 능력이 있다. 다른 학문에서는 학습, 교육, 방법이 이해를 위한 전제조건임에 반해, 철학과 관련해서는 그와 같은 전제조건이 충족되지 않고서도 곧장 철학이 가능하고 함께 얘기할 수 있다고 주장한다."[14] 법률가들이야말로 야스퍼스가 지적한 대로 행동한다. 즉 거의 모든 법률가가 철학을 접해본 적이 한 번도 없는데도 법철학의 문제들에 관해 식견을 갖추고 있다고 생각한다. 이러한 법학적 과학주의가 가장 뚜렷하게 드러난 사례는 19세기 말과 20세기 초반에 유행했던 이른바 '일반법학(Allgemeine Rechtslehre)'이다. 라드브루흐가

---

13 *Heidegger*, Einführung in die Metaphysik, 1953, S. 9.
14 *Jaspers*, Einführung(각주 1), S. 10.

'법철학의 안락사'로 지칭했던[15] 일반법학은 법학 '전문가'들이 철학적 사고를 장악해, 법철학을 '법학의 철학'으로 전환하려고 했다. 이와 같은 법학적 '근친상간'이 낳은 결과는 고작해야 통속적 철학일 뿐이어서 직관적으로는 옳은 말을 하는 것으로 보일 때도 있지만, 실제로는 자신이 무엇을 하는지조차 모르는 학문이었다. 다시 말해 일반법학은 기본적으로 저급한 딜레탕티즘이었을 따름이다.

과학주의와는 반대되는 오류인 **철학주의**(Philosophismus)는 오로지 철학으로부터서만 영감을 얻고 철학에만 지향된 '법철학자'가 저지르는 오류이다. 이러한 철학적 법철학자는 법학이 지금 여기서 철학에 제기하는, 좁은 의미의 법적 문제에는 관심이 없다. 물론 철학적 법철학자가 때로는 철학적 사고의 방향을 법철학의 언어로 번역하면 놀라울 정도로 심오한 연구를 제공하기도 한다. 하지만 이런 식의 연구는 특정한 역사적 상황에서 전혀 제기되지 않고, 따라서 지금 여기에서 물을 가치가 없는 물음에 대해 '대답'하는 경우가 대부분이다.

철학자가 아닌 사람들이 철학을 대하는 잘못된 행동 가운데 흔한 행동 하나는 어떤 철학적 사고나 이론을 자신들의 영역에 적용하려고 노력하는 일이다. 즉 철학을 마치 요리 레시피처럼 '**응용**'하려는 노력이다. 이런 식의 응용철학으로 인해 법철학에서는 토마스주의, 칸트주의, 헤겔주의, 마르크스주의 따위의 유명한 경향들이 탄생했다. 이러한 현상에 대해서는 철학이 제시한 명제들은 마치 수학 공식처럼 곧장 적용하기만 하면 되는 완전한 해결방법—만병통치약—이 아니라고 반박할 수 있다. 오히려 철학이 제시하는 명제들은 '단지' 특정한 측면, 즉 특정한 시공간의 전망대에서 이루어진 고찰을 통해 중요하다고 밝혀진 특정한 시각일 따름이다. 유감스럽게도 철학에 대해 실패라는 낙인을 찍고 비난하는 경우가 많은데, 실제로는 충분한 사고를 거치지 않은 채 그저 무비판적으로 철학을 취급한 탓이다. 한 철학자의 이론은 적극적으로 함께 생각하고 낱낱이 따져볼 때만 자신의 것으로 만들 수 있다. 즉 자신이 직접 함께 철학할 때만 비로소 철학 이론을 **자신의** 철학으로 만들 수 있다. 이처럼 **자신의 것으로 만드는 일**은 그저 외적이고 피상적으로 이론을 수용하는 것과는 근본적으로 다르다. "먼저 취

15 *Radbruch*, Rechtsphilosophie(각주 10), S. 114.

하고, 습득한 것을 자신의 활동에 받아들여 변경하는 일은 도둑질이 아니다."[16]

이 밖에도 앞에서 서술한 내용으로부터 **학파의 형성**이 철학의 본질에 반한다는 결론도 도출된다. 물론 학파가 많은 공헌을 수행할 수도 있지만, 언젠가는 교조주의에 빠져 다른 경향에 대한 개방성을 상실한 채 '학파의 교조'를 강화, 경직화 또는 절대화하는 상태에 도달하고 만다. 모든 절대주의, 모든 선명하고 단순한 공식 — 예컨대 "명령은 명령이다", "법률은 법률이다" 또는 "법은 정의다" — 은 그 핵심에 허위와 고집이 자리 잡고 있다는 사실을 은폐한다. 오로지 개방적이고 불완전하며 의문을 제기하는 것만이 생생한 것이다. 에디트 슈타인이 적절히 지적하듯이 철학은 가르치거나 배울 수 있는 것이 아니라 오직 '철학하기(das Philosophieren)'만을 배우거나 가르칠 수 있을 따름이다.[17]

1.5 법철학과 법이론

철학과 도그마틱이 서로 어떠한 관계에 있는지는 비교적 쉽게 밝힐 수 있다. 하지만 법철학과 법이론은 어떻게 구별되는 것일까? 이 물음에 대해서는 오늘날까지도 만족스러운 대답이 없다. 이는 외적 측면만을 고려하더라도 알 수 있다. 즉 학술지 『법철학과 사회철학(ARSP)』에 게재되는 논문들과 학술지 『법이론(Rechtstheorie)』에 게재되는 논문들은 주제의 측면에서 볼 때 뚜렷하게 구별되지 않고, 따라서 예컨대 『법철학과 사회철학』에 게재된 논문이 얼마든지 『법이론』에 게재될 수도 있고, 그 역도 마찬가지다.

법철학과는 별개로 법이론이라는 분과가 존재한다는 사실은 역사적 측면을 고려할 때만 설명할 수 있다. 물론 '법이론'이라는 명칭 자체는 오래전부터 있었지만, 이를 독자적인 학문분과의 명칭으로 사용한 것은 약 30년 전부터이다. 그렇다고 해서 법이론

---

16 *Jaspers*, Philosophie(각주 7), 1. Bd., S. 285. 그 때문에 야스퍼스는 철학에서 학파가 형성되는 것을 반대한다(S. 287 이하).

17 *E. Stein*, Einführung(각주 1), S. 21.

이 완전히 새로운 분과인 것도 아니다. 19세기 말부터 20세기 초까지 '일반법학'이라는 이름으로 전개된 이론은 오늘날의 법이론과 똑같지는 않지만, 상당히 비슷했기 때문이다.

법철학과 법이론의 차이는 상당히 불분명하다. 법철학이 상대적으로 내용에 지향되고, 법이론은 상대적으로 형식에 지향한다는 말은 개략적으로는 맞는 말이다. 형식이 없는 소재와 소재가 없는 형식은 존재할 수 없기 때문이다. 하지만 이것만으로는 법철학과 법이론 사이의 명확한 경계를 확보할 수 없다. 법이론은 현재 효력을 갖는 법에만 국한되지 않고(즉 법이론적 논의 역시 체계 초월적으로 이루어진다), —비록 간접적이긴 하지만—'정당한 법'을 목표로 삼는다는 점에서 법철학과 다르지 않다. 그리고 법이론도 법적 사실을 다루는 법사회학이 아니라는 점에서는 법철학과 같다.

법이론은 원칙적으로 동기의 측면에서만 법철학과 구별된다. 즉 법이론은 철학에서 '**해방**'되고자 하며, 법률가들이 법에 관한 철학적 문제에 대해 자신들 나름의 방식에 따라 '법률가의 철학'으로 대답하려는 시도에 해당한다.[18] 이 측면은 자주 언급되는 현상에 속한다. 즉 다양한 학문이 철학을 떠나 '이주'한다는 지적이나 '철학의 종말', '잔해만 남은 학문분과'로서의 철학이라는 표현을 자주 들을 수 있다. 특히 하이데거는 "그리스 철학의 시대에 이미 철학의 결정적 특성이 모습을 드러냈다. 즉 철학이 열어놓은 지평선 속에서 여러 학문이 성립하게 되었다는 사실이다 … 심리학, 사회학, 문화인류학으로서의 인간학의 독자성 그리고 언어논리와 의미론으로서의 논리학의 역할을 지적하는 것만으로도 이 점을 이해하기에 충분할 것이다"라고 말한다.[19] 이 맥락에서는

---

18 이에 관해서는 *Roellecke*, in: *ders.*(Hrsg.), Rechtsphilosophie oder Rechtstheorie?, 1988, S. VII, 1 이하 참고. 이 밖에도 *R. Dreier*, Was ist und wozu Allgemeine Rechtstheorie?, in: *ders.*, Recht—Moral—Ideologie, 1981, S. 17 이하; *Jahr/Maihofer*(Hrsg.), Rechtstheorie, 1971; *Arthur Kaufmann*(Hrsg.), Rechtstheorie, 1971; *Adomeit*, Rechtstheorie für Studenten, 3. Aufl. 1990 참고. 더욱 상세한 최근 문헌으로는 *R. Dreier*, Das Verhältnis von Rechtsphilosophie und Rechtstheorie, in: *V. Schöneburg*(Hrsg.), Philosophie des Rechts und das Recht der Philosophie; Festschrift für H. Klenner, 1992, S. 15 이하 참고.

19 *Heidegger*, Zur Sache des Denkens, 1969, S. 61 이하, 특히 63. 에디트 슈타인의 다음과 같은 언급도 흥미를 끈다. "철학의 연구영역은 개별 학문의 특정한 과제에 의해 제한된다고 해서 더 좁아지는 것이 아니다. 오히려 그 반대이다. 즉 지금껏 알려지지 않은 대상들이 세계에 등장하게 만드는 개별 학문의 형태로 철학에 새로운 연구 대상이 형성된다. 따라서 실증적 학문이 철학으로부터 철학의 과제를 빼앗을 수는 없는 일이다[*Edith Stein*, Einführung(각주 1), S. 23].

과거에는 모든 자연과학이 철학에 속했다는 사실도 생각해볼 필요가 있다.

법철학도 일반 철학과 비슷한 상황에 봉착한다. 즉 한스 뤼펠이 지적하듯이 시간이 흐르면서 다양한 영역이 법철학을 떠나 '이주'하게 되었다.[20] 이와 관련된 예는 수없이 많다. 칸트는 그의 『도덕형이상학』 제1부인 '법이론의 형이상학적 출발근거'[21]에서 물권법, 혼인법, 친권, 국가법, 국제법 등등 온갖 법을 다루고 있다. 헤겔의 『법철학』[22]에서도 예컨대 소유권, 계약, 불법, 책임, 가족, 국가 등을 별개의 절로 나누어 서술한다. 그리고 — 마지막 '고전적' 법철학에 해당하는 — 구스타프 라드브루흐의 『법철학』에서도 사법과 공법, 소유권, 혼인법, 상속법, 형법, 소송법, 국제법 등등을 별개의 장으로 나누어 서술한다.[23] 이처럼 원칙적으로 법과 관련된 모든 문제를 철학적으로 논의할 수 있다. 그렇지만 그사이 물권법, 상속법, 형법, 국제법 등은 독자적인 학문분과가 되었다.[24]

시간이 흐르면서 학문영역은 갈수록 복잡해지고 그로 인해 전체를 개관하기가 갈수록 어려워졌다. 이러한 배경에서 지난 3, 40년에 걸쳐 법철학에 속한 특정한 주제들이 독립해 '법이론'이라는 명칭을 달고 논의되는 상황이 전개되었다. 예컨대 규범이론, 법인식이론, 법적 논증이론, 법적 결정이론 그리고 법학방법론, 법적 의미론과 해석학, 법적 문제중심론(Topik), 법적 수사학 등등이 법이론의 논의에 속하는 개별 영역이 되었다. 하지만 상속법, 형법, 국가법 그리고 완전히 독립성을 갖추게 된 법사회학과는 달리 바로 앞에서 언급한 '법이론'의 문제영역들은 여전히 법철학에 속한다. 오늘날까지도 법이론을 법철학과 뚜렷이 구별하게 해주는 기준이 존재하지 않기 때문이다. 다만 비중을 어디에 두느냐에 따른 차이는 확인할 수 있다. 즉 법이론에서는 형식적이고 구조적인 측면에 더 많은 관심을 기울이고, 좁은 의미의 법철학에서는 내용적인 측면에 더 많은 관심을 기울인다. 이 책에서 우리는 법철학과 법이론을 엄격히 구별하지 않

20 *H. Ryffel*, Grundprobleme der Rechts- und Staatsphilosophie; Philosophische Anthropologie des Politischen, 1969, S. 5, 19, 32 이하. 이에 관해 자세히는 *Arthur Kaufmann*, Hermeneutik(각주 5), S. 6 이하 참고.

21 *Kant*, Methaphysik der Sitten, 1. Teil, 1798.

22 *Hegel*, Grundlinien der Philosophie des Rechts, 1821.

23 *Radbruch*, Rechtsphilosophie, 3. Aufl. 1932; GRGA Bd. 2, 1993.

24 이에 관해서는 *Alfred Büllesbach/Jochen Schneider*, Wahlfachgruppe Rechtsphilosophie, Rechtssoziologie, in: JuS 1975, S. 747 이하도 참고.

고자 한다. 따라서 앞에서 법철학에 관해 서술한 내용은 법이론에도 해당하고, 앞으로 서술할 내용 역시 법이론에도 해당한다.

1.6 철학과 법철학의 기원

철학과 법철학이 무엇이어야 하고 무엇을 하려고 하는지를 이해하기 위해서는 먼저 철학과 법철학의 **기원**을 분명히 이해해야 한다. 이와 관련해서는 철학이 — 비록 이념상으로는 '영원의 철학(philosophia perennis)'이긴 하지만 — 역사성의 법칙[25]에 구속된다는 사실을 상기할 필요가 있다. 역사성의 법칙은 진정한 의미의 법칙성이다. 다시 말해 이 법칙에서는 우연이나 철학자의 기분이 전혀 지배하지 않는다. 야스퍼스는 철학의 세 가지 핵심적 기원을 경탄, 의심 그리고 동요라고 밝힌 적이 있다.[26] 이에 따라 철학의 세 가지 기본분과는 존재론, 인식론, 실존철학이라고 한다. 이들 분과는 각각 세계에 대한 매우 특수한 태도를 표방한다. 그리고 각 분과가 꽃을 피운 시대도 서로 다르다.

1.6.1 존재론(객관성으로서의 세계)

모든 존재론적 철학은 일차적으로 존재(das Sein), 즉 **객체**를 지향한다(물론 객체가 반드시 실체적일 필요는 없다. 예컨대 구조나 관계도 얼마든지 객체에 해당한다[27]). 이러한 태도는 모든 기적 중의 기적, 즉 존재자가 있고, 없는 것이 아니라는 사실에 대한 **경탄**에 기인

25 이에 관해서는 *Arthur Kaufmann*, Naturrecht und Geschichtlichkeit, 1957; *ders.*, Hermeneutik(각주 5), S. 25 이하; *ders.*, Die Gescichtlichkeit des Rechts unter rechtstheoretisch-methodologischem Aspekt, in: ARSP-Supplementa II(1988), S. 114 이하 참고. 역사성에 관한 포괄적인 서술로는 *J. Llompart*, Die Geschichtlichkeit in der Begründung des Rechts im Deutschland der Gegenwart, 1968; *ders.*, Die Geschichtlichkeit der Rechtsprinzipien, 1976 참고.

26 *Jaspers*, Einführung(각주 1), S. 16 이하.

27 이에 관해서는 예컨대 *H. Rombach*, Strukturontologie, 1971; *R.-F. Horstmann*, Ontologie und Relationen, 1984; *W. V. Quine*, Ontologische Relativität, 1975 참고.

한다. 이 사실은 플라톤, 아리스토텔레스, 토마스 아퀴나스, 괴테 등등 수많은 사상가의 경탄을 자아냈다. 우리가 만든 것이 아닌 이 세계의 존재에 대한 경탄은 알고자 하는 욕구를 자극하고 물음을 제기하게 만든다. 즉 존재자가 있고 없는 것이 아닌 이유를 묻게 된다. 이 물음이 바로 **존재론**의 물음이다.

따라서 존재론은 존재에 대한 신뢰에 기초한 철학이고, 그 때문에 우리의 사고와는 무관하게 존재하는 존재자가 있다는 사실에서 출발한다. 그리하여 존재론은 우리 인간의 인식을 지향하는 것이 아니라 원칙적으로 우리 인간이 **마음대로 처분할 수 없고**, 인간이 존재('자연')에 내재하는 법칙을 존중할 때만 이용할 수 있는 존재를 지향한다. 이처럼 존재에 대한 신뢰에 기초하고, 객관적 현실을 지향하는 철학이 확고한 구조가 정착되어 있고 확실한 토대 위에 서 있으며 무엇보다 자기 자신을 신뢰하는 시대에만 가능하다는 점은 너무나도 당연한 일이다. 그 때문에 존재론이 지배적인 철학적 사고 경향을 대표하던 시대는 정신적 및 문화적 발전이 꽃을 피우던 시대였다. 예컨대 고대의 아리스토텔레스 철학이나 중세 스콜라철학의 절정기에 속하는 아퀴나스의 철학 그리고 독일 관념론의 정점인 헤겔의 철학이 여기에 해당한다.

객관주의적 **법철학** 역시 경탄에서 출발한다. 즉 존재가 그 근원에서부터 일정한 질서와 형태를 갖추고 있다는 사실에 대한 경탄에서 출발한다. 다시 말해 사물과 관계의 '자연적' 질서가 존재하고, 인간이 공동체 생활을 영위하는 어디에서나 근원적으로 이미 법이 존재한다는 전제에서 출발한다. 인간의 사회생활과 관련해 존재 자체에 내재하는 법칙에 대해 경탄하지 않는 자는 결코 자연법의 문제를 다룰 수 없다. 법을 전적으로 인간의 작품으로 여기는 자는 존재에 부합하고 처분 불가능한 법에 대한 물음 자체를 제기하지 않기 때문이다. 따라서 진정한 자연법론은 법의 본질을 우리 인간의 사고와 의지와는 무관하게 존재하는 실재(Realität)로 파악하지 않을 수 없고, 법의 존재성을 결코 부정할 수 없다. 자연법의 효력근거는 존재 그 자체일 뿐 다른 것이 될 수 없다. 따라서 자연법론은 궁극적으로 언제나 법존재론이다(물론 반드시 실체존재론이어야 할 필요는 없다). 이 점에서 자연법이 꽃을 피운 시대는 존재론이 꽃을 피운 시대와 일치한다. 그러므로 자연법은 존재에 대한 근원적 신뢰를 지닌 토양 위에서만 꽃을 피운다. 즉 자기 자신과 세계를 신뢰하는 세대만이 자연법을 지향한다.

1.6.2 인식론(주관성으로서의 세계)

모든 객관주의적 철학의 출발점이 경탄과 신뢰라면, 일차적으로 **주체**에 지향된 철학의 토대가 되는 정신적 태도는 불신과 **의심**이다. 즉 감각이 우리를 속이는지 확실히 알 수 없고, 인식을 위해 노력을 할 때 우리가 얼마든지 착각할 수도 있기에 우리가 지각 또는 인식했다고 생각하는 것에 의문을 제기하고, 이로써 철저한 의심을 견뎌내고, 참으로 확실하다고 여겨질 수 있는 것을 밝혀낸다. 이 점에서 데카르트가 『제1철학에 대한 성찰(Meditationes de prima philosophia; 1641)』에서 의심할 수 있는 모든 것에 대한 의심을 원칙으로 삼을 때는 인식의 확실성, 즉 '명확하고 확실한 지각'을 위한 것이었고,[28] 칸트가 『순수이성비판(1787)』 서문에서 자신은 신앙에 자리를 마련해주기 위해 오래된 형이상학의 인식을 파기해야만 한다고 말할 때도 인식의 확실성을 염두에 두었다.[29]

의심으로 철학을 시작할 때는 세계에 대한 태도도 달라진다. 즉 그 자체로 존재하는 사물이 아니라 사고하는 주체로 시각을 돌린다. 따라서 존재가 근원적이 아니라 의식이 근원적이고, 존재는 의식의 산물로 선언된다. 프로타고라스가 말한 대로 인간이 만물의 척도가 되는 것이다. 철학은 이제 주관주의적인 의식철학이 된다. 이에 따라 철학의 근본적 물음은 "내가 어떻게 나의 의식으로부터 '외부세계'에 대한 인식에 도달하는가?"가 된다. 다시 말해 "나는 도대체 어떻게 무엇인가를 알 수 있는가?"가 근본적 물음이 된다. 따라서 사물, 대상, 존재가 아니라 인식, 의식, 방법이 중요하다. 이로써 존재론이 아니라 **인식론**이 제1철학이 된다. 이 점에서 괴테가 칸트의 철학에 대해 "더는 객체에 도달하지 못한다"라고 비난한 것[30]은 문제를 지나치게 쉽게 생각했기 때문이다. 그렇지만 존재를 더는 신뢰하지 않고, 끝없는 의심에 사로잡혀 있는 철학은 한 시대가 정점을 지나 서서히 해체하는 경향이 시작했다고 볼 수 있는 확실한 징후이다. 괴테는 에커만(Eckermann)에게 보낸 편지(1826년 1월 29일)에서 이렇게 쓰고 있다. "내

---

28 *Descartes*, Meditatio I(De iis quae in dubium revocari possunt); Meditatio IV(De vero et falso).

29 *Kant*, Kritik der reinen Vernunft, B XXX.

30 *Goethe*, Brief an Schultz vom 18. 9. 1831.

가 발견한 것을 당신에게 보여주면 당신은 살면서 이 발견이 옳다는 사실을 여러 번에 걸쳐 확인할 것입니다. 즉 후퇴하거나 해체하기 시작한 시대는 모두 주관적이지만, 모든 진보하는 시대는 객관적 방향을 가집니다." 그리고 칸트의 동시대인 괴테는 이렇게 덧붙이고 있다. "우리 시대 전체는 후퇴하는 시대입니다. 우리 시대는 주관적 시대이기 때문이지요."

괴테의 이 말은 **법철학**에도 그대로 해당한다. 존재를 통해 미리 주어져 있는 질서에 대한 경탄이 아니라 그와 같은 질서가 도대체 존재하는지에 대한 의심이 법철학의 출발점이 되면, 더는 정당한 법에 대한 물음이 아니라 — 루돌프 슈타믈러가 말한 대로 — '법에 대한 지식'이 일차적인 문제가 된다.[31] 이제 법의 독자적인 존재성을 부정하게 되고, 법은 단지 입법자의 완벽한 권력에 기초해 생성된 법률을 총괄적으로 지칭하는 유명론적 개념일 뿐이다(실증주의). 자연법의 이념에 대한 이해 역시 사라진다. 자연법칙이 이제는 '학문을 통한 일반화'의 산물로 여겨지듯이 자연법도 '이론의 산물'로 여겨진다.[32] 그리하여 법철학에는 '일반법학'[33] 말고는 달리 남아 있는 게 없다. 바로 여기서도 해체의 경향이 드러난다.[34]

1.6.3 실존철학(자기 자신이 되는 과정으로서의 세계)

'철학하기'의 세 번째 기원은 삶의 '한계상황', 즉 벗어날 수 없고 바꿀 수도 없는 상황에 봉착한 인간을 엄습하는 **실존적 동요**이다. 이 상황에서 인간은(또는 사회나 인류 전체가) 자신이 일상적으로 살아가는 세계가 전부가 아니라는 것을 알게 되고 그 자신이 도저히 어떻게 할 수 없는 한계에 마주치게 된다. 죄악, 질병, 죽음, 전쟁, 전염병, 문화의 붕괴, 민족의 멸망이 그러한 예에 속한다. 이러한 한계상황을 의식하고, 자기 자신의 약점과 무기력을 깨닫게 되면 — 에픽테투스가 이미 말했듯이 — 인간의 삶이 무슨

31 *Stammler*, Theorie der Rechtswissenschaft, 2. Aufl. 1923, S. 14 이하.

32 *Engisch*, Idee der Konkretisierung in Recht und Rechtswissenschaft unserer Zeit, 2. Aufl. 1968, S. 231. 엥기쉬의 이 테제가 완전히 틀렸다고 말할 수는 없다.

33 이에 관해서는 앞의 각주 15 참고.

34 이에 관해서는 *Radbruch*, Einführung in die Rechtswissenschaft, 8./9. Aufl. 1929, S. 199.

의미가 있는지를 묻게 되고 이에 대해 어떤 식으로든 일정한 태도를 표현하게 된다. "환난은 생각하게 만든다(에른스트 블로흐)."[35] 이제 모든 것은 인간이 이러한 한계상황에 어떻게 대처할 것인지에 집중된다. 물론 인간은 한계상황 앞에서 눈을 감아버릴 수 있다. 즉 마치 한계상황이 없는 것처럼 행동하면서 어느 날엔가 이 상황이 엄습하는 것을 묵묵히 감수할 수도 있다. 이러한 태도는 현존재의 비본래성, 즉 현존재의 결핍인 대중적 현존재가 취하는 양태이다. 그러나 인간이 한계상황에 단호히 맞서고 자신의 계획과 행동에서 한계상황을 고려하며, 자기의식에 변화를 불러일으켜 인간 그 자신이 될 때만 비로소 현존재의 본래성에 도달할 수 있다. **실존철학**은 바로 이러한 본래적 인간에 초점을 맞춘다. 즉 실존철학은 인간이 마치 바람에 흔들리는 식물처럼 비본래성으로 도피하는 삶을 거부하고, 인간 자신의 가능성을 발현해 자기 자신을 실현하는 상태에 도달해야 한다고 호소한다.

그 때문에 특히 격변의 시대와 위기의 시대를 겪을 때는 언제나 실존철학이 부상한다는 사실은 조금도 놀라운 현상이 아니다. 실존철학은 전형적인 전환기의 철학이다. 비록 명칭은 다를지라도 고대로 전환하는 시기에 등장한, 소크라테스 이전의 사상가, 중세로 전환하는 시기의 아우구스티누스, 근대로 전환하는 시기의 파스칼에서 실존철학과 유사한 철학을 찾아볼 수 있고, 아직 이름이 붙지 않는 네 번째 새로운 시대로 전환하는 **우리 시대**의 철학에서도 실존철학적 경향을 확인할 수 있다.[36]

법의 영역에서도 실존적 동요, 즉 한계상황을 의식하게 되고 우리 현세의 법이 어쩔 수 없이 실패하지 않을 수 없다는 것을 경험하며 어떤 절대적 가치를 기준으로 법이 극히 의심스럽게 되는 순간이 있다. 라드브루흐는 양심의 가책을 느끼는 법률가만이 좋은 법률가라는 말을 한 적이 있다. 즉 "직업 생활의 순간순간마다 필연적으로 … 자신의 직업이 극히 의심스러운 직업이라는 사실을 뚜렷이 의식하는" 법률가만이 진정으로 좋은 법률가라는 것이다.[37] 이는 명백히 실존철학적 사고이다. 우리가 활용할 수 있

35 *Ernst Bloch*, Tübinger Einleitung in die Philosophie, Bd. 1, 1963, S. 12 이하. 이 밖에도 *Hannah Arendt*, Was ist Existenzphilosophie?, 1990도 참고.

36 하이데거는 새로운 시대를 '사이버네틱'의 시대라고 부른다. 이에 관해서는 *Heidegger*, Zur Sache des Denkens(각주 19), S. 64 참고. 이 밖에도 *Guardini*, Das Ende der Neuzeit; Ein Versuch zur Orientierung, 5. Aufl. 1950; *Arthur Kaufmann*, Rechtsphilosophie in der Nach-Neuzeit, 2. Aufl. 1992도 참고.

는 법의 한계성과 불완전성 그리고 법을 완전히 신뢰할 수 없다는 사실에 눈을 감아버리는 법률가는 법을 맹목적으로 신뢰하고 모든 것을 숙명에 맡기고 만다. 이러한 태도는 법실증주의자와 자연법론자에 공통된 특징이다. 실증주의자는 오직 법률만을 보고, 법률을 초월하는 법적 요소들에 눈을 감고, 그 때문에 우리가 20세기에 환멸을 느낄 정도로 경험했듯이 정치권력을 통한 법의 타락에 대해 무기력하기 짝이 없는 존재가 된다. 이에 반해 자연법론자는 실정법을 무시하고, 실정법에 앞서 존재하는 규범만을 중시한다. 그러나 자연법론자는 이러한 규범을 인식론적으로 증명하지 못하기 때문에 ― 18세기의 '자연법' 시대가 보여주듯이 ― 법적 불안정성과 자의라는 결과를 낳을 따름이다. 이 두 가지 이론 모두 법이 실존하는 방식을 제대로 파악하지 못하고, 따라서 두 가지 이론에서는 법이 법 자신의 모습을 갖지 못하게 된다.[38]

1.6.4 여러 경향의 종합

앞에서 철학을 세 가지 경향으로 분류한 것은 이상형(Idealtypus)적으로 이해해야 한다. 즉 어떠한 경향도 순전히 단 한 가지의 경향만을 포함하는 형태로 등장하지 않는다. 하지만 각 시대에 따라 강조점이 어느 하나의 경향에 놓인다는 사실은 얼마든지 확인할 수 있다. 한 철학의 특성을 이상형의 관점에서 응집하면, 단순히 실제로 있는 그대로 고찰하는 경우보다 이 철학의 오류를 더 분명하게 파악할 수 있다.

법에 대한 과거의 실체존재론적이고 객관주의적 견해는 잘못이다. 법은 나무나 집과 같은 '객체'가 아니다. 법은 오히려 인간 상호 간 또는 인간과 사물 사이에서 맺어지는 관계들의 구조이다. 따라서 실체존재론이 아니라 **관계의 존재론**을 전개해야 한다.

하지만 모든 것을 주관적이고 기능적인 것으로 해체하면서, '존재론적인 것(처분 불가능한 것)'을 부정하는 것 역시 잘못이다. 이렇게 되면 법을 입법자의 자의에 완전히 내

---

37 *Radbruch*, Rechtsphilosophie(각주 10), S. 204. 이에 관해서는 *Erik Wolf*, Fragwürdigkeit und Notwendigkeit der Rechtswissenschaft, 1953도 참고.

38 이러한 문제점에 관해서는 *Maihofer*(Hrsg.), Naturrecht oder Rechtspositivismus?, 3. Aufl. 1981; *Arthur Kaufmann*, Hermeneutik(각주 5), S. 79 이하 참고.

맡길 위험이 발생한다.

두 가지 태도 ― 객관주의적 태도와 주관주의적 태도 ― 는 비록 방향이 서로 다르긴 하지만 **주체-객체-도식**(인식에서 주체와 객체가 분리된다는 견해)에 얽매여 있다. 오늘날 이 도식은 자연과학에서도 의문의 대상이고, 해석학적 (이해의) 학문에서는 전혀 적절하지 않다. 이 도식은 이제 **인격 중심의 사고**에 자리를 내주어야 한다.

더 나아가 인간 스스로 자신의 도덕을 만들어야 한다는 사르트르 스타일의 극단적 실존주의와 법이 오로지 절차를 통해 성립하고 정당화된다는 니클라스 루만 스타일의 극단적 기능주의도 피해야 한다. 인격과 법은 **이미 주어져 있는 것이자 형성하고 가꾸어야 할 과제**의 대상이기도 하다. 즉 법에서 객관성과 주관성은 떼려야 뗄 수 없도록 하나로 묶여 있고, 인격이 구체적인 현존재의 형태에 도달하게 만드는 형성 과정의 '대상'과 '방법' 역시 법에서는 하나이다. 그래야만 법이 단순히 이러한 과정의 산물에 그치지 않을 수 있다. 이것이 바로 내가 주장하는, **인격에 기초한 절차적 정의이론의 이념**이다.[39]

1.7 오늘날의 철학과 법철학의 과제

우리는 전환과 격변의 시대에 살고 있다. '패러다임 전환'이라는 표현을 자주 사용하고, 한 패러다임 전환에 또 다른 패러다임 전환이 뒤따르는 시대이다. 이제 합리성을 극단적으로 칭송해 마지않는 근대에 또 하나의 상표가 붙여졌다. 미국과 프랑스에서 시작했고 이제는 독일에서도 자주 듣게 되는 '포스트 모던'이라는 상표이다. 포스트 모던은 비합리성의 부활을 뜻할 따름이다. 그러나 학문적 요구를 제기하는 철학에서 비

39 이에 관해서는 *Arthur Kaufmann*, Vorüberlegungen zu einer juristischen Logik und Ontologie der Relationen; Grundlegung einer personalen Rechtstheorie, in: Rechtstheorie 17(1986), S. 257 이하; *ders.*, Über die Wissenschaftlichekit der Rechtswissenschaft; Ansätze zu einer Konvergenztheorie der Wahrheit, in: ARSP 72(1986), S. 425 이하; *ders.*, Recht und Rationalität, in: Rechtsstaat und Menschenwürde; Festschrift für W. Maihofer, 1988, S. 11 이하; *ders.*, Prozedurale Theorien der Gerechtigkeit, 1989; *ders.*, Rechtsphilosophie in der Nach-Neuzeit(각주 36) 참고.

합리성은 전혀 적절한 처방전이 아니다. 하지만 합리성과 이성에 집중할지라도 근대와 계몽철학에 대한 거부감이 어디에 연유하고, 왜 포스트 모던이 그렇게 커다란 매력을 발산하는지를 깨닫도록 노력할 필요가 있다. 한 문장으로 표현하면 이렇게 말할 수 있다. 즉 모든 것을 지배와 유용성과 관련된 지식에만 집중시킴으로써 정작 **인간에게 진정 중요한 것이 무엇인가의 물음에 대해서는 아무런 대답도 주지 못하게 된 원인**은 곧 '근대를 완성해야 한다는 강박감', '총체적 이성', '영원한 계몽'이었던 셈이다.[40] 합리주의의 이러한 실패를 어떻게 설명할 수 있을까?

역사를 되돌아보면 철학의 과제, 특히 법철학의 과제와 관련해 두 가지 극단적인 견해가 서로 대립했다는 사실을 확인할 수 있다. 하나의 경향은 세계, 인간 그리고 법에 관해 **절대적이고 보편타당하며 불변의 명제**를 제시해야 한다는 과제를 철학에 부여한다. 이는 수없이 많은 시도 — 예컨대 (절대적) 자연법론 — 의 목표였지만, 모든 시도는 실패했다. 이 시도는 실패할 수밖에 없었다. 무엇보다 그와 같은 절대적이고 초시간적 내용은 존재하지 않기 때문이고, 더욱이 — 칸트가 밝혔듯이 — '순수한' 인식은 오로지 무언가를 인식하기 위한 형식만을 포함할 뿐, 내용을 포함하지 않기 때문이기도 하다. 즉 내용은 오성이 아니라 경험으로부터 오는 것이어서 '순수'할 수 없다.[41]

바로 이러한 문제점 때문에 첫 번째 경향과는 다른 경향이 등장했다. 이 경향은 철학의 '**순수성**(Reinheit)'을 지키기 위해 모든 내용, 특히 가치에 관한 명제를 아예 포기하고(예컨대 막스 베버가 말하는 '학문의 가치중립성', 한스 켈젠의 '순수법학'), 오로지 존재, 사고, 법의 형식에만 집중한다. 이 '순수성'을 많은 학자는 '합리성'의 결정적 기준으로 여기고, 그 때문에 모든 **내용적** 철학을 비합리적이고 비학문적이라고 거부한다. 그러나 이처럼 형식적 순수성으로 축소된 합리성은 진정으로 중요한 문제에 아무런 대답도 주지 못한다는 비판을 받지 않을 수 없다. 물론 철학에서 형식주의(칸트 자신은 이런 식의 형식주의를 주장하지 않았다)는 여러 가지 날카로운 통찰을 가져다주었지만, 익히 알려져

---

40 이에 관해서는 *Peter Koslowski*, Die postmoderne Kultur; Gesellschaftlich-kulturelle Konsequenzen der technischen Entwicklung, 1987, 특히 S. 27 이하 참고.

41 이에 관해서는 *Kant*, Kritik der reinen Vernunft(A S. 50 이하, B S. 74 이하)의 '선험적 논리학'에 관한 서술 참고.

있듯이 내용 없는 사고는 공허할 따름이기에[42] 형식주의가 순수성 규칙을 더욱 강하게 고수하면 할수록 실천적 삶에서 형식주의가 지닌 의미는 더욱더 낮아진다.

형식적 순수성과 의미 있는 내용으로 채워진 명제의 설득력을 동시에 다 가질 수는 없다. 근대의 법철학자 가운데 이 점을 누구보다도 더 정확히 간파한 학자는 구스타프 라드브루흐이다. 그는 형식주의적인 일반법학이 한 세기를 풍미한 이후 법의 내용에 관해 다시 철학적으로 성찰한 첫 번째 법철학자였다. 거의 같은 시기에 철학에서도 '내용 그 자체'로 되돌아가야 한다는 요구가 제기되었고, 법철학도 다시 '법의 내용'[43]으로 향하기 시작했다. 에드문트 후설의 『순수현상학과 현상학적 철학의 이념(1913)』이 출간된 다음 해에 라드브루흐의 『법철학 기초(1914)』가 출간되고, 이 책에서 라드브루흐는 법의 **내용과 정당성**에 대한 새로운 물음을 시작한다. 흔히 실증주의의 대표적 증인으로 언급되곤 하는 라드브루흐는 실제로는 실증주의를 극복한 학자이다. 그가 초기에 주장한, 존재/당위의 '방법이원주의'는 '이념의 소재규정성'이라는 사고를 거쳐 후기에는 '사물의 본성'에 관한 이론으로 흘러가는 길을 밟게 된다. 라드브루흐라는 이름과 함께 법철학에는 새 장이 열린 셈이다. 그것은 바로 **자연법과 실증주의를 극복한 법철학**이다.

물론 라드브루흐는 자신의 법철학이 내용으로 채워지는 실질화에 따른 대가를 치러야 했다. 즉 법철학적 상대주의 또는 가치이론적 상대주의를 상당 부분 포기하는 대가를 치렀다. 라드브루흐는 법의 최고가치의 숫자가 제한되어 있다고 여기면서, 이 가운데 어느 가치가 유일하게 정당한 가치인가에 대한 물음은 학문적으로 대답할 수 없다고 생각했다. 이러한 상대주의의 배후에는 자유, 관용, 민주주의의 에토스가 자리 잡고 있다. 그러나 독재권력이 이러한 에토스를 배반하는 것은 곧 법철학적 상대주의를 포기한다는 뜻이다. 법의 내용에 대해 독재적으로 결단을 내렸기 때문이다. 오늘날 이런 식의 독재는 불가능하고 또 영원히 불가능하기를 희망한다. 그렇다면 이제 어떤 내용

42 *Kant*, Kritik der reinen Vernunft, B S. 75. "내용 없는 사고는 공허하고, 개념 없는 직관은 맹목이다."
43 '법의 내용'에 관해서는 *Arthur Kaufmann*, Hermeneutik(각주 5), S. 53 이하, 95 이하, 98 참고. 조금 다른 시각에서 '법의 내용'을 다루는 문헌으로는 *J. Hruschka*, Das Verstehen von Rechtstexten; Zur hermeneutischen Transpositivität des positiven Rechts, 1972, S. 56 이하 참고.

에 관해 얘기한다는 의미의 실질적이고 학문적인 법철학이라는 이념은 포기해야만 하는 것일까?

라드브루흐는 너무 일찍 학문으로서의 법철학을 포기했다. 그는 법의 최고가치 — 개인적 가치, 집단적 가치, 작품가치 — 를 명확하게 증명할 수 없다는 이유로 이 내용에 대한 확신이 없는 사람들과의 커뮤니케이션을 처음부터 포기하고 말았다. 즉 그런 사람들과의 커뮤니케이션은 오로지 정치적 차원에서만 가능할 뿐, 학문적 차원에서는 가능하지 않다고 생각했다.

그러나 이러한 이론적 실마리는 철학의 영향권과 활동영역을 지나치게 축소하는 것이다. 라드브루흐 역시 명확하고 '순수한' 인식만을 인식으로 여겼을(라드브루흐 자신이 칸트주의자였고, 따라서 학문적 물음에 대해서는 단 하나의 올바른 대답만이 존재한다고 생각했다) 뿐만 아니라, 이러한 인식의 과정을 지나치게 독백적(monologisch) 과정으로 여겼다는 문제점도 안고 있다. 그러나 철학적 인식은 협력을 통한 노력을 요구한다. 즉 철학의 실천적 수행 — 이는 다시 철학적 사고를 하는 인간 자신의 실천적 수행이기도 하다 — 은 철학을 수행하는 다른 사람들과의 **철학적 커뮤니케이션**을 통해 이루어진다. 플라톤이 만든 아테네의 아카데미에서도 이미 '함께 철학하기(συνφλοσοφειν)'라는 표현이 등장하고, 논증과 형량에서 통용되는 특정한 방법적 규칙(έλεγχος)을 알고 있었다. 오늘날의 논의이론(하버마스, 아펠 등)을 통해 진리(정당성)는 특히 비경험적(규범적) 영역에서는 오로지 협력을 통해서만 찾아낼 수 있다는 이념이 다시 크게 주목받고 있다. 물론 논의를 통해 '최종적 정당화'에 도달하려고 노력하게 되면 다시 칸트 이전의 객관주의, 반-상대주의와 반-다원주의(결국에는 자연법적 사고방식과 실증주의적 사고방식)로 되돌아갈 위험이 있다는 점을 지적할 필요가 있다.

권위적인 사고에서는 애당초 커뮤니케이션이 불가능하다. 이에 반해 상대주의는 내용에 관한 의견의 일치가 없다는 이유로 커뮤니케이션을 하는 대화를 너무 일찍 포기한다. 따라서 권위주의와 상대주의 모두 커뮤니케이션을 거쳐 '통보를 통한 공동체'[44]를 한 걸음 한 걸음 실현해 나아간다는 '철학하기'의 과제를 제대로 수행할 수 없다. 철

44 앞의 각주 8 참고.

학적 논의의 목표는 **상호주관적 합의**에 도달하는 것이고, 이런 의미에서 상호주관적 진리에 도달하는 것이다. 하지만 합의의 실패를 곧 커뮤니케이션의 실패로 생각해서는 안 된다. 오히려 합의의 실패는 아직 대답이 이루어지지 않은 문제와 관련해서도 서로 이해하고 계속 상대방을 존중한다는 의미를 포함한다. 이것이 바로 관용의 원칙이다.

사람들이 강제와 폭력에서 벗어나 '중요한' 문제에 관해 서로 각자의 의견을 통보하고, 이로써 결국에는 자기 자신을 지향하게 된다는 점은 '사이버네틱의 시대', 즉 '포스트 모던의 시대'에도 여전히 타당하다. 이 과제를 기계나 자동장치가 인간을 대신해 수행할 수는 없기 때문이다. 이 점에서 '포스트 모던'은 우리가 기술적 합리성 — 우리의 세계에 대한 포괄적 법제화 역시 기술적 합리성의 한 부분이다 — 을 인간과 인간의 근원적 관심사를 망각할 정도로 지나치게 실현해서는 안 된다는 경고인 셈이다.[45]

45 이에 관해서는 *V. Hösle*, Die Krise der Gegenwart und die Verantwortung der Philosophie, 1990 참고.

주요 참고문헌

A. 철학입문, 사전, 백과사전

Bloch, Ernst, Tübinger Einleitung in die Philosophie, 2 Bde., 1963, 1964(2. Aufl. 1979).

Heidegger, Martin, Einführung in die Metaphysik, 1953(6. Aufl. 1998). 〔마르틴 하이데거, 『하이데거의 형이상학 입문』, 박휘근 옮김, 그린비, 2023〕

Hirschberger, Johannes, Geschichte der Philosophie, 2 Bde., 13./14. Aufl. 1991.〔요한네스 힐쉬베르거, 『서양 철학사 – 상·하』, 강성위 옮김, 이문출판사, 2022〕

Hoerster, Norbert(Hrsg.), Klassiker des philosophischen Denkens, 2 Bde., 3. Aufl. 1985.

Höffe, Otfried (Hrsg.), Klassiker der Philosophie, 2 Bde., 2. Aufl. 1985(3. Aufl. 1994, 1995)

Jaspers, Karl, Einführung in die Philosophie, 1953(Serie Piper 13), [31. Aufl. 1994, Neuausgabe(19. Aufl. dieser Ausgabe)].

ders., Die großen Philosophien, 3 Bde., 1981.

Ritter, Joachim(Hrsg.), Historisches Wörterbuch der Philosophie; neu bearbeitete Ausgabe des "Wörterbuchs der philosophischen Begriffe" von Rudolf Eisler, 11 Bde., erscheint seit 1971.

Röd, Wolfgang, Der Weg der Philosophie, Band I: Altertum, Mittelalter, Renaissance, 1994, Band II: 17. bis 20. Jahrhundert, 1996.

Speck, Josef(Hrsg.), Grundprobleme der großen Philosophen, 13 Bde., 1975 bis 1992.

Stegmüller, Wolfgang, Hauptströmungen der Gegenwartsphilosophie; Eine kritische Einführung, Bd. 1, 7. Aufl. 1989; Bd. 2, 8. Aufl. 1987; Bd. 3, 8. Aufl. 1987; Bd. 4, 1. Aufl. 1989.

Stein, Edith, Einführung in die Philosophie, 1992.

Wuchterl, Kurt, Bausteine einer Geschichte der Philosophie des 20. Jahrhunderts, 1995.

B. 법철학의 고전

Aristoteles, Nikomachische Ethik, ca. 320 v.Chr.(특히 정의론이 서술된 제5권) 〔아리스토텔레스, 『니코마코스 윤리학』, 김재홍/강상진/이창우 옮김, 길, 2011〕

Thomas von Aquin, Recht und Gerechtigkeit. Sonderausgabe des 18. Bandes der Deutschen Thomas−Ausgabe(lateinisch−deutsch), 1987 [원저는 Summa theologica II, II, 57−79 (1266−1272)] 〔토마스 아퀴나스, 『신학대전 37: 정의』, 이재룡 옮김, 한국성토마스연구소, 2023; 『신학대전 38: 불의』, 박동호 옮김, 한국성토마스연구소, 2023〕

Kant, Immanuel, Metaphysik der Sitten, 1797, 2. Aufl. 1798(1. Teil: Metaphysische Anfangsgründe der Rechtslehre). 〔임마누엘 칸트, 『윤리형이상학』, 백종현 옮김, 아카넷, 2012〕

Fichte, Johann Gottlieb, Grundlage des Naturrechts — nach Prinzipien der Wissenschaftslehre, 1796.

ders., Rechtslehre, 1812.

Hegel, Georg Wilhelm Friedrich, Grundlinien der Philosophie des Rechts — oder Naturrecht und Staatswissenschaft im Grundrisse, 1821. 〔게오르그 빌헬름 프리드리히 헤겔, 『법철학』, 임석진 옮김, 한길사, 2008〕

C. (법이론 및 법학방법론을 포함하는) 현대 법철학의 주요저작

Aarnio, Aulis, Denkweisen der Rechtswissenschaft; Einführung in die Theorie der rechtswissenschaftlichen Forschung, 1979.

ders., On Legal Reasoning, Turku 1977.

Adomeit, Klaus, Rechtstheorie für Studenten, 3. Aufl. 1990.

Alchourrón, Carlos E./Bulygin, Eugenio, Normative Systeme, 1994.

Alexy, Robert, Theorie der juristischen Argumentation, 2. Aufl. 1991(3. Aufl. 1996) 〔로베르트 알렉시, 『법적 논증 이론』, 변종필/최희수/박달현 옮김, 고려대학교출판부, 2007〕

ders., Begriff und Geltung des Rechts, 2. Aufl. 1994. 〔로베르트 알렉시, 『법의 개념과 효력』, 이준일 옮김, 고려대학교출판부, 2007〕

ders., Recht, Vernunft, Diskurs. Studien zur Rechtsphilosophie, 1995.

Ballweg, Ottmar/Seibert, Thomas−Michael(Hrsg.), Rhetorische Rechtstheorie, 1982.

Baruzzi, Arno, Freiheit, Recht und Gemeinwohl; Grundfragen einer Rechtsphilosophie, 1990.

Baumann, Max, Recht, Gerechtigkeit in Sprache und Zeit, 1991.

Böckenförde, Ernst-Wolfgang, Staat, Nation, Europa. Studien zur Staatsrechtslehre, Verfassungstheorie und Rechtsphilosophie, 1999.

Braun, Johann, Rechtsphilosophie im 20. Jahrhundert, 2001.

Briskorn, Norbert, Rechtsphilosophie, 1990.

Bydlinski, Franz, Juristische Methodenlehre und Rechtsbegriff, 2. Aufl. 1991.

Canaris, Claus-Wilhelm, Systemdenken und Systembegriff in der Jurisprudenz, 2. Aufl. 1983.

Coing, Helmut, Grundzüge der Rechtsphilosophie, 5. Aufl. 1993.

Dreier, Ralf, Recht — Moral – Ideologie; Studien zur Rechtstheorie, 1981.

ders., Recht — Staat – Vernunft; Studien zur Rechtstheorie 2, 1991.

Dubischar, Roland, Einführung in die Rechtstheorie, 1983.

Dworkin, Ronald, A Matter of Principle, Cambridge, Mass. 1985.

ders., Law's Empire, Cambridge, Mass. 1986. 〔로널드 드워킨, 『법의 제국』, 장영민 옮김, 아카넷, 2004〕

ders., Bürgerrechte ernstgenommen, 1990. 〔로널드 드워킨, 『법과 권리』, 염수균 옮김, 한길사, 2010〕

Engisch, Karl, Einführung in das juristische Denken, 8. Aufl. 1983(9. Aufl. 1997, herausgegeben und bearbeitet von *Thomas Würtenberger* und *Dirk Otto*). 〔칼 엥기쉬, 『법학방법론』, 안법영/윤재왕 옮김, 세창출판사, 2011〕

ders., Auf der Suche nach der Gerechtigkeit; Hauptthemen der Rechtsphilosophie, 1971.

ders., Beiträge zur Rechtstheorie, 1984.

Esser, Josef, Vorverständnis und Methodenwahl in der Rechtsfindung; Rationalitätsgrundlagen richterlicher Entscheidungspraxis, 2. Aufl. 1972.

ders., Grundsatz und Norm in der richterlichen Fortbildung des Privatrechts, 4. Aufl. 1990.

Fechner, Erich, Rechtsphilosophie; Soziologie und Metaphysik des Rechts, 2. Aufl. 1962.

Feinberg, Joel/Gross, Hyman, Philosophy of Law, 2nd Ed. 1980(6th Ed. 2000).

Fikentscher, Wolfgang, Methoden des Rechts in vergleichender Darstellung, 5. Bde., 1975-1977.

Fezer, Karl-Heinz, Teilhabe und Verantwortung, 1986.

Frankenberg, Günter (Hrsg.), Auf der Suche nach der gerechten Gesellschaft, 1994.

Gagnér, Sten, Studien zur Ideengeschichte der Gesetzgebung, 1960.

Golding, Martin P., Legal Reasoning, New York 1984.

Goutier, Klaus, Rechtsphilosophie und juristische Methodenlehre im Lichte der evolutionären Erkenntnistheorie, 1989.

Grimm, Dieter/Maihofer, Werner (Hrsg.), Gesetzgebungstheorie und Rechtspolitik (Jahrbuch für Rechtssoziologie und Rechtstheorie 13), 1988.

Günther, Klaus, Der Sinn für Angemessenheit; Anwendungsdiskurse in Moral und Recht, 1988.

Habermas, Jürgen, Faktizität und Geltung; Beiträge zur Diskurstheorie des Rechts und des demokratischen Rechtsstaates, 1992(4. Aufl. 1994). 〔위르겐 하버마스, 『사실성과 타당성』, 박영도/한상진 옮김, 나남출판, 2007〕

ders., Die Einbeziehung des Anderen, Studien zur politischen Theorie, 1996.

Haft, Fritjof, Juristische Rhetorik, 4. Aufl. 1990(5. Aufl. 1994).

Hamann, Wolfram, Juristische Methodik, 5. Aufl. 1989(8. Aufl. 1994).

Hart, Herbert Lionel A., Der Begriff des Rechts, 1973. 〔허버트 하트, 『법의 개념』, 오병선 옮김, 아카넷, 2001〕

Henkel, Heinrich, Einführung in die Rechtsphilosophie, 2. Aufl. 1977.

Herberger, Maximilian/Simon, Dieter, Wissenschaftstheorie für Juristen; Logik, Semiotik, Erfahrungswissenschaften, 1980.

Höffe, Otfried, Politische Gerechtigkeit; Grundlegung einer kritischen Philosophie von Recht und Staat, 1987(2. Aufl. 1994).

ders., Kategorische Rechtsprinzipien; Ein Kontrapunkt der Moderne, 1990.

ders., Demokratie im Zeitalter der Globalisierung, 1999.

Hofmann, Hasso, Einführung in die Rechts- und Staatsphilosophie, 2000.

Horn, Norbert, Einführung in die Rechtswissenschaft und Rechtsphilosophie, 2. Aufl. 2001.

Hruschka, Joachim, Die Konstruktion des Rechtsfalles; Studien zum Verhältnis von Tatsachenfestsellung und Rechtsanwendung, 1965.

ders., Das Verstehen von Rechtstexten. Zur hermeneutischen Transpositivität des positiven Rechts, 1972.

Huber, Wolfgang, Gerechtigkeit und Recht, 1996.

Jahr, Günther/Maihofer, Werner(Hrsg.), Rechtstheorie. Beiträge zur Grundlagendiskussion, 1971.

Jakobs, Günther, Norm, Person, Gesellschaft. Vorüberlgungen zu einer Rechtsphilosophie, 2. Aufl., 1999.

Jørgensen, Stig, Recht und Gesellschaft, 1970.

ders., Fragment of Legal Cognition, Aarhus 1988.

Kaufmann, Arthur, Rechtsphilosophie im Wandel, 2. Aufl. 1984.

ders., Analogie und "Natur der Sache". Zugleich ein Beitrag zur Lehre vom Typus, 2. Aufl. 1982.

ders., Beiträge zur Juristischen Hermeneutik – sowie weitere rechtsphilosophische Abhandlungen, 2. Aufl. 1993.

ders., Prozedurale Theorien der Gerechtigkeit, 1989.

ders., Rechtsphilosophie in der Nach–Neuzeit, 2. Aufl. 1992.

ders., Über Gerechtigkeit; Dreißig Kapitel praxisorientierter Rechtsphilosophie, 1993.

ders., Grundprobleme der Rechtsphilosophie, 1994.

Kaufmann, Matthias, Rechtsphilosophie, 1996.

Kelsen, Hans, Reine Rechtslehre, 2. Aufl. 1960(Nachdruck 1976). 〔한스 켈젠, 『순수 법학』, 변종필/최희수 옮김, 지산, 1999〕

ders., Allgemeine Theorie der Normen, 1979. 〔한스 켈젠, 『규범의 일반이론 1 · 2』, 김성룡 옮김, 아카넷, 2016〕

Kersting, Wolfgang, Politik und Recht. Abhandlungen zur politischen Philosophie der Gegenwart und zur neuzeitlichen Rechtsphilosophie, 2000.

ders., Theorien der sozialen Gerechtigkeit, 2000.

Klenner, Hermann, Rechtsphilosophie in der Krise, 1976.

ders., Vom Recht der Natur zur Natur des Rechts, 1984.

ders., Deutsche Rechtsphilosophie im 19. Jahrhundert, 1991.

Klug, Ulrich, Juristische Logik, 4. Aufl. 1982.

Koch, Hans–Joachim(Hrsg.), Juristische Methodenlehre und analytische Philosophie, 1976.

ders./Rüßmann, Helmut, Juristische Begründungslehre, 1982.

Koller, Peter, Theorie des Rechts. Eine Einführung, 2. Aufl. 1997.

Kramer, Ernst A., Juristische Methodenlehre, 1998. 〔에른스트, A. 크라머, 『법학방법론』, 최준규 옮김, 박영사, 2022〕

Krawietz, Werner, Das positive Recht und seine Funktion; Kategoriale und methodologische Überlegungen zu einer funktionalen Rechtstheorie, 1967.

ders., Juristische Entscheidung und wissenschaftliche Erkenntnis, 1978.

Kriele, Martin, Theorie der Rechtsgewinnung — entwickelt am Problem der Verfassungs-interpretation, 2. Aufl. 1976. 〔마르틴 크릴레, 『법발견의 이론』, 홍성방 옮김, 유로, 2013〕

ders., Recht und praktische Vernunft, 1979. 〔마르틴 크릴레, 『법과 실천이성』, 홍성방 옮김, 유로, 2013〕

Ladeur, Karl-Heinz, Postmoderne Rechtstheorie: Selbstreferenz — Selbstorganisaton - Prozeduralisierung, 2. Aufl. 1995.

Lampe, Ernst-Joachim, Rechtsanthropologie, 1970.

ders., Genetische Rechtstheorie; Recht, Evolution und Geschichte, 1987.

ders., Strafphilosophie. Studien zur Strafgerechtigkeit, 1999.

Larenz, Karl, Methodenlehre der Rechtswissenschaft, 6. Aufl. 1991.

ders., Richtiges Recht; Grundzüge einer Rechtsethik, 1979. 〔칼 라렌츠, 『정당한 법의 원리』, 양창수 옮김, 박영사, 2022〕

Legaz y Lacambra, Rechtsphilosophie, 1965.

Llompart, José, Die Geschichtlichkeit der Rechtsprinzipien, 1976.

Lombardi-Vallauri, Luigi, Corso di Filosofia del Diritto, Padova 1981.

Lopez-Calera, Nicolás María, Filosofía del Derecho, 1985.

Lüderssen, Klaus, Erfahrung als Rechtsquelle, 1972.

ders., Genesis und Geltung in der Jurisprudenz, 1996.

Luhmann, Niklas, Rechtssystem und Rechtsdogmatik, 1974.

ders., Ausdifferenzierung des Rechts, 1981.

ders., Das Recht der Gesellschaft, 1993. 〔니클라스 루만, 『사회의 법』, 윤재왕 옮김, 새물결, 2014〕

ders., Ausdifferenzierungen des Rechts. Beiträge zu Rechtssoziologie und Rechtstheorie, 1999.

MacCormick, Neil, Legal Reasoning and Legal Theory, Oxford 1978.

Maihofer, Werner, Recht und Sein; Prolegomena einer Rechtsontologie, 1954. 〔베르너 마이호퍼, 『법과 존재 / 인간질서의 의미에 관하여』, 심재우/윤재왕 옮김, 박영사, 2022〕

ders.(Hrsg.), Begriff und Wesen des Rechts, 1973.

Marcic, René, Rechtsphilosophie; Eine Einführung, 1969.

ders./Tammelo, Ilmar, Naturrecht und Gerechtigkeit, 1969.

Marino, Giuseppe, Diritto Principi Giurisprudenza, 1990.

Martinez-Dora, José María, The Structure of Juridicial Knowledge, 1963.

Mastronardi, Philippe, Juristisches Denken; Eine Einführung, 2001.

Mollnau, Karl A.(Hrsg.), Rechtswissenschaft als Gesellschaftswissenschaft, 1983.

ders.(Hrsg.), Probleme einer Strukturtheorie des Rechts, 1985.

Müller, Friedrich/Christensen, Ralph, Juristische Methodik, Bd. I: Grundlagen, öffentliches Recht, 5. Aufl. 1993(8. Aufl. 2002).

Müller, Wolfgang H., Ethik als Wissenschaft und Rechtsphilosophie nach Immanuel Kant, 1992.

Naucke, Wolfgang, Rechtsphilosophische Grundbegriffe, 2. Aufl. 1986(4. Aufl. 2000).

Nerhot, Patrick(Hrsg.), Law, Interpretation and Reality; Essays in Epistemology, Hermeneutics and Jurisprudence, 1990.

Neumann, Ulfrid, Rechtsontologie und juristische Argumentation, 1979.

ders., Juristische Argumentationslehre, 1986. 〔울프리드 노이만, 『법과 논증이론』, 윤재왕 옮김, 세창출판사, 2009〕

ders./Rahlf, Joachim/v. Savigny, Eike, Juristische Dogmatik und Wissenschaftstheorie, 1976.

Noll, Peter, Gesetzgebungslehre, 1973.

Ollero, Andrés, Derechos Humanos y Metodologia Juridica, 1989.

ders., Interpretación del Derecho y Positivismo legalista, Madrid 1982.

ders., Rechtswissenschaft und Philosophie; Grundlagendiskussion in Deutschland, 1978.

Opałek, Kazimierz, Theorie der Direktiven und der Normen, 1986.

Opocher, Enrico, Lezioni di Filosofia del Diritto, 1983.

Pawlowski, Hans-Martin, Methodenlehre für Juristen, 2. Aufl. 1991(3. Aufl. 1999).
ders., Einführung in die Juristische Methodenlehre; Ein Studienbuch zu den Grundlagenfächern Rechtsphilosophie und Rechtstheorie, 1986(2. Aufl. 2000).
Peczenik, Aleksander, Grundlagen der juristischen Argumentation, 1983.
ders./Uusitalo, Jyrki(Hrsg.), Reasoning on Legal Reasoning, 1979.
Perelman, Chaïm, Über die Gerechtigkeit, 1967.
ders., Juristische Logik als Argumentationslehre, 1979.
ders., Das Reich der Rhetorik; Rhetorik und Argumentation, 1980. 〔카임 페렐만, 『수사 제국: 수사와 논증』, 이영훈/손장권 옮김, 고려대학교출판문화원, 2020〕
Peschka, Vilmos, Grundprobleme der modernen Rechtsphilosophie, 1974.
ders., Die Theorie der Rechtsnormen, 1982.
ders., Die Eigenart des Rechts, 1989.
Pospísil, Leopold, Anthropologie des Rechts; Recht und Gesellschaft in archaischen und modernen Kulturen, 1982.
Radbruch, Gustav, Rechtsphilosophie, 3. Aufl. 1932(9. Auflage 1983). 〔구스타프 라드브루흐, 『법철학』, 윤재왕 옮김, 박영사 , 2021〕
ders., Vorschule der Rechtsphilsophie, 1947(3. Aufl. 1965).
ders., Einführung in die Rechtswissenschaft, 7./8. Aufl. 1929(13. Aufl. 1980, bearbeitet von *Konrad Zweigert*).
ders., Gesamtausgabe in 20 Bänden, hrsg. von Arthur Kaufmann. Erscheint seit 1987.
ders., Rechtsphilosophie(Studienausgabe), 2. Aufl. 2003.
Raisch, Peter, Juristische Methoden, 1995.
Rawls, John, Eine Theorie der Gerechtigkeit, 5. Aufl. 1990. 〔존 롤스, 『정의론』, 황경식 옮김, 이학사, 2003〕
ders., Gerechtigkeit als Fairneß, hrsg. von Otfried Höffe, 1977. 〔존 롤스, 『공정으로서의 정의』, 황경식/이인탁/이민수/이한구/이종일 옮김, 서광사, 1988〕
ders., Gerechtigkeit als Fairneß. Ein Neuentwurf, 2003. 〔존 롤스, 『공정으로서의 정의: 재서술』, 에린 켈리 엮음, 김주휘 옮김, 이학사, 2016〕
Reale, Miguel, Filosofia do Direito, 2 Bde., 1972.

Reich, Norbert, Marxistische und sozialistische Rechtstheorie, 1972.

Reese-Schäfer, Walter/Schuon, Karl Theodor(Hrsg.), Ethik und Politik; Diskursethik, Gerechtigkeitstheorie und politische Praxis, 1991.

Rhinow, René, Rechtsetzung und Methodik; Rechtstheoretische Untersuchungen zum gegenwartigen Verhältnis von Rechtsetzung und Rechtsanwendung, 1979.

Robbers, Gerhard, Gerechtigkeit als Rechtsbegriff, 1980.

ders., Epistemología y Derecho, 1982.

Robles, Gregorio, Introdución a la Teoria del Derecho, 1988.

Rodigen, Hubert, Pragmatik der juristischen Argumentation, 1977.

Rödig, Jürgen, Theorie des gerichtlichen Erkenntnisverfahrens, 1973.

ders.(Hrsg.), Studien zu einer Theorie der Gesetzgebung, 1976.

Röhl, Klaus, Allgemeine Rechtslehre, 2. Aufl. 2001.

Roellecke, Gerd(Hrsg.), Rechtsphilosophie oder Rechtstheorie?, 1988.

Romeo, Francesco, Analogie; Zu einem relationalen Wahrheitsbegriff im Recht, 1991.

Rottleuthner, Hubert, Rechtstheorie und Rechtssoziologie, 1981.

Rüthers, Bernd, Rechtstheorie: Begriff, Geltung und Anwendung des Rechts, 1999.

Ryffel, Hans, Grundprobleme der Rechts- und Staatsphilosophie; Philosophische Anthropologie des Politischen, 1969.

Saliger, Frank, Radbruchsche Formel und Rechtsstaat, 1995. 〔프랑크 잘리거, 『라드르부흐 공식과 법치국가』, 윤재왕 옮김, 세창출판사, 2011〕

Schapp, Jan, Hauptprobleme der juristischen Methodenlehre, 1983.

ders., Freiheit, Moral und Recht, 1994.

Schmidt, Johannes, Gerechtigkeit, Wohlfahrt und Rationalität; Axiomatische und entscheidungstheoretische Fundierungen von Verteilungsprinzipien, 1991.

Schneider, Hans, Gesetzgebung, 2. Aufl. 1982(3. Aufl. 2002).

Schramm, Theodor, Einführung in die Rechtsphilosophie, 2. Aufl. 1982.

Schreckenberger, Waldemar, Rhetorische Semiotik, 1978.

ders.(Hrsg.), Gesetzgebungslehre, 1986.

Schwintowski, Hans-Peter, Recht und Gerechtigkeit, 1996.

Seelmann, Kurt(Hrsg.), Aktuelle Fragen der Rechtsphilosophie, 2000.
ders., Rechtsphilosophie, 2. Aufl., 2001. 〔쿠르트 젤만, 『법철학』, 윤재왕 옮김, 세창출판사, 2010〕
Seidler, Grzegorz Leopold, Rechtssystem und Gesellschaft, 1985.
Sforza, Cesarini Widar, Rechtsphilosophie (aus dem Italienischen); mit einem Nachwort von *Alessandro Baratta*, 1966.
Siller, Peter/Keller, Bertram(Hrsg.), Rechtsphilosophische Kontroversen der Gegenwart, 1999.
Sousa e Brito, José de, Filosofia do Direito e do Estado, 1987.
Stelmach, Jerzy, Die hermeneutische Auffassung der Rechtsphilosophie, 1991.
Stolleis, Michael, Recht und Unrecht, 1994.
Stone, Julius, Human Law and Human Justice, London 1965.
Stranzinger, Rudolf, Gerechtigkeit; Eine rationale Analyse, 1988.
Struck, Gerhard, Zur Theorie juristischer Argumentation, 1977.
Tammelo, Ilmar, Rechtslogik und materiale Gerechtigkeit, 1971.
ders., Theorie der Gerechtigkeit, 1977.
ders., Zur Philosophie der Gerechtigkeit, 1982.
Toulmin, Stephen, der Gebrauch von Argumenten, 1975(2. Aufl. 1996). 〔스티븐 툴민, 『논변의 사용』, 임건태/고현범 옮김, 고려대학교출판부, 2006〕
Trapp, Rainer W., "Nicht-klassischer" Utilitarismus; Eine Theorie der Gerechtigkeit, 1988.
Viehweg, Theodor, Topik und Jurisprudenz, 5. Aufl. 1974.
Villey, Michel, Philosophie du droit, Vol. 1, 3. Ed. Paris 1982.
Weinberger, Ota, Norm und Institution; Eine Einführung in die Theorie des Rechts, 1988.
ders., Rechtslogik; Versuch einer Anwendung moderner Logik auf das juristische Denken, 2. Aufl. 1989.
ders., Moral und Vernunft; Beiträge zur Ethik, Gerechtigkeitstheorie und Normenlogik, 1992.
Welzel, Hans, Naturrecht und materiale Gerechtigkeit, 4. Aufl. 1962(Nachdruck 1980). 〔한스 벨첼, 『자연법과 실질적 정의』, 박은정 옮김, 삼영사, 2001〕
Wesel, Uwe, Juristische Weltkunde; Eine Einführung in das Recht, 6. Aufl. 1992(8. Aufl. 2000).
Westermann, Christoph, Argumentationen und Begründungen in der Ethik und Rechtslehre,

1977.

Winkler, Günther(Hrsg.), Gesetzgebung, 1981.

ders., Theorie und Methode in der Rechtswissenschaft, 1989.

ders., Rechtstheorie und Erkenntnislehre, 1990.

Wolf, Erik, Griechisches Rechtsdenken, 4 Bde., 1950 ff.

ders., Große Rechtsdenker der deutschen Geistesgeschichte, 4. Aufl. 1963.

Zaccaria, Giuseppe, Diritto Positivo e Positivitá del Diritto, 1991.

Ziembinski, Zygmunt, Polish Contributions to the Theory and Philosophy of Law, Amsterdam 1987.

Zippelius, Reinhold, Rechtsphilosophie, 2. Aufl. 1989(4. Aufl. 2003). 〔라인홀트 치펠리우스, 『법철학』, 양화식 옮김, 지산, 2001〕

ders., Juristische Methodenlehre, 5. Aufl. 1990(8. Aufl. 2003). 〔라인홀트 치펠리우스, 『법학방법론』, 김형배 옮김, 삼영사, 1995〕

ders., Recht und Gerechtigkeit in der offenen Gesellschaft, 2. Aufl. 1996.

2. 법철학의 문제사

아르투어 카우프만/디트마 폰 데어 포르텐

2.1 서언

법이란 무엇인가? 이것이 바로 법철학의 근원적 물음이다. 법철학 내에서는 이 물음을 다시 두 가지로 구체화한다. 첫째, **인식하고 서술해야 할 대상**으로서의 법이 무엇인지, 다시 말해 **비법**(Nicht-Recht)과 반대되는 법이 무엇인지를 물을 수 있다. 둘째, **행위의 지침이 되는 대상**으로서의 법이 무엇이어야 하는지, 다시 말해 불법(Unrecht)에 반대되는 정당한 법이 무엇이어야 하는지를 물을 수 있다. 첫 번째 물음은 **법이론**의 문제이고, 두 번째 물음은 **법윤리학**의 물음이다. 이 점에서 법윤리학 내에서는 두 가지 근원적 물음이 제기된다. 1. **정당한 법 그 자체는 무엇인가?** 2. **정당한 법을 어떻게 인식하고 실현할 수 있는가?** 이 두 가지 물음을 함께 제기하면 실정법을 평가하는 기준으로서의 정의에 대한 물음을 제기하는 것이 된다.

오래전부터 법윤리학의 이 두 물음을 완전히 별개의 것으로 취급하고 각각의 물음에 대해 완전히 별개로 대답할 수 있다는 생각이 지배했고, 오늘날에도 그렇게 생각하는 사람들이 많다. 즉 '정당한 법' — 그것이 무엇이든 — 은 우리의 사고와는 대비되는 어떤 실체적 대상, 다시 말해 하나의 '객체'라고 생각하면서, '주체'는 이 객체의 순수한 객관성을 어떠한 주관성도 섞지 않은 상태에서 파악해야 한다고 본다. 이 생각은 엄밀한 자연과학이라는 모범에 지향된 근대 학문의 이상에 부합한다. 그 때문에 오늘날에도 '법철학' 또는 '법윤리학'(예컨대 라렌츠, 『정당한 법』)과 '방법론'(예컨대 라렌츠, 『법학방법론』)을 거의 아무런 관련성도 없이 별개의 분과로 가르치고 서술한다.

하지만 그사이 학문이론에서는 세계가 전적으로 자연과학적 기준과 범주에 따라서만 고찰되고 판단될 수는 없다는 점이 밝혀졌다. 심지어 자연과학의 영역에서조차도 주체와 완전히 분리된 인식은 불가능하다는 점까지 밝혀졌다. 이 점은 당연히 이해과학 — 법학은 여기에 속한다 — 에도 해당한다. 즉 이해과학에서는 — 앞으로 자세히 밝히겠지만 — 주체-객체 도식은 이미 출발점부터 잘못이다. 법학에서는 법을 찾으려는 자에 의해 규정되지 않는 인식이란 있을 수 없으며, 언제나 창조적인 요소가 함께 작용한다(물론 전적으로 창조적이라는 말은 아니다). 따라서 법'인식'은 언제나 법'형성'의 측면도 포함한다. 더 명확하게 말한다면, 법의 구체적인 존재 형태(특히 법정에서 '선고'되는 법)는 **법을 실현하는 과정**에서 비로소 성립한다. 이 점에서 최근에는 '정당한 법'을 법발견 과정의 산물로 파악하는 **절차적 정의이론**이 등장하기도 한다. 물론 이 산물 자체만으로 이미 정의로운 것인지 아니면 이 과정이 어떤 실질적('존재론적') 토대를 갖는 것인지는 다시 물어볼 필요가 있다.

따라서 '정당한 법을 찾는 방법'을 고려하지 않고 '정당한 법'에 관해 말할 수 없다. 즉 '방법'이 없이 '대상'에 관해 말할 수 없다. 그 때문에 이 장을 두 개의 절로 나눈 것은 실질적으로는 잘못이고, 단지 강학상의 목적에 비추어 정당화될 따름이다. 우리는 하나의 문제를 단계를 거쳐 포착할 수 있을 뿐, 한꺼번에 모든 것을 파악할 수는 없기 때문이다. 물론 '도대체' 무슨 문제를 다루는지에 대해 미리 어느 정도는 생각하고 있어야 한다. 앞에서 말했듯이 전체는 부분에 비추어서만 이해할 수 있지만, 이미 전체에 대한 '선이해'가 있을 때만 무엇이 부분인지를 알 수 있다('해석학적 선이해' — 이에 관해서는 나중에 자세히 서술한다). 이런 이유에서 여기 '서언'에서는 독자가 앞으로 전개될 부분적 논의들을 어떠한 '전체'에 편입시켜야 할지를 알 수 있도록 논의의 결론을 미리 짧게 언급하도록 한다.

왜 문제사에 대해 논의해야 할까? 철학과 법철학도 — 그것이 사변에 그치지 않고자 한다면 — **경험**과 **실험**에 의존한다.[1] 철학의 실험은 곧 역사 속에서 철학이 등장한다는 사실이고(이 점에서 역사는 곧 철학의 '사례'인 셈이다), 이 실험은 단순히 가상의 실험이 아니라는 커다란 장점을 지닌다(이는 가상의 실험에서 출발하는 다수의 절차적 정의이론과는 반대된다. 예컨대 각자에게 주어지는 몫이 모든 사람의 합의를 거쳐 확정되는 '근원적 상태'라는 사유에서 출발하는 롤스의 계약모델이나 합의와 진리를 생성하는 힘이 부여되는 '이상적 대화상황'이라는 사유에서 출발하는 하버마스의 논의모델이 그와 같은 절차적 정의이론에 해당한다). 물론 문제사와 관련된 우리의 논의도 이론적 의미의 논의(Diskurs)에 초점을 맞추긴 하지만, 우리의 논의는 **현실의 논의**, 즉 **실제로 이루어졌고 앞으로도 계속 이루어질 논의**에 초점을 맞춘다. 이것이 바로 **영원의 철학**(philosophia perennis)이라는 오래된 사고의 핵심이다. 정의의 원칙들—'각자에게 그의 몫을!', 황금률, 정언명령, 공정의 원칙, 관용의 원칙 등등—을 모든 역사적 경험을 초월해 생각해버리면 이 원칙들은 어떠한 우선 규칙도 제시하지 못하는 '공허한 형식'이 되고 만다. 즉 각각의 시대 상황에 비추어 이 형식에 내용을 채워 넣는 형태로만 이 원칙들이 비로소 의미와 위상을 지닐 수 있게 된다. 따라서 우리는 역사로부터 비로소 우리의 오늘날의 과제를 파악하고 해결해야 한다. 이 점에서 우리는 아무런 목표도 없이 법철학의 역사를 탐구하는 것이 아니라 오늘날 우리에게 제기된 문제를 기준으로 탐구한다. 물론 우리는 서양 법철학의 역사에만 한정할 수밖에 없다. 이 역사가 우리의 법문화를 규정해왔다는 실질적 이유 때문이기도 하고, 공간적 이유 때문이기도 하다. 그렇지만 유럽이 법문화의 유일한 온상은 아니고, 고도의 법문화는 이미 일찍부터 다른 곳—예컨대 바빌로니아와 함무라비 법전을 생각해보자—에서도 존재했다는 사실을 명백히 강조할 필요가 있다. 법철학 그리고 법 자체에 대한 보편사는 아직 쓰이지 않았다.[2]

1 이 점에 관해서는 *Reinhold Zippelius*, Die experimentierende Methode im Recht, in: Akademie der Wissenschaften und die Literatur Mainz, Abhandlungen der geistes- und sozialwissenschaftlichen Klasse, Jg. 1991, Nr. 4 참고.

2 위대한 법학자 포이어바흐(Paul Johann Anselm von Feuerbach; 1775-1833)는 그러한 보편사를 쓰기 시작했지만 완성하지는 못했다. 이에 관해서는 *Gustav Radbruch*, Paul Johann Anselm Feuerbach. Ein Juristenleben, 3. Aufl. 1969, S. 190 이하. 이 밖에도 *A. Kaufmann*, Vergleichende Rechtsphilosophie - am Beispiel der klassischen chinesischen und klassischen abendländischen Rechtskultur, in: Festschrift für Werner Lorenz, 1991, S. 635 이하도 참고.

2.2 법철학의 역사적 전개

법철학의 역사는 상당 부분 이른바 **자연법**(ius naturae, ius naturalis, natürliches Recht, Naturrecht)**의 역사**와 일치한다. 여기서 **'법'은 사실상으로 존재했던 실정법이라는 좁은 의미로 이해해서는 안 된다.** 자연법의 역사는 무언가 마음대로 처분할 수 없는 것 또는 객관적인 것, 다시 말해 객관적 이념이나 통찰 또는 좁은 의미의 '자연(이때 커다란 문제 가운데 하나는 과연 어떤 '자연'을 말하는가이다)'으로부터 인간의 행위 또는 인간의 법과 관련해 인간의 자의를 제한하는 구속력을 지닌 기준과 규범을 도출해낼 수 있는가의 물음을 둘러싼 역사이다. 이 물음은 2천 년 전과 마찬가지로 오늘날에도 여전히 시의성을 지니고 있고, 어쩌면 원자력기술, 유전자기술, 컴퓨터기술의 시대인 오늘날에는 더욱더 시의성을 지닌다고 말할 수 있다.

2.2.1 고대의 법철학

2.2.1.1 **원시시대**(학문 이전의 시대; 기원전 7세기 이전)에는 이 물음이 아직 제기되지 않았다. 법은 그저 전설, 우화, 제례의식, 관습, 인간의 신화[3] 속에 있었을 따름이고, 그 자체 의문이 제기되지 않은 상태로 받아들여졌다. 물론 원시인들도 세계를 설명하려고 했을 것이다. 형이상학적 충동, 즉 '왜?'라는 물음은 인간 자체에 이미 도저히 제거할 수 없도록 심겨있기 때문이다. 하지만 원시인들의 대답은 우주의 구조에 대한 통찰로부터 나온 대답이 아니었고, 사건들의 법칙성을 밝히지도 못했다. 오히려 이들의 대답은 상상의 산물이었다. 즉 자연, 세계, 삶의 현상들을 그저 인간과 비슷할 것으로 여기고 자유로우면서 아무런 계획도 없이 지배하는 초월적 힘에 기인한다고 상상했을 따름이다. 그 때문에 "호머와 헤시오드는 인간이 한 추잡하고 비난받아 마땅한 일 모두를 신의 탓으로 돌린다"라는 크세노파네스의 비아냥[4]이 완전히 틀린 말은 아니다. 어쨌든

3 이에 관해서는 원시적 법의 기원이 인류학적으로 볼 때 우화의 기원과 비슷하다는 흥미로운 내용을 제기하는 *H. Scholler*, Märchen, Recht und Rechtswirklichung, in: Festschrift für Th. Maunz zum 80. Geburtstag, 1981, S. 317 이하 참고.

원시시대에는 모든 것을 신화에 비추어 설명하려고 했고, 법 역시 신화에 토대를 두고 있었다.

이러한 신화적 세계상으로 인해 원시인들은 자신들 바깥과 자신들 속에서 발생하는 근원적 사건들에 대해 아무것도 할 수 없는 무력한(ἀμηχανία) 상태에 놓였다. 그들에게 하늘과 땅, 병과 전쟁, 삶과 죽음은 어두운 신화적 폭력이었다. 이 폭력의 작용과 연관성은 인간이 이해할 수 없는 숙명(μοῖρα)이었고 끊임없이 인간의 삶을 위협하는 적대적인 힘이었다. 그 때문에 원시인들은 그들이 도저히 이해하지 못하는 세계에 던져진 존재로 느꼈고, 존재에 대한 불안은 그들 삶의 동반자였다.

오늘날의 우리에게도 이러한 불안감이 낯설게 여겨지지만은 않는다. 특히 격동의 시기에는 그러한 불안감을 느끼기 마련이다. 어쨌든 원시시대가 끝나가면서 인간이 숙명에 내맡겨져 있다는 불안감을 처리하기 위해 무언가 이성에 기초한 버팀목을 찾아내려는 시도가 처음으로 등장하기 시작한다. 네스틀레는 이러한 시도를 '신화로부터 이성으로'라는 표제어로 표현한다.[5]

2.2.1.2 이 시도와 함께 흔히 소크라테스 이전 시대(Vorsokratik)라고 부르는 시대에 도달하게 된다.[6] 새로운 세계상의 특징은 탈레스(Tales; 기원전 624-547년)와 파르메니데스(Parmenides; 기원전 520년경-460년)에서 나타나듯이 최초의 근원, 즉 존재, 세계, 인간의 제1원칙에 대한 근본적 탐색 그리고 양극적 사고방식이었다. 다시 말해 어떤 속성을 파악할 때는 반드시 그 속성과 반대되는 속성까지 함께 고려하는 사고방식이 등장했다. 이런 의미에서 아낙시만더(Anaximander; 기원전 610년경-547년 이후)는

4 *Xenophanes*, Fragment 11. 소크라테스 이전의 사상가들이 남긴 단편들은 헤르만 딜스(Hermann Diels)의 편집으로 출간되었고, 그의 사후에 발터 크란츠(Walter Kranz)가 이어받아 출간되었다. 단편의 일련번호는 *Diels/Kranz*, Fragmente der Vorsokratiker, 3 Bde., 2004/2005에 따른다.

5 *Wilhelm Nestle*, Vom Mythos zum Logos. Die Selbstentfaltung des griechischen Denkens(1940), 1998. 이 측면을 법에 적용하는 문헌으로는 *René Marcic*, Geschichte der Rechtsphilosophie, 1971, S. 152 참고.

6 이 시대에 관해 자세히는 *A. Verdross*, Abendländische Rechtsphilosophie; Ihre Grundlagen und Hauptprobleme in geschichtlichen Schau, 2. Aufl. 1963, S. 7 이하 참고. 이 시기에 대한 포괄적인 지식이 필요한 때는 *Erik Wolf*, Griechisches Rechsdenken, 4 Bde., 1950 참고. 상당히 익살스럽지만 얼마든지 진지하게 고려할 가치가 있는 *L. De Crescenzo*, Geschichte der griechischen Philosophie, 1. Bd.: Die Vorsokratiker, 1985; 2. Bd. Von Sokrates bis Platon, 1990도 참고.

존재와 질서(오늘날의 표현으로는 존재와 당위)를 사유적으로 구별했지만, 양자를 하나의 통일체로 보았다. 즉 존재하는 모든 것은 질서 속에 존재하는 것이라고 한다.[7] 서양의 가장 오래된 법사상에 해당하는 이 말은 실존철학적 언명을 포함하고 있다. 즉 인간이라는 존재 자체와 함께 인간으로 존재할 권리(법) 역시 존재하고, 따라서 각각의 고유한 존재가 자기 자신을 주장할 권리가 있으며, 이 권리는 다른 인간 존재에 대해서도 인정되어야 한다(이 사고는 나중에 "각자에게 그의 몫을"이라는 형식으로 규정된다). 이 맥락에서는 피타고라스(Pythagoras; 기원전 570년경-510년 이후)도 언급해야 한다. 그는 일종의 사회적 정의에 관한 사고를 전개했는데, 사회적 정의의 본질이 숫자의 질서에 비견되는 조화라고 말했다.

'어두운 사람'이라고도 불렸던 헤라클레이토스(Heraklit; 기원전 520년경-460년)에서는 초기 그리스 철학자들의 양극적 사고방식이 가장 완벽하게 표현되어 있고, 이 점에서 헤라클레이토스는 그 이후의 모든 사상가에게 영향을 미쳤다. 즉 현상세계(*φαινομενα*)의 배후에 진정한 존재인 이데아의 세계(*νουμενα*)가 있다(이 점에서 파르메니데스가 생각한 존재와 일치한다)는 플라톤의 이데아론과 모든 생생한 변화의 원칙으로서의 '엔텔레키(Entelechie)'를 주장한 아리스토텔레스의 이론은 헤라클레이토스로부터 영향을 받은 것이다. 헤라클레이토스의 세계상에서는 오로지 과정적인 것, 즉 변화만이 자리 잡는다["같은 강물에 두 번 발을 담글 수 없다" 또는 "만물은 변한다(*παντα ρει*)"는 헤라클레이토스가 한 말이 아니라고 보는 게 맞는다]. 그에 따르면 모든 사물은 대립을 통해 성립하고, 모든 사건은 세계법칙, 세계이성, 로고스에 의해 지배된다. 상당히 논란이 많은 그의 유명한 단편 114 "인간의 모든 법은 신의 법을 자양분으로 삼는다"[8] 역시 이런 의미로 이해할 수 있다. 이 말에서 처음으로 인간이 제정한 규범의 정의가 자연적 정의와 구별되고,[9] 실정법이 자연법과 뚜렷이 구별되며, 이로써 이성적 정의이론과 자연법론이 시작된다.

---

7 이에 관해서는 *Erik Wolf*, Das Problem der Naturrechtslehre, Versuch einer Orientierung, 3. Aufl. 1964, S. 33 참고. 다만 이는 원문을 상당히 자유롭게 번역한 것이다. 이 번역에 관해서는 *Erik Wolf*, Griechisches Rechtsdenken, Bd. 1, 1950, S. 226 이하, 특히 233 이하에 자세히 설명되어 있다.

8 이 맥락과 관련해 흥미로운 연구로는 *P. Eisenhardt/D. Kürth/H. Stiehl*, Du steigst nie zweimal in denselben Fluß. Die Grenzen der wissenschaftlichen Erkenntnis, 1998도 참고.

9 이에 관해서는 *G. Radbruch*, Vorschule der Rechtsphilosophie, 3. Aufl. 1965, S. 20; GRGA, Bd. 3, 1990, S. 138 참고.

물론 양자, 즉 법률과 자연은 본질적 통일성으로 파악되긴 하지만, 사고하는 정신이 양자를 구별해 인식하고, 따라서 양자가 서로 분리될 가능성을 예상하는 셈이다.

그 이후 오늘날까지도 법에 관한 이 같은 양극적 사고는 여전히 커다란 영향력을 행사하고 있다. 즉 고대에는 자연과 인간의 법제정을 대립 관계로 보았다면, 중세에는 신법과 세속법을 대립 관계로 보았으며(물론 신법과 인정법의 중간에 자연법이 위치했다), 근대에 들어 이 대립 관계는 이성질서와 강제질서의 대립 관계로 대체되었다. 이 고대, 중세, 근대라는 세 개의 시대에 걸친 '고전적 자연법론'은 세 가지 공통의 본질적 특성을 갖는다. 1. 자연법은 불변이고 보편타당하다. 즉 자연법은 모든 시대 모든 인간에 대해 구속력을 갖는다. 2. 자연법은 이성을 통해 인식할 수 있다. 3. 자연법은 실정법의 척도일 뿐 아니라, 실정법이 자연법과 모순될 때는 실정법을 대체하기도 한다(이미 여기서 '법률적 불법'이라는 사고가 등장한다). 물론 조금 뒤에 우리는 고대의 자연법론 그리고 부분적으로는 중세의 자연법론이 언제나 이 도식을 따르지는 않았다는 사실을 보게 된다.

2.2.1.3 이미 소피스트들[10]은 자연법을 강하게 비판하기 시작했다. 가장 유명한 소피스트인 프로타고라스(Protagoras; 기원전 48-410년)[11]는 우주론적 사고로부터 인간 중심의 사고로의 전환을 불러일으켰다. 프로타고라스에 따르면 로고스나 존재가 아니라 인간이 만물의 척도이고, 더욱이 이때 인간은 윤리적 인격으로서의 인간이 아니라 경험적 인간을 말한다. 이 "인간이 만물의 척도다"라는 사상을 통해 객관적 법사상으로부터 주관적 법사상으로 향하는 길과 가치이론적 상대주의로 향하는 길이 열렸다. 프로타고라스의 상대주의는 그나마 온건한 상대주의였다. 고르기아스(Gorgias)와 트라시마코스(Trasymacos; 양자 모두 기원전 450년에서 350년 사이에 생존했다)는 더욱 극단적 상대주의를 표방했고, 에피쿠로스(Epikur; 기원전 371-270년)와 카르네아데스

10 소피스트들의 자연법에 관해서는 앞에서 언급한 Verdross, Erik Wolf, Marcic의 책 이외에도 *H. Welzel*, Naturrecht und materiale Gerechtigkeit, 4. Aufl. 1962(영인본 1980), S. 12 이하도 참고. 이 네 저자의 책은 본문에서 전개될 이하의 서술에서도 중요한 역할을 한다.

11 프로타고라스의 사상은 주로 플라톤의 대화편 「고르기아스」와 「테아이테토스」를 통해 알려져 있다.

(Karneades; 기원전 214-129년)는 그 어느 것도 자연적으로 정의롭지 않다는 회의적인 관점을 찬양했으며, 칼리클레스(Kallikles; 기원전 5세기)는 심지어 누구나 어떠한 수단을 동원해서라도 자신의 욕망을 충족할 권리가 있다고 여기기까지 했다. 즉 강자들의 자연적 권리와 법을 인정하면서 폭정마저도 정당화했다. 하지만 다시 프로타고라스로 되돌아가 보자. 그는 이미 객관적 진리를 부정하면서, 인간이 자신의 감각으로 지각하는 것만이 진리일 수 있으며, 따라서 진리란 지각하는 주체와 관련되기에 상대적일 따름이라고 생각했다. 이러한 사고를 통해 노모스(Nomos)와 피시스(Physis)는 서로 극명한 대립 관계에 놓이게 되었다. 그리하여 인간의 합의를 통해 확정된 실정적 규범만이 효력을 갖는다고 한다. 이 점에서 — 약간의 무리가 있을지 모르지만 — 소피스트들은 학문적 실증주의의 기원이라고 말할 수 있다. 하지만 이들은 — 상대주의적 — 민주주의의 기원이라고도 말할 수 있다. 프로타고라스의 주관주의는 개인주의적 주관주의가 아니라 집단적 주관주의이기 때문이다. 즉 다수의 견해가 결정을 내리기 때문이다. 따라서 합의를 통해 확정된 실정규범만이 법으로서 효력을 갖는다. 다시 말해 다수가 무엇이 같은 것(평등)이고 무엇이 같지 않은 것(불평등)인지에 대해 결정을 내린다. 물론 "같은 것은 같게 다른 것은 다르게 다루어야 한다"라는 법원칙은 이미 전제되어 있지만, 무엇을 같은 것 또는 같지 않은 것으로 다룰 것인지에 관해서는 다수가 결정한다.

그러나 과연 어떠한 기준에 따라 다수가 자의를 배제한 상태에서 이러한 결정을 내릴 수 있는가? 법철학의 핵심적 물음에 해당하는 이 물음은 이미 고대 그리스에서 완전하게 포착된 물음이었다. 「프로타고라스」에서 플라톤은 히피아스(Hippias)의 입을 통해 이렇게 말한다. "내 생각으로는 우리가 서로 친척, 친구, 동료 시민인 것은 법률을 통해서가 아니라 자연적으로 그런 것일세 … 그러니 우리가 사물의 자연(본성)을 잘 알면서도 … 이 존엄에 걸맞지 않게 행동한다면 참으로 큰 해악이 될 걸세."[12] 하지만 무엇이 '인간의 자연'이고 무엇이 '사물의 자연'일까? 강자가 언제나 옳다는 것이 자연일까? 아니면 소피스트 안티폰(Antiphon; 기원전 5세기)이 말하듯이 "우리 모두 입과 코로 숨을 쉬고 손으로 밥을 먹는다"라는 사실이 곧 인간의 자연이 평등하다는 의미일까?[13]

12 *Platon*, Protagoras 337 c, d.
13 *Antiphon*, Fragment 44.

이 점과 관련해 벨첼은 인간의 자연이 지닌 극도로 가변적이고 다양한 형태가 은연중에 특정한 자연법 사상가 자신이 원하는 형태로 고정되는 과정을 거쳤다고 말한다.[14] 이 점이 바로 많은 논의가 이루어지는 '자연법적'(또는 '자연주의적') '순환논법'이다. 이 순환논법이 정확히 무엇인지에 대해서는 여기서는 일단 자세히 논의하지 않겠다. 그렇지만 소피스트들 이후 자연개념이 법철학의 핵심이 되었다는 사실만은 이 지점에서 분명히 확인할 수 있다. 고대와 중세는 이 자연개념을 주로 존재론적 개념 또는 실체적 개념으로 이해했다. 그러다가 칸트가 비로소 이러한 존재론적 또는 실체적 견해를 극복하는 데 성공했다. 물론 칸트 이전에도 이미 예컨대 플로티누스(Plotin)처럼 존재론적 또는 실체존재론적으로 사고하지 않은 철학자들이 있었다.[15]

2.2.1.4 소피스트 철학 이후 이 철학을 완성하고 동시에 극복한 철학의 시대는 **아테네 고전철학**의 세계이다. 이 고전철학의 시발점은 소크라테스(Sokrates; 기원전 469-399년)이다. 소크라테스의 가르침은 대부분 그의 제자인 플라톤을 통해 우리에게 알려졌고, 일부분은 크세노폰(Xenophon)을 통해서도 알려졌다. 소크라테스는 철학을 인간의 내면 쪽으로 향하도록 만들었다. 즉 그의 철학은 — 비록 고대와 중세에는 인간학적 물음이 별개로 존재하지는 않았지만 — 인간학적 사고를 향한 최초의 시도였다. 소크라테스는 소피스트들과 마찬가지로 윤리적 세계이성을 무비판적으로 믿지는 않았지만, 이와 동시에 소피스트들의 주관주의와 상대주의를 극복하고자 했다. 즉 그에게 중요한 것은 객관적 진리 영역에 도달하기 위한 길을 찾는 일이었다. 이 길은 곧 인간의 내면으로 침잠하는 것, 즉 "너 자신을 알라!"였다. 자연법칙은 인간의 가슴에 있으며, 영혼이 인간에게 윤리적 척도를 부여하며, 이 척도는 설령 외부의 권위가 흔들릴지라도 인간에게 계속 남아 있다고 한다. 이로써 소크라테스는 생득주의적(nativistisch) 자연법론을 창설했고, 훗날 키케로, 사도 바울, 아우구스티누스, 크리소스토무스

14 *Welzel*, Naturrecht(각주 10), S. 16.

15 자연개념에 관해서는 *A. Kaufmann*, Die 'Natur' in rechtswissenschaftlichen und rechtsphilosophischen Argumentation, in: *G. Fuchs*(Hrsg.), Mensch und Natur: auf der Suche nach der verlorenen Einheit, 1989, S. 121; *ders.*, Gibt es Rechte der Natur?, in: Festschrift für G. Spendel, 1992 참고. 이 밖에 *H. Klenner*, Vom Recht der Natur zur Natur des Rechts, 1984; *D. Böckle*(Hrsg.), Der umstrittene Naturbegriff, 1987도 참고.

(Chrysostomus) 등 많은 후계자를 낳게 되었다.

이와 동시에 소크라테스는 도덕적인 것에 관한 객관적-윤리학적 문제, 즉 정의로운 것, 선한 것, 덕 있는 것의 내용에 대한 물음과 씨름했다. 이 맥락에서 법과 도덕의 관계 역시 문제가 되었다.[16] 그리고 소크라테스를 통해 또 다른 사상 하나가 — 물론 그의 이론이 아니라 그의 삶을 통해 — 중요한 의미를 지니게 되었는데, 그것은 바로 법률의 정의에 관한 사상이다. 소크라테스는 법률에 부합하는 것이 정의로운 것으로 여겼고(이는 나중에 아퀴나스의 사상에서 다시 등장한다), 따라서 설령 법률이 무언가 잘못된 법률이거나 심지어 범죄적인 법률일지라도 법률에 복종해야 할 필요가 있다고 생각했다. 잘 알려져 있듯이 이런 생각 때문에 그는 자신에 대한 사형판결을 묵묵히 받아들였다. 감옥에서 도망가도록 도와주겠다는 크리톤(Kriton)의 제안을 거절하면서 소크라테스가 제시한 반론은 오늘날에도 현실성을 지니고 있다. "자네 생각에는 선고된 판결이 아무런 힘도 갖지 못하고, 개인이 판결을 무효로 만들어버리고 판결의 집행을 가로막는 나라가 계속 존재할 것 같은가 아니면 소멸할 것 같은가?"[17] 이는 예외 없는 법률준수와 법적 안정성에 대한 어마어마한 찬양이다. 물론 법적 안정성은 모든 법에서 중요한 의미가 있는 요소이다. 하지만 그렇다고 해서 어떠한 예외도 없이 절대적으로 타당한 요소는 아니어야 한다. 이 점 역시 인간의 역사가 잘 보여주고 있다.

소크라테스와 마찬가지로 아테네 '아카데미'의 창립자인 플라톤(기원전 427-347년)[18]도 단순히 주관적 생각(*δοζα*)에 기원하는 것이 아니라 보편타당한 인식(*επιστημη*)을 뜻하는 사고 내용이 무엇인지를 탐구했다. 즉 감각세계의 변화와 불확실성에서 벗어나 영원히 똑같이 남아 있는 사고 내용을 탐구했다. 스승 소크라테스처럼 플라톤도 모든 의심에서 벗어난 진리의 영역으로 들어서고자 했지만, 이 영역을 플라톤은 인간의 영혼이 아니라 현세의 모든 현상에 앞서 있는 절대적 형식 또는 이념에서 찾으려고 했다. 플라톤이 말하는 절대적 형식 또는 절대적 이념(*ιδεα*, *ειδοs*)은 진정한 존재자이다. 왜냐하면 이 형식 또는 이념은 언제나 똑같은 선험적 내용이고, 따라서 영원히 변

16 이에 관해 자세히는 *Verdross*, Rechtsphilosophie(각주 6), S. 24 이하 참고.

17 *Platon*, Kriton 50.

18 플라톤에 관해서는 *K. Jaspers*, Plato, 1976 참고.

하지 않기 때문이다(이를 설명하기 위한 플라톤의 비유 가운데 가장 유명한 것은 '동굴의 비유' 이다. 이 비유에 따르면 우리는 동굴 속에 있고, 따라서 빛의 궁극적 원천, 즉 선 이념을 상징하는 태양에 다가가기 위해서는 여러 걸음을 거쳐 동굴에서 벗어나야 한다[19]). 이로써 플라톤은 이데아론의 창시자가 되었고, 파르메니데스의 객관적-관념론적 철학을 계속 발전시켰다. 이 철학은 특히 헤겔 철학과 같이 그 이후의 세기에 — 물론 여러 측면에서 변형을 거치긴 했지만 — 빈번히 등장하는 철학이 되었다.

폴리스의 핵심은 정의 이념이고, 이 이념을 플라톤은 각자가 자신이 해야 할 몫을 이행함으로써 폴리스 공동체에 이바지하는 데 있다고 보았다(*το τα αυτου πραττειν*).[20] 예컨대 농부는 먹거리를 생산하고, 상인은 물건을 판매하는 것 등이 여기에 해당한다. 이 점에서 플라톤은 폴리스의 정의를 무엇보다 각 개인이 공동체에 이바지하는 활동과 관련된 정의로 이해했지만, 각자가 공동체로부터 자신의 몫을 받는 것도 정의라고 언급한다.[21] 즉 플라톤은 훗날 배분적 정의라고 지칭되는 형태의 정의도 알고 있었던 셈이다. 이렇게 해서 플라톤은 칸트에 이르기까지 거의 모든 위대한 사상가와 로마법대전과 같은 수많은 법률텍스트에서 등장할 정도로 서양의 역사에서 핵심적 지위를 차지하는 정의공식인 "각자에게 그의 몫을(Suum Cuique)"의 창시자가 되었다. 플라톤은 이 공식에서 각자가 공동체에 이바지하는 측면을 강조했지만, 그의 제자 아리스토텔레스는 이와 반대되는 방향, 즉 각자가 자신의 몫을 공동체로부터 받아야 한다는 측면에 해당하는 배분적 정의를 더 강조한다. 각자가 공동체를 위해 자신의 몫을 이바지해야 한다는 플라톤의 사고는 원칙적인 이성적인 사고이고, 오늘날에도 원활하게 기능하는 모든 공동체에서 실현되는 사고이다. 예컨대 시장에서 존립하고자 하는 모든 기업에서는 엔지니어가 기술적 문제를 담당하고, 판매 담당자가 기업의 경제적 문제를 처리해야 하지, 이 관계가 거꾸로 되어서는 안 된다. 그리고 의사가 법률상담을 하고 법률가가 의사 역할을 하기를 우리는 원하지 않는다. 따라서 플라톤이 말하는 정의는 공동체 내에서의 기능적 분업 또는 역할의 분담과 관련된 것이다. 이 점은 공동체 내에서의 정의

---

19 *Platon*, Politeia 517b.

20 *Platon*, Politeia 433a 이하. 이에 관해서는 *von der Pfordten*, Rechtsethik, 2011, 216 이하, 222도 참고.

21 *Platon*, Politeia 433e.

와 관련된 한 가지 중요한 측면이다. 물론 — 앞으로 보게 되듯이 — 유일한 측면은 아니다. 이처럼 정의를 전적으로 역할 분담의 측면에서만 이해하는 것은 정의에 관한 완전한 이해라고 할 수 없다. 이 문제점과는 별개로 플라톤에서는 다시 두 가지 물음이 제기된다. 첫째, 정의에 대한 이런 식의 규정만으로는 공동체 전체가 어떠한 방향으로 가야 하는지를 아직 알 수 없다. 이 물음에 대답하기 위해 플라톤은 선(善)이라는 최상의 이념을 끌어들인다. 즉 정의는 선이라는 최상의 이념을 구성하는 부분적 측면일 뿐이라고 한다. 둘째, 그렇다면 누가 선 이념과 정의를 인식해야 하는가의 문제가 제기된다. 플라톤에 따르면 오로지 소수의 선택되고 섬세한 교육을 받은 전문가 또는 학자 집단만이 인식할 수 있다고 한다. 즉 넓은 의미의 철학자 지배자 — 오늘날 좁은 의미로 사용되는, 특정한 학문분과로서의 철학이 아니다 — 가 그와 같은 인식을 수행해야 한다는 것이다.[22] 이러한 정치적 전문가들이 폴리스를 통치해야 하고, 실제적인 관리와 행정은 역시 특수한 교육을 받은 두 번째 집단인 공직자와 감독자에 맡겨야 한다고 한다. 이 두 번째 집단은 오늘날의 모든 민주주의에서도 찾아볼 수 있는 국가 공무원이라는 특수집단에 해당하는 반면, 전문가 지배집단과 관련된 플라톤의 제안은 오늘날의 이해에 비추어 보면 비민주적이다. 즉 플라톤은 능력에 지향된 분업과 역할 분담이라는, 그 자체 합리적인 사고를 극단적으로 첨예화한 나머지 공동체 전체를 위해 무엇이 좋은 것인지에 대해 정치적 결정을 내릴 때는 모든 시민의 이익이라는 내용적 측면과 이들의 의사 표현이라는 형식적 측면을 고려해야 한다는 사실을 이해할 수 없었다. 즉 플라톤은 이른바 **규범적 개인주의**(normativer Individualismus)의 근본적 통찰을 무시했다. 이 규범적 개인주의에 따르면 단순히 공동체라는 추상적 가치(선)가 아니라 관련된 모든 개인의 이익이 고려해야 할 궁극적 측면이다.[23]

따라서 훗날 헤겔의 객관적 관념론이 그랬듯이 플라톤의 이데아론도 이미 비민주적이고 권위적인 국가이론의 토대로 이용되었다. 플라톤은 원칙적으로 모든 시민이 국가의지의 형성에 참여할 수 있다고 했던 프로타고라스의 민주주의적 사고에 동의하지 않

22 *Platon*, Politeia 433d.

23 이에 관해서는 *von der Pfordten*, Normative Ethik, 2010; *ders.*, Rechtsethik(각주 20), S. 267 이하; *ders.*, Rechtsphilosophie. Eine Einführung, 2013, S. 106 이하 참고.

았다. 플라톤의 견해에 따르면 오로지 극소수의 사람만이 무엇이 공동체에 최상의 것인지를 알고 있으며, 이 극소수의 사람이 무지한 자들을 강제를 동원해서라도 지배해야 한다. "그렇다고 해서 피지배자들을 노예처럼 지배해야 한다는 트라시마코스의 견해를 따른 것은 아니다. 오히려 신적이고 이성적인 자의 지배를 받는 것이 피지배자와 노예 모두에게 최상의 길이라고 생각했다. 물론 플라톤으로서는 모두가 각자의 내면에 자신 나름의 신적이고 이성적인 지배자를 품고 있다면 그것이 최상의 상태라고 생각했다. 하지만 그렇지 않다면 외부에서 각자에게 명령을 내리고, 이를 통해 모두가 똑같은 자의 지배를 받으면서 각자의 능력에 따라 서로 비슷해지고 서로 친구가 되는 수밖에 없다."[24] 이렇게 볼 때 플라톤은 선을 지향하도록 강제하는 일이 윤리적으로 정당화된다(이는 평등을 위해서도 중요하다)고 가르친 셈이고, 이러한 강제는 의사가 치료를 위해 환자에게 강제를 행사할 수 있는 것과 같은 이치라고 한다.[25] 물론 이러한 생각이 그의 자유개념과 어떻게 합치할 수 있는지는 별개의 문제이다.[26] 어쨌든 플라톤은 민주주의를 이상적인 국가형태로 보지 않았고, 귀족정 또는 군주정을 선호했다는 사실은 분명하다. 물론 플라톤이 살던 당시 아테네의 정신적 및 정치적 상황을 고려하면서 국가형태의 문제를 제대로 포착하기 위해서는 예컨대 헤르도토스(Herdot; 기원전 500-424년), 페리클레스(Perikles; 기원전 499-429), 투키디데스(Thukydides; 기원전 460-400년)와 같이 다른 많은 사상가도 함께 고려해야만 한다. 그러나 그렇게 되면 책 한 권이 또 필요할 것이다.

이념 자체가 그렇듯이 법이념도 영구불변의 참된 법의 존재자이고, 따라서 완벽하고 영구불변의 지식의 대상이다. 이 맥락에서 플라톤이 대화편 「정치가」의 마지막 부분에서 법률(νομos)과 통찰력(φρονησιs)의 관계를 어떻게 파악하는지에 주목할 가치가 있다. "어떤 측면에서는 법률을 제정하는 기술이 통치의 기술에 속하는 게 분명하다. 하지만 최상의 상태는 법률이 힘을 갖는 것이 아니라 통찰력을 지닌 제왕과 같은 자가

---

24 *Platon*, Politeia 509d.

25 *Platon*, Politikos 296.

26 이에 관해서는 *H.-G. Gadamer*, Platos dialektische Ethik. Phänomenologische Interpretation zum Philebos, 1983 참고.

힘을 갖는 상태이다 … 왜냐하면 법률은 모든 사람에게 가장 잘 부합하고 가장 정의로운 것을 정확히 포함할 수 없고, 따라서 진정으로 최상의 것을 명령할 수 없기 때문이다."[27] 즉 플라톤은 법률을 불신했고, 그보다는 이념에 기초해 객관적 또는 자연적으로 의무를 부과하는 것을 중시했다. 그리고 플라톤은 훗날 신스콜라철학에서 활발한 논의의 대상이었던 물음을 이미 제기했다. "경건한 자는 경건하기 때문에 신의 사랑을 받는 것인가 아니면 신의 사랑을 받기 때문에 경건한 것인가?"[28] 이 물음과 관련해 플라톤은 자신의 초기 대화편 「에우튀프론」에서 예컨대 두 번째 의미로 이 물음에 대답하는 훗날의 사도 바울과는 달리 이 대화편의 주인공 소크라테스가 명확한 대답을 하지 않는 상태로 남겨 놓았다. 그의 노년의 저작인 「법률(Nomoi)」에서 플라톤은 신을 입법자로 여기면서 법률의 지배를 차선의 해결책으로 인정한다.[29] 여기서도 플라톤은 평등의 문제를 논의하고, 정의는 산술적 평등이 아니라 비례적 평등(관계의 평등, 유비Analogie)으로 파악해야 한다는 이론을 펼친다. 이 이론을 더욱 섬세하게 구성한 것은 아리스토텔레스이다.

스타게이라 태생의 아리스토텔레스(기원전 384-322년)에서 고대 자연법론은 정점에 도달한다. 20년 동안 플라톤의 제자였던 그는 객관적이고 자연적인 의무에 관한 스승 플라톤의 견해를 수용하면서도 결정적인 점에서 변경을 가한다. 이와 관련해서는 특히 두 가지 측면이 중요하다. 첫째, 아리스토텔레스는 객관적 의무를 플라톤보다 더 강하게 자연개념과 결합하고, 이를 통해 자연 또는 '자연적인 것'을 통한 의무라는 좁은 의미의 자연법을 창시하게 된다. 둘째, 아리스토텔레스는 모든 존재자에서 형식과 소재가 통일성을 갖는다고 가르친다. 이 두 측면을 결합해 아리스토텔레스는 자연(φυσις)이 언제나 대상의 실재와 관련된 완전한 형식이라는 테제를 제기한다. 즉 자연에 부합하는 것이 한 사물의 최상의 상태라고 한다.[30] 여기서 자연은 가치와 관련된 개념이지, 단

---

27 *Platon*, Politikos 294a, b.

28 *Platon*, Euthyphron 10a.

29 *Platon*, Nomoi 624a.

30 *Aristoteles*, Politik 1254a. 아리스토텔레스에 관한 문헌을 일일이 열거하는 것은 애당초 불가능하다. 단지 우리의 맥락에서 중요한 문제와 관련해서는 *M. Salomon*, Der Begriff der Gerechtigkeit bei Aristoteles, 1937; *G. Bien*, Die Grundlagen der politischen Philosophie bei Aristoteles, 1985; *F.-P. Hager*(Hrsg.), Ethik und Politik des Aristoteles, 1972; *W. Siegfried*, Der Rechtsgedanke bei Aristoteles, 1947; *J. Ritter*,

순히 사실상으로 존재한다는 의미의 경험적 개념이 아니다.

자연적 정의와 실정적, 법률적 정의의 구별은 아리스토텔레스에서는 너무나도 당연한 구별이다. 그 이전의 사상가들과는 반대로 아리스토텔레스는 실정법의 완전성과 실정법의 완벽한 타당성에 대해 매우 회의적이었다. 그는 (우리가 2차 세계대전 이후에 다시 배우지 않을 수 없었던 것처럼) 부정의한 법률이 존재할 수 있다는 사실을 이미 인식했고, 그와 같은 '법률적 불법'을 형평(επιεικεια)을 통해 수정해야 한다고 요구했다. 즉 소크라테스가 절대시했던 법적 안정성은 아리스토텔레스에서는 다시 이성적인 정도에 맞게 축소되었다.

아리스토텔레스에서는 처음으로 자연법과 실정법의 개념정의도 등장한다. "폴리스의 법은 자연법과 제정법(실정법)으로 나뉜다. 인간에게 좋게 여겨지든 나쁘게 여겨지든 관계없이 어디에서나 똑같이 효력을 갖는 법은 자연법이고, 내용은 아무래도 상관없이 일단 법률을 통해 확정되어 특정한 내용을 갖는 법은 제정법이다."[31] 즉 아리스토텔레스는 자연법도 폴리스의 법이라고 한다. 이는 결코 우연이 아니다. 아리스토텔레스의 사상에서 폴리스, 즉 국가는 모든 인간 공동체의 목표이다. 국가만이 그 어느 것에도 의존하지 않는 독립성을 갖기 때문이다. 그래서 인간은 — 자주 인용되듯이 — 국가를 형성하는 존재, 즉 정치적 동물(ξωον πολιτικον)이다.[32]

『니코마코스 윤리학(Nikomachische Ehtik; '니코마코스'는 아들 이름이다)』 제5권에서 아리스토텔레스는 오늘날까지도 정의의 문제에 관한 진지한 사고의 출발점을 형성하는 정의이론을 펼친다. 정의이론의 핵심은 평등(같음)이다. 예컨대 칸트와 같이 훨씬 더 훗날의 학자들은 평등을 형식적 또는 산술적 평등으로 이해(같은 것은 똑같은 것으로 갚아야 한다. 머리는 머리로, 피는 피로, 이는 이로)한 반면, 아리스토텔레스는 적어도 배분적 정의의 범위 내에서는 평등을 비례적, 기하학적, 유비적(analogisch) 평등으로 인식한다.[33] 그는 "'같음'이란 … 너무 많은 것(υπρβ ολη)과 너무 적은 것(ελλειψιs)의 중간(μ

'Naturrecht' bei Aristoteles, 1961; *O. Höffe*, Praktische Philosophie. Das Modell des Aristoteles, 1971; *A. O. Rorty*(Hrsg.), Essays on Aristotle's Ethics, 1980; *W. v. Leyden*, Aristotle on Equality and Justice, 1985; *H. A. Fechner*, Über den Gerechtigkeitsbegriff des Aristoteles, 2. Neudruck der Ausgabe Leipzig 1855, 1987 참고.

31 *Aristoteles*, Nikomachische Ethik 1134b.

32 *Aristoteles*, Politik 1253a.

εσον)이다 … '같음'이 중간이라면 법 역시 중간이다 … 따라서 법은 무언가 비례적인 것이다 … 비례적인 것은 곧 중간이기 때문이고, 정의로운 것은 곧 비례적인 것이다"[34] 라고 말한다(여기에 주석을 달자면 이렇게 말할 수 있다. 즉 살인자에 대한 형벌과 절도범에 대한 형벌 사이에 정당한 비례가 존재한다. 살인자:절도범 = 종신형:1년 징역형. 따라서 살인자를 처형하고 절도범의 손가락을 자르는 것이 정의라고 말하지 않는다). 비례는 척도(μετρον)를 필요로 하고, 유비는 비교의 기준(teritium comparationis)을 필요로 한다. 이러한 척도를 제공하는 기준을 아리스토텔레스는 '가치(axia; Würdigkeit)'라고 부른다.[35] 이로써 정의를 둘러싼 물음의 핵심지점과 이 물음이 안고 있는 모든 문제점을 다루고 있음을 분명히 알 수 있다.

아리스토텔레스는 정의를 두 가지 종류로 구별한다. 이에 따라 평등 역시 두 가지 다른 형태로 규정된다. 하나는 **평균적 정의**(iustitia communitativa)이고, 다른 하나는 **배분적 정의**(iustitia distributiva)이다.[36] 평균적 정의는 자연적으로 같지 않지만, 법률 앞에서는 같은 것들 사이의 정의이다[이를 아리스토텔레스는 '교정적' 정의(δικαιον διανεμτικον)라고 부른다]. 이 정의는 법률이 평등하다고 정립한 자들 사이에서 이루어지는 급부와 반대급부(상품과 가격, 손해와 배상)의 절대적 평등을 뜻한다. 특히 쌍방적으로 교환이 이루어지는 사법적 관계에서 이러한 정의를 관찰할 수 있다(그래서 교환적 정의라고 부르기도 한다). 이에 반해 배분적 정의는 다수의 사람을 정의롭게 다루기 위한 비례적 평등을 뜻한다. 즉 품격, 능력, 필요를 기준으로 권리와 의무를 분배하는 정의(δικαιον διανεμητιον)가 곧 배분적 정의이다. 예컨대 소득의 차이에 따라 다르게 과세하거나 근무 기간과 자격의 관점에서 공무원의 승진을 결정하는 경우가 여기에 해당한다. 다시 말해 배분적 정의는 훗날 키케로가 라틴어로 번역한 "각자에게 그의 몫을 분배하라(suum cuique tribuere)!"라는 의미의 정의이다. 이 배분적 정의는 실정법의 토대이

33 정의와 법의 핵심문제로서의 유비에 관해서는 *A. Kaufmann*, Analogie und 'Natur der Sache'. Zugleich ein Beitrag zur Lehre vom Typus, 2. Aufl. 1982; *F. Romeo*, Analogie. Zu einem relationalen Wahrheitsbegriff im Recht, 1991; *P. Nerhot*(Hrsg.), Legal Knowledge and Analogy, 1991 참고.

34 *Aristoteles*, Nikomachische Ethik 1131a, 1131b, 1132a.

35 *Aristoteles*, Nikomachische Ethik 1131a.

36 *Aristoteles*, Nikomachische Ethik 1130b 이하.

다. 왜냐하면 사법의 평균적 정의는 배분적 정의라는 공적 활동을 전제하기 때문이다. 예컨대 민법상의 권리능력과 행위능력과 같은 특정한 지위의 인정과 법적 거래에 참여하는 인격들의 평등화(이는 예컨대 아동, 미성년자, 성년 등으로 구별하는 것과 같은 불평등화도 포함한다. 물론 구별된 각 집단 내부에서는 다시 평등화를 전제한다)를 전제하기 때문이다.

아래의 첫 번째 도표에서는 플라톤이 강조한, 공동체에 이바지하는 활동의 정의 — 훗날 아퀴나스는 이 정의를 법률적 정의(iustitia legalis)라고 부른다[37] — 도 함께 고려했다. 이 정의를 통해 예컨대 세금이나 단체회비를 납부하는 것과 같이 공동체에 대한 개인의 의무가 표현된다.

〔도표 1〕

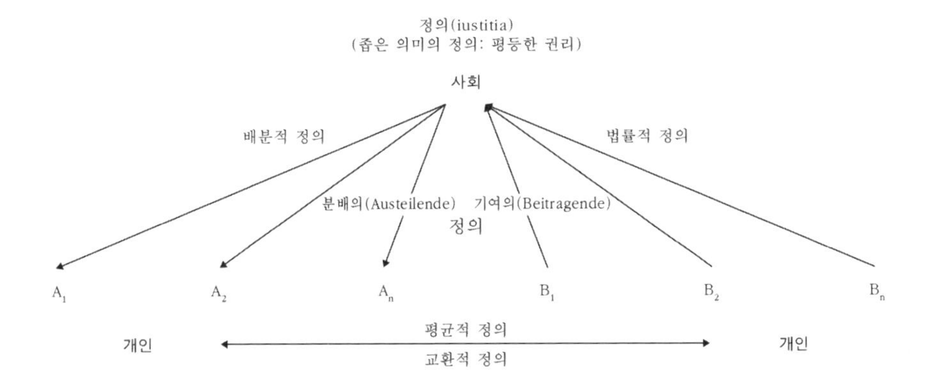

오늘날의 상황을 고려한다면 다양한 형태의 정의는 형벌을 예로 들어 더 명확하게 밝힐 수 있다. '절대적 이론'처럼 형벌을 응보('책임 상쇄')로 파악하면, 형벌의 정의는 곧 평균적(상쇄적) 정의이다. 즉 책임과 형벌 사이에 절대적 대칭을 수립하는 것이 정의로운 형벌이 된다(이런 의미에서 칸트는 분명하게 이렇게 말한다. "누군가 사람을 죽였다면 그는 죽어야 한다. 정의를 충족하기 위한 다른 대안은 있을 수 없다"[38]). 이에 반해 '상대적 이론'처럼 형벌의 본질을 이른바 재사회화 또는 오늘날 여러 측면에서 주장되는 '적극적 일

37 *Thomas von Aquin*, Summa theologica II, II, 57 이하.
38 *Kant*, Metaphysik der Sitten, Akademieausgabe, S. 333.

반예방'으로 파악한다면 형벌의 정의는 배분적 정의, 공동체에 이바지하는 활동의 정의 또는 법률적 정의이다. 즉 상대적 이론에 따른 형벌에서 중요한 측면은 의무의 부과와 의무의 이행, 사회 내에서 법 및 법에 대한 신뢰의 안정화, 사회적 원상회복 그리고 범죄자를 사회의 동등한 구성원으로 다시 통합하는 일이기 때문이다.

〔도표 2〕

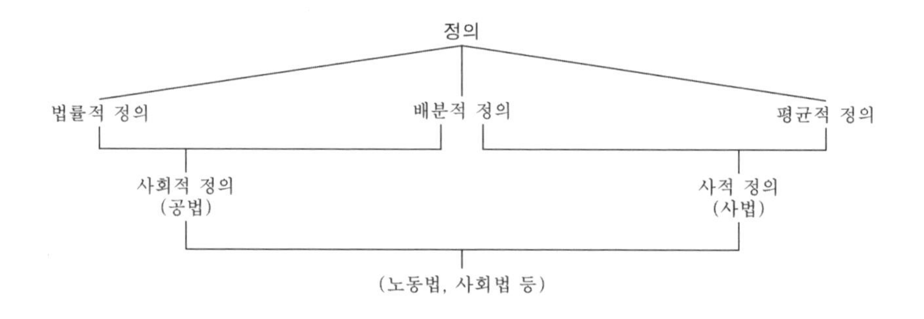

두 번째 도표는 정의이념에 비추어 보더라도 이미 공법과 사법을 완전히 분리하는 것이 불가능하다는 점을 보여준다.[39]

2.2.1.5 순전히 역사적 의도만을 추구한다면 우리는 이제 아리스토텔레스 이후의 다양한 이론적 경향과 학파들을 다루어야 한다. 페리파토스 학파, 헤도니즘, 견유학파, 에피쿠로스학파, 회의주의적 경향, 신플라톤주의, 플로티누스학파(일반철학에서는 플로티누스 르네상스가 존재한다고도 볼 수 있지만, 법철학에서는 별다른 반향이 없다. 플로티누스 자신도 법적인 것에는 별 관심이 없었다. 다만 그가 훗날 셸링에서 볼 수 있는 절차적 자연개념을 주장했다는 사실은 특기할만하다), 아테네학파, 알렉산드리아학파 등등을 순서대로 다루어야 할 것이다. 하지만 이 시기에 실질적 측면에서 가장 관심을 끄는 것은 스토아학파의 철학이다. 스토아학파는 고대 자연법에서 중세 기독교적 자연법으로의 전환을 매개하

39 이에 관해 자세히는 *J. J. M. van der Ven*, Ius Humanum. Das Menschliche und das Rechtliche, 1981, S. 244 이하, 257 이하 참고.

는 철학에 해당하기 때문이다. 물론 구체적으로 보면 스토아학파의 철학도 극히 다양한 이론을 표방했다. 더욱이 스토아(이 이름은 아테네의 회당 '스토아 포이킬레'에 유래한다) 학파는 기원전 4세기(최초의 창시자는 제논이다)에서 기원후 2세기(에픽테투스와 아우렐리우스)에 이르기까지 매우 긴 시간대에 걸쳐 있다. 그렇지만 스토아학파의 철학에 공통되는 몇 가지 기본사상을 확인할 수 있다.

스토아 철학의 영향을 받은 헬레니즘 시대와 로마 황제기 전반부가 진행되면서 철학의 사고는 점차 도시국가라는 좁은 영역에서 벗어나 세계이성(*του κοσμος λογος*[40]) 쪽으로 향해갔다. 로마라는 세계제국과의 접촉은 이 과정을 더욱 촉진했다. 스토아 철학이 '노모스'라는 명칭도 사용했던, 신적인 로고스 법칙은 **모든** 인간에게 적용되는 것이고, 이에 반해 인간이 제정한 것은 자연에 속하지 않고 단지 제한된 영역에서만 타당할 뿐이라고 보았다. 로마의 연설가, 정치가, 철학자, 절충주의적 중개자이자 그리스 사상과 그리스 언어의 번역자였던 키케로(기원전 106-34년)는 자연법에 관한 이러한 포괄적 사상을 가장 현란하게 표현했다. "참된 법률은 올바른 이성을 통해 모습을 드러낸다. 올바른 이성은 자연에 합치하고, 모든 인간에게 공통된 것이며, 확고하고 영원히 존속하고, 명령을 통해 의무를 불러일으키고, 금지를 통해 악을 물리친다 … 이와 같은 참된 법률의 범위를 제한하는 짓은 신의 법에 반한다. 참된 법률의 한 부분만이라도 폐기하는 짓은 허용되지 않으며, 참된 법률을 완전히 폐지할 수도 없다. 그리고 원로원이나 민중이 이 법률에 대한 구속에서 벗어날 수도 없다 … 로마에서든 아테네에서든 오늘이든 내일이든 참된 법률은 그 어느 곳이든 어느 시대이든 모두 똑같다. 모든 민족 모든 시대는 이 법률을 영원불변의 법률로 받아들일 것이다. 오로지 신만이 모든 것을 가르치고 명령하는 존재이다. 이 참된 법률에 복종하지 않는 자는 자기 자신으로부터 도피하는 자이다. 자신의 인간으로서의 자연(본성)을 부정하는 것이기 때문이고, 그러니 가장 중한 형벌을 받게 될 것이다."[41] 키케로의 이 말이 단순히 미사여구에 그치지 않고 극히 현실적인 결과를 낳았다는 사실은 예컨대 노예 문제에서 매우 분명하게 드러난

40 *Chrysipp*, in: Stoicorum Veterum Fragmenta(SVP) II, hrsg. v. *J. v. Arnim*, 1964, Sr. 913. 크리시푸스(기원전 280-207년)는 스토아학파의 두 번째 창시자이다.

41 *Cicero*, De re publica III, 22(33).

다. 즉 노예제는 자연법에 반한다는 비난을 받게 된다. 모든 인간은 그 본성상 자유롭기 때문이다(이미 크리시푸스도 이 점을 설파했다[42]). 중세의 토마스 아퀴나스만 하더라도 노예제를 자연법적으로 정당화했다는 점을 고려하면 스토아 철학은 부분적으로 중세의 철학보다 훨씬 더 선구적인 철학이었음을 분명히 확인할 수 있다.[43]

이미 소크라테스가 그랬던 것처럼 키케로도 자연법은 인간에게 태어날 때부터 '심어진 법(lex indita)'이라고 주장한다. 세네카(기원후 1-65년)는 공통의 자연(본성) 때문에 모든 인간은 친족이라는 점을 강조하면서, 이로부터 이웃 사랑이라는 명령을 도출한다. 이와 비슷하게 에픽테토스(Epiktet; 기원후 50-138년)도 인간에 대한 사랑과 세계시민을 요구하면서 그 토대는 거의 종교적 성격을 지닌 이성이라고 말한다. 즉 인간은 국가를 형성하는 정치적 존재가 아니라 타인을 돕는 사회적이고 '선한' 존재(ξοον κοινωνικοκ)라고 한다. 스토아 철학과 고전기 그리스 철학은 동로마제국의 황제 유스티니아누스가 편찬한 로마법대전(Corpus Iuris Civilis)에 뚜렷한 흔적을 남겼다[예컨대 학설휘찬 1.1.10.1에는 법을 다음과 같이 표현한 구절이 등장한다. "법의 명령은 이것이다. 즉 정직하게 살라! 타인을 해치지 말라! 각자에게 그의 몫을 주라!(울피아누스)"].

키케로의 영향을 받아 로마에는 만민법(ius gentium)이 성립했다. 만민법은 오늘날 의미의 국제법이 아니라 자연법이었고, 로마 시민이든 이방인이든, 자유민이든 노예이든 모든 인간에게 효력을 가진 법이다. 세계권력이었던 당시의 로마에서 그와 같은 포괄적인 법은 매우 중요한 역할을 했다. 제국을 결속하기 위한 가장 중요한 연결고리가 곧 만민법이었기 때문이다. 로마 후기 고전기의 가장 유명한 법률가인 울피아누스(Ulpianus)는 이 자연법개념을 심지어 동물에게까지 확장했다. "자연법이란 자연이 모든 생명체에 가르쳐준 법이다. 이 자연법은 인간만의 것이 아니라 땅과 물에 사는 모든 생명체와 심지어 새에게도 공통된 법이기 때문이다."[44] 오늘날의 생태학 운동에 비추어 보면 아마도 이러한 견해를 어느 정도 수긍할 수 있을 것이다.

---

42 *Welzel*, Naturrecht(각주 10), S. 40.

43 물론 흔히 오해하는 것과는 달리[예컨대 *Welzel*, Naturrecht(각주 10), S. 60] 노예제가 위반하는 자연법은 일차적이고 필연적인 자연법이 아니라 이차적이고 시대에 한정된 자연법이었다. 이에 관해서는 *A. Kaufmann*, Rechtsphilosophie im Wandel, 2. Aufl. 1984, S. 7 참고.

44 *Ulpianus*, Digesten 1.1.3.

그렇지만 전반적으로 볼 때 스토아 철학에서는 '정당한 법'에 대한 물음이 뚜렷이 주관화하는 경향을 확인할 수 있다. 즉 우주적 자연이라는 외부세계나 초월적 이념에서 정당한 법을 찾기보다는 모든 사람의 똑같은 심정이라는 내면의 세계에서 정당한 법을 찾고자 한다. 이러한 변화는 실정법을 평가하는 객관적 척도에 대한 물음을 둘러싼 훗날의 전개 과정에서 매우 중요한 의미가 있다. 물론 '정당한 법'이 객관적으로 '자연' 속에 내재하는 것이 아니라 과정을 거쳐 발생하는 것이라는 점을 제대로 성찰하기까지는 다시 수 세기의 시간이 필요했다.

2.2.2 중세의 법철학

2.2.2.1 고대로부터 중세로의 전환은 매우 천천히 진행되었다. 따라서 고대와 중세라는 두 개념은 역사적으로 뚜렷한 단절을 표시하는 경계가 아니라 단계적 변화를 지칭하기 위해 근대의 역사가들이 만들어낸 개념일 따름이다. 중세의 기독교 철학과 자연법론은 결코 완전히 새로운 것이 아니라 고대의 유산이 없이는 생각조차 할 수 없다. 지성 중심주의(Intellektualismus)와 의지 중심주의(Voluntarismus) 사이의 오랜 논쟁은 중세의 수 세기에 걸쳐 학문적 논의를 지배했다. 아우구스티누스는 플라톤에 가까웠고, 아퀴나스는 아리스토텔레스에 가까웠다. 사도 바울(약 10-64년)의 사상에서는 스토아 철학의 영향을 가장 분명하게 확인할 수 있다. 바울에 따르면 그리스도는 우리에게 '새로운 법률'을 부여했는데, 이 법률을 갖지 않는 이교도조차도 따를 수 있는 법률이라고 한다.[45] 이미 키케로가 가르친 대로 자연법은 누구나 인식할 수 있고 누구도 착각했다고 변명할 수 없는 법이다.[46]

2.2.2.2 그리스 사상의 유산과 새로운 복음을 의도적으로 결합한 초기 기독교 철

45 로마서 2장 14절 이하. 이에 관해서는 *Pannenberg/Kaufmann*, Gesetz und Evangelium, 1986; *A. Kaufmann*, Gesetz und Evangelium, in: Gedächtnisschrift für Peter Noll, 1984, S. 61 이하 참고.

46 이 문제 그리고 이와 관련된 키케로의 귀속론에 관해서는 *A. Kaufmann*, Die Parallelwertung in der Laiensphähre. Ein sprachphilosophischer Beitrag zur allgemeinen Verbrechenslehre, 1982, S. 4 이하 참고.

학은 고대에서 중세로 전환하는 시기의 철학자이자 신학자였던 아우구스티누스(354-430년)를 통해 비로소 시작되었다(아우구스티누스는 흔히 '최초의 기독교 실존철학자'라고 불린다). 그는 플라톤으로부터 이데아론을 수용하지만, 플라톤에서는 독자적인 영역을 갖던 이데아('천상의 이데아')를 신의 정신으로 전환한다. 그 때문에 아우구스티누스의 '영원법(lex aeterna)'은 신의 이성 또는 신의 의지와 일치한다("영원법은 신의 이성 또는 신의 의지이다"[47]). 즉 신의 법은 신 자체와 마찬가지로 영원하고 불변이다.[48]

'영원법'이라는 개념은 아우구스티누스가 스토아 철학에서 수용한 것이다. 다만 '영원법'을 '자연법(lex naturalis)'과 동일시했던 스토아 철학과는 달리 아우구스티누스는 '자연법'에 새로운 독자적 의미를 부여한다. 즉 자연법은 신의 영원한 법이 인간의 의식에 심어놓은 것으로, 마치 밀랍으로 찍어놓은 인장의 모양과 인장 자체가 구별되는 것과 같은 차이가 있다고 한다.[49] 물론 인간의 의식에 심어놓은 자연법은 인간의 격정으로 인해 흐릿해질 수 있다. 익히 알려져 있듯이 아우구스티누스 자신이 그러한 경험을 했다[오늘날에도 읽어볼 가치가 있는 서양 최초의 자서전인 『고백록(Confessionen)』에서 이 경험을 자세히 서술하고 있다]. 아우구스티누스가 의지 중심주의 그리고 인간의 자유에 대한 심리학적 이론을 표방한 것은 아마도 그 자신의 경험이 강한 영향을 미쳤기 때문일 것이다. 아우구스티누스의 견해에 따르면 오로지 의지만이 윤리적 평가의 대상이다. 왜냐하면 지식이 아니라 의지가 인간의 본질적 힘이기 때문이라고 한다. 악의 근원은 의지이다. 인간은 자신의 힘으로 악에서 벗어나지 못하고 오로지 신의 은총을 통해서만 악에서 해방될 수 있다. 아우구스티누스는 펠라기우스(Pelagius)와의 논쟁을 통해 신의 명령을 이행하는 방향으로 자유를 행사하는 것이 순전히 신의 은총에 따른 선물이라는 견해를 펼치게 되었다. 펠라기우스는 아우구스티누스와는 반대로 자유가 인간의 본질에 속하고, 신의 은총이라는 도움이 필요할 따름이며, 따라서 원죄로 인해 방해받은 자유를 제대로 행사할 수 있도록 촉진하면 된다는 주장을 펼쳤다. 이 논쟁은 몇 세기 뒤에 '율법과 은총'을 둘러싼 종파들 사이의 논쟁에서도 중요한 역할을 했다.[50]

---

47 *Augustinus*, Contra Faustum Manich. XXII, C. 27.

48 *Augustinus*, De libero arbitrio 1, c 6, No. 14 이하; De vera religione 81.

49 *Augustinus*, De trinitate 14, No. 21.

'자연법'은 인간의 의식 또는 영혼에 심어진 '영원법'의 모상(模像)이다. 그 때문에 아우구스티누스는 자연법을 '자연의 빛(lumen naturale)'이라고 부르기도 한다. 가장 낮은 단계에 있는 세 번째 법은 인간 입법자가 특정한 시간대에 무엇이 명령되고 무엇이 금지되는지를 확정한 '시간적으로 제한된 실정법(lex temporalis)'이다. 이러한 실정법은 '영원법'에 의해 지탱될 수 있는 한에서만 구속력을 갖는다.[51] 즉 부정의한 법률은 법률이 아니고, 정의가 없는 정치적 공동체는 거대한 강도단체와 다를 바 없다.[52]

이와 같은 법의 서열은 당연히 가장 결정적인 물음 하나를 제기하게 만든다. 그것은 바로 '영원법'의 내용에 대한 물음이다. 아우구스티누스는 이 물음에 대해 신의 창조질서로 대답하고, 이 대답은 오랫동안 받아들여졌다. 즉 기독교 신앙이 곧 법의 내용을 궁극적으로 규정한다는 것이다. 중세의 절정기인 13세기에 아퀴나스를 통해 이러한 기독교 자연법은 정점에 도달한다. 이제 우리는 아우구스티누스가 살던 당시로부터 약 8세기가 지난 시점에 꽃을 피운 기독교 자연법을 살펴보기로 한다. 물론 이 8세기 동안 다른 교부철학, 스콜라철학 이전 및 초기 스콜라철학에서 중요한 사상가들(예컨대 캔터베리의 안셀무스Anselm v. Canterbury, 베르나르드 드 클레르보Bernard de Clairvaux, 아베로에스Averroes, 알베르투스 마그누스Albertus Magnus, 로저 베이컨Roger Bacon 등)도 신학과 일반철학뿐만 아니라, 법철학(그 당시 그리고 그 이후 오랜 기간에 걸쳐 법철학은 자연법론과 거의 일치했다)의 발전을 촉진했다는 사실을 염두에 두어야 한다.

2.2.2.3 스콜라철학의 절정기는 다시 객관주의와 존재론 또는 실체존재론의 시기였다. 따라서 철학은 다시 한번 아리스토텔레스를 원용하는 방향으로 전개되었다. 아퀴나스(1225-1274년)는 가장 유명한 기독교 아리스토텔레스주의자이다. 아퀴나스는 전통으로부터 '영원법', '자연법', '신정법' 그리고 '인정법(lex humana) 또는 실정법(lex positiva)'이라는 네 단계의 법률질서를 수용한다.[53] 그러나 아퀴나스의 자연법은

---

50 이에 관해 자세히는 *A. Kaufmann*, Gesetz und Evangelium(각주 45), S. 61 이하 참고.

51 *Augustinus*, Sermones 81, No. 2.

52 Augustinus, De civitate Dei, Liber IV., Caput IV. "정의가 없는 왕국은 거대한 강도단체가 아니면 무엇이란 말인가?"

53 *Thomas von Aquin*, Summa theologica I, II, 90-105.

— 아우구스티누스와는 달리 — 영혼의 주관적 법률이 아니라, 객관적 대상이다. 아퀴나스는 가치가 현실과 구별되지 않고, 당위와 존재를 서로 관련시키는 아리스토텔레스의 실재론을 수용한다. 이 점에서 스콜라철학의 유명한 공리는 "선과 존재자는 교체 가능하다(bonum et ens conventuntur)"라는 명제이다.[54] 이 공리는 원래 "선과 존재자 그리고 진리는 교체 가능하다"라고 표현되어야 한다. 왜냐하면 인간은 이성을 통해 존재자의 가치를 지적으로 인식할 능력이 있고, 다만 이 인식이 자주 부적절하고 불완전하긴 하지만, 얼마든지 엄격한 통찰을 통해 진리를 인식할 수 있기 때문이다. 이 점에서 '자연법' 역시 이성을 부여받은 인간 존재가 지성을 통해(의지를 통해서가 아니다) 세계 법칙을 나누어 갖는 것이며, 따라서 자연법은 영원법의 한 부분이고, 인간 이성의 자연적 판단능력에서 흘러나온 것이다.[55] 그러나 — 앞에서 언급했듯이 — 인간의 지성은 진리를 언제나 적절하고 완벽하게 인식할 수는 없으며, 따라서 무엇이 타당한 것이어야 하는지는 시간과 상황에 따른 각각의 특수한 사정에 비추어 실정법을 통해 확정되어야 한다.

자연법에서 이탈한 인정법이 효력을 갖는지의 물음에 대해 아퀴나스는 "부정의한 법률은 법률이 아니다"라는 아우구스티누스의 견해를 지적함으로써 대답하면서, 자연법에서 벗어나는 법률은 '법률의 파괴', '타락한 법률(legis corruptio)'이라고 덧붙인다.[56] 그렇지만 그와 같은 이탈을 어떻게 확인할 수 있는가? 인간의 이성이 어떻게 해서 자연법으로부터 인정법에 도달할 수 있는가? 아퀴나스는 이 물음에 대해 두 가지 방식의 논리적 추론을 통해 대답한다. 하나는 전제로부터 필연적으로 도출되는 추론(derivatio per modum conclusionis; 예컨대 "다른 사람을 해치지 말라!"라는 원칙으로부터 형법으로 금지되어야 할 대다수 행위가 무엇인지를 도출할 수 있다)이고, 다른 하나는 내용에 대한 상세한 규정(derivatio per modum determinationis; 예컨대 "범죄는 처벌되어야 한다"라

54 *Thomas von Aquin*, Summa theologica I, II, 18, 1.

55 *Thomas von Aquin*, Summa theologica I, II, 91, a. 2 c.

56 *Thomas von Aquin*, Summa theologica I, II, 95, 2. 하지만 아퀴나스는 '타락한 법률'일지라도 법적 안정성과 법적 평화를 위해, 다시 말해 동요와 혼란을 피하기 위해 그러한 법률이 무효임에도 불구하고 준수되어야 한다는 현실적인 견해를 펼친다. 그러나 '신법'에 모순되는 법률에 대해서는 어떠한 경우도 복종해서는 안 된다고 한다.

는 자연법규범을 부과될 형벌의 측면에서 실정법률을 통해 구체화하는 것)이다.[57] 이 '스콜라철학의 방법'은 사고과정의 합리성이라는 점에서는 매우 인상적인 시도이긴 하지만, 하나의 커다란 착각에 기초하고 있다. 즉 경험적 현실을 전혀 고려하지 않고서도 상위의 법과 그보다 상위의 법, 다시 말해 더 추상적이고 더 형식적인 당위로부터 구체적인 법을 순수한 연역을 통해 규정할 수 있다고 착각한다. 오늘날에도 이러한 착각에 빠지는 경우가 자주 있다[예컨대 몇몇 절차적 정의이론은 **순수한 형식적**(즉 사유적) 절차를 거쳐 **내용**에 도달하려고 시도한다]. 진리에는 당연히 경험이 어떤 식으로든 흘러 들어간다. 다만 가치와 현실을 동일시한 나머지 이 점이 간파되지 않을 뿐이다(존재와 당위를 극단적으로 분리하는 20세기의 철학적 경향은 이러한 착각을 더욱 조장한다). 스콜라철학은 진리, 즉 신의 계시의 내용을 찾으려는 노력이 아니었다. 진리는 교조적 및 권위적 품격을 갖춘 확립된 명제로 이미 주어져 있었다(이 점에서 스콜라철학은 사변적이다. 물론 사변적이라고 해서 '비합리적'이라는 뜻은 아니다). 스콜라철학에서 중요한 문제는 이렇게 이미 주어져 있는 진리를 방법적으로, 다시 말해 이성을 통해 근거와 반대근거를 저울질하는 논증을 거쳐 더욱 강화하고 더 자세히 설명하는 문제였다. 즉 믿음이 먼저고, 앎은 그다음이다("알기 위해 믿는다 credo ut intelligam"). 물론 아퀴나스는 거꾸로 앎이 먼저고, 믿음은 그다음("믿기 위해 안다 intellego ut credam")이라고도 자주 말한다. 이렇게 볼 때 스콜라철학은 전승된 신학 이론에 대한 경배심을 논리적 추론과 결합하고, 신비한 삶의 흐름을 학문의 방법적 엄격성과 결합한 셈이다.

아퀴나스의 자연법론을 제대로 평가하기 위해서는 아퀴나스가 권위를 토대로 '제정(positum)'된 추상적-일반적 **법률**과 '행해'지거나 '말해진' 구체적-개별적 **법**(아퀴나스는 '정당한 행위 actio iustitiae'라고 부르기도 한다[58])을 엄격히 구별했다는 점을 알아야 한다. 법률은 일반적 규범 속에서 움직인다. 최상위의 자연법은 심지어 예컨대 "선을 행

57 *Thomas von Aquin*, Summa theologica I, II, 95, 2. 다른 곳(I, II, 94, 5)에서 아퀴나스는 다시 세 번째 방식, 즉 자연법의 보충(derivation per modum additionis)을 언급한다.

58 *Thomas von Aquin*, Summa theologica II, II, 57, 1. 법과 정의에 관한 이론은 II. II, 57-59에서 등장한다. 이에 관해서는 *A. F. Utz*(Hrsg.), Thomas von Aquin, Recht und Gerechtigkeit, 1987 참고. 법률과 법의 구별(예컨대 독일 기본법 제20조 3항)에 관해서는 *A. F. Utz*, Kommentar zum 18. Bd. der Deutsch-Lateinischen Ausgabe der Summa theologica, 1953, S. 425 이하; *A. Kaufmann*, Rechtsphilosophie im Wandel(각주 43), S. 131 이하 참고.

하라!", "악을 피하라!", "이성적으로 행동하라!", 인간의 자연적인 성향의 질서로부터 도출되는 자연법적 명령[59] 등과 같이 가장 일반적인 원칙규범만을 포함한다. 다시 말해 자기보존본능으로부터 살인금지가, 생식본능으로부터 혼인과 자녀양육 명령이, 타고난 이성과 사교적 성향으로부터 진실을 말하고 다른 사람을 침해하지 말라는 명령이 도출된다.[60] 그 때문에 이러한 명령과 금지는 자연법칙(Naturgesetz)이고, 이 자연법칙은 원칙적으로 언제 어디서나 모든 사람에게 효력을 갖는다.[61] 이에 반해 자연법은 지금 여기에서 효력을 갖는 법률을 구체적으로 형성함으로써 비로소 성립한다. 이는 자연법이 역사적인 법이라는 의미이다. 왜냐하면 인간의 자연(더 정확히는 구체적 자연)은 가변적이기 때문이라고 아퀴나스는 말한다.[62] 오로지 이 의미에서만, 다시 말해 '이차적 자연법'(아퀴나스가 이 표현을 사용한 것은 아니고 신토마스주의자들이 만들어낸 표현이다) 이라는 의미에서만 아퀴나스의 자연법이 노예제를 인정한다는 주장이 타당성을 가질 뿐,[63] 영원불변의 자연법에서는 그렇지 않다. 물론 법의 역사성이라는 현상에 관한 아퀴나스의 이해는 불완전하다.[64] 하지만 아퀴나스 사상에서 구체적 자연법은 훗날의 계몽주의 합리주의적 자연법에서처럼 절대적 성격을 지니지 않는다는 사실에 주의해야 한다.

앞에서 말했듯이 아퀴나스는 아리스토텔레스주의자였다. 아우구스티누스만 하더라도 '영원법'이 신의 이성에 기원하는지 아니면 신의 의지에 기원하는지를 확실하게 대답하지 않았다(앞의 각주 47 참고). 이에 반해 아퀴나스는 명확하게 지성 중심주의적 해석을 표방한다(그 때문에 아퀴나스의 신은 의지를 지니지 않는다는 반론이 제기되었다). 이

---

59 *Thomas von Aquin*, Summa theologica I, II, 94, 2. "따라서 자연적 성향의 질서에 따라 자연법적 명령의 질서가 형성된다."

60 이에 관해서는 진실과 정의의 관계를 설명하는 *Thomas von Aquin*, Summa theologica II, II, 109, 3 참고.

61 *Thomas von Aquin*, Summa theologica I, II, 94, 4/5.

62 *Thomas von Aquin*, Summa theologica II, II, 57, 2. "인간의 자연도 가변적이다."

63 아퀴나스는 사회에 존재하는 인간 사이의 위계질서 원칙(헤겔이 말하는 '주인과 노예')을 자신이 살던 시대의 상황에 적용했다. 물론 이 점에서 아퀴나스는 스토아 철학의 평등사상보다 더 퇴보한 셈이다. 이에 관해 자세히는 *H. Klenner*, Rechtsphilosophisches zur Herr-und-Knecht-Relation, in: Festschrift für A. Kaufmann, 1993, S. 177 이하 참고.

64 법의 역사성에 관해 자세히는 *A. Kaufmann*, Rechtsphilosophie(각주 43) 참고. 더 자세히는 *J. Llompart*, Die Geschichtlichkeit in der Begründung des Rechts in Deutschland der Gegenwart, 1968; *ders.*, Die Geschichtlichkeit der Rechtsprinzipien, 1976도 참고.

지성 중심주의는 잘못된 의지를 이유로 악을 비난하는 것이 아니라, 악은 잘못된 지성의 탓이라고 본다. 다시 말해 잘못된 의지는 언제나 잘못된 지성에 근거한다고 한다. 인간의 행위를 심판하는 최상위 법정은 두 가지 형태를 지닌 양심이다. 즉 자연법이 부과하는 최상위의 명령을 인식할 수 있는 능력은 인간의 이성에 심어진 타고난 도덕능력(Synderesis)이라고 한다. 양심은 착오를 범할 수 없고, 따라서 양심은 자연법의 명령을 개별사례로 매개할 수 있는 능력이다. 착오는 단지 이 매개 과정에서 발생할 수 있을 따름이다. 이러한 사고는 극히 중요한 결론을 낳는다. 즉 — 사도 바울이나 키케로와는 반대로 — 행위에 대한 명령 및 금지와 관련해 면책적 착오가 가능하다(물론 가장 보편적인 원칙에 대한 착오는 면책의 근거가 되지 않는다. 이 점에서 독일형법 제17조의 금지착오에 관한 규정은 아퀴나스 사상의 연장선에서 파악할 수 있다). 아퀴나스는 심지어 책임이 없이 착오에 빠진 양심에 대해 의무구속력을 인정하고, 더 나아가 악을 행해야 할 양심의 구속을 느끼면서도 악을 행하지 않은 자는 죄악을 범한 것이라는 결론을 내리는 데 조금도 주저하지 않는다.[65] 이 문제는 오늘날에도 시의성을 지닌 여러 가지 형태로 등장한다. 예컨대 확신범, 폭군살해, 저항권 등과 같은 일반적인 문제 역시 이 맥락에 속한다. 아퀴나스는 그의 짧은 생애를 고려하면 놀라울 정도로 방대한 저작에서 이 모든 문제를 다루고 있다.[66] 여기서는 아퀴나스를 계속 연구할 가치가 있다는 지적으로 만족하고자 한다.

2.2.2.4 스콜라철학의 종말은 윌리엄 오컴(William of Ockham; 1300-1350년)에서 시작된다.[67] 물론 그 이전에 둔수 스코투스(Johannes Duns Scotus; 1266-1308년)가 토마스주의를 날카롭게 비판했다.[68] 오컴은 무엇보다 온건한 유명론(Nominalismus)이라

---

65 이에 관해서는 *Thomas von Aquin*, Summa theologica I, II, 19, 5 참고. 이 문제점에 대해 더 자세히는 *H. Welzel*, Vom irrenden Gewissen, 1949; *A. Kaufmann*, Parallelwertung(각주 46), 특히 S. 6 이하 참고.

66 예컨대 저항권을 다루는 Libri sententiarum II; Summa theologica II, II, 69, 4; II. II, 42, 2; II, II, 64, 2 참고.

67 이에 관해서는 *A. S. MacGrade*, William of Ockham: A Short Discourse on Tyrannical Government, 1992 참고.

68 둔스 스코투스에 관해 자세히는 *Welzel*, Naturrecht(각주 10), S. 66 이하; *G. Stratenwerth*, Die Naturrechtslehre des Johannes Duns Scotus, 1951 참고. 이 밖에 *Johannes Duns Scotus*, Abhandlungen über das erste Prinzip, hrsg. von *W. Kluxen*, 2. Aufl. 1987도 참고.

는 혁신을 통해 역사에 이름을 남겼다. 그의 유명론에 따르면 오로지 개별자와 특수만이 존재할 뿐 보편은 존재하지 않는다고 한다. 이 견해에 따르면 '보편'은 '사물에 앞서서(ante rem; 예컨대 플라톤이 생각한 이데아는 그 자체로 존재하고, 구체적 사물에 앞서 있다)' 또는 '사물 속에(in rebus; 예컨대 아리스토텔레스)' 존재하는 것이 아니라, 단지 '사물 이후에[post rem; 생각하는 인간 또는 정신에 의해 형성된 개념으로, 다시 말해 인간의 사고(conceptus; 그 때문에 오컴의 사상을 '개념주의 conceptualism'라고 부르기도 한다)를 위한 기초적이고 가장 단순한 도구로]' 존재할 따름이라고 한다. 이것이 바로 이미 고대에 그 뿌리를 두고 있는 '보편의 문제'이고, 오컴이 활동하던 당시의 후기 스콜라철학에서 격렬한 논란의 대상이었으며 오늘날에도 정신적 영향을 미치고 있다(움베르트 에코의 소설 '장미의 이름으로'를 주의 깊게 읽은 독자라면 소설에서 이 문제가 자주 등장한다는 사실을 알 것이다).

오컴의 이 온건한 유명론 또는 개념주의에 따르면 현실로 존재하는 보편적 자연법이란 있을 수 없다(이는 자연과학에서도 마찬가지이다. 자연과학에서 '자연법칙'이라고 부르는 것도 단지 학문적 일반화의 산물일 뿐이다). 그렇다면 남은 여지는 주관주의적 자연법론, 즉 자연법을 존재하는 것 또는 이미 주어져 있는 것이 아니라 단지 '이론의 산물'로 여기는 사유적 자연법론일 따름이다.[69] 그와 같은 자연법은 실정법 또는 제정법의 하위에 놓일 수밖에 없고 실정법 — 예컨대 타락한 법 — 의 저항을 뚫고 관철될 가능성이 없다는 것은 너무나도 분명하다. 이 점에서 유명론은 이미 실정법의 독점적 지배를 주장하는 법실증주의의 선구자이자 동료였다. 보편의 사고 또는 개념에 관한 오컴의 온건한 유명론 또는 개념주의보다 더욱 극단적인 사고는 훗날 17세기에 들어 토마스 홉스(Thomas Hobbes)에 의해 펼쳐졌다. 즉 홉스의 극단적 유명론 또는 언어주의(Lingualismus)에 따르면 보편은 우리의 사고 속에 있지 않고, 우리의 사고를 위한 기초적 도구인 개념들 속에도 있지 않으며 단지 개별 언어의 단어 속에 있을 따름이다.[70] 언어는 당연히 문화에 따라 상대적이고, 따라서 완전히 우연적이고 임의적이다. 이에 반해 우리의 사고를 위한 공통의 도구인 개념들과 관련해서는 — 최소한 가장 보편적인 개념들인 이상 —

---

69 이 점을 지적하는 *K. Engisch*, Die Idee der Konkretisierung in Recht und Rechtswissenschaft unserer Zeit, 2. Aufl. 1968, S. 231 참고.

70 *Hobbes*, De Corpore I, II, 9.

이 개념들이 완전히 자의적으로 형성될 수는 없다고 전제할 수 있다. 개념들은 변화하지 않는 사물, 구조, 현실의 법칙과 관련을 맺기 때문이다. 홉스는 이러한 극단적 유명론 또는 언어주의를 통해 예컨대 비트겐슈타인, 카르납, 콰인 등의 철학자가 전개한 20세기의 근대적 언어철학 또는 언어비판의 선구자였던 셈이다. 우리의 사고를 위한 도구로서의 개념과 개별 언어의 요소인 단어를 구별하는 일은 법철학뿐만 아니라, 실무에서 활동하는 법률가와 모든 사고하는 인간에게 본질적 의미를 지닌다.[71] 이 차이는 단순한 예를 들어 밝힐 수 있다. 독일어 'Baum', 영어 'tree', 불어 'arbre', 이탈리아어 'albero'라는 여러 단어 또는 이 단어들이 들어간 여러 문장은 모두 같거나 최소한 비슷하게 '나무'라는 개념과 관련을 맺는다. 다시 말해 언어기호는 다르지만 사고를 위해 같은 도구 또는 최소한 비슷한 도구, 즉 같거나 최소한 비슷한 개념을 구성해 사용하는 셈이다. 오로지 이러한 전제하에서만 한 언어를 다른 언어로 번역하는 일이 가능하다.

오컴의 이론은 루터(1483-1546년)의 종교개혁이 이루어질 수 있는 길도 열어주었다. 물론 자연법에 관한 루터의 견해는 기본적으로 스콜라철학의 영향을 받았다.[72] 시편에 대한 주석에서 루터는 우리 마음에 쓰인 '자연법' 또는 '자연법칙'에 관해 말하면서 모세의 계명은 자연법과 일치하는 한에서만 기독교인에게도 구속력이 있다고 한다. 그리고 로마서에 대한 주석에서는 자연법이 선과 악이라는 꺼지지 않는 증거로서 우리의 본성을 규정한다고 말한다. 하지만 루터가 (시편 주석에서) 아퀴나스처럼 인간은 선과 악을 구별할 능력(생득적 도덕능력)이 있고, "신의 명령은 모든 인간의 마음에 쓰여 있다"라고 하면서도 이 인간의 마음이 사탄에 의해 가려진 나머지 신의 명령을 제대로 보고 인식하지 못한 채 오히려 '어둡고 퇴색한' 마음이 되었다고 한다. 루터에 따르면 이처럼 인간의 본성이 원죄로 말미암아 완전히 타락하고 말았고, 인간은 자신의 힘으로는 올바른 것을 제대로 인식하지 못하기 때문에 루터는 법률의 네 단계에 관한 이론을 수용할 수 없었다. 즉 '영원법'과 '인정법' 사이에 그리고 신의 나라와 인간의 나라 사이를 이을 수 있는 **법적**인 다리나 규범적-윤리적 다리는 존재하지 않으며, 오로지 신

71 이에 관해서는 *von der Pfordten*, Suche nach Einsicht. Über Aufgabe und Wert der Philosophie, 2010, S. 79 이하 참고.

72 이에 관해서는 *F. X. Arnold*, Zur Frage des Naturrechts bei Martin Luther, 1936 참고.

의 자비로운 은총을 통해 신을 향해가는 길만이 존재한다고 한다. 다시 말해 '자연의 빛'은 꺼져버렸고, 인간은 신의 은총을 바라는 것 이외에는 아무것도 할 수 없다. 그리고 기독교인의 자유는 법률(율법)에 기초하는 것이 아니라 오로지 복음에만 기초하며, 이 자유는 "모든 원죄, 법률, 명령에서 벗어나게 만드는" 자유일 따름이다.[73]

루터와 그의 정신적 후계자들은 교부철학과 스콜라철학에서 '영원법'을 나누어 갖는(분유 分有) 지위를 누렸던 세속법으로부터 모든 신성함을 박탈해버렸다. 이제 세속법은 말 그대로 '세속적인' 법일 따름이다. 루터는 두 개의 왕국에 관한 자신의 이론을 통해 교회법을 포함해 모든 법을 세속의 관헌에게 맡겨버렸다. 물론 루터는 세속법질서를 잠정적이고 의심스러운 통치질서로 보았고, 마치 이 질서 속에 살지 않는 것처럼 살아야 한다고 말한다. 진정한 통치질서는 복음의 질서, 즉 사랑의 제국이다(톨스토이를 생각해보라!). 그러나 법을 세속의 관헌, 즉 국가에 내맡김으로써 이 법을 비판할 가능성이 상실되고 만다. 그러나 "세속의 관헌에게 얼마만큼 복종할 의무가 있는가?"라는 문제는 루터가 고뇌를 거듭하게 만든 문제였고, 평생에 걸쳐 저항권의 문제와 씨름했다. 그의 기본사상에 비추어 볼 때 루터는 타락한 법에 대해서도 복종해야 할 의무를 인정하고, 적극적으로 저항할 권리를 부정해야 했다. 하지만 그가 그런 식으로 이론적 일관성만을 추구하지 않았다는 데서 그의 위대함을 엿볼 수 있다.[74] 어쨌든 우리의 최근의 역사에 온전히 대항하고자 한다면 프로테스탄트 법사상의 전통에 대해 우려를 표명하지 않을 수 없다. 구스타프 라드브루흐는 1947년에 다음과 같이 판단하고 있다. "법이 신으로부터 아무런 축성도 받지 못한다는 사실, 법은 종교적 태도가 지닌 비중과 비교해볼 때 무가치하고 무의미하다는 사실에 대한 강조는 절대군주제의 발전과 정치에 대한 독일인들의 무관심에 한 가지 원인으로 작용했다. 즉 세속의 정치는 무가치하다는 생각으로 말미암아 궁극적 가치에 대한 지향성을 인정받지 못했다. 어떤 더 높은 단계의 축성을 받지 못한 법이 어떠한 결과를 낳는지를 우리 모두 경험했다. 이제는 프로테스탄트 교회도 법에 대해 종교적 정당화를 부여하려고 노력한다. 가톨릭(그리고 프로테스탄트 내에서는 칼뱅주의)은 그러한 정당화를 부정한 적이 없다."[75]

---

73 인용은 K. G. Steck/H. Gollwitzer(Hrsg.), Luther, 1961, S. 94에 따름.

74 이에 관해서는 *A. Kaufmann*, Vom Ungehorsam gegen die Obrigkeit, 1991, 특히 S. 19 이하 참고.

2.2.3 근대의 법철학

2.2.3.1 이제 우리는 근대에 이르렀다. 물론 근대로 전환하기까지는 앞에서 언급한 것 이외에도 수많은 사상가와 사상적 조류가 영향을 미쳤다. 예컨대 프란체스코 수아레즈[76]와 같은 스페인의 후기 스콜라철학, 니콜라우스 쿠자누스로 대표되는 형이상학적 경향[쿠자누스의 대표작은 『'박학한 무지에 관하여(De docta ignorantia)』이다], 마키아벨리의 국가철학(『군주론』)과 토마스 모어의 국가철학(『유토피아』) 등등을 언급할 수 있다. 두 발 모두 근대라는 땅 위에 섰던 학자는 '근대철학의 아버지' 가운데 한 사람인 르네 데카르트(1596-1650년)이다.

근대 초기에 자연과학이 만개하고 — 예컨대 북부 이탈리아 도시인 피렌체, 밀라노, 시에나에서 — 초기 형태의 자본주의가 부상함으로써 정신적 상황 역시 완전히 변화했다. 근대 초기의 위대한 철학자인 데카르트, 홉스, 그로티우스, 푸펜도르프, 스피노자, 로크, 라이프니츠 등은 모두 스콜라철학의 교육을 받았지만, 시대 상황의 변화에 발맞추어 사고의 내용이 변화를 겪게 되었다(물론 훗날 마르크스가 주장한 것처럼 시대 상황의 변화가 자동적으로 사고의 변화를 불러일으킨 것은 아니다). 이 맥락에서 벨첼은 — 우리가 앞에서 언급했듯이 — 오컴이 아니라 홉스가 진정한 '유명론자'였다는 타당한 지적을 하고 있다.[77] 홉스야말로 보편을 단어에만 한정하는 극단적 유명론자였다. 이에 반해 오컴의 유명론은 아직 우리의 사고를 위한 도구로서의 개념에만 한정되었고, 더욱이 오컴의 유명론은 홉스의 시대에 비해 유명론을 수용하려는 경향이 약한 시대에 작용한 이론이었다.

데카르트는 오늘날까지도 학문의 최상위 원칙으로 여겨지는 명령을 제기했다. 그것은 바로 '명확하고 확고한 인식(clare et disticta perceptio)'이다.[78] 데카르트는 과거

75 *Radbruch*, Vorschule(각주 9), S. 43; GRGA Bd. 3, 1990, S. 160. 이 지점에서 이정표적인 저작인 *Max Weber*, "Die protestanische Ethik und der Geist des Kapitalismus", 1920, in: Die protestanische Ethik I, Eine Aufsatzsammlung, 7. Aufl. 1984, S. 27 이하를 지적할 수 있다.

76 *F. Suárez*, Über die Individualiät und das Individuationsprinzip, hrsg. von *R. Specht*, 1976.

77 *Welzel*, Naturrecht(각주 10), S. 109.

78 *Descartes*, Meditationes de prima philosophia, 1941, Meditatio IV.

의 '이론'철학, 즉 형이상학적 철학을 새로운 '실천'철학으로 대체할 것을 요구하고, 이로써 우리가 '자연의 지배자이자 소유자(domini et possessores naturae)'가 될 수 있다고 한다.[79] 철학을 포함한 모든 학문은 무언가를 알고자 하는 호기심[아퀴나스가 말하는 '알고자 하는 욕망(desiderium sciendi)]이 아니라 지배하고자 하는 권력욕(프랜시스 베이컨은 "아는 것이 힘이다"라고 말한다)에 기초해 수행되어야 한다. 학문에 관한 이러한 이상은 학문이 철저히 추상화, 분해, 분석을 수행하는 **오성**, 즉 개념을 포착하는 능력(διανοια, ratio)을 통해 접근할 수 있는 것에만 한정하도록 요구한다. 여기서 말하는 오성은 **이성**과는 다르다. 즉 이성은 지식의 연관성과 통일성을 목표로 삼는 인간 정신의 최상위 능력으로서 이념을 포착하는 능력(νους, intellectus)을 말한다. 이 점에서 '이성'의 시대로 불리는 근대는 정확히는 오성의 시대, 즉 합리주의의 시대이다. 인식 활동을 '합리적인 것'에만 한정할 때 비로소 자연에 대한 지배가 가능하기 때문이다(물론 우리가 어떻게 자연을 지배했고 지금도 계속 지배함으로써 어떠한 결과를 낳았는지를 그사이 잘 알게 되었다). 이로써 오성은 감각적으로 지각할 수 있는 것, 즉 경험적으로 주어져 있는 것만을 대상으로 삼고, 초경험적인 것, 형이상학적인 것 그리고 법이념을 포함한 이념은 오성이 파악할 대상이 아니게 되었으며, 마침내는 그와 같은 것들 자체가 존재하지 않는다고 생각하게 되었다. 그리하여 이 계몽된 시대에는 많은 사람이 인간의 의지, 감정, 체험을 무시하게 되었고, 극단적으로는 단순한 사변에 불과하다는 이유로 학문과 철학에서 배제하게 되었다. 하지만 영국의 경험주의(로크, 흄)가 이미 이에 대해 강한 반론을 제기했다.

합리주의와 관련해 앞에서 말한 내용은 합리주의의 법철학에도 그대로 해당한다.[80] 즉 근대의 자연법은 완벽하게 합리주의적인 학문개념의 손에 장악되었다. 그리하여 오성은 정당한 법을 인식하기 위한 수단일 뿐만 아니라 정당한 법의 원천이기도 했다. 즉 인간의 오성이 인간에게 자연법을 부여한다. 스콜라철학에서처럼 로고스, 그 자체로

---

79 *Descartes*, Discours de la méthode VI, 62.

80 이에 관해 자세히는 *A. Kaufmann*, Recht und Rationalität, in: Rechtsstaat und Menschenwürde. Festschrift für Werner Maihofer, 1988, S. 11 이하 참고. 이하에서 서술하는 내용을 이해할 때 큰 도움이 되는 문헌으로는 *J. Kopper*, Einführung in die Philosophie der Aufklärung, 2. Aufl. 1990; *ders.*, Ethik der Aufklärung, 1983 참고.

존재하는 이념, 영원법, 미리 주어져 있는 진리 따위는 존재하지 않으며(어쨌든 그러한 것들을 출발점으로 삼아 논증하지 않았다), 인간은 오로지 인간 자신의 인식능력에만 의존한다. 무엇이 '정당한' 법인지는 이제 더는 전통이나 권위가 규정하는 것이 아니라 오로지 합리적으로 볼 때 명확하고 '이성적인 것'만이 효력을 갖는다(이른바 '이성법'). 이로써 법철학은 종교와 신학으로부터 해방되고, 자연법은 세속화된다. 이 점을 후고 그로티우스는 1625년에 그의 주저 『전쟁과 평화의 법에 관하여』의 유명한 구절에서 다음과 같이 표현한다. "설령 신이 존재하지 않을지라도 자연적 의무는 구속력을 지닌다(etiamsi daremus … non esse Deum)."[81]

'정당한 법'을 찾고자 할 때는 먼저 인간의 '자연(본성)'을 묻고, 이로부터 논리적 추론을 거쳐 인간의 '자연적' 권리와 의무를 도출해야 한다는 엄격한 방법론적 지침을 따랐다. 이렇게 해서 영원히 똑같은 상태로 남아 있는 인간의 이성이 보편적 성격을 지니듯이 모든 인간과 모든 시대에 타당한 자연법적 의무의 토대를 확보할 수 있다고 믿었다. 따라서 그와 같은 자연법을 정당화하려는 시도가 법에 관한 극히 추상적인 몇몇 기본원칙들을 밝히는 정도에서만 설득력을 지닐 뿐이었다는 사실은 조금도 놀라운 일이 아니다. 이러한 시도들 가운데 가장 중요한 시도 몇 가지를 짧게나마 서술하겠다.

2.2.3.2 앞에서 언급한 후고 그로티우스(1583-1645년)는 근대 자연법의 창시자로 여겨진다(그는 '국제법의 아버지'로도 불린다). 그로티우스는 인간의 기본적 속성을 '사회적 본성(appetitus societatis)', 즉 같은 인간에 대한 사랑과 함께 평온하고 질서 잡힌 공동생활의 영위를 추구하는 속성으로 본다.[82] 감각적 본능을 뛰어넘어 자신에게 유용한 것을 인식하고 추구하는 타고난 인간 능력이 이러한 속성을 갖게 만든다. 따라서 인간의 공동체는 본능이 아니라 이성, 즉 '올바른 이성의 지시(dictamen rectae rationis)'[83]에 기초한다. 이로부터 그로티우스는 자연법의 최상위 명제, 즉 체결한 계약을 반드시

---

81 *Grotius*, De iure belli ac pacis, Prolegomena I, 11.

82 *Grotius*, De iure belli ac pacis, Prolegomena 16. 이에 관해서는 *M. Diesselhorst*, Die Lehre des Hugo Grotius vom Versprechen, 1959도 참고.

83 *Grotius*, De iure belli ac pacis, Liber I, Cap. I. 10.

준수하라는 명령인 "계약은 지켜야 한다(pacta sunt servanda)"라는 명제를 도출한다. 이와 함께 타인의 재화를 빼앗지 않아야 하고, 손해를 유발했을 때는 배상해야 하며, 타인에게 폭력을 행사해서는 안 되고, 범죄를 저질렀을 때는 응분의 형벌을 감수해야 한다는 명제도 도출한다.[84]

토마스 홉스(1588-1679년)[85]는 구약에 등장하는 강력한 바다 괴물의 이름을 딴 그의 정치철학 주저인 『리바이어던 또는 교회국가와 시민국가의 소재, 형식 및 권력』에서 그로티우스와는 다른 방식으로 논증한다.[86] 홉스의 형이상학적 및 존재론적 출발점은 자연주의적이고 물질주의적인 세계상과 인간상, 즉 극단적으로 축소되고 회의적인 세계상과 인간상이었다. 그에 따르면 세계는 오로지 서로 인과적으로 영향을 주고받는 자연적이고 물질적인 물체로만 구성되어 있다. 생명체와 인간 역시 자연적이고 물질적인 물체일 따름이고, 이와 구별되는 독립적인 정신이란 존재하지 않는다. 생명체와 인간은 무엇보다 자기보존을 추구한다. 사고와 언어는 단지 자기보존이라는 근원적 목적에 도달하기 위한 수단일 따름이다. 모든 외적 대상 역시 이 목적을 실현하기 위한 수단에 불과하다. 그 때문에 홉스의 자연상태에서는 거의 무제한의 자연적 자유가 지배한다. 이로부터 홉스는 "그와 같은 상태에서는 누구나 모든 것에 대한 권리를 갖고, 심지어 타인의 육체에 대해서도 권리를 갖는다"라는 결론을 도출한다.[87] 물론 이로부터 진정한 의미의 규범적 권리와 의무를 도출할 수는 없다. 홉스 자신도 이러한 자연상태에서는 '법'과 '불법'이라는 이름이 자리 잡을 곳이 없다고 언급한다.[88] 하지만 홉스의 합리주의적 논증은 이제부터 시작이다. 즉 모든 인간은 똑같이 무제한의 자연적 자유와 이익을 갖기 때문에 자연상태에서는 희소한 재화를 둘러싼 경쟁이 벌어지고, 공정한

---

84 *Grotius*, De iure belli ac pacis, Prolegomena 8.

85 홉스에 관해서는 *R. Schnur*, Individualismus und Absolutismus. Zur politischen Theorie des Thomas Hobbes(1600-1640), 1963; *R. Tuck*, Hobbes: Leviathan; *S. A. Lloyd*, Ideals as Interests in Hobbes' Leviathan, 1992; *J. Hampton*, Hobbes and the Social Contract Tradition, 1988; *B. Ludwig*, Die Wiederentdeckung des Epikureischen Naturrechts: Zu Thomas Hobbes' philosophischer Entwicklung von De cive zum Leviathan in Pariser Exil 1640-1651, 1998; *W. Kersting*(Hrsg.), Thomas Hobbes. Leviathan oder Stoff, Form und Gewalt eines kirchlichen und bürgerlichen Staates, 2008; *O. Höffe*, Hobbes, 2010 참고.

86 이하의 서술에 관해서는 *D. von der Pfordten*, Rechtsethik, 2011, S. 320 이하 참고.

87 *Hobbes*, Leviathan, hrsg. von *I. Fetscher*, 1984, Kap. 14, S. 99.

88 *Hobbes*, Leviathan, Kap. 13, S. 98.

몫과는 아무런 관계없이 희소한 재화의 취득이 이루어지며, 다수가 권력을 추구한다. 따라서 이 상태에서는 누구나 무장해야 할 필요가 있고, 결국 타인의 공격을 대비하기 위해 만인에 대한 만인의 전쟁(bellum omnes contra omni)이 벌어진다.[89] 자연상태에서는 누구든 타인에게는 적이다. 그 때문에 누구든지 타인을 두려워하게 된다. 이러한 이유에서 그리고 근원적인 자유를 무제한으로 사용하면 결국 자기말살에 도달하지 않을 수 없다는 통찰을 통해 가능한 한 평화를 추구하는 것이 합리적이라고 여기게 된다. 그리고 평화의 추구가 첫 번째 목적합리적 수단 또는 자연법이 된다. "모든 사람은 달성될 가망이 있는 한, 평화를 위해 노력해야 한다. 평화를 수립할 수 없다면 전쟁에서 승리하기 위해 어떠한 수단일지라도 사용해도 좋다."[90] 이 첫 번째 자연법으로부터 다시 다음과 같은 두 번째 목적합리적 수단 또는 자연법이 도출된다. "인간은 평화 그리고 자기방어가 보장되고 타인들도 그렇게 하는 한, 모든 것에 대한 권리를 기꺼이 포기하고 자신이 타인에게 허락한 만큼의 자유를 타인에 대해 갖는 것으로 만족해야 한다."[91] 즉 법은 기본적으로 경쟁, 무장, 공포의 산물이다. 국가 역시 이러한 사정에 기초한다. 자연상태의 개인은 자기보존을 보장할 수 없으므로 사실상의 정치적 계약 또는 가상의 정치적 계약을 통해 공동선을 보존하기 위한 정치적 공동체, 즉 '코먼웰스(Commonwealth)'를 수립한다. 홉스에 따르면 정치공동체를 수립한 이후 개인은 주권자인 군주 또는 의회에 무조건 복종해야 한다. 사회계약을 통해 창설되고 정당화되는 국가는 시민의 파괴적 힘을 억압하기 위해 시민에 대해 무제한의 권력을 행사한다(그 때문에 국가를 성서에 나오는 바다의 괴물 리바이어던에 비유한다). 주권자는 그가 무제한의 권력을 행사할 수 있을 때만 정당성을 갖는다. 오늘날의 용어로 표현한다면, 주권자가 법적 안정성을 보장할 수 있을 때만 정당성을 갖는다고 말할 수 있다("진리가 아니라 권위가 법을 만든다").[92] 홉스는 심지어 폭정과 독재마저도 배척하지 않는다. 홉스가 보기에 국가의 최고목표는 내전을 억제하는 것이다(홉스 자신도 내전을 피해 12년 동안 프랑스

89 *Hobbes*, Leviathan, Kap. 13, S. 95-98.
90 *Hobbes*, Leviathan, Kap. 14, S. 99 이하.
91 *Hobbes*, Leviathan, Kap. 14, S. 100.
92 *Hobbes*, Leviathan, Kap. 26, S. 209.

에 망명해야 했다). 그 때문에 홉스의 사상에서 민주주의, 자유선거, 정당, 인권과 시민권, 저항권 따위는 등장하지 않는다. 홉스의 국가는 절대주의적 권력국가이고, 무제한적으로 지배한다. 다만 단 하나의 제한이 있다. 즉 국가가 시민의 자기보존을 보호할 수 없다면, 국가의 복종에 대한 요구는 끝이 난다.[93] 예컨대 사형판결을 받은 자에 대해 국가는 복종을 요구할 수 없다. 따라서 사형판결을 받은 자는 도망가거나 리바이어던에 대항해 자신의 자기보존을 추구할 수 있고, 이는 당연히 허용된다.

홉스의 극단적 유명론은 자기보존을 추구하는 물체로서의 인간 개인이 정치적 계약과 절대국가의 수립을 위한 출발점이 되는 결과를 낳았다. 다시 말해 홉스는 이론의 출발점에서는 규범적 개인주의를 주장한 셈이다. 하지만 홉스의 극단적으로 축소되고 회의적인 세계상은 극단적으로 축소된 인간상까지 낳게 되었다. 물체의 자기보존은 기본적 목표이고, 따라서 국가형성의 본질적 목적이기도 하다. 그리하여 자유, 행복, 사회적 공동생활, 정의, 문화, 교육 등 인간의 다른 목표들은 홉스의 사상에서는 부차적인 역할을 할 따름이다. 그 때문에 홉스는 절대주의적 권력국가와 강제국가가 정당화된다고 보았다. 이러한 국가가 내전을 가장 효과적으로 억제하기 때문이다. 자유, 인권, 시민권, 정의, 민주주의, 선거, 정당 등이 없는 권위적 국가를 정당화하는 이러한 이론은 오늘날 더는 인정되지 않는다. 그렇지만 홉스 자신의 개인적 경험이 국가를 극단적으로 축소해 이해하는 견해를 낳았다는 사실을 고려할 필요가 있다. 그는 영국의 내전과 망명을 체험했다. 당연히 우리가 오늘날 가진 안정된 법치국가와 민주주의를 홉스는 알지 못했다.

스피노자(1632-1677년)는 어떤 측면에서는 그로티우스의 이론과 홉스의 이론을 결합했다고 볼 수 있다. 홉스가 이미 사용했던 자연과학의 수학적-인과적 방법론을 스피노자는 극히 섬세하게 만들었다. 그는 철학에서 목적에 대한 모든 고찰을 제거하고 오로지 엄격한 인과성의 타당성만을 인정했다. 즉 스피노자의 철학은 실체의 철학이다. 이에 따라 법과 국가도 (경험적) 자연의 한 부분이다. 다른 모든 이성법론자와 마찬가지로 스피노자도 인간의 '자연상태(status naturalis)'가 어떠한 상태인지를 물으면서, 인

93 *Hobbes*, Leviathan, Kap. 21, S. 168, 170.

간은 완전히 사교적인 존재도 아니고 그렇다고 순수한 이기주의자도 아니라고 생각했다. 즉 인간은 처음부터 선한 속성과 악한 속성을 가진다고 한다. 자연의 한 부분인 인간은 그가 가진 권력(힘)만큼 권리를 갖는다. "헤엄치는 것은 물고기의 자연권이고, 작은 물고기를 잡아먹는 것은 큰 물고기의 자연권이다."[94] 따라서 법과 권력은 같은 것이고, 권력만이 법을 생성한다. '기하학적 방법(more geometrico)'으로 구성된 스피노자의 이론은 인간 행동의 규범에 관한 이론이 아니라 인간의 격정을 분석하고 설명하는 이론이다. 그의 이론에서 당위는 없으며, 단지 자연적인 원인, 즉 존재만이 있을 뿐이다. 따라서 권력과 법(권리)이 같은 것이라면 누구든지 다른 사람보다 더 우월한 만큼의 권리(법)를 갖는다. 그리고 누구든지 자신이 주장하고 관철할 수 있는 만큼 소유하고, 약속은 타인이 이 약속이 실현되도록 관철할 수 있는 한에서만 구속력을 갖는다.[95] 그러나 스피노자는 인간 이성의 법칙에 따라 사는 것이 인간에게 더 유리하다고 말한다. 그렇게 살기 위해서는 인간들이 서로 결합해 공동체, 즉 국가를 형성해야 한다. 이는 다시 각자가 그럴 수 있는 권력을 갖는 즉시 계약을 파기한다는 자연적 권리를 포기하고 어떠한 경우든 국가에 복종한다는 것을 전제한다. 따라서 국가의 권력은 국가만이 공동선을 보장할 수 있다는 시민의 이성적 통찰에 기초하는 것이지, 결코 국가의 강제권력에 기초하지 않는다. 이 점에서 국가는 무정부 상태보다는 더 작은 악인 셈이다. '시민상태(status civilis)'에서는 시민이 아니라 국가가 거의 모든 권리를 장악하고, 오로지 국가만이 무엇이 선이고 무엇이 악인지를 결정한다.[96] 이는 홉스에 상당히 가깝고 실증주의처럼 여겨진다. 그러나 스피노자는 다음과 같은 논거를 통해 홉스나 실증주의에서 벗어나려고 시도한다. "자연상태에서는 이성을 따르는 자가 가장 강한 자이듯이, 이성에 기초하고 이성을 지침으로 삼는 국가가 가장 강한 국가이다."[97] 따라서 국가는 이성적인 법률을 제정해야 하지, 자의적인 법률을 제정해서는 안 된다.

하이델베르크 대학에서 독일 최초로 자연법과 국제법을 가르치는 교수였던 사무엘

---

94 *Spinoza*, Tractatus Theologico-Politicus, CXI.

95 *Spinoza*, Tractatus Theologico-Politicus, CXI. 이에 관해서는 *Spinoza*, Politischer Traktat, hrsg. von *H. Klenner*, 1988도 참고.

96 이에 관해서는 *Spinoza*, Ethica IV, 명제 57 참고.

97 *Spinoza*, Tractatus Theologico-Politicus, Kap. 3.

푸펜도르프(Samuel Pufendorf; 1632-1694년)는 특히 8권으로 된 그의 주저『자연법과 만민법에 관한 8권(De jure naturae et gentium libri octo; 1772년)』을 통해 고전적 자연법의 아버지가 되었다.[98] 푸펜도르프는 여전히 과소평가되고 있다. 그는 자신의 절정기 저작들에서 홉스와 데카르트 이후 가장 전위적인 이론으로 여겨지던 수학적-인과적 사고를 수정한다. 푸펜도르프는 자신의 스승인 예나 대학교의 수학자이자 철학자인 에르하르트 바이겔(Erhard Weigel; 1625-1699년)과 똑같이 '물리적 존재(ens physica)'와 '정신적 존재(ens moralis)'를 구별한다. 물리학은 현상들을 서술하고 설명하며, 도덕학은 현상들을 선/악, 정의/부정의로 평가한다. 이렇게 해서 푸펜도르프는 진정한 의미의 당위, 자유 그리고 공동체에 대한 의무가 차지할 자리를 다시 마련했다. 그의 자연법론은 그로티우스와 홉스에 연결되어 있다. 하지만 푸펜도르프는 이 두 사람의 견해를 너무 일방적이라고 여겼다. 푸펜도르프에 따르면 인간은 한편으로는 이기주의자로서 자기 자신만을 사랑하고, 자신에게 유리하다면 타인을 해치지만, 다른 한편으로는 약하고 힘없는 존재(imbecillitas)로서 이미 자연상태에서도 자기보존을 위해(se ipsum conservare) 사회를 필요로 한다. 이러한 인간관 — 물론 여기서는 매우 축약해 서술했다 — 에 기초해 푸펜도르프는 자연적 의무의 체계를 구성한다. 그는 영원법, 자연법, 신법, 인정법이라는 오래된 분류를 잘 알고 있었다. 하지만 푸펜도르프 사상에서 결정적인 측면은 그가 홉스와는 달리 자연법을 풍부한 규범적-윤리적 내용으로 채웠지만, 그로티우스처럼 자연법을 신법과 뚜렷이 구별했다는 사실이다. 즉 신에 대한 의무는 종교와 관련된 의무일 뿐이고, 자기 자신에 대한 의무는 오로지 도덕과만 관련될 뿐이라고 한다. 그리고 법적 의무는 오로지 공동체에 대한 의무일 뿐이고, 종교나 도덕과는 무관하며, 오로지 이성으로부터 도출되는 의무일 뿐이라고 한다. 푸펜도르프는 법적 의무를 다시 세 가지 근원적 의무로 구별한다. a) 타인을 해치지 말라(neminem

98 이에 관해서는 축약본인 De officio hominis et civis prout ipsi praescribunter lege naturali libri duo, 1673 [독일어 번역: Über die Pflicht des Menschen und des Bürgers nach dem Gesetz der Natur, 1994] 참고. 푸펜도르프에 관해서는 *H. Welzel*, Die Naturrechtslehre Samuel Pufendorfs, 1958; *H. Denzer*, Moralphilosophie und Naturrecht bei Samuel Pufendorf, 1972; *A. Randelzhofer*, Die Pflichtenlehre bei Samuel Pufendorf, 1983; *J. Tully*(Hrsg.), Pufendorf: On the Duty of Man and Citizen According to Natural Law, 1991; *D. Hünnig*(Hrsg.), Naturrecht und Staatstheorie bei Samuel Pufendorf, 2009 참고.

laedere)!. 소유권의 존중과 계약의 이행도 여기에 속한다. b) 누구든지 타인을 평등한 권리의 소유자로 취급하라!("각자에게 그의 몫을", 인간의 존엄에 대한 존중), c) 누구든지 타인을 가능한 한 도우라!(배려의무).

법을 종교와 도덕과 분리하는 이론을 더욱 발전시킨 것은 크리스티안 토마지우스(Christian Thomasius; 1655-1728년)였다.[99] 그는 자연법과 신법의 완전한 분리를 수행했다. 그의 핵심 관심사는 윤리, 정치, 법을 엄격히 분리하고, 이에 따라 세 가지 종류의 이성 명령을 분리하는 것이었다. 즉 윤리(honestum)는 자기 자신에 대한 의무와 관련되고, 따라서 인간 내면의 명예나 내면의 평화와 관련된다. 정치는 예의범절(decorum)로 이해되어야 하는데, 그 척도는 '적극적인 황금률', 즉 "다른 사람이 너희에게 해주기 바라는 것을 다른 사람에게 행하라(quod vis ut alii tibi faciant, tu et ipsis facias[100])이다. 끝으로 법(iustum)에서는 "다른 사람을 해치지 말라!"라는 '소극적 황금률'의 원칙, 즉 "다른 사람이 네게 행하지 않기 원하는 것을 다른 사람에게 행하지 말라(quod tibi non vis fieri, alteri ne feceris)"가 적용된다.

18세기와 19세기 영미권을 지배한 윤리적 및 정치적 견해는 제러미 벤담(Jeremy Bentham; 1748-1832년)에서 정점에 도달한 공리주의였다[벤담 이후에는 특히 존 스튜어트 밀(John Stuart Mill;1806-1873년)이 중요한 역할을 했다]. 공리주의에 따르면 모든 인간은 쾌락과 고통의 감정에 의해 지배되고(쾌락주의), 최대한 길고 행복하게 살고자 하며, 모두가 죽음을 두려워한다. 따라서 국가의 가장 중요한 목표와 (밀의 견해에 따르면) 개인윤리의 최고목표는 공동체의 효용을 최대화하는 일이다.[101] 단순한 정치적 슬로건으로 표현하자면, '최대 다수의 최대행복'이다(수학적으로 보면 '다수'와 '행복'이라는 두 가지 독립변수를 최대화할 수는 없다).

---

99 토마지우스에 관해서는 *H. Rüping*, Die Naturrechtslehre des Christian Thomasius und ihre Fortbildung in der Thomasius-Schule, 1968 참고. 이 밖에도 *Ch. Bühler*, Die Naturrechtslehre des Christian Thomasius, 1991도 참고.

100 누가복음 6장, 31절; 마태복음 7장 12절. 푸펜도르프만 하더라도 이를 법적 의무로 파악했다. 이에 관해서는 독일형법 제323c조('선한 사마리안 법')도 참고.

101 *Jeremy Bentham*, The Principles of Morals and Legislation, 1988, I, IV, S. 3. 이에 관해서는 *J. H. Bruns/H. L. A. Hart*(Hrsg.), Jeremy Bentham: A Fragment on Government; *S. Collini*(Hrsg.), J. S. Mill: On Liberty; With the Subjection of Woman and Chapters on Socialism도 참고.

이 지점에서는 약간의 보충적인 논의가 필요하다. 공리주의는 근대의 법철학, 특히 미국의 법철학에서 매우 중요한 역할을 한다. 예컨대 홈즈(Oliver Wendel Holmes jun.; 1841-1935년), 로스코 파운드(Roscoe Pound; 1870-1964년), 론 풀러(Lon Fuller; 1902-1978년)를 대표자로 꼽을 수 있다. 물론 공리주의라는 분류가 항상 아무 문제가 없지만은 않다. 다수의 학자는 '실용주의적 현실주의' 또는 '실용주의적 도구주의'라는 표현을 더 선호한다.[102] 영미권 철학은 여러 측면에서 순수한 공리주의를 이미 넘어섰다는 판단 때문이다. 퍼스(Charles S. Peirce; 1839-1914년. 퍼스의 철학이 지닌 가장 중요한 의미는 관계의 논리학과 존재론을 발전시켰다는 점이다[103])는 결코 공리주의자라고 할 수 없다. 최근에 존 롤스(John Rawls; 1921-2002년)는 많은 주목을 받은 그의 주저 『정의론(A Theory of Justice; 1971)』에서 공리주의를 극복하고 이를 비판한다.[104] 벤담에 대해 한 마디 덧붙이자면, 그의 철학에서는 오늘날 상당히 많은 발전을 이룩한 학문적 의미의 입법학의 첫 실마리를 찾아볼 수 있다.[105] 영미법권에서 이루어진 최근의 법철학적 전개 과정에 관해서는 나중에 다시 자세히 서술하겠다.

다시 이성법의 시대로 되돌아가자. 라이프니츠(Gottfried Wilhelm Leibniz; 1646-1716년)도 수학적-기하학적 방법을 지향한 홉스와 스피노자의 법철학을 극복하려고 시도했다. 탁월한 수학자이자 오늘날의 컴퓨터 시대에 들어 대중으로부터 높은 평가를 받는 라이프니츠가 수학적-자연과학적 방법론의 독점권을 거부했다(라이프니츠와 동시

---

102 이에 관해서는 *R. Summers*, Pragmatischer Instrumentalismus und amerikanische Rechtstheorie, 1983 참고.

103 이에 관해서는 *A. Kaufmann*, Vorüberlegungen zu einer juristischen Logik und Ontologie der Relationen: Grundlegung einer personalen Rechtstheorie, in: Rechtstheorie 17(1986), S. 257 이하 참고. 퍼스의 이론 전반에 관해서는 *L. Schulz*, Das rechtliche Moment der pragmatischen Philosophie von C. S. Peirce, 1988 참고.

104 독일어판: Eine Theorie der Gerechtigkeit, 1975(5. Aufl. 1990). 롤스와 공리주의의 관계에 관해서는 *H. Eidenmüller*, Versuch einer Überwindung des Utilitarismus bei John Rawls, in: ARSP 73(1987), S. 235 이하 참고. 공리주의에 관한 다양한 정보는 *O. Höffe*(Hrsg.), Einführung in die utilitaristische Ethik: Klassische und zeitgenössische Texte, 1975; *N. Hoerster*, Utilitaristische Ethik und Verallgemeinerung, 2. Aufl. 1977 참고. 특히 법철학적 관점에서 공리주의를 파악하는 문헌으로는 *J. Stone*, Human Law and Human Justice, 1965, S. 105 이하 참고.

105 입법학에 관해서는 *P. Noll*, Gesetzgebungslehre, 1973 참고. 이 밖에 *D. Grimm/W. Maihofer*(Hrsg.), Gesetzgebungstheorie und Rechtspolitik. Jahrbuch für Rechtssoziologie und Rechtstheorie Bd. 13, 1988; *G. Winkler/B. Schlicher*(Hrsg.), Gesetzgebung, 1981도 참고.

대인인 프랑스의 파스칼도 마찬가지였다)는 사실은 특기할만하다. 라이프니츠는 역학(Mechanik)은 목적론(Teleologie)의 보충을 받아야 한다고 생각했다.[106] 즉 물리적 세계 이외에 도덕적 정신 또는 정신적 개체('모나드'[107])의 세계도 존재한다고 한다. 그리하여 인간의 목표는 최대한의 행복이 아니라 인간의 완성이고, 바로 이 점이 자연법의 지도원칙이 되어야 한다고 본다.[108]

라이프니츠는 자신의 자연법론을 하나의 체계로 구성하지는 않았다. 자연법론을 체계로 구성한 것은 그의 제자 크리스티안 볼프(Christian Wolff; 1679-1754년)였다. 볼프는 라이프니츠의 윤리적 완벽주의(ethischer Perfektionismus)를 수용해 발전시켰다. 볼프의 논증을 간략하게 서술하면, 도덕은 인간이 완벽해지도록 의무를 부과한다는 것이다. 그러나 인간 혼자서는 완벽성이라는 목표에 완전하게 도달할 수 없다. 따라서 국가와 법질서가 인간의 완성을 촉진해야 한다. 이를 위해 국가는 삶에 필요한 재화를 마련(sufficientia vitae)하고, 불법의 공포에서 벗어나게 만들며(tranquilitate civitatis), 외부의 폭력으로부터 보호(securitas)해야 한다. 이 점에서 법은 윤리적 의무이행을 가능하게 만드는 것으로 이해된다.[109] 이제 우리는 계몽절대주의의 시대에 이르렀다.

시대는 이제 계몽주의 자연법을 법전 편찬으로 전환할 수 있을 정도로 성숙했다. 즉 크리스티안 볼프의 거대한 자연법체계(합리주의의 특징 가운데 하나는 모든 인식의 완결된 체계에 관한 사고였다)는 18세기와 19세기에 자연법적 법전이 편찬될 길을 열어놓았다.

---

106 이 점은 라이프니츠가 1724년 1월 10일에 르몽드(Nicolas Remond)에게 보낸 편지에 분명하게 드러나 있다. 이에 관해서는 *Verdross*, Rechtsphilosophie(각주 6), S. 136 참고.

107 *Leibniz*, Die Prinzipien der Philosophie oder die Monadologie(Philosophische Schriften, Bd. 1, hrsg. von *Heinz Holz*, 1985, S. 439 이하).

108 라이프니츠는 그의 저작의 수많은 곳에서 완전성의 원칙에 대해 언급한다. 예컨대 "Metaphysische Abhandlung"과 "Neues System"[Philosophische Schriften, Bd. 1(각주 107), S. 56 이하, 200 이하]. 이에 관해 자세히는 *Welzel*, Naturrecht(각주 10), S. 145 이하; *ders.*, Bemerkungen zur Rechtsphilosophie von Leibniz, in: Festschrift für G. Husserl, 1969, S. 201 이하 참고. 이 밖에 *H.-P. Schneider*, Der Plan einer 'Jurisprudentia Rationalis' bei Leibniz, in: ARSP 52(1966), S. 553 이하 참고.

109 볼프의 자연법론은 8권으로 된 저작『Ius naturae methodo scientifica pertractatum(1740-1748)』에 집대성되어 있다. 이에 관해서는 *H.-M. Bachmann*, Die naturrechtliche Staatslehre Christian Wolffs, 1977; *E. Stipperger*, Freiheit und Institution bei Chritian Wolff(1679-1754); Zum Grundrechtsdenken in der deutschen Hochaufklärung, 1984; *B. Wininger*, Die rationale Pflichtenlehre Christian Wolffs, 1992; *Ch. Schröer*, Naturbegriff und Moralbegründung; Die Grundlgung der Ethik bei Christian Wolff und deren Kritik durch Immanuel Kant, 1988 참고.

이와 관련해서는 네 개의 중요한 법전을 언급할 수 있다. 막시밀리안 바이에른 민법전(Codex Maximilianeus Bavaricus Civilis; 1756), 프로이센 일반 란트법(Preußisches Allgemeines Landrecht; 1794), 프랑스 민법전(Code Civil 또는 Code Napoleon; 1804), 오스트리아 일반 민법전(Österreichisches Allgemeines Bürgerliches Gesetzbuch; 1811)이 그것이다.

그러나 법전편찬은 근대 자연법의 정점이 아니라 종말의 시작이었다. 이미 루소의 사상에서, 특히 그의 국가론(『사회계약』)에서 새로운 시대의 도래를 선포했다. 이 새로운 시대는 주권이라는 개념과 이념을 전개한 장 보댕(1529-1596년으로 추정)에까지 거슬러 올라간다.[110] 18세기 말까지만 하더라도 입법권은 국가의 기능이 아니라 군주를 통해 구현되는 대권으로 여겨졌다. 보댕은 일찍이 절대주의를 다음과 같이 표현했다. 즉 군주는 '절대적이고 지속적인 권력'으로서 모든 정파와 시민의 상위에 있고, 모든 정파와 시민은 군주의 신민으로 강등된다(복종의 대가로 주권자는 종교의 자유[111]와 안전[112]을 보장한다). 군주가 법률을 제정, 공포하는 것은 주권자라는 속성에 기초한다. 군주 자신은 법률에 복종하지 않지만, 신민은 설령 법률이 자연법에 위반될지라도 절대적으로 법률에 복종해야 한다(다만 주권자의 명령이 신법에 반할 때를 대비해 저항권이라는 최후의 요소가 남아 있긴 하다).[113]

다시 한번 이성법의 시대를 살펴보자. 후고 그로티우스에서 크리스티안 볼프에 이르는 합리주의 시대의 자연법 이론가들은 모두 기독교인이었고 — 이미 언급했듯이 — 스콜라철학을 배운 자들이었다. 다만 이들은 기독교 신앙을 자연법의 토대로 삼지 않

110 *Bodin*, Six livres de la République, 1576, I. 보댕에 관해서는 *J. H. Franklin*, Bodin: On Sovereignty, 1992 참고.

111 종교의 자유는 수많은 사상가가 부르짖은 관용의 이념의 도화선이었다. 예컨대 *John Locke*, Ein Brief über Toleranz, 1689; *Pierre Bayle*, Aspekte einer Theorie der Toleranz, 1682-86; *Voltaire*, Abhandlung über die Toleranz(장 칼레의 죽음이 계기), 1763 참고. 이에 관해서는 *F. Lezius*, Der Toleranzbegriff Lockes und Pufendorfs, 1987; *M. Stolpe/F. Winter*(Hrsg.), Wege und Grenzen der Toleranz; Edikt von Potsdam 1685-1985(특히 *H. Klenner*, Toleranzideen im siebzenten Jahrhundert, S. 80 이하); *H. Lutz*(Hrsg.), Zur Geschichte der Toleranz und Religionsfreiheit, 1977; *A. Kaufmann*, Die Idee der Toleranz aus rechtsphilosophischer Sicht, in: Festschrift für U. Klug, Bd. 1, 1983, S. 97 이하 참고.

112 *Bodin*, Six livres de la République, 1576, I. 7.

113 이에 관해 자세히는 *Franz L. Neumann*, Die Herrschaft des Gesetzes, 1980, S. 107 이하 참고.

았다. 이 점에서 신이 존재하지 않는다는 가정하에 자연법의 토대를 설정해야 한다는, 앞에서 언급한 그로티우스의 말은 합리주의적 자연법의 특징을 잘 보여준다. 이것이 바로 합리주의적 자연법론의 방법이었다. 그러나 시간이 지나면서 신이 존재하지 않는다고 확신하게 되었고, 따라서 지금껏 언제나 전제했던 종교와 법의 관련성은 상실되었다. 물론 이성법론자들은 예컨대 "약속은 지켜야 한다"와 같은 몇몇 선험적 대전제로부터 순수한 연역을 거쳐 경험적 현실, 즉 시간적 및 공간적 사정을 고려하지 않은 상태에서 다른 모든 법적 명제를 도출할 수 있다고 생각했다는 점에서는 스콜라철학과 완전히 일치한다(그래야만 자연법이 모든 시대 모든 인간에게 구속력을 갖는 보편타당성을 확보할 수 있다고 믿었기 때문이다). 그러나 실제로는 이성법론자들의 논증은 상당히 경험적이었다. 무엇보다 합리적이라는 명성을 누리던 로마법을 원용하는 경우가 많았다(이성법 시대는 곧 로마법 수용의 시대이기도 했다). 이처럼 경험적 논증을 거칠 때만 거대한 '자연법적' 법전의 편찬이 가능했다.

2.2.3.3 합리주의는 극단으로 치달았다. 그 때문에 점차 경험적인 것을 통해 합리주의를 제한하고 보충할 필요성을 느끼게 되었고, 마침내 역사적인 것과 비합리적인 것을 통한 제한과 보충이 이루어졌다. 그리하여 합리주의 시대는 비판철학과 낭만주의로 대체되었다. 이로써 19세기에는 고전적인 합리주의적 자연법도 변화를 겪게 되었고, 결국에는 — 국제법 영역 이외에는 — 자취를 감추었다.

2.2.3.3.1 임마누엘 칸트(1724-1804년)[114]는 그의 3대 비판서, 특히 첫 번째 비판

---

114 칸트 철학에 대한 입문적 이해를 위해서는 예컨대 *K. Jaspers*, Kant; Leben, Werk, Wirkung, 1975; *O. Höffe*, Immanuel Kant, 8. Aufl. 2014 참고. 칸트의 법철학에 관해서는 *R. Dreier*, Recht — Moral — Ideologie, 1981, S. 286 이하('Zur Einheit der praktischen Philosophie Kants) 참고. 칸트의 도덕철학의 맥락에서 법철학이 지닌 의미에 관해서는 *ders.*, Rechtsbegriff und Rechtsidee; Kants Rechtsbegriff und seine Bedeutung für die gegenwärtige Diskussion, 1986; *G.-W. Küsters*, Kants Rechtsphilosophie, 1988; *W. Brugger*, Grundlinien der Kantischen Rechtsphilosophie, in: JZ 1991, S. 893 이하; *G. Römpp*, Exeundum esse e statu naturali; Kants Begriff des Naturrechts und das Verhältnis von privatem und öffentlichem Recht, in: ARSP 74(1988), S. 461 이하; *W. Kersting*, Wohlgeordnete Freiheit, 2. Aufl. 1993; *ders.*, Kant über Recht, 2004; *O. Höffe*, Kategorische Rechtsprinzipien. Ein Kontrapunkt der Moderne, 1990; *A. D. Rosen*, Kant's Theory of Justice, 1993; *P. Guyer*, Kant on Freedom, Law, and Happiness, 2000; *D. von der Pfordten*,

서인 『순수이성비판(1781, 2판은 1787)』에서 라이프니츠와 볼프의 합리주의를 변환하고 제한한다. 칸트는 "학문으로서의 형이상학이 어떻게 가능한가?"를 알고자 했다.[115] 이 물음은 칸트에게 형이상학에서 선험적 종합판단이 존재하는지, 즉 '순수이성'으로부터 확실하고 보편타당하며 우리의 지식을 확장하는(다시 말해 단순히 분석적이지만은 않는) 인식이 존재하는지의 물음이었다. 이 물음을 캐묻고 물음에 대한 대답을 찾기 위해 다음과 같은 근원적인 물음을 제기해야 했다. "선험적 종합판단이 어떻게 가능한가?"[116] 그와 같은 판단이 존재한다는 점에 대해 칸트는 조금도 의심하지 않았다. 그 증거는 수학과 수학적으로 이루어지는 자연과학이었다.

『순수이성비판』에서 서술적-이론적 판단과 관련된 칸트의 대답[117]은 다음과 같다. 우리의 모든 경험적 인식, 즉 감각적 인식은 직관(Anschauung)과 개념(Begriff)이라는 두 가지 요소를 포함한다. 직관을 통해 대상이 우리에게 주어지고, 개념을 통해 대상이 사고된다. "내용이 없는 사고는 공허하고, 개념이 없는 직관은 맹목이다." 개념과 직관은 '순수'하거나 '경험적'이며, 이에 따라 전자는 '선험적(a priori)'으로 타당하고, 후자는 '후험적(a posteriori)'으로 타당하다. 표상(Vorstellung)에 어떠한 감각도 섞여 있지 않으면 선험적이다. 그러나 "우리의 본성(자연)은 감각적이지 않고서는 달리 직관이 성립할 수 없게 되어 있다." 오성(Verstand)은 직관(정신적이고 지성적 직관이라는 의미)으로 포착할 수 없다. 오성은 오로지 "감각적 직관의 대상을 사고할 수 있는 능력"일 따름이다. 따라서 오성에서는 창조적이고 적극적으로 인식할 힘이 발휘되지 못하며, 단지 '인식의 자발성', 즉 감각적 직관을 통해 주어진 다양성을 개념으로 집약하는 것만이 가능할 뿐이다. "오성은 직관할 수 없고, 감각은 사고할 수 없다." 그러므로 — 이 점이 결정적인 측면인데 — "순수한 직관은 무언가를 직관하기 위한 전제로서의 **형식**(순수한 직관 형식은 공간과 시간이다)일 따름이고, 순수한 개념은 대상 자체에 대한 사고를 위한 **형식**

Menschenwürde, Recht und Staat bei Kant, 2009; *Ch. Horn*, Nichtideale Normativität. Ein neuer Blick auf Kants politische Philosophie, 2014 참고.

115 *Kant*, Kritik der reinen Vernunft, Ausgabe B, S. 22.

116 *Kant*, Kritik der reinen Vernunft, Ausgabe B, S. 19. 종합판단과 분석판단의 구별에 관해서는 Ausgabe A, S. 6 이하; Ausgabe B, S. 10 이하 참고.

117 *Kant*, Kritik der reinen Vernunft, Ausgabe A, S. 50 이하; Ausgabe B, S. 74 이하.

일 따름이다." 이 지점에서 칸트는 그의 유명한 12범주 도표, 즉 예컨대 인과성 개념과 같은 가장 보편적인 개념들을 제시한다. 이렇게 해서 '순수이성비판'은 선험적 형식론이 된다.[118] 이러한 형식론은 한편으로는 '감각성의 **규칙** 자체에 관한 학문[이를 칸트는 감각이론(Ästhetik)이라고 부른다]'이고 다른 한편으로는 '오성**규칙** 자체에 관한 학문(이를 칸트는 논리학Logik이라고 부른다)'이다.

여기서 칸트는 의도적으로 '이성'이 아니라 '오성'이라고 말한다. 그는 오성에 대해 올바른 인식을 할 능력을 인정하지만, 오성을 이론적-서술적 관점에서 가능한 경험의 대상이라는 영역과 수학적 자연과학에 한정한다. 즉 오성은 사물 '그 자체', 다시 말해 사물의 '실재'를 인식하는 것이 아니라 인간의 감각을 거쳐 오성에 '나타나는' 것을 인식할 따름이다. 오로지 대상의 '현상'만이 우리에게 주어질 뿐 '사물 그 자체'에까지 들어갈 수는 없다. 사물 그 자체에까지 들어가려면 오성이 순수한 직관 능력이 있을 때만, 다시 말해 오성이 대상 그 자체의 존재를 파악할 수 있을 때만 가능하다. 그러나 이는 불가능하다. 오성은 그 자신에 고유한 객체를 갖지 않으며, 지적인 것 또는 이념적인 것을 갖고 있지도 않다. 따라서 오성은 그저 감각을 통해 자신에게 매개된 것, 즉 현상만을 처리하고 구성할 수 있을 뿐이다. 달리 표현하자면, 오성개념을 인식에 사용할 때는 실재 그 자체가 아니라 단지 현상, 즉 가능한 경험의 대상들에만 관련된 인식일 뿐이다. 그 때문에 칸트는 이론적 인식에 대해 다음과 같이 명확하게 말한다. "결과적으로 우리에게는 단순히 가능한 경험의 대상에 관한 인식 이외에는 어떠한 선험적 인식도 가능하지 않다."[119] 그리고 다른 곳에서는 이렇게 말한다. "따라서 선험적 분석은 다음과 같은 중요한 결론에 도달한다. 즉 선험적 오성은 가능한 경험의 형식 자체를 예상하는 것 이상의 활동을 수행할 수 없고, 현상이 아닌 것은 경험의 대상이 될 수 없으며, 우리에게 대상이 주어지는 유일한 통로인 감각성의 한계를 오성은 결코 뛰어넘을 수 없다는 점이다. 오성의 원칙은 현상을 설명하는 원칙일 따름이고, 체계적인 교조를 통해

118 칸트는 "대상과 관련을 맺는 것이 아니라 대상에 대한 우리의 인식 방식 — 이러한 인식 방식이 선험적으로 가능해야 한다는 전제하에 — 자체와 관련된 모든 인식"은 '선험적(transzendental)' 인식이라고 부른다. 따라서 선험철학은 그와 같은 개념들의 체계일 뿐, 예컨대 선험적인 것에 관한 이론이 아니다. 이에 관해서는 Kritik der reinen Vernunft, Ausgabe A, S. 12; Ausgabe B, S. 25 참고.

119 *Kant*, Kritik der reinen Vernunft, Ausgabe B, S. 166.

사물 자체에 관해 선험적인 종합적 인식을 부여할 수 있다고 착각하는 교만한 존재론은 순수한 오성에 대한 단순한 분석을 수행하는 더 겸손한 이론에 자리를 물려주어야 한다."[120]

칸트가 무엇을 인식하고 반박했는지 그리고 그의 논증이 어느 정도의 범위에 걸쳐 있는지를 명확히 알아야 한다. 그는 예컨대 신의 존재나 인간의 자유와 같이 서술적-이론적 형이상학의 완전한 내용을 경험을 배제한 채 순전히 형식적인 선험적 원칙으로부터 도출하는 것은 불가능하다는 점을 인식했다. 칸트가 서술적-이론적 형이상학의 판단 가운데 정당화할 수 있는 판단의 범위를 현저히 제한하고, 이를 통해 감각적 지각을 고려할 필연성을 크게 확장한 반면, 실천철학에서는 이와는 반대되는 방향으로 논증한다. 칸트는 실천철학이 선험적인 종합적-실천적 판단, 즉 순수실천이성에만 엄격히 제한되어야 한다고 요구한다. "모든 경험적인 것은 … 윤리의 원칙에 대한 첨가물로서 그것만으로는 쓸모없을 뿐만 아니라 윤리의 순수성 자체에 대해서도 극도로 불리한 것이다."[121] 칸트가 한 일은 완전히 새로운 것이다. 그는 자연법론이 이론의 전 역사에 걸쳐 골몰했던 객관적-실질윤리적 문제를 **주관적** 도덕성의 문제로 대체했기 때문이다. 그리하여 인간의 윤리적 자율성이 도덕의 원칙으로 상승한다. 이때 **윤리적 인격**은 목적 그 자체이지, 결코 타인의 목적을 위한 수단이 아니다. 그리고 '어떻게' 행동하는 것이 윤리적 행동이 되는지에 대해 칸트는 그의 유명한 '**정언명령**(절대적 명령)'으로 대답한다. "네가 의욕할 수 있기 위한 준칙이 곧 보편법칙이 되도록 행위하라!"[122] 물론 이 정언명령은 단지 형식적 원칙이고, 그 때문에 적용 범위가 상당히 의심스러운 원칙이다. 이 원칙은 특정한 사회적 실천이 보편적으로 확립될 경우 빠질 수 있는 자기모순만을 배제하기 때문이다. 예컨대 거짓말을 한다는 준칙은 사회적으로 볼 때 자기모순

120 *Kant*, Kritik der reinen Vernunft, Ausgabe A, S. 246 이하; Ausgabe B, S. 303.

121 *Kant*, Grundlegung zur Metaphysik der Sitten, Akademieausgabe S. 426.

122 *Kant*, Grundlegung zur Metaphysik der Sitten, Akademieausgabe S. 421. 정언명령의 이 기본형식은 다시 세 가지로 구체화한다. 1. "너의 행위의 준칙이 너의 의지를 통해 보편적 자연법칙이 될 수 있는 것처럼 행위하라!(S. 421)" 2. "너 자신의 인격과 관련해서든 다른 사람의 인격과 관련해서든 인격에 깃든 인간성을 네가 언제나 동시에 목적으로 사용하고 결코 단순한 수단으로 이용하지 않도록 행위하라!(S. 429)" 3. "자신의 입법에 따른 준칙은 가능한 목적의 왕국, 즉 자연의 왕국과 조화를 이루어야 한다!(S. 436)"

이다. 이 준칙을 보편화하면 누구도 다른 사람의 말을 믿지 않을 것이고, 그렇게 되면 거짓말 자체가 불가능해지기 때문이다. 그와 같은 사회는 매우 잔혹하고 위험하긴 하겠지만, 사고나 의욕에 모순이 있다고 말할 수는 없다.[123]

이 지점에서 칸트가 인격의 윤리적 자율성이라는 원칙을 통해 인권에 대한 철학적 정당화에 중요한 기여를 수행했다는 점을 분명히 할 필요가 있다. 오늘날 우리 헌법의 기본권 목록을 이양할 수 없고 처분할 수 없는 법치국가적 최소한으로 이해한다면, 그것은 바로 칸트의 유산이기도 하다. 그리고 기본권은 어떠한 경우도 그 '본질적 내용'이 침해되어서는 안 된다는 기본법 제19조 제2항 역시 칸트의 사상을 떠올리게 만든다. 즉 기본권이 '경험적' 인간과 관련되는 한에서는 법률을 통한 기본권의 제한이 허용되는 반면, 제한이 경험적 인간에 깃든 '인간성'을 침해할 때는 허용되지 않는다.[124]

법의 영역과 관련해 칸트는 자신의 법철학 주저인 『도덕형이상학』의 제1부 '법이론의 형이상학적 출발근거(1797)'에서 선험적 의무구속을 외적 관계 또는 인격의 자의(Willkür)에 따른 행위로 한정한다. 실정법의 선험적 기준으로 사용되어야 할 자연적이고 실정법에 앞서는 법에 대한 형식적이며 동시에 자유주의적인 유명한 개념정의는 다음과 같다. "법의 개념이 이 개념에 상응하는 구속력과 관련되는 이상(다시 말해 법의 도덕적 개념과 관련되는 이상), 법의 개념은 첫째, 오로지 한 인격과 다른 인격의 외적이고 실천적 관계에만 해당한다. 여기서 관계는 인격의 행위가 사실로서 서로 (직접 또는 간접적으로) 영향을 주고받는다는 뜻이다. 둘째, 그렇지만 법의 개념은 예컨대 선행이나 악행과 같이 한 사람의 **자의**가 다른 사람의 소망(또는 단순한 욕구)과 맺는 관계와 관련되는 것이 아니라, 단지 타인의 자의와 맺는 관계와 관련된 것일 뿐이다. 셋째, 자의들 사이의 이러한 쌍방적 관계에서는 자의의 **실질**, 즉 각자가 자신이 의욕하는 대상으로 의도하는 목적은 고려의 대상이 되지 않는다. 예컨대 누군가 자신의 거래를 통해 나에게서 구매한 상품으로 그 자신의 이익을 얻을 것인지는 물음의 대상이 아니고, 단지 쌍방적인 자의 — 자의가 **자유로운** 자의로 고려되는 이상 — 의 관계가 어떠한 **형식**을 따

123 이에 관해서는 *D. von der Pfordten*, Normative Ethik, 2010, S. 175 이하 참고.
124 이에 관해 자세히는 *A. Kaufmann*, Über den 'Wesensgehalt' der Grund- und Menschenrechte, in: ARSP 70(1984), S. 384 이하 참고.

라야 하는지 그리고 두 사람 가운데 한 사람의 행위를 통해 다른 사람의 자유와 자유의 일반법칙에 따라 서로 합치할 수 있는지가 물음의 대상일 뿐이다. 따라서 법이란 한 사람의 자의가 다른 사람의 자의와 자유의 일반법칙에 따라 서로 합치할 수 있는 조건의 총체이다."[125]

따라서 제정해야 하거나 발견해야 할 실정법과 관련해 순수이성의 자연법에 따른 선험적-종합적 기준은 매우 제한적이어서 예컨대 푸펜도르프나 볼프에서 볼 수 있는 것처럼 상세한 내용적 결론은 칸트에서는 더는 순전히 합리적으로만 정당화할 수는 없게 된다. 즉 법적인 완벽성, 인간의 행복, 실질적 정의 또는 효용의 극대화 등을 정당화하기 위해 자연법의 선험적 기준을 원용할 수는 없다. 단지 법을 특수한 경험적 사례에 적용하는 것만이 가능할 뿐이다.[126] 다시 말해 칸트는 실정법 이전의 자연법 영역을 형식화하고 제한했지만, 이를 통해 자연법에 대한 회의주의적인 비판을 차단하기도 했다. 그는 흔히 주장하듯이 결코 자연법과 결별하거나 자연법을 파괴하지 않았다. 이 점은 자연법에 대한 칸트의 개념정의를 보더라도 알 수 있다. 즉 칸트는 자연법의 개념을 "제정되지 않은 법이고 … 모든 인간의 이성을 통해 인식할 수 있는 법"으로 규정한다. 이에 반해 "실정법은 입법자의 의지로부터 성립한 (제정)법"이라고 한다(물론 여기서 칸트가 '오성'이 아니라 '이성'이라고 말하고 있다는 점에 주의해야 한다).[127] 훗날 다수의 학자가 칸트의 자연법론은 무시해도 좋다고 생각했지만, 칸트 본인이 자신의 아류들보다 한 걸음 더 앞서갔다는 사실을 지적할 수 있다. 즉 칸트는 법과 국가를 순전히 실증주의적으로 정당화하는 것은 불가능하다는 사실을 잘 알고 있었다. "순전히 실정법률만을 내용으로 삼는 외적 입법을 생각해볼 수 있다. 하지만 그렇더라도 입법자의 권위(입법자의 단순한 자의를 통해 다른 사람을 구속할 수 있는 권한)를 정당화하는 자연법이 앞서야 한다."[128] 그렇다면 입법자의 권위를 정당화하는 이 '자연법'은 무엇인가? 이 물음은 국가와 법을 정당화하는 데 필요한 최소한의 내용이 무엇인가라는 물음과 일치한다.

---

125 *Kant*, Metaphysik der Sitten, Akademieausgabe S. 230. 이에 관해서는 *D. von der Pfordten*, Menschenwürde, Recht und Staat bei Kant. Fünf Unternehmungen 2009 참고.

126 *Kant*, Metaphysik der Sitten, Akademieausgabe S. 205.

127 *Kant*, Metaphysik der Sitten, Akademieausgabe S. 296 이하, 237.

128 *Kant*, Metaphysik der Sitten, Akademieausgabe S. 224.

앞에서 서술했듯이 이미 아리스토텔레스는 평등(배분적 정의)을 비례적이고 기하학적 평등, 즉 관계의 평등으로 인식했고, 이 점에서 유비(Analogie)의 문제를 명확히 포착했다. 이에 반해 칸트는 타당한 인식은 선험적이고 순수하며 일의적이어야 한다고 생각했기 때문에 유비에 대해 회의적인 태도를 보였다. 유비적 인식은 일의적인 것이 아니라, 말 그대로 유비적이기 때문이다(이러한 회의는 오늘날에도 지속하고 있다).[129] 이에 따라 칸트는 형벌의 정당화와 관련해 평등을 산술적으로 규정한다. 그의 형벌이론은 상당히 도덕적으로 들린다. "오로지 응보(ius talionis)만이 … 형벌의 질과 양을 규정할 수 있다. 그 이외의 다른 모든 기준은 상황에 따라 흔들리고, 다른 고려가 개입해 뒤섞이기 때문에 순수하고 엄격한 정의를 실현하는 적절성을 포함할 수 없다." 즉 다른 사람을 모욕한 자는 그 자신의 명예에 고통을 받아야 하고, 남의 물건을 훔친 자는 그 자신의 재산을 상실해야 하고 일시적으로 또는 영원히 노예상태에 있도록 해야 한다. "사람을 죽인 자는 그 자신이 죽어야 한다. 살인의 경우에는 정의를 충족할 다른 대안이 없다. 아무리 고통스러운 삶일지라도 삶과 죽음이 (평등의 기준으로 삼을 수 있는) 같은 종류에 해당할 수는 없다." 칸트의 형벌목적론이 얼마나 윤리적 엄숙주의에 의해 지배되고 있는지는 유명한 섬의 비유에서 분명히 드러난다. "한 시민사회가 모든 구성원의 동의하에 해체하는 경우(예컨대 한 섬에 사는 주민들이 섬을 떠나 전 세계로 흩어지기로 결의한 경우)일지라도 감옥에 남아 있는 최후의 살인자는 해체 이전에 처형되어야 한다. 그래야만 누구든 자신이 저지른 일에 대해 응분의 대가를 치르게 된다. 사람을 죽이거나 죽이라고 명령한 자 또는 살인을 도운 자 모두 살인자로서 사형을 당해야 마땅하다. 그것은 보편적이고 선험적으로 정당화되는 법률에 따른 사법권의 이념인 정의가 원하는 바이다." 그리고 "정의가 땅에 떨어지면 인간이 지구상에 살아야 할 가치는 없다."[130] 하늘이 무너져도 정의를 세우라(Fiat justitia, pereat mundus)!

물론 이처럼 딱히 진보적이라 할 수 없는 형벌이론과는 별개로 칸트에서는 매우 근대적이고 강력한 영향을 미친 여러 가지 견해를 찾아볼 수 있다. 여기서 이에 관해 자세히 설명할 수는 없지만, 자유의 인권, 국가를 형성해야 할 윤리적 의무, 법을 국가의 본

129 이에 관해 자세히는 *A. Kaufmann*, Analogie(각주 33) 참고.
130 *Kant*, Metaphysik der Sitten, Akademieausgabe S. 332 이하.

질적 요소로 파악해 모든 국가활동이 법률에 근거해야 한다는 법치국가 사상 등이 그러한 예에 속한다. 특히 세계시민법과 (UN과 같은) 상설 국제회의를 통해 평화로운 세계법질서를 최초로 요구한 영구평화론은 미래를 예견한 이론이었다. 칸트의『도덕형이상학』은 오랫동안 그저 말년의 저작으로 치부되고, 그 때문에 상대적으로 등한시되었던 반면, 최근 들어 이 저작에 대한 평가가 근원적인 변화를 겪었다. 즉 법철학의 역사에서 가장 중요한 저작들 가운데 하나로 섬세하게 독해할 가치가 있다는 사실을 인식하게 되었다.

2.2.3.3.2 합리주의에 대한 비판은 낭만주의라는 뒤이은 경향을 통해 훨씬 더 강하게 이루어진다. 낭만주의는 철학과 학문의 영역에서는 역사주의로, 특히 법학의 영역에서는 **역사법학파**로 귀결된다.[131] 역사법학파의 선구자는 구스타프 후고(Gustav Hugo; 1764-1844년)였고, 이 학파의 대표자는 프리드리히 칼 폰 사비니(Friedrich Carl von Savigny; 1779-1861년)였다. 나중에 더 상세히 논의할(3.2) 사비니는 독일의 대표적인 민법학자 가운데 한 사람이었다. 그를 통해 독일의 법학은 세계적인 명성을 누리게 되었다. 그는 무엇보다 근대적 법학방법론의 창시자이다. 여기서는 일단 사비니가 하이델베르크 대학의 법학자 티보에 반론을 제기한 저작『우리 시대 입법과 법학의 소명에 관하여(Vom Beruf unserer Zeit für Gesetzgebung und rechtswissenschaft)』가 우리의 관심 대상이다. 여전히 합리주의적 자연법사상에 얽매여 있던 티보(Anton Friedrich Justus Thibaut; 1772-1840년)는 사비니의 이 저작과 똑같이 1814년에 출간한 논문에서 '전 독일에 적용되는 일반 민법전의 필요성'을 밝히고자 했다. 이에 맞서 사비니는 법은 이성의 산물이 아니라 역사 속에 면면히 흐르는 '민족정신'의 산물이라고 주장한다.[132] 사비니에 따르면 자연법은 사변을 통해 만들어낸 것일 따름이고 '아무 근거도 없는 철학자들의 교만'에 불과하다고 한다. 따라서 사비니는 모든 민족에게 똑같은 불변의 법의 존재 자체를 부정한다. 모든 민족은 나름의 개별성을 지니고 고유한

131 이에 관해서는 *Franz Wieacker*, Privatrechtsgeschichte der Neuzeit, 2. Aufl. 1967, S. 348 이하 참고.
132 이 점 및 이하의 서술에 관해서는 *Thibaut/Savigny*, Ein programmatischer Rechtsstreit auf Grund ihrer Schriften, 1959, S. 72 이하 참고.

'민족의 영혼'을 갖기 때문이다. 이 민족의 영혼이 변하면 법 역시 변하고, 따라서 법은 끝없이 변화하고 발전한다고 한다(이 점에서 19세기의 진화주의와의 연관성을 뚜렷하게 확인할 수 있다). 이렇게 사비니는 법을 '민족정신의 파생물', 즉 특정한 역사적 문화 수준을 토대로 특정 국가의 민족정신이 표현된 것으로 파악했기 때문에 '조용히 흐르면서 작용하는 민족정신의 힘'에 의해 규정된 관습법이 법의 성격을 규정하는 근원적 형태라고 생각했다. 그 때문에 입법자는 새로운 법을 창조해서는 안 되고 단지 이미 존재하는 법을 문서로 작성하고 편집해야 할 뿐이라고 한다. 이 점에서 사비니는 근대 자연법의 합리주의에 대항해 무의식 속의 법감정을 전면에 부각한다. 물론 엄격한 개념형식주의('역추론 방법론Inversionsmethode')를 통한 **판덱텐법학**의 원조는 사비니가 아니라 그의 제자와 계승자들에 의해 창설되었고, 이 학파를 주도한 학자는 게오르그 프리드리히 푸흐타(Georg Friedrich Puchta; 1798-1846년)였다.[133]

2.2.3.3.3 칸트는 모든 시대 모든 인간에게 타당성을 지니는 합리적으로 인식 가능한 선험적 자연법의 영역을 비교적 추상적인 원칙들에 한정했다. 따라서 구체적인 실정법의 내용은 일단은 경험에서 유래하고, 칸트 자신도 구체적인 실질윤리적 내용은 경험에 속하는 것으로 이해했다. 그러나 칸트는 이 경험의 영역을 탐구하지는 않았다. 바로 그 때문에 19세기와 20세기에 결정적 의미를 지니게 된 측면, 즉 인간의 역사성 및 여기에 속하는 법의 역사성이라는 측면을 칸트는 학문적으로 탐구하지 않았다.

역사법학파는 법의 변화와 소멸 과정에 주목함으로써 칸트가 남겨 놓은 이 틈새를 순전히 경험적 사실로 메꿨다. 그러나 역사법학파는 기본적으로 단지 역사만을 포착했을 뿐 역사성 자체를 인간 존재(그리고 법의 존재)의 구조형식으로 포착하지는 못했다. 법의 내용은 시간과 공간의 제약을 받기 때문에 우연의 소산인지 아니면 법의 내용과 관련해 어떤 법칙성이 존재하는지의 물음을 제기하지 않았고, 물음을 제기하지 않았기 때문에 당연히 대답도 없었다. 이 물음은 이렇게 표현할 수도 있다. 즉 **법질서는 비록 언제 어디서나 구속력을 갖지는 않을지라도 최소한 지금 여기에서는 구속력을 가질 수 있는**

133 이에 관해 자세히는 *Franz Wieacker*, Privatrechtsgeschichte(각주 131), S. 399 이하.

가, 다시 말해 지금 이 시대와 이 문화권의 당위질서일 수는 있는 것인가?

이 물음을 제기하는 것만으로 이미 칸트가 단지 특정한 버전의 자연법, 즉 합리주의적-절대적 버전의 자연법만을 전환하고 제한했을 뿐, 자연법 이념 자체와 결별하지는 않았다는 사실이 분명해진다. 자연법 이념은 '정당한 법'을 뜻하고, 그 구체적인 내용을 자의적으로 처분할 수 없다는 뜻이다. 하지만 자연법 이념은 그와 같은 '정당한 법'이 반드시 모든 시대 모든 상황에서 실정법적으로도 효력을 지녀야 한다고 생각하지는 않는다.

자연법의 역사철학적 문제점을 완벽하게 인식한 최초의 학자는 헤겔(1770-1831년)이다.[134] 독일관념론은 헤겔과 헤겔의 관념론적 자연법을 통해 절정에 도달했다. 존재와 의식, 자연과 정신, 객체와 주체, 현실적인 것과 이념적인 것, 존재와 당위를 엄격히 구별하고 분리하는 칸트의 이원주의 철학('두 세계 이론Zweiweltenlehre')과는 반대로 헤겔의 동일성 철학에서는 단 하나의 세계, 즉 정신의 세계만이 존재한다. 이로써 헤겔의 철학은 사고와 삶의 형성이 하나의 종합에 도달하게 만들려는 강렬한 욕구를 충족했다.

우리가 알고 있듯이 이미 플라톤은 관념론적 철학과 관념론적 자연법론을 전개했다. 하지만 플라톤 철학에서 형식 또는 이념(이데아)은 초역사적 형태를 띠고, 그 때문에 플라톤은 — 헤겔이 언급하고 있듯이 — 역사적 시대의 특수성을 제대로 파악할 수 없었다.[135] 즉 플라톤은 형식 또는 이념을 분유하는 경험적 현실에서 왜 생성, 변화, 소멸이 존재하는지를 설명할 수 없었다. 헤겔의 이론이 지닌 천재적 측면은 그가 발전의 법칙을 이념 자체에 내재하는 것으로, 다시 말해 정신에 유래하는 것으로 이해했다는 점이

---

134 헤겔의 철학과 법철학에 관한 입문적인 문헌으로는 *D. Henrich/R. P. Horstmann*(Hrsg.), Hegels Philosophie des Rechts; Die Theorie der Rechtsformen und ihre Logik, 1982; *M. Riedel*, Studien zu Hegels Rechtsphilosophie, 1969; *R. Marcic*, Hegel und das Rechtsdenken, 1970; *V. Hösle*(Hrsg.), Die Rechtsphilosophie des deutschen Idealismus, 1986; *R. Dreier*, Recht(각주 114), S. 316 이하(Bemerkungen zur Rechtsphilosophie Hegels); *E. Topitsch*, Die Sozialphilosophie Hegels als Heilslehre und Herrschaftsideologie, 2. Aufl. 1981; *A. W. Wood*(Hrsg.), Hegel: Elements of the Philosophy of Right, 1991; *R. Pippin*, Hegel's Practical Philosophy: Rational Agency as Ethical Life, 2008; *K. Vieweg*, Das Denken der Freiheit. Hegels Grundlinien der Philosophie des Rechts, 2012; *L. Siep*(Hrsg.), G. W. F. Hegel — Grundlinien der Philosophie des Rechts, 2014 참고.

135 *Hegel*, Grundlinien der Philosophie des Rechts — oder Naturrecht und Staatswissenschaft im Grundrisse, § 185(Edition Suhrkamp, Bd. 7, S. 341 이하).

다. 즉 모든 정신적인 것은 끊임없이 진보하는 특정한 도식에 따라, 다시 말해 '정립 — 반정립 — 종합'이라는 헤겔의 유명한 변증법에 따라 진행된다. 여기서 중요한 점은 이러한 변증법적 발전이 역사상의 다양한 민족에서 민족정신의 막연한 지배를 통해 실현되는 것이 아니라 이성의 법칙에 따라 논리적이고 필연적으로 진행되어야 한다는 점이다. 따라서 헤겔 철학에서는 역사도 이성의 발현이지, 결코 비합리적 사건이 아니다. 이 점에서 헤겔은 "철학이 가져다주는 단 하나의 사상은 이성이 세계를 지배하고, 따라서 세계사도 이성적으로 진행된다는 명확한 이성의 사상일 뿐이다"라고 말한다.[136] 이밖에도 역사법학파는 민족을 최종적 가치로 파악한 반면, 후기 헤겔의 법철학적 주저인 『법철학(1821)』에서는 민족이 아니라 국가라는 매우 합리적인 것이 최종적 가치로 등장한다. 즉 헤겔의 철학에서 국가는 가장 숭고한 개념이고 가장 완벽한 현실이며, '윤리적 이념의 현실'이고 최고 법가치이다.[137]

국가와 윤리적 이성, 국가와 법은 하나이다. 따라서 헤겔에서는 단 하나의 국가와 단 하나의 법만이 존재한다. 즉 현실의 국가와는 별개로 이념적인 국가가 존재한다거나 실정법과는 별개로 자연법이 존재한다고 생각하지 않는다. 양자는 같은 것이다. 따라서 헤겔의 『법철학』 서문에 "이성적인 것이 현실적이고, 현실적인 것이 이성적이다"라는 유명한 문장이 등장한 것은 우연이 아니다.[138] 물론 헤겔의 의도는 존재하는 모든 것을 이성적이라고 인정하려는 것이 아니다. 오히려 헤겔은 보편과 특수 사이의 통일성 및 객관적 윤리와 주관적 심정 사이의 통일성을 수립하고자 노력했다. 헤겔은 개인의 이익과 전체의 이익은 서로 융합하는데도, 자유와 복종이 마치 긴장 관계에 있는 것처럼 생각한다고 지적한다. 이 점에서 국가는 "구체적 자유의 현실이다 … 새로운 국가의

---

136 *Hegel*, Vorlesungen über die Philosophie der Geschichte, Einleitung(Edition Suhrkamp, Bd. 12, S. 20).

137 *Hegel*, Grundlinien der Philosophie des Rechts, § 257(S. 398).

138 *Hegel*, Grundlinien der Philosophie des Rechts, Vorrede(S. 24). 물론 헤겔이 실정법과는 별개의 자연법을 알지 못했다는 말을 있는 그대로 받아들여서는 안 된다. 예나(Jena)에서 집필한 그의 초기 저작에 해당하는 논문(이 논문은 Kritisches Journal der Philosophie, 1802/1803에 실렸다)에서 이미 헤겔은 칸트와 피히테의 자연법론 그리고 플라톤과 아리스토텔레스의 자연법에 대해 상세히 다루고 있다. 이에 관해서는 *Hegel*, "Über die wissenschaftlichen Behandlungsarten des Naturrechts, seine Stelle in der praktischen Philosophie und sein Verhältnis zu den positiven Wissenschaften"(Edition Suhrkamp, Bd. 2, S. 434 이하) 참고. 이 논문에서 헤겔은 자연법에 관한 자신의 독자적 관점을 펼치고 있다.

본질은 보편이 특수의 완벽한 자유 및 개인의 행복과 결합하고, 가족과 시민사회의 이익이 국가로 결합해야 하며, 목적의 보편성은 권리를 확보해야 하는 특수성 자신의 앎과 의지가 없이는 진보할 수 없다"라는 사실이다.[139] 이러한 이론적 출발점으로부터 포착된 경험과 역사성은 결코 자연법의 포기를 뜻하지 않는다[140]는 점은 너무나도 당연하다.

그렇다면 현실에서 법은 어떤 모습인가? 특수성은 윤리적 이념, 즉 국가에 맞서 어떻게 권리를 확보하는가? 벨첼은 이 물음에 대해 특이한 방식으로 대답한다. 즉 헤겔은 국가라는 형태를 통해 객관적 구속과 주관적 자유의 종합, 보편성과 특수성의 결합을 수립하려고 한다는 것이다. 이때 핵심적인 쟁점은 개인의 자유, 특히 개인의 양심이 수행하는 역할이다. 헤겔은 개인의 양심을 문자 그대로 인정했지만, "특정한 개인의 양심이 양심의 이념에 부합하는지, 즉 개인이 선(善)으로 여기고 선이라고 표현한 것이 진정으로 선한 것인지는 오직 선해야 하는 것(당위)을 통해서만 인식할 수 있다 … 그 때문에 국가는 양심의 독특한 형태, 즉 주관적 지식을 인정할 수 없다"라고 한다. 바로 이 지점에서 벨첼은 비판을 가한다. 즉 벨첼은, "특정한 개인의 주관적 양심과 대립하는 그와 같은 '객관적' 양심의 이념은 … 사실상 양심의 말살이다"라고 비판한다. 더 나아가 벨첼은 "주관적-개인적이지 않고 객관적-보편적인 양심은 그 자체 모순이다 … 따라서 헤겔이 구체적 윤리로 전환하는 순간 개인의 고유한 의지와 독자적인 양심이 … 윤리적 실체 속에서 사라져버리는 것은 결코 놀라운 일이 아니다. 양심과 주관적 특수성에 대한 헤겔의 찬양에도 불구하고 헤겔은 양심과 특수성을 실체적 보편의 바다, 즉 국가 속으로 사라지게 만들어버렸다"라고 말한다.[141] 벨첼의 이러한 비판이 얼마나 타당한지는 — 이 문제를 이해하기 위해서는 양심적 병역거부를 생각해보면 된다 — 헤겔을 직접 인용해 더욱 분명하게 보여줄 수 있다. "국가는 지상에 있는 신적 이념이다. 따라서 국가는 더 자세히 규정된 세계사 자체의 대상이고, 이 대상 속에서 자유는 객관

---

139 *Hegel*, Grundlinien der Philosophie des Rechts, § 260과 보론(S. 406 이하).

140 *Hegel*, Grundlinien der Philosophie des Rechts, § 137(S. 254 이하).

141 *Welzel*, Naturrecht(각주 10), S. 179. 이에 관해서는 *A. Kaufmann*, Das Gewissen und das Problem der Rechtsgeltung(Juristische Studiengesellschaft Karlsruhe 190), 1990도 참고.

성을 얻게 되고, 이러한 객관성을 향유하면서 숨 쉬게 된다. 법률은 정신의 객관성이고, 의지는 정신의 진리 속에 있기 때문이다. 오로지 법률에 복종하는 의지만이 자유롭다. 의지는 자기 자신에게 복종하고 그 자신과 함께하며 자유롭기 때문이다. 국가, 즉 조국이 삶의 공동체를 규정함으로써, 인간의 주관적 의지가 법률에 복종함으로써 자유와 필연의 대립은 사라진다. 이성적인 것은 실체적인 것으로서 필연적이고, 우리가 법률을 승인하고 우리 자신의 존재의 실체인 법률에 따르게 됨으로써 객관적 의지와 주관적 의지는 서로 화해하고 하나의 선명한 총체가 된다."[142]

"이성적인 것은 필연적이다" — "이성적인 것은 필연적으로 현실적이다" — "국가는 그 자체 이성적이다"로 이어지는 사고의 연쇄[143] 자체는 의심의 여지 없이 감탄을 자아내기에 충분하다. 이를 통해 자연법과 국가법의 통일성도 수립된다. 국가의 의지는 법의 최상위 원천이고, 국가의 의지보다 더 높은 의지는 없다. 이처럼 적어도 추상적-철학적 관점에서는 장 보댕의 주권론을 능가하는 헤겔에게 국가는 절대적 의미에서 주권적이다. 이렇게 해서 헤겔은 로크와 칸트에서 정점에 도달한 근대의 규범적 개인주의, 즉 개인의 관점에서 법을 궁극적으로 정당화하는 이론을 집단으로서의 국가의 절대적 정당성과 이성적 성격을 전제하는 위험한 집단주의의 방향으로 돌려놓은 셈이다.

오늘날의 우리는 헤겔의 이론적 전제가 옳지 않다는 점을 수많은 독재국가나 부도덕한 국가에 대한 경험을 통해 잘 알고 있다. 사실상으로 존재하는 국가는 결코 선험적으로 '윤리이념의 현실'이 아니고, 사실상으로 존재하는 국가의 법률이 반드시 이성의 정당한 법은 아니며, 당연히 이러한 법률에 복종하는 것이 그 자체로 존재하는 자유의 표현도 아니다. 설령 현실적인 것의 개념을 순전히 사실적인 것과 동일시할 수는 없다고 할지라도, 어쨌든 이성적인 것과 현실적인 것이 항상 일치하지는 않는다. 헤겔은 모든 것은 단 하나의 원칙, 즉 이념과 객관정신으로 소급시킴으로써 현실을 제대로 파악하지 못했다.

2.2.3.3.4 헤겔 철학에 대항하는 운동, 즉 카알 마르크스(1818-1883년)와 프리드

142 *Hegel*, Philosophie der Geschichte(각주 136), Einleitung(S. 57).
143 *Hegel*, Grundlinien der Philosophie des Rechts, § 257(S. 399).

리히 엥겔스(1820-1895년)의 물질주의적 역사관(유물사관)이 등장하는 데는 긴 시간이 필요하지 않았다. 루드비히 포이어바흐(Ludwig Feuerbach; 1804-1872년)의 물질주의적-무신론적 철학[144]은 유물사관의 선구자였고, 마르크스도 여러 측면에서 포이어바흐의 철학을 다루었다(가장 유명한 것은 「포이어바흐에 관한 11개의 테제」이다). 하지만 마르크스 철학의 출발점은 헤겔이었다. 마르크스는 헤겔이 세계의 문제를 머리가 땅에 닿게 뒤집었고, 그 때문에 이를 다시 되돌려 발로 서 있게 만들어야 한다고 생각했다. 즉 존재가 의식(관념)에 의존하는 것이 아니라, 거꾸로 의식이 존재에, 더 정확히는 사실상의 생산관계에 의존한다고 한다.[145] 그리하여 마르크스는 사회의 경제적 구조가 "진정한 토대이고, 이 토대 위에서 법적, 정치적 상부구조가 등장하며, 특정한 사회적 의식형태는 이 토대에 부합한다. 물질적 삶의 생산양식이 사회적, 정치적, 정신적 삶의 과정 자체를 제약한다"라고 말한다. 따라서 경제적 기초가 변화하면 "엄청난 상부구조 전체도 서서히 또는 급속하게 변화를 겪는다"라고 한다.[146] 그러므로 관념적이고 이념적인 것은 인간의 머릿속으로 전환된 물질적인 것일 따름이다. 즉 관념은 단순한 '이데올로기'이고, 사회적 조건에 따른 행위지향과 행위지침일 뿐이며, 이 행위지향과 행위지침은 각 계급의 투쟁수단으로 이용된다. 법 역시(도덕이나 종교와 마찬가지로) 이 단순한 관념적 상부구조에 속할 뿐, 어떠한 독자성도 없고 단지 '법률로 상승한' 지배계급의 의지에 불과하며, 이러한 의지의 내용 역시 지배계급의 '물질적 삶의 조건'에 내재한다.[147] 마르크스와 엥겔스는 '자유, 정의 등과 같이 전통적인 영원한 진리'마저도 그저 '모든 세기에 걸친 사회적 의식'으로 볼 뿐이고, 이 의식 속에는 "사회의 한 부분이 다른 부분을 착취한다"라는 지난 모든 시대에 공통된 사실이 표현되어 있을 따름이라고 한다.[148]

---

144 유감스럽게도 포이어바흐의 철학을 여기서 자세히 다룰 수는 없다. 관심 있는 사람은 *W. Maihofer*, Konkrete Existenz; Versuch über die Philosophische Anthropologie Ludwig Feuerbachs, in: Existenz und Ordnung: Festschrift für Erik Wolf zum 60. Geburtstag, 1962, S. 246 이하를 참고하기 바란다.

145 *Marx*, MEW XIII, S. 8 이하.

146 *Marx*, MEW XIII, S. 8 이하.

147 이에 관해서는 MEW III, S. 46; IV, S. 477, 480 참고. 이 밖에 *A. Menger*, Das bürgerliche Recht und die besitzlosen Volksklassen, 5. Aufl. 1927도 참고.

148 *Marx/Engels*, Manifest der Kommunistischen Partei, MEW IV, S. 480.

물질주의적 역사관(사적 유물론)의 기본테제에 따르면 "지금까지 모든 사회의 역사는 … 계급투쟁의 역사이다."[149] 이 계급투쟁의 순서는 헤겔의 변증법적 방식에 따라 발생하고, 다만 여기서 말하는 변증법은 헤겔의 관념론적 변증법을 '전도'한 변증법이다. 즉 물질적인 것이 근원적이고, 관념적인 것이 아니라 인간의 집단적 삶의 조건이 근원적이다. 봉건사회와 부르주아 사이의 계급투쟁에서는 부르주아가 승리했다. 그러나 그 이후 부르주아는 프롤레타리아를 착취하고, 이로 인해 새로운 계급투쟁이 펼쳐진다. 이 부르주아와 프롤레타리아 사이의 계급투쟁으로부터 "변증법적 종합으로서의 프롤레타리아 독재와 모든 계급투쟁의 종말이 발생할 것"이라고 마르크스는 말한다. 그리고 계급투쟁의 종말과 '계급 없는 사회'의 도래와 함께 국가와 법도 불필요하게 되어 '사멸'하고 말 것이라고 한다.[150] 이 점에서도 헤겔의 관념론이 전도되는 현상을 볼 수 있다. 헤겔의 관념론에서 국가는 가장 완벽한 현실이고, 인간 공동체는 아무런 의미도 없다. 이에 반해 변증법적 물질주의(유물론)에서는 공동체, 더 정확히는 공산주의적 공동체가 국가를 대체한다. 공산주의 공동체에서는 '룸펜 프롤레타리아'도 '낱개로 판매되는 상품'으로 취급되지 않으며,[151] 누구도 오로지 노동자, 오로지 의사, 오로지 법률가, 오로지 시인이기만 하는 것이 아니라 어느 분야에서나 활동할 수 있는 사람이 될 수 있다. 왜냐하면 공산주의에서는 사회가 생산 전반을 규율하고 이를 통해 나는 "오늘은 이것을, 내일은 저것을 할 수 있고, 아침에는 사냥하고, 낮에는 물고기를 잡고, 저녁에는 가축을 사육하고, 저녁을 먹은 후에는 비판을 하며, 내가 사냥꾼, 어부, 목동 또는 비판자가 될 필요 없이 내가 그때그때 내키는 대로 할 수 있기"[152] 때문이다.

마르크스주의의 기저에는 분명히 인간주의가 흐르고 있다는 사실은 결코 간과할 수 없을 것이다. 마르크스주의는 완벽하게 평화롭고 정의로운 사회에 관한 '구체적 유토

---

149 *Marx/Engels*, Manifest der Kommunistischen Partei, MEW IV, S. 462.

150 *Marx/Engels*, Manifest der Kommunistischen Partei, MEW IV, S. 463 이하. '카알 마르크스의 법철학적 사고'에 대한 헤르만 클레너의 평가를 오늘날에도 따를 수 있을지는 매우 의심스럽다. 이에 관해서는 *H. Klenner*, Deutsche Rechtsphilosophie im 19. Jahrhundert, 1991, S. 155 이하 참고. 마르크스의 법철학 전반에 관해서는 *Andrea Maihofer*, Das Recht bei Marx; Zur dialektischen Struktur von Gerechtigkeit, Menschenrechte und Recht 1992 참고.

151 *Marx/Engels*, Manifest der Kommunistischen Partei, MEW IV, S. 462, 472.

152 *Marx*, MEW III, S. 33.

피아'이다. 이 '현실적인 인간주의'을 위한 마르크스의 공식은 "인간이 말살, 예속, 방기, 경멸의 대상이 되는 모든 상태를 전복하라는 정언명령"이다.[153] 이 정언명령이 '인간다운 사회', 즉 '자유의 왕국'을 향한 출발점이 되어야 한다.[154]

이 맥락에서는 초기 마르크스의 '구체적 유토피아'를 가장 순수한 형태로 보존하고자 하면서 철두철미 『자연법과 인간의 존엄(1961)』을 위해 투쟁했던 에른스트 블로흐(Ernst Bloch; 1885-1977년)[155]가 구체화한 '자유의 제국', 즉 사회주의 동독을 떠났다는 사실은 상당히 주목할 만한 측면이다. 마르크스주의의 계획은 성공하지 못했다. 헤겔의 관념론이 현실을 제대로 파악하지 못했다면, 마르크스의 물질주의 철학은 관념적인 것과 인간적인 것을 제대로 파악하지 못했다. 관념적인 것이 그저 '하부구조'에 완전히 의존하고, 따라서 사회적 상황이 변화하면 '사멸'할 이데올로기에 불과하다는 생각은 잘못이다.[156] 더욱이 그런 식의 생각 자체가 비인간적이다. 그 때문에 물질주의 진영에서도 어떤 식으로든 관념적인 것의 독자성을 인정하지 않을 수 없었다.

이미 엥겔스는 그의 생애 마지막 단계에서 마르크스와 자신이 내용적 측면에만 집중한 나머지 형식적 측면을 무시했다는 사실을 암시하고 있다. 훗날 레닌은 마르크스주의적 공산주의에서도 법과 국가는 당분간 존속하지 않을 수 없다고 선언한다. 법과 국가의 '사멸'이라는 종말론적 도그마를 가장 분명하게 거부한 것은 스탈린이다. 그의 마지막 저작 『마르크스주의와 언어학의 문제(Marxismus und Fragen der Sprachwissen-

---

153 *Marx*, Zur Kritik der Hegelschen Rechtsphilosophie, Einleitung, MEW I, S. 385.

154 *Marx*, Kapital, MEW XXV, S. 828.

155 블로흐에 관해서는 *Ch. Gramm*, Zur Rechtsphilosophie Ernst Blochs, 1987 참고.

156 경제적 원인과 경제와는 무관한 법 나름의 법칙성이 함께 작용한다는 점을 라드브루흐[*Radbruch*, Vorschule(각주 9), S. 14; GRGA, Bd. 3, 1990, S.133]는 단결의 자유를 예로 들어 설명한다. "사회적으로 부상한 부르주아들은 그들 자신의 경제적 이익을 위해 단체의 자유를 쟁취했다. 물론 부르주아는 단체의 자유를 법의 형식, 즉 모든 사람에게 평등한 자유라는 보편성으로 요구해 달성했다. 이처럼 법의 형식을 입힘으로써 단체의 자유는 부르주아의 경제적 이익을 뛰어넘어 프롤레타리아들에게도 유용하게 될 수 있고, 심지어 노동조합의 단결의 자유라는 형태로 단체의 자유를 자신들의 이익을 위해 관철했던 바로 그 부르주아에 대항하는 투쟁수단이 되는 결과를 낳았다. 이렇게 해서 법형식이 지닌 고유의 법칙성이 거꾸로 법형식을 이용하고자 했을 뿐이었던 경제에 역으로 영향을 미치게 되었다." 관념적인 것이 경제적인 것과는 별개의 독자성을 지닌다는 사실을 보여주는 또 다른 유명한 예는 막스 베버에서 찾아볼 수 있다. 베버는 만일 마르크스주의가 옳다면, 완전히 다른 법체계를 가진 영국과 유럽대륙의 국가에서 자본주의가 기본적으로 같은 방식으로 발전했다는 사실을 전혀 이해할 수 없을 것이라고 지적한다[*Weber*, Die protestantische Ethik(각주 75), S. 64 이하].

schaft; 1950)』에서 스탈린은 경제적-사회적 하부구조와 이데올로기적 상부구조에 관한 마르크스의 테제를 수정한다. 즉 국가라는 형태의 상부구조는 하부구조의 변화에 순응하는 소극적인 존재가 아니라 원하는 방향으로 하부구조를 변경할 수 있는 적극적 존재이며, 이를 위해 국가는 법을 이용한다고 말한다. 이는 곧 법이 사회의 변화를 불러일으키는 적극적 역할을 담당한다는 사실을 인정한 것이다. 1920년대 말 오이겐 파슈카니스가 법과 국가의 사멸이라는 테제를 다시 한번 선포[157]하자 소비에트 공화국의 검찰총장이자 최고위 법률가였던 안드레이 비쉰스키(Andreij Wyschinski)는 파슈카니스를 '민중의 적'으로 낙인찍었고, 그 이후 파슈카니스는 실종되었다.[158]

이제 법은 다시 본래 기능을 수행하게 되었다. 더 정확히 말하면, 법이 자신의 기능을 상실한 적이 없었다. 다시 말해 사회주의의 법은 계급 없는 사회의 법이 아니었다. 무엇이 법인지는 "집단지성에 기초한 공산당, 즉 공산당 중앙위원회(정확히는 정치국)가 결정한다."[159] '사회주의적 법률주의(sozialistische Gesetzlichkeit)'는 궁극적으로 사회주의 정당과 국가의 독재적-집단주의적 지배와 지휘라는 역할의 표현일 따름이었다. 정당과 국가가 일치했기 때문이다. 헤겔은 일방적으로 관념적인 것만을 지향함으로써 국가와 집단을 절대화했다면, 마르크스주의는 일방적으로 물질적인 것만을 지향함으로써 헤겔과 똑같이 집단주의적 결론에 도달했다. 이 결론은 20세기에 들어 비로소 현실에서 실험이 이루어졌다. 물론 20세기 초반에는 누구도 마르크스, 엥겔스, 레닌, 스탈린의 집단주의 철학이 완전히 몰락하리라고 예견하지 못했다. 그러나 "마르크스주의 법이론에서 무엇이 남아 있는가?"라는 클레너의 물음[160]에 대해서는 "없다!"라는 말 말고는 달리 대답할 말이 없다. 헤겔과 마르크스는 개인으로서의 인간을 진지하게 고려하지 않고, 개인을 법의 궁극적 단계로 승인하지 않는 집단주의라는 점에서 공통점이 있다. 이러한 집단주의를 인권선언과 근대의 헌법은 인간의 존엄과 인권 및 기본권을 우위에 둠으로써 극복했다. 규범적 개인주의를 향한 이러한 전환을 독일 기

157 *Eugen Paschukanis*, Allgemeine Rechtslehre und Marxismus, 3. Aufl. 1970, S. 33 이하.

158 이에 관해 자세히는 *E. Bloch*, Naturrecht und menschliche Würde, 1961, S. 253 이하 참고.

159 *Selektor*, in: Philosophie und Gesellschaft, S. 335 이하[인용은 *Welzel*, Naturrecht(각주 10), S. 200에 따름]. 이에 관해서는 *H. Klenner*, Der Marxismus-Leninismus über das Wesen des Rechts, 1954도 참고.

160 *H. Klenner*, Was bleibt von der marxistischen Rechtstheorie?, in: NJ 1991, S. 442 이하.

본법 초안의 제1조(이 조항은 나중에 표현상의 문제로 수정되었다)만큼 적절하게 표현한 것은 없다. 이 초안의 제1조는 원래 다음과 같았다. "제1조: (1) 국가가 인간을 위해 존재하지, 인간이 국가를 위해 존재하지 않는다. (2) 인간 인격의 존엄은 불가침이다. 공권력의 모든 발현형태는 인간의 존엄을 존중하고 보호할 의무를 진다."[161]

2.2.3.3.5 19세기에 헤겔주의와 마르크스주의는 지나가는 에피소드였다. 다양한 형태의 헤겔학파, 즉 '우파' 헤겔학파와 '좌파' 헤겔학파가 당시의 정신적 조류 바깥에서 형성되었고, 그 때문에 별다른 영향을 미치지 못했고, 법철학과 법학에는 거의 아무런 영향도 미치지 못했다. 피히테(Johann Gottfried Fichte; 1762-1814년)[162]도 기본적으로 법학에는 별다른 영향을 미치지 못했고, 역사법학파(사비니, 푸흐타)와 접촉이 있었던 셸링(Friedrich Wilhelm Schelling; 1775-1854년)[163] 역시 마찬가지였다.[164] 독일뿐만 아니라 최근의 법철학 전반에 걸쳐 독일관념론이 다시 주목받고 있으며, 당연히 피히테와 셸링도 여기에 속한다. 예컨대 카알 크라우제(Karl Christian Friedrich Krause; 1781-1832년)의 법철학은 스페인에서 커다란 영향력을 발휘했고 지금도 그렇다[스페인에서는 '크라우제주의(Krausismo)'라고 부른다]. 크라우제의 제자인 하인리히 아렌스(Heinrich Ahrens; 1808-1874년)는 두 권으로 된 『자연법』을 저술했는데, 이 책은 19세기에 판수를 거듭했고, 최근 들어 다시 읽히고 있다.[165] 크라우제의 또 다른 제자인

---

161 Jahrbuch des öffentlichen Rechts der Gegenwart(JöR), n. F. 1(1951), S. 42-48.

162 *Fichte*, Grundlagen des Naturrechts nach Prinzipien der Wissenschaftslehre, 1795년부터 출간; Rechtslehre, 1812. 이에 관해서는 *M. Kahlo/E. A. Wolff/R. Zackzyk*(Hrsg.), Fichtes Lehre vom Rechtsverhältnis; Die Deduktion der §§ 1-4 der "Grundlagen des Naturrechts" und ihre Stellung in der Rechtsphilosophie, 1992 참고.

163 자연철학에 관한 셸링의 수많은 저작이 특히 관심을 끈다. 법철학으로서는 지금까지도 출간되지 않은 윤리학 저작들도 의미가 있을 수 있다.

164 이에 관해서는 *Hollerbach*, Der Rechtsgedanke bei Schelling; Quellenstudien zu seiner Rechts- und Staatsphilosophie, 1957, S. 275 이하; *H. Klenner*, Deutsche Rechtsphilosophie(각주 150), S. 70 이하; *M. Buhr*, Zum Problem der Geschichte in Schellings Naturphilosophie, in: *K. H. Schöneburg*(Hrsg.), Wahrheit und Wahrhaftigkeit in der Rechtsphilosophie(Hermann Klenner zum 60. Geburtstag), 1987, S. 52 이하 참고.

165 *H. Ahrens*, Naturrecht oder Philosophie des Rechts und des Staates, 2. Bde., 6. Aufl. 1870/71(영인본 1968). 이에 관해서는 *Herzer*, Der Naturrechtsphilosophie Heinrich Ahrens(1808-1874), 1993 참고.

카알 뢰더(Karl Röder; 1806-1879년)도 '근대 형법학파(프란츠 폰 리스트)'가 성립하기 훨씬 이전에 형법에서 교육사상(오늘날에는 '재사회화' 사상이라고 부른다)을 주장했다는 점에서 새롭게 주목받고 있다.

이에 반해 19세기의 헤겔주의 법철학자들은 오늘날에도 별로 주목받지 못한다. 이는 아마도 나치 독재 시대에 헤겔주의가 담당했던 명예롭지 못한 역할과 관련이 있을 것이다. 가장 중요한 법철학자들만 언급해 보자. 헤겔주의 경향의 법철학자들 가운데 페르디낭 라살레(Ferdinand Lassalle; 1825-1864년)[166]와 아돌프 라쏭(Adolf Lasson; 1832-1917년) 이외에는 프리드리히 슈타알(Friedrich Julius Stahl; 1802-1861년)만이 두드러진 학자이지만, 슈타알의 법철학은 단지 부분적으로만 헤겔주의에 속한다. 어쨌든 슈타알은 국가의 권위가 국민주권이나 자연법에 기초하는 것이 아니라 국가에 대해 독자적인 법제정 권한을 부여한(즉 '다수가 아니라 권위') 신의 임명에 기초한다는 관념론적 국가사상을 주장했고, 이와 동시에 '군주제 원칙'과 신분질서와 같은 유기적으로 성장한 제도들을 정당화했다. 이러한 국가사상을 슈타알은 3권으로 된 그의 주저 『역사적 의도에 따른 법의 철학(1830-)』에 기록한 보수주의의 핵심으로 삼았고, 20세기에 창설된 '제도적 법학[창시자는 모리스 오류(Maurice Hauriou)]'의 선구적 작업을 수행했다. 이 맥락에서는 1857년에 출간된 『법철학의 체계』에서 헤겔과 피히테의 전통을 이어받은 루드비히 크납(Ludwig Knapp)을 언급할 수도 있다.

역사를 시대순으로 서술하는 학자라면 비록 간접적이지만 합리주의 자연법의 종말에 영향을 미친 19세기의 다른 이론적 경향들도 기록해놓아야 할 것이다. 앞에서 역사학파를 언급함으로써 비합리주의적인 시대정신에 관해서는 이미 언급한 바 있다. 이러한 비합리주의는 **생철학**(Lebensphilosophie)을 통해 특수하게 표현된다. 생철학의 대표자는 실존철학의 선구자인 니체(1844-1900년)[167]와 키에르케고르(1813-1855년)라고 할 수 있다. 이 생철학은 합리주의적이고 기계론적 문화의 남용에 맞서 등장하면서 강한 영향력을 발휘했다. 그러나 생철학 자체도 수많은 남용을 낳았다. 예컨대 카알 슈

---

166 라살레에 관해서는 *Beyer*, Ferdinand Lassalles juristische Ader, in: NJW 1990, S. 1959-1963 참고.

167 니체에 관해서는 *Kerger*, Autorität und Recht im Denken Nietzsches, 1988; *A. Ansell-Pearson*, Nietzsche contra Rousseau; A Study of Nietzsche's Moral and Political Thought, 1991 참고.

미트(1888-1985년)와 오토 쾰로이터(Otto Koelleutter; 1883-1972년)의 '민족적 국가철학' 또는 챔벌레인(Houston Stewart Chamberlain; 1855-1927년)과 알프레드 로젠베르크(Alfred Rosenberg; 1893-1946)의 '인종철학'이 여기에 해당한다. 비합리주의의 또 다른 뿌리는 쇼펜하우어(1788-1860년)의 의지 중심주의적 인간학이다. 쇼펜하우어가 법철학과 법사상에 미친 영향은 신기할 정도로 미약하다. 물론 그렇다고 해서 그의 철학이 구체적인 문제에 대한 논의에서 아무런 의미도 없다는 뜻은 아니다.[168]

우리가 여기서 이 경향들을 자세히 추적할 수는 없다. 어쨌든 다양한 법철학이 등장했고, 철학 일반이 그렇듯이 법철학도 영향력을 상실하게 되었다. 19세기의 시대정신은 철학과 법철학의 시대정신과는 달랐다. 표제어만을 중심으로 얘기하자면, 프랑스혁명으로 시작된 자유 운동, 사회생활과 경제생활을 지배한 영국의 자유주의, 독일 민족이념의 부상, 정치적 학생단체의 결성, 바르트부르크(Wartburg) 학생축제, 코제프(Kotzebue) 암살, 함바하(Hambach) 축제, 칼스바드(Karlsbad) 결의, 바울 교회 의회와 기본권 선언, 19세기의 주요 법전편찬 등 19세기는 법과 국가와 관련된 수많은 사건이 발생했다. 다시 말해 19세기는 선험적 자연법과 권위주의적 국가('좌파적' 성격이든 '우파적' 성격이든)의 시대가 아니라 실증주의와 법치국가의 시대였다.

2.2.3.4 프란츠 비아커가 명명한 '**법학적 실증주의**(rechtswissenschaftlicher Positivismus)'[169]는 이성법적 사고가 불러일으킨 자의적인 판결과 그에 따른 유례없는 법적 불안정성에 대항하는 데 필요한 반작용이었다. 특히 형법에서는 법적 불안정성으로

---

168 20세기에 출간된 쇼펜하우어의 법철학에 관한 연구로는 *K. Brinkmann*, Die Rechts- und Staatslehre Schopenhauers, 1985; *P. R. Glauser*, Arthur Schopenhauers Rechtslehre; Eine Lehre vom moralischen Rechts, 1967; *R. Neidert*, Die Rechtsphilosophie Schopenhauers und ihr Schweigen zum Widerstandsrecht 1966 참고. 이 밖에 *N. Hoerster*, Aktuelles in Schopenhauers Philosophie von der Strafe, in: ARSP 58(1972), S. 555 이하도 참고. 쇼펜하우어 철학의 시의성에 대한 반론으로는 *H. Ostermeyer*, in: ARSP 59(1973), S. 237 이하; 이에 대한 재반론으로는 *Hoerster*, in: ARSP 59(1973), S. 242 참고. 그리고 *H. Münkler*, Das Dilemma des deutschen Bürgertums: Recht, Staat und Eigentum in der Philosophie Arthur Schopenhauers, in: ARSP 67(1981), S. 379 이하; *Mario A. Cattaneo*, Das Problem des Strafrechts im Denken Schopenhauers, in: Schopenhauer-Jahrbuch 67(1986), S. 95 이하; *ders.*, Schopenhauers Kritik der Kantischen Rechtslehre, Schopenhauer-Jahrbuch 69(1988), S. 399 이하; *Würkner*, Recht und Staat bei Arthur Schopenhauer, in: NJW 1988, S. 2213 이하도 참고.

169 *Wieacker*, Privatrechtsgeschichte(각주 131), S. 430 이하,

인한 폐해를 뚜렷이 인식할 수 있었다. 예컨대 법관이 한 사례를 법률(당시의 형법은 1532년에 제정된 '카롤리나 형법전 Criminalis Carolina'이었다) 구성요건에 포섭할 수 없을 때는 법관 자신의 '이성적 재량'에 따라 결정해 '특별형(poena extraordinaria)'을 부과했다. 더욱이 판결의 확정력이라는 제도도 없었다. 즉 무죄판결을 받은 자(정확히는 무죄가 아니라 '사법기관으로부터 석방'이었다)도 언제든지 다시 법정에 불려갈 수 있었다. 한 마디로 법률이 별로 효력을 갖지 못했다.

19세기는 그 이전에 장 보댕의 새로운 국가사상을 통해 준비되고 칸트가 요구했던 대로 **법률이념의 승리**를 쟁취했다. 이 승리는 여러 가지 요인에 따른 것이었다.[170] 추상화하는 방법을 더 잘 다루게 되었다는 사정 이외에도 초기 자본주의, 산업화의 부상과 사회국가의 형성 등을 그 요인으로 언급할 수 있다. 즉 경제발전을 이룩한 복잡한 사회에서는 고도의 법적 안정성이 필요했다. 하지만 전통적인 자연법 체계는 법적 안정성을 보장할 수 없었고, 이를 위해서는 합리적이고 추상적-일반적으로 표현된 법률이 필요했다.

여기에 다음과 같은 사정도 추가된다. 앞에서 서술했듯이 새로운 국가사상은 국가의지의 담당자가 **주권자**로서 법률을 공포한다는 것을 의미했다. 주권자를 통해 정당화되는 법률은 주권자 자체와 마찬가지로 불가침이고, 따라서 법률의 효력은 주권자의 권력으로부터 직접 도출된다. 이로써 법률개념의 분리라는 역사적으로 극히 중대한 의미를 지닌 현상이 발생한다. 즉 그 이전의 법률개념이 형식적 특징과 실질적 특징을 결합한 통일적 개념이었던 반면,[171] 이제는 법률의 **내용**(실질적 의미의 법률)과 법률의 **명령**(형식적 의미의 법률)을 구별하게 된다.[172] 이 구별에서 핵심적인 측면은 법률의 효력과

---

170 이에 관해서는 *A. Kaufmann*, Gesetz und Evangelium, in: Gedächtnisschrift für P. Noll(각주 45), S. 38 이하 참고.

171 예컨대 아퀴나스에 따르면 '법률(lex)'의 개념과 효력에는 네 가지 요소가 포함된다. 1. 법률은 '이성의 명령(rationis ordnatio)'이다. 2. 법률은 '공동선(bonum commune)'을 지향한다. 3. 법률은 '공동체의 보호를 담당하는 자(qui curam communitatis habet)'에 의해 제정되어야 한다. 4. 법률은 공포(promulgatio)되어야 한다. 이에 관해서는 Summa theologica I, II, 90, 4 참고.

172 '이중의 법률개념 이론'에 관해 자세히는 *E.-W. Böckenförde*, Gesetz und gesetzgebende Gewalt; Von den Anfängen der deutschen Staatsrechtslehre bis zur Höhe des staatsrechtlichen Positivismus, 2. Aufl. 1981, S. 226 이하 참고.

관련해서는 **형식적인 입법절차**의 준수, 즉 주권자의 진정한 의지활동의 존재("이것이 법이다!")만이 중요할 뿐, 법률의 내용은 중요하지 않다는 사실이다. 이제 실정성(Positivität)이 법의 '본성'이 되었다.

이성법적 사고가 유발한 폐해에 저항한 법률가들 가운데 철학에 조예가 깊었고 섬세한 감각을 지녔으며 훗날에도 지속적인 영향을 미친 법률가는 요한 안젤름 포이어바흐(Johann Anselm von Feuerbach; 1775-1833년)이다.[173] 칸트 철학을 배운 비판주의자 포이어바흐에게 중요한 문제는 이성을 통해 정당화할 수 있는 주관적 자연권이 존재하는가의 문제였다('역사적 자연법'의 문제는 포이어바흐의 문제가 아니었다).[174] 그의 연구의 결론은 극히 짧게 요약하면 다음과 같이 말할 수 있다. 1. 인간의 처분 불가능한 주관적 권리가 존재한다. 그러한 권리는 윤리적 자율성으로부터 도출되기 때문이다. 2. 모든 객관적 법의 본질적이고 필수 불가결한 특징은 실정성이다.

특히 두 번째 결론이 포이어바흐의 형법이론(그는 19세기 형법전 제정에서 가장 성공적인 형법학자이다)과 형사입법 활동(1813년에 제정된 바이에른 형법전이라는 근대적 형법전은 그의 작품이다)에 결정적 영향을 미쳤다. 판결과 관련해 포이어바흐는 엄격한 법률구속("법률 없으면 형벌없다")을 요구했고, 무엇보다 자유주의 사상에 기초해 형법이 형벌권을 정당화할 뿐만 아니라 무엇보다 형벌권을 제한하며, 이 점에서 그의 정신적 후예인 프란츠 폰 리스트가 표현한 대로 형법이 '범죄자의 마그나 카르타'라는 점을 역설했다. 다른 한편 포이어바흐의 형법이론에서는 몽테스키외가 『법의 정신(1748)』에서 제시한 권력분립 사상도 중요한 역할을 한다. 몽테스키외에 따르면 사법부는 단지 법을 적용할 뿐, 법의 흠결을 창조적으로 메우거나 법을 보충해서는 안 되고, 단순히 '법률의 말을 밖으로 내뱉는 입'[175] 이상의 것을 행해서는 안 된다. 포이어바흐도 몽테스키외와

---

173 포이어바흐에 관해서는 무엇보다 *Radbruch*, Paul Johann Anselm Feuerbach(각주 2) 참고. 포이어바흐는 철학자 루드비히 포이어바흐의 아들이었고, 화가 안젤름 포이어바흐의 아버지였다. 포이어바흐에 관해서는 *E. Kipper*, Johann Paul Anselm Feuerbach, 2. Aufl. 1989; *G. Haney*, u.a.., in: *B. Wilhlemi*(Hrsg.), Gedenkkonferenz für den Juristen P. J. A. Feuerbach, 1984도 참고.

174 *Feuerbach*, Kritik des natürlichen Rechts als Propädeutik zu einer Wissenschaft der natürlichen Rechte, 1976. 이에 관해서는 *A. Kaufmann*, Paul Johann Anselm v. Feuerbach — Jurist des Kritizismus, in: Land und Recht — Stamm und Nation; Probleme und Perspektiven bayerischer Geschichte; Festgabe für M. Spindler zum 90. Geburtstag, Bd. 3: Vom Vormärz bis zur Gegenwart, 1984, S. 181 이하 참고.

거의 똑같이 생각했다. 즉 법관은 "법률의 문자에 엄격하고 있는 그대로" 구속되어야 하고, 법관의 "업무는 제시된 사례를 법률의 문자와 비교해 법률의 의미와 정신을 고려하지 않고 법률 문언이 유죄라고 하면 유죄를 선고하고 무죄라고 하면 무죄를 선고해야 한다"라고 말한다.[176]

물론 다음과 같은 사정도 추가해야 한다. 즉 포이어바흐가 법관에게 절대적이고 무조건적으로 법률준수를 요구하지는 않았다는 사실이다(포이어바흐 자신이 고위 법관이었다). 그는 오히려 "법률에 대한 복종이 법관이라는 직무의 유일한 근거인 정의를 배반할 때는" '법관의 불복종'이 곧 법관의 '신성한 의무'라고 한다.[177] 즉 '법률적 불법(라드브루흐)'에는 구속되지 않는다는 것이다.

따라서 법률복종을 기치로 삼은 포이어바흐의 '실증주의'는 일종의 유보조항을 담은 실증주의이다. 즉 그의 실증주의는 가치 — 정의, 윤리, 합목적성 — 에 지향된 '정당한 법실증주의'이다. 그 때문에 이러한 실증주의는 정상적인 사례에서는 법률의 내용이 가치와 일치하는지에 관계없이 법률로서 효력을 갖는다고 본다. 실증주의에서는 원칙적으로 제정과 공포와 관련해 규정된 형식을 통해 성립한 모든 법률은 효력을 갖는다. 즉 법률이라는 성격을 위해 필요한 것은 형식이지 내용이 아니다. 그리하여 '정당한 법'은 인간 오성의 범주로서만, 다시 말해 우리가 경험적으로 주어진 법적 소재에 적용하게 되는 공허한 **사유형식**으로서만 존재할 따름이고, 이 사유형식을 수단으로 삼

175 *Montesquieu*, De l'esprit des lois, XI. Buch, 6. Kap. 여기서는 몽테스키외의 사상이 지닌 국가철학적 의미에 관해 짧게만 언급하기로 하자. 즉 이 국가철학적 의미는 루소와 비교해보면 분명하게 드러난다. 자주 인용되곤 하는 루소의 개념 '일반의지'(루소는 당연히 이 일반의지를 양적 의미로 이해하지 않았다)는 결과적으로는 다수결 원칙을 절대화하게 된다. 그리하여 루소는 자유권이 자연적으로 주어진 권리가 아니라 정치적으로 부여된 권리로 본다(절대적 민주주의). 이에 반해 몽테스키외는 자신의 권력분립이론을 통해 국가절대주의와 다수결 절대주의를 제한하고자 하고, 자유권이 국가에 의해 부여되는 권리가 아니라 국가에 의해 보호되어야 할 자연권으로 파악한다. 이에 관해서는 기본법 제1조 2항("따라서 독일 국민은 불가침과 불가양의 인권을 모든 인간 공동체, 세계의 평화와 정의의 토대임을 신봉한다")을 생각해보라.

176 *Feuerbach*, Kritik des Kleinschrodischen Entwurfs zu einem peinlichen Gesetzbuche für die Chur-Pfalz-Bayerischen Staaten, 1804, II, S. 20.

177 *Feuerbach*, Die hohe Würde des Richteramtes, 1817. 이에 관해 자세히는 *A. Kaufmann*, Paul Johann Anselm v. Feuerbach: "Die hohe Würde des Richteramtes", in: Festschrift für Karl Larenz zum 80. Geburtstag, 1983, S. 319 이하 참고.

을 때만 실정규범을 법, 즉 정당한 법으로 사고하게 된다. 바로 이러한 의미에서 신칸트주의자 루돌프 슈타믈러(Rudolf Stammler; 1856-1938년. 그는 마르부르크 학파 계열의 신칸트주의에 속했다)는 "내용의 특수성이라는 측면에서 절대적으로 타당하다고 확정되는 법률규정은 단 하나도 존재하지 않는다"라고 말하면서,[178] 그 이유는 '정당한 법'이란 '순수한 사유형식', '형식적 방법', 즉 '주어져 있는 법적 내용의 원칙적 속성을 향한' 문제 제기일 따름이기 때문이라고 한다.[179] 슈타믈러에 따르면 자연법은 오로지 '가변적 내용을 지닌' 자연법으로서만 존재할 수 있다.[180]

19세기의 실증주의는 **경험주의**라는 다른 원천으로부터 탄생했다(훗날의 규범논리적 법실증주의와 사회학적 법실증주의의 원천은 경험주의이다). 연역적 방법에 기초한 합리주의가 감각적 현실의 세계를 무시한 이후 점차 사실에 대한 감각이 깨어나기 시작했다. 이미 칸트는 인식의 두 가지 뿌리가 감각과 오성이라는 사실을 밝혔고, 감각과 관련해 영국 경험주의자들의 이론을 수용했다. 경험주의자들은 모든 형이상학과 모든 선험적-합리적 인식을 거부하고, 학문적 진리는 오로지 관찰, 실험, 인과성에 기초해야 한다고 주장했다. 그리하여 '왜'에 대한 물음은 형이상학적 사변에 불과하다고 배척했다. 중요한 것은 '만들어낼 수 있는 것'일 뿐이라고 한다. 이러한 사고는 이미 프랜시스 베이컨(Francis Bacon; 1561-1626년)에서 시작된다. 베이컨은 힘의 관점에서만 지식에 관심을 가졌고, 이를 위해 홉스의 극단적 유명론과 로크의 온건한 유명론 및 개념주의[181]를 활용했다(유명론과 실증주의 사이의 연관성은 앞에서 이미 서술했다). 이 맥락에서는 데이비드 흄(David Hume; 1711-1776년)도 언급해야 한다. 물론 흄은 실체개념과 인과성개념을 부정하는 비판적 경험주의자였다.[182] 그다음으로는 두 명의 프랑스인을 잊어서는 안 된다. 한 명은 앞에서 이미 언급한 데카르트이고, 다른 한 명은 오귀스트 콩트(August Comte; 1798-1857년)이다. 콩트는 실증주의의 창시자로 여겨지는 경우가 많

---

178 *Stammler*, Die Lehre von dem richtigen Recht, 2. Aufl. 1926, S. 94.

179 *Stammler*, Die Lehre von dem richtigen Recht, S. 94; *ders.*, Theorie der Rechtswissenschaft, 2. Aufl. 1923, S. 77.

180 *Stammler*, Wirtschaft und Recht nach der materialistischen Geschichtsauffassung, 1896, S. 185.

181 로크에 관해서는 *W. Euchner*, Naturrecht und Politik bei John Locke, 1979 참고.

182 이에 관해서는 *Hume*, Treaties(Books I-III); Enquires, 1991 참고.

은데, 정확히는 '실증주의'라는 명칭을 만들어냈다(실증주의란 학문을 경험할 수 있는 = '실증적'인 사실에 한정한다는 뜻이다)는 점에서만 창시자였을 뿐이다. 물론 콩트가 그의 3단계 법칙(신학으로부터 형이상학을 거쳐 실증과학으로 이르는 발전법칙)을 통해 실증주의에 대해 역사적 신빙성을 확보할 수 있는 계기를 마련했다는 점은 옳다.[183] 하지만 현실적으로 실증주의가 신빙성을 확보하게 된 결정적 계기는 당연히 수학적 자연과학의 엄청난 성공이었다.

이러한 경험주의적 실증주의에 따른다면 이제 법학은 다른 모든 학문과 마찬가지로 연역이 아니라 귀납이라는 자연과학의 방법을 활용해야 했다. 즉 보편적 자연법규범으로부터의 논리적 도출이 아니라 생활사실을 관찰하고 생활사실의 전체 구조로부터 보편적 규칙을 획득해야 했다. 그러나 이러한 '자연주의적' 법철학은 방법론의 문제와의 연관성 속에서 비로소 제대로 의미를 펼칠 수 있다. 그 때문에 이에 관해서는 나중에(뒤의 2.3.4) 자세히 서술하겠다.

실증주의의 성공적 확산은 헤겔의 사망 이후 실질적 내용을 다루는 법철학이 대부분 사라지게 만드는 결과를 낳았다(앞의 2.2.3.3.5에서 언급한 법철학자들은 어차피 국외자였다). 이 공백을 메운 것은 이른바 **일반법학**(Allgemeine Rechtslehre)이었다. 일반법학은 법의 선험적 기초개념(법적 관계, 권리주체, 법규범 등)과 기본구조(인과관계, 효력, 체계 등)를 밝히는 데만 국한되었고, 법에 대한 모든 내용적, 철학적 정당화는 사변에 불과하다고 거부했다. 그리하여 정의가 아니라 법적 안정성이 법의 최고가치로 상승했다.

'법철학의 안락사(라드브루흐의 표현[184])'를 의미했던 이 일반법학의 창시자는 아돌프 메르켈(Adolf Merkel; 1836-1896년)이다. 메르켈은 무엇보다 발전개념을 법학에 적용했다는 점에서 특기할만하다. 즉 그는 법이 더 낮은 형태에서 더 높은 형태로 발전한다는 사실을 경험적으로 확인할 수 있고, 이러한 법칙적 진화로부터 장래의 법에 대한 인식도 도출할 수 있다(진보에 대한 믿음)고 주장했다. 얼마 지나지 않아 프란츠 폰 리스트

---

183 이에 관해서는 *A. Comte*, Rede über den Geist des Positivismus(1844)[*Iring Fetscher*의 독일어 번역판, 3. Aufl. 1979] 참고.

184 *Radbruch*, Rechtsphilosophie, 9. Aufl. 1983, S. 110; GRGA, Bd. 2, 1993, S. 247; Studienausgabe der Rechtsphilosophie, hrsg. von *R. Dreier/St. Paulson*(이하의 인용은 Studienausgabe에 따름).

(1851-1919년)는 루돌프 폰 예링의 목적이론("목적은 모든 법의 창시자이다")에 기초해 그가 창설한 '근대적' (사회학적) 형법학파를 통해 메르켈의 발전사상을 활용하게 된다. 리스트는 "우리가 지금 있는 것은 역사적으로 형성된 것으로 고찰하고, 이에 따라 앞으로 다가올 것을 규정함으로써 마땅히 있어야 할 것을 인식하게 된다"라고 생각했다[185] (여기서 '마땅히 있어야 할 것'은 구체적으로 '지금 있는' 응보형을 대체할 교화개선형이다). 이처럼 앞으로 다가올 것과 마땅히 있어야 할 것을 일치시킴으로써 존재/당위 이원주의의 일부를 포기하는 리스트의 이론은 상당히 흥미로운 이론이다. 하지만 이 논증의 오류를 지적하지 않을 수 없다. 즉 발전이란 단지 다르게 된다는 것을 의미할 뿐, 반드시 더 좋아진다는 의미가 아니다. 얼마든지 더 나빠지는 것도 가능하고, 메르켈과 리스트 이후 펼쳐진 법의 역사는 이 점을 끔찍할 정도로 명확하게 증명하고 있다.

이 당시의 '학문적 법실증주의'를 주장한 다른 학자들을 여기서 구체적으로 다룰 수는 없다. 다만 몇몇 중요한 학자들의 이름만을 열거해둔다. 카알 빈딩(Karl Binding; 1841-1920년. 빈딩은 '고전적' 형법학파의 수장으로서 리스트의 이론적 적대자였다), 에른스트 루돌프 비얼링(Ernst Rudolf Bierling; 1843-1919년), 카알 베르그봄(Karl Bergbohm; 1849-1927년), 펠릭스 좀로(Felix Somló; 1873-1920년). 다른 학자들은 뒤에서 법학방법론을 논의(2.3)하면서 다루기로 한다.

다른 경향의 법실증주의, 즉 20세기 초반에 비중을 지녔고, 주로 법이론적-방법론적 관점에서 중요한 의미가 있는 법실증주의 역시 여기서 자세히 다룰 수 없다. 이 경향의 법실증주의는 — 존재/당위의 분리에 비추어 — 크게 두 가지로 나눌 수 있다. 하나는 당위, 즉 규범을 지향하는 **규범논리적 실증주의**이다. 이 실증주의는 규범의 형식적 구조에 집중할 뿐, 규범의 내용에 관해서는 관심을 기울이지 않는다. 이 실증주의를 섬세하게 구성한 가장 대표적인 이론은 한스 켈젠의 '순수법학'이다. 다른 하나는 **경험적 실증주의**이다. 이 경험적 실증주의는 존재하는 것, 즉 법적 사실을 다루는데, 주관적 사실을 다루는 법심리학(비얼링 등)과 객관적 사실을 다루는 법사회학(법사회학의 뿌리는 예링 그리고 특히 막스 베버이다)이 있다.

---

185 이에 관해서는 *v. Liszt*, Das 'richtige' Recht in der Strafgesetzgebung, in: ZStW 26(1906), S. 553 이하; 27(1907), S. 91 이하 참고.

나중에 전개된 실증주의는 (칸트주의와 경험주의 이외에) 또 다른 철학적 경향으로부터도 지원을 받았다는 사실도 짧게나마 언급할 필요가 있다. 그것은 실존주의이다. 물론 실존주의 전체가 실증주의를 지지한 것은 아니다[예컨대 가브리엘 마르셀(Gabriel Marcel)이나 카알 야스퍼스의 실존주의는 실증주의와 아무런 관련이 없다]. 이 맥락에서 가장 중요한 이론은 장-폴 사르트르(1905-1980년)의 존재론적 기획이다. 이 기획에 따르면 실존이 본질에 앞서고, 따라서 우리에게 이미 앞서 주어진 것은 없다고 한다. 즉 어떠한 도덕, 어떠한 가치, 어떠한 처분 불가능한 법적 내용도 미리 주어진 것은 없다. 모든 것은 완전히 자기 자신에게만 의존하는 인간의 작품일 따름이다.[186] 마틴 하이데거(1889-1976년)도 자의에 한계를 설정하는 법사상에 접근할 수 없다고 한다. 하이데거에 따르면 법 자체가 전혀 '본래적' 존재 양태와 '자기존재'를 갖지 않고, 그저 '비본래성'의 형태이자 '대중적 존재(Massedasein)'로 전락한 것에 불과하기 따름이라고 한다.[187]

2.2.3.5 **법실증주의의 붕괴**는 이 이론이 대외적으로 가장 뚜렷한 성공을 거둘 때 이미 시작되었다. 예컨대 형법, 민사소송법, 형사소송법, 민법, 상법 등 19세기의 주요 법전의 입법작업이 이루어질 때 법실증주의는 이미 붕괴하기 시작했다. 법실증주의에 대한 비판은 일단 법철학 내부의 비판이라는 형태로 등장했다. 법실증주의의 두 가지 도그마, 즉 법관은 법창조적으로 활동해서는 안 된다는 도그마와 법관은 어떠한 경우도 재판을 거부해서는 안 된다는 도그마, 다시 말해 법창조금지와 재판거부금지는 논리적으로 볼 때 필연적으로 제정법질서가 완결되고 흠결이 없는 총체라는 제3의 도그마를 전제한다. 그러나 **법률의 완전무결성이라는 전제**는 견지할 수 없다는 사실이 밝혀졌다. 그리하여 재판거부금지를 포기할 수는 없었기 때문에 법창조금지가 사라지게 되었다. 이는 곧 법률의 흠결이 있을 때는 법관이 법률과는 무관한 기준에 따라 결정을 내리지 않을 수 없다는 뜻이다. 이로써 엄격한 법률실증주의는 커다란 변화를 겪지 않을 수 없었다. 이에 관해서는 여기서 더 자세히 논의하지 않고, 나중에 다시 논의하겠다.

이보다 훨씬 더 중대한 사정이 추가되었다. 물론 이 사정은 오랫동안 잠재상태에 머

---

186 이에 관해 자세히는 *A. Kaufmann*, Rechtsphilosophie(각주 43), S. 102 이하 참고.

187 이에 관해서는 *W. Maihofer*, Recht und Sein; Prolegommena zu einer Rechtsontologie, 1954 참고.

물러 있었다. 그것은 바로 실증주의가 부정의하거나 부도덕한 법률에 직면할 때 무력하기 짝이 없다는 사정이었다. 포이어바흐를 서술하면서 우리는 짧게나마 그가 타락한 법에 대해서는 법관이 복종할 의무가 없다는 유보조항을 전제했다는 사실을 살펴보았다(이 점에서 포이어바흐는 좁은 의미의 법실증주의자가 아니다). 그러나 19세기 말에는 이러한 제한이 사라진 지 오래였다. 즉 법실증주의를 말 그대로 법률과 법이 일치한다는 의미로 받아들여 오로지 법률만이 법이고, 모든 법률은 법이라고 생각했다. 이러한 변화가 곧 '학문적 법실증주의'로부터 '법률실증주의(Gesetzespositivismus)'로 향한 길이었다.[188] 이 맥락에서 베르그봄은 "가장 저열하기 짝이 없는 법률일지라도 그것이 형식적으로 정확하게 생성된 것이라면, 구속력을 갖는다고 인정"해야 한다는, 훗날 치명적인 결과를 낳은 말을 남겼다. 물론 베르그봄은 그와 같이 '잘못 탄생한 법'을 최대한 빨리 폐지하는 것이 마땅하지만, 폐지가 되지 않은 이상 "그것은 오늘의 법이기 때문에 오늘은 그 법을 존중해야 한다"라고 말한다.[189] 이와 똑같은 맥락에 해당하는 좀로의 말을 인용해보자. "그러나 법적 권력(또는 다른 용어로는 입법자, 국가, 주권적 권력)이 무슨 내용이든 법으로 제정할 수 있다는 것은 도저히 부정할 수 없는 진리이다."[190] 여기에 덧붙여 파울 구겐하임(Paul Guggenheim)과 한스 켈젠의 비슷한 표현도 얼마든지 추가할 수 있을 것이다.

그렇지만 19세기 말과 20세기 초의 법실증주의자들은 그들이 자명하게 여긴 전제, 즉 입법자는 결코 '저열하기 짝이 없는' 법률을 제정하지 않으리라는 전제에서 출발했다는 사실을 고려해야 한다. 실제로 그 당시의 입법자는 그런 법률을 제정하지 않았다. 입법자들의 마음속에는 아직 윤리적 의식이 살아 있었고, 법실증주의가 인정하는 입법자의 절대적 권력을 남용하겠다는 생각을 하지 않았으며, 언제나 정의로운 법률을 제정하지는 못할지라도 최소한 부정의한 법률을 제정하지 않고자 했다. '학문적' 법실증주의는 이처럼 "법률에는 사물의 본성에 기초한 질서라는 명령의 한 조각이 남아 있고,

---

188 이에 관해서는 *Wieacker*, Privatrechtsgeschichte(각주 131), S. 458 이하. 비아커는 이 변화를 '법학에 대한 사법부의 승리, 문화민족에 대한 정치적 민족의 승리'라고 표현한다.

189 *K. Bergbohm*, Jurisprudenz und Rechtsphilosophie, Bd. I, 1892(영인본 1973), S. 144 이하.

190 *F. Somló*, Juristische Grundlehre, 2. Aufl. 1927(영인본 1973), S. 308.

그때그때 규율해야 할 문제영역에는 정의를 지향하는 의도가 결정적인 의미가 있고 또한 이 점이 뚜렷하게 드러나며, 사회적 삶에서 요구되는 모든 합목적성에도 불구하고 법사상은 완전히 효용성에 의해 지배되지는 않는다"[191]라는 보장에 기초했다.

그러나 시련이 닥치자 모든 것은 물거품처럼 한순간에 사라지고 말았다.

2.2.3.6 **'법철학과 나치즘'**[192]이라는 역사의 한 장은 의문의 여지 없이 독일 법철학의 역사에서 가장 어두운 측면이다. 나치즘 치하에서 실제로 '저열하고', '비윤리적'이며 '범죄적인' 법률 또는 여타의 법규범과 판결을 만들었다. 하지만 일차적으로 '정당한 법' 그리고 불법에 맞서는 저항권에 익숙한 법철학에서는 무슨 일이 일어났을까? 아무 일도, 거의 아무 일도 일어나지 않았다. 극소수의 학자들만 나치즘에 등을 돌리고 내면으로 도피하거나 실제로 외국으로 도피했다[한스 켈젠(2.3.5), 에리히 카우프만(Erich Kaufmann; 1880-1972년), 헤르만 칸토로비치(Hermann Kantorowicz; 2.3.4.4), 아르투어 바움가르텐(Arthur Baumgarten; 1884-1966), 구스타프 라드브루흐(2.2.4.5)는 내면으로의 도피나 이민을 강제당했다. 그리고 카알 엥기쉬(2.2.4.5)나 한스 벨첼(2.2.4.4.2)처럼 도피는 아니지만, 소극적 태도로 일관한 학자도 있다]. 나머지 대다수 법철학자는 때로는 현란한 수사를 동원해 독재정권을 명시적으로 지지했다. 카알 슈미트, 에른스트 포르스트호프(Ernst Forsthoff), 오토 쾰로이터, 한스-헬무트 디체(Hans-Helmut Dietze), 헬무트 니콜라이(Helmut Nicolai), 라인하르트 횐(Reinhard Höhn), 에른스트-루돌프 후버(Enrst-Rudolf Huber), 게오르그 다암(Georg Dahm), 카알 라렌츠(Karl Larenz)[이들 모두는 19세기 말엽에 태어났고, 카알 슈미트처럼 몇몇은 히틀러보다 더 나이가 많았지만, 대부분 히틀러보다 어렸다] 등 많은 이들이 독재정권을 지지했다. 이들의 이름은 잊을지라도 이들이 한 행위는 결코 잊어서는 안 된다.

이들의 행위는 나치가 권력을 장악한 즉시 자행한 기본권 침해를 열광적으로 찬양하

---

191 *Eb. Schmidt*, Gesetz und Richter; Wert und Unwert des Positivismus, 1952, S. 7 이하.

192 이와 관련된 수많은 문헌에 관해서는 *A. Kaufmann*, Rechtsphilosophie und Nationalsozialismus, in: ARSP, Beiheft Nr. 18, 1983, S. 1 이하; *J. Ward*, Law, Philosophy and Nationalsocialism; Heidegger, Schmitt and Radbruch in Context, 1992 참고.

면서 시작된다. 이들은 기본권이 자유주의와 개인주의의 사상적 산물로 '민족공동체' 집단에서는 낮은 위상을 지닐 수 있을 뿐이라고 선언한다. 유대인, 평화주의, 사회주의, 프리메이슨은 물론이고 자유주의와 개인주의도 나치즘 법철학자들에게 극악한 적이었다. 그리고 반자유주의와 반개인주의 및 집단주의라는 미명으로 주관적 권리를 부정하고, 특히 주관적 공권에 대항했으며, 심지어 주관적 공권의 종말이라고 말하기도 했다. 이러한 전체주의적-집단주의적 법사상의 결론은 곧 권리능력과 권리주체성을 얼마든지 제한할 수 있다는 것이었다. 즉 '민족의 동지'만이 권리능력을 갖고, 유대인과 집시처럼 '다른 종에 속한' 사람은 권리능력이 없다고 한다. 이로써 평등원칙을 내팽개치고, 평등원칙 자체도 '자유주의적'이고 바이마르 공화국의 '평등한' 민주주의에 사로잡힌 사악한 사고방식으로 치부한다. '자유민주주의'는 당시의 법철학자들과 국가법학자들이 특히 혐오했던 사상이다. 이들이 원했고 창설을 돕고자 했던 것은 '권위적 국가', '전체주의 국가', 즉 '영도자 국가'였다. 이 국가에서는 권력분립이 존재하지 않으며, 권력분립 원칙 자체를 영도자를 말살하는 자유주의적 허구로 비난한다. 결국 나치즘 법철학은 '영도자'가 최상위 통치권을 가질 뿐만 아니라, 최고 입법자이자 최고 법관이며, 심지어 헌법의 수호자라고 선언한다.

나치즘이 자행한 최악의 범죄는 당연히 '다른 인종', 특히 유대인에 대한 처절하고 끔찍한 박해이다. 수많은 법철학자가 이러한 박해를 열렬히 지지하고 환호했으며, 심지어 박해를 자극하고 정당화하는 말도 서슴지 않았다.

법학방법론에서도 나치즘 이데올로기의 영향을 여러 측면에서 감지할 수 있다. 법은 나치즘의 의미에 따라 해석해야 한다는 목소리를 어디에서나 들을 수 있었다. 이에 따라 법관은 나치즘 혁명 이전의 법에는 엄격히 구속되지 않는다고 선언했다. 이 점에서 반드시 실증주의적으로 사고할 이유가 없었다. 즉 나치즘의 목표를 달성하기 위해서는 얼마든지 법률을 초월해도 좋고, 심지어 법률에 반하는 결정도 필요하다고 생각했다. 그 때문에 카알 라렌츠는 이미 그 당시에 '자연법과 실증주의를 뛰어넘은' 관점에 관해 얘기할 수 있었다.[193] '자연법과 실증주의의 대립을 뛰어넘은' 관점은 곧 오늘날 우리

---

193 *K. Larenz*, Rechts- und Staatsphilosophie der Gegenwart, 2. Aufl. 1935, S. 150 이하.

가 취하고 있는 관점이기도 하다. 그러나 라렌츠가 나치가 지배하던 당시에 생각했던 것과는 다른 의미이다.

2.2.4 2차 대전 이후의 새로운 출발

역사적 경험은 고전적 자연법론과 고전적 법실증주의 모두 실패했다는 사실을 가르쳐주었다. 엄격하고 지극히 상세한 내용의 규범질서를 지닌 구체적 자연법은 매우 단순한 구조의 사회에서는 원활하게 기능할지 모르지만, 고도로 복잡한 오늘날의 사회에서는 만족스럽게 기능할 수 없다. 다른 한편 법실증주의는 19세기 말에 거대한 입법작업을 수행하는 데 크게 이바지했다. 하지만 당시의 입법자는 강한 도덕적 의식을 지침으로 삼았던 반면, 20세기와 21세기의 독재정권에서는 이러한 전제가 전혀 충족되지 않았다. 즉 치욕스러운 법률은 단순히 강학상의 예에 불과한 것이 아니라, 현실이 되었다. 이로써 순수한 형식적 법률개념은 실패하고 말았다.[194]

2.2.4.1 법이 그 형체를 알 수 없을 정도로 타락한[195] 끔찍한 나치즘 독재를 겪은 이후 그리고 소련 점령지역과 1949년부터 동독에서 새롭게 등장한 사회주의적-집단주의적 독재를 겪으면서 2차 대전 이후에 많은 사람이 다시 자연법으로 회귀해야 한다고 생각한 것은 어쩌면 당연한 일이었다. 물론 이미 장 파울(Jean Paul)은 모든 미사(Missa)와 모든 전쟁은 새로운 자연법을 공급한다고 조롱한 적이 있다. 그러나 2차 대전 직후의 법적 혼란 상황에서 법원이 나치즘 불법국가에 대해 '자연법적' 사고의 도움을 빌려 반응하고, 부정의한 법률이나 부정의하다고 여겨지는 법률 및 여타 규범들을 배제하면서 '초실정적인 본질적 법'을 원용해 사건을 결정하는 것 말고 다른 무슨 방법이 있었겠는가?

---

194 이와 관련된 근본적 측면은 *Radbruch*, Gesetzliches Unrecht und übergesetzliches Recht, in: SJZ 1946, S. 105 이하; GRGA, Bd. 3, 1990, S. 83 이하 참고.

195 이에 관해서는 여전히 일독할 가치가 있는 *Fritz von Hippel*, Die Perversion von Rechtsordnungen, 1955 참고.

이 '**자연법 르네상스**'[196]는 상당히 많은 비판을 받았다. 실제로 이 자연법 르네상스는 합리성과 이성의 부활이 아니었다. 하지만 비판의 칼날은 원래 법학, 특히 법철학에 향한 것이었다. 법철학은 '법률적 불법'이라는 현상을 판결이 어떻게 다루어야 하는지를 이론적으로 준비해 대답한 적이 없기 때문이다. 그 때문에 사법부가 저지른 많은 '자연법적' 오류는 용서해야 마땅하다.

'자연법 르네상스' 그 자체는 이미 지나간 에피소드일 따름이다. 그러나 이 르네상스는 나름의 이유가 있었다. 물론 약혼자 사이의 성교가 '음란한 행위'에 해당한다는 1954년 2월 17일의 연방법원 판결[197]처럼 끔찍하기 짝이 없는 자연법적 판결은 오늘날에는 찾아볼 수 없고, 최소한 그런 식으로 노골적으로 자연법을 언급하는 판결은 없다. 이 판결에서 연방법원 합의부는 '도덕률 규범'을 원용하면서 이 규범의 성격을 다음과 같이 규정했다. "도덕률 규범의 강한 구속력은 ('단순한 풍속'이나 '단순한 습속'의 '약한 구속력'과는 달리) 이미 주어져 있고 받아들여야만 할 가치질서와 인간의 공존을 지배하는 당위명제에 기초한다. 이 가치질서와 당위명제는 이를 준수하도록 요구받는 자들이 실제로 준수하고 승인하는지와는 무관하게 효력을 갖는다. 이 질서와 명제의 내용은 무엇이 효력을 갖는지에 대한 견해가 변한다고 해서 변화하지 않는다."

연방법원의 판결이 도달한 결론(약혼자 사이의 성교는 도덕률에 반하고, 따라서 음란한 행위에 해당한다)은 오늘날 굳이 비판해야 할 필요가 없을 정도로 우스꽝스러운 결론이다. 하지만 이 판결에 드러나 있는 두 가지 관점을 분명하게 인식할 필요가 있다. 1. 이 판결이 원용한 '도덕률' — 다른 용어로 표현하면, '실정법률' 또는 '실정법'과 구별되는 '자연법' 또는 '자연적 법'이다 — 은 어떤 **실체적인 것**, **초시간적인 것**, **초실정적인** 것, 다시 말해 이미 **완결되어 존재하는 상태**를 뜻한다. 2. 이와 같은 '도덕률' 또는 '초실정적

196 이에 관해 자세히는 *A. Kaufmann*, Die Naturrechtsrenaissance der ersten Nachkriegsjahre — und was daraus geworden ist, in: Festschrift für S. Gagnér, 1991, S. 105 이하 참고. 이 밖에 *K. Kühl*, Rückblick auf die Renaissance des Naturrechts nach dem 2. Weltkrieg, in: *G. Köbler/M. Heinzel/J. Schapp*(Hrsg.), Geschichtliche Rechtswissenschaft, 1990, S. 331 이하도 참고. 다른 관점에서 오늘날의 자연법을 파악하고 있는 문헌으로는 *R. P. George*, Natural Law Theory; Contemporary Essays, 1992 참고. 또한 *J. Hruschka*, Vorpositives Recht als Gegenstand und Aufgabe der Rechtswissenschaft, in: JZ 1992, S. 429 이하도 참고.

197 BGHSt 6, 46; 6, 147.

법'으로부터 법적 결정이라는 구체적 결론을 **어떤 식으로든 연역적으로 도출**할 수 있고, 따라서 사안을 도덕률에 '**포섭**'할 수 있다고 생각한다.

2.2.4.2 1950년대 말과 1960년대 초에 등장한 **신실증주의**(Neopositivismus)는 초실정적 법에 관한 모든 사고를 부정했지만, 그 사고구조는 자연법론자들의 사고구조와 일치한다. 이 점은 다음과 같이 일반적으로 표현할 수 있다. 자연법론(= '고전적' 자연법론, 다시 말해 절대적이고 합리주의적인 자연법론)과 법률실증주의는 법철학적-존재론적 관점에서 보면 법의 존재근거를 파악하는 방식에서 결정적 차이가 있다. 즉 자연법론에서는 이미 주어져 있고 언제나 똑같은 '세계와 인간의 자연'이 법의 존재근거라면, 법률실증주의에서는 이미 주어져 있는 자연질서에 구속되지 않는 가변적인 '입법자의 의지'가 법의 존재근거이다. 그러나 법이론적-방법론적 관점에서 보면 양자의 법발견 과정에 대한 이해는 똑같다. (합리주의적) 자연법론에 따르면 절대적인 법윤리적 원칙으로부터 실정법규범이 도출되고, 실정법규범으로부터 구체적인 법적 결정이 도출된다. (규범주의적) 법률실증주의에 따르더라도 법률로부터 입법자의 지시('입법자료')의 도움을 받아 구체적인 법적 결정이 도출되고, 따라서 구체적 결정은 **경험을 끌어들이지 않고 순전히 연역적으로**, 다시 말해 '엄격히 논리적'으로 도출된다. 이러한 논리적 도출이라는 측면에서는 자연법론과 법률실증주의가 생각하는 법발견 과정이 서로 다르지 않다. 물론 어느 경우이든 항상 경험이 법발견 과정에 유입될 수밖에 없지만, 이에 대해서는 성찰하지 않았다. 어쨌든 양자의 사고모델에 따르면 **구체적이고 실정적인 법은 무언가 고정된 것, 즉 사전에 보편적이고 규범적으로 확정된 것**이다. 흔히 적대자로 여겨지는 자연법과 실증주의 사이에 이러한 유사성이 존재한다는 사실은 의외로 여겨질지 모르지만, 그럴만한 충분한 내재적 근거가 있다. 즉 양자 모두 공리적-연역적 사고를 지향하고, 법전편찬 중심의 사고를 토대로 삼고 있으며, 특히 적절하고 엄격한 인식 및 의무구속에 관한 완결된 체계를 수립하려는 체계의 철학과 완전무결성 도그마에 사로잡혀 있기 때문이다.

자세히 살펴보면 신실증주의는 기본적으로 "자연법은 타당성이 없다"라는 단 하나의 논거만을 내세운다. 이로부터 법에서는 실증주의가 타당할 수밖에 없다는 결론을 도출한다. 하지만 이 결론은 '자연법 또는 법실증주의'가 다른 제3의 대안을 인정하지 않는 배타적 관계일 때만 필연적인 결론이 된다. 양자를 이런 식으로 배타적 관계로 파악하는 일은 인간의 사고가 시작된 이후 아무런 비판도 받지 않고 지극히 당연한 것으로 여겨졌다. 예컨대 한스 켈젠이 자신의 『순수법학』에서 제시한 것과 같은 실증주의에 대한 이론적 정당화는 독일어권에서는 찾아보기 어렵다. 그저 회의적인 생각으로 인해 자연법을 정당화할 수 없다고 포기하기 때문에 실증주의자가 된다. 이 점에서 한스-울리히 에버스(Hans-Ulrich Evers)가 19세기 말에서 20세기 초반의 실증주의자들이 품고 있던 위험한 사고를 다시 끌어들이는 것은 신실증주의의 특징을 잘 보여준다. 즉 에버스는 "아무리 비난받아 마땅한 법질서일지라도 구속력을 발휘하는 가치를 지닌다 … 이러한 법질서도 보호를 보장하기 때문이다"라고 말한다.[198]

이러한 견해를 어떻게든 이해할 수는 있지만, 이 견해가 우리가 과제로 삼는 문제에 대한 대답이 될 수는 없다. 물론 구체적이고 내용적인 자연법 르네상스가 칸트 이전의 상태로 회귀한 것은 분명 잘못이었다. 그렇지만 나치즘 독재가 자행한 법의 타락 이전의 상태로 회귀하거나 겉으로만 인간적인 사회주의적 및 공산주의적 독재를 수립한 것 역시 똑같이 잘못이었다. 2차 대전 이후의 세계가 법철학에 부과한 과제는 입법과 법률적용에서 발생할 수 있는 자의를 제한하는 일이었다. 다시 말해 법에서 '처분 불가능한 것', 즉 시대와 문화를 초월하는 어떤 필연적인 것을 찾아내야 했다. 이 문제에 대해 그저 "자연법이냐 아니면 법실증주의냐?"라는 도식에 사로잡혀 제3의 길을 인정하지 않는 이상 법철학은 결코 만족할만한 대답을 제시하지 못한다. 2차 대전 이후의 법철학적 논의는 이러한 대안에 사로잡힌 사고가 막다른 길에 부딪히지 않을 수 없다는 사실을 너무나도 생생하게 보여주고 있다. 누구나 자연법론과 법실증주의를 둘러싼 수많

---

198 *H.-U. Evers*, Der Richter und das unsittliche Gesetz, 1956, S. 141. 법실증주의를 가장 적극적으로 지지하는 학자들 가운데 한 사람은 회르스터이다(*N. Hoerster*, Verteidigung des Rechtspositivismus, 1989). 이에 관해서는 *E.-J. Lampe*, Grenzen des Rechtspositivismus, 1988; *R. Dreier*(Hrsg.), Rechtspositivismus und Wertbezug des Rechts, in: ARSP-Beiheft 37, 1990; *ders.*, Neues Naturrecht oder Rechtspositivismus?, in: Rechtstheorie 18(1987), S. 209 이하; *W. Maihofer*(Hrsg.), Naturrecht oder Rechtspositivismus?, 3. Aufl. 1981; *N. MacCormick/O. Weinberger*, Grundlagen des institutionalistischen Rechtspositivismus, 1985; *G. Marino*, Positivismo e Giurisprudenza, 1986; *G. Zaccaria*, Diritto positivo Positivitá del Diritto, 1989 참고.

은 찬반 논거를 알고 있지만, 누구도 상대방이 자신의 견해를 포기하게 만들지 못한다. 그 이유는 누구도 자기 자신의 견해를 확실하게 정당화할 수 없기 때문이다.

2.2.4.3 무엇보다 법사회학자 니클라스 루만이 주장하는 것처럼 실체존재론적 자연법론에 대항해 **기능주의적** 법사상을 표방[199]할지라도 막다른 길에 부딪히기는 마찬가지다. 루만의 사회학적 기능주의에 따르면 법이 정의롭다는 사실이 중요한 것이 아니라(루만은 '정의'나 '처분 불가능성' 따위는 존재하지 않으며, 이와 같은 것들은 그저 선한 의도를 드러내기 위한 상징에 불과하다고 한다[200]) 고도로 복잡한 사회에서는 법이 '복잡성을 감축'함으로써 제대로 기능하는 것이 결정적으로 중요하다. 이렇게 해서 법은 완전히 기능화한다. 물론 '처분 불가능성'이 실체존재론적으로 이해되는 경직되고 실체적이며 고정된 '자연'에 내재하지 않는다는 루만의 지적은 옳다. 과거의 자연법에서 등장했던 로고스, 신법 또는 인간의 합리적 본성과 같은 어떤 '미리 주어져 있는 것'에서 처분 불가능성을 찾으려는 것 역시 당연히 잘못이다.[201] 하지만 그렇다고 해서 법에서는 처분 불가능한 것, 시간과 문화를 초월한 필연적인 것 자체가 존재하지 않는다고 보아야 할 필연적인 논거가 있는 것도 아니다. 물론 칸트와 다른 학자들이 실체존재론을 극복했음은 분명하다. 그리고 찰스 샌더스 퍼스는 속성술어(Eigenschaftsprädikate)에만 집중된 아리스토텔레스와 칸트의 논리학을 벗어나 관계술어(Relationsprädikate)의 논리학을 발전시킴으로써 실체로부터 **관계**를 향한 거대한 진보를 이룩했다.[202] 퍼스가 이룩한 진보는 법철학과 법이론에서도 앞으로 이루어져야 할 진보이다. 이에 관해서는 여기서 이 정도의 언급에 그치고 나중에 다시 자세히 논의하겠다(2.5).

---

199 이에 관해서는 그의 법이론 저작인 *N. Luhmann*, Legitimation durch Verfahren, 1969와 Das Recht der Gesellschaft, 1995 참고.

200 이에 관해 자세히는 *A. Kaufmann/W. Hassemer*, Grundprobleme der zeitgenössischen Rechtsphilosophie und Rechtstheorie, 1971, S. 27 이하; *R. Dreier*, Recht(각주 114), S. 270 이하(Zu Luhmanns systemtheoretischer Neuformulierung des Gerechtigkeitsproblems); *L. Philipps/H. Scholler*(Hrsg.), Jenseits des Funktionalismus; Arthur Kaufmann zum 65. Geburtstag, 1989 참고.

201 이에 관해서는 *A. Kaufmann*, Recht und Rationalität(각주 80), S. 1 이하, 특히 24 이하 참고.

202 이에 관해서는 *W. Stegmüller*, Hauptströmungen der Gegenwartsphilosophie, Bd. 1, 6. Aufl. 1978, S. 429 이하 참고.

우리는 **실체존재론적 자연법과 기능주의적 법률실증주의를 극복한 길**을 찾아야 한다. 이 두 진영 사이의 숙명적인 대립을 극복할 계기는 이미 라드브루흐에 의해 마련되었다. 그의 전 저작을 고찰해보면, 그의 법철학이 자연법과 법실증주의를 뛰어넘는 지위를 확보했다는 사실을 분명히 알 수 있다. 이 점에서 나중에 라드브루흐의 법철학을 자세히 고찰하도록 한다.

2.2.4.4 우리는 먼저 나치즘으로 인해 발생한 법적 곤궁 상태를 극복해야 한다는, 2차 대전 직후의 과제에 지향된 몇 가지 시도, 즉 법에서 처분 불가능한 것이 있다는 사고를 통해 법적 사고에서 등장하는 자의와 폭력에 대처하려는 시도들을 살펴보고자 한다. 이러한 시도에서는 언제나 막스 베버(1864-1920년)가 대표자였고 부분적으로는 라드브루흐(1878-1949년)에 의해서도 표방된 상대주의를 극복까지는 아니지만 이를 제한하는 문제가 중요한 의미를 지녔다.

2.2.4.4.1 법철학의 혁신을 위한 중요한 자극은 에드문트 훗설(Edmund Husserl; 1859-1938년. 훗설의 중요한 제자 가운데 한 사람인 에디트 슈타인Edith Stein은 가톨릭으로 개종한 유대인이었고, 아우슈비츠 수용소에서 살해당했다)의 현상학에서 비롯되었다. 현상학적 이론에 따르면 그 자체로 존재하는 본질은 '직관적 환원'과 '현상학적 환원' 또는 모든 '우연적인 현존재의 작용요인'의 '삭제'를 거쳐 '본질적 속성을 고찰하는 활동'을 통해 순수한 자기존재성으로 서술되어야 하고, 이로써 엄밀하게 통찰할 수 있고 착오로부터 해방되며 적절한 서술이 이루어질 수 있다고 한다. 이 극히 복잡한 인식 방식을 분명히 이해하고자 한다면 게르하르트 훗설(Gerhard Husserl; 1893-1973년)이 써놓은 신발의 현상학을 읽어보기 바란다.[203] 이 예는 현상학의 면모를 보여주는 전형적인 예에 해당한다. 왜냐하면 현상학적 방법은 분명 단순한 구조를 지닌 대상에서만 제대로 기능할 뿐, 복잡한 대상, 특히 법과 같은 규범적 대상에서도 제대로 기능하지 못하기 때문이다. 이 점에서 입법자가 내용적으로 타당한 규율을 정립하고자 한다면 반드시 준수해

---

203 *G. Husserl*, Recht und Zeit, 1955, S. 14 이하.

야 할 법의 선험적 요소들을 밝히고자 했던 게르하르트 훗설과 아돌프 라이나하(Adolf Reinach; 1883-1917년)[204]의 노력('선험적 법이론')은 성공하지 못했다.

2.2.4.4.2 선험적 법이론은 논리적-인식론적 버전의 현상학에 기초했다. 이보다 더 지속적인 영향을 미친 것은 가치이론적 버전의 현상학으로, 그 첫 번째 대표자는 막스 셸러(Max Scheler; 1874-1928년)이다. 한스 벨첼(1904-1977년)과 그의 제자 귄터 슈트라텐베르트(Günter Stratenwerth; 1924-2015년)는 이 가치이론적 현상학으로부터 영향을 받았다. 이들의 이론에 따르면 '**사물논리적 구조**(sachlogische Struktur)'가 법 전체를 관통한다고 한다. 예컨대 인간의 행위, 고의, 정범-공범 관계 등은 이미 사물논리적 구조에 의해 지배되고, 따라서 행위 등을 법률을 통해 규범적으로 규율할 때는 이 구조에 구속된다고 한다.[205]

2.2.4.4.3 세 번째 경향은 '**사물의 본성**(Natur der Sache)'을 논증의 핵심으로 삼는 법철학적 경향이다. 의심의 여지 없이 이 경향이 최근의 법철학에 가장 강한 영향을 미쳤고, 이 점은 관련 문헌의 양에서도 드러난다. 이미 라드브루흐는 '사물의 본성'을 통한 법의 혁신을 시도했지만, 그 자신 신칸트주의자였기에 사물의 본성을 자신이 일찍부터 표방하던 '존재/당위 방법이원주의'[206]의 긴장을 완화할 수 있는 '사고형식'으로만 이해하고, '사물의 본성'의 법원(Rechtsquelle)으로서의 성격은 인정하지 않았다.[207] 사물의 본성을 법원으로 파악한 것은 베르너 마이호퍼(Werner Maihofer; 1918-2009년)였다. 마이호퍼는 하이데거의 실존철학에서 출발해 '사물의 본성'을 '구체적 자연법'이라는 의미에서 진정한 법원으로 파악했다.[208]

---

204 *A. Reinach*, Zur Phänomenologie des Rechts; Die apriorischen Grundlagen des bürgelichen Rechts, 1953. 이 밖에도 라이나하가 집필한 현상학 입문서인 Was ist Phänomenologie?, 1951은 오늘날에도 읽을 가치가 있다.

205 이를 가장 뚜렷하게 보여주는 *G. Stratenwerth*, Das rechtstheoretische Problem der 'Natur der Sache', 1957 참고.

206 *G. Radbruch*, Vorschule(각주 9), § 1: '현실과 가치'; GRGA, Bd. 3, 1990.

207 *G. Radbruch*, Die Natur der Sache als juristische Denkform, in: Festschrift zu Ehren von R. Laun, 1948, S. 157 이하; GRGA, Bd. 3, 1990, S. 229 이하.

2.2.4.4.4 이 밖에도 여러 가지 법철학적 경향을 언급할 수 있다. 하지만 우리의 개관을 **신헤겔주의**를 짧게 살펴보는 것으로 종결하고자 한다. 신헤겔주의를 표방한 법철학자는 예컨대 율리우스 빈더(Julius Binder; 1870-1939년),[209] 발터 쇤펠드(Walther Schönfeld; 1888-1958년) 그리고 카알 라렌츠(1903-1993년)[210]였다. 신헤겔주의는 결코 실증주의적 이론이 아니었기 때문에 1945년 이후의 법의 혁신에 이바지하는 데 아무런 어려움을 겪지 않았다. 다른 한편 헤겔 철학 자체가 권위적인 국가이론을 주장했다는 사실 때문에 나치즘에 연루되는 숙명을 겪지 않을 수 없었다. 그 때문에 헤겔 철학에 기초한 '구체적 질서사상(카알 슈미트)'은 그 자체 어느 정도 이론적 설득력을 지니고 있긴 하지만, 오늘날에는 신뢰를 상실했다.

2.2.4.5 법에서 '처분 불가능한 것'을 확보하려는 이 모든 노력이 각성과 실망을 체험하게 된 가장 결정적인 원인은 모든 이론이 여전히 순진한 **객관주의적 인식개념**을 고수했기 때문이다.[211] 일부의 경향은 다시 **형식적 법이론**으로 향하는 길을 걸었다. 즉 러셀과 화이트헤드의 엄밀한 수리철학에 의존하거나 비트겐슈타인의 언어철학을 토대로 삼는 분석적 법이론을 수용했다. 분석적 법이론의 대표자는 주저 『법의 개념』을 통해 유명해진 하트(H. L. A. Hart; 1907-1992년), 카치미츠 오팔렉(Kazimierz Opalek; 1918-1995년), 알렉산더 펙체닉(Aleksander Peckzenik; 1937-2005년), 아우리스 아아

---

208 *W. Maihofer*, Die Natur der Sache, in: ARSP 44(1958), S. 145 이하 참고. 사물의 본성에 대한 나 자신의 관점에 관해서는 *A. Kaufmann*, Analogie(각주 33) 참고. 내가 보기에 '사물의 본성'은 존재와 당위, 사례와 규범 사이의 연결고리('촉매제')이다[이에 관해서는 *P. Nerhot*(Hrsg.), Legal Knowledge and Analogy; Fragments of Legal Epistemology, Hermeneutics and Linguistics, 1991에 실린 논문들을 참고]. 이에 관한 최근의 문헌으로는 *F. Romeo*, Analogie; Zu einem rationalen Wahrheitsbegriff im Recht, 1991; *A. W. H. Langhein*, Das Prinzip der Analogie als juristische Methode, 1992 참고. 사물의 본성론에 대한 비판적 목소리로는 *R. Dreier*, Zum Begriff der 'Natur der Sache', 1965 참고. '사물의 본성'과 관련된 문헌으로는 *A. Kaufmann*(Hrsg.), Die ontologische Begründung des Rechts, 1965, S. 4-243도 참고.

209 빈더에 관해서는 *R. Dreier*, Recht — Staat — Vernunft, 1991, S. 142 이하[Julius Binder(1870-1939); Ein Rechtsphilosoph zwischen Kaiserrecich und Nationalsozialismus] 참고.

210 이 맥락에서는 오늘날에도 읽을 가치가 있는 *Karl Larenz*, Hegels Zurechnungslehre und der Begriff der objektiven Zurechnung, 1927 참고.

211 이와는 달리 슈트라텐베르트는 '사물의 본성'을 관계적으로 파악한다. 이 점에서 슈트라텐베르트의 이론은 이 글의 첫 저자인 카우프만의 이론과 매우 유사하다.

니오(Aulis Aarnio; 1937-2023년) 등이었다. 이 밖에 법과 도덕, 경험적 명제와 규범적 명제를 엄격히 분리하면서 논리적 언어분석을 통해 법에 관한 엄밀하고 '명확한' 언명을 획득하고자 하는 경향도 형식적 법이론의 경향에 속한다.[212] 그사이 상당수 학자는 오로지 규칙(Rules)에만 한정된 이러한 순수한 법학적 분석만으로는 만족할 수 없게 되었고, 특히 드워킨(Ronald Dwokin; 1931-2013년) 같은 경우는 '법의 일반원칙(General Principles of Law)'까지 포함해 법규범의 체계를 확장했다. 물론 드워킨이 말하는 원칙이 '규칙'과 어떠한 관계를 맺는지는 극히 논란이 많은 문제이다(이에 관해서는 나중에 다시 논의한다). 어쨌든 이러한 경향을 통해 규범이론 ― 이 이론의 가장 대표적인 저작은 한스 켈젠의 유작이다[213] ― 이 활발한 논의의 대상이 되었고, 이와 관련해서도 오팔렉은 선구적인 역할을 했다.[214] 형식적 법이론의 경향 가운데는 당연히 규범논리학도 중요한 부분을 차지한다. 법논리학의 대표자로는 카알 엥기쉬(1899-1990년), 울리히 클룩(Ulrich Klug; 1913-1993년), 일마 타멜로(Ilmar Tammelo; 1917-1982년), 오타 바인베르거(Ota Weinberger; 1919-2009년)를 언급할 수 있다.[215] 법논리학의 특수한 형태인 규범논리학(가치와 규범의 논리학)은 폰 리트(Georg Henrik von Wright; 1916-2003년)에 의해 전개되었다.[216]

---

212 이에 관해서는 *H. L. A. Hart*, Der Begriff des Rechts, 2011; *ders.*, Recht und Moral, 1971; *E. Barros*, Rechtsgeltung und Rechtsordnung; eine Kritik des analytischen Rechtsbegriffs, 1984; *G. Robles*, Rechtsregeln und Spielregeln; Eine Abhandlung zur analytischen Rechtstheorie, 1987; *J.-M. Priester*, Rechtstheorie als analytische Wissenschaftstheorie, in: *G. Jahr/W. Maihofer*(Hrsg.), Rechtstheorie, 1971, S. 13 이하; *E. Tugendhat*, Vorlesungen zur Einführung in die sprachanalytische Philsophie, 1976; *H.-J. Koch*, Juristische Methodenlehre und analytische Philosophie, 1976; *K. L. Kunz*, Die analytische Rechtstheorie: Eine 'Rechts'-theorie ohne Recht? 1977; *H. Eckmann*, Rechtspositivismus und sprachanalytische Philosophie; Der Begriff des Rechts in der Rechtstheorie H. L. A. Harts, 1969; *V. Steiner*, Analytische Auffassung des Rechts und der Rechtsinterpretation, in: ARSP 69(1983), S. 299 이하 참고. 실천적 관점에 따른 분석적 연구로는 *E. v. Savigny*, Die Überprüfbarkeit der Strafrechtssätze, 1967 참고.

213 *H. Kelsen*, Allgemeine Theorie der Normen, 1979(사후 출간)

214 이에 관해서는 *K. Opalek*, Überlegungen zu Kelsens 'Allgemeine Theorie der Normen', 1980; *ders.*, Theorie der Direktiven und der Normen, 1986 참고. 또한 *O. Weinberger*, Norm und Institution, 1988도 참고.

215 이에 관해서는 *K. Engisch*, Logische Studien zur Gesetzesanwendung, 3. Aufl. 1963; *U. Klug*, Juristische Logik, 4. Aufl. 1982; *I. Tammelo/H. Schreiner*, Grundzüge und Grundverfahren der Rechtslogik, 2. Bde., 1974/1977; *O. Weinberger*, Rechtslogik; Versuch einer Anwendung moderner Logik auf das juristische Denken, 1970 참고.

이러한 경향은 분명 필요할 뿐만 아니라 커다란 이론적 공헌을 하기도 했지만, 이 경향이 실질적-내용적 법철학을 대체할 수는 없다. 더욱이 순수한 형식적 법이론은 법을 '공리체계(클룩 U. Klug)'로 폐쇄해 생생한 삶에 다가서지 못하게 만들 위험이 있다. 이 위험에 대처하려는 시도는 **문제 중심적 법학**(topische Jurisprudenz) 또는 **수사학적 법학**(rhetorische Jurisprudenz)이다. 수사학적 법학은 과거의 전통(아리스토텔레스, 키케로)을 부활해 '의문을 제기하는(aporetisch)' 절차를 발전시키고, 이를 통해 '개방된 체계'[217] 속에서 방향을 찾으려고 한다[대표적인 학자는 테오도르 피벡(Theodor Viehweg; 1907-1988년), 카임 페렐망(Chaim Perelman; 1912-1984년)이다[218]]. 즉 수사학적 법이론이 내세우는 기치는 **'개방된 체계 속에서의 논증!'**이다. 이 기치는 논증이론과 해석학(Herneneutik)의 기치가 되었다. 이처럼 체계를 개방함으로써 논증이론과 해석학은 자연법과 법실증주의라는 도식에서 벗어나게 되었다(이에 관해서는 나중에 자세히 논의한다).[219]

2.2.4.6 **분석적 이론과 해석학 사이의 논쟁**에 대해 짧게나마 언급하기로 한다.[220] 법

---

216 *G. H. von Wright*, An Essay in Deontic Logic and the general Theory of Action, 1968; *ders.*, Deontic Logic Revisited, in: Rechtstheorie 4(1973), S. 37 이하. 이에 관해서는 예컨대 *G. Kalinowski*, Die präskriptive und die deskriptive Sprache in der deontischen Logik, in: Rechtstheorie 9(1978), S. 411 이하; *A. G. Conte*, Konstitutive Regeln und Deontik, in: Ethics; Foundations, Problems, and Applications, 1981, S. 82 이하 참고.

217 '개방된 체계'의 의미에 관해서는 *C.-W. Canaris*, Systemdenken und Systembegriff in der Jurisprudenz, 2. Aufl. 1983, S. 61 이하; *W. Fikentscher*, Methoden des Rechts in vergleichender Darstellung, Bd. 2, 1975, S. 64 이하 참고. 이보다 훨씬 더 넓은 범위에서 '개방사회'를 주장하는 *K. R. Popper*, Die offene Gesellschaft und ihre Feinde, 2. Bde., 6. Aufl. 1983 참고. 포퍼에 반대하는 견해로는 *A. F. Utz*(Hrsg.), Die offene Gesellschaft und ihre Ideologien, 1986 참고. 이에 관해서는 *R. Zippelius*, Rechtsphilosophie, 6. Aufl. 2011, S. 61 이하도 참고.

218 *Th. Viehweg*, Topik und Jurisprudenz, 5. Aufl., 1954; *Ch. Perelman*, Das Reich der Rhetorik; Rhetorik und Argumentation, 1980. 수사학적 법이론에 관해서는 *W. Schreckenberger*, Rhetorische Semiotik, 1978; *F. Haft*, Juristische Rhetorik, 3. Aufl. 1985; *O. Ballweg* u. a.(Hrsg.), Rhetorische Rechtstheorie, 1982; *K. Lüderssen*, Juristische Topik und konsensorientierte Rechtsgeltung, in: Festschrift für H. Coing, Bd. 1, 1982, S. 549 이하; *G. Struck*, Topische Jurisprudenz, 1971; *O. Weinberger*, Topik und Plausibilitäts-argumentation, in: ARSP 59(1973), S. 17 이하; *W. Gast*, Juristische Rhetorik, 2. Aufl. 1992도 참고.

219 공리체계, 문제 중심론, (구조주의적으로 이해된) 개방된 체계의 문제점에 관해서는 *H. Otto*, Methode und System in der Rechtswissenschaft, in: ARSP 55(1969), S. 493 이하 참고.

220 이에 관해서는 뒤의 136면 이하 참고. 이에 관한 명료한 연구로는 *J. Stelmach*, Die hermeneutische Auffassung der Rechtsphilosophie, 1991, S. 44 이하, 135 이하 참고.

철학의 혁신은 내용 없는 개념은 공허하고, 개념 없는 직관은 맹목이라는 칸트의 통찰에서 출발해야 한다. 오늘날의 이론적 논의를 토대로 삼으면 이렇게 표현할 수도 있다. 즉 해석학 없는 분석이론은 공허하고, 분석이론 없는 해석학은 맹목이다. 물론 지난 몇십 년에 걸쳐 이 두 경향은 서로 보충적인 관계에 있기보다는 투쟁에 전념했다. 분석적 경향은 해석학에 대해 비합리적이라고 비난한다(이는 타당하지 않다. 해석학은 비합리적이 아니라, 합리적이지 않거나 순수하게 합리적이지 않은 현상들을 조명하고자 하기 때문이다). 이에 반해 해석학은 분석적 이론에 대해 법철학과 인간의 현실적 문제에 대해 대답하지 못한다고 비난한다(분석적 이론은 애당초 그러한 대답을 찾으려고 하지 않는다. 그 때문에 분석적 이론은 이 이론만이 법철학을 대표한다는 주장을 제기할 때만 우려의 대상이 된다).

다수의 법철학자의 이론에서 양자 사이의 대립을 포기하고 상호공존의 길을 모색하는 경향이 뚜렷이 드러난다. 이 측면에서는 폰 리트가 그의 저서 『설명과 이해(1974)』를 통해 선구적인 역할을 했다. 이 맥락에서는 카알 엥기쉬도 언급해야 한다. 엥기쉬는 이미 일찍부터 논리적 사고와 해석학적 사고를 결합하는 탁월한 능력을 보여주었고, 그의 저서 『법률적용에 관한 논리적 연구(1943)』는 그 증거에 해당한다.

이 밖에도 로날드 드워킨을 언급할 수 있다. 드워킨은 1986년에 출간된 『법의 제국』에서 가다머(Gadamer)의 해석학을 수용한다.[221] 분석적 이론과 해석학의 결합은 쑤싸에 브리토(José e Sousa e Brito; 1939-)의 저서 『법철학과 국가철학(Philosophia do Direito e do Estado; 1987)』에서 더욱 선명하게 드러난다. 여기에 덧붙여 예컨대 타싸라[Andrés Ollero Tassara; 『법학과 철학(1978)』] 등의 이름을 추가할 수 있다. 불과 몇십 년 전만 하더라고 분석이론가들 대부분은 해석학을 무시했다. 하지만 이제는 상황이 바뀌었다. 법학적 해석학에 관한 문헌이 크게 늘었고, 이는 독일어권에만 국한된 현상이 아니다. 이제는 해석학과 분석적 이론 가운데 어느 하나만을 절대시할 이유가 없다. 양자 모두 필요한 이론이다. 물론 다원주의적인 글로벌 차원에서 영미의 법이론이 지배적인 지위를 점하기 때문에 분석적 이론과 법실증주의의 비중이 다시 높아진다는 사실을 관찰할 수 있다.

---

221 *R. Dworkin*, Law's Empire, 1986, S. 55 이하.

2.2.5 자연법과 실증주의를 넘어

자연법과 실증주의 사이에서 또는 양자를 뛰어넘는 '**제3의 길**'에 대한 모색이 곧 법철학에서 절대적으로 중요한 주제이다(여기서는 일단 순수한 형식주의적 경향과 기능주의적 경향의 법철학은 배제하기로 한다).

2.2.5.1 앞에서 이미 언급했듯이, 20세기에 들어 자연법과 법실증주의 사이의 힘겨운 투쟁을 극복한 최초의 법철학자는 구스타프 라드브루흐였다. 오늘날의 학문적 유행어를 동원하자면, 라드브루흐는 자신의 법철학을 통해 '패러다임의 전환'을 수행했다. 즉 헤겔 이후 갈수록 형식적으로 행해지는 법철학(대표적으로는 '일반법학')에서 벗어나 **실질적 법철학**, 다시 말해 단순히 형식과 구조가 아니라 **내용**이 중요한 법철학을 새롭게 수립했다. 물론 라드브루흐도 켈젠처럼 선험적이고 명확하며 필연적인 언명은 오로지 형식으로서만 가능할 뿐, 구체적 내용으로서는 불가능하다고 보았다는 점에서 칸트주의자이다. 그렇지만 켈젠이 이런 이유에서 형식적인 측면에만 자신의 이론을 한정한 반면, 라드브루흐의 법철학은 내용, 그것도 가치를 본격적으로 다룬다. 그리하여 라드브루흐는 자신의 칸트주의적 출발점 때문에 커다란 대가를 치르지 않을 수 없었고, 그 대가의 이름은 **가치이론적 상대주의**이다.

라드브루흐에 관한 문헌에서는 그의 삶과 그의 법철학에서 '급격한 변화' 또는 심지어 '다마스쿠스 체험'이 존재했는지 아니면 그의 법철학에서 의심의 여지 없이 확인할 수 있고 또한 그가 결코 부정한 적이 없는 변화가 단절 없이 진행된 발전 과정의 표현인지를 둘러싸고 커다란 논쟁이 벌어진다. 조금 더 첨예하게 표현하자면, "라드브루흐가 처음에는 '법실증주의자'였다가 나치즘 불법국가를 체험하면서 '자연법론자'로 바뀌었는가?"라는 물음이 이 논쟁의 핵심이다.[222]

라드브루흐의 저작에서는 급격한 변화가 있었다고 증명할 수 있는 구절이 있다. 그러나 얼마든지 이와는 반대되는 주장을 가능하게 만드는 더 중요한 구절들도 어렵지

222 이에 관해서는 *A. Kaufmann*, Gustav Radbruch — Rechtsdenker, Philosoph, Sozialdemokrat, 1987, 특히 S. 20 이하 참고.

않게 찾아볼 수 있다. 이미 1919년에 라드브루흐는 실증주의를 '권력에 대한 우상숭배'라고 낙인찍고 있으며,[223] 그 이전에 1914년의 『법철학 기초』에서는 "명확하게 부정당한 법률의 효력에 대해서는 어떠한 정당화도 생각할 수 없다"라는 문장도 등장한다.[224] 다른 한편 라드브루흐는 나치즘 불법국가를 체험한 이후에도 법실증주의로부터 완전히 벗어나지는 않았고, 막연한 자연법사상을 위해 법이념의 구성 부분으로서의 법적 안정성을 포기하지도 않았다. 라드브루흐가 실체적 또는 선험적으로 포착된 자연개념으로부터 객관적이고 영원한 법명제를 도출할 수 있다고 여기는 '고전적' 자연법이념의 부활을 염두에 두었다고 볼 수 있는 증거는 어디에도 없다. 그가 자연법으로 여기고 인정했던 것은 — 이미 포이어바흐가 그랬듯이[225] — 인간의 주관적 권리였을 따름이다. 이 주관적 권리는 국가의 입법에 앞서고 처분 불가능하지만, 그런데도 역사적인 권리로서, 우리가 오늘날 기본권과 인권이라고 부르는 권리와 기본적으로 일치한다.[226]

라드브루흐는 서로 대립하고 반목하는 과거의 이론들 사이에 놓인 다리이고, 그의 법철학은 — 개별적인 문장들을 아무렇게나 끌어들일 것이 아니라 그의 법철학 전체를 조망하면 — 자연법과 실증주의를 뛰어넘은 곳에 있다. 라드브루흐가 건설한 이 다리는 무엇보다 그의 **법개념**이다. 고전적 자연법에서 '법'은 절대적 법가치인 정의와 일치했다. 실증주의적 법개념에서 내용은 아무런 역할도 하지 못한다. 즉 부정의한 '법'도 그것이 형식적으로 정확하게 생성된 이상 법개념에 속한다. 이에 반해 그가 평생에 걸쳐 고수했고, 이 점에서 어떠한 변화도 겪지 않은 라드브루흐의 법개념은 이 두 개의 경향 어느 것도 따르지 않는다. 그의 법개념은 사실상 '제3의 길'을 뜻한다.

---

223 *G. Radbruch*, Ihr jungen Juristen!, 1919, S. 13.

224 *G. Radbruch*, Grundzüge der Rechtsphilosophie, 1914, S. 171; GRGA, Bd. 2, 1993, S. 161.

225 이에 관해서는 앞의 2.3.4 참고.

226 이에 관해서는 무엇보다 *G. Radbruch*, Vorschule(각주 9), S. 94 이하; GRGA, Bd. 3, 1990, S. 211 이하 참고. 법에서 '선재성(미리 주어져 있음)'의 의미에 관해서는 *R. Zippelius*, Rechtsphilosophie(각주 217), S. 42 이하 참고.

〔도표 3〕

존재와 당위의 관계
(세 가지 기본적 견해)

존재 → 당위

1. 존재와 당위는 일치한다("방법일원주의")
   고전적(관념론적) 자연법론
   (토마스 아퀴나스, 신토마스주의자, 헤겔)

2. 존재와 당위는 다르다("방법이원주의")
   칸트, 신칸트학파(켈젠, 라드브루흐)
   법실증주의(베르그봄, 좀로)
   분석적 법이론(하트, 로스)

3. 존재와 당위는 관계적이다: 상호관련성
   ("방법적 양극성")
   변증법(헤겔주의자: 쉰펠드, 빈더, 라렌츠- 마르크스주의자: 블로흐, 클레너)
   유비(Analogie): 존재와 당위의 상응으로서의 법
   (아르투어 카우프만, 빈프리트 하세머)
   사물의 본성: 이념의 소재규정성
   - 소재의 이념규정성
   (후기 라드브루흐, 마이호퍼)

라드브루흐의 법개념을 이해하기 위해서는 그의 법철학의 기원을 짧게나마 살펴보아야 한다. 그의 철학의 출발점은 일단 서남독학파의 신칸트주의였고, 특히 에밀 라스크(Emil Lask)의 가치이론적 접근방법으로부터 영향을 받았다. 또 다른 출발점은 존재/당위의 **방법이원주의**이다(존재와 당위, 현실과 가치의 관계는 법철학의 근원적 문제 가운데 하나이다. 위의 도표 3은 이 관계를 둘러싼 주요 경향을 보여주기 위한 것이다). 이 두 가지 기초이론으로부터 출발해 라드브루흐는 자연과학의 **가치중립적 태도**, 윤리학의 **가치평가적 태도**를 구별하고, 그 사이에 있는 문화과학의 **가치관련적 태도**와 이 모든 태도를 초월하는 종교의 **가치초월적 태도**를 구별한다.[227] 법은 문화에 속하는 현상으로서 '**가치관련적**'이다. 즉 법은 "**정의에 봉사한다는 의미를 지닌 현실이다.**"[228] 법개념에서 등장하는 이 넓은

227 *Radbruch*, Rechtsphilosophie(각주 184), S. 8 이하.
228 *Radbruch*, Rechtsphilosophie(각주 184), S. 37. 이미 그 이전의 저작 Grundzüge der Rechtsphilosophie, 1914, S. 29 이하; GRGA Bd. 2, 1993, S. 46 이하와 훗날의 Vorschule(각주 9), S. 32 이하; GRGA Bd. 3,

의미의 법이념은 세 가지 요소를 포함한다. 형식적 평등이라는 좁은 의미의 정의, 합목적성, 법적 안정성이 그것이다. 이러한 법개념은 두 가지 측면에서 뚜렷한 특징을 드러내고 있다. 첫째, 이 법개념은 이념적 개념이지 **실증주의적 개념이 아니다**. 실증주의적 법개념은 법의 내용과는 관계없이 형식적으로 정확히 제정된 규범의 총체가 곧 법이라고 한다(즉 '법 그 자체'는 존재하지 않으며, 법은 그저 법률규범 전체에 대한 총칭에 불과하다). 이에 반해 라드브루흐는 정의와 관련된, 다시 말해 정의라는 법이념에 지향된 규범만이 법으로서 성질을 갖는다는 점을 강조한다. 근대, 특히 19세기에는 이미 사라져버렸던 고전적 정의이념(플라톤, 아리스토텔레스, 아퀴나스 등)이 라드브루흐 법철학에서는 되돌아온 셈이다. 그리고 그 이후 거의 50년이 흘러 존 롤스(John Rawls)가 정의이념을 '재발견'했다. "법의 개념은 법이념을 실현한다는 의미를 지닌 존재사실이라고 규정할 수 있다. 물론 법은 부정의할 수 있다(극단의 법은 극단의 불법 summum ius — summa iniuria). 하지만 법은 그것이 오로지 정의롭다는 의미를 지니는 한에서만 법이다."[229] 법이념은 가치이다. 그러나 법은 가치와 관련된 현실, 즉 문화현상이다. 둘째, 라드브루흐의 법개념은 **자연법적 법개념이 아니다**. '정당한 법'이 절대적 법가치인 정의와 일치하는 것은 아니기 때문이다. 라드브루흐의 가치이론에 따르면 가치 자체는 이념의 세계에 속하지 현실의 세계에 속하지 않는다(아래의 도표 4 참고). 즉 라드브루흐의 법철학에서는 '비교적' 정당한 법에 '가까운' 법만이 존재할 뿐이다. 하지만 '비난받아 마땅한' 법을 라드브루흐는 인정하지 않았으며, 이 점은 그의 초기 저작에서도 마찬가지다. 그가 1946년에 커다란 주목을 받게 된 계기가 되었던, '법률적 불법'의 무효에 관한 이론은 기본적으로 라드브루흐가 그 이전부터(1914년의 『법철학 기초』에서도) 구상한 법개념에 따른 결론이었고, 단지 개념의 적용과 관련해 두 가지 방향으로 강조점을 바꾼 결과였다. 즉 초기에는 비중이 법적 안정성에 놓였다면, 후기에는 실질적 정의에 더 큰 비중을 두었다.

1990, S. 150 이하에서도 법개념을 이렇게 규정하고 있다.

229 *Radbruch*, Rechtsphilosophie(각주 184), S. 12.

〔도표 4〕

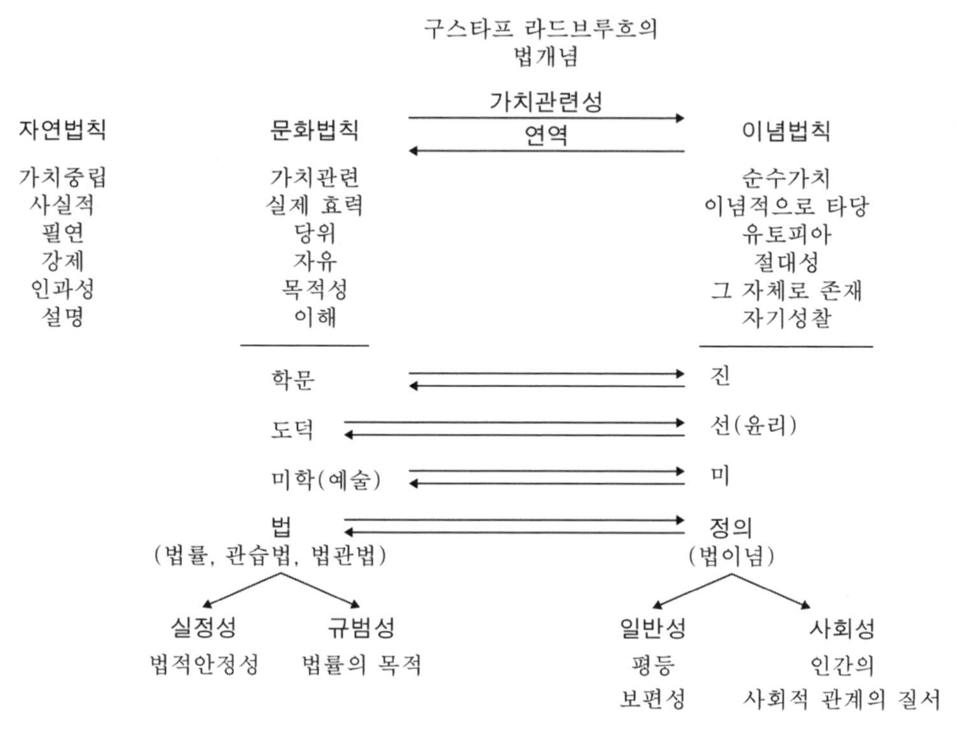

개념정의: “법이란 정의에 봉사한다는 의미를 지는 현실이다”(라드부르흐, 『법철학』)

〔도표 5〕

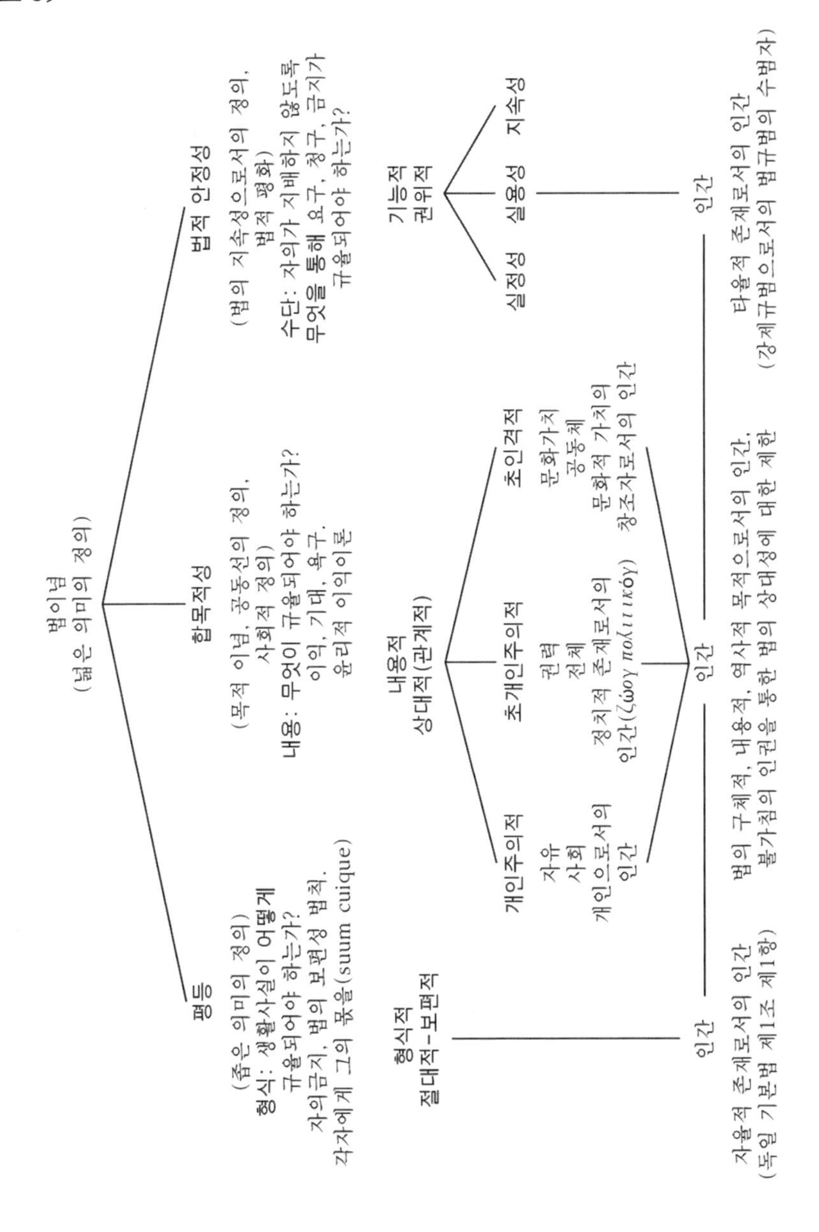
법이념
(넓은 의미의 정의)
평등
(좁은 의미의 정의)
형식: 생활사실이 어떻게 규율되어야 하는가?
자의금지, 법의 보편성 법칙.
각자에게 그의 몫을(suum cuique)
합목적성
(목적 이념, 공동선의 정의, 사회적 정의)
내용: 무엇이 규율되어야 하는가?
이익, 기대, 욕구.
윤리적 이익이론
법적 안정성
(법의 지속성으로서의 정의, 법적 평화)
수단: 자의가 지배하지 않도록 무엇을 통해 요구, 청구, 금지가 규율되어야 하는가?
형식적
절대적-보편적
내용적
상대적(관계적)
기능적
권위적
개인주의적
초개인주의적
초인격적
실정성
실용성
지속성
자유
사회
개인으로서의 인간
권력
전체
정치적 존재로서의 인간(ζώογ πολιιικόγ)
문화가치
공동체
문화적 가치의 창조자로서의 인간
인간
인간
인간
자율적 존재로서의 인간
(독일 기본법 제1조 제1항)
법의 구체적, 내용적, 역사적 목적으로서의 인간,
불가침의 인권을 통한 법의 상대성에 대한 제한
타율적 존재로서의 인간
(강제규범으로서의 법규범의 수범자)

라드브루흐 법철학의 모든 단계에 걸쳐 법의 이념은 언제나 정의였다. 이 점에서 라드브루흐의 이론은 실정법에서는 정의가 필요하다는 약한 의미이긴 하지만 명백히 비실증주의 이론이다. 물론 과연 어떻게 정의를 규정할 것인가라는 물음이 제기된다. 이와 관련해 라드브루흐는 비실증주의를 약화하는 입장을 표방한다. 그의 견해에 따르면 정의는 — 앞에서 언급했듯이 — 좁은 의미의 정의(특히 형식적 평등), 합목적성, 법적 안정성이라는 세 가지 대안으로 나뉜다. 형식적 평등을 뜻하는 좁은 의미의 정의는 단지 법의 형식만을 규정하고, 법의 내용을 확정하기 위해서는 합목적성에 대한 고려가 필요하다. 합목적성을 고려하기 위해서는 다시 개인적 가치, 집단가치, 작품가치를 따를 수 있고, 이 세 가지 가치 가운데 어느 하나를 선택하기 위한 명확한 기준은 — 라드브루흐에 따르면 — 존재하지 않는다. 이는 곧 법의 핵심적 관련 지점인 넓은 의미의 정의를 확정하는 본질적 요소를 절대적이고 명확하게 규정할 수는 없다는 뜻이다. 이렇게 되면 법적 안정성이라는 측면과 관련해 두 가지 해석의 여지가 발생하고, 그 때문에 다수 학자는 라드브루흐의 법철학이 법실증주의적 요소를 포함하고 있다고 해석하게 된다.

(1) 첫 번째 해석은 법제정에 대한 일반적 정당화와 관련된다. 라드브루흐는 "법을 관철할 수 있는 자는 이를 통해 자신이 법을 제정할 소명을 담당하고 있다는 사실을 증명하는 셈이다"[230]라고 말한다. 그러나 이 말이 곧 법제정은 정의와 관련이 없이 이루어져도 좋다는 뜻은 아니다. 법적 안정성의 보장은 단지 법의 필요조건일 따름이다. 즉 법의 관철만으로 이미 법이 되기에 충분하다는 실증주의적 테제를 주장하는 것이 아니다. 다시 말해 법은 정의와 관련을 맺을 필요가 없다고 주장하는 것이 아니다.

(2) 두 번째 해석은 법의 준수와 관련된 해석이다. 라드브루흐는 '치욕스러운 법률(Schandgesetz)'인 경우 개별 시민은 자신의 양심에 비추어 이 법률에 대한 복종을 거부할 수 있다고 인정한다. 이에 반해 법관은 자신의 반대되는 양심에도 불구하고 반드시 법을 적용해야 한다(이는 실제로 라드브루흐의 이론에 존재하는 유일한 실증주의적 요소에 해당한다). 『법철학(1932)』의 유명한 구절은 다음과 같이 되어 있다.

---

230 *Radbruch*, Rechtsphilosophie(각주 184), S. 82.

"실정법 질서를 해석하고 이 질서에 봉사해야 할 의무가 있는 **법관**은 현실적으로 효력을 갖는 법률의 의미와 효력 주장을 있는 그대로 존중하는 법학적 효력론 이외의 다른 효력론을 알아서는 안 된다. 법관에게는 법률의 효력의지가 효력을 발휘하도록 해야 하는 것이 직업적 의무이고, 법의 권위적 명령을 위해 자신의 법감정을 희생시키는 것 또한 직업적 의무이며, 단지 무엇이 법적으로 타당한지를 물어야 할 뿐, 결코 법률이 정의로운지를 물어서는 안 된다. 물론 법관의 이러한 의무 자체, 즉 지성의 희생(sacrificium intellectus) 그리고 장래에 어떻게 변화할지를 전혀 알 수 없는 법질서를 위해 자신의 인격을 맹목적으로 복종시키는 것이 과연 윤리적으로 가능한 것인지 의문을 제기할 수도 있다. 하지만 법이 그 내용에 비추어 볼 때 아무리 부정의한 모습을 갖추고 있을지라도, 법이 존재한다는 사실 자체만으로 이미 **하나의** 목적, 즉 법적 안정성이라는 목적은 충족된다는 사실은 앞에서 밝힌 바 있다. 법관이 자신의 개인적 정의를 전혀 고려하지 않고 법률에만 봉사한다면, 법관은 결코 자의에 따른 우연적인 목적에 봉사하는 것이 아니다. 이 법관이 비록 법률이 의욕하는 대로 행동하면 더는 정의의 봉사자가 될 수는 없다고 할지라도 그는 여전히 법적 안정성의 봉사자로 남아 있게 된다. 우리는 자신의 확신에 반해 설교하는 목사는 경멸하지만, 자신의 반대되는 법감정에도 불구하고 법률에 대한 충실에 아무런 혼란도 겪지 않는 법관은 존경한다. 왜냐하면 교리는 신앙의 표현으로서만 가치를 갖는 반면, 법률은 단순히 정의의 소산으로서만 가치를 갖는 것이 아니라 법적 안정성의 보장으로서도 가치를 갖기 때문이며, 특히 법률 자체의 실현이 법관의 손에 달려 있기 때문이다."[231]

바이마르 공화국 당시 법률을 충실하게 적용하지 않는 법관이 불러일으킬 위험에 비추어 볼 때 라드브루흐의 이러한 태도는 수긍이 간다. 그렇지만 이 태도가 맹목적인 법복종, 정의를 무시한 법적용을 유발할 수 있었다. 더욱이 법복종에 대한 법적 의무와 도덕적 의무를 제대로 구별하지 않았다.

1945년 이전의 라드브루흐 법철학에서는 법관이 법률에 엄격히 구속되는 방향으로 법률을 적용함으로써 최소한 넓은 의미의 정의라는 법이념의 세 요소 가운데 하나인

231 *Radbruch*, Rechtsphilosophie(각주 184), S. 84 이하.

법적 안정성에 이바지한다고 생각한 반면, 1945년 이후 라드브루흐는 그의 유명한 라드브루흐 공식을 통해 이것만으로는 충분하지 않다고 생각하게 된다. 라드브루흐 공식은 다음과 같다.[232]

"정의와 법적 안정성 사이의 갈등은 다음과 같이 해결할 수 있을 것이다. 즉 제정(Satzung)과 권력에 의해 보장된 실정법은 그 내용이 정의롭지 못하고 합목적성이 없다고 할지라도 일단은 우선권을 갖는다. 그러나 실정법률의 정의에 대한 위반이 참을 수 없는 정도에 이르렀다면, '부정당한 법'인 그 법률은 정의에 자리를 물려주어야 할 것이다. 물론 어떠한 경우에는 법률적 불법이며 어떠한 경우에는 비록 부정당한 내용을 지녔지만 그런데도 효력을 갖는 법률인지를 확연하게 구별하는 것은 불가능하다. 그러나 한 가지 경계선만은 명백하게 확정할 수 있다. 즉 정의를 전혀 추구하지 않는 경우, 다시 말해 실정법을 제정하면서 정의의 핵심을 이루는 평등을 의식적으로 부정한 경우, 그 법률은 단순히 '부정당한' 법에 그치지 않고, 법의 성질 자체를 갖고 있지 않다. 왜냐하면 실정법을 포함한 모든 법은 정의에 봉사하는 의미를 지닌 질서와 규정이라고 개념정의할 수밖에 없기 때문이다. 이러한 기준에 비추어 보면, 나치의 법은 결코 효력을 갖는 법이라고 말할 자격을 갖추고 있지 않다."

따라서 라드브루흐 공식에서는 실정법을 부정의하다고 판단하는 세 단계를 구별할 수 있다.

1. 내용적으로 부정의하고 합목적성이 없는 법. 이러한 법은 모든 법윤리적 비판에도 불구하고 우선권을 갖는다. 즉 이 법은 어떠한 경우든 효력 있는 법이다.
2. 객관적 관점에서 볼 때 정의에 대한 모순이 '참을 수 없는' 정도에 도달한 법은 '부정당한' 법으로 효력이 없다. 즉 이러한 법이 계속 법으로 여겨지긴 하지만, 더는 효력이 있는 법이 아니고, 따라서 적용되어서는 안 되고 준수되어서도 안 된다.
3. 주관적으로 정의를 조금도 추구하지 않고, 법제정자가 정의로운 법을 제정할 의

232 *Radbruch*, Übergesetzliches Recht und gesetzliches Unrecht(각주 194), in: Studienausgabe, S. 216.

> 도가 조금도 없는 법은 법으로서의 성격 자체를 갖지 못한다. 이 법은 효력이 없고, 따라서 발효될 수도 없고 폐지될 수도 없다. 이는 아예 '법'이 아니고, 그저 '비법', '권력', '폭력', '지배'에 해당할 따름이다.

독일 법원의 판례와 상당수 학자는 두 번째 측면과 세 번째 측면을 구별하지 않았다. 그러나 라드브루흐는 양자를 엄격히 구별했다. 이 구별은 라드브루흐 법철학 전반을 고려할 때 당연한 구별에 해당한다. 즉 법은 법제정자가 정의를 추구할 때만 법이라 할 수 있다면, 법제정자에게 그러한 의도가 전혀 없는 경우는 법이 아니라 '권력'이나 '폭력'에 불과하다고 보는 것은 지극히 당연하다.

어떠한 사례에서 독일 법원이 라드브루흐 공식을 적용했을까? 예컨대 연방헌법재판소가 나치 정권이 유대인인 독일인의 국적을 강제로 말소한 행위를 1945년 이후에 무효로 선고한 판결이 유명한 사례에 해당한다.[233] 이 판결의 배경은 당사자의 국적에 비추어 어느 나라의 상속법을 적용해야 하는가의 문제였다. 국적 말소는 1941년 11월 25일에 발효된 제국 국적법에 관한 11차 법규명령 제2조에 기초했다. 이 제2조의 내용은 다음과 같았다. "유대인이 a) 본 법규명령이 발효하는 시점에 외국에 거주지를 두거나 본 법규명령의 발효를 통해 b) 거주지를 외국으로 옮겨 외국에 거주하게 된 때는 독일 국적을 상실한다." 연방헌법재판소는 라드브루흐 공식을 원용해 이 법규명령을 무효로 선언했다(판결문 S. 106). "'인종적' 기준에 따라 여성과 아동을 포함한 자국민의 일부를 육체적 및 물질적으로 말살하려는 시도는 법과 정의에 전혀 합치하지 않는다. 법과 정의는 입법자가 제멋대로 처분할 수 없다 … 따라서 연방헌법재판소는 나치의 '법'규정으로부터 법적 효력을 박탈할 가능성을 인정하지 않을 수 없다. 왜냐하면 나치의 '법'규정은 정의의 근본원칙에 너무나도 모순된 나머지 이 '법'규정을 적용하거나 그 법률효과를 인정하고자 하는 법관은 법이 아니라 불법을 말하는 것이 되기 때문이다."[234] 동서독 통일이 이루어진 이후 다시 라드브루흐 공식을 동원해 탈주자들에게

---

233 BVerfGE 23, S. 98(106).

234 이와 유사한 내용을 담은 판결로는 BVerfGE 3, S. 58(119); 6. S 132(198), 6, 389(414 이하); 23, S. 98(106); 54, S. 53(67 이하); BGHZ 3, S. 94(107); 23, S. 175(181); BGHSt 2, S. 173(177); 2, S. 234(238); 3, S. 357(362

발포한 국경수비대와 그 배후에 있던 동독 국가위원회 위원(케슬러, 밀케)에 대해 유죄 판결을 선고하기도 했다.[235] 형법 시행법 제315조와 형법 제2조 1항에 따르면 구동독 시절 국경에서 탈주자들을 사살한 행위는 이 행위가 행위시에 동독에서 효력을 가진 법에 따라 처벌할 수 있을 때만 가벌성이 있다. 구동독 형법 제112조와 제115조에 따라 살인과 고의의 상해는 가벌성이 있었다. 이 점에서 국경수비대와 국가위원회 위원들의 행위와 관련해 정당화사유가 존재하는지가 결정적인 물음이었다. 1968년 6월 11일에 발효한 동독 민중경찰의 과제와 권한에 관한 법률 제20조 3항에 따르면 동독 인민군은 "군사적 감시, 질서 및 안전이라는 과제를 수행할 때 동독 국방부의 지시에 따라 법률에 규정된 권한을 행사"할 수 있었다. 그리고 이 법률의 제17조 2항 및 동독 국경법 제27조 2항 1문에 따라 정황에 비추어 범행으로 판단되는 행위의 직접적 수행 직전 상태 또는 범행의 지속을 억제하기 위해 인민군은 발포 권한을 가졌다. 동독 형법 제213조에 따르면 불법적인 국경이월은 범죄에 해당했다. 하지만 연방법원과 연방헌법재판소는 정당화사유의 존재를 인정하지 않았다. "무장하지 않은 상태에서 일반적으로 인정되는 법익에 대한 위험을 유발하지 않으면서 단순히 동서독 국경을 넘어가고자 했을 뿐이었던 사람들을 살해한 행위와 관련해 법을 적용할 때는 정당화사유는 고려하지 않아야 마땅하다. 왜냐하면 인간의 생명권보다 국경이월 금지의 관철에 우선권을 부여하는 그러한 정당화사유는 정의의 기본적 명령과 국제법으로 보호되는 인권에 대한 명백하고 참을 수 없는 위반이기 때문이다(S. 135)."

라드브루흐는 자신의 법개념정의에 비추어 볼 때 **정의에 관한 이론**, 특히 정의의 **내용**에 관한 이론을 전개하지 않을 수 없었다. 실제로 라드브루흐는 일찍부터 정의이론을 전개했으며, 그가 수립한 이론적 모델은 오늘날에도 정의에 관한 법철학적 논의의 토대가 된다. 물론 라드브루흐의 정의이론은 그의 사후에 비로소 더 섬세하게 밝히게 되었다(예컨대 앞의 도표 5는 라드브루흐가 직접 작성한 것이 아니다. 하지만 이 도표는 라드브루흐가 사망하기 전 말년에 함께 나눈 대화에서 피력한 법철학적 견해에 부합한다. 이 도식을 마치 인간이 법이념으로부터 흘러나온 것인 양 '위에서 아래로' 읽을 필요는 없다. 오히려 법이념은 곧 인

이하).

235 BVerfGE 95, S. 96(135).

격적 인간의 다양한 형태와 관련된 이념으로 이해해야 한다).

라드브루흐의 철학 및 정의이념은 평등원칙("같은 것은 같게 다른 것은 다르게 다루어야 한다")이 절대적인 효력을 갖지만, 이 원칙 자체는 단지 형식적 성격을 가질 뿐이라는 전제에서 출발한다. 따라서 여기에 내용적 원칙이 추가되어야 하고, 그것이 바로 **목적이념**이다. 목적이념은 실질적이지만, 그 대신 상대적일 따름이다. **개인주의적 가치**, **초개인주의적 가치**, **초인격적 가치**라는 세 가지 서로 다른 법의 최고가치가 존재하고, 이들 사이에는 합리적으로 결정할 수 있는 서열이 존재하지 않기 때문이다. 따라서 **법적 안정성**을 위해 법의 내용을 권위적으로 확정해야 한다. 이 점에서도 라드브루흐의 이론은 실증주의적 이론이 아니다. 명백히 가치를 끌어들이고 있기 때문이다. 물론 그로 인해 자신의 이론의 출발점인 상대주의를 어느 정도 제한해야만 한다는 대가를 치르지 않을 수 없다. 그렇다고 해서 라드브루흐의 이론이 자연법적 이론인 것도 아니다. 법이념으로부터 '절대적으로 정당한 법'을 도출하지는 않기 때문이다.

이 지점에서 한 가지 측면에 대해 다시 한번 주목할 필요가 있다. 즉 라드브루흐는 이미 초기이론부터 '**객관적 해석이론**'을 신봉했다는 점에서 정통 법률실증주의를 극복했다는 사실이다.[236] 일관된 법실증주의자라면 법관(그리고 법적으로 판단하는 다른 모든 사람 역시)은 법률에 구현된 입법자의 의지를 준수해야 한다는 '주관적 해석이론'을 선호해야 마땅하다(이 점에서 엄밀히 보면 제정법질서의 완전무결성을 전제한다). 이에 반해 객관적 해석이론에 따르면 역사적 입법자가 실제로 의욕한 것이 아니라 특정한 상황과 관련해 법률 또는 현재의 입법자['입법자'는 법적 의제(Fiktion)이다]가 지금 여기에서 어떠한 목적을 추구하는 것이 의미가 있는지가 더 중요하다.

상당수의 비판자는 라드브루흐의 법철학이 '체계적'이지 않다고 의심한다. 이 의심이 전혀 타당하지 않다고 볼 수는 없다. 실제로 라드브루흐가 자연법이나 법실증주의 스타일의 '완결된 체계'를 제시하지는 않았기 때문이다. 그러나 그의 법철학에서는 '**개방된 체계**'가 분명히 존재한다. 예컨대 바로 앞에서 언급한 '객관적 해석이론'이나 '**질서개념**(유형개념[237])'에 관한 이론 그리고 — 라드브루흐 본인이 강조표시를 해놓고 있

236 *Radbruch*, Rechtsphilosophie(각주 184), S. 106 이하.
237 *Radbruch*, Klassenbegriffe und Ordnungsbegriffe im Rechtsdenken, in: Internationale Zeitschrift für die

는데도 대개는 간과되는 측면이긴 하지만 — 법학적 실증주의를 반박하는 맥락에서 전개하는 **법학적 해석학** 등은 라드브루흐 법철학에 개방된 체계가 내재한다고 보기에 충분한 증거가 된다.[238] 물론 라드브루흐는 슐라이어마허, 딜타이, 가다머 등과 같은 의미의 해석학자는 아니었다. 그렇지만 라드브루흐에게 해석학적 사고가 얼마나 친숙한 것이었는지는 『법철학 기초』에 등장하는 한 언급(Radbruch, Gersamtausgabe Bd. II, 1994, S. 58 이하)이 분명하게 보여준다. "법개념의 도출은 하나의 명백한 순환 속에서 움직인다. 즉 법개념의 도출은 법가치를 거치는 우회로를 통해 법을 밝히려고 하지만 — 그 때문에 법가치는 법개념의 도출에서 타당성을 지닌다고 주장한다 —, 다른 한편 법을 핵심적 구성 부분으로 삼는 공동체를 끌어들일 때만 비로소 법가치가 무엇인지를 규정할 수 있다. 설령 법과 아무런 관계가 없는 공동생활의 개념을 획득하는 데 성공하지 못할지라도 우리의 도출이 이와 같은 순환논법이라는 이유만으로 무가치하게 되지는 않는다. 그러한 경우일지라도 이 도출은 법현실의 두 가지 구성 부분, 즉 선험적 구성 부분과 경험적 구성 부분이 서로 나뉜다는 점을 증명해 줄 것이다. 물론 각 구성 부분 가운데 하나는 다른 하나와 관련을 맺을 때만 개념규정이 가능할 수 있을지라도 말이다. 모든 비판적 철학은 이와 같은 순환논법을 통해 영원히 인식할 수 없는 비밀을 둘러싸고 움직인다. 이러한 순환논법의 철학이 수행하는 절차는 마치 법개념이라는 터널을 뚫기 위해 양쪽에서 구멍을 파는 것과 비슷하다. 즉 양쪽에서 뚫은 구멍이 서로 만나게 되면 법개념이라는 터널이 만들어지는 것이다. 철학에서는 모든 것을 포괄하는 사고의 내재적인 논리적 일관성 이외에는 달리 진리를 증명할 방법이 없다. 논리적 일관성이야말로 선험적 진리를 증명하는 최소한의 징후인 셈이다." 무엇이 해석학인지를 라드브루흐처럼 적절히 규정하는 구절을 본격적인 해석학 관련 문헌에서 찾아내는 데는 아마 상당히 긴 시간이 필요할 것이다.

2.2.5.2 **기독교 법철학**의 영역에서도 다시 법실증주의에 빠지지 않으면서 전통적인 자연법의 난관에서 벗어나려는 시도가 있다. **가톨릭 자연법론**의 경우에는 단 한 번도

Theorie des Rechts 12(1938), S. 46 이하; GRGA, Bd. 3, 1990, S. 60 이하.

238 *Radbruch*, Vorschule(각주 9), S. 76; GRGA, Bd. 3, 1990, S. 194.

실증주의에 얽매인 적이 없다. 즉 가톨릭 자연법론은 자연법 이념이 사망했다고 여겨진 때도 이 이념을 고수했고 학문적으로 계속 탐구했다. 예컨대 빅토르 카트라인(Victor Cathrein; 1845-1931년)이나 요세프 마우스바하(Josef Mausbach; 1861-1931년)를 언급할 수 있다. 20세기에 들어서는 가장 보편적인 원칙들만을 자연법으로 보고자 하며, 이에 반해 — 영향력이 가장 강한 20세기 기독교 자연법론자인 요하네스 메스너(Johannes Messner; 1891-1984년)가 말한 것처럼 — 나머지는 "사회구성원들의 의지에 맡겨야 한다"라고 본다.[239] 이와는 달리 하인리히 롬멘(Heinrich Rommen; 1897-1967년)의 견해는 훨씬 엄격한 내용을 담고 있다. 롬멘은 단 두 가지의 자연법만을 인정한다. "'정의로운 것을 행하고 부정의한 것을 행하지 말라!'와 '각자에게 그의 몫을!'이라는 시원적이고 찬양해 마땅할 규칙"이 그것이다.[240] 물론 가톨릭 자연법론자들이 포괄적이고 보편타당한 자연법질서를 포기한 것은 충분히 이해할 수 있다. 하지만 그들이 법에서 처분 불가능한 것을 소수의 극히 보편적 원칙으로 축소한 것은 자연법을 지나치게 확장하는 것과 마찬가지로 지나친 과장이 아닌지 의문을 품을 수 있다.

프로테스탄트 법이론은 당연히 법실증주의의 약점에 대처하는 데 더 큰 어려움을 겪는다. 프로테스탄트 법이론에는 자연법적 전통이 없기 때문이다. 하지만 스위스의 신학자 에밀 브루너(Emil Brunner; 1889-1966년)의 책 『정의(1943)』는 프로테스탄트 법이론에서도 자연법과 실증주의를 뛰어넘는 새로운 길이 가능하다는 점을 밝혔다. 그 이후 프랑스의 개신교 법철학자인 자크 에룰(Jacque Ellul; 1912-1994년)의 책 『법의 신학적 정당화(1948)』는 카알 바르트(Karl Barth; 1886-1968년)가 만든 '기독론적(christologisch)' 경향을 토대로 법의 혁신을 촉진하고자 시도했다. 독일에서는 특히 에른스트 볼프(Ernst Wolf; 1914-2008년)가 이와 같은 작업을 수행했고, 에릭 볼프(Erik Wolf; 1902-1977년)와 초대 연방법원장 헤르만 바인카우프(Hermann Weinkauff; 1894-1981년)도 이 맥락에서 언급할 가치가 있다. 이들 모두는 프로테스탄트의 관점에서 '자연법적'으로 논증했고, 그러면서도 고전적 자연법이념의 부활을 꾀하지는 않았

---

239 *J. Messner*, Das Naturrecht, 1950, S. 345.
240 *H. Rommen*, Die ewige Wiederkehr des Naturrechts, 2. Aufl. 1947, S. 225.

다. 이들이 어떠한 방향으로 가고자 했는지는 클라우스 리터(Kalus Ritter; 1918-2015년)의 책 제목 『자연법과 법실증주의 사이에서(1956)』가 너무나도 잘 보여주고 있다. 그렇지만 기본적으로 자연법에 대해 소극적인 태도를 보인다는 사실은 계속되었다. 그 때문에 자연법규범보다는 예컨대 가족, 교회, 국가, 소유권 등의 '제도' 또는 모든 국가권력에 앞서 '신이 수립한 제도'라고 말하는 경우가 많다. 이것이 이른바 '제도적 법사상'이다. 이 사상은 원래 프랑스 국가법학자인 모리스 오류(Maurice Hauriou; 1856-1929년)[241]가 창설했고, 독일어권에서는 주로 한스 돔브와(Hans Dombois; 1907-1997년)[242]가 주장했던 사상이다.

2.2.5.3 지난 20세기에 확고한 토대를 확보하면서 법의 혁신에 이바지한(그리고 자연법-법실증주의의 대립을 극복한다는 의미에서도) 분과는 **법인간학**(Rechtsanthropologie)이다.

이미 라드브루흐의 정의이론은 이 이론을 일관되게 수행하면 결국에는 모든 법의 근거와 목표인 인간에 도달하고(다시 한번 앞의 도표 5 참고), 이로써 법인간학에 도달한다는 점을 보여준다. 하지만 라드브루흐 자신은 법인간학을 자세히 펼치지는 않았다. 당시의 시대정신에 부합하지 않았기 때문이다. 더욱이 인간학 자체가 오랫동안 학문에서 서자 취급을 받았기 때문이다. 그럴만한 이유가 있었다.[243]

물론 철학에서는 언제나 어떤 식으로든 인간에 대한 물음을 제기했지만, 이 주제가 결정적인 중심이 되지는 못했다. 고대에는 우주, 즉 자연이 중심이었고, 인간을 우주나 자연의 한 부분으로 보았을 따름이다. 중세에도 인간은 신에서 비롯된 창조질서의 한 부분이었을 뿐이다. 따라서 플라톤, 아리스토텔레스, 아우구스티누스, 니콜라스 쿠자누스 등의 '인간학'이라고 말하는 것은 불가능하다. 그렇지만 스토아 철학에서는 자연법적 인간학의 초기 실마리를 발견할 수 있다. 그리고 다수의 학자가 "법의 본질은 우

241 *M. Hauriou*, La théorie de l'institution de la fondation(독일어판: Die Theorie der Institution, 1965).

242 *H. Dombois*(Hrsg.), Recht und Institution, 1956. 이에 관해서는 *K. E. Heinz*, Zur Theorie der rechtlichen Institution, in: Rechtstheorie 23(1992), S. 106 이하 참고.

243 최근의 인간학에 관한 간략한 입문으로는 *K. Lorenz*, Einführung in die philosophische Anthropologie, 2. Aufl. 1992; *G. Haeffner*, Philosophische Anthropologie, 1982 참고.

리에 의해 해명되어야 하고, 이 본질은 인간의 본질로부터 도출되어야 한다. 더 나아가 우리는 국가의 통치가 이루어지는 수단인 법률에 관해 깊이 생각해보아야 한다"라는 키케로의 말[244]을 법인간학적 연구에서는 오늘날에도 타당한 근본원칙으로 여긴다.[245] 이렇게 볼 때 근대의 자연법 — 홉스, 스피노자, 로크, 토마지우스, 벤담, 루소 — 과 후고, 아렌스, 뢰더의 자연법에서도 법인간학적 문제 제기를 찾아볼 수 있다. 하지만 이 모든 경향이 좁은 의미의 인간학을 의미하지는 않는다. 이 경향들 대부분이 인간을 주어진 세계질서로부터 분리해 다룰 가능성을 제시하지는 않기 때문이다. 그리고 근대가 인간을 지탱하는 토대로부터 인간을 분리하고 인간을 혼자 서 있는 존재로 파악하는 경우일지라도 인간을 이성적 주체, 즉 인식주체로만 파악할 뿐이고, 마침내는 선험적 주체로 또는 범신론적 관점에서 보편적 이성으로 파악했을 뿐이다. 칸트 역시 그의 저작 『실천적 관점에서 바라본 인간학(1판 1798년, 2판 1800년)』에서 윤리적 인격으로서의 인간만을 관심 대상으로 삼았을 뿐, 피조물로서의 인간 자체를 관심 대상으로 삼지는 않았다.

따라서 수많은 '인간상(Menschenbilder)'[246]이 있었을 뿐, 인간학은 없었다. 혁신은 셸링을 통해 이루어졌고, 생철학이 인간학이라는 주제를 수용했으며, 쇼펜하우어도 이 맥락에서 언급할 수 있다. 하지만 학문적 독자성을 지닌 인간학은 에드문트 훗설의 현상학적 방법을 통해 비로소 가능하게 되었다. 이 방법으로부터 막스 셸러가 처음으로 인간학적 주제를 명시적으로 표명하고, 근대의 철학적 인간학의 문을 열었다.[247] 셸러 이후의 학자들, 예컨대 루드비히 클라게스(Ludwig Klages; 1872-1956년), 헬무트 프레

---

244 *Cicero*, De legibus I, 17.

245 예컨대 *E.-J. Lampe*, Rechtsanthropologie, in: Ergänzbares Lexikon des Rechts, LdR 18, 1986 참고.

246 법에서의 인간'상'을 다루는 경우는 상당히 많다. 예컨대 *G. Radbruch*, Der Mensch im Recht, 1927; *K. Engisch*, Der Mensch im Recht, in: Vom Weltbild des Juristen, 2. Aufl. 1965, S. 26 이하; *H. Sinzheimer*, Das Problem des Menschen im Recht, 1933; *U. Klug*, Das Menschenbild im Recht, in: *W. Silber*(Hrsg.), Das Menschenbild der Gegenwart, 1955, S. 35 이하; *J. J. van der Ven*, Ius Humanum(각주 253), S. 18 이하; *A. Kaufmann*, Rechtsphilosophie(각주 43), S. 23 이하; *F. Kopp*, Das Menschenbild im Recht und in der Rechtswissenschaft, in: Rechtsstaat, Kirche und Sinnverantwortung; Festschrift für K. Obermeyer, 1986, S. 53 이하; *H.-O. Mühleisen*, Überlegungen zum Zusammenhang von Menschenbild und politischer Ordnung, in: Menschenrechte — Soziale Gerechtigkeit — Europa; Festschrift für F. Pirkl zum 60. Geburtstag, 1985, S. 103 이하 참고.

247 *M. Scheler*, Die Stellung des Menschen im Kosmos, 1928(6. Aufl. 1962).

스너(Helmuth Plessner; 1892-1985년), 에리히 로타커(Erich Rothacker; 1888-1965년), 아돌프 포르트만(Adolf Portmann; 1897-1982년), 아놀드 겔렌(Arnold Gehlen; 1904-1976년) 등도 정도의 차이는 있지만 모두 현상학의 영향을 받았다. 실존철학에서는 특히 사르트르가 인간학적 연구를 제시했다.[248] 인간학이 꽃을 피운 곳은 이미 앙리 베르그송의 선구적 작업이 있었던 프랑스이다. 이 맥락에서는 가스통 바슐라르(Gaston Bachlard; 1894-1962년)와 모리스 메를로-퐁티(Maurice Merleau-Ponty; 1908-1961년)를 언급할 수 있다. 최근에는 인간행태연구가 인간학 연구의 중심을 이루고 있다. 이와 관련해서는 콘라드 로렌츠(Konrad Lorenz; 1903-1989년)가 선구적인 역할을 했다. 최근에는 현대적인 뇌연구도 — 생물학적으로 제한된 것이긴 하지만 — 인간에 대한 이해에 이바지하고 있다.[249]

앞에서 서술한 내용에 비추어 볼 때 법인간학 나름의 역사는 없다고 볼 수 있다. 오늘날에도 이 이름을 단 분과는 아직 확립되지 않았다. 이 점에서 법인간학과 관련된 방법론적 의식이 이제야 발전하기 시작하는 중이라는 볼프강 피켄처의 지적은 타당하다.[250] 무엇을 법인간학적 문제 제기로 특정할 것인지에 대해서조차도 합의한 적이 없기 때문이다. 특히 얀 브뢰크만(Jan M. Broekmann; 1931-)과 에른스트-요아힘 람페(Ernst-Joachim Lampe; 1933-)로 대표되는 경향은 법철학에 비중을 두는 법인간학을 펼친다.[251] 이러한 법인간학은 법을 인간에 관한 규정으로부터 정당화하려고 시도한다(지금 우리가 서술하는 '법철학의 문제사'도 이러한 방향으로 흘러간다). 레오폴드 포스피실(Leopold Pospisil; 1923-1993년)[252]로 대표되는 또 다른 경향은 법인간학을 순수한 경

248 *Sartre*, Critique de la raison dialectique, 1960. 사르트르의 인간학은 마르크스주의적 인간학이라 할 수 있다. 구조주의의 관점에 따른 인간학으로는 *C. Lévi-Strauss*, Strukturale Anthropologie, 1966 참고. 기독교적 관점으로는 *Wolfhart Pannenberg*, Anthropologie in theologischer Perspektive, 1983 참고.

249 이에 관해서는 *G. Roth*, Das Gehirn und seine Wirklichkeit: Kognitive Neurobiologie und ihre philosophischen Konsequenzen, 1996 참고.

250 *W. Fikentscher*, Methoden(각주 217), 1. Bd. 1975, S. 60.

251 *M. Broekmann*, Recht und Anthropologie, 1970; *E.-J. Lampe*, Rechtsanthropologie; Eine Strukturanalyse des Menschen im Recht, 1970; *ders.*(Hrsg.), Beiträge zur Rechtsanthropologie, in: ARSP-Beiheft 22, 1985; *ders.*, Grenzen des Positivismus; Eine rechtsanthropologische Untersuchung, 1988.

252 *Pospisil*, Anthropologie des Rechts; Recht und Gesellschaft in archaischen und modernen Kulturen, 1982. 이에 관해서는 *Peter Landau*, Anthropologie des Rechts; zur Rechtsanthropologie Pospisils, in: FamRZ 1986, S. 126 이하 참고.

험적 분과로 이해한다. 이 경향의 연구영역은 — 키워드로만 표현하자면 — 내면화, 문화화, 문화적 적응이고, 민속학적, 심리학적, 인종학적 법인간학 그리고 차이이론적 법인간학 등이 있으며, 이 밖에도 일탈행동과 문화적 및 하위문화적 행동방식에 대한 관찰과 서술 등도 여기에 해당한다.

좁은 의미의 철학적 법인간학은 요세프 반 데어 벤(Joseph van der Ven; 1907-1988년)이 자신의 생애 대부분을 바쳐 연구한 주제이고,[253] 생명공학, 유전자공학 그리고 디지털화의 시대에 갈수록 더 높은 위상을 갖게 되었다. 즉 뒤이은 수많은 세대에 영향을 미칠 정도로 세계의 모습을 바꾸는 이러한 기술들이 '공동선'이나 인간의 행복과 합치하는 것일까? 이 맥락에서 기본법 제1조에 확립된 인간 존엄에 대한 존중이라는 원칙은 무슨 의미를 지니는 것일까?[254]

오늘날의 법철학에서는 우리가 법이 무엇인지를 제대로 알 수 없다는 의식이 팽배해 있다. 이 현상은 이보다 더 근원적인 문제, 즉 인간이 무엇인지를 우리가 알 수 없다는 사정의 반영이기도 하다. 도스토엡스키는 이렇게 말한 적이 있다. "개미들은 개미 떼의 공식을 알고, 벌들은 벌집의 공식을 안다. 이들이 알고 있는 공식은 인간이 아는 방식은 아니지만, 어쨌든 그들 나름의 방식에 따른 것이다. 그들이 그 이상의 것을 알 필요

---

253 그의 연구결과는 *van der Ven*, Ius Humanum; Das Menschliche und das Rechtliche, 1981로 집약되었다. 이 밖에도 *ders.*, Recht, Mensch, Person. - Eine rechtsanthropologische Anfrage an die Rechtsvergleichung, in: *W. Hassemer*(Hrsg.), Dimension der Hermeneutik: Arthur Kaufmann zum 60. Geburtstag, 1984, S. 15 이하 참고. 이 주제와 관련된 다른 문헌으로는 *Hans Ryffel*, Grundprobleme der Rechts- und Staatsphilosophie; Philosophische Anthropologie des Politischen, 1969; *H. Zemen*, Evolution des Rechts; Eine Vorstudie zu den Evolutionsprinzipien des Rechts auf anthropologischen Grundlage, 1983 참고. 관련된 작은 연구들도 중요하다. 예컨대 *Thomas Würtenberger*, Über Rechtsanthropologie, in: Mensch und Recht; Festschrift für Erik Wolf zum 70. Geburtstag, 1972, S. 1 이하; *W. Maihofer*, Anthropologie der Koexistenz, a.a.O., S. 163 이하; *P. Noll*, Die Normativität als rechtsanthropologisches Grundphänomen, in: Festschrift für Karl Engisch, 1969, S. 125 이하; *Erik Wolf*, Das Problem einer Rechtsanthropologie, in: Die Frage nach dem Menschen; Aufriß einer philosophischen Anthropologie; Festschrift für Max Müller, 1966, S. 130 이하; *R. Zippelius*, Erträge der Soziobiologie für die Rechtswissenschaft, in: ARSP 73(1987), S. 386 이하; *H. Müller-Dietz*, Existentielles Naturrecht und Rechtsanthropologie, a.a.O., S. 391 이하; *N. Brieskorn*, Rechtsphilosophie, 1990, S. 23 이하; *R. Zippelius*, Rechtsphilosophie(각주 217), S. 42 이하 참고.

254 이에 관해서는 *A. Kaufmann*, Rechtsphilosophische Reflexionen über Biotechnologie und Bioethik an der Schwelle zum dritten Jahrtausend, in: JZ 1987, S. 837 이하; *D. von der Pfordten*, Menschenwürde, 2016 참고.

는 없다. 오로지 인간만이 자신의 공식을 알지 못한다."[255]

2.2.5.4 앞에서(2.2.4.5) 언급했듯이 완결된 체계에 관한 합리주의적 이념에 사로잡힌 자연법론과 실증주의를 극복하기 위한 작업은 기본적으로 **체계의 개방**을 통해 이루어지고, 법학적 해석학과 논증이론은 '**개방된 체계에서 논증하기!**'를 기치로 내세운다. 이제부터는 이 두 가지 경향에 관해 서술하기로 한다.

2.2.5.4.1 자연법과 실증주의는 **객관주의적 인식개념, 실체존재론적 법개념** 그리고 — 방금 언급한 — **완결된 체계**라는 이념에 사로잡혀 있었다. 해석학 — 고전적 대표자는 프리드리히 슐라이어마허(Freidrich Ernst Schleiermacher; 1768-1834년), 빌헬름 딜타이(Wilhelm Dilthey; 1839-1911년), 마틴 하이데거(1889-1976년), 한스-게오르그 가다머(Hans-Georg Gadamer; 1900-2002년)이다[256] — 은 이러한 도그마에 투쟁을 선포

255 인용은 *Thomas Würtenberger*, Jurisprudenz und philosophische Anthropologie, in: Die Vielstimmigkeit der Wissenschaft; Freiburger Dies Universitatis, Bd. 7, 1957/59, S. 100에 따름.

256 이들에 관해서는 *H. Birus*(Hrsg.), Hermeneutische Positionen; Schleiermacher, Dilthey, Heidegger, Gadamer, 1982(*Gadamer*, Wahrheit und Methode; Grundzüge einer philosophischen Hermeneutik, 6. Aufl. 1990이 전 세계적으로 해석학과 관련된 핵심저작이다); *U. Nassen*, Klassiker der Hermeneutik, 1982 참고. 해석학에 관한 일반적인 문헌으로는 *J. Grodin*, Einführung in die philosophische Hermeneutik, 1991; *F. Rodi*, Erkenntnis des Erkannten; Zur Hermeneutik des 19. und 20. Jahrhunderts, 1990; *H. Ineichen*, Philosophische Hermeneutik, 1991; *B. Rössler*, Die Theorie des Verstehens in Sprachanalyse und Hermeneutik, 1990; *J. Zimmermann*, Wittgensteins sprachphilosophische Hermeneutik, 1977 참고. 해석학과 관련된 법학 문헌도 매우 많다. 이 가운데 특히 풍부한 정보를 제공하는 *J. Stelmach*, Das hermeneutische Verständnis der Rechtsphilosophie, 1991 참고. 이 밖에도 *J. Brito*, Hermeneutik und Recht, in: Zeitschrift der Savigny-Stiftung für Rechtsgeschichte, Romanistische Abteilung, 1987, S. 596 이하; *J. Esser*, Vorverständnis und Methodenwahl in der Rechtsfindung, 2. Aufl. 1972; *M. Frommel*, Die Rezeption der Hermeneutik bei Karl Larenz und Josef Esser, 1081; *W. Hassemer*, Tatbestand und Typus; Untersuchungen zur strafrechtlichen Hermeneutik, 1968; *ders.*, Juristische Hermeneutik, in: ARSP 73(1096), S. 195 이하; *ders.*(Hrsg.), Dimensionen der Hermeneutik; Arthur Kaufmann zum 60. Geburtstag, 1984; *A. Kaufmann*, Beiträge zur juristischen Hermeneutik, 2. Aufl. 1993; *ders.*, Analogie(각주 33); *J. Hruschka*, Das Verstehen von Rechtstexten; Zur hermeneutischen Transpositivität des positiven Rechts, 1972; *S. Jørgensen*, Hermeneutik und Auslegung, in: Rechtstheorie 9(1978), S. 63 이하; *J. Lamego*, Hermenêutica e Jurisprudência, 1990; *P. Ricoeur*, Die Interpretation, 1969; *T. Studnicki*, Das Vorverständnis im Begriff der juristischen Hermeneutik, in: ARSP 73(1987), S. 467 이하; *ders.*, Das hermeneutische Bewusstsein der Juristen, in: Rechtstheorie Beiheft 40(1991), S. 116 이하; *G. Zaccaria*, Ermeneutica e Giusprudenza, 2 Bde., 1984; *ders.*, L'arte dell' interpretazione; Saggi sull' erme-

했다.

해석학은 통상 슐라이어마허의 말에 따라 '이해의 기술에 관한 이론'으로 이해된다. 그러나 이 말 자체는 옳지만, 해석학이 다른 여러 방법 가운데 하나의 방법이라는 일반적 견해와는 딱히 부합하지 않는다. 물론 해석학은 특히 이해과학에서 방법론적 기능을 담당한다. 하지만 해석학은 그 본질에 비추어 볼 때 **방법이 아니라 선험철학**(Transzendentalphilosophie)이다. 이미 슐라이어마허도 해석학을 그렇게 이해했고, 예컨대 딜타이, 가다머, 리쾨어와 같은 훗날의 순수한 해석학자들 역시 그렇게 이해했다.[257] 해석학은 **의미이해의 가능성 조건 자체**에 대한 철학이라는 의미에서 선험철학이다. 따라서 해석학 자체가 방법을 규율하지는 않는다. 해석학은 단지 어떠한 조건에서 무언가의 의미를 이해할 수 있는지를 말할 따름이다. 그리고 이해하는 정신이 접근할 수 없는 것이란 존재하지 않기 때문에 해석학은 보편적 성격을 갖는다.[258] **의미이해**(방법이 아니다!)는 '물리학'이든 '종교'든 또는 '경제'든 아니면 '법'에 관한 이해든 어디에서나 똑같은 선험적 조건에서 이루어진다. 하지만 해석학이 지닌 이러한 보편성을 절대적인 것으로 오해해서는 안 된다. 해석학은 세계와 법을 다루는 여러 가지 가능성 가운데 한 가지 가능성일 따름이고, 따라서 분석적 이론이나 논증이론과 같은 다른 이론들에 대해 눈을 감아서는 안 된다. 어쩌면 해석학은 그와 같은 이론들의 필요성에 의존한다고 말할 수 있다.

무엇이 의미이해가 가능하기 위한 선험적 조건인지에 관해서는 여기서 간략하게만 언급하기로 한다(자세히는 뒤의 6장 참고).

해석학은 **객관주의적 인식개념**을 거부하고, 이해라는 현상과 관련해 주체-객체-도식[인식하는 자는 주관적 요소를 뒤섞지 않은 상태에서 대상을 순수하게 객관적으로 인식한다는 사고 또는 인식은 대상을 인식에 '모사(Abbildung)'하는 것이라는 사고]을

neutica Giuridicacontemporanea, 1990; *Ch. Weinberger/O. Weinberger*, Logik, Semantik, Hermeneutik, 1979; *F. Wieacker*, Notizen zur rechtshistorischen Hermeneutik, 1963 참고.

257 이에 관한 명확한 서술로는 *J. Stelmach*(각주 256), S. 19 이하 참고.

258 이에 관해서는 *J. Habermas*, Der Universalitätsanspruch der Hermeneutik, in: Hermeneutik und Dialektik, Festschrift für H.-G. Gadamer, 1970, S. 73 이하 참고. 또한 *M. Frank*, Das individuelle Allgemeine, 1977, S. 147 이하(해석학의 보편성 주장에 대한 정당화)도 참고.

부정한다(주체-객체-도식은 오늘날 심지어 자연과학에서도 반론의 대상이 된다). 오히려 이해는 언제나 **객관적이면서 동시에 주관적이고**, 이해하는 자가 '이해의 지평'으로 함께 들어가기 때문에 이해하는 자가 그저 소극적으로 자신의 의식에 이해의 대상을 있는 그대로 모사하는 것이 아니라, 이 대상을 적극적으로 형성(gestalten)한다. 법의 관점에서 표현하자면, 이해하는 자가 사례를 단순히 법률에 '포섭'할 뿐이어서 이해하는 자는 이 포섭 과정의 바깥에 머물러 있는 것이 아니라, 이른바 '법적용' 과정에서 이해하는 자가 **적극적이고 창조적인 역할**을 담당한다. 따라서 해석학적 이해과정 바깥에서 단순하고 순수한 '객관적 정당성'을 찾고자 하는 시도는 무의미하고, 그 때문에 이해의 학문에서 합리성을 이해하는 인격의 조건과 분리하려는 시도는 실패하지 않을 수 없다.[259]

인식에서 주체-객체-도식을 부정한다는 것이 예컨대 상황윤리나 사르트르의 실존주의와 같은 **주관주의로 도피한다는 것을 뜻하지는 않는다.** 해석학적 사고는 순간의 우연성에 집착하지 않고, 오히려 '우리가 서 있는 공적 세계라는 공통의 토대'인 **전통**의 '유산', 즉 '우리의 삶의 출발점인 공적인 통찰이라는 확고한 상태'를 기반으로 삼는다.[260] 이 점에서 해석학은 "이해하고자 하는 자는 전승과 함께 언어로 표현된 내용과 결합하게 되고, 전승이 표현된 전통에 연결되거나 전통에서 연결점을 획득한다."[261] 그리하여 모든 형식주의적 합리주의자와는 반대로 이런 식으로 이해된 전통과 이성 사이에는 어떠한 대립도 존재하지 않는다고 말할 수 있다.[262]

법발견이 단순히 소극적 포섭활동이 아니라 법발견자가 적극적으로 개입하는 창조적이고 형성적인 활동이라는 사실은 곧 법이 어떤 **실체적인 것** 또는 슈티프터(Adalbert Stifter)의 소설 『비티코(Witiko)』에서 말하는 '사물 속에 있는' 것이 아니라는 뜻이다. 오히려 모든 법은 **관계의 성격**을 갖는다. 즉 법은 무언가 관계적인 것이고, 인간들 사이의 관계 또는 인간과 사물의 관계 속에 있다. 법을 이렇게 생각하면 법은 '개방된 체계'

---

259 이에 관해서는 *R. Wittmann*, Der existenzontologische Begriff des Verstehens und das Problem der Hermeneutik, in: *Hassemer*(Hrsg.), Dimensionen der Hermeneutik(각주 253), S. 41 이하, 48 참고.

260 *W. Maihofer*, Naturrecht als Existenzrecht, 1963, S. 44.

261 *Gadamer*, Wahrheit und Methode(각주 256), S. 279.

262 *Gadamer*, Wahrheit und Methode(각주 256), S. 265. 이에 관해서는 *A. Kaufmann*, Recht und Rationalität(각주 80)도 참고.

일 수밖에 없고, 이러한 체계에서는 '**상호주관성**'만이 존재할 수 있다는 점이 분명하게 드러난다.

의미와 관련된 것을 이해하는 일이 순전히 수용적(rezeptiv)인 과정이 아니라면, 이해는 언제나 그리고 일차적으로 이해하는 주체가 **자기 자신을 이해하는 일**이다(자신의 결정을 오로지 '법률로부터만' 도출할 뿐이고 자신의 특정한 형태의 인격은 결정에서 아무런 영향도 미치지 않는다고 생각하는 법관은 착오에 빠진 셈이다. 이러한 착오는 상당히 위험하다. 결정이 자신의 인격에도 의존한다는 사실을 제대로 의식하지 못하기 때문이다[263]). 이해하는 자가 '선이해(에써)' 또는 '선판단(가다머)'과 함께 텍스트에 다가갈 때("이 사례는 아마 계약체결상의 과실에 관련된 사례인 것 같군")만 텍스트의 의미를 밝혀낼 수 있고, 이해하는 자가 — 자신을 떠받치고 있는 모든 전통과 함께 — 이해의 지평 안으로 함께 들어갈 때만 자신이 '잠정적' 결론으로 예상했던 것을 논증을 통해 정당화할 수 있다('**해석학적 순환**' 또는 '**해석학적 나선형**'[264]). 이 점에서 해석학은 논증이론이 아니지만, 논증이론을 필요로 한다.

2.2.5.4.2 바로 앞에서 언급한 내용 때문에 해석학과 **논증이론**이 서로 밀접한 연관성을 갖는다고 생각할지도 모르지만, 실제로는 그렇지 않다. 논증이론[265]은 주로 분석

263 이에 관해 자세히는 *A. Kaufmann*, Richterpersönlichkeit und richterliche Unabhängigkeit, in: Festschrift für Karl Peters, 1974, S. 295 이하 참고.

264 '해석학적 순환'에 관해 자세히는 *A. Kaufmann*, Der Zirkelschluss in der Rechtsfindung, in: Festschrift für W. Gallas, 1973, S. 7 이하; 최근 문헌으로는 *J. Stelmach*(각주 246), S. 54 이하 참고. 해석학적 순환에 대해 매우 비판적인 입장으로는 *W. Stegmüller*, Der sogenannte Zirkel des Verstehens, in: Natur und Geschichte, X. Deutscher Kongress für Philosophie, 1973, S. 21 이하 참고. 이러한 비판에 대해서는 *M. Frommel*, Die Rezeption(각주 256), S. 17 이하 참고. '해석학적 나선형'이라는, '순환'보다 더 적절한 개념을 처음 사용한 학자는 *Hassemer*, Tatbestand(각주 256)이다.

265 논증이론에 관한 문헌도 그사이 도저히 개관할 수 없을 정도로 많아졌다. 대표적인 문헌으로는 *S. Toulmin*, Der Gebrauch von Argumenten, 1975; *R. Alexy*, Theorie der juristischen Argumentation, 2. Aufl. 1991; *U. Neumann*, Rechtsontologie und juristische Argumentation, 1978; *ders.*, Juristische Argumentationslehre, 1986; *A. Aarnio*, On Legal Reasoning, 1977; *ders.* u. a.(Hrsg.), Methodologie und Erkenntnistheorie der juristischen Argumentation, in: Rechtstheorie-Beiheft 2, 1981; *M. Atienza*, For a Theory of Legal Argumentation, in: Rechtstheorie 21(1990), S. 393 이하; *N. MacCormick*, Legal Reasoning and Legal Theory, 1978; *A. Peczenick*, Grundlagen der juristischen Argumentation, 1983; *ders.* u. a.(Hrsg.), Reasoning on Legal Reasoning, 1979; *Ch. Perelman*, Juristische Logik als Argumentationslehre, 1979; *M.*

적 이론에서 시작되었다. 이 태생적 측면은 오늘날에도 거의 모든 논증이론에서 확인할 수 있다. 여기서 우리가 모든 논증이론에 대해 설명하는 것은 불가능할 뿐만 아니라 필요하지도 않다. 더욱이 울프리드 노이만(Ulfrid Neumann)이 지적하듯이 법적 논증에 관한 절대적으로 타당한 단 하나의 논증이론이란 애당초 존재하지 않는다.[266] 이 점에서 '**문제 중심론**(Topik)'과 '**수사학**(Rhetorik)'을 특수한 형태의 논증이론으로 파악할 수 있을지도 이미 의문이다. 논증이론과 결부되는 '개방적 체계'라는 이념과 관련해서도 논증이론 학자들의 견해가 일치하지 않는다. 즉 체계 중심의 사고는 '문제 중심의 사고(끝없이 의문을 제기하는 사고)'로 대체되기 때문에 '개방적' 체계는 결코 '체계'가 아니라고 주장하기도 한다(예컨대 슈렉켄베르거). 어쨌든 어떤 논증이론 학자도 자연법이나 실증주의처럼 완결된 체계를 주장하지는 않는다. 포섭 중심의 사고 역시 논증이론에서는 낯선 사고방식이다. 논증이론이 밝힌 가장 중요한 인식 가운데 하나는 사비니에 유래하고 오늘날에도 계속 주장되는 해석이론,[267] 즉 '해석요소(논거형태)'가 문법적, 논리적, 역사적, 체계적 해석이라는 네 가지로 제한된다고 생각하는 해석이론(실증주의는 이러한 제한을 요구한다)의 타당성에 의문을 제기한 점이다.[268] 다시 말해 논증이론은 이 네 가지 요소 이외에도 법적 판단을 정당화하기 위한 다른 수많은 논거가 존재한다는 사실을 밝혔다. 예컨대 법적 안정성이나 정의의 보장, 결정의 결과에 대한 평가, 법감정,

---

Pavcnik, Juristisches Verstehen und Entscheiden, 1993; *W. Hassemer/A. Kaufmann/U. Neumann*(Hrsg.), Argumentation und Recht, 1977; *R. Gröschner*, Theorie und Praxis der juristischen Argumentation, in: JZ 1985, S. 170 이하; *O. Weinberger*, Logik und Objektivität der juristischen Argumentation, in: Gedächtnisschrift für I. Tammelo, 1984, S. 557 이하; *N. Horn*, Rationalität und Autorität in der juristischen Argumentation, in: Rechtstheorie 6(1975), S. 145 이하; *G. Struck*, Zur Theorie juristischer Argumentation, 1977; *H. Yoshino*, Die logische Struktur der Argumentation bei der juristischen Entscheidung, in: Rechtstheorie-Beiheft 2(1981), S. 235 이하; *E. Hilgendorf*, Argumentation in der Jurisprudenz; Zur Rezeption analytischer Philosophie und kritischer Theorie in der Grundlagenforschung der Jurisprudenz, 1991 참고.

266 *U. Neumann*, Argumentationslehre(각주 265), S. 1 이하.

267 특히 *K. Larenz*, Methodenlehre der Rechtswissenschaft, 6. Aufl. 1991은 수많은 비판에도 불구하고 '고전적' 해석기준을 고수(S. 320 이하)하고, 따라서 법학적 논증이론이 자리 잡을 여지가 없다. 이에 관해서는 *D. Buchwald*, Die Canones der Auslegung und rationale juristische Begründung, in: ARSP 79(193), S. 16 이하 참고.

268 이러한 비판은 특히 프리드리히 뮐러의 공적이다. 이에 관해서는 *F. Müller*, Juristische Methodik, 11. Aufl. 2013 참고. 물론 요제프 에써나 마틴 크릴레와 같은 다른 학자들의 이름도 언급할 수 있다.

법적 통일성, 실용성 등등 **가능한 논거들의 숫자는 원칙적으로 무제한이다.**

논증이론에서 매우 중요하고 동시에 상당히 어려운 문제(이 문제는 예컨대 계약이론, 논의이론 그리고 윤리학 전체가 안고 있는 문제이기도 하다)는 **논거들의 서열**이라는 문제이다. 더 강한 논거가 있는가 하면 더 약한 논거도 있고, '승자의 논거'가 있는가 하면 '패자의 논거'도 있다. 당연히 다양한 단계의 우선규칙도 존재한다. 하지만 순수하게 합리적인 기준에 기초하고 **논리적으로 필연적인** 서열이 존재할까? 아니면 엥기쉬가 말한 것처럼 "각 사례에 따라 가장 만족스러운 결론을 낳는 해석방법을 선택하는 것"이 곧 법원의 실무인 것은 아닐까?[269]

이로써 우리는 이미 나중에 다루게 될(2.3) 방법론 논쟁의 한 가운데로 발을 들여놓은 셈이다. 따라서 여기서는 논증이론의 특징에 해당하는 몇 가지 관점만을 언급하기로 한다. '**개방적 체계**'라는 특징 또는 개방된 체계는 체계가 아니라 '문제 중심의 사고'라고 해야 한다는 견해는 이미 언급했다. 그리고 논증이론이 **완결된 해석규칙의 목록을 제시하지 않는다**는 점도 언급했다. 즉 논거들의 숫자에는 제한이 없고, 특히 지배라는 현상이 배제된 합리적인 논의에서는 모든 논거가 허용되어야 한다. 이 점에서 해석학과 논증이론은 서로 손을 맞잡고 있는 셈이다. 그렇지만 논증이론은 해석학을 비합리적 형이상학으로 여긴다는 점에서 **반해석학적**(anti-hermeneutisch)이다. 그러나 — 이미 설명했듯이 — 이는 착오이다. 해석학은 합리적이고, 다만 법발견과 같이 (전부 또는 부분적으로) 비합리적인 현상을 다룰 따름이다. 그 때문에 해석학의 기치는 "비합리적인 것을 최대한 합리적으로 다룬다!"이다.

더 나아가 논증이론은 **반존재론적**(anti-ontologisch)이다. 여기서 '존재론적'이라는 말은 딱히 많은 성찰이 필요 없이 '실체존재론적'으로 이해하면 된다(해석학 역시 실체존재론에 반대한다). 물론 논증이론도 일정한 '존재론적' 함의(Implikation)에 기초한다는 점에 대해서는 의문이 있을 수 없다.[270]

끝으로 논증이론은 해석학처럼 주체-객체-도식을 부정하지는 않으며, 오히려 **객관**

---

269 *K. Engisch*, Einführung in das juristische Denken, 10. Aufl. 2005, S. 82.

270 이 점은 *U. Neumann*, Rechtsontologie(각주 265)도 확인하고 있다. 물론 이러한 함의를 단순히 지적하는 것만으로는 문제가 끝나지 않는다.

성을 주장하고,[271] 심지어 논거들의 완전성 그리고 우연의 배제를 주장하기도 한다.[272] 하지만 논증이론이 표방하는 객관성은 진정한 의미의 객관성이 아니고, 이 점에서 논증이론은 분석적 법이론과 마찬가지로 자연법과 실증주의를 여전히 극복하지 못하고 있다. 그렇다면 논증이론이 표방하는 객관성은 순수한 '논증적 합리성'이 아니라 일종의 '논증적 권위'인 것은 아닐까?[273]

대다수 논증이론 학자들이 상대주의라는 문제를 고려하지 않거나 부수적으로만 고려할 뿐이라는 점 역시 논증이론의 '객관주의'가 지닌 특징이다. 즉 대표적인 논증이론 학자들 다수가 학문과 철학에서 다원주의가 지닌 위상을 완전히 부정하지는 않지만, 다원주의를 부정적으로 평가해야 할 현상으로 여긴다는 점 역시 기본적으로 논증이론이 표방하는 객관주의에 기인한다. 대다수 논증이론 학자들이 다원주의에 대해 부정적인 태도를 보이는 것 역시 우연이 아니다. 그러나 이러한 태도는 시대착오적이다. 왜냐하면 다원주의는 진리를 발견하는 데 장애물이 아니라 진리에 도달하기 위해 극히 중요한 전제조건이라는 사실이 이미 오래전에 밝혀졌기 때문이다. 물론 그렇다고 해서 좁은 의미에서 '객관적'이고 궁극적인 진리에 도달할 수 있다는 말은 아니다(우리는 그와 같은 진리에 결코 도달할 수 없다. 오로지 종교만이 나름의 방식으로 절대적 진리를 주장할 수 있을 따름이다. 그 때문에 종교만이 내재적 이유에서 반다원주의적이다). 하지만 '상호주관적' 진리, 즉 약한 의미의 객관적 진리에는 도달할 수 있다.[274]

---

271 *O. Weinberger*(각주 288). 물론 바인베르거는 이 측면을 과장하지는 않는다. "인식적이고, ― 절대적 의미의 ― 정당한 법으로 이끄는 객관화란 존재하지 않는다. 그러한 객관화가 가능하다고 전제하는 자는 인식과 실천의 영역에서 영원한 노력과 추구로 점철된 인간의 조건을 오해하는 것이 된다." 이에 관해서는 기본적인 경향은 객관주의적이면서도, '법적 결정주의(juristischer Determinismus; 형식논리적 삼단논법이나 단순한 포섭으로 법발견을 이해하는 견해)'를 거부하는 *U. Neumann*, Argumentationslehre(각주 265), S. 17 이하도 참고.

272 이에 관해서는 위 본문에서 언급한 견해를 주장하는 학자로 특히 알렉시(Rober Alexy)를 지적하는 *J. Schneider/U. Schroth*, 본서의 제6판, 14장 참고.

273 이에 관해서는 *N. Horn*, Rationalität(각주 265) 참고. 아마도 호른의 평가는 조금은 과장인 것 같지만, 그렇다고 완전히 틀린 것은 아니다. '객관주의적' 입장은 결코 그 자체로 합리적인 입장은 아니기 때문이다.

274 이에 관해서는 *A. Kaufmann*, Hermeneutik(각주 256), S. 209 이하, 특히 210 이하('관용') 참고. 또한 *H. F. Zacher*, Die immer wieder neue Notwendigkeit, die immer wieder neue Last des Pluralismus, in: Festschrift für S. Gagnér, 1991, S. 579 이하; *H. Krings*, Was ist Wahrheit?; Zum Pluralismus des Wahrheitsbegriffs, in: Philosophisches Jahrbuch 90(1983), S. 20 이하도 참고. 이 밖에도 *F. Böckle*,

울프리드 노이만이 논증이론의 관점에서 해석학에 대해 다음과 같이 판단한 것은 충분히 타당성을 지닌다. "물론 합의와 상호주관성, 논증과 성찰은 해석학적 사고의 영역이 아니다. 하지만 법학적 해석학은 분석적 법이론과는 달리 이 요소들을 텍스트와 함께 매개할 능력이 있다. 분석적 이론은 텍스트 해석과 상호주관적 이해를 완전히 분리해야 한다. 이 이론은 텍스트의 의미를 오로지 일반적인 의미론적 규칙에 따라서만 규정할 수 있기 때문이다. 이에 반해 해석학적 사고는 '정당한' 결정에 대한 상호주관적 구성 과정으로 텍스트를 편입시키는 것을 가능하게 만든다."[275]

2.2.5.5 자연법-실증주의 논쟁의 딜레마에서 벗어나기 위한 이론적 시도는 몇 가지가 더 있다. 우리는 여기서 상당히 흥미롭고 활발한 논의의 대상이 되는 시도 하나를 마지막으로 언급하기로 한다. 그것은 바로 영미권(그리고 스칸디나비아 국가에서도)에서 활발한 논의가 이루어지고 있는 '**법의 일반원칙들**(General Principles of Law)'에 관한 이론이다. '일반적 법원칙'과 '법규칙(법규범)'의 구별은 독일 법이론뿐만 아니라 대륙법 법이론 전반에서 이미 오래전부터 확립된 구별에 해당한다.[276] 이에 반해 영미에서는 법 자체가 원칙적으로 제정법이 아니라 판례법이라는 이유만으로 이미 '일반원칙'과 '법규칙'의 구별이 중요한 의미가 있다. 이 밖에도 영미권 이론은 상당히 흥미로운 새로운 측면을 논의할 계기를 마련했다.

법의 일반원칙과 관련해서는 특히 로날드 드워킨을 떠올리는 것이 일반적이다. 드

Theologische Dimensionen der Verantwortlichkeit unter den Bedingungen des weltanschaulichen Pluralismus, in: Jahrbuch für Rechtssoziologie und Rechtstheorie, Bd. XIV(1989), S. 61 이하; *G. Briefs*(Hrsg.), Laisez-faire-Pluralismus; Demokratie und Wirtschaft des gegenwärtigen Zeitalters, 1966; *W. Sadurski*, Moral Pluralism and Legal Neutrality, 1990; *Th. Mayer-Maly*, Werte im Pluralismus, in: JBl 1991, S. 681 이하; *J. Braun*, Pluralismus und Grundkonsens, in: Rechtstheorie 23(1992), S. 97 이하; *M. Walzer*, Sphären der Gerechtigkeit; Ein Plädoyer für Pluralität und Gleichheit, 1992도 참고.

275 *U. Neumann*, Zum Verhältnis von philosophischer und juristischer Hermeneutik, in: Hassemer(Hrsg.), Dimensionen(각주 256), S. 56.

276 이에 관한 기초적인 문헌으로는 *J. Esser*, Grundsatz und Norm in der richterlichen Fortbildung des Privatrechts, 4. Aufl. 1990 참고. 이 글의 첫 저자인 카우프만은 이미 오래전에 일반적 법원칙, 법규칙(법규범), 법적 결정으로 구성된 체계를 제시했다. 이에 관해서는 *A. Kaufmann*, Gesetz und Recht, in: Existenz und Ordnung; Festschrift für Erik Wolf, 1962, S. 357 이하; *ders.*, Rechtsphilosophie(각주 43), S. 131 이하 참고. 또한 *A. Troller*, Überall gültge Prinzipien der Rechtswissenscahft, 1965도 참고.

워킨이 '일반원칙'과 '규칙'의 관계를 — 영미법권과 스칸디나비아 국가에서는 — 이론으로 구성한 최초의 학자라는 점에서 이러한 연상은 타당하다. 하지만 드워킨이 이 문제에 대해 사고한 최초의 학자는 아니다. 예컨대 알프 로스(Alf Ross)는 1968년에 출간한 『지시와 규범(Directives and Norms)』에서 이미 이 문제에 대해 숙고한 적이 있다.[277] 드워킨의 견해를 이해하기 위해서는 그의 스승 하트(H. L. A. Hart)의 이론을 짧게 설명해야 한다.[278] 하트는 실증주의적 분석을 토대로 규범적 구속력을 지닌 '규칙들'만을 법이론적 논의의 대상으로 삼았다(일차적 규칙과 이차적 규칙의 구별이 하트의 이론에서는 매우 중요하지만, 우리의 맥락에서는 중요하지 않다). 하지만 이 '규칙들'이 언제나 엄밀하고 정확한 것은 아니다. 즉 '의심이 가는 지역', 다시 말해 '모호한 여지'를 남겨놓는다. 그리하여 법규칙만으로는 결정하기 어려운 까다로운 사례(hard case)가 등장하면 법관이 자신의 재량에 따라 결정을 내리고, 재량의 범위 내에서 이루어진 법관의 결정은 언제나 정당하다는 것이 하트의 생각이다.

하트가 자신의 이론을 끝낸 바로 이 지점에서 드워킨의 이론이 시작된다.[279] 드워킨은 여러 가지 법적 견해가 존재하는 까다로운 사례에 직면한 법관이 그런데도 어떻게 특정한 판결에 도달하는지를 묻는다. 그의 견해에 따르면 이러한 결정의 문제는 곧 해석의 문제라고 한다. 즉 드워킨은 법발견을 **해석과정**으로 파악한다.[280] 물론 이 점만으로는 하트의 입장에 견주어 완전히 새로운 입장을 드워킨이 제시했다고 볼 수 없다.

하트의 이론과는 구별되는 새로운 측면은 드워킨이 '규칙들'뿐만 아니라 '**법의 일반**

277 이 점에서 *Werner Lorenz*, General Principles of Law; Their Elaboration in the Court of Justice of the European Communities, in: American Journal of Comparative Law 13(1964), S. 1 이하는 매우 주목할 만한 연구이다. 이 밖에도 드워킨보다 먼저 '규칙'과 '원칙'의 관계를 논의하고 설명한 *W. Fikentscher*, Methoden des Rechts in vergleichender Darstellung, Bd. 2; Anglo-amerikanischer Rechtskreis, 1975, S. 82, 133 이하, 251 이하도 주목할 가치가 있다.

278 *H. L. A. Hart*, Der Begriff des Rechts, 2011.

279 드워킨이 자신의 이론을 전개한 주요저작으로는 Taking Rights Seriously, 1978; A Matter of Principle, 1985; Law's Empire, 1986; Justice for Hedgehogs, 2013이다. 드워킨에 관해서는 *C. Bittner*, Recht als interpretative Praxis; Zu Ronald Dworkins allgemeiner Theorie des Rechts, 1988; *P. Mazurek*, Ronald Dworkins konstruktive Methode im Test des reflexiven Äquilibriums, in: ARSP 75(1989), S. 468 이하; *J. Uusitalo*, Legitimacy in Law's Empire; Burke and Paine Reconciled?, in: ARSP 75(1989), S. 484 이하; *A. Ripstein*, Ronald Dworkin, 2007; *St. Guest*, Ronald Dworkin, 3. Aufl. 2012 참고.

280 이에 관해서는 *Dworkin*, Law's Empire(각주 279), S. 45 이하 참고.

원칙들(이에 관해 드워킨은 자유, 공정, 법치국가라는 세 가지 기본가치를 언급한다)'의 존재를 인정하고, 이 원칙들이 — 실증주의적 견해와는 반대로 — 입법, 사법, 행정이라는 모든 국가권력에 대해 법적 구속력을 갖는다고 주장한 점이다. 이런 의미에서 드워킨은 자신의 이론을 '실증주의에 대한 일반적 공격(general attack on positivism)'으로 파악한다.[281] '규칙들'과 '원칙들'의 차이를 드워킨은 다음과 같은 점에서 찾는다. 즉 규칙들은 'all or nothing' 기능을 갖고, 따라서 어떠한 판단 여지도 남기지 않는 반면, 원칙들은 비중과 의미의 차원을 갖는다(예컨대 양형과 관련된 형법이론에서 판단여지 이론과 유일점 이론 사이의 대립[282]이 이 구별과 일치한다)고 한다. 어쨌든 드워킨의 이 구별은 실증주의적 법개념을 파괴한다.

드워킨에 따르면 법관은 특히 '까다로운 사례'를 해석할 때는 '일반원칙들'을 고려해야 한다. 그는 하나의 사례에 대해 언제나 **단 하나**의 정당한 해결 방법만이 존재할 수 있다고 확신한다. 물론 드워킨은 이 유일하게 정당한 해결을 찾기 위해서는 어떠한 선택과 재량도 필요 없는 초인간적 능력을 지닌 법률가가 전제되어야 한다는 점을 분명하게 알고 있다(이러한 법률가를 '헤라클레스'라고 부른다[283]). 물론 '헤라클레스'는 허구일 따름이다. 하지만 드워킨은 이 허구를 통해 법관이 '의심스러운 지역'을 밝히기 위해 자신의 재량을 행사할 때 '일반원칙들'을 고려하라고 요청하는 셈이다.

드워킨의 이론은 그사이 많은 학자에 의해 수용되고 변용되었다. 이 수용과 변용에 대해서는 여기서 자세히 다룰 수 없다.[284] 앞에서 언급했듯이, '일반적 법원칙'이라는

---

281 이에 관해서는 *R. Dreier*, in: ARSP-Beiheft 25(1985), S. 6 참고. 이와 관련된 흥미로운 연구로는 드워킨을 자연법론의 타당성을 증명하는 증인으로 보는 *Ch. Covell*, The Defence of Natural Law, 1992 참고.

282 이에 관해서는 *W. Grasnick*, Über Schuld und Sprache; Semantische Studien zu den Grundlagen der Punktstrafen- und Spielraumtheorie, 1987 참고.

283 '헤라클레스적 방법'에 관해서는 *Dworkin*, Law's Empire(각주 279), S. 239 이하, 380 이하; *ders.*, Taking Rights Seriously(각주 279) 참고. 이에 관해서는 *C. Bittner*(각주 279), 특히 S. 165 이하, 185 이하 참고.

284 이에 관해서는 *N. MacCormick*, Principles of Law, in: Judicial Review 19(1974), S. 217 이하; *A. Peczenick*, Principles of Law, in: Rechtstheorie 291971), S. 17 이하; *ders.*, Legal Rules and Moral Principles, in: Rechtstheorie-Beiheft 11(1991), S. 151 이하; *Benditt*, Law as Rules and Principles, 1978; *F. Schauer*, Playing by the rules, 1991; ARSP-Beiheft 25(1985)에 실린 *Alexy, Llompart, Murphy, Schramm, Shiner, Wellman*의 논문 참고. 독일어권에서는 *R. Alexy*, Zum Begriff der Rechtsprinzipien, in: Rechtstheorie-Beiheft 1(1979), S. 59 이하; *U. Penski*, Rechtsgrundsätze und Rechtsregeln, in: JZ 1989, S. 105 이하; *J. R. Sieckmann*, Regelmodelle und Prinzipienmodelle des Rechtssystems, 1989; *ders.*,

주제는 독일의 법철학에서도 이미 오래전부터 논의되는 주제이다. 더욱이 이러한 법원칙을 거쳐 '제3의 길'을 찾으려는 이론적 시도도 존재한다. 예컨대 라렌츠는 **오로지** 법원칙들—"계약을 지켜야 한다", 신의성실, 책임원칙, 평등취급원칙, 비례성원칙 등—만으로 '정당한 법'에 도달할 수 있다고 한다. 이러한 이론에서 드러나는 여러 가지 문제점 가운데 하나는 일반적 법원칙이 너무나도 추상적이고 내용이 없기에 이 원칙만으로는 구체적으로 정당한 결정에 도달할 수 없지 않은가 하는 의문이다(이 경우에는 물론 드워킨의 이론에서와는 달리 규칙이 아니라 원칙이 판단 여지를 남겨 놓지 않아야 한다고 생각한다).[285] 그리고 드워킨이 생각한 것처럼 설령 '헤라클레스'인 법률가라 할지라도 그에게는 언제나 **유일하게 정당한 단 하나**의 해결만이 존재하는 것일까? 아니면 규범의 영역에서는 서술적 영역의 양태인 '불가능', '필연', '필수'와 같은 양태가 아니라 '설득력 있음', '일관성', '적절성'과 같은 양태가 더 중요하고, 따라서 서로 다른 다수의 법적 견해가 똑같이 '설득력이 있고'(법률가들은 흔히 '납득 가능하다'라는 표현을 사용한다), 이런 의미에서 '정당하다'라고 말할 수 있는 것은 아닐까? 이 물음에 대한 대답은 여기서는 일단 유보하기로 한다.

영미권에서는 전통적인 프래그머티즘과 실증주의에서 벗어나려는 다른 이론적 시도들도 있다. 20세기 후반에는 특히 '**비판법학**(Critical Legal Studies)'이 강력하게 부상했다.[286] 비판법학의 원칙은 "법은 곧 정치이다"라는 원칙이다. 그 때문에 비판법학은

Rechtssystem und praktische Vernunft, in: ARSP 78(1992), S. 145 이하; *D. Horster*, Die aktuelle Diskussion über die Funktion von Rechtsprinzipien, in: ARSP 77(1991), S. 199 이하; *F. Bydlinsky*, Fundamentale Rechtsgrundsätze in der Löwengrube, in: Rechtstheorie 22(1991), S. 199 이하; *J. Llompart*, Die Geschichtlichkeit der Rechtsprinzipien, 1976 참고. 이 주제에 관한 매우 흥미로운 해석으로는 *W. Fikentscher*, Die Verwandlung von Analogie und Allgemeinen Rechtsprinzipien in der Rechtsprechung, in: La Sentenza in Europa; Methodo, Tecnica e Stile(Padova), 1988, S. 83도 참고.

285 *K. Larenz*, Richtiges Recht; Grundzüge einer Rechtsethik, 1979. 원칙이론에 관해서는 *R. Dreier*, Recht(각주 114), S. 83 이하, 113 이하도 참고. 드라이어의 견해를 올바로 이해했다는 전제하에 그가 말하는 법원칙은 기본법 제20조 3항에서 말하는 '법'과 일치하는 것 같다. 그러나 집행권과 판결이 "법과 법률에 구속된다"라고 규정한 이 조항은 새로운 길을 제시한 것이다. 왜냐하면 그 이전에는(그리고 심지어 같은 기본법의 다른 조항인 제97조에서도) '법률에만' '복종한다(즉 제20조 3항처럼 '구속된다'가 아니다)'라는 식으로 극히 법실증주의적으로 규정했기 때문이다. 이 점에서 기본법 제20조 3항은 환영해야 마땅한 새로운 규정이다(물론 법률과 법이 일치하지 않는다는 인식은 매우 오래된 인식이고, 단지 실증주의로 말미암아 상실되었을 따름이다). 다만 이 조항에서 말하는 법이 과연 일반적 법원칙을 뜻하는지는 의문이다. 이에 관해서는 *A. Kaufmann*, Gesetz und Recht(각주 276) 참고.

법의 객관성이 허위에 불과하다고 폭로하고 비판하며, 이 점에서 법에 대한 이데올로기 비판을 추구한다. 하지만 여기서 이에 대해 자세히 논의할 수는 없다.

어쨌든 오늘날의 법철학이 거의 전적으로 영미권 국가에서만 논의된다는 식으로 생각하는 — 실제로 많은 사람이 그렇게 생각한다 — 것은 잘못이다. 현재의 법철학에 대한 어느 정도 균형 잡힌 시각을 전달하기 위해서는 **다른 나라에서 이루어지는 법철학**을 둘러싼 수많은 이론적 노력도 함께 고려하고 평가해야 할 것이다. 예컨대 로만 계열 국가와 폴란드의 법철학을 언급할 수 있다. 그러나 '정당한 법' — 또는 더 좋은 법 — 을 탐색하려는 수많은 노력 모두를 서술하는 일은 이 글의 범위를 벗어난다.

앞에서 펼친 서술에서는 이미 법인식의 '방법'에 관해 자주 언급하지 않을 수 없었다. 이것이 불가피했던 이유는 — 이 글의 서두에서 강조했듯이 — 법발견의 '방법'을 고려하지 않고서는 법이라는 '대상'에 대해 얘기할 수 없기 때문이다. 단지 '방법'과 '대상' 가운데 어느 한쪽에 강조점을 둘 수 있을 따름이다. 이제부터 우리는 법인식의 '방법'에 비중을 두면서, 특히 법학방법론에 관해 논의하게 된다.

2.3 새로운 법학방법론의 역사적 전개

우리는 여기서 법학방법론과 관련된 최근의 역사에만 한정하고자 한다.[287] 우리가 현재 겪는 문제에 비추어 볼 때 최근의 역사만이 중요하기 때문이다. 근대 이전 또는 서양 이외의 문화권에서 전개된 방법론에 관해서는 볼프강 피켄처의 저작을 참고하기 바란다. 관심 있는 사람이라면 이 저작으로부터 많은 내용을 배울 수 있을 것이다.[288]

286 이 주제에 관심이 있는 사람은 *S. P. Martin*, Ist das Recht mehr als eine bloße soziale Tatsache?; Neuere Tendenzen in der anglo-amerikanischen Rechtstheorie, in: Rechtstheorie 22(1991), S. 525 이하를 참고하기 바란다.

287 이에 관해서는 간략한 요약인 *K. Larenz*, Methodenlehre der Rechtswissenschaft, 6. Aufl. 1991, S. 11 이하 참고.

288 *W. Fikentscher*, Methoden des Rechts in vergleichender Darstellung, 5. Bde., 1975-77. 3권에는 우리의 관심 대상인 중부유럽 법문화에서 전개된 최근의 방법론 역사를 다루고 있고, 4권은 도그마틱과 관련된 내용이다. 법학방법론에 관한 일반적 문헌은 앞의 1.의 참고문헌을 찾아보기 바란다.

2.3.1 입법이론

법학방법론에 관한 서술을 시작하면서 비록 법학방법론에서 논의되지 않는 것이 일반적이긴 하지만 **입법이론**에 대해 간략하게 언급하지 않을 수 없다. 전통적인 법학방법론은 오늘날까지도 법률로부터 구체적인 법적 결정을 획득하는 절차만을 다루고, 정당한 법률에 도달하는 방법에 대해서는 아무런 언급도 하지 않는다.

그 이유는 자연법론과 법실증주의 모두 입법이론이 필요하지 않았다는 사정 때문이라고 말할 수 있다. 자연법 독트린에 따르면 인정법(lex humana)은 이미 주어져 있는 자연법(lex naturalis)으로부터 논리적 추론을 거쳐 도출하면 된다(이러한 도출이 실제로 가능한지와는 관계없이 어쨌든 그렇게 생각했다). 그리고 법실증주의가 지배할 때 입법은 학문이 아니라 정치의 과제로 여겨졌다.

그사이 자연법과 법실증주의의 시대는 지나갔고, 입법 역시 학문적 방법의 대상이라는 통찰이 갈수록 확산하고 있다.[289] 이러한 통찰을 거쳐 입법절차가 법적용절차와 비교할 수 있는 구조를 지니고 있다는 사실도 밝혀졌다. 예컨대 베르너 마이호퍼는 입법기술과 관련된 거의 모든 문제와 절차에서 법적용의 역방향에 해당하는 포섭이 중요하다는 점을 지적한다.[290] 물론 이때 '포섭(Subsumtion)'은 방법론적으로 결정적 의미가 있는 도구가 아니지만, '법제정과 법적용 사이에 상호보충 관계'가 뚜렷이 존재한다는 점만은 분명히 옳다.[291] 이 점을 이하의 서술에서는 아주 짧게만 언급하지 않을 수 없다. 짧게만 언급하지 않을 수 없는 이유는 그사이 유감스럽게도 입법이론이 법학방법론과는 별개의 독자적인 영역으로 발전했기 때문이다. 두 분과 사이의 분리를 여기서 수정할 수는 없는 노릇이다.

---

289 획기적인 연구로는 *P. Noll*, Gesetzgebungslehre, 1973 참고.

290 *W. Maihofer*, Gesetzgebungswissenschaft, in: *G. Winkler/B. Schilcher*(Hrsg.), Gesetzgebung, 1981, S. 25 이하.

291 이에 관해서는 *K. A. Mollnau*, Komplementarität zwischen Rechtsetzung und Rechtsanwendung, in: *K.-H. Schöneburg*(Hrsg.), Wahrheit und Wahrhaftigkeit in der Rechtsphilosophie; Hermann Klenner zum 60. Geburtstag, 1987, S. 286 이하; *H. Klenner*, Analyse der Wechselwirkungen zwischen Rechtsanwendung und Gesetzgebung, in: *K. A. Mollnau*(Hrsg.), Einflüsse des Wirkens des Rechts und seiner gesellschaftlichen Wirksamkeit auf den sozialen Rechtsbildungsprozess, 1982, S. 77 이하 참고.

2.3.2 프리드리히 카알 폰 사비니

근대의 법학방법론은 — 적어도 독일어권에서는 — 프리드리히 카알 폰 사비니에서 시작되었다(앞의 2.2.3.3.2 참고).[292] 사비니의 법학방법론 그리고 그의 이론을 토대로 삼아 전개된 전통적 법학방법론을 더 잘 이해할 수 있도록 두 개의 도표를 제시하겠다. 도표 6과 7은 전통적인 법학방법론에서 가장 핵심적인 내용을 소개하기 위한 것이다(도표 7은 단지 기술적인 이유에서 별도로 작성한 것일 뿐, 원래는 도표 6과 함께 묶어서 보아야 한다. 즉 도표 7은 도표 6의 왼쪽 상단에 있는 '이익법학'에 속한다). 이 도표들은 오늘날의 법학방법론도 이를 토대로 구성해야 한다는 사실을 보여주기 위한 것이다. 상당수의 법학방법론 학자들(요제프 에써, 마틴 크릴레)의 생각과는 반대로 전통적인 해석규칙들이 지금까지도 이들 사이의 명확한 우선규칙을 찾지 못했다는 이유만으로 무가치하게 된 것은 아니고, 또한 — 앞에서 말했듯이 — 이 네 가지 규칙 이외에도 수많은 다른 유형의 논거가 존재한다는 이유만으로 무가치하게 된 것도 아니다. 오히려 오늘날에도 법적용자가 고전적 논거들을 고수함으로써 상당히 많은 도움을 받을 수 있다.[293]

두 개의 도표는 법학방법론에 관한 이하의 서술 전체를 동반하게 된다.

먼저 도표 6을 보면 '법적용'과 '법발견'이 두 가지 서로 다른 법적 결정 과정으로 나뉘어 있다는 점을 알게 된다. 이 구별은 전통적 법학방법론의 출발점에 해당한다. 정상적인 경우는 '법적용'이다. 즉 법적용은 하나의 사례를 해석이 필요할지도 모르지만, 그 자체로 완결된(사례에 '부합하는') 규범(때로는 다수의 규범)에 '포섭'하는 것이다(그리고 오로지 '포섭'일 뿐이다). 'modus barbara(이에 관해서는 뒤의 7.2 참고)'에 따르는 순수한 논리적 삼단논법이 여기에 속한다. 예를 들어 다음과 같은 추론을 생각해보자.

모든 살인자는 종신형에 처한다.

M은 살인자이다.

---

292 사비니에 관한 매우 많은 문헌 가운데 *D. Nörr*, Savignys Anschauung und Kants Urteilskraft, in: Festschrift für H. Coing, Bd. 1, 1982, S. 615 이하; *J. Rückert*, Friedrich Carl von Savigny; Leben und Wirken(1779-1861), 2016 참고.

293 이에 관해서는 *P. Raisch*, Vom Nutzen der überkommenen Auslegungscanonen für die praktischen Rechtsanwendung, 1988; *R. Zippelius*, Juristische Methodenlehre, 11. Aufl. 2012, S. 39 이하 참고.

M은 종신형에 처한다.

이 추론 과정에서 법적용자는 소극적인 태도를 취한다. 즉 법적용자는 법률과 사례라는 두 개의 객관적 대상을 서로 맞물리도록 만들 따름이다.

법률이 — 예외적으로 — 흠결이 있을 때만,[294] 즉 판단해야 할 사안과 관련해 '완결된' 법규범이 마련되어 있지 않을 때만, 법관은 '법발견 활동'을 통해 법창조적으로 — 말하자면 입법자를 대신해 — 활동할 수 있다. 이 점에 관해서는 스위스 민법전의 유명한 제1조를 참고할 수 있다(도표 6).

법관이 법창조적으로 활동할 수 있거나 활동해야만 하는지 그리고 어느 정도까지 법창조적으로 활동할 수 있는지는 몇 세대에 걸쳐 법학자들이 골몰한 문제이다(자세히는 뒤의 5 참고). 앞에서(2.2.3.4) 우리는 법치국가와 권력분립이라는 이유에서 법관이 최대한 법률문언에 엄격히 구속되어야 한다는 사실을 살펴보았다(포이어바흐나 다른 학자들은 심지어 해석금지가 필요하다고 보았다). 바로 이 지점에서 사비니의 이론이 시작된다.

사비니가 학자로서 초기에 해당하는 시기에 강의한 『법학방법론(1802/1803)』[295]에서 그는 완전히 법률실증주의적이라고 말할 수는 없지만, 어쨌든 법률실증주의적 요소를 포함한 관점을 취했다.[296] 사비니는 해석을 '법률에 내재하는 사고의 재구성'으로 이해했다. 이를 위해 사비니는 법적 해석과 관련된 네 가지 규칙을 전개했고, 이 네 가지 규칙은 그 이후 '고전적 해석이론'을 규정했다(도표 7 역시 이를 기초로 삼는다).[297] 첫 번째는 **문법적 요소**로서 그 대상은 "입법자의 사고로부터 우리 법률가의 사고로의 전환을 매개하는" 문언이다. 여기에 두 번째로 **논리적 요소**가 추가된다. 논리적 요소의 대상은 사고의 연쇄, 즉 개개의 부분이 서로 맞물리는 논리적 관계이다. 세 번째는 **역사적 요소**이다. 이 요소는 "법률이 존재하게 된 당시에 법규칙을 통해 문제의 법적 관계를 규정한 상태"에 해당한다. 마지막 네 번째는 **체계적 요소**이다. 체계적 요소는 "모든 법제도와 법적 규칙이 하나의 통일성으로 결합하는 거대한 내적 연관성"과 관련된다.

---

294 '흠결의 문제'에 관해서는 특히 *C.-W. Canaris*, Die Feststellung von Lücken im Gesetz, 2. Aufl. 1983 참고.

295 *F. C. v. Savigny*, Juristische Methodenlehre(야콥 그림Jacob Grimm의 강의필기), hrsg. von G. Wesenberg, 1951.

296 이에 관해서는 *Larenz*, Methodenlehre(각주 267), S. 12, 여기서 라렌츠는 흥미롭게도 *J. Rückert*, Idealismus, Jurisprudenz und Politik bei Friedrich Carl von Savigny, 1984를 지적한다.

297 물론 네 가지 해석규칙이 완결된 형태로 모습을 드러낸 것은 말년의 저작인 System des heutigen Römischen Rechts, 8 Bde., 1840/49(해석이론에 관해서는 1. Bd., 4. Kap., S. 206 이하)에서였다.

〔도표 6〕

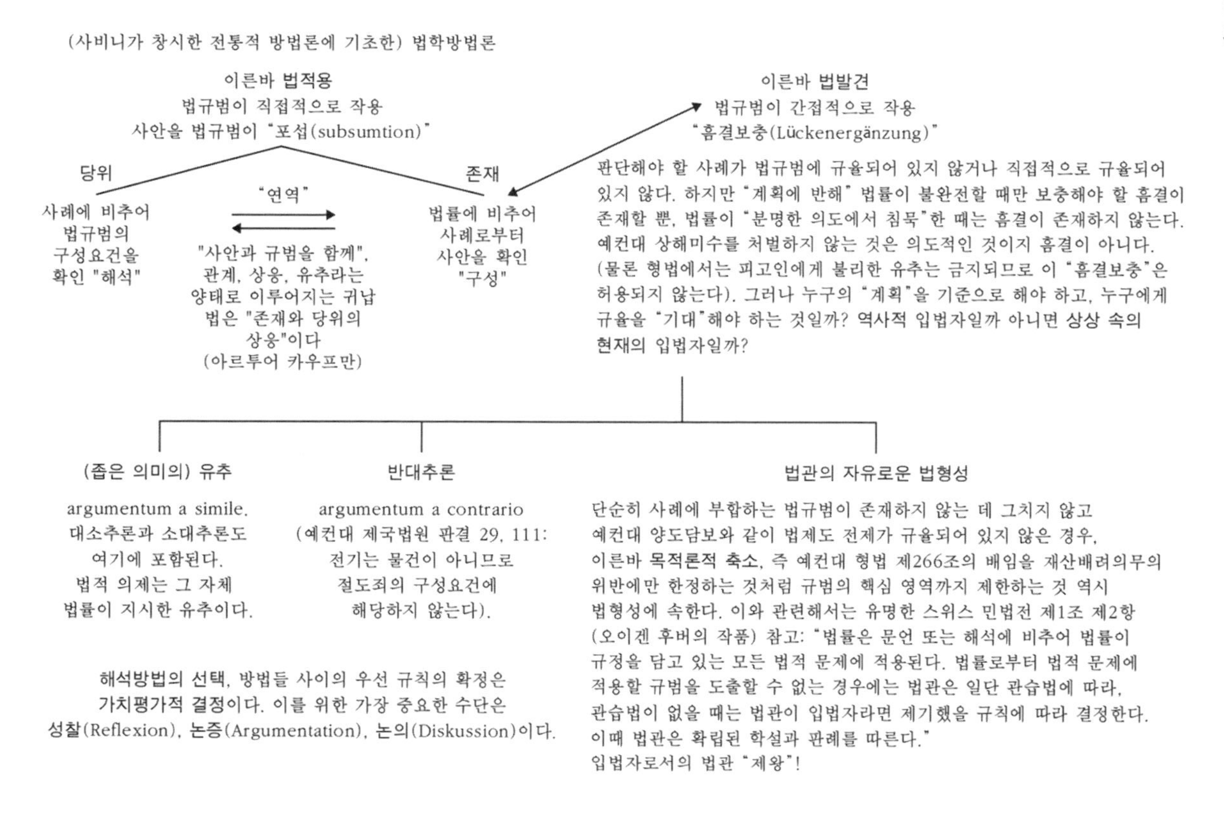
(사비니가 창시한 전통적 방법론에 기초한) 법학방법론
이른바 법적용
법규범이 직접적으로 작용
사안을 법규범이 "포섭(subsumtion)"
당위
사례에 비추어 법규범의 구성요건을 확인 "해석"
"연역"
"사안과 규범을 함께", 관계, 상응, 유추라는 양태로 이루어지는 귀납
법은 "존재와 당위의 상응"이다
(아르투어 카우프만)
존재
법률에 비추어 사례로부터 사안을 확인 "구성"
이른바 법발견
법규범이 간접적으로 작용
"흠결보충(Lückenergänzung)"
판단해야 할 사례가 법규범에 규율되어 있지 않거나 직접적으로 규율되어 있지 않다. 하지만 "계획에 반해" 법률이 불완전할 때만 보충해야 할 흠결이 존재할 뿐, 법률이 "분명한 의도에서 침묵"한 때는 흠결이 존재하지 않는다. 예컨대 상해미수를 처벌하지 않는 것은 의도적인 것이지 흠결이 아니다. (물론 형법에서는 피고인에게 불리한 유추는 금지되므로 이 "흠결보충"은 허용되지 않는다). 그러나 누구의 "계획"을 기준으로 해야 하고, 누구에게 규율을 "기대"해야 하는 것일까? 역사적 입법자일까 아니면 상상 속의 현재의 입법자일까?
(좁은 의미의) 유추
argumentum a simile. 대소추론과 소대추론도 여기에 포함된다. 법적 의제는 그 자체 법률이 지시한 유추이다.
반대추론
argumentum a contrario (예컨대 제국법원 판결 29, 111: 전기는 물건이 아니므로 절도죄의 구성요건에 해당하지 않는다).
법관의 자유로운 법형성
단순히 사례에 부합하는 법규범이 존재하지 않는 데 그치지 않고 예컨대 양도담보와 같이 법제도 전제가 규율되어 있지 않은 경우, 이른바 목적론적 축소, 즉 예컨대 형법 제266조의 배임을 재산배려의무의 위반에만 한정하는 것처럼 규범의 핵심 영역까지 제한하는 것 역시 법형성에 속한다. 이와 관련해서는 유명한 스위스 민법전 제1조 제2항 (오이겐 후버의 작품) 참고: "법률은 문언 또는 해석에 비추어 법률이 규정을 담고 있는 모든 법적 문제에 적용된다. 법률로부터 법적 문제에 적용할 규범을 도출할 수 없는 경우에는 법관은 일단 관습법에 따라, 관습법이 없을 때는 법관이 입법자라면 제기했을 규칙에 따라 결정한다. 이때 법관은 확립된 학설과 판례를 따른다." 입법자로서의 법관 "제왕"!
해석방법의 선택, 방법들 사이의 우선 규칙의 확정은 가치평가적 결정이다. 이를 위한 가장 중요한 수단은 성찰(Reflexion), 논증(Argumentation), 논의(Diskussion)이다.

〔도표 7〕

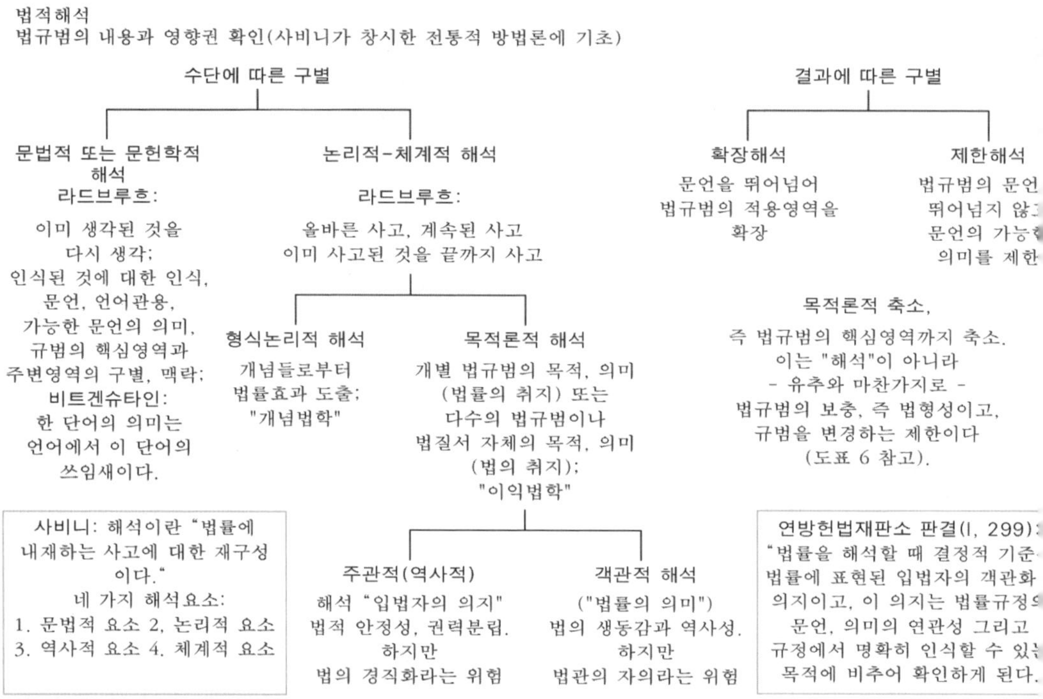

법적해석
법규범의 내용과 영향권 확인(사비니가 창시한 전통적 방법론에 기초)

수단에 따른 구별

문법적 또는 문헌학적 해석
라드브루흐:
이미 생각된 것을 다시 생각;
인식된 것에 대한 인식,
문언, 언어관용,
가능한 문언의 의미,
규범의 핵심영역과 주변영역의 구별, 맥락;
비트겐슈타인:
한 단어의 의미는 언어에서 이 단어의 쓰임새이다.

사비니: 해석이란 "법률에 내재하는 사고에 대한 재구성이다."
네 가지 해석요소:
1. 문법적 요소 2. 논리적 요소
3. 역사적 요소 4. 체계적 요소

논리적-체계적 해석
라드브루흐:
올바른 사고, 계속된 사고
이미 사고된 것을 끝까지 사고

형식논리적 해석
개념들로부터 법률효과 도출;
"개념법학"

목적론적 해석
개별 법규범의 목적, 의미(법률의 취지) 또는 다수의 법규범이나 법질서 자체의 목적, 의미(법의 취지);
"이익법학"

주관적(역사적) 해석 "입법자의 의지"
법적 안정성, 권력분립.
하지만
법의 경직화라는 위험

객관적 해석
("법률의 의미")
법의 생동감과 역사성.
하지만
법관의 자의라는 위험

결과에 따른 구별

확장해석
문언을 뛰어넘어 법규범의 적용영역을 확장

제한해석
법규범의 문언을 뛰어넘지 않고 문언의 가능한 의미를 제한

목적론적 축소,
즉 법규범의 핵심영역까지 축소.
이는 "해석"이 아니라
- 유추와 마찬가지로 -
법규범의 보충, 즉 법형성이고,
규범을 변경하는 제한이다
(도표 6 참고).

연방헌법재판소 판결(I, 299):
"법률을 해석할 때 결정적 기준은 법률에 표현된 입법자의 객관화된 의지이고, 이 의지는 법률규정의 문언, 의미의 연관성 그리고 규정에서 명확히 인식할 수 있는 목적에 비추어 확인하게 된다."

사비니의 이러한 해석 도식에서는 '확장'해석과 '축소'해석이 등장하지 않는다. 사비니는 이 두 개의 해석이 입법자의 관점을 뛰어넘는 것이기 때문에 허용되지 않는다고 생각했다. 즉 역사적 입법자의 의지가 가장 결정적인 해석기준이라고 한다. 이로써 사비니는 '주관적 해석이론'을 신봉한다. 법률의 의미와 목적(법률의 취지 또는 법의 취지)에 초점을 맞추는 '객관적 해석이론'은 법률의 목적이 법률의 내용이 되는 것은 아니라는 근거로 거부한다. 이는 전적으로 실증주의적 사고에 해당한다. 법률을 초월해 법률의 의미를 지향하는 것은 허용되지 않는다고 보는 관점은 법실증주의의 한 측면이기 때문이다. 따라서 주관적 해석이론은 모든 시대에 걸쳐 법실증주의자들의 엘도라도였다. 이들이 내세우는 최상의 카드는 법적 안정성이다. 이에 반해 객관적 해석이론을 주장하는 학자들은 끊임없이 변화하는 생활 관계(법의 역사성)를 고려하지 않으면 법률이 경직되고, 이로 인해 부정당한 결과를 낳을 수도 있다는 사실을 지적한다. 그렇지만 객관적 해석이론을 극단적으로 관철하면 법관을 절대적 입법자로 만들어버릴 수 있으며, 권력분립 원칙에도 반하게 된다는 사정을 고려해야 한다. 그 때문에 마치 시계추처럼 한번은 객관적 이론으로, 또 한번은 주관적 이론으로 오락가락하게 된다.[298]

이 측면에서 사비니의 이론에서도 변화가 있었음을 확인할 수 있다. 물론 그는 초기이론에서도 순수한 주관주의적 해석이론을 표방하지 않았다. 그가 — 놀랍게도 — 흠결을 보충하기 위한 유비추론을 허용하기 때문이다. 다만 유비추론은 실정법 스스로 자신을 보충하는 추론이라고 생각한다. 그러나 사비니는 중기 및 후기 이론[『우리 시대의 소명』(2.2.3.3.1)과 『오늘날의 로마법 체계』]에서는 자신의 초기이론에서 제기한 관점에서 완전히 벗어난다. 이제 법률의 우위라고 말하지 않고, '민족정신'이 근원적인 법원(法源)이라고 한다. 즉 법적 규칙은 전형적인 생활 관계라는 법제도에 대한 직관과 추상화로부터 획득되어야 한다고 본다. 그리고 확장해석과 축소해석도 허용한다. 목적론적 해석 역시 — 여전히 소극적 태도를 보이긴 하지만 — 엄격한 거부의 대상이 아니게 된다. 다만 법률의 '근거'나 '일반적인 법적 사고'에 기초한 해석은 해석이 아니라

298 이에 관해 자세히는 *U. Schroth*, Theorie und Praxis subjektiver Auslegung im Strafrecht, 1983 참고. 슈로트는 주관적 해석과 객관적 해석은 결코 어느 하나만이 타당한 대안적 관계에 있지 않다는 점을 적절히 지적하고 있다.

법관의 권한에 속하는 법의 발전적 형성이라고 한다.

방법의 선택이라는 핵심적 문제와 관련해 사비니는 네 가지 규칙의 서열은 필요하지 않다고 생각했다. 이 네 가지 규칙은 "아무렇게나 선택할 수 있는 네 가지 방식의 해석을 말하는 것이 아니라 해석이 성공하려면 모두 함께 작용해야 할 서로 다른 활동이기" 때문이라고 한다.[299] 아마도 **연방헌법재판소**의 판결(도식 7) 역시 사비니의 모범에 따라 고전적 해석논거들 사이에 완전한 조화상태가 지배한다고 생각한 것 같다. 그러나 "사비니의 이 말은 오히려 문제를 은폐했다"라는 엥기쉬의 비판이 타당하다. 실제로 어떠한 해석방법을 선택하는지에 따라 서로 모순되는 결론에 도달할 수 있고, 법원의 실무에서도 "사례에 따라 만족스러운 결론으로 이끄는 해석방법을 선택하는" 절차를 얼마든지 관찰할 수 있기 때문이다.[300]

2.3.3 이른바 '개념법학'

법관의 법창조를 금지하는 것은 현실적으로 불가능하다는 사실이 곧장 밝혀졌다. 그 이유는 법률의 흠결 때문이 아니라 모든 해석은 이미 어떤 식으로든 법률을 사용하는 일이고, 여기에는 주체로서의 해석자가 함께 작용하기 때문이었다. 그러나 이러한 사정을 공개적으로 인정하기까지는 상당히 오랜 시간이 필요했다. 오히려 여러 가지 논증을 동원해 주체-객체 도식을 유지하고자 시도했다. 이러한 시도 가운데 하나는 실제 해당 학자들이 이름 붙인 것이 아니라 훗날에 경멸적 의도로 이름 붙여진 '**개념법학**(Begriffsjurisprudenz)'이다. 개념법학은 19세기에 수많은 지지자를 거느리고 있었고, 그 방법은 오늘날에도 의식적 또는 무의식적으로 많은 법률가에 의해 활용되고 있다.

반드시 실증주의에 해당한다고 볼 수는 없는 이른바 '개념법학'의 특징은 법적 명제를 단순한 개념으로부터 도출한다는 점이다. 예컨대 '법인'이라는 개념으로부터 법인은 '인'이기 때문에 모욕죄의 객체가 될 수 있고 형벌의 대상이 될 수 있다는 결론을 도출하는 것이다. 즉 개념이 인식의 일차적 원천이다. 이 방법은 유명한 신의 존재증명과

---

299 *v. Savigny*, System(각주 297), S. 215.
300 *K. Engisch*, Einführung(각주 269), S. 82.

유사하다. '가장 완벽한 존재'라는 개념으로부터 필연적으로 이 존재의 존재성이 도출된다고 보기 때문이다(그렇지 않다면 그 존재는 완벽하지 않다).

이처럼 극단적으로 개념에 지향된 법학의 방법을 이용해 개념법학자들은 딱히 생활관계를 고려하지 않고서도 법률을 구체적 사례에 적용할 수 있다는 사실을 증명하려고 했다. 푸흐타(2.2.3.3.1)는 자신의 저작 『Institution 강의(1841)』 제1권에서 완벽한 '개념 피라미드'를 구성하고, 이 피라미드의 정점에 위치하는 최상위 개념으로부터 일단 매우 추상적이고 일반적인 개념이 도출되며, 이 개념으로부터 다시 구체적이고 더 내용이 풍부한 개념이 도출된다고 한다. 라렌츠는 이 개념 피라미드를 다음과 같이 서술한다. "피라미드의 넓이가 좁아질수록 더 높이 올라가게 된다. 더 넓어질수록, 즉 소재가 더 많아질수록, 높이가 낮아져 조망할 가능성이 그만큼 줄어들고, 거꾸로 높이 올라갈수록 소재가 더 적어지지만 조망할 가능성은 늘어난다. 이 점에서 넓이는 '추상적' 개념의 내용에 해당하고, 높이는 개념의 범위(적용영역)에 해당한다. 최상위에 다른 모든 개념, 즉 하위개념과 이 개념의 하위개념이 포섭될 수 있는 가장 일반적인 하나의 개념이 자리 잡는다면, 개념의 체계라는 이상이 완결된다. 이 최상위 개념은 아래쪽에 있는 지점으로부터 중간단계를 거쳐 각각의 단계에서 특수한 내용을 제거하면서 위쪽으로 상승하면 도달할 수 있다."[301] 푸흐타 자신도 이 방법 전체를 '개념의 계보학'이라고 부른다. 이 점에서 합리주의적 자연법의 방법론과의 친화성을 감지할 수 있는데 이는 조금도 놀라운 일이 아니다. 자연법과 실증주의는 방법론의 측면에서는 유사성을 갖기 때문이다. 즉 자연법과 실증주의 모두 상위의 당위 그리고 결국에는 최상위의 당위로부터 법을 연역적으로 도출할 수 있다고 생각한다. 문제는 언제나 '오로지' 연역을 통해서만 법에 도달할 수 있다는 사고의 타당성 여부이다. 즉 모든 파생된 개념의 내용을 규정한다고 하는 최상위 개념의 내용은 어디에서 오는 것일까? 그리고 순환논법을 어떻게 피할 수 있는 것일까?

푸흐타는 최상위 개념이 법윤리적 내용을 갖는다고 전제했다. 이에 반해 자신의 초

---

301 *Larenz*, Methodenlehre(각주 267), S. 20. 이에 관해서는 *J. Bohnert*, Über die Rechtslehre Georg Friedrich Puchtas(1798-1846), 1975; *H.-P. Haferkamp*, Georg Friedrich Puchta und die 'Begriffsjurisprudenz', 2004 도 참고.

기이론에서는 연역적 방법을 극단적으로 관철했던 루돌프 폰 예링(Rudolf von Jhering; 1818-1892년)은 법윤리적 내용과 관련된 전제를 제거했고, 특히 후기이론에서는 귀납적 방법을 선택한다. 즉 예링은 사울에서 바울로 변한 셈이다. 그는 초기에는 '자연사적 방법론'을 표방했지만, 나중에는 이 방법론을 신랄하게 조롱하게 된다.[302] 그 당시는 **자연주의**(Naturalismus)의 시대였고, 법학 역시 자연과학의 사고방식을 지향했다. 이러한 전환은 놀라울 정도로 생산적인 결과를 낳았다. 예링이 초기이론에서는 극단적으로 연역적인 방법을 지지했다는 사실을 보여주는 문장이 자주 인용되곤 한다. "개념들은 생산적이다. 이들이 서로 교미해 새로운 개념을 낳는다."[303] 이러한 개념구성 법학을 예링은 이렇게 규정하기도 한다. 즉 구성법학은 새로운 법적 명제를 발견하게 되는데, 새로운 법적 명제는 "존재하지 않을 수 없기 때문에" 존재한다고 한다.[304]

하지만 여기서 개념법학에 관한 설명을 이어가지 않고자 한다. 다만 연역적이고 개념에 지향된 법학이 꽃피던 시절의 학자 가운데 베른하르트 빈트샤이트(Bernhard Windscheid; 1817-1892년)[305]는 짧게 언급해야 한다. 빈트샤이트는 앞에서(2.2.3.4) 서술한 '정당한' 실증주의, 즉 입법자가 윤리적 실체에 구속된다고 전제하는 실증주의를 주장했다. 다시 말해 입법자는 단순히 권력을 법률로 전환하는 것이 아니라 법률을 통해 '민족의 이성'을 수용해야 한다고 보았다. 이러한 이론을 라렌츠는 '입법자의 이성에 대한 믿음을 통해 완화된 합리주의적 법률실증주의'라고 표현한다.[306] 이 밖에도 빈트샤이트의 실증주의는 심리학적 경향을 보였고, 방법론의 문제와 관련해서도 실증주의에서 어느 정도 거리를 유지하는 온건한 입장을 표방했다. 즉 그 역시 주관적 해석방법을 지지했지만, 입법자의 '의지'를 사실적인 의지가 아니라 이념적 의지로 포착했다. 그리하여 입법자의 의지가 지닌 '객관적으로 이성적인 내용'을 중시했다. 따라서 빈트샤이트는 객관주의 이론에 근접하면서도, 객관주의가 지닌 위험에 빠지지 않았던 셈이다.

---

302 *v. Jhering*, Scherz und Ernst in der Jurisprudenz, 1884(13판의 영인본, 1924, 1964).

303 *v. Jhering*, Geist des römischen Rechts auf den verschiedenen Stufen seiner Entwicklung, 1. Bd., 2. Aufl. 1866, S. 40.

304 *v. Jhering*, Geist(각주 303), 2. Bd., 2. Abt., 2. Aufl. 1869, S. 392.

305 주저는 Lehrbuch des Pandektenrechts, 3. Bde., 7. Aufl. 1891이다.

306 *Larenz*, Methodenlehre(각주 267), S. 28.

개념법학 이후의 시대, 즉 19세기 후반과 20세기 초반에는 객관주의적 해석이론이 갈수록 강화하는 과정을 거친다. 카알 빈딩, 아돌프 바하(Adolf Wach), 요제프 콜러(Josef Kohler), 구스타프 라드브루흐, 빌헬름 자우어(Wilhelm Sauer) 등이 그 대표자들이다. 이러한 방향전환은 무엇보다 형식주의적 개념법학이 갈수록 법의 내용적 의미를 제거하는 방향으로 흘렀기 때문이다. 그리하여 객관적 해석이론을 통해 개념법학이 내용을 제거해버린 법률적 개념들의 의미를 다시 채우고자 했다. 이 맥락에서 라드브루흐는, 법적 해석은 '인식된 것에 대한 인식', '이미 생각된 것을 나중에 다시 생각하는 것'이 아니라고 한다. "해석자는 창조자보다 법률을 더 잘 이해할 수 있고, 법률은 이를 제정한 자보다 더 현명할 수 있다. 심지어 법률은 그 제정자보다 더 현명**해야만 한다.**"[307] 입법자가 아니라 법률이 중요하다는 것이다.

2.3.4 경험적 법실증주의

객관적 해석이론은 법률의 개념들에 **의미**를 채워 넣으려고 한다. 하지만 이 의미는 도대체 어디에서 오는 것일까? 개념법학자들은 법률에서 의미를 찾는다. 그 때문에 '(법률)내재적 목적론'이라고 말한다. 그러나 — 초기의 예링이 극단화한 것처럼 — 개념들의 '교미'를 통해 결국에는 법률의 의미가 제거되는 결과를 낳았다는 사실이 드러났다. 그리하여 무언가 법률 바깥에 있는 것을 끌고 들어오지 않을 수 없었다. 하지만 자연법으로 회귀할 수는 없었기 때문에 법적 사실을 끌어들이게 되었다. 바로 이 지점에서 **경험적 법실증주의**가 등장한다. 이 법실증주의는 내면세계의 사실, 즉 심리학적 사실이나 외부세계의 사실, 즉 사회학적 사실을 법으로 파악한다. 이로써 이제까지 등한시되던 영역이 법학의 시야에 포착되었고, 그 이후의 시대에 상당히 많은 성과를 가져다주었다. 다른 한편 법적 사실만을 일방적으로 지향하게 됨으로써 법의 고유한 측면, 즉 규범성이 시야에서 사라지는 문제점이 발생하는 결과를 낳았다.[308]

---

307 *Radbruch*, Rechtsphilosophie(각주 184), S. 107.
308 *Larenz*, Methodenlehre(각주 267), S. 38에서도 똑같이 평가한다.

2.3.4.1 에른스트 루돌프 비얼링(Ernst Rudolf Bierling; 1841-1919년)은 심리학적 법이론의 시조이다.[309] 경험적 법실증주의를 주장하는 학자들은 당연히 법의 효력을 증명하는 데 어려움을 겪는다. 법의 효력을 어떤 가치(관념론적으로 표현하자면 '법이념')가 아니라 사실을 토대로 설명할 수밖에 없기 때문이다. 이러한 사실과 관련해서는 두 가지를 생각해볼 수 있다. **승인과 권력**, 즉 **합의와 지배**가 그것이다. 비얼링에 따르면 공동체에서 법으로 **승인**된 것이 곧 법이다. 물론 곧장 법에 대한 승인을 거부하는 사람들은 어떻게 되는지를 묻게 된다. 이에 대해 비얼링은 승인이 지속적인 습관적 행동이고, 따라서 간접적 승인만으로 충분하다고 대답한다. 하지만 이것만으로는 법이 예컨대 확신범처럼 의식적으로 법에 대항하는 사람들에게도 효력을 갖는지에 대한 대답이 되지 못한다. 이미 헤겔은 법을 위반한 자도 논리 필연적으로 법을 승인할 수밖에 없다는 사고에 빠진 적이 있다. 즉 예컨대 남의 물건을 훔쳐 자신의 소유로 만들고자 하는 절도범도 훔친 물건에 대한 법적 보호를 필연적으로 인정하지 않을 수 없다는 것이다. 이런 식의 사고에 대해서는 다시 승인은 논리적 현상이 아니라 심리적 사실이라고 반박할 수 있다. 니클라스 루만은 승인을 기능주의적-집단주의적으로 설명하려고 시도한다. 즉 승인은 확신에 기초한 동의를 뜻하지 않는다고 한다. 루만에 따르면 복잡한 사회에서는 법복종자가 최대한 장애를 겪지 않고 학습하고 체계에 편입될 때만 비로소 체계가 원활하게 기능할 수 있다고 한다. 법복종자도 체계의 한 부분이고, 따라서 궁극적으로는 체계 자체가 승인을 생산하기 때문이라고 한다.[310] 그러나 이러한 기능주의적-집단주의적 이론은 폭력적인 저항이나 혁명과 같이 개인이 승인을 거부하는 경우를 설명하지 못한다. 다시 비얼링으로 되돌아가 보자. 그는 객관적 해석이론의 단호한 적대자였다. 즉 법률의 해석은 법률의 성립사('입법자료')에 비추어 입법자의 진정한 의지를 탐구해야 하지, 법률의 정신을 탐구해서는 안 된다고 하면서, 다만 입법자의 진정한 의지를 확인할 수 없을 때는 '신의성실'에 따라 법률을 해석해야 한다고 한다.

2.3.4.2 앞에서(2.3.3) 언급한 대로 루돌프 폰 예링(그의 책 『권리를 위한 투쟁(1872)』

309 주저는 Juristische Prinzipienlehre, 5 Bde., 1984-1917이다.
310 이에 관해서는 특히 *N. Luhmann*, Rechtssoziologie, 2 Bde., 3. Aufl. 1987 참고.

은 전 세계에 걸쳐 크게 주목받았다)은 후기에 들어 자신이 초기에 주장했던 극단적 구성법학으로부터 완전히 등을 돌리게 되었다. 이러한 전환은 특히 두 권으로 된『법에서의 목적(1877/1883)』에서 이루어졌다. "목적이 모든 법의 창조자이다"라는 문장으로 표현할 수 있는 이 책의 기치는 초기이론과는 완전히 반대되는 새로운 방향을 뜻한다. 이제 예링은 '논리적인 것에 대한 숭배'를 단호히 거부한다. 그 이유는 법학은 수학이 아니기 때문이라고 한다. 그 대신 목적에 대한 고찰이 결정적으로 중요하고, 이러한 고찰은 곧 목적주체에 대한 물음을 제기한다. 목적 스스로 법을 생성할 수는 없기 때문이다. 예링은 사회 자체를 진정한 입법자로 본다. 그리하여 예링은 "각자가 자기 자신과 타인을 위해 또는 타인과 자기 자신을 위해 행동함으로써 공통의 목적을 위해 상호작용하는 것"이 곧 사회라고 이해한다.[311] 그러나 놀랍게도 이러한 언급과는 완전히 반대로 예링은 국가의 법제정 독점권이라는 법률실증주의적 견해를 고수한다. "법이란 한 국가에서 효력을 갖는 강제규범의 총체이다 … 국가가 법의 유일한 원천이다."[312] 그렇지만 법은 법의 내용을 구성하는 사회적 목적과 관련을 맺는다. 그래서 예링은 모든 법적 명제는 "사회적 삶을 보장하는 것을 목적으로 삼는다"라고 말한다.[313] 이제 예링은 논리적으로 논증하지 않고, 심리학적으로 논증하지도 않으며, 오히려 사회학적-결과 중심적으로 논증한다(그는 이미 훗날 막스 베버의 사회학에서 등장하는, 목적 합리성과 가치 합리성 사이의 관계라는 문제를 언급했다[314]). 하지만 목적에 대한 평가는 무엇을 통해 이루어지는가? 바로 이 물음이 예링 법이론의 아킬레스건이고, 동시에 예링을 정신적 원조로 삼는 이익법학 전체의 아킬레스건이다.

2.3.4.3 '**이익법학**(Interessenjurisprudenz)'[315]을 통해 법학이 과도한 개념법학으

311 *v. Jhering*, Der Zweck im Recht, 6.-8. Aufl. 1923, 1. Bd., S. 87.

312 *v. Jhering*, Zweck(각주 311), S. 320. 예링의 법이론에 관한 매우 상세한 서술과 평가로는 *Fikentscher*, Methoden(각주 217), 3. Bd. S. 101-282 참고. 예링에 관해 관심이 있는 사람은 *Mario G. Losano*, Der Briefwechsel zwischen Jhering und Gerber, 1984; *ders.*, Studien zu Jhering und Gerber, 1984도 참고하기 바란다.

313 *v. Jhering*, Zweck(각주 311), S. 462.

314 막스 베버의 목적 합리성과 가치 합리성에 관해서는 *A. Kaufmann*, Rechtsphilosophie in der Nach-Neuzeit, 1998, S. 18 이하 참고.

로부터 해방되는 데 성공했다. 이 해방은 "논리의 우위가 아니라 생활가치의 우위!"라는 기치를 내세우면서 이루어졌고, 때로는 법률의 개념적 성질을 지나치게 부정한다는 우려를 낳기도 했다. 하지만 이익법학—핵심인물은 필립 헤크(Philipp Heck; 1858-1943년)이고 하인리히 슈톨(Heinrich Stoll; 1891-1937년)과 루돌프 뮐러-에르츠바하(Rudolf Müller-Erzbach; 1874-1959년)도 주도적 인물이다—이 법학을 구체적인 삶에 개방시킴으로써 풍성한 결과를 낳았다는 점에 대해서는 의문이 있을 수 없다. 라렌츠는 이익법학에 대해—이익법학이 불러일으킨 변화를 조금은 과장하면서—다음과 같이 쓰고 있다. "이익법학은 시간이 흐르면서 사실상 법적용에 혁명을 불러일으켰다. 즉 이익법학은 법률의 개념들에 엄격히 구속된 상태에서 오로지 형식논리적으로 정당화되는 포섭만을 중시하는 기존의 방법을 복잡한 사안을 형량해 판단하고 이 판단에서 고려되는 이익들을 법질서 나름의 판단기준에 따라 평가하는 방법으로 점차 대체하게 되었다. 이로써 이익법학은 법관에게 직업적 양심을 가질 수 있게 만들어주었고, 판결을 거짓으로 정당화하는 짓을 하지 않도록 해주었다."[316] 그러나 이익법학의 또 다른 측면은 이익법학이 제기하는 법실현 과정의 정당화가 법이론적으로 상당히 의심스럽고, 충분한 성찰이 제대로 이루어지지 않았다고 보이는 경우가 많다는 사정이다. 물론 이익—삶의 필요, 욕망, 기대, 역할—은 법의 인과적 요인으로 볼 수 있다('발생론적 이익법학'). 다른 한편 이익을 가치나 당위로 이해할 수도 있다(이렇게 되면 경험적-사회학적 실증주의는 일관성을 상실한다). 즉 이익이 이익평가의 기준이 되기도 한다. 하지만 어떻게 사실적인 양으로부터 가치적 질로, 다시 말해 존재로부터 당위로 상승하는 신기하기 짝이 없는 변증법적 도약이 가능한 것일까? 이 점에서 이익법학은 법이론적으로는 만족스러운 이론이 아니다. 다만 방법론적으로는—라렌츠도 적절히 지적하듯이—이익법학이 후대에까지 지속하는 성공을 거두었다. 물론 이익법학은 객관적 해석이론을 거부하지만, 법률해석자에게 법률의 토대가 되는 이익상태 및 이에 대한 평가를 기준으로 삼도록 지시함으로써 법률을 구체적 삶에 개방하는 결과를 낳았다. 특히 법률에 흠결이 있는 경우 법관은 목적론적 관점에 따라 "법관 자신의 명령을 통해" 법

315 이에 관해서는 *Ellscheid/Hassemer*(Hrsg.), Interessenjurisprudenz, 1974 참고.
316 *Larenz*, Methodenlehre(각주 267), S. 58.

을 보충할 권한을 갖는다고 한다('생산적 이익법학').[317]

2.3.4.4 이익법학이 안고 있는 치명적인 약점을 **자유법운동**(Freirechtsbewegung)의 가장 뛰어난 학자인 헤르만 칸토로비츠(Hermann Kantorowicz; 1877-1940년)는 이미 1910년에 발표한 논문 「법학과 사회학」에서 명확하게 지적하고 있다. "'이익상태'를 제대로 다루기 위해서는 법률의 목적에 대한 이해가 전제되어야 한다. 법률의 목적을 고려하지 않고서는 어떠한 이익이 실제로 존재하는지를 결정할 수 있을지 모르지만, 법이 어떠한 이익을 우선적으로 고려해야 할지는 결정할 수 없기 때문이다."[318] 즉 법률의 목적과 의미에 대한 물음이 다시 제기되지 않을 수 없다는 것이다. 그렇다면 어떻게 법률의 의미와 목적을 확인할 수 있는가? 자유법운동[319] — 이 명칭은 오이겐 에어리히(Eugen Ehrlich; 1862-1922년)가 붙인 것이고, 의식적으로 '자유종교'와 비슷하게 만든 명칭이다 — 은 이 물음에 대해 나름의 대답을 제시한다. 자유법운동을 올바르게 이해하려면, 이 운동이 합리주의적 자연법 — 이는 이미 오래전부터 사망한 것으로 여겨졌다 — 에 반대하는 경향이 아니라 논리적-형식주의적 개념법학과 모든 형태의 '판덱텐 법학' 및 '스콜라주의'에 반대하는 경향이었다는 사실을 알아야 한다. 즉 자유법운동은 생철학(2.2.3.5)의 유산을 물려받았고, 이 운동의 정신적 조상은 쇼펜하우어, 니체, 베르그송이다. 물론 이 운동에 속하는 모든 학자가 그렇지는 않았다. 예컨대 현란한 언어로 이 운동을 옹호했던 에른스트 푹스(Ernst Fuchs; 1859-1929년)[320]는 철학에는 아무런 관심을 보이지 않았다.

'자유법'은 기본적으로 법률로부터 자유로운 법이다. 물론 자유법운동에 속한 학자들은 언제나 '법률에 반하는 판결'에 반대했고, 자신들이 법관에게 (효력을 지닌) 법률을 무시하고 법률에 반하는 판결을 내리도록 만든다는 편견에 대항했다. 실제로 자유

317 *Heck*, Das Problem der Rechtsgewinnung, 2. Aufl. 1932, 특히 S. 5; *ders.*, Begriffsbildung und Interessenjurisprudenz, 1932, S. 30 이하.

318 *H. Kantorowicz*, Rechtswissenschaft und Soziologie; Ausgewählte Schriften zur Wissenschaftslehre, hrsg. von *Th. Würtenberger*, 1962, S. 130.

319 이에 관해 자세히는 *A. Kaufmann*, Rechtsphilosophie(각주 43), S. 231 이하 참고.

320 *Ernst Fuchs*, Gerechtigkeitswissenschaft; Ausgewählte Schriften zur Freirechtsbewegung, hrsg. von *Albert S. Foulkes/A. Kaufmann*, 1965.

법운동의 법학자들은 법률에 반해 판결해야 한다고 주장한 적이 없다. 이들은 단지 법률이 흠결을 지니고 있을 때 법관이 어떠한 결정 과정을 거쳐야 하는지를 말했을 뿐이다. 하지만 — 이 점이 결정적 측면이다 — 자유법운동 법학자들의 견해에 따르면 결정할 사안에 해당하는 법률 자체가 없을 때 비로소 법률의 흠결이 존재하게 되는 것이 아니라, 법률이 사례를 명확하고 분명하게 결정하지 못하면 이미 법률의 흠결이 존재하게 된다고 한다. 그렇다면 법적으로 논란이 있는 사례에서는 언제나 법률의 흠결이 있다고 보게 된다. 이 점에서 칸토로비츠는 "법률에는 단어들만큼이나 많은 흠결이 존재하고", 하나의 법적 사례가 적용될 법조문에 있는 개념들에 곧장 포섭되는 경우는 '극히 희박한 우연'에 불과하다고 주장한다.[321] 그렇다면 법관은 도대체 어디에서 '자유법'을 찾을 수 있다는 말인가? 이 물음에 대해 칸토로비츠는 실증주의적이고 의지 중심주의적으로 대답한다. "모든 당위는 존재이다. 당위는 곧 의지이기 때문이다."[322] 헤르만 이자이(Hermann Isay; 1873-1938년)도 비슷하게 대답한다.[323] 이자이는 법관의 결정을 법률로부터의 연역이 아니라 의지행위, 즉 결단으로 보았다. 법감정이 먼저 앞서고, 논리적 정당화는 나중에 이루어진다(이 점에서 논리는 허구의 논리일 따름이다). 이는 — 앞으로 밝히게 되듯이 — 깊이 생각해볼 가치가 있는 사고이다. 실제로 '해석학적 선이해'가 의미의 연관성을 이해하기 위한 전제조건이기 때문이다. 하지만 이러한 선이해가 단순히 비합리적 법감정에 불과한 것일까? 그리고 법감정에 뒤따르는 논리적 정당화는 그저 법감정을 포장하기 위한 허구적인 논리에 불과한 것일까?

이 지점에서는 **법감정**에 관한 보충적 설명이 필요하다. 법감정은 최근 들어 다시 주목받고 있고,[324] '법감정의 합리성'[325]이나 '법감정과의 결별'[326]이라고 말하기도 한다.

---

321 이는 칸토로비츠가 'Gnaeus Flavius'라는 가명으로 출간한 유명한 저작 Der Kampf um die Rechtswissenschaft, 1906, S. 15[in: Rechtswissenschaft(각주 318), S. 18]에 써놓은 내용이다.

322 *Kantorowicz*, Kampf(각주 321), S. 34[Rechtswissenschaft(각주 318), S. 30]. 법을 순수하게 귀납적으로 의지를 토대로 삼고자 하는 최근의 시도로는 *Ch. v. Mettenheim*, Recht und Rationalität, 1984 참고.

323 이 맥락에서는 이자이의 주저 Rechtsnorm und Entscheidung, 1929 참고.

324 이에 관해서는 *E.-J. Lampe*(Hrsg.), Das sogenannte Rechtsgefühl, in: Jahrbuch für Rechtssoziologie und Rechtstheorie, Bd. 10, 1985; *E. Riezler*, Das Rechtsgefühl, 3. Aufl. 1969; *G. Rümelin*, Über das Rechtsgefühl, 2. Aufl. 1948; *M. Biehler*, Rechtsgefühl, System und Wertung, 1979; *G. Oesterreich*, Im Dschungel der Paragraphen; Rechtsgefühl zwischen Klischee und Information, 1984; *R. Zippelius*, Rechtsphilosophie(각주 217), S. 100 이하; *K. Obermeyer*, Über das Rechtsgefühl, in: JZ 1986, S. 1 이하 참고.

이 두 가지 표현은 분명 과장의 소산이다. 법감정은 합리적이지 않으며, 이와 동시에 법발견이 순수한 합리적 활동이 아니라 의학과 비슷하게 '선과 정의의 **예술**(ars boni et aequi)'[327]이기도 하다는 사실을 간과해서는 안 되기 때문이다. 이 예술의 측면과 깊은 관련이 있는 법감정이 — 라드브루흐의 말에 따르면 — "결정의 결과를 먼저 끌어내고, 법률은 사후적으로 이 결론의 근거와 한계를 밝혀야 한다."[328] 이는 명백히 해석학적 사고이다. 라드브루흐는 훗날 법감정에 대해 다음과 같은 말을 덧붙이고 있다. "법감정은 특수에서 보편으로, 다시 보편에서 특수로 넘어갈 줄 아는 재빠른 정신을 요구한다."[329] 이렇게 볼 때 법감정은 **올바른 선이해를 갖기 위한 예술**이라고 말할 수 있다. 법관이 아무런 법감정도 없고 아무런 선이해도 없이 자신의 법감정과 선이해를 결정에 반영하지 않은 채 '오직 법률에만 복종'한다는 것은 기이하기 짝이 없는 일이다. 이렇게 법관이 오로지 법률에만 복종한다는 허구를 앞세우면 현실에서는 법관의 판결에 대한 **허구적인 정당화**를 불러일으킬 수 있다.

2.3.4.5 그러나 의욕은 당위가 아니다. 입법자 또는 법관이 무언가를 의욕한다는 사실로부터는 필연이 도출될 수 있을지는 모르지만, 의무와 당위는 도출되지 않는다. 이 점에서 법적 당위가 어떻게 정당화될 수 있는가의 물음에 대해 자유법운동은 설득력 있는 대답을 제시할 책임이 있다. 순전히 경험적으로 작업하는 **법사회학** 역시 이 물음에 대답하지 못했다. 법사회학의 오류는 사회적 사실을 탐구하려고 했다는 점에 있지 않다. 사회적 사실에 관한 탐구는 예나 지금이나 매우 중요하다. 법사회학의 오류는 오히려 도그마틱적 법학을 대체하려고 했다는 점에 있다. 앞에서 언급한 에어리히는 "추상적 개념구성과 이론구성의 가소로운 가면을 벗겨야 한다"라고 요구했다.[330] 이러한 냉소주의는 당시의 시대정신에 비추어 볼 때는 이해할 수 있을지 모르지만, 그 자체

---

325 *K. Zapka*, Rationalität des Rechtsgefühls, in: RuP 1987, S. 19.
326 *W. Meyer-Hesemann*, Abschied vom sog. Rechtsgefühl, in: ARSP 73(1987), S. 405 이하.
327 *Ulpian*, Dig. 1, 1, 2 pr[울피아누스는 여기서 켈수스(Celsus)를 원용한다].
328 *G. Radbruch*, Geburtshülfe und Strafrecht, 1907, S. 3; GRGA, Bd. 7, 1995.
329 *G. Radbruch*, Über das Rechtsgefühl(1914/1915), GRGA, Bd. 1, 1987, S. 429.
330 *E. Ehrlich*, Gundlegung der Soziologie des Rechts, 1913, S. 274.

위험한 사고방식이다. 우리는 법률의 개념성과 형식성을 무시하게 되면 어떤 식으로 법이 타락하는지를 이미 생생하게 체험했다.

사회학과 법사회학의 '거두'는 막스 베버이다.[331] 그의 법사회학은 엄격히 경험적이다. 물론 그렇다고 해서 베버가 자주 '이해사회학'이라는 표현을 사용했다는 사실을 간과해서는 안 된다. 특히 우리의 관심 대상이기도 한 **효력의 문제**와 관련해 베버는 경험적 입장을 표방한다. 그는 "논리적으로 볼 때 당연히 법규범에 속해야 할 규범적 의미"와 한 공동체 내에서 "공동체의 행위에 참여하는 인간들이 … 특정한 질서를 주관적으로 효력이 있다고 여기고 실제로 효력이 있는 규범으로 다룰 개연성, 다시 말해 이 질서를 지향할 개연성 때문에" '사실상으로' 발생하는 것(사실적 의미)을 엄격히 구별한다.[332] 이에 따라 '경험적 효력'은 특정한 개인이 "경제적 재화를 자신이 처분 대상으로 보유하거나 장래에 … 취득할" '예측 가능한 개연성'을 갖는다는 것을 뜻하고, 이는 다시 "개연성을 확보하기 위해 마련된 '강제기관'의 도움"을 전제한다.[333] 그리하여 베버는 법이 궁극적으로 권력에 기초한다는 명령설을 주장한다. 하지만 필요한 경우 법규범을 강제를 통해 관철할 수 있는 국가권력으로부터는 기대, 개연성, 예상이 도출될 수 있을 뿐 당위가 도출되지는 않는다(물론 베버 역시 이 점을 간파하고 있었다).

20세기 중반까지도 영향을 미쳤던 당시의 법사회학은 법에 관한 '진정한' 학문으로 여겨졌다. 법사회학이 경험적으로, 즉 자연과학의 방식으로 연구한다는 이유 때문이었다. 자연과학적 연구 방식이 어떠한 결과를 낳는지는 예컨대 형법상의 모욕죄에 대한 프란츠 폰 리스트의 개념정의에서 잘 드러난다. 리스트에 따르면 모욕은 후두의 진동, 파동의 움직임, 청각의 자극 그리고 뇌에서 발생하는 현상 등을 포함하는 일련의 과정이라고 한다.[334] 물론 리스트도 당연히 모욕죄의 '본질'이 명예의 손상이라는 것을 알고 있었지만, 이러한 규범적 내용은 '과학적' 인식으로 접근할 수 없다고 생각했다. 이

---

331 베버의 법사회학에 관해서는 *J. Winckelmann*이 편집한 *Max Weber*, Rechtssoziologie, 1960 참고. 또한 *F. Loos*, Zur Wert- und Rechtslehre Max Webers, 1970; *K. Engisch*, Max Weber als Rechtsphilosoph und Rechtssoziologe, in: Max-Weber-Gedächtnisschrift, 1966, S. 67 이하도 참고.

332 *M. Weber*, Rechtssoziologie(각주 331), S. 53.

333 *M. Weber*, Rechtssoziologie(각주 331), S. 57 이하.

334 이에 관해서는 *G. Radbruch*, Zur Systematik der Verbrechenslehre, in: Festgabe für Reinhard v. Frank, Bd. 1, 1930, S. 161 이하 참고.

기이한 예가 보여주듯이 자연과학에 지향된 당시의 이론들은 법도그마틱을 완전히 오해한 셈이다. 똑같은 맥락에서 프란츠 예루살렘(Franz Jerusalem; 1883-1970년)[335]은 도그마틱적 법학이 진리가 아니라 오로지 정치적 목표설정만을 대상으로 삼는다고 한다. 이렇게 해서 법**학**은 '정당한 법'에 관심을 기울일 필요가 없게 되었고, 실제로도 관심을 기울이지 않았다(앞의 2.2.3.6 참고).

2.3.5 논리적 법실증주의, 특히 한스 켈젠의 '순수법학'

경험적 법실증주의와는 정반대의 방향에서 '순수법학'의 창시자[336]인 한스 켈젠(Hans Kelsen; 1881-1973년)은, 규범적 법도그마틱은 학문이 아니라 법정책이라는 결론에 도달한다.[337] 켈젠은 루돌프 카르납(Rudolf Carnap; 1881-1970)을 중심으로 결성된 빈 학파의 신실증주의 또는 논리실증주의를 학문적 기반으로 삼았다. 이 회의주의적 경향에 따르면 논리적-분석적 추론이 가능한 것 또는 경험적으로 인식되고 언어로 서술할 수 있는 것만이 의미가 있고 이해할 수 있다고 한다. 칸트가 생각했던 선험적 종합판단 따위는 이 학파의 견해에 따르면 존재하지 않는다. 따라서 예컨대 가치와 규범에 대한 정당화와 같은 형이상학적 형태의 언명은 무의미하다. 가치평가와 규범정립은 단지 경험적으로 서술할 수 있을 따름이다.

---

335 *F. Jerusalem*, Kritik der Rechtswissenschaft, 1948 참고.

336 그렇다고 해서 규범논리학자로서 켈젠이 지닌 의미를 간과해서는 안 된다. 켈젠의 규범논리학에 관해서는 그의 사후(1979)에 출간된 Allgemeine Theorie der Normen 참고. 이에 관해서는 또한 *K. Opalek*, Überlegungen zu Hans Kelsens 'Allgemeine Theorie der Normen', 1980; *M. Rath*, Fiktion und Heteronomie; Hans Kelsens Normtheorie zwischen Sein und Sollen, in: ARSP 74(1988), S. 207 이하도 참고.

337 순수법학에 관한 수많은 문헌 가운데 *W. Krawietz/H. Schelsky*(Hrsg.), Rechtssystem und gesellschaftliche Basis bei Hans Kelsen, in: Rechtstheorie-Beiheft 5, 1984; *R. Dreier*, Recht(각주 114), S. 217 이하, 241 이하; *C. Varga*, Hans Kelsens Rechtsanwendungslehre, in: ARSP 76(1990), S. 348 이하; *L. Gianformaggio*, Hans Kelsen on the Deduction of Validity, in: Rechtstheorie 21(1990), S. 181 이하; *H. Dreier*, Rechtslehre, Staatssoziologie und Demokratietheorie bei Hans Kelsen, 1990; *St. Paulson/B. Litschewski-Paulson*(Hrsg.), Normativity and Norms; Critical Perspectives on Kesensian Themes, 1999; *St. Paulson/M. Stolleis*(Hrsg.), Hans Keslen; Staatsrechtslehrer und Rechtstheoretiker des 20. Jahrhunderts, 2005 참고.

'순수법학'은 가장 중요한 형태의 규범주의적 또는 규범논리적 법실증주의이다. 켈젠 자신은 순수법학을 '**단 하나의 진정한** 법실증주의 이론'으로 지칭한다.[338] 이는 나름의 근거가 있다. 켈젠은 심리학적 또는 사회학적 법실증주의는 오로지 사실만을 다루기 때문에 법에 관한 학문이 아니라고 보았다. 법학은 당위, 즉 규범과 관련된 학문, 다시 말해 규범과학이라는 것이다. 신칸트주의자였던 켈젠은 존재와 당위를 엄격히 분리하고, 이에 따라 서술적 표현과 규범적 표현을 엄격히 분리한다.[339] '순수법학'은 후자인 당위와 관련된 학문이다. 하지만 실증주의 이론으로서의 순수법학은 법규범의 형식적(논리적) 구조만을 대상으로 삼지, 정의의 일반적 내용을 대상으로 삼지 않는다. 정의의 내용은 학문적으로 논의할 수 없기 때문이라고 한다. 켈젠이 보기에 정의는 '인간의 아름다운 꿈'에 불과하고, 우리는 무엇이 정의인지 모르며 또 영원히 모를 것이라고 한다.[340] (훗날 체계이론가인 니클라스 루만은 켈젠보다 더 극단적인 결론에 도달한다. 루만에 따르면 진리와 정의는 가치가 아니라 단지 '상징적 기능'만을 지닌다고 한다. "진리와 정의는 선한 의도를 겉으로 드러내고 선한 의지에 호소하며 전제된 합의를 표현하고 상호이해의 가능성을 주장하는 데 이용된다."[341])

'순수법학'은 당위를 다루고, 특히 '순수한' 법적 당위만을 다룬다. 이때 당위는 윤리적 가치가 아니라 논리적 구조이다. 따라서 최상위에 있는 공리는 '방법의 순수성'이다. 그 때문에 켈젠은 자신의 주저 『순수법학』의 첫 페이지에서 이렇게 쓰고 있다. "순수법학이 자신을 법에 관한 '순수한' 학문이라고 지칭하는 이유는 순수법학이 오로지 법에만 지향된 인식을 보장하고자 할 뿐이고, 엄밀하게 법으로 규정되는 대상에 속하지 않는 모든 것은 법에 대한 인식에서 배제하고자 하기 때문이다. 다시 말해 순수법학은 법학을 법학과는 무관한 모든 요소로부터 해방하고자 한다." 켈젠은 특히 심리학, 사회학, 윤리학, 정치이론을 법학과 무관한 요소로 지목한다.[342] 켈젠을 제대로 이해하

---

338 *Kelsen*, Was ist die Reine Rechtslehre?, in: Festschrift für Z. Giacometti, 1953, S. 153.

339 이는 켈젠이 초기이론부터 일관되게 견지한 입장이다. 이에 관해서는 *Kelsen*, Hauptprobleme der Staatsrechtslehre, 1911 참고.

340 *Kelsen*, Was ist Gerechtigkeit?, 1953, 특히 S. 43.

341 *Luhmann*, Positives Recht und Ideologie, in: ARSP 53(1967), S. 567 이하. 이에 관해 자세히는 *Kaufmann/Hassemer*, Grundprobleme(각주 200), S. 27 이하 참고.

342 *Kelsen*, Reine Rechtslehre, S. 1(여기서는 생물학도 언급하고 있다); 2. Aufl. 1960(영인본 1976), S. 1.

기 위해서는 법철학에 대한 무관심의 배후에 있는 그의 학문적 에토스를 고려해야 한다. 켈젠은 법학이 '절대적 가치를 선전 선동하기 위한 도구(막스 베버)', 즉 정치적 및 이데올로기적 견해를 은폐하는 외관으로 남용되는 것을 피하고자 했다. 그러나 '순수법학' 자체가 그러한 도구와 은폐에 남용되었다는 사실은 역사적 아이러니가 아닐 수 없다.

켈젠은 당위에 관한 자신의 이론을 여러 번에 걸쳐 수정했고 다양한 방식으로 정당화했다. 여기서 이를 자세히 논의할 수는 없고, 가장 중요한 측면들만을 짧게 언급하겠다. 켈젠의 초기이론을 가장 잘 보여주는 것은 『순수법학』 제1판에 등장하는 다음과 같은 문장이다. "이른바 불법이 발생한다면 불법에 따른 결과가 마땅히 발생해야 한다고 말할 때, 이 '마땅히(soll)'는 — 법의 개념범주로서 — 법명제를 통해 법적 조건과 법적 결과가 서로 결합하게 되는 특수한 의미를 뜻할 뿐이다. 당위라는 법의 개념범주는 순전히 형식적 성격만을 갖는다(이 점에서 당위는 초월적 이념과는 근본적으로 다르다). 이 개념범주는 서로 연결된 사실들이 어떠한 내용을 갖든 관계없이 또한 법으로 파악돼야 할 행위가 어떠한 종류의 것이든 관계없이 언제나 적용할 수 있다 … 순수법학은 법적 명제를 통해 특정한 조건에 연결되는 결과를 국가의 강제행위(형벌과 민사상 또는 행정적 강제집행)로 파악한다. 이로써 조건이 되는 사실을 불법으로, 조건에 따른 결과를 불법결과로 규정한다. 그러나 인간의 행동에 내재하는 어떤 성질이나 이 행동이 도덕규범과 같은 초법적인 규범과 맺고 있는 어떤 관련성, 즉 실정법을 초월하는 가치와의 관련성 때문에 이 행동을 위법한 범죄(또는 불법행위)로 여겨야 하는 것이 아니라, 오로지 법적 명제에서 특정한 행동을 특수한 결과의 조건으로 규정하고 있다는 점, 즉 실정법질서가 이 행동에 대해 강제행위를 통해 반응한다는 점 때문에 위법한 행동으로 여겨야 할 따름이다."[343] 이 구절에서 당위는 켈젠이 취하는 방법이원주의에 반해 사실적인 것, 즉 국가의 강제로 소급되고 있다는 점을 간과해서는 안 된다. 더 나아가 이 '순수한' 당위가 아무런 내용도 갖지 않으며, 따라서 어떠한 내용도 담을 수 있다는 점 역시 분명해진다. 켈젠 자신도 이로 인한 결과를 알고 있었다. "규범은 얼마든지 무의미한 내용

343 *Kelsen*, Reine Rechtslehre(각주 342), S. 24 이하.

도 담을 수 있다."[344] 『순수법학』 제2판에서도 "법은 어떠한 내용도 담을 수 있다"라고 말한다.[345] 이 점에서 '순수법학(Rechtslehre)'을 '법이 없음(Rechtsleere)'으로 지칭한 헤르만 클레너의 비판이 완전히 부당하다고 말할 수는 없다.[346]

훗날 켈젠은 규범의 효력에 관한 자신의 이론을 수정한다.[347] 켈젠은 이제 법명제를 가언판단(hypotheisches Urteil), 즉 조건-결과의 연관성으로 파악하고, 이 연관성을 **귀속**(Zurechnung)이라고 부른다. 이에 따르면 법명제는 국가기관이 장래에 어떻게 행동할 것인지에 대한 언명이고, 이 언명의 내용은 "누군가 규범 구성요건에 따른 행위를 하면, 특정한 국가기관이 이러이러한 제재를 부과할 것이다"이다. 하지만 이 언명이 도대체 어떻게 단순한 예상이나 기대 이상의 것, 즉 진정한 의미의 당위를 정당화할 수 있는가? 이러한 정당화는 다시 제재를 부과해야 할 국가기관 자체가 만일 제재를 부과하지 않으면 제재의 대상이 되도록 '의무를 부과하는' 두 번째 법적 명제를 통해서만 가능할 것이다. 하지만 곧장 간파할 수 있듯이, 이렇게 되면 법의무는 일정한 조건에 따른 강제행위의 무한회귀에 빠지고 만다. 그러나 통제기관을 무한대로 반복할 수는 없으므로 켈젠은 모순이 없는 유의미한 질서라는 가정으로서의 '**근본규범**(Grundnorm)'을 공리로 내세울 수밖에 없었다. 근본규범에 관해 켈젠은 이 규범이 "마치 자연법규범처럼 효력을 갖는다"라고 말한다.[348] 이 점에서 켈젠의 순수법학에서도 당위는 궁극적으로 윤리적 범주이다.

켈젠의 방법론에서 흥미로운 점은 고대 그리고 특히 스콜라철학의 법이론에서 발전한 '법질서의 단계구조'를 설정한다는 사실이다.[349] 물론 이 단계구조의 정점에는 로고

---

344 *Kelsen*, Reine Rechtslehre(각주 342), S. 104.

345 *Kelsen*, Reine Rechtslehre, 2. Aufl.(각주 342), S. 201.

346 *H. Klenner*, Rechtsleere; Verurteilung der Reinen Rechtslehre, 1972. 이에 대한 반론으로는 *W. Schild*, Die Reinen Rechtslehren; Gedanken zu Hans Kelsen und Robert Walter, 1975 참고.

347 이에 관해서는 *Kelsen*, Reine Rechtslehre, 2. Aufl.(각주 342), S. 9 이하 참고.

348 *Kelsen*, Die philosophischen Grundlagen der Naturrechtslehre und des Rechtspositivismus, 1928, S. 20. 이 논문의 다음과 같은 구절도 참고. "유의미하고 모순이 없는 질서라는 공리를 통해 법학은 순수한 실증주의의 한계에 도달한다. 그러나 이 공리를 포기하면 법학은 해체되고 만다(S. 66)." 따라서 근본규범이라는 공리는 '최소한의 형이상학'으로서 이것이 없이는 "법에 대한 인식이 불가능하다"라고 한다.

349 *Kelsen*, Reine Rechtslehre, 2. Aufl.(각주 342), S. 228 이하 참고.

스나 객관적 이념 또는 영원법이 아니라 앞에서 말한 '근본규범'이 자리 잡고 있다. 그렇지만 켈젠은 법의 실현을 헌법(헌법의 효력은 '근본규범'을 통해 보장된다)으로부터 법률을 거쳐 법관의 판결행위로 이어가는 하나의 과정으로 파악한다. 물론 법제도와 법적 명제의 의미가 펼쳐지는 과정을 학문으로 이해할 수는 없었다. 켈젠에게 이 과정은 법정책이다.[350] 이 점을 일단 접어두면, 법이 법률 속에 이미 완결된 형태로 들어 있어서, 그저 형식논리적 절차만을 통해 끄집어내기만 하면 된다고 생각하는 것은 완전히 잘못이라는 켈젠의 지적은 타당하다. 법률은 법적용자에게 판단의 여지를 남기는 경우가 자주 있고, 법적용자는 구성적이고 법창조적 활동을 통해 이 여지를 메워야 하기 때문이다. 바로 이 활동을 켈젠은 법정책으로 본다. 그리하여 법학은 여러 가지 결정 가능성과 결정의 범위만을 확인할 수 있다고 하고, 이러한 확인이 곧 켈젠이 말하는 해석이다(이에 관해서는 법을 해석적 실천으로 보는 드워킨의 이론을 참고).

'순수법학'은 법이론에 커다란 영향을 미쳤다. 하지만 순수법학이 법실무로부터 주목받은 적은 없다. 이는 얼마든지 이해할 수 있는 측면이다. 형식과 범주만으로는 법실무가 할 수 있는 일이 거의 없기 때문이다.[351]

경험적 법실증주의가 규범을 시야에서 상실했다면, 규범논리적 실증주의는 현실의 삶을 시야에서 상실했다. 이 점에서 **형식과 소재, 방법과 대상**이 서로 어떠한 관련을 맺는가의 물음은 여전히 법철학이 마주한 가장 절박한 물음이다.

2.3.6 중간결산

2.3.6.1 앞에서 펼친 논의를 개관한다면 무엇보다 다음과 같은 물음을 제기하게 된다. 즉 **과연 합리적 가치판단이 존재하는 것인가?**[352] 앞에서 본 대로 법이론은 언제나

---

350 이에 관해서는 *Kelsen*, Existentialismus in der Rechtswissenschaft?, in: ARSP 43(1957), S. 161 이하, 166 참고.

351 이에 관해서는 균형 잡힌 판단을 보여주는 *G. Winkler*, Glanz und Elend der Reinen Rechtslehre; Theoretische und geistesgeschichtliche Überlegungen zum Dilemma von Sein und Sollen in Hans Kelsens Rechtstheorie, 1988 참고.

352 이에 관해 자세히는 *A. Kaufmann*, Rechtsphilosophie in der Nach-Neuzeit(각주 314), S. 20 이하 참고.

두 가지 방식으로 분리된다. 한편에는 개념법학과 순수법학처럼 **연역적** 절차에 따르는 규범논리적 실증주의가 있고, 다른 한편에는 루돌프 예링의 후기 법이론, 경험적 법실증주의, 이익법학, 자유법운동, 경험적 법사회학처럼 **귀납적** 절차에 따르는 실증주의가 있다. 그리고 이 모든 경향은 각자 자신이 진정한 법학이라고 주장한다. 하지만 자세히 고찰해보면 그 어느 경향도 절대적으로 타당한 유일무이한 법학이 아니라 기껏해야 법학의 한 측면을 포착할 뿐이다. 즉 연역적 법이론은 법의 당위적 성격을 강조한 점에서는 타당하지만, 법의 존재적 측면, 즉 법적 사실을 등한시한다. 귀납적 법이론은 그 반대이다. 즉 존재와 현실을 파악하는 반면, 가치 관점이 없이 어떻게 존재와 현실로부터 당위에 도달할 수 있는지를 정당화하지 못한다. 앞으로 자세히 설명하겠지만 순수한 연역과 순수한 귀납만으로는 법을 설명할 수 없다. **가치 관점이 없이 법을 설명할 수는 없기 때문이다.** 따라서 가치의 영역에서 과연 학문적 인식이 가능한가를 묻지 않을 수 없다.[353]

2.3.6.2 이 물음에 곧장 뒤이어 **"법학은 과연 학문인가?"**라는 물음을 제기하는 경우가 많다. 우리는 여기서 이 물음에 대해 자세히 다루지 않겠다. 이 물음에 관해서는 이 책의 10장을 참고하기 바란다.[354] 다만 몇 가지 관점만을 언급하기로 한다. 어떤 사람들은 법학의 학문적 성격을 부정한다. 예컨대 카알 포퍼(『탐구의 논리』)는 연역적 방법만이 학문의 방법이고, 법학은 순수한 연역을 통해서가 아니라 규범적으로 이루어진다는 논거로 법학의 학문성을 부정한다.[355] 그러나 진정한 학문에서는 오로지 연역만 이루어져야 한다는 전제 자체가 문제가 있다. 예컨대 리차드 헤어(Richard M. Hare; 1919-2000년)와 같은 다른 학자들은 '관찰의 명증성'과 똑같이 '평가의 명증성(Wertevidenz)'도 존재한다고 생각한다. 즉 "a는 좋다"와 같은 규범적 언명도 "a는 빨갛다"와 똑같이 보편화 가능성이 있다고 한다.[356] 이 생각도 썩 명확하게 다가오지는

353 다른 각도이긴 하지만 이 물음을 자세히 다루는 문헌으로는 *A. Kaufmann*, Über das Problem der rechtswissenschaftlichen Erkenntnis, in: Gedächtnisschrift für Armin Kaufmann, 1989, S. 1 이하 참고.

354 이 밖에도 *A. Kaufmann*, Rechtsphilosophie zum Mitdenken, in: Jura 1992, S. 297 이하 참고.

355 법이론을 순수한 연역적 토대 위에서 구성하려는 시도(예컨대 *Koch/Rüßmann*)는 이미 실패했다.

356 *R. M. Hare*, Die Sprache der Moral, 1983, S. 139 이하, 144 이하.

않는다. 설령 연역만을 학문의 방법으로 허용하는 포퍼의 견해를 인정하지 않을지라도 규범적인 것의 영역에서 의견의 일치와 상호주관성은 서술적인 것의 영역에서와는 상당히 다른 요인들에 의존한다는 사실을 인정해야 한다. 다른 한편 법적인 것의 영역과 규범적인 것의 영역 전체에서도 증명과 반증, 경험과 관찰(물론 여기서 '경험'과 '관찰'은 비유적 의미이다), 통찰과 합리적 논증, 상호주관성과 보편화 가능성의 기준들이 명백히 존재하고, 이 기준들을 토대로 참된(정당한) 인식이라고 말할 수 있을 때도 있다. 물론 그러한 경우가 드물긴 하지만 말이다. 그 이유는 우리가 드워킨이 말하는 '헤라클레스'가 아니라서 **유일하게** 정당하고 참된 해결 방법을 찾을 수 없는 때가 대부분이고, 따라서 '일관된', '설득력 있는', '납득 가능한' 해결 방법 또는 가장 잘 납득할 수 있는 대답에 만족해야 하기 때문이다.

2.3.6.3 오늘날의 법원실무를 방법론적 관점에서 고찰해보면 마치 시간이 머물러 있는 듯한 인상을 받는다. 19세기와 똑같이 연역적 **방법**이 여전히 실무를 지배하고 있기 때문이다. 즉 법관은 "법률에만 복종해야 한다"라는 말이 통용될 뿐만 아니라 판결이 순전히 **객관주의적**으로 오로지 법률로부터만 도출되고 개인적 가치판단은 전혀 영향을 미쳐서는 안 된다고 생각하는 법관이 실제로 있는 것 같다. 그리하여 — 한 가지 예만 들자면 — **연방법원**은 연좌시위에 관한 결정[357]에서 이 사건을 오로지 형법 제240조(강요죄)로 포섭하는 것만이 중요하고, 심지어 '비난할만한'이라는 구성요건 표지와 관련해서도 포섭만이 중요하다고 주장한다. 하지만 법관 자신의 가치평가가 없이 '비난할만한'이라는 극히 모호한 개념들에 대한 순수한 연역적 포섭이 도대체 어떻게 가능한 것일까? 또는 '객관적 도덕법칙', '선량한 풍속', '정당하고 정의롭게 생각하는 모든 사람의 예의감정'과 같은 요소들에 직면해 어떻게 '연역'이 이루어진다는 말인가? 이러한 개념들과 관련해서는 언제나 법관 자신의 가치관이 **함께** 작용하는 것이 아닐까? 이와 같은 사례들을 결정할 때 법관이 아무런 선이해나 법감정을 개입시키지 않을 수 있을까? 당연히 법관들 나름의 가치관과 선이해가 결정에 영향을 미치고, 그 이유만

357 BGHSt 35, 270. 이 결정에 대한 비판으로는 *A. Kaufmann*, in: NJW 1988, S. 2581 이하 참고.

으로 법관들을 비난할 수 없다. 오히려 법관의 선이해, 가치판단, 법감정을 성찰하지 않고, 실제 근거가 아니라 **허위의 근거**를 판결문에 집어넣는 법관들은 비난을 받아야 마땅하다. 그런 식으로 판결문을 작성하면 결코 말끔하게 논증한 것일 수 없고, 그러한 판결은 궁극적으로는 법을 말하는 것이 아니라, **권력을 말하는 것**에 불과하다(오해를 피하기 위해 한 마디 덧붙이자면, 권력과 결단이 없는 판결은 불가능하고, 다만 이 권력이 논증을 통해 정당화되어야 한다[358]).

2.3.6.4 지금까지 우리는 두 가지 종류의 논리적 **추론**, 즉 연역과 귀납에 대해 다루었다.

2.3.6.4.1 학문에서 **연역**은 없어서는 안 될 추론 방법이다(하지만 충분조건은 아니다). 연역은 보편에서 특수로 향하는 추론이고, 'modus barbara'에 따른 삼단논법[359]이다(구체적인 예는 앞의 149/150면 참고). 이 추론 자체는 필연적이지만, 이 추론이 진리인 결론에 도달하는지는 전제의 진리 여부에 달려 있다. 예컨대 다음과 같은 추론을 생각해보자. 1. 대전제: 입법자에 의해 형식적으로 정확하게 제정된 규범이 법이다. 2. 소전제: 나치의 인종법은 입법자에 의해 형식적으로 정확하게 제정되었다. 3. 결론: 나치의 인종법은 법이다.

순수하게 연역적으로만 사고하는 법학을 학문적으로 정당화할 때 가장 자주 인용되는 이론은 라드브루흐와 켈젠이 주장한 **존재/당위 방법이원주의**이다. 이에 따르면 당위는 언제나 다른 (상위의) 당위에만 기초할 수 있을 뿐, 결코 존재로 소급할 수 없다고 한다. 만일 법을 순수하게 연역적으로 발견해낼 수만 있다면, 실제로 모든 법적 문제에 대해 언제나 **단 하나**의 정당한 대답만이 존재할 것이다. 그러나 그건 드워킨의 '헤라클레스'에게나 가능할 뿐, 통상의 경우 방법이원주의는 제대로 기능하지 못한다(그렇다면

358 이에 관해서는 *D. Grimm*, Methode als Machtfaktor, in: Festschrift für H. Coing, Bd. 1, 1982, S. 469 이하 참고.

359 이에 관해서는 *G. Radbruch*, Vorschule(각주 9), S. 19; GRGA, Bd. 3, 1990, S. 137 이하; *H. Kelsen*, Reine Rechtslehre(각주 342) 참고. 방법이원주의에 관한 명쾌한 해명으로는 *G. Ellscheid*, Das Problem von Sein und Sollen in der Rechtsphilosophie Immanuel Kants, 1968 참고.

법을 발견할 때 존재와 당위 사이에 어떻게 다리를 놓을 수 있을까? 라드브루흐는 그의 후기사상에서 "사물의 본성을 통해!"라고 대답한다).

2.3.6.4.2 **귀납** 역시 필수 불가결의 도구이고, 특히 법학과 같이 현실을 다루는 학문에서는 없어서는 안 될 논리적 도구이다. 연역은 순전히 분석적이고, 따라서 새로운 인식을 낳지 못하는 반면, 귀납은 혁신적이어서 새로운 인식에 도달하게 만들 수 있다. 물론 반드시 그렇다는 뜻은 아니다. 특수에서 보편으로 향하는 추론은 완벽한 귀납일 때만 필연적이다. 즉 모든 개별사례를 관찰할 수 있을 때만 필연적이다. 그러나 이는 오로지 수학적으로만 가능하고, 무한대로 많은 요소와 관련해서는 현실적으로 불가능하다.

법학에서는 특히 경험적 이론들이 규범의 도움을 받지 않고 오로지 사례로부터 법적 결정에 도달할 수 있다고 믿는다(이러한 이론은 어떤 측면에서는 '역방향의 방법이원주의'라고 말할 수 있다). 그러나 순수한 귀납만으로는 순수한 연역과 마찬가지로 구체적인 법적 결정에 도달할 수 없다.

2.3.6.4.3 이 점에서 우리의 결론은 이렇다. 즉 **순수한 연역 또는 순수한 귀납만으로는 법에 도달할 수 없다.** 오히려 우리는 연역과 귀납을 결합한 '추론형식'이 필요하다. 그와 같은 추론형식은 두 가지가 있다. 하나는 **유비추론**(Analogie)이고, 다른 하나는 **가설추론**(Abduktion)이다. 유비추론은 이미 알려진 특수로부터 알려지지 않은 특수를 추론하지만, 이 추론 자체는 오로지 보편을 거쳐서만 가능하다. 예를 들어보자. 1. 지구는 속성 a b c d + 생명체가 존재하는 행성이다. 2. 화성은 속성 a b c d를 가진 행성인가? 3. 화성에는 생명체가 있다. 이 추론은 보편, 즉 사건의 법칙성이라는 전제를 거쳐서만 가능하다. 유비추론이 새로운 인식을 낳는다는 점은 분명하다(따라서 유비추론은 모든 학문에서 사용된다). 하지만 유비추론은 **가설적 토대** 위에 있다. 즉 유비추론은 언제나 위험이 따르는 추론이고, 언제든지 반대되는 추론(argumentum e contrario)이 가능하다(예컨대 화성의 대기권이 지구와는 달리 밀도가 낮고, 따라서 생명체가 없다는 결론을 내릴 수 있다). 유비추론에서는 인식되는 것 그 자체(본질)를 인식하는 게 아니라 이것이 이미 알려진

것과 맺는 관계(Relation)를 인식하게 된다. 그러므로 몇몇 특징에 비추어 본 일치로부터 알려지지 않은 다른 특징에 비추어 본 일치를 추론하는 것이 곧 유비추론이다. 그러나 현실에서는 결코 완벽하게 같은 것과 완벽하게 다른 것이란 존재하지 않기 때문에 유비추론은 언제나 다시 **문제 삼을 수 있는 추론**이다.

유비추론(이 추론은 귀납보다는 연역에 더 가깝다)보다 불확실한 추론은 특히 퍼스가 발전시킨 **가설추론**이다.[360] 가설추론에서는 이미 알려진 보편법칙으로부터 출발해 알려진 특수를 거쳐 알려지지 않은 특수를 추론한다. 퍼스가 제시한 예를 들어보자. 1. 이 자루에 든 콩은 모두 흰콩이다. 2. 이 콩들은 흰콩이다(흰콩이라는 사실은 알려 있지만, 이 자루에 있는 콩인지는 모른다). 3. 이 콩들은 이 자루에 든 콩이다. 퍼스에 따르면 가설추론은 특히 가설의 발견을 위해 이용된다. 즉 유비추론이 가설을 통해 **작업**한다면, 가설추론은 가설을 **발견**한다.

2.3.7 법실현 과정에서 단계구조

우리는 수많은 학자, 특히 토마스 아퀴나스와 한스 켈젠이라는 이론적 성격이 완전히 다른 학자들에 의해 발전된 **법실현 과정의 단계구조**에서 출발하고자 한다(여기서 '단계'는 비유적 의미라는 점에 유의해야 한다).[361] 우리는 세 가지 단계로 구별한다. 첫 번째 단계는 **추상적-일반적, 초실정적 및 초역사적 원칙들**로 구성된다.[362] 두 번째 단계는 **구체적-일반적이고, 형식적-실정적이며,** 초역사적이지는 않지만 비교적 오랜 기간('각 시대의 법률')에 걸쳐 **효력을 갖는 법규칙들**로 구성된다. 세 번째 단계는 **구체적, 실질적-실정적, 역사적 법**이다. 세 단계를 더 짧게 표현하면, 법원칙 — 법규칙 — 법적 결정이라고 말할 수 있다. 다만 이 순서를 논리적 순서로 이해해야 한다. 존재론적으로는 단계들의

360 *Ch. S. Peirce*, Collected Papers; *ders.*, Schriften zum Pragmatismus und Pragmatizismus, hrsg. von *K.-O. Apel*, 2. Aufl. 1976. 퍼스에 대한 포괄적인 논의로는 *L. Schulz*, Das rechtliche Moment der pragmatischen Philosophie von Charles Sanders Peirce, 1988 참고.

361 이 점 및 아래의 서술에 관해 자세히는 *A. Kaufmann*, Analogie(각주 33), S. 10 이하 참고.

362 물론 법원칙들의 내용이 각각의 상황에서 채워지는 형식은 다시 초역사적이지 않다. 이에 관해서는 *J. Llompart*, Die Geschichtlichekti der Rechtsprinzipien, 1976 참고.

관계가 반대이다. 구체적인 법이 법원칙(법이념)보다 더 존재에 가깝고, 존재와의 관련성이 더 높기 때문이다.

이러한 단계구조를 더 정확히 이해하기 위해서는 다시 똑같이 중요한 의미를 지닌 두 가지 테제를 토대로 삼아야 한다. 첫 번째 테제는, 법실현 과정에서는 앞에서 말한 단계들 가운데 어느 단계도 빠져서는 안 된다는 점이다. 즉 법원칙 **없이는** 법규칙이 있을 수 없고, 법규칙이 **없이는** 법적 결정이 있을 수 없다. 두 번째 테제는, 어떠한 단계도 바로 앞 단계로부터 연역적으로 도출될 수 없다는 점이다. 이는 곧 어떠한 법규칙도 **오로지** 법원칙으로부터만 도출될 수는 없고, 어떠한 법적 결정도 **오로지** 법규칙으로부터만 도출될 수는 없다는 뜻이다.

첫 번째 테제를 통해 우리는 가치 또는 당위의 관점이 없이 오로지 권력(홉스), 의지(자유법운동의 의지 중심주의), 이익, 기대, 공동체에서의 역할(이익법학, 법사회학)로부터 가치 관점 또는 당위 관점에 도달할 수 있다는 견해로부터 거리를 유지한다. 즉 '사실적인 것의 규범력(게오르그 옐리네크)'은 존재하지 않으며, 법적 결론은 언제나 '윤리적' 권력, '이성적' 의지, '가치 있는' 이익 등과 같이 가치와 관련을 맺는 사실로부터만 도출될 수 있다.

우리가 여기서 특히 많은 관심을 기울이는 두 번째 테제를 통해 우리는 오로지 가치 관점, 원칙, 규범, 당위만을 바라보면서 이로부터 곧장 현실의 법에 도달할 수 있다고 생각하는 모든 '규범주의적' 경향을 단호히 거부한다. 물론 역사적으로 볼 때 그와 같은 시도는 상당히 많았고(고전적 자연법, 개념법학, 규범논리적 실증주의 등), '규범적인 것의 사실력'이 이념과 현실, 당위와 존재 사이에 다리를 놓기에 적절한 주문(呪文)처럼 여겨지기도 했다. 그러나 이러한 순수한 규범주의, 즉 존재와 관련된 당위를 다른 당위로부터 도출하는 이론은 착각과 환상에 기초한 것일 따름이다. 순수하게 규범적인 추론은 불가능하고, 언제나 경험 또는 존재가 개입하기 마련이기 때문이다.

이로써 우리는 법발견이 **연역적-귀납적**으로, 즉 **유비추론에 따라** 이루어진다는 사실을 증명했다고 생각한다. 법을 발견하기 위해서는 당위의 요소와 존재의 요소가 필요하다. 이 점에서 **법은 근본적으로 유비적이다. 입법** 역시 존재 요소가 없이, 즉 법률이 적용되어야 할 사례를 예상하지 않고서는 가능할 수 없다.

법실현 과정에서는 연역과 귀납이 **동시에** 이루어지지 순차적으로 또는 별도로 이루어지지 않는다. 이러한 법실현 과정을 그림으로 묘사하길 원한다면 그 그림은 마치 서로 다른 방향을 향하는 것처럼 보이는 나선형 계단과 비슷한 모습일 것이다. 이보다 더 뚜렷한 그림은 아마도 라드브루흐가 비유적으로 표현한 터널(앞의 130면)일 것이다.

2.3.8 법학방법론에 대한 해석학적 이해

앞에서(2.2.5.4.1)는 해석학을 언어이해와 의미이해의 가능성 조건 자체를 뜻하는 **선험철학**으로 소개했고, 하나의 방법으로 소개하지는 않았다. 즉 선험철학으로서의 해석학은 구체적인 법관이 가진 사실상의 선이해나 주체-객체-도식을 뛰어넘는 법관의 사고형식 또는 사실상의 내용적 의미이해가 아니다.[363] 하지만 이 사실상의 방법적 과정을 '해석학'으로 부르는 경우가 자주 있다. 이는 얼마든지 가능한 일이지만, 이때 말하는 '해석학'은 선험철학이 아니라 '**방법**'이라는 점을 분명히 인식해야 한다. 해석학에 대해 제기되는 반론 — 해석학이 비합리적, 주관주의적, 비학문적이라는 반론 — 은 거의 언제나 이 두 가지 방식의 해석학 모두에 관련되고, 당연히 해석학적 법학방법론에도 관련된다.

우리는 이하에서 해석학적 방법론을 전개하려는 것이 아니라, 방법의 측면에서 볼 때 법발견 과정에서 무엇이 발생하는지(또는 발생해야 하는지)를 해석학적 관점에서 고찰하고자 할 따름이다. 다시 말해 **법학방법론에 대한 해석학적 이해**가 우리의 논의 목표이다(이는 법학방법론을 해석학과는 다르게 이해하는 이론들이 존재한다는 것을 전제한다. 다만 이 이론들을 절대시해서는 안 된다).

이하의 설명을 읽는 독자들은 계속 도식 6과 도식 7(앞의 151/152면)을 염두에 두길 바란다.

2.3.8.1 우리는 연방법원이 재판했던 한 형사사건에서 출발한다.[364] 사안 자체는

---

363 이에 관해서는 *J. Stelmach*, Die hermeneutische Auffassung der Rechtsphilosophie, 1991 참고.
364 BGHSt. 1.

매우 단순하다. 어떤 남자가 가게 점원 얼굴에 염산을 퍼붓고 돈주머니를 빼앗아 달아났다. 결정적인 물음은 염산이 중강도에서 말하는 '무기'에 해당하는가이다(형법 제250조에 무기 이외에 '또는 여타의 도구나 수단'이라는 구성요건표지가 추가된 것은 연방법원의 판결이 선고된 이후이다. 입법자가 이 판결을 법개정의 계기로 삼은 것으로 보인다). 실증주의적 견해에 따라 법률의 해석과 사안의 확인을 분리된 활동으로 파악하면, 이 물음에 대답할 수 없다. 염산은 문언과 가능한 문언의 의미('가능한 문언의 의미' 역시 이미 유비추론과 직접적 관련이 있다[365])에 따르더라도 무기가 아니다. 다른 한편 규범을 고려하지 않고 사안을 확인하면 염산이 무기인가의 물음 자체를 제기하지 않게 된다. 즉 사건이 중강도에 해당할지도 모른다고 '선이해'할 때만 이 물음에 봉착한다. 사례를 예컨대 '살인미수'로 '선이해'하면 염산이 '무기'인가의 물음은 아무 의미도 없다. 이 점에서 유의미한 선이해가 없이는 관련된 법적 문제 자체에 도달하지 못한다는 사실을 잘 알 수 있다. 그리고 이 측면에서 이해과정의 '순환'도 분명히 인식할 수 있다. 즉 무엇이 중강도인지를 알고 있을 때만 구체적 사례를 중강도에 속하는 사례로 이해할 수 있지만, 구체적인 사례를 제대로 분석하지 않고서는 무엇이 중강도인지를 알 수 없다. 법률규범을 하나의 **'구성요건적 사실'**로 **형성하는 것**(해석)은 사례에 비추어 이루어지고, 사례를 **'법적 사안'**으로 **형성하는 것**(구성)은 법률규범에 비추어 이루어진다. 그리고 이러한 형성은 언제나 포섭에 앞서는 창조적 활동이다('명백한' 사례에서는 형성과 포섭이 단번에 이루어지는 것처럼 보일 뿐이다).

사례와 규범은 방법적 과정의 '원재료'일 뿐이고, 원재료에 대한 가공이 이루어지지 않은 상태에서는 양자가 서로 맞물리지 않는다. 사례와 규범은 범주적으로 볼 때 완전히 다른 차원에 속하기 때문이다. 즉 규범은 추상적-보편적으로 규정된 당위에 속하고, 무한대의 사실들이 포함된 사례는 아무런 형태도 없는 존재에 속한다. 이 양자가 서로 맞물리게 만드는 상호연관성은 규범이 경험으로 채워지고, 사례가 규범성으로 채

---

365 이에 관해서는 *U. Neumann*, Der 'mögliche' Wortsinn als Auslegungsgrenze in der Rechtsprechung der Strafsenate des BGH, in: *U. Neumann/J. Rahlf/E. v. Savigny*, Juristische Dogmatik und Wissenschaftstheorie, 1976, S. 42 이하; *G. Bemmann*, Die natürliche Wortbedeutung als Auslegungsgrenze im Strafrecht, in: MDR 1958, S. 394 이하 참고.

워져 양자가 서로 '상응'할 때 비로소 가능하고, 또한 이 상응 관계는 논증을 통해 정당화되어야 한다.

2.3.8.2 법적 판단에서는 사안과 규범이 서로 '상응하도록' 만들어야 한다(이는 곧 유비추론이다). 다시 말해 사안과 규범은 서로 다른 차원의 범주에 속하고, 근원적으로 서로 같지 않기 때문에 적극적인 형성 활동을 통해 서로 '상응하게' 만들어야 한다('상응이론'; 대표적인 학자는 카알 엥기쉬, 아르투어 카우프만이다). 이렇게 규범과 사례가 서로 상응하게 만드는 것은 오로지 법률을 통해서만 사례를 규정해 사례를 단순히 법률에 포섭하는 것이 아니고, 단순한 해석도 아니다(해석이 아니라 구성이다). 이 상응 관계는 규범과 사례가 서로 같지는 않지만 특정한 관점, 즉 법의 취지(ratio juris)에 비추어 볼 때 서로 비슷하다는 전제에서만 성립할 수 있다. 따라서 규범과 사례를 서로 '상응하도록 만들기' 위해서는 **의미 관계의 일치**가 존재해야 한다.

연방법원은 어떠한 과정을 거쳐 '염산'도 무기에 해당한다고 보게 된 것일까? **문언**과 **가능한 문언의 의미**에 비추어 볼 때 **이 결론은 상당히 의심스럽다. 체계적 요소**를 고려할지라도 반드시 그러한 결론으로 이끌지 않는다. 법질서 어디에서도(예컨대 무기법) 화학물질을 무기로 다루지 않기 때문이다. **주관적**(역사적) **해석**[366]도 역사적 입법자가 염산이 무기에 해당한다고 생각했다는 사실을 확인할 수 없다. 연방법원은 **객관적 목적론적**[367] **확장해석**을 토대로 이 결론에 도달했고, 이 해석은 **유비추론**과 거의 유사하다.[368] 객관적 목적론적 해석은 그 자체 상당히 위험한 해석방법이다. 법관이 법률의 지배자가 되도록 만들기 때문이다. 따라서 적어도 다른 모든 해석규칙에 비추어 볼 때 특정한 해석이 금지될 때는 유비추론은 허용되지 않는다. 그 때문에 연방법원은 반대추론(argumentum e contrario)을 적용해 중강도의 성립을 부정해야 했다.

---

366 이에 관해서는 *U. Schroth*, Theorie und Praxis(각주 298); *W. Naucke*, Der Nutzen der subjektiven Auslegung im Strafrecht, in: Festschrift für Karl Engisch, 1969, S. 274 이하 참고.

367 이에 관해서는 *R. D. Herzberg*, Kritik der teleologischen Gesetzesauslegung, in: NJW 1990, S. 252 이하; *J. Mittenzwei*, Teleologisches Rechtsverständnis, 1989 참고.

368 확장해석의 위험성에 관해서는 *P. Velten/O. Mertens*, Zur Kritik des grenzlosen Gesetzesverstehens, in: ARSP 76(1990), S. 516 이하 참고.

2.3.8.3 여기서 앞에서 제시한 도식에 포함된 내용을 자세히 설명할 수는 없다. 다만 다음과 같은 점만을 지적하고자 한다. 전통적인 실증주의적 방법론은, '**법적용**(Rechtsanwendung)'은 정상적인 경우이고, **법발견**(Rechtsfindung)은 법적용과는 질적으로 구별되는 예외적인 경우라고 생각했다. '법관의 자유로운 법형성'은 실제로 매우 문제가 많다. 법관이 직접 법을 형성하게 되면 권력분립원칙을 무시하고 입법자를 대체하는 상황이 전개되기 때문이다.[369] 이 문제는 결코 새로운 문제가 아니다. 토마스 홉스는 이미 이렇게 말한 적이 있다. "입법자는 단순히 자신의 권위를 통해 법률을 먼저 만든 자가 아니라 자신의 권위를 통해 만든 법률이 계속 법률로 남아 있도록 만드는 자이다."[370] 바로 이 점에서 '단순한' 법적용을 통해 입법자가 제정한 법률은 계속 법률로 남아 있게 된다. 따라서 다양한 법발견 양태는 실제로는 질적으로 구별되는 것이 아니라 **법률의 외연의 정도**를 통해서만 구별된다. 즉 숫자 개념 — 명확한 문언 — 가능한 문언의 의미 — 법의 목적 — 유비추론/반대추론 — 법관의 자유로운 법형성으로 외연의 정도를 구별할 수 있다.

실증주의적 견해와는 반대로 **법률의 불완전성**은 하자가 아니라 법률의 **필연적 속성**이다. 법률은 명확하게 표현될 수 없다. 법률은 무한한 다양성을 갖는 사례들을 대상으로 만들어지기 때문이다. 그 자체 폐쇄되고 완결성을 지니고 있으며 어떠한 흠결도 없는 명확한 법률(그러한 법률이 가능하다는 전제하에)은 법의 발전을 정지시키고 말 것이다. 이 점은 법률의 개념사용과 관련해서도 중요한 의미가 있다.[371] 법률상의 개념과 법적 개념은 숫자 개념과 같은 극소수의 예외를 제외하면 언제나 명확하지 않다. 이 개념들은 추상적-일반적이고, 단순히 서술적인 개념이 아니라, 유형개념, 즉 질서개념이며, 따라서 '이것 아니면 저것'이 아니라 '많고 적음'에 비추어 이해되는 개념이다.[372] 이 점에서 중강도에서 말하는 '무기'는 단순히 추상적-일반적인 서술적 '개념'이 아니라 규

369 법발견에 관한 수많은 문헌 가운데 *F. Wieacker*, Gesetz und Richterkunst; Zum Problem der außergesetzlichen Rechtsordnung, 1958; *R. Lautmann*, Freie Rechtsfindung und Methode der Rechtsanwendung, 1967; *R. Ogorek*, Richterkönig oder Subsumtions- automat?, 1986; *F. Müller*, Richterrecht, 1986 참고.

370 인용은 영어원문을 제시하고 있는 *F. Somló*, Juristische Grundlehre(각주 190), S. 96에 따름.

371 이에 관한 전반적인 내용은 *J. Hage/D. von der Pfordten*(Hrsg.), Concepts in Law, 2009 참고.

372 자세히는 *A. Kaufmann*, Analogie(각주 33), S. 44 이하 참고.

범적인 '**유형개념**'이다. 물론 바로 이 지점에서 이러한 유형개념의 외연이 어느 정도까지 확장되어도 좋은지 그리고 추상적-일반적 개념이 이러한 확장을 어느 정도로 제한해야 하는지의 문제가 제기된다. 이 문제를 자세히 논의하기에는 우리에게 할애된 지면이 한정되어 있다.

2.3.8.4 앞에서 지적했듯이 **입법의 방법**은 법적용의 방법과 유사하다. 법적용(그리고 법발견)은 법률(당위)과 사례(존재)가 서로 (상호관련적으로) 관계를 맺게 되어 추상적 법률로부터 (사례에 비추어) '해석'을 통해 구체적인 '구성요건적 사실'이 확인되고, (형태가 없는) 개별사례로부터 (법률에 비추어) 유형화된 '사안'이 밝혀지는 유비추론 절차이다. 이때 법률과 사례를 비교하는 기준(teritium comparationis)이 곧 '의미(법의 취지)'이고, 이 의미를 통해 법률구성요건과 사안이 서로 '상응'하게 된다(이들이 서로 상응하지 않으면, 법규범이 적용될 수 없다). 입법도 이와 마찬가지로 — 또는 이러한 법적용 절차의 '역방향으로' — 파악할 수 있다. 즉 예컨대 "각자에게 그의 몫을", "약속은 지켜야 한다", 황금률, 정언명령, 공정의 원칙, 책임원칙, 관용의 원칙 등(이들 모두는 당위이다)과 같은 법이념 또는 일반적 법원칙과 입법자가 규율하고자 하고 그가 예상하는 생활사실(존재)이 서로 상호관련적으로(유비추론적으로) 관계를 맺게 되어 양자가 서로 '**상응**'하게 된다. 즉 여기서도 '**상응 관계**'가 성립한다. 따라서 입법자는 자신이 '본질적'으로 여기는 관점(예컨대 법률행위 능력)에 비추어 '같다'라고 밝혀진 생활 사안들의 집단을 개념으로 표현되는 법규범으로 결집하고, 이 집단에 일정한 법률효과가 귀속되도록 지시한다. 그러나 평등원칙의 실현을 위해 법규범에서 같은 것으로 '설정'되는 것들은 실제로는 결코 '같지' 않다. 일곱 살 어린아이와 열일곱 살 소년은 전혀 같지 않지만, 단지 법률행위 능력을 완전히 갖추지 못한다는 점에서 같게 만드는 것일 뿐이다. 이 점에서 같게 만드는 것은 언제나 같지 않게 만드는 것이라는 점도 밝혀진다. 즉 아직 열일곱 살이 되지 않은 소년과 이미 열여덟 살이 된 소년은 규범을 통해 같지 않다고 구별된다.

2.3.8.5 법학방법론에서 핵심적인 문제는 예나 지금이나 **방법의 선택**(Methodenwahl)이라는 문제이다. 이 문제와 관련해 법원은 언제나 자의적으로 처리한다. 그사이

논증이론은 눈부신 발전을 이룩했다. 특히 로버트 알렉시(Robert Alexy)는 매우 인상 깊을 정도로 섬세하게 규범적 논증규칙과 우선규칙을 제시했다.[373] 다만 이러한 규칙들이 합리적인 논의에서는 얼마든지 적절한 규칙이 되지만, 법정절차에서는 적절하지 않다는 단점을 안고 있다. 물론 알렉시는 법정절차가 합리적 논의의 '특수한 사례'라고 파악하지만,[374] 이는 타당하지 않다. 법정절차는 지배가 없는 현상이 아니고, 절차 참여자들은 설령 하자가 있을지라도 법률에 구속되며, 절차가 무한대로 진행되거나 '논거들이 충족될' 때까지 진행될 수도 없다(더욱이 언제 '논거들이 충족'되었다는 합의가 존재한다고 볼 것인가?). 오히려 법정절차는 합의가 없어도 마감되고, 진리와 정의에만 봉사하는 것이 아니라 법적 평화에도 봉사한다. 그 때문에 법원의 판결은 설령 부정당한 판결일지라도 확정력을 갖는다. 이는 합리적인 논의에서는 있을 수 없는 일이다.[375] 알렉시는 법정절차의 참여자 누구나 "이성적으로 논증해야 한다고 주장한다"라는 점을 자신의 특수사례 이론의 본질적 측면으로 지칭하고 있지만,[376] 실제로 모든 참여자가 그렇게 주장하는지는 현직 (형사)법관이나 법관을 해본 사람에게는 극히 의심스럽게 여겨진다. 물론 그렇다고 해서 법정절차가 조금도 합리적인 논의가 아니라고 생각해서는 안 된다. '합리적'이라는 단어를 극히 형식적인 개념으로 희석해야 할 이유는 없으며, 얼마든지 **내용적 합리성**(νοῦς, intellectus)이라는 의미로도 이해할 수 있기 때문이다.

다음 절에서는 해석규칙들 사이의 우선규칙과 관련된 문제 몇 가지를 언급하겠다.

2.4 절차적 정의이론

우리가 이미 알고 있듯이 칸트는 그의 '선험철학'에서 "순수한 직관은 단지 무언가

---

373 *R. Alexy*, Theorie der juristischen Argumentationstheorie, 2. Aufl. 1991.

374 *R. Alexy*, Theorie(각주 373), S. 261 이하, 426 이하.

375 이에 관해서는 *A. Kaufmann*, Läßt sich die Hauptverhandlung in Strafsachen als rationaler Diskurs auffassen?, in: *H. Jung/H. Müller-Dietz*(Hrsg.), Dogmatik und Praxis des Strafverfahrens; Gerhard Kielwein zum 65. Geburtstag, 1989, S. 15 이하 참고.

376 *R. Alexy*, Theorie(각주 373), S. 428 이하.

에 대한 직관이 이루어지기 위한 **형식**일 뿐"이고 "순수한 개념은 단지 대상에 대한 사고 자체의 **형식**일 뿐"이라는 결론에 도달했다(2.2.3.3.2). 따라서 내용이 **경험**으로부터 오는 이상 내용은 후험적으로만 타당성을 갖는다. 그렇다면 일관성을 지닌 내용을 혹시 **형식**으로부터 획득할 수 있도록 시도할 수는 없을까? 실제로 '순수한 형식'이 지각의 기만에서 벗어난 내용을 낳을 수 있다는 생각은 수많은 사상가의 환상을 사로잡았다. 뒤의 제3장(3.2.7)에서 밝히듯이 이미 칸트의 정언명령과 그의 법원칙도 이러한 생각에 기인한 것이었다. 오늘날에는 칸트와 유사한 시도를 흔히 '절차적 이론'이라고 지칭한다.[377] 이에 관해서는 다음 제3장에서 더 자세히 서술하고, 이 장에서는 우리의 서술 의도에 비추어 필요한 내용에만 한정하겠다.

2.4.1 체계이론

탈코트 파슨스(Talcott Parsons; 1902-1979년)에서 시작했고 독일어권에서는 주로 니클라스 루만(1927-1998년)이 주장하는 **체계이론**은 매우 제한적인 의미에서만 절차적 정의이론으로 볼 수 있다. 체계이론에 따르면 '정당성', '정의', '진리'는 아예 존재하지 않기 때문이다. 이 개념들은 단지 선한 의도를 표명하거나 전제된 합의를 표현하기 위해 사용하는 상징에 불과하다. 왜냐하면 — 이 이론에 따르면 — 체계기능이 모든 것을 포괄하고, 체계에서 벗어난 입장에서 체계를 비판하는 것은 불가능하기 때문이다. 체계는 스스로 생산하고 체계의 승인 자체도 (학습 과정을 거쳐) 스스로 생산한다. '절차를 통한 정당화'[378]는 바로 이 점을 뜻한다. 따라서 체계이론에 따르면 '정의'가 실현되는 것이 중요한 것이 아니라(정의는 존재하지 않는다!) 체계가 사회적 복잡성을 감축함으로써 체계가 기능한다는 사실이 중요하다.

---

377 이에 관해서는 *A. Kaufmann*, Recht und Rationaliät(각주 80), S. 11 이하; *ders.*, Prozedurale Theorien der Gerechtigkeit, 1989; *ders.*, Rechtsphilosophie in der Nach-Neuzeit, 2. Aufl. 1992 참고. 또한 조금은 다른 시각에서 접근하는 *R. Alexy*, Die Idee einer prozeduralen Theorie der juristischen Argumentation, in: Rechtstheorie-Beiheft 2(1981), S. 177 이하도 참고.

378 *N. Luhmann*, Legitimation durch Verfahren, 1969. 이에 관해서는 *A. Kaufmann/W. Hassemer*, Grundprobleme(1981), S. 177 이하 참고.

루만의 이 이론적 기획은 얼마든지 내재적 일관성을 갖는다. 하지만 완벽한 논리적 일관성을 갖춘 순수한 절차적 이론은 내용까지도 허용하지 않는다는 사실이 곧장 드러난다. 즉 그의 이론에서는 '방법'으로부터 생성되는 '대상'이 전혀 존재하지 않으며, 단지 '방법'만이 있을 따름이다. 그 때문에 법은 절대적으로 기능적이고, 당연히 자의적이다. 그리고 설령 이러한 기능주의가 내재적으로는 모순이 없을지라도, 이론적 및 실천적 이유에서 기능주의를 거부해야 마땅하다. 법에 관한 기능주의적 견해는 이론적으로 볼 때 법의 근원적 목적-수단 구조에 부합하지 않는다.[379] 실천적으로도 극단적으로 감축된 틀 속에서는 윤리적 정당화와 법도그마틱적 정당화를 제대로 이해할 수 없다.

2.4.2 계약모델

이제 기능주의적이지 않은 다른 절차적 이론들이 어떻게 내용에 도달하려고 시도하는지를 살펴볼 차례다. 이와 관련해서는 **계약모델**을 먼저 언급해야 한다. 이 모델은 과거의 '정치적 계약' 또는 '사회계약(홉스, 로크, 푸펜도르프, 루소, 칸트 등)'의 르네상스라고 볼 수도 있다.[380] 이 모델 가운데 가장 유명한 이론은 존 롤스(1921-2002년)의 정의이론이다.[381] 롤스의 정의이론에서는 판단자들이 권력과 태생의 차이를 배제하면서 모든 사람에게 평등한 자유를 보장하는 가상의 '원초적 상태(original position)'에 있다고 가정하고 — 특히 이 점이 롤스 이론의 독특한 측면이다 — 나중에 성립할 질서에서 어떠한 지위를 갖게 될 것인지를 아무도 모르는 상태('무지의 베일')를 가정함으로써 보편화 가능한 규범을 획득하고자 한다. 롤스는 그와 같은 가상의 원초적 상태에서 계약 파트너들이 다음과 같은 두 가지 정의원칙에 합의할 것이라고 한다. 1. 누구나 모든 사람

379 이에 관해서는 *D. von der Pfordten*, Was ist Recht? Ziele und Mittel, in: JZ 2008, S. 641 이하; *ders.*, Rechtsphilosophie. Eine Einführung, 2013, S. 22 이하 참고.

380 이에 관한 수많은 문헌 가운데 *I. Kern/H. P. Müller*(Hrsg.), Gerechtigkeit, Diskurs oder Markt?; Die neuen Ansätze in der Vertragstheorie, 1986; *O. Höffe*, Politische Gerechtigkeit; Grundlegung einer kritischen Philosophie von Recht und Staat, 1987, S. 441 이하; *W. Bender*, Urteilsbildung, 1988, S. 92 이하 참고.

381 *J. Rawls*, Eine Theorie der Gerechtigkeit, 1975; *ders.*, Gerechtigkeit als Fairness, 1977. 이에 관해 자세히는 *O. Höffe*(Hrsg.), Über John Rawls' Theorie der Gerechtigkeit, 1977 참고.

에게 가능한 가장 포괄적인 평등한 기본적 자유의 전체 체계에 대해 평등한 권리를 갖는다. 2. 사회적 및 경제적 불평등은 다음과 같은 속성을 지녀야 한다. (a) 이러한 불평등이 정당한 절약원칙이라는 제한적 조건에서 가장 적은 혜택을 받은 자에게 가장 많은 이익이 가도록 해야 한다(이른바 극대화 원칙과 차별 원칙). (b) 이러한 불평등은 공정한 기회균등에 따라 모든 사람에게 개방된 공직과 지위와 관련된 것이어야 한다.[382] 이는 상당히 설득력 있게 들린다. 하지만 도대체 왜 가상의 계약 파트너들이 바로 이와 같은 규칙에 도달하는 것일까? 그 이유는 롤스가 이미 정의에 관한 특정한 내용적 사고를 전제하기 때문이다. 이 전제는 롤스 자신과 롤스가 살던 1950년대와 1960년대 미국 사회의 전제이다. 즉 롤스의 원초적 상태에서 합의되는 내용은 오늘날 우리의 도덕적 및 법적 이해에 부합하지만, 이러한 이해가 없는 시대와 장소에서는 롤스의 논증이 지닌 설득력도 사라진다.

내용이 오로지 형식, 즉 절차로부터만 획득될 수는 없다. 절차적 이론이 순환논법적 논증을 한다는 사실을 간과할 수 없다. 이는 이 이론을 비난한다는 의미가 아니라 단순히 사실을 확인하는 것일 따름이다. 특히 롤스가 정의의 내용에 도달한 것은 긍정적으로 평가해야 마땅하다. 그는 실증주의적 견해에서는 전혀 존재할 수 없는 **저항권**(왜냐하면 실증주의에서는 법에 대항하는 법은 있을 수 없고, 아무리 사악한 법률도 아무튼 법률이기 때문이다)이 차지할 자리도 다시 마련했다. 롤스 자신이 부정의한 법률에 대한 복종의무의 문제를 자세히 논의한다.[383] 물론 롤스의 관심 대상은 부정의하고 폭정적인 법질서와 국가질서에 대항하는 '고전적 저항권(예컨대 나치즘에서의 저항)'[384]이 아니라 '거의 정의로운' 사회에서 저항할 권리이다. 그 때문에 롤스는 '저항'이 아니라 '**시민불복종**'이라는 명칭을 사용한다.[385] 롤스가 어떠한 전제조건하에 법치국가에서 이루어진 저항(이것만이 롤스의 관심사이다)을 정당하게 여기는지를 여기서 자세히 논의할 수는 없다. 물론 이 주제가 높은 시의성을 지닌다는 사실은 잘 알려져 있고,[386] 이 주제의 중요성

---

382 *J. Rawls*, Eine Theorie der Gerechtigkeit(각주 381), S. 336.

383 *J. Rawls*, Eine Theorie der Gerechtigkeit(각주 381), S. 386 이하.

384 이에 관해서는 관련 문헌을 모아놓은 *A. Kaufmann*(Hrsg.), Widerstandsrecht, 1972 참고.

385 *J. Rawls*, Eine Theorie der Gerechtigkeit(각주 381), S. 399 이하. 저항권의 관점에서 다수결 원칙이 지닌 문제점에 관해서는 S. 392 이하 참고.

역시 '시민불복종' 또는 — 이 글의 첫 번째 저자의 표현에 따르면 — '**작은 형태의 저항권**'의 목표설정에 비추어 보더라도 얼마든지 이해할 수 있다. 즉 '작은' 저항은 '거의 정의로운' 사회에서도 행사되어야 하고, 이를 통해 불법국가에 도달하지 않고, 따라서 '큰' 저항이 필요한 상황에 도달하지 않을 수 있다.[387]

2.4.3 논의모델

다시 절차적 이론으로 되돌아가 보자. 위르겐 하버마스(Jürgen Habermas; 1929-)는 롤스에 대해 도덕적 논증을 통해 해결해야 할 과제는 독백적(monologisch)으로 처리할 수 있는 것이 아니라 협력적 노력이 필요하다는 반론을 제기한다. 즉 도덕적 논증은 장애를 겪는 합의를 다시 수립한다는 목표에 이바지한다고 한다. 그 이유는 규범의 지휘를 받는 상호작용의 영역에서 발생한 갈등은 규범적 상호이해의 장애에 직접 기인한 것이기 때문이라고 한다.[388] 그리하여 하버마스는 계약모델에 대항해 **논의모델**(Diskursmodell)을 제시하는데, 이 모델은 법철학에서 롤스의 이론과 비슷한 반향을 얻고 있다.

하버마스는 **합리적 커뮤니케이션 절차**로부터 진리인 또는 정당한 내용을 획득하는 것을 이론적 과제로 삼는다. 이와 관련해 **이론적 논의**에서는 경험적 사실의 진리성이, **실천적 논의**에서는 규범적 언명의 정당성이 대상이 된다.[389] 문제는 절차를 통해 **정당한 규범**을 **진리인 사실**처럼 정당화할 수 있는가이다. 다시 말해 **가치의 명증성**을 **관찰의 명증성**과 같은 방식으로 정당화할 수 있는가이다. 또 다른 특수한 문제는 과연 법적 논증이 합리적 논의라는 모델에 속하는가이다. 이 두 가지 문제에 대해서는 앞에서 이미 서술했다.

---

386 이에 관해서는 많은 문헌이 쌓여 있다. 그 가운데 *P. Glotz*(Hrsg.), Ziviler Ungehorsam im Rechtsstaat, 1983; *W. Hassemer*, Ziviler Ungehorsam — ein Rechtfertigungsgrund?, in: Festschrift für R. Wassermann, 1985, S. 325 이하; *R. Dreier*, in: Recht(각주 114), S. 39 이하 참고.

387 이에 관해서는 *A. Kaufmann*, Vom Ungehorsam gegen die Obrigkeit, 1991 참고.

388 *J. Habermas*, Moralbewußtsein und kommunikatives Handeln, 1983, S. 76 이하.

389 *J. Habermas*, Vorstudien und Ergänzungen zur Theorie des kommunikativen Handelns, 1984, S. 127 이하, 179.

하버마스는 **정당화된** 합의만이 진리와 정당성의 기준이 될 수 있다는 사실을 오해하지 않는다. 하지만 무엇이 합의를 정당화하는가? 이 물음에 대해 하버마스는 매우 주목할만한 대답을 제시한다. 즉 '**더 좋은 논거가 지닌 힘**'은 오로지 논의가 가진 형식적 속성을 통해서만 설명할 수 있을 뿐, 명제들의 논리적 일관성과 같이 논증 맥락의 **토대를 이루는 것**이나 경험의 명증성과 같이 마치 논증 맥락의 **바깥에서** 논증 안으로 밀고 들어오는 것을 통해서는 설명할 수 없다고 한다. 그렇다면 논의를 진리와 정당성의 기준으로 증명하는, 논의의 형식적 속성이란 무엇인가? 스테판 툴민(Stephen Toulmin)[390]의 이론을 끌어들이면서 하버마스는 모든 논의 참여자들의 기회균등, 발언의 자유, 특권의 배제, 정직, 강제로부터의 자유 등과 같은 '**이상적 대화상황**'의 조건에서 이러한 기준을 파악한다.[391]

실제로 진리와 정당성의 기준이 기본적으로 합리적이고 이상적인 논의의 조건에 기초할지도 모른다. 그렇지만 어떤 것(경험적 사실, 법적 규범)이 논의의 토대가 되지 않는데도 왜 논의가 이 어떤 것의 진리성 또는 정당성을 생성하는 것일까? 혹시 우리가 이미 칸트에서 보았던 것처럼 형식으로부터 소재가 생성되는 비밀로 가득 찬 근원, 즉 우리가 정의의 내용을 정당화할 때는 언제나 마주치게 되는 '자연법적 순환논법'이 작용하는 것은 아닐까?[392] 하버마스의 모델 역시 별반 다르지 않다. 물론 '더 좋은 논거의 원칙'이 언제나 해결을 가능하게 만들긴 하지만, 하버마스 자신이 논거들의 우선규칙을 제시하지 않기 때문에 모든 것은 불확정적인 상태에 있고, 따라서 '더 좋은 논거의 원칙'은 궁극적으로는 '공허한 원칙'이다.[393]

이 측면에서는 롤스의 모델이 더 우월하다. 그의 차별 원칙으로부터는 특정한 논거

---

390 *St. Toulmin*, Der Gebrauch von Argumenten, 1978.

391 *Habermas*, Vorstudien(각주 389), S. 160, 174 이하. 이와 유사한 이론으로는 *Ch. Perelman*, Über die Gerechtigkeit, 1967, S. 149 이하('보편청중 universales Auditorium').

392 이성적인 대화 또는 이성적인 행위라는 실천으로부터 '순환논법에 빠지지 않고' 학문적 인식을 정당화하려는, 그 자체 흥미롭긴 하지만 궁극적으로는 설득력이 없는 시도로는 파울 로렌첸(Paul Lorenzen), 오스발트 슈벰머(Oswald Schwemmer), 위르겐 미텔슈트라스(Jürgen Mittelstraß), 프리드리히 캄바텔(Friedrich Kambartel)로 대표되는 '구성주의자'들의 이론이 있다.

393 이에 관해서는 *I. Kern*, Von Habermas zu Rawls; Praktischer Diskurs und Vertragsmodell im entscheidungslogischen Vergleich, in: *Kern/Müller*(Hrsg.), Gerechtigkeit(각주 380), S. 93 이하 참고.

의 윤리적 우선을 도출할 수 있고, 특히 더 불리한 지위에 있는 사람에게 우선권을 부여하는 논거를 인정해야 한다는 원칙이 도출될 수 있기 때문이다.[394] 롤스의 정의이론이 갖는 이러한 측면은 '**소극적 공리주의**(negativer Utilitarismus)'라고 부를 수 있는 이론과 유사하다. 소극적 공리주의는 최대 다수의 최대행복에 초점을 맞추는 '적극적 공리주의'(행복을 보편화할 수 있을까? 행복을 조금도 느끼지 못하는 사람은 어떻게 해야 하는가?)와는 달리 곤궁을 최소화하는 것으로 만족한다. 즉 어떤 식으로든 최대한 낮은 수준의 곤궁상태를 추구하고, 부담을 부과할 때는 부담의 비중이 가장 낮은 방식에 따라 이루어져야 한다.[395] 이 맥락에서는 **관용의 원칙**도 언급할 필요가 있다. 이 원칙에 따르면 의심스러울 때는 관용의 범위가 더 넓은 논거 또는 재화가 우선권을 갖는다. 이때 관용의 원칙은 언제나 책임의 원칙[한스 요나스(Hans Jonas)]과의 연관성 속에서 파악되어야 한다(이는 물론 상당히 어려운 물음을 낳는다. 예컨대 오로지 임산부에 대해서만 관용해야 하는지 아니면 태아에 대해서도 관용해야 하는지는 대답하기 어려운 문제이다. 이 갈등은 어떻게 할 때 관용의 범위가 더 넓어지는지에 따라 다양한 사실에 비추어 다양하게 대응해야 한다).

논의이론과 합의이론도 자세히 고찰해보면 내용이 주로 경험으로부터 온다는 사실을 보여주고 있다. 내용을 오로지 형식, 즉 절차로부터만 도출한다고 생각하는 사람은 자기기만에 빠지게 된다. 내용이 — 부분적으로나마 — 경험으로부터 오는 것이라면, 그 내용은 절대적 타당성이 없다. 따라서 합의원칙도 진리에 관한 '**최종적 정당화**'를 보장하지는 못하며,[396] 설득력, 개연성, 위험이 수반된 결정 이상의 것이 되지 못한다. 따라서 절차적 이론에 대해 이 이론의 논증에서 순환논법 그리고 증명되지 않은 전제가 등장한다고 비난할 수는 없지만, 이 사실을 공개적으로 인정하지 않는다는 비난은 얼마든지 가능하다. 절차적 이론을 끌어들여 진리와 정의에 관한 내용적 언명을 제시하는 사람이라면 누구나 어쩔 수 없이 증명되지 않은 전제에 기초할 수밖에 없고, 이 점에서 논리학이 이미 전제로 함축된 개념정의를 통해 작업하지 않을 수 없는 것과 마찬가

394 *J. Rawls*, Eine Theorie der Gerechtigkeit(각주 381), S. 291 이하.
395 이에 관해서는 *A. Kaufmann*, Nach-Neuzeit(각주 314), S. 51 참고.
396 이에 반해 *Habermas*, Vorstudien(각주 389), S. 179 그리고 그 누구보다 *K.-O. Apel*, Diskurs und Verantwortung; Das Problem des Übergangs zur postkonventionellen Moral, 1988, S. 8, 117 이하, 143 이하, 198 이하, 347 이하, 406 이하, 442 이하에서는 최종적 정당화가 가능하다고 주장한다.

지로 순환논법적으로 논증하지 않을 수 없다. 이는 결코 내용적 정당화 그 자체에 대한 반론이 아니라 단지 그 절대성 주장에 대한 반론일 따름이다.

앞에서 말한 것은 특히 아펠(Karl-Otto Aper)이 전개한 **논의윤리학**(Diskursethik)에도 그대로 해당한다.[397] 논의윤리학은 '선과 악', '좋은 삶', '생활세계' 등에 대한 물음이 아니라 오로지 '정당-부정당'의 문제만을 다룬다. 그리하여 무언가가 정당한지 아니면 부정당한지의 물음이 오로지 논의의 **형식적** 규칙만을 지향한다. 즉 무엇이 '정당'한지는 '이상적인 커뮤니케이션 공동체'에서 내용을 조금도 고려하지 않고 이루어진 합의가 결정한다. 따라서 설령 절대적 악(예컨대 헌법에 합치해 성립한 치욕스러운 법률)에 합의할지라도 합의가 이루어진 이상 정당하다. 합의가 수행하는 이 의심스러운 역할[398]과는 별개로 이와 같은 합의는 언제나 경험적으로 확인할 수 없는 가상의 합의일 뿐이라고 반론을 제기할 수 있다. 물론 어떤 주장의 타당성은 얼마든지 마치 모든 사람의 합의가 이 주장의 타당성을 확인할 수 있을 것이라는 가정하에 다루어져야 한다. 하지만 실제로는 모든 사람의 합의를 경험적으로 확인할 수는 없다. 이상적 논의는 단지 논의윤리학자의 머릿속에서 진행되고 원칙적으로 아무런 내용도 없는 사유과정에 불과할 따름이다. 논의윤리학은 단 하나의 도덕적 원칙, 즉 보편화 원칙만을 가지고 있다. 이 점에서 이런 식의 순수한 절차 윤리학은 타당하지 않고, 그 때문에 '선'이라는 개념에 구속된 실천적 지혜(*φρόνησις*)의 윤리학으로 되돌아가야 한다는 찰스 테일러(Charles Taylor)의 지적[399]은 타당하다.[400]

우리는 논의모델이 잘못된 이론이라고 생각하지는 않는다. 하지만 이 모델은 보충이 필요하다. 즉 진리에 관한 합의이론은 **실천적 진리의 수렴이론**(Konvergenztheorie der praktischen Wahrheit)으로 확장되어야 한다.

이성원칙(이성은 "이성의 모든 활동에서 비판에 봉착해야만" 한다[401])으로부터 논의와 관

397 *K.-O. Apel*, Diskurs(각주 396); *K.-O. Apel/M. Kettner*(Hrsg.), Zur Anwendung der Diskursethik in Politik, Recht und Wissenschaft, 1992.

398 이에 대한 타당한 비판으로는 *O. Weinberger*, Die Rolle des Konsenses in den Wissenschaften, im Recht und in der Politik, in: Rechtstheorie-Beiheft 2(1981), S. 147 이하 참고.

399 *Ch. Taylor*, Die Motive einer Verfahrensethik, in: *W. Kuhlmann*(Hrsg.), Moralität und Sittlichkeit; Das Problem Hegels und die Diskursethik, 1986, S. 101 이하.

400 이에 관해 자세히는 *A. Kaufmann*, Nach-Neuzeit(각주 314), S. 45 이하 참고.

련된 세 가지 핵심원칙이 도출된다. 논증원칙, 합의 또는 수렴원칙 그리고 오류 가능성 원칙이다.[402]

논증원칙에 따르면 합리적 논의는 모든 논거가 허용되는 자유로운 논증 공동체에서 이루어져야 한다. 합리적 논의의 목표는 합의를 통한 상호주관성의 수립이다. 이 점에서 인식과 승인은 상호작용 관계에 있다(이 점은 퍼스가 칸트에 대항해 밝힌 측면이다).

논증원칙은 합의원칙 또는 **수렴원칙** 그리고 **오류 가능성 원칙**을 통한 보충이 필요하다. 이들 원칙은 어떠한 합의도 최종적이지 않으며, 오히려 모든 언명, 모든 추론, 모든 논거는 기본적으로 오류일 수 있고, 따라서 수정 가능하다는 뜻이다. 다만 한 가지 예외가 있다. 즉 합의원칙 자체, 다시 말해 도달된 어떠한 합의도 최종적이지 않다는 명제는 오류일 수 없으며, 따라서 만일 최종적 합의가 존재할 수 있다면 이는 곧 합의원칙에 반한다고 보아야 한다.

물론 오류 가능성을 전제한 반증주의에만 머물러 있을 수는 없으며, 적극적으로 논증해야만 한다. 문제는 합리적 논증이 무엇을 할 수 있는가이다. 카알 포퍼(1902-1994년)[403]의 **'비판적 합리주의'**에 따르면 하나의 언명이 종국적이고 필연적으로 증명된다는 의미의 적극적 정당화 증명은 불가능하다고 한다. 가능한 것은 단지 사실에 비추어 언명을 **반증**하고 이론을 **반박**하는 것일 뿐이라고 한다. 이러한 반증주의의 배후에는 이미 퍼스에서도 찾아볼 수 있는 사고, 즉 하나의 언명, 하나의 가설, 하나의 이론 등을 '장기적으로(in the long run)' 반증하지 못할 때는 이들의 진리성을 전제하는 것이 타당하다는 사고가 자리 잡고 있다. 장기간에 걸쳐 우리의 착오를 제거할 수 있기 때문이다.[404]

반증이 학문에서 매우 중요한 역할을 한다는 점은 의심의 여지가 없다. 이는 법에서

---

401 *Kant*, Kritik der reinen Vernunft, B 766 이하. 오늘날 카알 포퍼에 연결해 흔히 '비판적 심사'라고 부르는 내용 역시 이와 크게 다르지 않다.

402 이하의 서술에 관해 자세히는 *A. Kaufmann*, Über die Wissenschaftlichkeit der Rechtswissenschaft; Ansätze zu einer Konvergenztheorie der Wahrheit, in: ARSP 72(1986), S. 425 이하 참고.

403 특히 *K. R. Popper*, Logik der Forschung, 7. Aufl. 1982. 포퍼와 그의 제자들인 라카토스(Imre Lakatos)와 한스 알버트(Hans Albert)에 관해서는 *A. Kaufmann*, Wissenschaftlichkeit(각주 402), S. 438 이하 참고.

404 이에 관해서는 *Klaus Oehler*, in: Charles S. Peirce, Über die Klarheit unserer Gedanken; Einleitung, Übersetzung, Kommentar von Klaus Oehler, 1986, S. 97 이하, 112 참고.

도 마찬가지다. 즉 우리가 무엇이 '정당한 법'인지 또는 무엇이 '선량한 풍속'인지에 대해서는 말하기 어려운 경우가 대부분이지만, 무엇이 부정의이고 무엇이 선량한 풍속에 반하는 것인지에 대해서는 상대적으로 쉽게 말할 수 있다.[405] 그러나 반증에만 만족할 수는 없다. 실천적 학문은 반증뿐만 아니라 적극적으로 **정당화**해야 할 과제를 안고 있다. 이를 위해서는 포퍼가 학문의 수단으로 허용하지 않고자 하는 **귀납**이 필수적이다.[406] 다시 말해 우리는 경험에 기초해야 한다.

합의이론의 약점은 무엇보다 이 이론이 경험, 즉 어떤 실질적이고 내용적인 것이 없이도 얼마든지 가능하다고 믿는다는 데 있다. 이 믿음은 특히 합의이론의 토대를 이루는, **진리에 관한 견해**에 기인한다. 즉 합의이론은 진리가 현실에 관한 **명제**와 관련을 맺을 뿐(진리에 관한 합의이론), **현실 자체**와는 관련(진리에 관한 일치성 이론)을 맺지 않는다고 생각한다.[407] 그러나 이는 너무 일방적인 견해이다. 만일 합의이론이 옳다면 진리를 발견하는 일은 일종의 내부자 거래로 전락하고, 합의된 악마저도 정당하다고 인정하지 않을 수 없게 된다. 물론 이러한 지적에도 불구하고 아무런 동요도 없이 합의원칙을 고수하면서 형식적으로 정확하게 합의한 것은 그 자체 오류나 악한 것일 수 없다고 믿을 수도 있다(이러한 문제점을 회피하기 위해 모든 사람의 합의만이 진리를 생성하는 힘을 갖는다고 말하는 것은 실천적으로 아무런 쓸모도 없다. 그와 같은 전면적 합의는 존재하지 않고 앞으로도 존재하지 않을 것이기 때문이다).

도달된 **합의** — 그리고 합의할 수 있다는 사실 자체만으로 이미 — 는 아마도 진리 또는 '정당한 법'이 있다는 것을 보여주는 징표일 것이다. 그러나 **합의가 최종적 정당화일 수는 없다.** 합의이론의 시도처럼 순전히 형식적으로 최종적 정당화를 수행하는 것은 애당초 불가능하다.

---

405 라드브루흐 공식에서 말하는 '법률적 불법'(2.2.5.1)도 기본적으로는 반증에 기초한다.

406 이에 관해서는 *R. Wittmann*, Induktive Logik und Jurisprudenz, in: Rechtstheorie 9(1978), S. 43 이하 참고.

407 *Habermas*, Vorstudien(각주 389), S. 149 이하.

2.4.4 수렴이론

하나의 언명의 진리 또는 정당성에 관한 진정한 기준은 합의의 존재 여부가 아니라 **다수의 독립된 주체들이 하나의 대상을 두고 내용적으로 수렴하는 인식에 도달하는가**이다. 이와 같은 '진리의 수렴이론[408](Konvergenztheorie der Wahrheit; 수렴이론은 과거의 진리 이론인 정합성 이론을 수용한다[409])'의 토대는 모든 인식에서 주관적 요소는 다른 원천에서 비롯되는 반면, 객관적 요소는 **똑같은 존재자**에서 비롯된다는 사고이다. 따라서 서로 대립하는 주관적 요소는 차츰차츰 약화하거나 지양되는 반면, 객관적 요소 전체는 존재자라는 통일성 지점을 지향하고, 이를 통해 정당한 것으로 확증된다.

그러므로 수렴이론은 순수한 일치성 이론으로 회귀하는 것이 아니고, 실체존재론적 사고에 머무는 것도 아니다. 수렴이론은 규범적인 것에 대한 인식이 **인식하는 자들의 산물**이기도 하다는 점에서 절차적 관점을 고수한다. 다만 인식하는 자들의 산물이기도 하다고 말할 뿐, **전적으로 인식하는 자들의 산물이라고 말하지는 않는다**. 그래야만 진리를 인식하는 과정이 자신의 상투를 붙들고 물에서 빠져나온다는 뮌히하우젠의 딜레마에 빠지지 않기 때문이다. 즉 실천적이고 규범적인 논의 역시 '대상'을 가져야 한다. 그러나 하버마스의 모델에서는 실천적 논의의 대상이 없다.

규범적 논의에서는 **실체적 대상이 존재하지 않는다**는 사실의 확인이 매우 중요하다. 하지만 이로부터 논의 바깥에는 설령 극히 단편적인 지위를 가진 것일지라도 논의를 제한하거나 논의의 대상이 될 수 있는 것이 전혀 없다는 식으로 결론을 도출해서는 안 된다. 법률가라면 누구나 소송의 정체성을 부여하는 **소송 대상**(소송물)이 없으면 소송 자체가 존재하지 않는다는 사실을 잘 알고 있다. 더 나아가 이 소송 대상이 소송 이전에 이미 소송 대상으로 확정된 것이 아니라, **법적 관계의 성격을 지닌 역사적 사건**으로 소송

---

408 수렴이론의 첫 실마리는 *A. Kaufmann*, Gedanken zur Überwindung des rechtsphilosophischen Relativismus, in: ARSP 46(1960); *ders.*, Wissenschaftlichkeit(각주 402), S. 441 이하; *ders.*, Die strafrechtlichen Aussagentheorien auf dem Prüfstand der philosophischen Wahrheitstheorien, in: Festschrift für J. Baumann, 1992, S. 119 이하 참고.

409 정합성이론에 관해서는 *L. Bruno Puntel*, Wahrheitstheorien in der neueren Philosophie, 1983, S. 172 이하, 205 이하 참고.

에 앞서 존재하고, 소송을 통해 비로소 이 소송 대상이 더 정확하고 구체적인 윤곽을 얻게 된다는 사실도 잘 알고 있다. 다시 말해 규범적 학문 ― 윤리학, 규범이론, 법학 ― 의 '대상'은 실체가 아니라 **관계**이다. 퍼스가 이룩한 커다란 진보, 즉 오로지 속성술어만을 전제했던 아리스토텔레스와 칸트의 논리에서 벗어나 관계의 논리로 향하게 만든 퍼스의 이론은 앞으로 법철학과 법이론에서도 고려되어야 할 이론이다.[410]

논의이론이 어떻게 이성적인 논증이 이루어져야 하는지와 관련된 **형식적** 규칙들 ― '이상적 대화상황'의 조건들 ― 만을 언급하는 이상 논의이론은 합의가 형식적으로 정확하게 성립했다는 사실만을 확인할 수 있을 뿐, 예컨대 규범의 내용과 같이 **어떤 내용적인 것**의 진리 또는 정당성에 도달했다고 주장할 수는 없다. 다시 말해 합의에 도달한 합리적 논의 자체만으로는 무엇이 진리이고 무엇이 정당한지를 말해주지 않으며 우리가 무엇을 해야 하는지도 말해주지 못한다. 이 점에서 논의는 논의 참여자들의 지식과 경험을 대체하는 것이 아니라, 이러한 지식과 경험을 전제한다. 논의 참여자들이 논의에 대해 논의 자체와는 무관한 내용과 '주제'를 부여할 때(물론 주제를 정확히 확정하는 일은 대부분 논의가 진행되는 과정에서 이루어진다) 비로소 논의가 진리인 결론 또는 정당한 결론에 도달할 수 있다.

2.5 인격에 기초한 절차적 정의이론의 기획(아르투어 카우프만)

이제 우리의 이론적 고려는 하나의 결정적인 물음으로 집약된다. 즉 무엇이 정의에 관한 논의의 '대상'과 '주제'인가? 지금까지의 모든 서술에 비추어 볼 때 이 '대상(다시 한번 강조하지만, 대상을 실체적으로 이해해서는 안 된다)'은 법발견 과정에서 벗어나 있는 것이 아니고, 그렇다고 해서 전적으로 이 과정 속에만 있는 것도 아니다. 그렇지 않다면 우리는 다시 실체존재론이나 기능주의에 도달하고 말 것이다. 우리는 **존재적이면서 동시에 과정적인** 현상을 필요로 한다. 우리가 필요로 하고 탐색하는 것은 결국 인간 이

410 이에 관해 자세히는 *A. Kaufmann*, Vorüberlegungen(각주 103), S. 260 이하 참고.

외의 다른 것일 수 없다. 그러나 이때 인간은 경험적 인간이 아니라 인격으로서의 인간이다. 이 인격으로서의 인간은 다시 윤리적 또는 인간학적 의미가 아니라 근원적인 논리적-존재론적 의미에서 '역할', 즉 인간이 다른 인간 또는 사물과 맺는 관계의 앙상블로서의 인격을 말한다.[411] 모든 **질서**는 그와 같은 **관계의 성격**을 지닌다.[412] 인간의 인격적 관계가 곧 법적 논의 자체의 정체성을 규정한다. 법은 근본적으로 **인격으로서의 인간 각자에게 속하는 것을 보장**함으로써만 정당화될 수 있기 때문이다. 즉 (특히 인권과 기본권을 승인하고 보장함으로써) "각자에게 정의를 행할" 때만 법이 정당화될 수 있다. 그 때문에 이미 헤겔은 "인격이 되어라! 그리고 다른 사람을 인격으로 존중하라!"가 곧 법의 명령이라고 말한다.[413]

하지만 다음과 같은 점에 주의해야 한다. 즉 인격은 실체가 아니라 **관계**이다. 더 정확히 말하면, 인격은 서로 관계를 맺는 것들 그리고 이들 사이의 관계로 구성된 구조적 통일성이다.[414] 이런 의미에서 인격은 규범적 논의의 '대상'이자 **동시에** '방법'이고, '주체'이자 **동시에** '객체'이다. 인격은 이 논의 과정 바깥에 있으면서 동시에 이 과정 안에 있으며, 이미 주어져 있는 것이자 동시에 만들어내야 할 것이다. 따라서 인격은 완전히 정태적이고 초시대적인 것은 아니지만, 그렇다고 해서 역동적-역사적 형태를 이유로 아무렇게나 처분할 수 있는 것도 아니다. 이 점에서 모든 이해의 '해석학적' 순환은 인간의 인격성에 기초하고, 따라서 이 순환 자체를 결코 배제할 수 없다는 점도 밝혀진다. 그리고 진리의 수렴이론이 일치성 이론과 합의이론과 다른 제3의 이론이 아니라, 양자를 결합한 이론이라는 점도 알 수 있다.

하지만 이 수렴이론에 대해서는 인식론적 냉철함을 유지할 필요가 있다. 이 이론은 기본적으로 인식 과정에서 객관적인 것이 어떻게 주관적인 것과 분리되는지만을 보여줄 뿐이다. 따라서 이 이론 자체는 주관적인 것과 객관적인 것을 분리하기 위한 수단이

---

411 이 점과 관련된 선구적인 연구로는 *W. Maihofer*, Recht und Sein; Prolegommena zu einer Rechtsontologie, 1954; *L. Philipps*, Zur Ontologie der sozialen Rolle, 1963 참고.

412 이 점을 이미 *Thomas von Aquin*, Summa theologica I, 116, 2에서는 이렇게 표현한다. "질서는 실체가 아니라 관계이다(Ordo non substantia, sed relatio)." *W. Maihofer*, Vom Sinn menschlicher Ordnung, 1956, S. 64 이하에서도 질서를 '상응의 구조'라고 말한다.

413 *Hegel*, Grundlinien der Philosophie des Rechts(각주 135), § 36.

414 이에 관해 자세히는 *A. Kaufmann*, Vorüberlegungen(각주 103) 참고.

아니다. 주체이자 동시에 객체인 관계적인 것과 인격적인 것에서는 주체-객체-도식에서 의미하는 보편적이고 추상적인 분리는 존재하지 않기 때문이다. 즉 수렴이론의 핵심은 객관적인 것과 주관적인 것의 **분리**가 아니라, **주관적인 것에 대해 객관적인 것을 확립**하고, 주관적 의견에 해당하는 것에 대해 실질적 내용에 해당하는 것을 확립하는 일이다. 이러한 확립은 오로지 구체적인 법인식을 통해서만 이루어질 수 있다. 바로 이 점에서 법발견 절차가 과정으로서의 성격을 지닌다는 독특한 측면을 파악할 수 있다.

그렇다면 이와 같은 확립은 어떻게 의식할 수 있는가? 객관적인 것의 확립을 **확인하기 위한** 가장 중요한 수단은 합의이다. 그러나 합의의 진리성 또는 정당성의 **근거**는 (이상적인 방식을 거쳐 획득된) 합의 자체가 아니라 진리(정당성)의 본래 기준인 수렴이다.

이렇게 볼 때 **인격에 기초한 절차적 정의이론**을 구체적으로 수행하는 일은 법철학만의 과제가 아니라 법을 다루는 모든 사람의 과제라는 점이 드러난다. 이 과제를 위해 논의가 필요하다. 당연히 여기서 논의는 단순히 가상의 사고모델('이상적 대화상황')만이 아니라 역사 속에서 **실제로 존재하는 논증 공동체**의 형식을 취해야 하고, 이 공동체에서 **'문제' 자체에 대한 현실적인 경험과 확신들**을 서로 교환해야 한다. 이러한 **현실적 논의**를 위해서는 경험적 토대가 필요하다는 점[415]을 다시 한번 분명히 강조해야 한다. 물론 그저 사고과정을 통해 형식으로부터 진리인 내용을 획득할 수만 있다면 얼마나 좋겠는가. 하지만 세계가 존재한 이래로 그와 같은 일은 발생한 적이 없다.

법철학의 문제사에 관한 이상의 서술을 한 문장으로 요약해야 한다면 이렇게 말할 수 있다. **법의 이념은 곧 인격적 인간이라는 이념이고, 만일 그렇지 않다면 그 이념은 이념이 아니다.**

2.6 규범적 개인주의(디트마 폰 데어 포르텐)

인격이 법에서 서로 관계를 맺는 것이자 동시에 관계의 구조적 통일성이라면, 두 가

---

415 이에 관해서는 *K. Lüderssen*, Erfahrung als Rechtsquelle, 1972 참고.

지 근원적 물음이 제기된다. 첫째, 이 관계에서 서로 관계를 맺는 것은 정확히 무엇인가? 둘째, 이 관계를 맺는 것이 어떻게 법을 비판하고 정당화하는 규범적 윤리학의 한 부분이 될 수 있는가? 이 물음들에 대해서는 규범적 차원에서 개인을 지적함으로써 대답할 수 있다. 즉 인간은 무언가를 추구하고, 욕망하고, 소망하고, 목표를 지향하는 개인이다(제한적인 범위 내에서 다른 생명체도 마찬가지다). 세속적 관점에서 볼 때 개인들과 개인들의 관계는 규범적 윤리학을 정당화하는 최종적인 관점이다. 규범적 개인주의(normativer Individualismus)라고 표현할 수 있는 이러한 윤리학의 첫 번째 요소는 근대 윤리학의 전통에 서 있는 수많은 이론—예컨대 칸트, 공리주의, 계약이론—에서도 찾아볼 수 있고, 따라서 전반적으로 인정된다고 여길 수 있는 세 가지 부분원칙을 포함한다.[416]

(1) **오로지** 개인만이 일차적 의무구속의 최종적 근원이 될 수 있으며, 따라서 개인만이 다른 개인과 관련된 타자이자 행위자로서 윤리학의 궁극적 정당화 지점이 될 수 있다. 그러나 민족, 국민, 사회, 국가, 인종, 가족, 씨족, 커뮤니케이션 공동체 또는 생태계와 같은 집단은 그러한 정당화 지점이 될 수 없다. 그러므로 의무를 부과하고, 이 점에서 윤리적으로 고려해야 할 타자와 윤리적으로 책임을 부담하는 행위자는 궁극적 단계에서는 언제나 개인이어야 한다(여기서 개인은 사회적 의미이지 물리적 의미가 아니다). 다시 말해 근본적인 윤리적 관계는 궁극적으로 개인들 사이에서만 존재한다. 이를 윤리적 개인주의의 '**개별원칙**(Individualprinzip)'이라고 부를 수 있다.

(2) 하나의 행위 또는 결정으로부터 **영향을 받는 모든** 개인은 이 행위 또는 결정에 대한 최종적 정당화에서 반드시 고려되어야 한다. 이를 규범적 개인주의의 '**전체원칙**(Allprinzip)'이라고 부를 수 있다.

(3) 하나의 행위로부터 영향을 받는 모든 개인은 원칙적으로 **똑같이**(평등하게) 고려되

416 이하의 서술에 관해서는 *D. von der Pfordten*, Normativer Individualismus und das Recht, in: JZ 2005, S. 1069 이하; *ders.*, Normative Ethik, 2010; *ders.*, Normativer Individualismus, in: Information Philosophie 3/2014, S. 5 이하; *ders./Kähler*(Hrsg.), Normativer Individualismus in Ethik, Politik und Recht, 2014 참고.

어야 한다. 이를 규범적 개인주의의 '**평등원칙**(Gleichheitsprinzip)'이라고 부를 수 있다.

규범적 개인주의의 기본사상은 여러 가지 명칭을 달고 등장한다. '인간주의', '정당화적 개인주의', '인간의 주체로서의 지위', '주관주의', '자기결정', '자율', '개별성', '개인의 가치', '자유', '인격', '자유주의', '민주주의' 등이 그러한 명칭이다. 하지만 명칭 자체는 썩 중요하지 않다. 결정적인 측면은 개인을 중시하는 일관된 해석일 뿐이다.

규범적 개인주의의 성격은 다른 이론과의 대비를 통해 소극적으로 규정할 수도 있다. 즉 규범적 개인주의의 원칙은 개인이 통상 혼인, 이웃, 마을, 민족 등과 같은 공동체에서 **사회적 및 공동체적으로 살아간다는 사실**과 얼마든지 합치할 수 있다. 어떠한 현실적 윤리학도 이 점을 부정할 수는 없다. 더 나아가 규범적 개인주의는 **심리학적 이기주의**나 여타의 **이기주의**가 아니다. 개인은 통상 이타적인 소망과 이상적인 목표도 갖는다. 물론 이러한 소망과 목표는 어떤 객관적 진리가 아니라 개인적 관심사로서 고려 대상이 된다. 이 점에서 규범적 개인주의는 이기주의를 조장하지 않는다. 이기주의가 왜 **장기적이고 포괄적인 관점**에서 개인의 이익이 되는지를 인식할 수 없기 때문이다. 그리고 규범적 개인주의는 윤리적 정당화와 관련된 **상대주의**에 도달하지도 않는다. 규범적 개인주의의 토대가 되는 개인적 관심사는 해당하는 개인에 달려 있고, 이 점에서 상당 부분 자의적이다. 하지만 공기와 먹을 것과 같이 어떠한 인간도 포기할 수 없는 기본욕구가 있고, 개인적 관심사가 우연적이라고 해서 개인들 사이의 저울질이 객관성을 상실하는 것은 아니기 때문이다.

규범적 개인주의를 로버트 노직(Robert Nozick)이나 데이비드 고티어(David Gauthier)가 제안한 **자유방임주의 이론**이나 최소국가 이론과 **혼동해서는 안 된다**. 보이지 않는 손을 이용해 사실상의 조율 과정의 결과에만 공동체의 강제를 제한하려는 이론은 규범적 개인주의에 기초할 수 없다. 규범적 개인주의는 이러한 과정의 결과로 말미암아 개인의 관심사가 충분히 고려되지 않거나 제한을 받게 되는 상태 — 예컨대 문화에 대한 욕구가 충족되지 않는 상태 — 를 피하고자 하기 때문이다.

규범적 개인주의와 **자유주의**는 매우 밀접한 관계에 있다. 하지만 규범적 개인주의가 자유주의보다 더 근원적이다. 규범적 개인주의는 정당화를 생성하고 정당화를 요구하는 대상과의 직접적 관련성을 자유주의보다 더 명확하게 밝히기 때문이다. 즉 규범적 개인주의는 정당화 원칙 또는 정당화 이론인 반면, 자유주의는 사회적, 정치적, 법적 프로그램으로서 규범적 개인주의를 구체화한 표현이다. 따라서 양자 사이에는 엄격한 정당화적 상관성이 존재하지 않는다. 자유주의는 프로그램으로서 원칙적으로 종교적 또는 자연법적으로도 정당화할 수 있다.

규범적 개인주의를 **계약이론**과 동일시해서는 안 된다. 물론 계약이론은 역사적으로 볼 때 규범적 개인주의가 발현된 중요한 형태에 해당한다. 하지만 공리주의와 다수의 자연법적 이론도 개인에서 출발하고, 따라서 — 적어도 어느 정도는 — 규범적 개인주의의 이론구상이다. 이 점에서 계약이론은 규범적 개인주의의 한 모델 또는 구체화일 따름이다. 윤리적 정당화와 관련된 규범적 개인주의의 출발점은 관련된 인간들의 이익을 위해 **공동의 행위를 촉진**하고 공동체 의식이나 평등과 같은 집단적 목표를 추구하는 것을 배제하지 않는다. 즉 규범적 개인주의는 온건한 형태의 실천적 공동체주의와도 얼마든지 합치할 수 있다.

규범적 개인주의의 대척점은 **규범적 집단주의**(normativer Kollektivismus)이다. 규범적 집단주의의 원칙은 다음과 같이 표현할 수 있다. "행위와 결정에 대한 최종적인 윤리적 정당화는 그룹, 가족, 씨족, 민족, 국민, 인종, 사회, 경제, 언어공동체, 법공동체, 문화공동체, 이웃, 기능적 연관성 등과 같은 **집단**에서 찾아야 한다." 규범적 집단주의는 **개별적** 결정의 정당화가 최소한 궁극적 단계에서는 관련된 개인이 아니라 그 자체가 독자적인 목적인 집단으로 소급되어야 한다고 확신한다. 강한 형태의 규범적 집단주의는 심지어 **모든** 결정 또는 **본질적인** 결정이 오로지 집단과의 관련성 속에서만 정당화할 수 있다고 주장한다. 그러나 규범적 개인주의와 규범적 집단주의라는 대안은 **배타적이고 모순적**(kontradiktorisch)인 관계가 아니라 **대립적**(konträr)인 관계에 있다. 다시 말해 이 두 대안은 규범적-윤리적 정당화와 관련된 다른 가능성을 절대적으로 배제하지는 않는다. 그 때문에 초월적-종교적 정당화, 자연법적 정당화 또는 가치 객관주의적 정당화도 얼마든지 생각해볼 수 있다. 그러나 이와 같은 정당화는 형이상학적 주장에 기초하기 때문에 근대에 들어서는 적어도 내재적 정당화로서는 보편적 설득력을 상실했다. 따라서 다른 종교공동체나 다른 형이상학적 확신을 지지하는 사람들에게까지 이러한 정당화가 보편적으로 수용되리라고 기대할 수는 없다.

앞에서 설명한 규범적 개인주의의 테제들과 규범적 집단주의의 테제들에 비추어 볼 때 두 대안 사이의 혼합은 있을 수 없다. 물론 규범적 관점에서는 양자의 혼합이 정당화 목적에 비추어 볼 때 얼마든지 의미가 있다. 그러나 서술적 관점에서는 윤리적 정당화 또는 규범적 질서가 오로지 하나의 명제 또는 엄격한 논리적-연역적 관계에 있는 다수의 명제로 성립할 때만 혼합이 현실적일 수 있다. 물론 더 복잡한 윤리학 이론에서는 사정이 다르다. 즉 복잡한 윤리학 이론에서는 어떤 부분은 규범적 개인주의를 따르고, 또 다른 부분은 규범적 집단주의를 따르지 않을 수 있다. 예컨대 계약이론의 도움으로 정치적 지배를 설정하는 규범적 개인주의에서 출발하면서도 국가의 구체적 형성과 관련해서는 규범적 개인주의를 떠나는 홉스의 정치이론이 여기에 해당한다.

규범적 개인주의의 '**개별원칙**'에 따르면 궁극적 단계에서는 왜 오로지 개인만이 도덕적 의무부과와 도덕적 평가를 정당화할 수 있는 것일까? 정당화란 도덕이나 법 그리고 이와 연계되는 윤리학과 같은 일차적 규범질서의 의미와 목적에서 출발한다. 도덕이나 법과 같은 규범질서는 최소한 잠재적으로나마 서로 대립하는 관점, 가치, 관심사 등에 비추어 우리의 성격, 행위 및 결정을 규정하는 데 이바지하고, 이 규정은 조언과 권유뿐만 아니라 순수한 의미의 절대적 의무까지 포함한다. 따라서 윤리학은 인간 문화의 한 부분으로서 서로 대립할 가능성이 있는 성격, 행위, 결정들을 공정하고 이성적으로 해결할 수 있도록 만든다는 의미와 목적을 지니고 있으며, 이를 위해 때로는 행위의 지침이 되는 절대적 의무를 부과하기도 한다. 이와 같은 의미와 목적이 실현되려면 행위자 또는 행위나 결정으로부터 영향을 받는 자를 그저 최종적으로 규범적 결정을 내리는 유일하고 포괄적인 집단의 부분으로만 여겨서는 안 된다. 그렇게 되면 행위자들이 단순히 집단 내부의 규범적 관계에만 속할 뿐, 집단과는 별개의 외재적인 규범적 관계에 서 있지 않게 될 것이기 때문이다. 만일 행위자들이 최종적으로 규범적 결정을 내리는 유일하고 포괄적인 집단의 부분으로서만 서로 관계를 맺는다면, 이들 사이에 왜 행위를 제한하는 절대적 명령 — 이는 도덕, 법, 윤리학의 개념적 전제에 해당한다 — 이 존재하는지를 설명할 수 없을 것이다. 물론 최종적으로 규범적 결정을 내리는 유일하고 포괄적인 집단 내에서도 서로 대립하는 행위 관점들 가운데 어느 관점을 우대하고 어느 관점을 배제할 것인지를 계산하는 규칙이 존재할 수 있다. 그러나 절대적 의무의 궁극적 원천은 이러한 집단 바깥에 있다. 그래야만 절대적 의무가 부분들에 대해 직접적 영향을 미치는 집단의 자의적 결정에 의존하지 않기 때문이다. 갈등의 해결이 부분에 대한 집단의 자의적 결정에 의존하게 되면, 도덕 또는 법과 관련된 외재적인 절대적 의무는 존재할 수 없고 단지 집단 내재적이고 직접적으로 작용하는 계산적 결정만이 존재할 수 있을 뿐이다. 집단이 규범적 결정을 내릴 때는 절대적 의무가 필요하지 않다. 따라서 최종적인 규범적 결정을 내리는 집단 내에는 집단 외재적 관계에 기초한 의무를 전제하는 도덕이나 질서가 존재하지 않는다. 단지 집단 내부의 관계를 둘러싼 효율적인 집단적 결정이라는 사실성만이 존재할 따름이다.

개인과 집단을 윤리학적으로 고려해야 하는 경우 양자 사이에는 윤리적 및 규범적으로 도저히 부정할 수 없는 뚜렷한 비대칭성이 존재한다는 사실을 확인하게 된다. 물론 우리는 집단의 이익 또는 집단의 이해관계라는 표현을 사용하고, 이로써 그와 같은 집단적 이익이 존재한다는 점을 인정한다. 하지만 그렇더라도 다음과 같은 물음을 피할 수 없다. 즉 이 집단적 이익이 실제로 도덕적으로 고려해야 할 집단 구성원의 이익과 합치하는가? 예컨대 한 기업의 특정한 행위가 이 기업의 근로자, 주주, 소비자의 도덕적 이익과 실제로 합치하는가? 한 가족의 대표자는 실제로 모든 가족 구성원의 이익에 부합해 행위하는가? 그러나 이와는 반대 방향으로 물음을 제기할 수는 없다. 즉 개인이 집단의 대표자로서 역할을 담당하는 것이 아니라, 개인 그 자신이 도덕과 직접 관련을 맺을 때는 — 적어도 현상적으로 확인할 수 있는 일반적인 견해에 따르면 — 이 개인의 견해가 실제로 그 배후에 있는, 개인과 무관한 집단의 견해와 부합하는지를 묻는 일은 단순히 사실적이고 인과적인 의미에서만 가능할 뿐, 규범적이고 도덕적으로 이 물음을 제기할 수는 없다. 바로 이 점에서 개인에서 출발하는 물음과 집단에서 출발하는 물음은 뚜렷한 비대칭성을 갖는다.

개인과 집단에 대한 윤리학적 고찰에 내재하는 이러한 근원적 비대칭성은 집단의 해체 가능성과 관련된 문제에서 가장 분명하게 표출된다. 종교적 정당화나 다른 초월적 정당화를 일단 배제하면, 진지하게 고려해야 할 모든 당사자의 명확한 의지, 즉 이들의 목표와 소망에 반해 집단이 왜 존립해야 하는지를 정당화할 윤리학적 근거를 찾을 수는 없다. 따라서 고려해야 할 모든 당사자가 동의하는 이상 집단의 해체를 윤리학적으로 비난하는 것은 불가능하다. 예컨대 소련연방이나 체코슬로바키아를 해체하는 것을 윤리학적으로 비난하지 않았다. 물론 집단의 해체가 합목적성에 반할 수는 있다. 이와 마찬가지로 친구 관계나 단체가 해체된다고 해서 이를 윤리학적으로 비난할 수는 없다. 물론 이 경우 실망, 충족되지 않은 의무 또는 집단이 존속함으로써 개인이 누리게 될 이익 등을 근거로 집단의 해체를 부정적으로 평가하면서 해체를 미루어야 할 의무나 해체에 따른 문제점을 해소할 의무를 정당화할 수 있을지는 모르지만, 공동체의 종료 자체를 윤리적으로 비난할 수는 없다. 공동체의 종료는 윤리와는 무관하다. 공동체 자체는 개인이 이 공동체 집단을 인정하는지와는 별개로 독자적이고 내재적인 가치를 갖지 않기 때문이다.

어떤 행위로부터 영향을 받는 모든 개인을 고려해야 하는 이유는 무엇일까? 니체의 생각처럼 예컨대 엘리트와 같은 소수만을 고려하는 것으로 충분하지 않을까? 개별원칙 이외에 **전체원칙**도 적용되어야 할 이유는 무엇일까? 달리 표현하자면, 도덕적 고려는 왜 보편주의적(즉 개별적인 개인 그리고 모든 개인을 고려하는 보편주의)으로 정당화되어야 하는가? 행위자와 행위로부터 윤리적으로 영향을 받는 당사자들을 규범적-윤리학적으로 분리하는 것, 즉 규범적 개인주의의 개별원칙은 당사자들이 각자 나름의 윤리적 속성을 전개한다고 전제한다. 만일 그렇지 않다면, 당사자들을 윤리적 독자성을 가진 존재로 고려할 필요가 없을 것이다. 윤리적 독자성이라는 속성을 독자적으로 전개한다는 요건은 모든 개인에게 똑같이 적용된다. 이 점이 윤리적 고려를 위한 필요조건이라면, 이러한 조건을 충족하고, 최소한 그와 같은 속성을 보이는 모든 존재를 윤리적으로 고려하지 않을 어떠한 근거도 제시할 수 없다. 윤리적으로 고려해야 할 개인의 경계를 어떻게 설정해야 하는가의 물음 역시 이 측면에 비추어 대답하게 된다. 즉 앞에서 말한 개인적 이익(목표, 소망, 욕구, 추구)을 인식할 수 있는 모든 개인은 도덕적으로 고려되어야 한다.

끝으로 개인을 평등하게 고려해야 한다는 **평등원칙**도 적용된다. 윤리적으로 중요한 속성이 존재한다는 측면에서 특정한 개인을 우대해야 할 어떠한 근거도 인식할 수 없기 때문이다. 물론 규범적 개인주의가 평등원칙을 인정한다고 해서 구체적으로 저울질해야 하는 상황에서 예컨대 특정 개인의 이익이 더 많이 고려된다거나 행위자와 특수한 개인적 친밀성을 가진 때처럼 특정 개인이 우선권을 향유할 수 있도록 하는 것까지 배제하지는 않는다.

법질서는 극히 다양한 측면들을 지닌 구성체이기 때문에 규범적 개인주의의 분석처럼 추상적이고 단순화한 분석만으로는 법질서 전체를 온전히 파악하기 어렵다. 하지만 전반적으로 볼 때 현재의 독일 기본법과 법률들은 독일 역사상 규범적 개인주의를 가장 강하게 지향하는 법질서라 할 수 있다. 그리고 역사적 비교를 배제하고 보더라도 독일의 현행 법질서가 규범적 개인주의를 강하게 지향한다는 점이 분명히 드러난다.

앞에서 언급했듯이 기본법 제정 당시 '헤렌키엠제 초안'의 제1조는 "국가가 인간을 위해 존재하지, 인간이 국가를 위해 존재하지 않는다"라고 규정되어 있었다. 이 표현은 기본법 최종안에 포함되지는 않았다. 하지만 그 이유는 단지 표현상의 문제였을 뿐이다. 즉 기본법의 서두에 그와 같은 "소극적('아니라', '않는다') 선언"은 어울리지 않는다고 판단했기 때문이다. 그렇지만 표현 자체와는 별개로 기본법에서는 규범적 개인주의가 구체화했다는 전제에서 출발해야 한다. 이 점은 수많은 개별조항에서 확인할 수 있다. 이미 서두의 전문에서도 인간과의 연관성은 규범적 개인주의의 성격을 분명히 보여준다. "신과 인간 앞에서의 책임을 의식하면서 … 독일 국민은 헌법제정권력에 기초해 이 기본법을 제정한다." 물론 이 전문에는 신까지 언급하는 초월적 측면도 나타나 있다. 하지만 내재적 관점에서는 개별적 인간이라는 의미의 '인간'이 책임과 관련된 궁극적 준거 지점이지 집단이 아니다. 이 밖에도 기본법 문구를 확정한 작성자들은 조직규범을 앞세웠던 바이마르 공화국 헌법과는 반대로 기본권 조항을 전면에 내세웠다. 즉 기본법 제1조를 통해 인간의 존엄은 개별적 인간의 근원적 특성으로서 기본법 제79조 3항에 따라 개정 불가능한 최상위규범이 되었다.[417] 기본법 제1조 1문의 '인간'이라는 표현은 인간집단이 아니라 모든 개별적 인간을 뜻한다는 점을 분명히 밝히고 있다. 연방헌법재판소 역시 자유민주주의에서는 인간의 존엄이 최상의 가치이자 모든 기본

---

417 이에 관해 자세히는 *D. von der Pfordten*, Menschenwürde, 2016 참고.

권의 토대라는 점을 분명히 확인하고 있다.[418] 규범적 개인주의를 역사상 처음으로 명확하게 구체화했다고 볼 수 있는 인간의 존엄과는 별개로 규범적 개인주의의 구체화는 다시 두 가지 계열로 나뉘게 된다. 하나는 **인권과 기본권**의 인정이고, 다른 하나는 정치적 지배에 대한 **민주적 정당화**이다. 이 두 가지 구체화는 각각 이중의 성격을 갖는다. 즉 양자는 법적 효력을 가지면서 동시에 법에 앞서는 효력도 갖는다.

민법에서는 규범적 개인주의가 사적 자치의 원칙을 통해 구체화한다. 이 원칙은 기본권으로 보호된다. 사적 자치는 다시 계약의 자유, 유언의 자유 그리고 다른 사람에게 권한을 부여할 가능성, 소유권이나 권리를 포기할 가능성 등과 같은 다른 처분의 자유를 통해 구체화한다. 계약을 통한 구속은 계약자유의 원칙에 따라 언제나 계약당사자의 동의를 전제한다. 즉 계약당사자는 계약체결 여부, 계약 상대방 및 계약의 내용을 자유롭게 선택할 수 있다. 그리고 계약당사자만이 노동을 제공할 것인지 여부와 노동을 제공할 상대방을 결정할 수 있고, 집을 임대할지 아니면 매각할지를 결정할 수 있다. 따라서 개인은 사적 자치와 관련된 규정의 도움으로 자신의 이익을 실현할 능력이 있다고 여겨질 뿐만 아니라 자신의 의지에 부합하지 않으면 타인의 이익에 복종해야 할 의무로부터도 벗어난다. 이 점에서 제3자를 위한 계약은 존재하지만, 제3자에게 부담이 되는 계약은 존재하지 않는다(민법 제328조). 계약의 자유는 다른 개인에 대해서 뿐만 아니라, 집단에 대해서도 효력을 갖는다. 계약법 이외의 영역도 규범적 개인주의가 지배한다. 예컨대 불법행위법도 그렇다. 민법 제823조 1항, 제824조, 제825조와 같이 불법행위법상의 수많은 청구권기초와 민법 제833조와 같은 위험책임은 오로지 개인의 건강과 생명, 개인의 자유와 재산과 같은 개인적 재화만을 보호한다. 이에 반해 환경이나 공동체의 명성과 같은 집단적 법익은 이 법률조항들의 보호 대상이 아니다. 개인적 법익을 전혀 규정하지 않고 자세히 구체화하지 않은 보호규범에만 연결된 민법 제823조 2항(타인의 보호를 목적으로 삼는 법률의 위반에 따른 손해배상의무)의 경우도 얼마든지 규범적 개인주의와의 관련성을 증명할 수 있다. 침해된 규범 모두가 보호법률로 여겨지는 것이 아니라 특정한 당사자 또는 특정한 당사자 집단을 보호하는 데 이바지

418 BVerfGE 5, 85, S. 204 이하; 6, 32, S. 36, 41; 45, 187, S. 227; 50, 166, S. 175; 87, 209, S. 228; 96, 375, S. 398; 102, 370, S. 389; 107, 275, S. 284.

하는 규범만이 이 조항에서 의미하는 보호규범으로 여겨지기 때문이다. 따라서 불법행위법을 통한 보호의 기준은 궁극적으로 개인이 규범을 통해 보호받는 정도에 달려 있다. 즉 개인의 이익이 불법행위법을 통해 보호해야 할 정도로 침해되지 않았다면 보호의 대상이 되지 않는다.

형법에서 규범적 개인주의는 인간의 의지에 반하는 작용으로서의 형벌을 정당화해야 할 필요성, 즉 형벌목적론의 필요성으로 구체화한다. 형벌목적론에서 통상 등장하는 절대적 형벌이론과 상대적 형벌이론은 모두 규범적 개인주의의 표현으로 보아야 한다. 잠재적인 피해자로서의 개인은 범죄로부터 효과적으로 보호받고자 하는 이익과 범죄자에 대한 처벌을 통해 만족감을 얻고자 하는 이익을 갖기 때문이다. 범죄자 역시 그 자신도 범죄의 잠재적 피해자로서 형사제재에 대한 이익을 갖는 존재로 여겨진다. 다른 한편 범죄자의 의지에 반해 부과되는 보안처분은 기본법에 규정된 법적 청문권, 죄형법정주의, 일사부재리 원칙, 자유박탈과 관련된 권리보장 그리고 행형법상의 규정들에 비추어 허용 여부를 판단해야 한다.

형법의 체계에서 규범적 개인주의는 법익보호 원칙을 통해 구체화한다. 이와 관련해 독일 형법이 기본적으로 규범적 개인주의의 원칙을 충족하고 있다는 사실을 확인할 수 있다. 즉 독일 형법은 (1) 침해를 통해 사실상 및 잠재적으로 위협을 받는 개인의 이익을 보호하기 위해 개인의 법익을 범죄적 침해로부터 보호하고, (2) 보편적 법익은 원칙적으로 이를 보호하는 것이 최소한 간접적으로나마 개인적 이익의 보호로 소급될 수 있을 때만 보호하며, (3) 간접적일지라도 개인을 보호하지 않으면서 그저 추상적인 집단적 도덕이나 일반적 질서의 보호에만 이바지하기 위해 범죄를 규정하는 경우는 거의 없다.

행정법에서는 뚜렷이 규범적 개인주의를 지향한다고 볼 수 있는 경우가 얼핏 보면 썩 많지 않다. 행정법의 목적 자체가 직접적이고 구체적인 개인의 이익보다는 구체적으로 귀속할 수 없고, 단지 간접적으로만 규범적 개인주의의 이익에 봉사하는 공동체적 이익을 보호하기 위한 것이기 때문이다. 그렇지만 행정법의 두 번째 목적은 행정과 제3자에 대항해 개별 시민의 권리를 직접적이고 구체적으로 보호하는 것이다. 즉 행정법 전반은 개인의 권리를 지향한다. 이 점은 이중의 과제를 통해 표현된다. 행정법이 직접적 또는 간접적으로 규범적 개인주의에 기초한다는 사실은 행정법이 규범적 개인주의가 지배하는 헌법의 실체법적 및 절차법적 전제에 구속된다는 사실만을 보더라도 분명하게 드러난다(기본법 제1조 3항, 제20조 3항, 제19조 4항). 행정의 합법성 및 그 부분원칙에 해당하는 법률우위와 법률유보 원칙은 이러한 구속을 보장하기 위한 것이다. 이 밖에도 시민의 주관적 공권의 형성, 전심절차의 개시와 행정법원에의 제소, 다양한 형태의 참여권과 청문권, 행정계약의 체결 가능성 등과 같이 규범적 개인주의에 기초한 여러 가지 행정법적 규정이 있다. 특별 행정법의 영역에서는 건축의 자유, 영업의 자유, 행정처분 권한의 필수적 전제, 지방자치의 민주적 구조 등을 규범적 개인주의에 기초한 제도라 할 수 있다.

앞에서 서술한 내용을 요약한다면 이렇게 말할 수 있다. **법에 대한 궁극적인 규범적-윤리학적 정당화는 관련된 개인과 개인들 사이의 관계에서 이루어져야 한다.**

주요 참고문헌

Böckenförde, Ernst-Wolfgang, Geschichte der Rechts- und Staatsphilosophie, Antike und Mittelalter, 2002.

Emge, Carl August, Geschichte der Rechtsphilosophie, 1931(Nachdruck 1967).

Fikentscher, Wolfgang, Methoden des Rechts in vergleichender Darstellung, 5 Bde., 1975-1977.

Flückiger, Felix, Geschichte des Naturrechts, 1. Bd. Altertum und Frühmittelalter, 1954.

Friedrich, Carl J., Die Philosophie des Rechts in historischer Perspektive, 1955.

Hilgendorf, Eric(Hrsg.), Wissenschaftlicher Humanismus. Texte zur Moral- und Rechtsphilosophie des frühen logischen Empirismus, 1998.

Hösle, Vittorio(Hrsg.), Die Rechtsphilsophie des Deutschen Idealismus, 1989.

Kaufmann, Arthur, Theorie der Gerechtigkeit; Problemgeschichtliche Betrachtungen, 1984.

Klenner, Hermann, Deutsche Rechtsphilosophie im 19. Jahrhundert, 1991.

Landau, Peter, Rechtsphilosophie unter der Diktatur. Drei Beispiele deutschen Rechtsdenkens während des Zweiten Weltkriegs, Würzburger Vorträge zur Rechtsphilosophie, Rechtstheorie und Rechtssoziologie Heft 29, 2002.

Larenz, Karl, Methodenlehre der Rechtswissenschaft, 6. Aufl. 1991.

Marcic, René, Geschichte der Rechtsphilosophie; Schwerpunkte-Kontrapunkte, 1971.

Ryffel, Hans, Das Naturrecht; Ein Beitrag zu seiner Kritik und Rechtfertigung vom Standpunkt grundsätzlicher Philosophie, 1944.

Strömholm, Stig, Kurze Geschichte der abendländischen Rechtsphilosophie, 1991.

Verdross, Alfred, Abendländische Rechtsphilosophie; Ihre Grundlagen und Hauptprobleme in geschichtlicher Schau, 2. Aufl. 1963.

Welzel, Hans, Naturrecht und materiale Gerechtigkeit, 4. Aufl. 1962(Nachdruck 1980). 〔한스 벨첼, 『자연법과 실질적 정의』, 박은정 옮김, 삼영사, 2001〕

Wesel, Uwe, Frühformen des Rechts in vorstaatlichen Gesellschaften, 1985.

Wieacker, Franz, Privatrechtsgeschichte der Neuzeit - unter besonderer Berücksichtigung der deutschen Entwicklung, 2. Aufl. 1967(Nachdruck 1996).

Wolf, Erik, Das Problem der Naturrechtslehre; Versuch einer Orientierung, 3. Aufl. 1964.
ders., Große Rechtsdenker der deutschen Geistesgeschichte, 5. Aufl. 1963.
Zippelius, Reinhold, Geschichte der Staatsideen, 10. Aufl. 2003.

3. 자연법적 사고의 구조

권터 엘샤이트

3.1 자연법인가 법실증주의인가?

3.1.1 법률실증주의의 개념 — 2차원 모델

법률실증주의(Gesetzespositivismus)란 질서와 규율에 부합해 성립한 모든 법률은 그 내용을 고려할 필요 없이 그 자체 구속력을 갖는다고 보는 견해를 말한다. 이 맥락에서 '법률'은 일정한 권한을 행사하는 권력의 행위를 뜻하고, 이 행위를 통해 특정한 규범적 내용에 대해 외적으로 인식 가능한 법적 성질을 부여하게 된다. 따라서 법률은 규범의 차원에서 유일한 법원(法源)이 된다. 여타의 모든 법원이 입법자의 처분 대상이 되기 때문이다. 즉 관습법과 법관법 그리고 자연법 — 이에 대한 정당화가 어떻게 이루어지는지는 일단 접어두자 — 마저도 입법자가 이 규범들을 자신의 규율 대상으로 삼지 않는 한에서만 효력을 갖는다. 다시 말해 이 규범들이 효력을 갖는 이유는 — 극단적으로 표현하자면 — 입법자의 은총 덕분이다. 더 나아가 법의 모든 범위가 곧 법률과 일치하고, 그 때문에 법관법, 관습법, 사물의 본성에 따른 법적 결정 등과 같은 현상을 전면적으로 부정하려는 경향도 존재한다.

법률실증주의는 결코 끝장난 이론이 아니다. 그 반대이다. 이 이론은 예컨대 체계이론적 법사회학으로부터 강력한 지원을 받고 있다. 루만(Niklas Luhmann)의 체계이론에 따르면 법은 "사회의 정치체계가 내리는 결정에 맡겨지며", 따라서 법은 '완전히 실정화'했다고 한다.[1] 다른 한편 법률실증주의 이론은 매우 오랜 전통을 자랑한다. 칸트의 저작에는 다음과 같은 구절이 등장한다. "법률가들이 해야 할 일은 입법 자체를 꼼꼼히 따져보는 것이 아니라 그저 국가의 법에 나와 있는 현재의 명령을 집행하는 것이기에 법률가들에게는 지금 있는 법률구조가 최상의 법률구조이어야 하고, 이 구조가 상위기관에 의해 변경된다면 변경을 통해 등장한 새로운 법률구조가 곧 최상의 법률구조이어야 마땅하다. 이렇게 해서 모든 것이 적절한 기계적 질서를 형성하게 된다."[2] 마지막 문장이 보여주듯이 이미 칸트에게도 체계가 원활하게 기능하기 위한 조건이 가장 중요한 문제였다. 전체 체계의 원활한 기능은 두 가지 차원에서 결정이 내려진다는 사실에 의존한다고 보았다. 즉 '상위기관', 다시 말해 정치에 해당하는 입법 차원에서 일반적 규칙에 관한 결정이 내려지고, 그 이후 이 결정에 부합해 두 번째 차원, 다시 말해 법적-기술적 차원에서 개별사례에 관한 결정이 내려진다는 것이다. 이때 두 번째 차원은 첫 번째 차원과 갈등을 빚어서는 안 된다. 즉 두 번째 차원의 결정자가 첫 번째 차원에서 내려진 결정을 부정함으로써 첫 번째 차원을 침해하면, 이는 곧 '기계적 질서'에 장애를 유발하는 것이 된다.

그러므로 적어도 두 번째 차원의 관점에서 보면 법률의 내용은 임의적(beliebig)이다(즉 무엇이든 법률의 내용이 될 수 있다).[3] 이 점을 루만은 다음과 같이 표현한다. "법의 실정화는 곧 어떠한 내용이든 관계없이 정당한 법효력을 획득할 수 있고, 더욱이 법이 효력을 갖도록 제정하고 동시에 법의 효력을 다시 박탈할 수도 있는 결정을 통해 정당한 법효력을 획득할 수 있다는 뜻이다."[4] 체계이론의 관점에서 긍정적 측면을 부각해 표현하자면, 법내용의 임의성이라는 사고는 법기술자들(juristische Techniker)이 법의 내용 및 이 내용으로부터 도출되는 — 두 번째 차원에서의 — 결정에 대한 책임에서 벗

---

1 *Luhmann*, Positives Recht und Ideologie, in: *ders.*, Soziologische Aufklärung, Köln/Opladen, 2. Aufl. 1971, S. 180. 철학적 행위이론의 관점에서도 규범은 제정행위를 요구하고, 이러한 "창설적 의지행위는 ... 역사적 우연성이라는 필수 불가결한 측면을 뜻한다"라고 한다(*Rüdiger Bubner*, Norm und Geschichte, in: Neue Hefte für Philosophie, Heft 79, S. 118 이하, 123).

2 *Kant*, Zum ewigen Frieden, in: Werke in zwölf Bänden, W. Weischedel(Hrsg.), Bd. XI, S. 235.

3 예컨대 *Kelsen*, Reine Rechtslehre, 2. Aufl. 1960, S. 201 참고.

4 *Luhmann*, Recht(각주 1), S. 180.

어나게 해주는 기능을 촉진한다는 것이다.[5]

3.1.2 2차원 모델의 법이론적 문제점

하지만 2차원 모델이 과연 현실의 법체계를 올바르게 서술한 것인지 아니면 단지 가상의 법체계에 관한 서술일 뿐인지 의문을 제기할 수 있다. 이 모델에 대해서는 일련의 반론을 제기할 수 있다. 이러한 반론들에 비추어 볼 때 최소한 이 모델을 수정해야 할 필요가 있다.

대륙법 체계와 관련해 체계이론가들 역시 법률실증주의 모델의 붕괴를 감지한다. 즉 정치적 결정의 차원에서 표출되는 의도의 다원성으로 말미암아 "상당히 많은 문제가 … 법제정 과정에서 등장하는 불확정적이거나 서로 모순되는 프로그램화로 인해 결국 법적용 기관의 결정에 맡겨지는" 결과를 낳는다.[6] 이러한 현상은 법이론에서 이미 오래전부터 입법을 통한 형식적 타협이라는 개념을 통해 익히 알려진 현상이다. 즉 정치적 견해들 사이의 다툼 자체에 관한 결정이 내려지지 않은 상태에서 일단 막연한 표현을 통해 이러한 대립을 은폐하는 법률텍스트가 제정되면, 사법과 행정은 입법적 결정이라는 형식을 갖춘 법률상의 표현을 마치 결정의 내용인 것처럼 여겨야만 하고, 이로써 첫 번째 차원에서 거부된 결정을 두 번째 차원에서 만회하는 결정을 내리지 않을 수 없다.[7] 이와 같은 의도적인 흠결 이외에도 의도하지 않은 흠결도 존재한다. 이 의도하지 않은 흠결을 입법자가 나중에 깨달을 수도 있고 그렇지 않을 수도 있다. 여기서는

5 *Luhmann*, Rechtssoziologie, 2 Bde. 1972, S. 230 이하.

6 *Luhmann*, Recht(각주 1), S. 195. 루만은 『사회의 법(Das Recht der Gesellschaft』 1. Aufl. 1995, 2. Aufl. 1997)』에서 실증주의적 법이론들이 규칙, 규범, 텍스트 등과 같은 언어적 형상과 결부시키는 — 이 점에서 법률실증주의는 법률과 결부시키는 — 실정성 개념 자체를 포기하고, 법이라는 부분체계가 도덕이나 자연법을 통해 정당화되어야 할 필연성을 '법체계의 작동상의 폐쇄성(operative Geschlossenheit des Rechtssystems)'으로 대체한다. 그리하여 루만의 이론에서 법은 '법의 작동과 구조의 총체(S. 74)'이고, 이를 법 이외의 다른 어떤 것을 통해 정당화해야 할 필연성은 더는 존재하지 않는다. 법의 작동은 '법'/'불법'이라는 가치에 따라 이루어진다. 이 가치의 귀속은 언제나 우연적인 작동의 우연적인 결과일 따름이고, 따라서 가치 귀속은 원칙적으로 얼마든지 다르게 내려질 수 있고, **다르게 내려질 수 있다는 점을 고려**하는 결정으로 표현된다(S. 183).

7 이에 관해서는 *Noll*, Gesetzgebungslehre, 1973, S. 185 참고.

입법자가 나중에 흠결이라고 깨닫긴 했지만, 법률의 규율 대상에 비추어 볼 때 흠결을 피할 수 없었다고 여기는 흠결만을 고찰하기로 한다. 예컨대 적절한 재량에 따른 결정, 기대 가능성의 고려, 권리남용의 억제, 신의성실의 고려, 지나치게 가혹한 결과의 회피, 형평의 관점에서 채무자에 가혹한 결과와 채권자의 정당한 이익 사이의 적절한 형량 등과 같은 법률상의 명시적 지시 — 이와 같은 지시는 일반조항에 대한 경고의 목소리에도 불구하고 민법의 여러 제도에 극히 광범하게 확산해 있다 — 는 결코 포섭을 가능하게 만드는 결정규칙이 아니다. 이와 같은 지시들은 한 사회의 다원주의적 가치의식을 끌어들이지 않을 수 없게 만들고, 따라서 — 결과적으로 — 첫 번째 결정 차원(흔히 '정치적' 결정 차원이라고 부른다)을 끌어들이지 않을 수 없게 만든다. 바로 그 때문에 일반조항이 무엇보다 결정규칙의 수립이라는 과제를 판결에 위임하는 기능을 지닌다고 말하는 것은 전적으로 타당하다.[8] 즉 일반조항에 기초해 판결하는 경우 결정의 타당성 및 결정의 결과에 대한 책임은 법관에게 전가된다. 이는 2차원 모델의 체계에 모순된다. 물론 법학방법론은 2차원 모델을 구출하기 위해 노력하면서 유비추론이나 반대추론과 같은 사고형식 또는 실정법에 구현된 원칙들로부터 도출되는 법규칙 등을 통해 흠결의 문제를 '사고하는 복종[denkender Gehorsam — 필립 헤크(Philip Heck)의 표현]'이라는 의미로 해결하는 것을 과제로 삼는다. 그렇지만 근본적인 가치평가의 문제와 관련해서는 여전히 커다란 불확실성이 남아 있고, 이 불확실성을 법적 논리학이나 논증이론을 통해 제거하는 것은 애당초 불가능하다.

법률실증주의 모델에 대한 상당히 극단적이고 철저한 공격은 법학적 해석학(juristische Hermeneutik)을 기초로 이루어질 수 있다. 법학적 해석학의 몇몇 형태는 텍스트의 의미와 해석자의 선이해(Vorverständnis) 사이에는 떼려야 뗄 수 없는 관계가 있다는 점을 밝힌다. 해석자의 선이해가 텍스트에 의해 완전히 규정되는 것이 아니고, 그렇다고 해서 역사적 또는 체계적 맥락을 통해 완전히 규정되는 것도 아니라면, 해석과정을 거쳐 구성되는 의미에 대한 책임은 결국 해석자가 부담해야 한다. 다시 말해 무엇이 법률의 내용인지는 언제나 해석자에 달려 있다.

---

8 *Teubner*, Standards und Direktiven in Generalklauseln, 1971, S. 106 이하.

3.1.3 "자연법인가 아니면 법률실증주의인가?"라는 문제의 법이론적 전제조건

만일 이러한 법이론적 반론에 기초해 법률실증주의의 2차원 모델을 비현실적인 모델로 볼 수밖에 없다면, 법률실증주의가 자연법의 문제가 되었다는 사실을 결코 이해할 수 없을 것이다. 즉 해석학적 사고에 기초해 (성급하게) 생각하듯이 법률이 두 번째 결정 차원에 대해 아무런 규정력이 없거나 미미한 규정력밖에 없어서 언제든지 '무제한적 해석'[9]을 통해 법률을 무시할 수 있는 것이라면, 1945년 이후 자연법 논의가 강력하게 부활하게 된 핵심적인 계기가 '불법적 법률' 때문이었다는 사실은 무언가 법이론적 통찰이 제대로 이루어지지 않은 탓이라고 여겨야 할 것이다.[10] 법률이 그 내용에 비추어 볼 때 두 번째 결정 차원을 비교적 명확한 방식으로 프로그램화하기에 적합하고, 법률 자체가 결정의 내용을 담고 있을 때만 비로소 법률이 곧 정의의 문제가 될 수 있기 때문이다. 다시 말해 다수의 사례에 관한 사전 결정으로서의 법률이 특정한 속성을 지닌 사례집단을 구성하거나 유형화한 것일 때만 법률을 정의의 문제와 결부해 논의할 수 있다. 따라서 이러한 전제가 충족되지 않는다고 생각하는 사람은 진정한 법을 둘러싼 자신의 자연법적 투쟁에서 입법은 무시해도 좋은 사소한 것이라고 단정하게 된다. 그리하여 법률의 구속력과 관련된 환상을 해석학을 통해 파괴하고, 누가 정의에 대한 책임이 있는지는 행정과 사법의 차원에서 대답해야 할 문제라고 생각해야 한다.

따라서 이 글에서는 법률실증주의라는 법철학적 문제를 법이론의 범위 내에서 제기한다. 물론 이 범위가 정확히 무엇인지는 사전에 자세히 논의하지는 않고자 한다. 법이론의 범위 내에서 문제를 제기하는 것은 단지 2차원 모델이 무시하는 가치평가의 문제, 다시 말해 불법적 법률의 효력에 대한 물음에서 필연적으로 제기될 수밖에 없는 가치평가의 문제와 그 이전에 등장하게 되는 법이론적 문제를 뚜렷이 구별하기 위한 것일 뿐이다.

---

9 이에 관해서는 '무제한적 해석'이라는 상징적인 제목을 달고 있는 *Bernd Rüthers*, Die unbegrenzte Auslegung. Zum Wandel der Privatrechtsordnung im Nationalsozialismus, 2. Aufl. 1973 참고.

10 이러한 문제사적 시각에 관해서는 *Hans Welzel*, Naturrecht und Rechtspositivismus, in: *Maihofer*(Hrsg.), Naturrecht oder Rechtspositivismus?, 3. Aufl. 1981, S. 323 참고.

3.1.4 불법국가에서 법률이 수행한 역사적 역할이 자연법적 성찰의 계기였는가?

그렇다고 해서 자연법 논의가 나치즘 독재의 불법적 법률 때문에 촉발되었다고 생각해서는 안 된다. 나치즘에서 드러난 정치적 오류가 법률실증주의에 원인이 있다거나 최소한 법률실증주의에 의해 촉진되거나 가능해졌다는 사고는 비록 자연법에 관한 수많은 문헌에서 표방되긴 했지만,[11] 이 사고가 과연 타당한지는 의문이 아닐 수 없다. 제3제국은 법률국가가 아니었고, 제3제국이 저지른 대다수 범죄는 오히려 **법률의 파괴**였다. 물론 특정 집단을 박해하기 위해 법률이라는 도구를 이용하기도 했다.[12] 하지만 이조차도 나치의 마지막 단계에 가면 **비합법적**인 말살계획을 통해 의미를 상실했다. 형식적인 법치국가적 법률집행은 결코 대량학살을 위한 도구가 아니었다. 법률실증주의를 법질서가 타락한 원인으로 파악하는 것은 — 역사적으로 볼 때 — 지나친 과장이고, 이러한 과장은 마치 자연법이 법률실증주의에 대항해 승리하기만 하면 법질서의 타락을 계속 예방할 수 있다는 잘못된 환상을 품게 만들 수 있다. 법질서의 타락은 오히려 주로 초실정적 법사상의 영역, 즉 자신을 자연법으로 선언했던 이데올로기에서 시작했다.[13] 이 이데올로기는 — 오랜 전통을 지닌 기존의 법률 모두를 단번에 변경할 수는 없었기 때문에 — 기존의 법률이 무언가 장애 요인으로 밝혀지면 법률구속을 이데올로기에 대한 구속으로 대체하려고 했다.[14]

---

11 법률실증주의와 나치의 연관성을 긍정하는 견해로는 *Radbruch*, Gesetzliches Unrecht und übergesetzliches Recht, in: *ders.*, Rechtsphilosophie, *Erik Wolf*(Hrsg.), 6. Aufl. 1963, S. 347 이하 참고. 이 견해에 대한 비판적인 입장은 *Baratta*, Rechtspositivismus und Gesetzespositivismus; Gedanken zu einer 'naturrechtlichen' Apologie des Rechtspositivismus, in: ARSP 54(1968), S. 325 이하, 327 참고. 또 다른 문헌으로는 (역시 비판적인) *Rosenbaum*, Naturrecht und positives Recht. Rechtssoziologische Untersuchungen zum Einfluss der Naturrechtslehre auf die Rechtspraxis in Deutschland seit Beginn des 19. Jahrhunderts, 1972, S. 143-146; *H. Rottleuthner*, Substantieller Dezisionismus. Zur Funktion der Rechtsphilosophie im Nationalsozialismus, in: ARSP, Sonderband: Recht, Rechtsphilosophie und Nationalsozialismus, 1982, S. 20 이하 참고.

12 이에 관해서는 예컨대 *Weinkauff*, Das Naturrecht in evangelischer Sicht, in: *Maihofer*(각주 10), S. 217 참고.

13 전체주의국가의 '자연법'에 관해서는 예컨대 *Hans Fehr*, Die Ausstrahlungen des Naturrechts der Aufklärung in die neue und neueste Zeit, 1938, S. 24 이하 참고. 이 밖에도 나치 인종법률의 법이론을 자연법으로 평가하는 *Forsthoff*, Zur Problematik der Rechtserneuerung, in: Maihofer, Naturrecht oder Rechtspositivismus?, 2. Aufl. 1966, S. 78 이하, 79도 참고.

3.1.5 법의 처분 불가능성 이념 — 근대 자연법사상의 공통 기준

나치즘 독재가 자연법적 무기로 법률실증주의를 저격하려는 의도를 갖게 된 충분한 역사적 계기라고 볼 수는 없다. 차라리 제3제국의 '가짜' 자연법[15]에 대항하는 '진짜' 자연법의 투쟁이 훨씬 더 일관성 있는 전략이었을 것이다. 하지만 자연법 논의의 부활이라는 현상 자체는 근대 자연법의 인식 관심을 뚜렷하게 표현해주는 내재적 — 그리고 역사적인 — 논리를 지니고 있다.[16] 자연법 르네상스 이후 자연법은 법의 처분 불가능성(Unverfügbarkeit)을 주장하고 확보하는 것이 그 어느 때보다 중요한 문제라고 생각했다.[17] 즉 국가가 법에 대한 처분권을 갖는다는 법률실증주의[18]와는 정반대로 자연법은 입법을 통한 법의 조작을 차단하는 법이라고 생각했다. 이때 자연법은 실정법을 비판하는 기준이 될 수도 있고, — 한 걸음 더 나아가 — 특정한 실정법의 효력을 부정하는 것일 수도 있다.[19] 법의 처분 불가능성이라는 이념은 자연법의 이념에 언제나 함께 포함된 이념이었다. 자연은 항상 '인간의 실천을 통해 정립되지 않는 존재자'[20]로 이해되었기 때문이다. 하지만 그것이 어떠한 형태든 관계없이 자연개념에 대한 구속은 점차 상실되지 않을 수 없었고, 이제 자연개념에 대한 구속은 갈수록 처분 불가능성이

---

14 *Luhmann*, Recht(각주 1), S. 199, Anm. 9에서도 이 점을 지적한다.

15 예컨대 *Dietze*, Naturrecht in der Gegenwart, 1936에 표명된 자연법.

16 자연법적 사고의 인식 관심에 관해서는 *Ellscheid*, 'Naturrecht', in: *Hermann Krings*(Hrsg.), Handbuch philosophsicher Grundbegriffe, Bd. 4, 1973, S. 969 이하 참고.

17 이러한 입장을 객관주의라고 지칭할 수 있다. 하지만 법철학뿐만 아니라 윤리학에서도 이 입장에 단호히 반대하는 적대자들이 있다. 예컨대 *J. L. Mackie*, Ethik. Auf der Suche nach dem Richtigen und Falschen, 1981, 특히 자연법의 문제와 관련해 흥미로운 논의가 전개되는 S. 296-298 참고.

18 *Forsthoff*, Problematik(각주 13), S. 14.

19 어떤 법률이 자연법에 반하는가의 문제는 자연법에 반하는 법률의 효력을 박탈해야 하는가의 문제와는 구별해야 한다. 후자의 문제를 밝히기 위해서는 특수한 평가가 필요하다. 예컨대 법률규범의 부정당성과 법적 안정성의 보장이라는 법률규범의 기능을 저울질하는 과정이 필요하다. 어쨌든 자연법사상이 법률규범의 무효라는 문제에만 한정되지는 않는다. 물론 2차대전 직후에는 법률적 불법의 문제가 자연법 논의에서 등장하는 전형적인 문제였다. 하지만 중세에는 자연법론이 윤리학과 도덕신학에 속했다(이에 관해서는 *Specht*, in: Historisches Wörterbuch der Philsophie, 'Naturrecht', Absch. III, S. 572 참고). 따라서 자연법사상이 실정법의 효력이라는 문제에 초점을 맞추지 않았다고 보아야 한다. 토마스 홉스(1588-1679년)만 하더라도 실정법에 앞서고 동시에 선악에 관한 이론, 즉 도덕철학의 대상이 되는 자연법에 관한 이론을 전개했다(*Hobbes*, Leviathan, 1965, S. 102-127).

20 *Spaemann*, 'Naturrecht', in: Hermann Krings(각주 16), S. 957.

라는 사고를 고수하는 소극적 태도로 대체되었으며, 억제와 순화의 대상인 실정법에 반대하는 사고에 한정되는 과정을 겪는다. 이에 따른 개념사적 결과는 '자연법론'이라는 개념이 엄청나게 확대되었다는 사실이다. 그리하여 자연법론은 국가의 법에 대한 (포괄적) 처분권을 부정하는 모든 이론을 지칭하게 되었고, 그 때문에 자연법에 반대한다고 확신했던 이론마저도 자연법론으로 여겨질 수 있었다. 예컨대 사비니가 주도한 역사법학 역시 이러한 운명을 겪었다. 즉 역사법학은 국가가 아니라 민족정신이 법을 생성하고, 국가에 앞서 역사 속에 이미 법이 존재하며, 따라서 국가가 자유롭게 법을 형성할 수는 없다고 보았다는 이유만으로 자연법적 경향으로 분류된다. "자의적으로 법을 형성할 국가의 재량권이 제한되는 경우에는 언제나 자연법의 흔적을 찾아볼 수 있다고 본다면, 사비니와 그의 후예들 역시 자연법론자이다."[21] 이로 인해 "초실정적 법에 관한 언명이기만 하면 무엇이든 자연법이라고 지칭하는 악습"을 한탄하는 포르스트호프의 외침[22]은 아무런 반향도 얻지 못했고, 자연법의 개념을 미리 규정되어 있는 본질적 자연과 속성을 기준으로 삼는 이념으로 축소하려는 그의 시도[23] 역시 헛수고에 불과했다. 이와 유사한 반론에도 불구하고 근대에 들어서면 그것이 어떠한 형태이든 관계없이 — 가치, 규범, 본질적 자연, 인간 공존의 구조, 역사적 상황, 제도, 역할, 상태 등등 — 법의 실정화를 주도하는 역할을 담당하는 입법자가 구속되어야 할 어떤 선재성(先在性; Vorgegebenheit)을 밝히려는 포괄적인 시도이기만 하면 모두 자연법 논의가 되는 확대 과정을 거친다.[24]

---

21 *Veit*, Der geistesgeschichtliche Standort des Naturrechts, in: *Maihofer*(각주 13), S. 46 이하, 47.

22 *Forsthoff*, Problematik(각주 13), S. 17.

23 *Forsthoff*, Problematik(각주 13), S. 78.

24 물론 이처럼 갈수록 세분화하는 문제 맥락에 대해 '자연법'이라는 표현을 계속 사용하는 것은 적절하지 않다고 반론을 제기할 수도 있다. 그렇지만 자연법이라는 표현은 내용이 정당하고 이러한 정당성을 합리적으로 인식할 수 있는 법을 둘러싼 모든 노력의 역사적 및 실질적 출발점을 지칭한다. 즉 '진리'의 지평에서 법을 파악하려는 이념의 출발점이 곧 자연법이다. 그 때문에 우리가 나중에 논의이론(Diskurstheorie)을 자연법적 사고의 문제 지평에 비추어 서술(뒤의 3.2.-3.2.1)하는 것을 놀랍게 여길 필요는 없다. 물론 그렇다고 해서 자연법에 관한 서술만으로 이미 논의이론이 법을 정당화하는 방식에 대해 별도로 서술할 필요가 없다는 의미는 아니다.

3.1.6 법인식 과정의 구조와 관련된 문제로서의 자연법 이념

역사적으로 볼 때 법률실증주의의 의미는 국가의 본질과 국가의 헌정질서에 관한 각각의 견해와 밀접한 관련이 있다. 법률은 입법자의 의지를 관철하기 위한 수단으로 여겨지고, 따라서 입법자의 역사적 정당성 또는 부정당성과 운명을 함께한다. 예컨대 권력분립에 기초한 대의민주주의에서는 법률이 절대적 비중을 지니는데, 이는 곧 민주주의 자체의 보장과 같은 의미를 지닌다. 따라서 실증주의를 반대하는 자연법은 민주주의에서는 정치적 반동으로 여겨진다.[25] 어쨌든 자연법은 최상의 헌정질서가 무엇인가를 둘러싼 투쟁에 휘말리지 않을 수 없고, 따라서 법을 확인하는 절차의 구조(헌법)와 관련해 더 상위에 있는 자연법이 무엇인가라는 물음에 대답해야만 한다. 이 점에서 자연법 이념은 헌정질서에 관한 문제로 등장하게 된다.

법의 처분 불가능성이라는 이념은 자연법의 구체적인 내용이 무엇인지에 관계없이 헌정질서에 문제를 부과한다. 다만 자연법의 **효력**에 대한 물음에서는 이 문제가 명확하게 표현되지 않을 뿐이다. 그러나 효력을 갖는 자연법이 존재한다고 일단 가정할지라도 그러한 자연법에 대한 인식과 해석을 누구의 권한에 맡길 것인지의 문제가 여전히 남는다. 이러한 인식 과정의 구조에 대한 물음은 자연법의 내용에 대한 다툼 자체가 있을 수 없는 일이어서 자연법을 당연히 준수할 수밖에 없다고 밝혀질 때만 비로소 불필요한 물음이 될 것이다. 하지만 그와 같은 전제가 충족될 수는 없으므로 자연법을 실정법으로 전환하는 작업을 담당하는 기관 그리고 이러한 실정화의 절차에 대한 헌법적, 정치적 물음을 피할 수는 없다.

3.1.7 법인식 권한의 실정화와 관련된 문제

공동체의 성문 또는 불문 헌법은 언제나 바로 이 권한의 문제를 해결하려고 시도한다. 즉 헌법은 법의 성립과 실현에 관한 '이론'을 포함하고, 자연법의 관점에서 이러한

---

25 *Rosenbaum*, Naturrecht(각주 11), S. 143 이하. 이 밖에도 *Mackie*, Ethik(각주 17), S. 297, 298도 참고. 매키는 여기서 입법권이 심각한 상태에 처했을 때만 자연법이라는 '허구'가 유용할 수 있다고 말한다.

이론은 언제나 법을 인식할 권한(그리고 규범을 표현할 권한)을 부여하는 것이다. 모든 실정법이 그렇듯이 실정화한 권한 규범도 당연히 그 정당성 여부를 물을 수 있는 대상이 되고, 아마도 법인식 권한과 관련해 어떤 처분 불가능하고 미리 규정되어 있는 '진정한' 질서에 비추어 — 또는 최소한 그러한 질서의 기초에 비추어 — 평가할 대상이 될 수도 있다. 따라서 자연법론이 공동체 조직의 근본적 문제에 관해 함께 얘기하기를 원한다면 자연법론은 반드시 법인식 과정의 정당한 구조가 무엇인가에 관한 이론을 갖추고 있어야 한다. 하지만 민주주의를 포함해 다양한 형태의 헌법을 비판적으로 검토한 이후 "법주권이 국민주권에 우선하고, 따라서 인간이 결코 마음대로 처리할 수 없는 법의 절대적 타당성 주장이 국민주권에 우선하며, 인간의 본성 자체가 이 주장의 타당성을 확인하는 증거이다"[26]라고 요구하면서도, 다른 한편으로는 법공동체로 조직된 국민이 아니라면 도대체 누구에게 자연법을 확실하게 인식할 권한이 **자연법적으로** 부여되는지를 자세히 언급하지 않는 것은 문제해결에 아무런 도움도 되지 않는다. 가톨릭 자연법론은 다양한 국가형태에 대해 엄격한 중립성을 견지할 뿐만 아니라[27] — 국가형태와 어떤 식으로든 밀접하게 관련을 맺는 — 법인식 권한의 질서라는 물음과 관련해서도 눈에 띌 정도로 언급을 자제한다.

3.1.8 자연법과 저항

물론 이러한 자제는 자연법 이념이 법을 실현하는 권한과 관련된 어떤 **절대적인** 질서와는 합치할 수 없다는 점에서 충분히 의미 있는 일이다. 완결되고 폐쇄적인 권한질서는 법의 실정화와 관련된 하나의 궤도만을 절대화하고, 그에 따라 극단적으로는 실정법 자체를 절대화하는 결과를 낳기 때문이다. 법의 처분 불가능성이라는 이념은 실정법의 영역이 폐쇄되는 경향에 대항해 다음과 같은 점을 부각한다. 즉 모든 법발견 권한 또는 법제정 권한은 남용될 수 있으므로 '진정한' 법을 찾는 과정을 조직적으로 완결 또는 폐쇄하는 것은 성공하지 못한다는 점을 부각한다. "저항은 결국 존재하는 법에 힘

26 *Messner*, Das Naturrecht, 4. Aufl. 1960, S. 726.
27 *Messner*, Naturrecht(각주 26), S. 700.

입은 것이다"라는 마르취치(Rene Marcic)의 말[28]은 바로 이 맥락과 관련된다. 이런 의미에서 저항은 실정적 권한질서의 바깥에서 수행되는, 자연법의 강제적 관철이고, 저항을 수행하는 자는 자신이 자연법을 인식할 수 있다고 믿는다. 따라서 자연법은 법실현 과정과 관련된 모든 구조와는 다른 방향을 걷는 독자적인 법이다. 즉 자연법은 — 극단적 경우에는 — 모든 권한질서를 회피한 상태에서 모든 사람과 모든 정치적 세력에 호소한다. 그러므로 자연법에 대해 불법이 발생하지 않도록 보호하는 제도적 장치라는 기능(이 점에서 자연법은 도덕규범과 구별된다)을 부여한다면, 자연법은 본래 의미의 법이 아니다.

3.1.9 최상의 헌법에 대한 물음 — '고차원'의 자연법

바로 그 때문에 '진정한' 법을 인식할 수 있기 위해 최적의 조직화를 의도하는 국가가 어떠한 헌법을 수립해야 하는가의 물음이 제기될 수 있고 또한 제기되어야만 한다. 즉 국가에 대한 자연법적 성찰은 저항이라는 최후수단의 논리에 관한 문제에서 끝나서는 안 되고, 오히려 자연법이 국가 내에서 최대한 확실하게 실현되기 위한 조건이 무엇인지를 밝히도록 노력해야 한다.

이 맥락에서는 처분할 수 없게 미리 규정되어 있는 법이 곧 '진정한' 법이라는 점이 중요하게 된다. 다시 말해 이 진정한 법은 인식 과정에서 그리고 오로지 이 과정에서만 밝혀질 수 있다는 것을 뜻한다.

이러한 인식 과정의 본질 그리고 이로부터 도출되는 정당하고 동시에 이 과정에 적합한 제도화에 관한 한 시대의 사고는 국가철학과 정치이론으로 표현되는 메타 차원의 자연법을 위한 중요한 토대가 된다. 이와 관련된 한 시대의 사고는 진리와 인식 및 인식의 조건에 관한 이 시대의 지배적인 이념과 밀접한 관련이 있다. 근대의 국가철학, 특히 뤼펠(Hans Ryffel)의 국가철학[29]은 이러한 관련성을 수용한다. 이를 통해 다음과 같

---

28 *Marcic*, Rechtsphilsophie, 1969, S. 276. 저항권의 문제에 관해서는 특히 *Arthur Kaufmann*(Hrsg.), Widerstandsrecht, 1972 참고.

29 *Ryffel*, Grundprobleme der Rechts- und Staatsphilosophie. Philosophische Anthropologie des Politischen,

은 점이 밝혀진다.

3.1.9.1 자율성 원칙

진리에 관한 근대적 이해는 종교적으로 설정되고 성직자에 의해 관리(해석과 적용)될 수 있는 '믿음의 진리'와는 반대로 합리성을 지향한다. 즉 인간의 이성은 인간 이성 이외에는 명제의 진리 또는 비진리에 관해 결정할 수 있는 다른 단계를 인정하지 않는다. 이 점은 실천적 정당성의 영역으로까지 확장된다.[30] 즉 진리나 정당성은 이제 칸트가 '스스로 생각하기(Selbst-Denken)'라고 부른 과정에서 비로소 만들어지는 것이다.[31] 따라서 진리에 관한 근대적 이해와 관련된 영역에서 진정한 법 또는 정당한 법에 관해 얘기하는 것은 곧장 이성적 존재인 인간의 자율성 주장을 포함하게 되고, 정당하다고 주장하는 내용을 인간 스스로 심사하고 이해하라는 호소도 포함하게 된다. 다시 말해 종교가 압도하던 시대에는 원칙적으로 타율적인 지도가 지배했던 반면, 이성의 시대에는 원칙적으로 자기 책임에 기초한 실천이 지배한다. 그리하여 '학문'이 자기 책임에 기초해 심사해야 한다고 요구하는 것과 마찬가지로 '올바른 실천'도 행동하는 자가 정당성에 관한 생각과 관련해 스스로 책임을 진다는 것을 의미한다. 그 때문에 뤼펠은 '자율'이란 "이론적 및 실천적 고찰을 거쳐 정당한 것을 승인하는 것"이라고 한다. 뒤이어 뤼펠은 이렇게 말한다. "근대적 의미의 학문과 민주주의 사상은 우연히 같은 시기에 성립한 것이 아니라 같은 뿌리에서 나온 것이라는 사실을 기억해야 한다 … 학문은 … 근본적으로 민주적이다. 학문은 원칙적으로 누구나 이용할 수 있기 때문이다."[32] 뤼펠의 이러한 설명은 민주주의의 철학적 정당화를 위한 중요한 실마리 **하나**를 제공한다. 국가가 인간의 실천 가능성과 그 한계를 규정하는 이상 자기 책임에 기초해 정당한 실

1969.

30 규범적 타당성 주장에 대한 비판 가능성이 역사적으로 어떻게 성립하게 되었는지는 *Habermas*, Theorie des kommunikativen Handelns, 2 Bände, 1981, Bd. 2, S. 97 이하, 특히 S. 111, 112 참고.

31 *Kant*, Anthropologie in pragmatischer Hinsicht, Bd. XII(각주 2), S. 511. "이 규칙은 세 가지 준칙을 포함한다. 1. 스스로 생각하기. 2. 타자의 관점에서 생각하기. 3. 언제나 자신 자신과 모순되지 않고 일관성 있게 생각하기."

32 *Ryffel*, Rechts- und Staatsphilosophie(각주 29), S. 447.

천을 위해 노력하는 존재인 개인은 국가에 대해 영향력을 행사할 수 있어야만 한다(민주주의 원칙).[33]

3.1.9.2 교조화 금지

'스스로 생각하기'는 어떤 객관적 대상을 지향하고, 이 대상의 특성은—진리에 대한 합리적 이해에 따라—**보편적**으로 포착 가능한 것이어야 한다. 따라서 '깨달은 자'의 지식이나 비전(祕傳) 따위는 존재하지 않는다. 오히려 진정한 인식은 '전달할 수 있는(transmissibel)'[34] 인식이어야 한다. 설령 (한 사람이 주장하는) 인식을 그 방법적 전제조건과 실질적 전제조건에 비추어 이해하고 검토하는 노력을 기울이는 자에게만 전달 가능할지라도, 어쨌든 진정한 인식은 다른 사람에게 전달할 수 있어야 한다. 물론 '진정한' 인식의 전달 가능성이 쉽게 이해하고 접근 가능하다는 뜻은 아니지만, 어떠한 경우든 전제와 방법에 따른 인식 과정을 마련해 스스로 생각한 내용이 '의식 일반(Bewußtsein überhaupt)'[35]에 의해 이해될 수 있어야 한다. 이렇게 진리 또는 정당성에 관한 인식이 원칙적으로 전달 가능한 것이라면, 언제나 비판이 뒤따르게 된다. 그 때문에 정당한 법이라는 이념은 합리적 진리개념을 둘러싼 역사적 영역에서 모든 차원의 법적 실천에 대한 무제한적 비판이 가능해야만 한다고 요구한다. 즉 착오 또는 오류 가능성에 비추어 볼 때 무제한적 비판이 필수적이다. 이런 의미에서 법인식을 포함한 모든 인식은 잠정적 성격을 지닌다.[36] 즉 새로운 논거를 제기하고 이 논거를 심사하는 과정 이외의 다른 방법을 통해 '진리'를 둘러싼 다툼에 영향을 미치는 것은 불가능하다. 바로 이 점으로부터 실정법은 원칙적으로 변경 가능하다는 결론이 도출되고,[37] 한 문제의 모든 측면을 경험할 수 있기 위해 폭넓은 '법정책적' 논의를 거쳐야 할 필연성도

---

33 *Ryffel*, Rechts- und Staatsphilosophie(각주 29), S. 441.
34 이 개념에 관해서는 *Ryffel*, Rechts- und Staatsphilosophie(각주 29), S. 275 참고.
35 이에 관해서는 *Jaspers*, Von der Wahrheit, 1947, S. 225 이하 참고.
36 *Ryffel*, Rechts- und Staatsphilosophie(각주 29), S. 444.
37 *Ellscheid*, Die Verrechtlichung sozialer Beziehungen als Problem der praktischen Philosophie, in: Neue Hefte für Philosophie, Heft 17, S. 37 이하, 58 참고.

도출된다. 이러한 논의를 가능하게 해주는 절차와 매개체(예컨대 청문회, 출판의 자유 등) 역시 이러한 맥락에 속한다.

비판을 제도화한다는 것은 비판할 권리가 **누구에게나** 허용된다는 사실까지 포함한다. 비판할 능력이 있는 사람과 무비판적인 사람의 구별은 원칙적으로 불가능하기 때문이다. 만일 그렇지 않다면 자의적으로 구별기준을 만들어 달갑지 않은 견해나 이익을 제거하기 위한 수단으로 삼게 된다. 철학적 차원에서는 이 점을 다음과 같이 표현할 수 있다. 즉 법적 규율과 법적 결정의 객체는 동시에 법적 사고의 주체를 규율과 결정의 대상으로 삼는다는 뜻이고, 그 때문에 법적 사고의 주체에 대해 법적 견해를 표현할 수 있는 기초적 권리를 인정해야 한다.

3.1.9.3 상대주의와의 구별

이처럼 모든 자연법적 인식은 잠정적인 인식일 따름이고, 이 잠정적 성격은 자연법적 인식에 대한 논의와 비판의 필요성을 정당화한다. 하지만 이러한 잠정적 성격이 상실될 수 있는 두 가지 방식이 있다. 하나는 자연법적 인식의 정당성에 관한 사고를 교조화하는 것이고, 다른 하나는 진리와 정당성에 관한 상대주의이다. 라드브루흐[38]와 켈젠[39]이 주장한 법철학적 상대주의는 교조주의와 마찬가지로 대화, 논의, 비판의 필요성을 정당화할 수 없다. 정당성에 대한 인식이 아니라 정당성 자체가 상대화하면, 커뮤니케이션을 통해 인식을 얻기 위해 노력하는 일 자체가 의미를 상실한다. 커뮤니케이션은 고작해야 우연히 공통되는 측면과 — 극복할 수 없는 — 차이를 탐색하는 일에 불과하게 된다. 이 점에서 상대주의자는 설령 다른 사람의 관점이 충분한 근거가 없다는 점을 인식했음에도 불구하고 그 사람이 자신의 관점을 완강하게 고집할 '권리'가 있다는 사실을 인정해야만 한다. 대화할 의무는 진리 또는 정당성 자체를 전제하는 사람만이 부담할 뿐, 상대주의자는 대화의 의무가 없다.[40]

---

38 *Radbruch*, Rechtsphilosophie(Erik Wolf/Hans-Peter Schneider 편집), 8. Aufl. 1973, S. 102.
39 *Kelsen*, Allgemeine Staatslehre, 1925, S. 368 이하.
40 이 점을 정확히 밝히고 있는 *Ryffel*, Rechts- und Staatsphilosophie(각주 29), S. 273 이하 참고.

그러므로 상대주의의 관점에서 관용, 자유주의, 민주주의, 정치적 참여권 및 여타의 기본권과 자유권을 도출하려는 시도는 그 자체 모순이라고 판단하지 않을 수 없다. 이 점에서 1934년에 리옹(Lyon)에서 행한 강연 — 이 강연은 같은 해에 『Archives de Philosophie du droit』에 실렸다 — 에서 상대주의로부터 이 모든 내용을 도출하고자 했던 라드브루흐의 시도[41]는 실패했다고 보아야 마땅하다.

라드브루흐는 자연법적 확신을 증명할 수도 없고 반박할 수도 없으며, 오히려 이 확신의 증명 불가능성과 반박 불가능성을 인식론적으로 얼마든지 증명할 수 있다(S. 80-82)는 테제에서 출발해 누구나 (아무런 신념도 없는) 회의주의자가 되지 않으려면 자신의 확신을 위해 투쟁할 수 있고, 따라서 반대되는 세계관을 가진 적대자에 대항해 투쟁할 수는 있지만, 이를 학문적으로 반박할 수는 없으므로 적대자의 확신을 존중해야 한다는 결론에 도달한다. 그리고 이 점은 입법자에게도 해당한다고 한다. 즉 입법자는 여러 정당 사이의 권력투쟁을 권위를 통해 종식할 수는 있지만, 견해들 사이의 투쟁 자체를 종식할 수는 없다고 한다. 입법자 자신도 확실한 자연법적 지식을 보유하고 있지는 않기 때문이라는 것이다. 라드브루흐에 따르면 바로 이 점으로부터 사상의 자유, 학문의 자유, 언론의 자유, 신앙의 자유 등과 같은 자유주의의 원칙들이 도출되고(S. 82, 83), 더 나아가 모든 정치적 및 사회적 확신의 자유도 도출된다(S. 84). 이 확신들 가운데 그 어느 확신도 증명 또는 반박할 수 없으므로 모든 확신은 똑같이 가치를 지니고, 자신의 확신을 표방하는 자들 모두를 똑같이 취급해야 한다(S. 84). 이러한 견해의 결론은 만장일치의 원칙이어야 할 것이다. 그래야만 **모든** 확신이 똑같이 실천적 가치를 지닌다는 점이 유지될 수 있기 때문이다. 하지만 이러한 만장일치에 도달할 수는 없기에 라드브루흐는 곧장 만장일치 원칙을 민주적 다수결 원칙으로 대체한다. 이렇게 해서 인간의 평등이 정치적 확신과 특히 법철학적 및 종교적(또는 반종교적) 확신을 표방하는 자들을 통해 입법자를 구속하는 자유주의적 원칙에 따라 평화적으로 공존하게 되면, 자유주의적 자유를 보호하면서 끊임없이 새로운 다수가 형성될 수 있다. 따라서 예컨대 다수의 결의를 통해 폐지된 민주주의 — 1934년 히틀러가 권력을 장악한 것은 여

41 인용은 *Radbruch*, Der Relativismus im Recht, in: *ders.*, Der Mensch im Recht, 3. Aufl., Göttingen 1957, S. 80-87에 따름.

기에 해당한다 — 를 다시 도입해야 하는지의 문제도 새로운 다수가 민주주의를 원한다면 얼마든지 가능하다고 한다. 이 점에서 라드브루흐는 민주주의가 '모든 국가형태에 공통된 기초(S. 85)'라고 말한다.

라드브루흐는 자신이 상대주의를 자연법 명제를 도출하기 위한 원칙으로 활용한다는 사실을 분명히 의식하고 있었다. 역사적으로 볼 때 그가 주장하는 자유권과 민주주의 원칙은 계몽기의 자연법에 속한다. 라드브루흐는 자유권과 민주주의를 합리적으로 통찰할 수 있는 법원칙으로 이해하며, 그 때문에 자연법론자로서 자유권과 민주주의를 신봉한다고 명시적으로 말하고 있다(S. 87). 그러나 이러한 자연법의 토대가 "최종의 당위명제는 증명할 수 없고, 공리(Axiom)이며, 믿음의 대상이 될 수 있을 뿐, 인식의 대상이 될 수 없다"[42]라고 생각하는 상대주의라는 사실은 역설이 아닐 수 없다. 상대화할 수 없는 법원칙('최상위 당위명제')을 상대주의적으로 정당화하는 라드브루흐의 주장은 전제와 결론이 서로 모순된다는 점에서 이미 논리적 오류라는 사실이 밝혀진다. 즉 증명할 수 있는 최상위 당위명제는 존재하지 않는다는 전제에서 출발하면서도 최상위 당위명제의 증명 불가능성으로부터 여러 가지 최상위 당위명제를 증명할 수 있다는 결론을 도출하는 것은 명백히 논리적 오류이다.[43] 더욱이 라드브루흐 자신도 계몽기의 자

42 *Radbruch*, Rechtsphilosophie(각주 38), S. 100.

43 파울 파이어아벤트(Paul Feyerabend)의 이론 역시 이와 비슷하게 비판할 수 있다. 그의 저작『자유로운 인간을 위한 인식(Erkenntnis für freie Menschen)』에서 파이어아벤트는 '무엇이든 가능하다(anything goes)'라는 인식론적 상대주의의 원칙으로부터 국가가 모든 '전통(예컨대 어떤 집단에서 유지되어온 전통적인 견해와 생활방식)'을 똑같이 보호해야 한다는 결론을 도출한다. 하지만 이러한 도출은 논리적 오류이다. 만일 어떤 전통 자체가 다른 전통에 대해 조금도 관용을 보이지 않고 이를 억압하기만 할 뿐이며, 이러한 태도가 이 전통의 보존과 유지를 위해 본질적인 의미를 지닌다면, 이 전통에 대해 인식론적 상대주의를 근거로 불관용을 포기하라고 강제할 수는 없다. 다시 말해 이 전통은 '무엇이든 가능하다'라는 상대주의를 그저 이 전통의 현재 상태에만 관련시킬 수 있고, 그 때문에 다른 전통에 대한 불관용이라는 상태를 얼마든지 고수할 수 있다. 따라서 상대주의처럼 절대적인 진리와 절대적인 정당성을 인정하지 않고, 그 때문에 무엇이든 가능하다면 정당한 국가질서에 관해 사고하는 것도 아무런 의미가 없게 된다. 이 점에서 파이어아벤트가 자신의 이론적 출발점으로부터 모든 개인이 각각의 전통에서 벗어날 자유가 있다는 사실을 정당화할 수 있다고 생각하는 것은 이상하기 짝이 없다. 이런 식의 자유를 원칙으로 삼으면 다수의 익히 알려진 전통의 뿌리를 뒤흔들게 된다. 즉 전통의 보호와 개인이 전통의 구속에서 벗어날 자유는 결코 양립할 수 없다. 물론 어떤 전통이 구성원의 자유 자체를 이 전통의 핵심으로 이해할 때는 그렇지 않을 수도 있다. 그러나 모든 전통을 이처럼 자유로운 조직원칙에 맞추어야 한다는 주장은 파이어번트로서는 개인주의에 관한 서양의 상대주의적 견해로부터 도출된다고 생각할지 모르지만, 실제로는 이 견해를 절대적인 것으로 전제한다는 뜻이다.

연법을 모든 최상위 당위명제의 상대화로부터 '도출'한 것이 아니라 상대적이지 않은 다른 전제들로부터 '도출'한다는 점을 얼마든지 밝힐 수 있다. 예컨대 라드브루흐는 한 사회 내에서 평화가 지배해야 한다는 명령을 전혀 의심하지 않으며, 이를 통해 법의 필연성을 정당화한다. 그리고 다른 확신을 지닌 인간들을 도덕적으로 존중해야 한다는 명령은 도덕적, 정치적, 종교적 확신과 관련해서는 합리적 정당화가 존재하지 않는다는 전제로부터 논리적으로 도출되지 않는다. 이 전제로부터 자기 자신의 확신을 포함해 다른 모든 확신을 멸시하라는 명령을 도출하는 것 역시 얼마든지 가능하기 때문이다. 그렇다면 인간에 대한 존중과 존경은 논리적으로 볼 때 상대주의와는 관계가 없다. 이는 오히려 직관적으로 분명한 판단에 가깝다.

3.1.9.4 정당성, 합의, 결정

법의 처분 불가능성이라는 자연법적 사고와 국가의 실천과 관련된 기준으로서의 객관적 정당성이라는 사고를 고수하고, 이 사고를 합리적 진리에 관한 근대적 이념과 결합한다면, 정당성의 독자적 성격 때문에 법적 문제에 관한 **합의**(Konsens)는 진리의 증거는 아니지만, 진리의 **징표**(Indikator)로 여겨질 수는 있다. 물론 이를 위해서는 상당히 많은 전제조건이 충족되어야 한다. 즉 합의의 형성은 이해관계에 따라 진리를 은폐하려는 경향을 차단하는 일정한 형식과 상황에서 이루어져야 한다. 그 때문에 다음과 같은 구체적 조건이 전제되어야 한다.[44]

합의는 관련된 모든 이해관계가 논의의 대상이 되었을 때만 의미가 있다. 법적 진리에 구속된다는 것은 제3자의 희생하에 합의하지 않는다는 뜻이다. 그 때문에 관련된 모든 이해관계가 표출될 수 있어야 한다. 특히 입법절차에서는 예컨대 모든 계층의 대표나 사회과학적 설문조사를 거쳐 여러 가지 이해관계가 분명하게 표출되어야 한다. 이 점에서 형식적 의미의 대의민주주의 사상은 이와 같은 이해관계의 표현을 목표로

44 이 조건들은 *Habermas*, Wahrheitstheorien, in: Wirklichkeit und Reflexion(W. Schulz zum 60. Geburtstag), 1973에서 말하는 이상적 대화상황의 특징들에 속한다. 이에 관해서는 *R. Alexy*, Theorie der juristischen Argumentation, 2. Aufl., 1991, S. 155 이하 참고.

삼는다. 만일 이해관계의 표현 자체가 없다면 합의는 허구일 따름이다.

법관의 법인식은 합의 가능성을 지향해야 한다. 그 때문에 법관은 당사자들의 말을 **듣고** 이해하며, 그가 이해했다는 사실을 보여주어야 하고—요구가 있으면—**근거를 제시**해야 한다. 따라서 법관의 결정은 설령 이에 대한 상소가 불가능할지라도 공개적으로 비판받을 수 있어야만 한다. 더 나아가 합의 가능한 법인식은 그 이념에 비추어 볼 때 정당한 것에 관한 인식에 혼란을 불러일으킬 수 있는 여러 이해관계를 초월한 위치에 있다는 것을 전제한다. 재판 과정이나 법원의 조직과 관련된 거의 모든 규정은 바로 이러한 사고에 기초한다. 즉 법원조직의 기초적 요구사항은 법관이 당사자나 제3자, 특히 다른 국가기관이나 다른 법관의 영향에서 벗어난다는 것을 의미하는 '법관의 독립성'이다. 하지만 이 독립성만으로는 충분하지 않다. 게다가 편견에 사로잡힌 법관이라는 문제도 있다. 그 때문에 소송법은 편견이 있을 수 있는 법관을 제척 또는 기피할 가능성을 규율하고 있다.[45] 그러나 이것만으로 생각할 수 있는 모든 편파성이나 편견이 배제되지는 않는다. 특히 법관이 속한 계층이나 사회화 과정에 비추어 추정할 수 있는 편파성까지 배제하지는 못한다. 물론 순전히 그와 같은 추정만을 근거로 편파성을 이유로 법관을 기피하는 것이 가능해지면 사법체계는 과부하에 시달리게 될 것이다. 그렇지만 계층에 특수한 태도나 법관의 결정 행태에 영향을 미칠 수 있는 일상적 지식에 관한 법사실적 연구를 무시해서는 안 된다. 오히려 법관들이 이러한 연구를 수용해 자신들이 의식하지 못하는 영향으로부터도 독립성을 견지하고, 이를 통해 공정성을 확보해야 한다는 명령에 구속된다는 사실을 깨닫는다면, 법관의 객관성을 높이는 데 이바지할 것이다.

모든 인식 과정은 원칙적으로 완결되지 않기 때문에 자연법적으로 해결되지 않는 문제가 존재한다는 것을 인정해야 한다. 이 점에서 이의(Dissens)는—일정한 제한이 따르긴 하지만—어떤 문제가 해결되지 않았다는 사실을 상징한다. 따라서 문제해결이 이루어지지 않은 영역에서는 불확실성을 감수하는 결정(이 결정이 법공동체 전체의 결정

45 영미법에서는 법관의 중립성을 '공정성에 관한 전통적 규칙'으로 여긴다. 이에 관해서는 *Gerry Maher*, Natural Justice as Fairness, in: *Neil MacCormich/Peter Birks*(ed.), The Legal Mind, 1986, S. 103 이하, 특히 112 이하 참고.

이든 아니면 결정자의 개인적 결정이든)은 결정을 내리지 않는 것이 오히려 더 감당하기 어렵다면 얼마든지 정당성을 갖는다. 물론 이와 관련해서도 이의가 있을 수 있고, 그 때문에 결정의 필요성 자체에 대한 이의로 인해 결정을 찬성할 수도 있고 결정을 반대할 수도 있다. 따라서 원칙적으로 인식할 수는 있지만, '결코 완벽하게 인식되지 않는 진정한 법'이라는 이념은 도저히 이의를 배제할 수 없는 영역에서 법의 결정으로서의 성격에 충분한 정당성을 제공한다.

특정한 부분영역에서 합의라는 의미의 '진리'가 실정법을 정당화할 수 없다면, 이 영역에서 다른 정당화 기준을 탐색할 수 있다. 예컨대 법제정이 다수결에 기초하기 때문에 정당한 것일 수 있다. 물론 이때도 결정이 최초의 수단이 아니라 최후의 수단이어야 한다는 것, 다시 말해 제시된 모든 이해관계와 입장을 논의한 이후 마지막 단계에서 결정을 내려야 한다는 것을 전제한다.

물론 다수결 원칙을 곧장 정당한 법의 이념으로 소급시킬 수는 없다. 다시 말해 다수 자체가 진리에 더 가깝다는 식으로 생각해서는 안 된다. 이 점은 당연히 소수에게도 해당한다. 즉 예컨대 '엘리트'와 같은 소수에 속한다고 해서 진리에 더 가까운 것은 아니다. 법의 합리적 정당성을 목표로 조직된 논의의 과제가 합의의 징표기능을 다수결 원칙이나 엘리트이론을 더 '확장'하는 것이어서는 안 된다. 중요한 것은 이의가 있는 문제 자체를 합의 가능한 규칙을 통해 해결하는 일이다. 정당성의 징표라는 의미의 합의를 목표로 삼는 이상적 논의의 구조는 합의가 '다수' 또는 '엘리트'로 대체되는 것이 아니라 (현재로서는) 극복할 수 없는 이의가 규율할 필요가 있는 절차의 문제로서 논의 대상이 될 때만 온전히 유지될 수 있다. 이때는 평등원칙을 고려해 다수가 더 높은 비중을 갖는다. 시민의 평등을 정당한 법에 관한 사회적 및 국가적 논의에 참여할 능력이 있는 자율적인 이성적 존재라는 시민의 지위로부터 도출한다면(이에 관해서는 뒤의 3.1.9.2 참고), 정당한 법의 이념과 다수결 원칙 사이의 간접적 연관성을 분명히 인식할 수 있다.

3.2 자연법적 논증의 구조

법률이 정당한가의 물음에 대한 대답은 일차적 차원의 자연법 독트린에 따르면 법률의 내용에 달려 있다. 즉 법률의 내용이 특정한 일차적 자연법적 규범과 합치할 수 있는지에 달려 있다. 이에 반해 국가철학으로 표현되는 이차적 차원의 자연법에서는 규범을 정립할 때 준수되는 **절차**가 진리와 맺는 관련성이 중요한 기준이 된다. 이 절차가 모든 단계에서 정당한 법의 이념에 구속되고 모든 사실, 이해관계, 관점, 이념 등을 커뮤니케이션을 거쳐 섬세하게 탐색하기에 적합하도록 조직되어 있다면, 법인식 과정의 이러한 진리 관련성으로부터 결과의 잠정적 정당성을 추론할 수 있고,[46] 따라서 제정된 규범의 타당성을 전제할 수 있다. 물론 이러한 전제는 시간적으로 제한되어 있어서 더 타당하다고 여겨지는 인식이 밝혀질 때까지만 유효하다.

3.2.1 일차적 차원의 자연법이 지닌 의미

이로써 정당한 법을 인식하기 위한 최적의 구조와 절차를 찾아내 이를 제도화하기만 하면 자연법적 인식이라는 목표에 도달하게 되고, 자연법 — 일차적 차원의 자연법 — 의 다른 내용을 이론적으로 다룰 필요가 없다고 생각할 수도 있다. 즉 법규범과 관련해서는 최적의 방식으로 규범적 정당성에 지향된 절차에서 찾아낸 것 이외의 다른 정당성은 존재할 수 없다고 논증할 수 있다. 앞에서 설명한 내용에 비추어 분명해지듯이 이러한 절차와 관련된 기본적 원칙이 모든 사람에게 개방된 민주적 논의라면, 무엇이 정당한 법으로 여겨져야 하는지는 민주적 논의와 이 논의를 바탕으로 삼아 결정을 위해 수행되는 논의가 규정하도록 맡겨야 할 것이다. 다만 진리 관련성으로부터 도출되는 절차 원칙 자체는 논의를 통해 결정되지 않는 전제조건이어야 한다. 그렇다면 일차적 (내용적) 차원의 정당한 법에 관한 이론은 단순히 "국민이 수행하는 실제적 논의를 위

46 그 때문에 예컨대 *Noll*, Gesetzgebungslehre, 1973, S. 126에서는 극단적으로 불법적인 법률은 입법절차에서 이루어지는 공개적인 논의를 폐지한 이후에 비로소 공포된다는 사실을 지적한다. *Habermas*, Faktizität und Geltung, 2. Aufl., 1994, S. 662에서도 같은 의미로 서술하고 있다.

한 한 가지 기여일 뿐이라고 이해할 수 있다."[47] 아마 그럴지도 모른다. 하지만 그렇다고 해서 일차적 차원의 자연법이 수행하는 논증 전략을 탐구하려는 시도를 반대해야 할 이유는 없다. 일차적 차원의 자연법이 법철학적 논의에서 얼마만큼 설득력을 발휘하고 어떠한 영향을 미치는지는 얼마든지 고찰할 가치가 있기 때문이다.

3.2.2 상식(common sense)

자연법론자들은 자연법 규범이 보편적으로 알려져 있다고 전제하는 경향이 있다. 스콜라 신학자인 오이세르의 기욤(Wilhelm von Auxerre; 1140-1231)은, 좁은 의미의 자연법은 "딱히 깊게 생각할 필요 없이 이성적 본성이 지시하는 내용"과 일치한다고 보았다. 토마스 아퀴나스는 공동체의 삶과 관련된 자연법은 별다른 노력을 기울이지 않고 인식할 수 있다고 하며, 알베르투스 마그누스(Albertus Magnus)도 법의 가장 보편적인 원칙은 인간의 마음에 이미 쓰여 있다고 한다.[48] 올바른 이성(recta ratio) 또는 상식적 원칙(principia communissima)이라는 표현 역시 이러한 사고를 반영한다.

---

47 하버마스는 롤스의 정의이론을 이런 식으로 평가한다. 이에 관해서는 *Habermas*, Diskursethik — Notizen zu einem Begründungsprogramm, in: *ders.*, Moralbewusstsein und kommunikatives Handeln, Frankfurt 1996(초판 1983), S. 104 참고. 하버마스가 법의 처분 불가능성에 해당하는 측면을 오로지 "이미 실정법으로 옮겨간 절차적 합리성"에만 관련시키는 것 역시 이러한 평가에 상응한다. 즉 절차적 합리성은 "(이성법이 붕괴한 이후) 실정법에 처분 불가능성이라는 측면을 보장하고 우연적인 장악에서 벗어난 구조를 확보해줄 수 있는 유일한 차원"이라고 한다. 이에 관해서는 *Habermas*, Recht und Moral(Tanner Lectures 1986), in: *ders.*, Faktizität und Geltung, 4. Aufl., Anhang, S. 541-599(598) 참고. 내가 보기에 — 우리가 자연법의 특수한 인식 관심으로 밝혔던(앞의 3.1.5) — 법의 처분 불가능성이라는 측면을 하버마스처럼 법성립의 절차적 구조에만 적용하는 것은 이러한 구조에 기본적 인권을 핵심 요소로 편입해 이 인권까지도 법의 처분 불가능성을 구성하는 요소로 삼을 때만 설득력이 있다. 하버마스 역시 '권리의 체계'라는 표제(Faktizität und Geltung, III, 특히 S. 151-165) 아래 기초적 인권을 법의 처분 불가능성에 편입하려고 시도하는 것 같다. 이러한 시도가 성공했는지는 여기서 자세히 다룰 수 없다. 다만 일차적 차원의 자연법에 해당하는 명제인 인권의 직접적 명증성(Evidenz)이 논의이론의 진리 개념에 편입될 경우 이 명증성이 강해지는 것이 아니라, 오히려 약해진다는 점만을 지적하고자 한다.

48 이에 관해서는 *Specht*, 'Naturrecht', in: Historisches Wörterbuch der Philosophie, Abschn. III, S. 572-580 참고. 토마스 홉스에서도 같은 생각이 나타나 있다(앞의 각주 19 참고).

3.2.3 진리이론

오늘날의 관점, 특히 논의이론(Diskurstheorie)의 관점에서 이러한 자연법사상은 공동생활을 위해 도저히 부정할 수 없는 정당한 규범에 관해 명백히 합의 가능한 명제들을 대상으로 삼는다는 사실을 강조하는 경향이 있다. 하지만 그렇다고 해서 진리개념과 정당성개념을 반드시 합의이론으로 전환해야 한다는 뜻은 아니다.[49] 자연법론자들은 자연법규범을 객관적으로 존재하는 것으로 이해하고, 따라서 타인의 합의와는 무관하게 개별적인 이성을 통해 얼마든지 인식 가능하다고 생각한다. 이 점에서 자연법론은 객관적 세계에 있는 사안에 대한 명제와 마찬가지로 규범과 관련해서도 존재론적 진리개념을 토대로 삼는다. 이러한 인식론적 견해에서 진리란 명제와 객관적으로 존재하는 것이 일치한다는 뜻이다. 이러한 진리이론에 대해 논의이론적 진리이론은 다음과 같은 주장을 통해 반론을 제기한다. 즉 사안과 규범에 관한 명제에서 언급되는 객체는 오로지 이상적인 — 또는 이상에 충분히 근접한 — 논의를 통해서만 포착할 수 있기에 우리가 진리라고 부르는 것은 오로지 논의가 이상적인 논의였고, 이를 거쳐 합의에 도달했는지에 비추어서만 확인할 수 있다고 한다. 그리하여 이상적 조건에서 도달한 합의가 곧 진리의 **기준**이 된다고 한다. 진리에 관한 이러한 합의이론을 전개한 하버마스[50]는 그사이 서술적 명제의 영역에서는 합의이론을 포기했지만, 정당한 도덕적 규범과 판단의 인식과 관련해서는 더 강화된 형태로 합의이론을 주장한다. 서술적 의미의 진리는 객관적 세계에 관한 명제와 관련된다. 이 형태의 명제는 분명 이와 관련해 합의가 성립했기 **때문에** 진리인 것은 아니다. "충분한 근거를 지닌 명제에 관해 아무리 섬세한 주의를 기울여 도달한 합의일지라도 이와는 반대되는 명증성이 새롭게 등장하면 얼마든지 거짓으로 밝혀질 수 있다."[51] 하지만 하버마스에 따르면 진리에 관한 이러한 존재론적 견해 — 이 견해는 의심의 여지 없이 타당한 견해이고, 더욱이 논의 참여자들의

49 이하의 내용과 관련해서는 *Habermas*, Richtigkeit versus Wahrheit. Zum Sinn der Sollgeltung moralischer Urteile und Normen, in: *ders.*, Wahrheit und Rechtfertigung, S. 271-318 참고.

50 *Habermas*, Wahrheitstheorie, 1973, in: *ders.*, Vorstudien und Ergänzungen zur Theorie des kommunikativen Handelns, Frankfurt 1984, S. 127-186.

51 이에 관해서는 *Habermas*, Richtigkeit(각주 49), S. 296 참고.

화행적 모순(performative Widersprüche)을 피하기 위해서도 필수 불가결한 견해이다—를 규범적 타당성(Sollgeltung)의 영역에 적용할 수는 없다고 한다. 즉 이 영역에서는 "이상적 조건에서 논의를 거쳐 규범 또는 행위와 관련해 도달한 합의는 단순히 권위를 부여하는 힘 이상의 힘을 지니고, 도덕적 판단의 정당성을 보장한다. 어떤 규범적 명제를 이상적으로 정당화된 상태에서 주장할 수 있는 것이 곧 우리가 도덕적 타당성이라고 부르는 것이다. 이러한 주장 가능성은 다툼의 대상이 되는 타당성 주장에 비추어 찬성 논거와 반대 논거를 낱낱이 살펴보았음을 뜻할 뿐만 아니라 이 주장 가능성 자체가 이미 승인할 가치가 있다는 의미의 규범적 정당성과도 완전히 일치한다."[52] 다시 말해 이상적 대화를 통해 도달한 합의 자체가 규범을 **구성하는**(konstitutiv) 의미를 지닌다는 것이다.

그렇다면 이상적 대화를 거쳐 합의한 규범의 정당성을 다시 묻는 것은 무의미한 일이다. 하지만 하버마스는 이러한 결론에는 동의하지 않는다. 오히려 그는 도덕적 규범의 영역에서 이루어지는 인식 역시 오류 가능한 인식으로 여긴다. 그러나 도덕적 규범의 오류 가능성은 '진정으로' 타당한 규범 또는 행위와 이에 관한 명제 사이의 불일치 가능성을 뜻하는 것이 아니라, 규율해야 할 행위상황과 관련된 모든 중요한 측면을 적절히 포착하지 못했거나 논의가—예컨대 강제나 기만이 작용했거나 특정한 사람을 배제한 상태에선 이루어진 논의처럼—이상적 논의가 아니었던 탓에 발생한다고 한다.[53] 이와는 달리 존재론적 진리이론은 오류 가능성과 관련된 이 두 가지 측면을 객관적인 규범적 진리에 도달하지 못하게 만드는 주관적 사고로 파악한다. 하지만 어떠한 진리이론을 주장하는지에 관계없이 이의가 등장하면 논증이 필요하게 된다는 사실이 결정적인 측면이다. 즉 논증은 '반박할 수 없는' 논거를 통해 이의를 극복하는 것을 목표로 삼는다. 이때 반박 불가능성은 명제를 사실상으로 인정하는지와 관련된 경험적 사실을 통해 얼마든지 인식할 수 있다.

이러한 논증의 차원에서 자연법은 실험적[54] 성격을 갖게 된다. 즉 자연법의 반박 불

---

52 *Habermas*, Richtigkeit(각주 49), S. 297.
53 *Habermas*, Richtigkeit(각주 49), S. 298.
54 *Arthur Kaufmann*, Naturrecht und Geschichtlichkeit, 1957, S. 8, 16, 17[in: *ders.*, Rechtsphilosophie im

가능성은 자연법적 명제를 누구도 반박하지 않는다는 경험적 사실에 비추어 테스트할 수 있다. 물론 이때는 어떤 것이 법이 될 수 **없다**는 점에 대한 명제가 더 우선한다. 그 때문에 예컨대 존재론적 진리이론에서 출발하는 아르투어 카우프만은 나치즘 국가에 의해 자행된 살인(가스실, 정신질환자에 대한 학살)을 염두에 두면서 법학적 실증주의에 대해 다음과 같이 논증한다. "최근의 역사는 가치도 곧 현실이고, 따라서 가치를 상대화하거나 심지어 가치를 부정한다고 해서 가치가 존재하지 않거나 작용하지 않게 되는 것은 아니라는 사실을 자연과학적 실험과 똑같은 엄밀성을 지닌 상태로 우리에게 가르쳐주고 있다." 이러한 '실험적' 자연법은 불법(여기에는 법률적 불법도 포함된다)에 대한 경험이라고 지칭할 수 있는 내용에 기초한다.

다시 말해 높은 명증성과 명확성을 지닌 상태에서 모든 사람이 불법으로 체험하는 것은 실험적 접근방법에서는 진정한 불법이 된다. 모두가 불법으로 체험한다는 의미의 이 합의가 어떠한 인식론적, 존재론적 및 인간학적 근거에 따른 것인지를 어떻게 해석하든 관계없이 법적 주장에 관한 합의 가능성은 독자적인 위상을 지니고 있고, 바로 그 때문에 법과 불법을 둘러싼 논증 자체는 자연법의 철학적 토대가 무엇인지의 물음과는 별개로 나름의 독자성을 갖는다. 따라서 자연법의 철학적 토대에 대한 이론적 논쟁(예컨대 인간의 '본질', 법질서의 인간학적 의미에 대한 논쟁)은 규범 또는 목표에 관한 특정한 사고들이 하나의 지점으로 수렴하는 것을 방해할 이유가 되지는 못한다.[55]

3.2.4 자연법적 논거들에 대한 심사도식

'자연법의 원칙들과 개별 규범들'[56]의 합의 가능성을 사실의 문제로 파악하게 되면 사전에 형이상학적 문제를 고려하지 않고서도 추상적인 자연법적 사고의 논증 구조를 포착할 수 있다는 장점이 있다. 이러한 논증 구조는 자연법에 대해 극단적으로 회의적

Wandel, S. 1-21에 재수록(S. 3, 10)].

55 원칙들에 관한 논쟁이 있을지라도 결론에 대해서는 얼마든지 의견이 일치할 가능성에 관해서는 *Noll*, Gesetzgebungslehre, 1973, S. 126 참고.

56 이 표현은 추상적 자연법의 영역에서 이루어진 한 연구의 제목(*Hans Reiner*, Grundlagen, Grundsätze und Einzelnormen des Naturrechts, 1964)에 등장할 정도로 자연법론의 특징에 해당하는 표현이다.

인 사람들에게도 관심을 불러일으킨다. 따라서 우리는 일차적 차원의 자연법사상을 법에 관한 규범적 영역에서 확신을 심어주고 구체적인 결론을 제시하려고 시도하는 논증과정으로 분석하고, 이러한 논증이 현실의 논의에서 펼쳐질 때 등장하는 장단점을 심사하고자 한다. 이를 위해서는 자연법적 논거의 강점과 약점에 관한 하나의 개념을 구성하는 것이 바람직하다. 즉 실험적 접근방법에 걸맞게 개개의 논거 또는 특정 형태의 논거가 기존의 경험에 비추어 볼 때 얼마만큼 합의를 형성하는 방향으로 작용하거나 앞으로도 동의를 얻으리라고 예상할 수 있는지를 묻는 것이 바람직하다.

하나의 논증이 지닌 강점 및 약점은 이 논증의 실천적 의미나 실천적 유용성과는 구별해야 한다. 어떤 자연법적 논거는 극단적으로 강한 논거일 수 있지만, 그 대가로 실천적 비중은 거의 없을 수 있다. 이러한 자연법적 논거는 법정책적으로 전혀 유용하지 않다.[57]

따라서 자연법론에 대해서는 두 가지 이유로 비판할 수 있다. 첫째, 자연법론이 너무 강한 논거를 표방함으로써 보편적 동의를 확보할 수 있는 명제를 제시하지만, 이 논거가 한 시대의 사회적 삶을 구체화하는 데는 도달하지 못한 나머지 절박한 법정책적 문제에 아무런 대답을 줄 수 없거나 서로 모순되는 실정법적 또는 정치적 해결 방법 모두와 합치할 수 있다.[58] 이런 식의 자연법은 너무 추상적이거나 너무 일회적이어서 극히 제한적인 의미만을 지닌다. 둘째, 자연법적 명제가 구체적인 현안과 관련해 높은 실천적 의미를 지니긴 하지만, 보편적인 동의를 얻기 어렵고, 이에 따라 약한 논거에 불과한 것으로 밝혀질 수도 있다.

자연법에 대한 이와 같은 비판은 처분 불가능한 법에 관한 강하고 동시에 구체적인 명제를 확보해 인간의 공동생활 질서를 논증을 통해 자의적 침해로부터 보호하려는 자연법의 인식 관심 자체로부터 비판의 기준을 설정한 것이다. 이 측면은 다음과 같이 도표화할 수 있다.

---

57 이러한 문제점에 관해서는 *Böckenförde*, Naturrecht in der Kritik; *Franz Xaver Kaufmann*, Wissenssoziologische Überlegungen zu Renaissance und Niedergang des Katholischen Naturrechtsdenkens im 19. Jahrhundert, in: *Böckle/Böckenförde*(Hrsg.), Naturrecht in der Kritik, 1973 참고.

58 이에 관해서는 *Böckenförde*, Naturrecht(각주 57) 참고.

		자연법	
		추상적(빈약한 내용)	구체적(풍부한 내용)
논증	강함	+	+
	약함	–	–

이 도식에서 자연법의 인식 관심은 오른쪽 윗부분, 즉 강하면서 동시에 구체적인 논거를 지향한다. 이러한 인식 관심을 고려할 때 — 합리주의 자연법에서 — 법질서 전체를 극히 구체적으로 자연법적으로 정당화하려고 시도하고, — 벨첼이 푸펜도르프와 관련해 확인하고 있듯이 — "실정법에 대해서는 거의 여지를 남겨 놓지 않는 것"[59]은 불가피한 일이었다.

우리는 이제 자연법이 이상적으로 여기는 인식을 배경으로 일단 추상적 자연법의 문제점을 논의하고, 이러한 문제점으로 말미암아 구체화를 수행하지 않을 수 없다는 점을 밝히겠다. 그 이후 구체적 자연법 — 또는 구체적 자연법을 표방하는 이론 — 이 진정으로 구체적이고 논증의 강점을 지니는지를 검토하겠다.

3.2.5 추상적 자연법

3.2.5.1 최상위 형식적 원칙의 의미

아마도 아래의 명제들을 반박하는 사람은 많지 않을 것이다.

a) "정의를 행하고, 부정의를 피하라!"[60]

b) "악을 피하고 선을 행하라!"

c) "정당한 (실정)법이 있고 부정당한 (실정)법이 있다."[61]

d) "각자에게 그의 몫을!"[62]

---

59 *Welzel*, Die Naturrechtslehre Samuel Pufendorfs, 1958, S. 56.

60 *Rommen*, Die ewige Wiederkehr des Naturrechts, 2. Aufl. 1947, S. 225.

61 *Stammler*, Die Lehre vom richtigen Recht(2. Aufl. 1926).

62 *Rommen*, Wiederkehr(각주 60), S. 226.

이 명제들은 높은 명증성을 지닌다고 여겨지지만, 그렇다고 해서 이 명제들을 결코 반박할 수 없다고 주장할 수는 없다.

이 명제들을 반박할 가능성은 이를 어떻게 해석하는지에 달려 있다. 만일 명제 a)가 어떠한 형태로든 타인을 고려하라는 의미를 포함한다고 생각하면, 이에 대해 얼마든지 철학적 반대입장을 생각해볼 수 있다. 예컨대 — 적어도 상당히 넓은 범위에 걸쳐 — 타인을 고려하지 않는 '권력에의 의지'를 찬양하는 것도 가능하다. 물론 명제 a)를 다른 방식으로 해석해 반대입장과 조화할 수 있게 만들 수도 있다. 즉 이 명제에 반대하는 사람에게 "정의를 행하라!"라는 목적에 부합하기만 하면 무슨 수단을 동원해서라도 목적을 관철하라는 뜻이라고 해석할 수도 있다. 이렇게 하면 명제 a) 자체를 반박하는 것이 아니라 정의의 개념을 특정한 방식으로 규정하는 것이 된다. 다시 말해 상위명제인 a)에 대해 단지 조금은 억지스러운 하위명제를 추가하는 것일 뿐, a) 자체를 반박하는 것은 아니다.

그러나 이런 식으로 명제 a)를 방어하는 것은 정의개념이 갖는 모든 실천적 내용을 공허하게 만드는 결과를 낳고, 결국 마땅히 해야 할 것과 하지 말아야 할 것이 무엇인지를 그저 실천철학의 문제를 논의하고자 하는 사람 각자에게 맡겨야 한다는 주장으로 끝나고 만다. 그리하여 정의로운 행위 또는 부정의한 행위가 어떻게든 **타인**과 관련을 맺는다["정의는 타인을 위한 것이다(justitia est ad alterum)"]는 점만이 '정의'와 관련된 유일한 서술적 요소로 남아 있을 뿐이다. 명제 a)를 이처럼 '순수한' 형태로 파악하면 이 명제는 '당위'라는 이념을 인정하는 모든 사람에게 반박 불가능한 것이 되고, 사실상 모든 사람은 곧 정의를 행한다고 보아야 한다. 상당수 자연법론자는 높은 '명증성' 또는 높은 설득력을 지닌다는 사실 때문에 이런 식의 추상적 명제를 제시하고, 이 '확고한' 토대 위에서 인간의 공동생활과 관련된 완벽한 질서를 기획하려고 노력하는데, 자연법의 인식 관심에 비추어 볼 때는 이러한 노력을 얼마든지 이해할 수 있다.

우리가 여기서 논의하는 종류의 자연법 명제들은 이미 지적했듯이 정의, 도덕 또는 윤리에 관한 보편적인 확신에 기초한 높은 명증성을 지니긴 하지만, 그 대신 행위에 관한 구체적 정보를 전혀 제공하지 못한다는 문제점을 안고 있다. 즉 무언가가 "마땅히 그래야 한다"라거나 '좋다' 또는 '정의롭다'와 같은 표현은 평가의 기초가 되는 내용적 기준까지 제시하지는 않는다. 이 점은 최근의 언어철학을 통해 밝혀진 결론이기도 하다.[63] 따라서 언급한 표현들은 — 법학적으로 말한다면 — 포섭을 가능하게 만드는 표현이 아니다. 칸트의 용어를 빌리자면 이 표현들에는 도식(Schema)이 없다. 즉 이 표현들은 표현에 상응하는 현실의 단면을 보편적 특성에 비추어 서술할 수 있는 절차를 제시하지 못한다. 물론 '좋다', '정의롭다'와 같은 표현은 무언가를 '좋다', '정의롭다'라고 지칭할 수 있기 위해 존재해야 할 서술적 기준이 존재한다고 전제하긴 하지만, 무엇이 그러한 기준인지에 대해서는 아무런 대답도 제시하지 않는다. 더욱이 다양한 사회적 영역이나 각각의 생활 관계마다 나름의 정의 기준이 존재하는지, 만일 존재한다면 어떻게 그러한 기준을 획득할 수 있는지도 전혀 대답하지 않는다. 사물의 본성(Natur der Sache)에 관한 여러 가지 이론은 바로 이러한 방향을 지향한다. 즉 이 이론들은 정당한 법 또는 정의로운 법의 기준을 구체적인 사실 상태 또는 어떤 식으로든 유형화한 사실 상태로부터 획득하려고 시도한다. 이러한 방향설정이 사물논리적(sachlogisch)으로 정당하다면, 어떠한 서술적 특징이 법적 경험의 영역에서 정의의 기준이 될 수 있는지를 무시할 수는 없다. 언어분석적 연구의 결론을 고려해 볼 때 '좋다'라는 단어와 관련해서는 수많은 기준이 있다. 우리가 수많은 사물, 상태, 행위, 제도를 평가할 수 있고 이것들의 '좋음'은 각각 특수한 특성에 따라 판단되기 때문이다. '정의롭다'나 가치평가를 표현하는 다른 단어들도 마찬가지다. 이 단어들이 예컨대 정의이론과 같이 더욱 특수한 것을 통해 해석되고 그 내용이 채워지지 않는 이상 수많은 것들에 적용되는 상황을 피할 수는 없다.[64] 이처럼 '가치평가 용어'와 가치평가의 대상이 되는 사안 사이를 명확한 사고를 통해 매개하고 전환하는 것이 불가능하다는 사정 때문에 '가치평가

63 이에 관한 입문적 서술로는 *Kaufmann/Hassemer*, Grundprobleme der zeitgenössischen Rechtsphilosophie und Rechtstheorie, 1971, S. 19 참고. 이 밖에도 *Hartnack*, Wittgenstein und die moderne Philosophie, 1962, S. 121 이하; *Rainer Specht,* Über Philosophie und theologische Voraussetzungen der scholastischen Naturrechtslehre, in: *Böckle/Böckenförde*(각주 57), S. 55 이하; *H.-J. Koch*, Seminar: Die juristische Methode im Staatsrecht, 1977, S. 49 이하; *Mackie*, Ethik(각주 17), S. 47; *Rawls*, Eine Theorie der Gerechtigkeit, 1975, S. 437 이하, 463 참고. 헤어(Hare)의 견해에 관해서는 *Alexy*(각주 44), S. 85/86 참고. 그리고 *Albert*, Probleme der Wissenschaftslehre in der Sozialforschung, in: *René König*(Hrsg.), Handbuch der empirischen Sozialforschung, S. 65 이하도 참고.

64 물론 해석을 둘러싸고 의견이 분분하다면 도움이 되지 못하기는 마찬가지다. 정의라는 용어 역시 당연히 이러한 운명을 겪는다.

용어'는 평가되는 사안 자체에 관한 명제가 아니라 단지 용어를 사용하는 사람의 긍정적 또는 부정적 태도를 표현하는 것일 따름이라고 해석하기도 한다. 그리하여 가치평가 용어는 객체와 주체의 (당연히 사실적인) **관계**를 뜻하고, 따라서 이 용어는 가치평가의 대상이 되는 객체를 뛰어넘어 객체 바깥에 있는 것이며, 이 점에서 객체에 관한 서술에 속하지 않는다고 한다.[65] **어느 경우**에 그러한 관계가 성립하거나 성립해야 하는지는 긍정적 또는 부정적 태도를 표현할 따름인 가치용어 자체만으로는 전혀 알 수 없다. 이로써 가치평가의 영역에서 경험적 진리에 관해 칸트가 말한 내용이 반복된다. 즉 **진리의 보편적 기준에 대한 물음**은 혼란스럽기 짝이 없는 대답으로 호도하는 물음에 속하고, 그 때문에 묻는 자와 대답하는 자가 "한 사람은 숫양의 젖을 짜고, 다른 사람은 그 밑에 채를 받히는 우스꽝스러운 장면을 연출한다." 칸트에 따르면 그 이유는 다음과 같다. "진리의 보편적 기준은 인식의 대상과 관계없이 모든 인식에서 타당한 것이어야 한다. 그러나 보편적 기준은 인식의 모든 내용(객체와의 관계)에서 벗어나고, 진리는 바로 이러한 내용과 관련된 것이기에 이러한 내용의 진리에 관한 특성을 묻는 것은 전혀 불가능할 뿐 아니라 혼란을 가중할 따름이며, 따라서 진리에 관한 충분하고 동시에 보편적인 특성을 제시하는 것은 불가능하다는 사실은 너무나도 분명하다."[66]

이러한 사정을 고려하면 앞에서 언급한 명제들만으로 만족하거나 이 명제들의 직관적 적용 또는 연역적 사용을 통해 내용이 풍부한 자연법을 찾으려고 시도하는 것은 무의미한 일이다. 이론적 논의는 이러한 명제들보다 더 낮은 차원에서 시작한다. 즉 구체적인 생활 관계에 대한 평가나 서술적 내용을 담은 규범명제에 관한 토론에서 시작한다. 이러한 규범명제를 더 높은 차원에 있는 추상적 원칙들로부터 도출할 수는 없다.[67]

---

65 나는 *G. E. Moore*, Principia Ethica, 1970에서 주장했던 이 윤리학적 직관주의(Intuitionismus)를 타당하지 않다고 본다. 무어는 특수한 방식의 직관(Intuition) 때문에 사물, 인간 또는 행위에서 도덕적 성질이 지각된다고 전제한다. 이러한 전제를 부정한다면, 모든 형태의 도덕적 판단과 관련해 — 직관주의는 인정하지 않는 — 설명의 필요성이 제기된다. 공리주의적 설명은 단지 한 가지 방식의 설명일 따름이다. 공리주의는 도덕적 판단에는 자연적인 욕망이 표현되고, 따라서 도덕적 판단은 인간의 욕망구조와 인과적으로 결합하고 있다고 한다[이에 관해서는 *Mackie*, Ethik(각주 17), S. 43-49 참고]. 하지만 앞에서(3.2.4) 언급했듯이 여기서 이와 같은 윤리적 정당화의 문제를 자세히 다룰 수는 없다.

66 *Kant*, Kritik der reinen Vernunft, Bd. III(각주 2), S. 102, 103.

67 이와는 반대되는 견해를 주장하는 대표적인 학자는 *Rommen*, Wiederkehr(각주 60), S. 226 참고.

3.2.5.2 십계명 형식과 기본권 형식

따라서 이제부터는 많은 사람이 충분히 합의 가능성이 있다고 생각하는 다른 형태의 명제들을 다루어보자. 그것은 바로 십계명 형식(Dekalogformel)과 기본권 형식(Grundrechtsformel)이다.[68]

여기서 내가 말하는 십계명 형식은 단순히 열 개의 명령이 아니라 이와 같은 의미구조를 지닌 모든 명제를 지칭한다. 따라서 헌법에 명시적으로 규정되지 않은 기본권 형식도 당연히 제시할 수 있다. 십계명 형식에 속하는 명제는 예컨대 "사람을 죽이지 말라(또는 해치지 말라, 감금하지 말라 등)!"라는 형태 (a)의 명제이고, 기본권 형식에 속하는 명제는 예컨대 "누구나 생명(또는 신체적 완결성, 자유, 직업선택의 자유, 소유권)에 대한 권리를 갖는다"라는 형태 (b)의 명제이다.

3.2.5.2.1 십계명 형식과 기본권 형식의 기능방식

이러한 명제들은 정도의 차이는 있지만 모두 서술적 내용을 갖는다.[69] 즉 '죽이다', '해치다', '혼인', '생명' 등과 같은 표현은 포섭이 가능한 표현이다. 이들 표현은 당위명제뿐만 아니라 생활 사실을 서술할 때도 사용되기 때문이다. 이때 이 표현들의 사용규칙이 사안을 서술하거나 이러한 서술들을 집약할 때 일상언어에서 확정되어 있는지 아니면 (궁극적으로) 메타언어인 일상언어의 도움으로 특정한 전문용어로 확정되어야 하는지는 중요한 문제가 아니다. 어쨌든 이 표현들은 구체화가 가능한 표현들이다.

이 명제들의 명증성은 앞 절에서 다룬 명제들처럼 선/악, 정의/부정의가 '어떤 식으로든' 분명히 존재한다는 확실성에 기초하는 것이 아니라, 명백히 긍정적 또는 (대다수의 경우) 부정적 태도를 불러일으키는 행동을 유형화한 서술에 기초한다. 또는 보호 필

---

68 성서의 십계명을 자연법으로 분류하는 견해로는 예컨대 *Süsterhenn*, Das Naturrecht, in: *W. Maihofer*(각주 10), S. 20 참고.

69 서술적 내용이라는 개념에 관해서는 비트겐슈타인의 철학을 끌어들이는 *Stegmüller*, Hauptströmungen der Gegenwartsphilosophie; Eine kritische Einführung, Bd. I, 7. Aufl. 1989, S. 574 이하 참고. 분석적 법이론의 관점에서는 *Koch*(각주 63), S. 47 참고.

요성을 확실하게 긍정할 수 있는 현실적인 이익을 지칭한다는 점에 기초할 수도 있다.

자연법적 전통에서는 앞에서(3.2.5.2) 언급한 형태의 명제들이 중요한 역할을 한다. 스콜라 자연법은 형태 (a)의 명제들을 선호했고(적어도 '사물의 본성'을 탐색하지 않는 이상은 그랬다), 이 점에서 객관적 법에 비추어 사고했다. 이에 반해 계몽철학은 상당 부분 형태 (b)에 따른 명제들을 구성하는 것을 선호했다. 두 형태의 명제는 서로 관계를 맺기도 한다. 예컨대 십계명 형식을 기본권으로부터 도출되는 결론으로 해석할 수도 있다.

그렇다면 이 명제들은 과연 어떠한 논증적 강점을 갖는가? 십계명 명제들은 절대적 형태로 명령 또는 금지를 선언한다. 이들은 — 적어도 표현상으로는 — 그 구속력을 제한하는 어떠한 조건들도 용납하지 않는 무조건적 명령 또는 금지이다. 이 점에서 십계명의 명제들은 어쩌면 아무런 문제가 없고 당연하다는 인상을 불러일으킨다. 그 때문에 "다른 사람을 죽이지 말라, 학대하지 말라, 간음하지 말라" 등등 다수의 십계명 형식은 (오늘날에도) 모든 사람이 동의할 확률이 매우 높다. 즉 이러한 명령 또는 금지 자체는 딱히 논의 대상이 되지 않는다.

실천과 관련된 대화 상황에서는 확고한 입장을 갖거나 논증에 의문의 여지 없는 확실한 출발점을 마련해주기 위해 십계명과 같이 명증성 있는 명제를 원용하는 적절한 절차가 필요한 경우가 일반적이다. 물론 명증성을 지닌 명제의 숫자가 제한되는 것은 아니다. 성서의 십계명에서도 침해금지의 대상이 되는 기초적인 이익만을 제시하고 있을 뿐, 다른 재화나 '이익'의 침해 역시 얼마든지 설득력 있는 금지대상이 될 가능성은 열려 있다. 즉 수많은 십계명 형식을 집약한 것이라 볼 수 있는 "다른 사람을 해치지 말라(neminem laedere)!"라는 명령은 앞에서 예로 든 명제들에서 끝나는 것이 아니라 이보다 더 미시적이고 교묘하게 행해지는 침해를 금지명령의 대상으로 포착하기 위한 토대가 된다. 그러한 침해는 인간 존재를 규정하고 이 인간 존재가 사회적 상태에서 얽히게 되는 것들을 더욱 정확하게 통찰할 때야 비로소 가시화하기 때문이다.

따라서 무조건적이고 절대적인 자연법은 더 정확하게 규정해야 할 필요가 있고, 특히 실정법의 다의적인 규정과 뚜렷이 구별되는 차별성을 지녀야 하며, 그래야만 명증성을 확보할 수 있다. 예컨대 인간이 재화를 소유할 수 있어야 한다는 자연법적 요구를 제기할 때는 단순히 실정법적 소유개념에서 출발해서는 안 된다.[70]

이 밖에도 제안된 형식에 관해 사실상으로 합의가 이루어지는지도 심사해야 한다. 즉 어떤 금지 또는 명령이 명증성을 지닌다는 주장을 제기하는 자가 이 명제에 대한 경험적 심사를 **거부**하면, 자연법적 논의와 커뮤니케이션을 교조적으로 단절하는 형태일 따름이고, 이러한 단절은 곧 대화 가능성을 부정하고 정치적 영역에서 개인적 심정만을 완강하게 고집하는 경향을 조장한다.[71] 십계명 형식의 명제나 기본권 형식의 명제를 토대로 전개되는 자연법이 만일 논란의 대상인 십계명 명제를 어떠한 경우일지라도 포기해서는 안 되는 명제로 선언할 뿐만 아니라, 법질서 전체가 지닌 가치를 심사하는 시금석으로까지 선언하게 되면, 보편적으로 승인되는 원칙들을 밝힌다는 자연법의 원래 의도와는 반대로 오히려 정치적 논쟁에 파괴적인 영향을 미치는 편파적 견해의 온상이 될 수 있다는 점을 분명히 인식해야 한다.[72]

십계명 형식을 동원하는 자연법의 긍정적 의미는 다행히도 자연법적 교조주의의 의미를 포함하지 않는다. 예컨대 오늘날의 사회에서는 — 오랜 기간에 걸친 반대되는 전통에도 불구하고 — 혼인의 해소 불가능성에 관한 합의가 존재하지 않는다는 사정을 고려해 이 해소 불가능성을 더는 자연법 명제로 주장하지 않는다. 이처럼 자연법적 절차가 특정한 자연법 명제를 경험적으로 심사함으로써 강한 명증성을 지닌 절대적 명제를 제기하려고 노력할 때는 여러 견해가 최대한 일치할 수 있도록 해주는 방법을

70 이에 관해서는 *Böckenförde*, Naturrecht(각주 57), S. 117 참고. 교부철학에서는 소유권의 자연법적 성질을 둘러싸고 격렬한 논쟁이 펼쳐졌다. 한쪽에서는 공동소유를 근원적 형태로 보는[닛사의 그레고르(Gregor von Nyssa), 바질리우스(Basilius), 크리소토모스(Chrysotomos), 암브로시우스(Ambrosius)] 반면, 다른 쪽에서는 사적 소유를 근원적인 것[클레멘스(Klemens), 락타니투스(Lactanitus)]으로 보았다(이에 관해서는 Truyol y Serra, in: Staatslexikon, 'Naturrecht', VI 1 참고).

71 이 점은 배아의 자연법적 지위를 둘러싼 논쟁에서 잘 드러난다. 시험관에 있는 배아에도 무제한적으로 인간의 존엄(기본법 제1조)이 귀속된다는 주장은 공통의 견해에 속하지 않는다. 더욱이 이 주장을 펼치는 자들이 그에 따른 결과를 고려하지 않는다는 사실에 주목할 필요가 있다. 즉 이들은 임산부의 생명에 위험을 초래할 정도로 낙태를 금지하고 착상전 진단술을 통해 이루어지는 선별을 절대적으로 금지하는 결과를 낳는다는 점을 전혀 고려하지 않는다. 형법상의 낙태죄의 위헌성 여부를 심판한 연방헌법재판소의 결정에서 평가의 일관성을 상실했다는 점은 *Reinhard Merkel*, Grundrechte für Embryonen?, in: Festschrift für Müller-Dietz, S. 493-521, 특히 494 이하에 명확하게 서술되어 있다. 배아의 지위에 관한 논쟁은 현재로서는 해소되기 어려울 것으로 보이고, 따라서 잠정적으로 구속력을 갖는 다수의 결정이 필요하지 다수의 견해를 무력화하는 법원의 판결이 필요한 상황이 아니다.

72 이 측면에서 철학사의 관점에서 흥미로운 견해를 제시하는 문헌으로는 *Welzel*, Naturrecht und Rechtspositivismus(각주 10), S. 329 참고.

탐색하고 법공동체 구성원들의 법의식과의 연관성을 유지한다는 긍정적 의미를 지니기도 한다. 이 점은 다음과 같은 사정 때문에 특히 중요하다. 즉 일반 시민의 법의식은 무엇보다 간명하고 절대적인 공식을 지향하고, 이에 반해 여러 가지 관점을 비교하고 저울질하는 문제에 봉착하면 "…라면 …이지만, …일 경우라면 …이 아닐 수 있다"와 같은 극히 복잡한 사고를 하지 않을 수 없다고 생각해 매우 혼란스러워한다는 것을 알게 된다.

이러한 측면은 계몽주의적 자연법, 즉 **기본권 형식**에도 해당한다. 물론 헌법에서 기본권은 대부분 제한 가능성과 함께 등장한다. 그렇지만 제한의 근거를 제시하는 논증 책임은 언제나 제한을 주장하는 자가 부담한다. 이 점에서 기본권 형식 자체에 대해서는 별도의 평가가 필요하지 않고, 오로지 이에 대한 제한만이 정당화되어야 한다.

3.2.5.2.2 형식이 미치는 영향의 범위

십계명 형식과 기본권 형식이 **구체적 실천에 미치는 영향의 범위**에 대한 물음을 제기하면, 이들 형식이 실천과 관련된 — 학문적 또는 일상적 — 대화에서 어떻게 기능하는지를 관찰할 때만 비로소 균형 잡힌 판단이 가능하다.

3.2.5.2.2.1 형식의 추상적 성격

자세히 관찰해보면 십계명 형식과 기본권 형식이 여러 측면에서 추상화를 거친 결과라는 사실, 즉 다양한 관련 속에 있는 구체적 삶과 구체적 가치의 맥락에서 벗어나 있는 관점이라는 사실이 밝혀진다. 이 형식들에 비추어 추정하게 되는 무조건성과 절대성은 형식의 타당성과 구속력이 문제의 중심으로 떠오르는 구체적인 사회적 맥락을 도외시한다는 데 기초하고 있는 것 같다. 하지만 "다른 사람을 죽이지 말라!"와 같은 매우 강한 명제조차도 각각의 윤리적-정치적 구상에 따라 많든 적든 일정한 제한이 가해지기 마련이다. 이 제한은 예컨대 다음과 같이 이루어질 수 있다.

"다른 사람을 죽여서는 안 된다. 다만 다음과 같은 경우는 예외다.

a) 다른 사람이 전쟁 중인 적인 경우

b) 다른 사람이 생명(또는 매우 가치가 높은 법익, 보호할 가치가 있는 이익)에 대한 현재의 위법한 공격을 가하고 있고, 그를 죽여야만 이 공격을 피할 수 있는 경우

c) 다른 사람이 중범죄(어느 정도의 중범죄이어야 할까?)를 저지른 경우

d) 다른 사람 스스로 죽여달라고 요구한 경우

e) 다른 사람의 생명이 '진정한 의미'의 생명이 아닌 경우

f) 공동선(공동선이란 과연 무엇일까?)이 어쩔 수 없이 다른 사람을 죽이라고 요구하는 경우

g) 죽임을 당한 자가 — 그 자신은 주관적으로 '죄가 없다'라고 생각할지라도 — 혁명을 반대하는 반동의 수괴인 경우"

생각할 수 있는 제한의 목록은 얼마든지 늘어날 수 있고, 앞에서 언급한 제한 조건들 하나하나 그 내용을 따져봐야 한다. 특히 공동선이라는 유보조건은 고려 대상이 되는 사례집단을 밝힐 때 상당히 넓은 적용 가능성이 등장하게 된다. 살인금지와 관련된 이러한 제한 조건들을 어느 정도까지 인정할 것인지는 **역사적 상황에 따라 차이가 있다.** 즉 살인금지에 대한 제한에 의문을 제기하는 새로운 역사적 상황이 올 수도 있고, 이 상황을 다시 극복하는 새로운 역사적 상황이 펼쳐질 수도 있다. 어쨌든 지금까지의 역사적 경험에 비추어 볼 때 모든 법질서는 살인금지 명제에 어떤 식으로든 제한을 가했다. '명증성'의 측면에서 십계명의 다른 모든 명제를 능가하는 살인금지 명제가 이렇다면 다른 명제들의 사정은 딱히 자세히 설명할 필요가 없을 것이다.

3.2.5.2.2.2 형식의 유토피아적 성격

따라서 모든 십계명 형식과 기본권 형식에서 제한 조건을 인정하면, 이는 곧 법적 결정 또는 도덕적 결정과 관련된 실천에서 이루어지는 논증에서 이 명제들이 — 적어도 동의를 얻는 이상 — 정당성의 방향으로 **기울긴**[73] 하지만, 특정한 또는 특정 가능한 전제조건에 따라서는 행위를 규정하는 실효성을 상실한다는 의미이다. 이 점은 두 가지

측면에서 더 자세히 밝힐 필요가 있다.

무조건성과 절대성을 띠고 등장하는 자연법 명제들이 제한적 타당성에도 불구하고 정당성의 방향으로 기운다는 말은 곧 이 명제들이 그 의미에 비추어 볼 때 특정한 이유로 인해 기준이 될 수 없는 경우일지라도 여전히 '그 자체'로는 기준이 된다는 뜻이다. 따라서 이러한 규범을 구체적 상황에서 배제할 수 있다고 해서 이 규범이 적용되는 사례가 전혀 없다는 뜻은 아니다. 다시 말해 특정한 자연법규범으로 표현되는 가치가 다른 가치의 뒷전으로 밀릴 수밖에 없는 갈등상황일지라도 이 규범 자체가 침해되지는 않는다는 뜻이다. 규범의 세계에서도 사실상 갈등에 관한 결정을 내려야 할 상황이라면 이 상황을 조화로운 규범들로 대체할 수는 없다. 어떤 행위가 한 가지 관점에서 가치에 반한다면, 그 행위는 이미 가치에 반하는 부분적 결과를 낳는다. 예컨대 자유형은 그 성질상 해악의 부과로서 이 형벌이 법익보호에 필요하다는 이유만으로 그 자체 긍정적인 것이 되지는 않는다. 오히려 권력과 폭력이 그 자체 악인 것과 마찬가지로 자유형도 그 자체 악이다.[74] 바로 그 때문에 형법을 개선하는 것이 아니라, 형법 자체를 아예 해체하는 쪽으로 더 좋은 법을 기획하는 유토피아가 존재한다.[75] 이러한 유토피아를 통해 "다른 사람의 자유를 빼앗지 말라!"라는 십계명 명제는 이 명제의 실천적 효력을 제한하는 조건에도 불구하고 계속 절대성을 유지한다. 물론 절대성의 유지는 오로지 가치의 차원에서만 이루어질 뿐 구체적 상황에 관한 결정의 차원에서 이루어지지는 않는다. 하지만 가치의 차원 자체는 유토피아적 주장이나 순수한 상태의 자연법 또는 가치 있는 것의 희생이 조금도 존재하지 않는 자유의 왕국이라는 이상으로 계속 명맥을 유지한다.

따라서 십계명 형식과 기본권 형식이 지닌 무조건적이고 절대적인 의미를 고수하는 것이 중요하다. 그래야만 이 형식을 제한하는 조건들에 대한 비판적 심사가 언제든지 가능하기 때문이다. 물론 그와 같은 유토피아적 비판이 과연 구체적인 역사적 상황에서 실제 비판으로 전환될 수 있을지는 절대적인 자연법 명제들 자체만으로 해결될 수

73 이는 *Stegmüller*, Hauptströmungen(각주 69), S. 507에 등장하는 브로드(Broad)의 표현이다.
74 *Jakob Burckhardt*, Weltgeschichtliche Betrachtungen, Kapitel 3: Betrachtungen 1.
75 *Radbruch*, Rechtsphilosophie(각주 38).

있는 문제가 아니다.

3.2.6 형식과 구체적 총체

이로써 조건에 구속되는 것을 원칙적으로 거부하는 자연법 명제는 분명한 기준을 제시하고 포섭 여부를 명확하게 판단하게 해주는 **규칙**(Regel)이 되고자 했던 원래 의도와는 달리 전체 범위 내에 있는 여러 가지 조건에 비추어 행위 방향에 지침을 제시하는 단순한 **목표**로 바뀌게 된다.[76] 그리하여 전체 범위가 어떠한 조건을 설정하는가에 따라 똑같은 십계명 명제와 기본권 형식을 둘러싸고도 상반되는 해결 방법이 얼마든지 양립할 수 있는 혼란스러운 상황이 발생한다.

십계명 형식과 기본권 형식을 둘러싼 전체 범위, 즉 포괄적인 맥락은 어떤 의미에서든 이 형식들보다 더 구체적이다. 이와는 반대로 형식에 속하는 명제들은 실천적 논증의 전체 맥락에서 이미 분리되었고, 더 포괄적이고 구체적인 맥락에 다시 구속되기를 거부하는 경향을 보이는 논거들이다. 그런데도 실천적 상황은 비판적인 저울질을 하지 않을 수 없게 만들고, 따라서 강한 명증성을 지닌 십계명 명제마저도 수없이 많은 관점의 **총체성** ― 이 총체성을 완벽하게 포착하는 일은 애당초 불가능하다 ― 과 관련을 맺도록 강제한다. 더욱이 이 수많은 관점은 서로 보충적일 수도 있지만, 얼마든지 대립적일 수도 있으며, 그 때문에 여러 관점 가운데 어느 하나를 선택하는 **결정**을 내리지 않을

---

76 여기서 나는 규칙개념을 이 책의 초판(1977년) 발간을 위해 위 본문을 서술할 때(1976년) 생각했던 의미 그대로 사용한다. 그 이후 *Alexy*, Theorie der Grundrechte, 3. Aufl. 1996, S. 71-125에서 원칙(Prinzip)개념과 대비해 전개한 규칙개념은 내가 생각했던 규칙개념과 동일하다(뒤의 3.5.1./3.5.2 참고). 이러한 구상의 출발점이 되는, 규칙/원칙이라는 엄격한 규범이론적 구별은 만일 법체계가 특정한 사례들과 관련해서는 규칙의 적용영역에 대한 예외를 인정하는 것을 허용한다면 엄격성을 상실한다. 이렇게 되면 규칙은 원칙과 마찬가지로 잠정적으로 우선적 효력을 지닐 뿐, 어떠한 예외도 없이 효력을 갖지는 않는다. 다른 한편 알렉시도 기본권 규정에 규칙의 성격과 원칙의 성격을 동시에 부여한다(S. 125). 우리가 다루고 있는 자연법 명제와 관련해서도 비슷한 규범이론적 분석이 가능하다. 즉 십계명 형식과 기본권 형식 역시 기능적으로 고찰해보면 규칙이자 동시에 원칙이다. 하지만 내게 중요한 것은 이와 같은 규범이론적 분석이 아니라 십계명 형식과 기본권 형식이 특정한 사례집단에서 구속력 있는 행위규칙이 될 수 없는 경우일지라도 다른 규범들과의 긴장 관계 속에서 여전히 높은 합의 가능성과 특별한 도덕적 비중을 지닌다는 점을 밝히는 것이다. 바로 이 측면이 내가 앞 절에서 두 형식의 유토피아적 성격이 지니는 긍정적 의미로 분석한 측면이다.

수 없다(과연 어떠한 준칙에 따라 결정할 것인가?).

모든 십계명 명제와 기본권을 극히 넓은 범위에 걸친 논거들과 관련을 맺도록 강제하고, 이로 인해 일정한 제한을 가하지 않을 수 없게 만드는 구체적 측면은 여기서 다루는 종류의 여러 자연법 명제가 서로 충돌하는 상황이 언제든지 발생할 수 있는 사회적 삶의 현실 자체이다. 사실상 — 물론 방법론적으로는 이 점을 표방하지는 않지만 — 계몽기 자연법의 문제점을 상당 부분 공유한 상태에서 이 자연법을 구체화하는 기본권 도그마틱은 다수의 기본권이 서로 대립하고 충돌하는 경계선의 문제를 끊임없이 처리한다. 형법의 경우 법익보호는 "다른 사람의 자유를 박탈해서는 안 된다!"라는 명제와 언제나 충돌한다. 민법은 거의 언제나 이익충돌의 관점에서 사고하고, 이익충돌은 곧 가치갈등을 뜻한다.

더 나아가 무조건적이고 절대적인 자연법을 구체적인 사례에서 실현하는 것이 법체계 자체의 원활한 기능과 충돌하거나[77] 자연법보다 덜 중요하지만, 대중적으로 확산한 욕구와 충돌할 수도 있다. 이 경우에는 — 구체적 상황에 따른 — 진지한 논거를 제시해 그 자체 명증성을 지닌 십계명 명제의 충족을 반대할 수 있다.

법을 둘러싼 경험은 언제나 그리고 어디에서나 십계명 형식과 기본권 형식이 법질서의 모든 문제를 남김없이 해결할 수 없다는 사실을 잘 보여주고 있다. 이 명제들이 행위를 규정하는 내용 — 이러한 내용이 존재한다는 점에 대해서는 의문이 있을 수 없다 — 은 자연법 명제들을 적용할 때 명제들이 서로 충돌하거나 다른 대중적 욕구나 체계의 이익과 충돌하는 수많은 상황과 중요한 상황을 충분히 고려하지 않기 때문이다. 이 점에서 법적 규범화와 관련된 모든 문제를 가치갈등 상황에서 결정을 내리기 위한 기준들을 탐색하는 작업으로 이해하는 것도 얼마든지 가능하다. 예컨대 이익법학(앞의 2.3.4.3 참고)은 법적 규범화의 대상을 거의 전적으로 이익갈등으로 고찰해야 한다고 주장했다.[78]

---

77 이에 관해서는 *Ellscheid*, 'Naturrecht'(각주 16), S. 977.

78 이에 관해서는 *Ellscheid*, 'Einleitung', in: *Ellscheid/Hassemer*(Hrsg.), Interessenjurisprudenz, 1974, S. 4 이하 참고. 이 점은 정의의 문제를 해결하려는 대부분의 법적 규범에 해당한다. *Rawls*, Eine Theorie der Gerechtigkeit, 1975, S. 150에 따르면 "인간이 희소한 사회적 재화의 분배와 관련해 서로 경쟁하는 요구를 제기한다"는 사실은 정의를 적용할 조건(정의를 '적용할 상태')에 속한다고 한다.

법이 오로지 가치갈등에 관한 결정을 위해서만 존재하고, 결정의 기준(규칙)이 대부분 가치갈등과 관련을 맺는다면, 언제나 단 하나의 가치만을 표방하고, 그 때문에 무조건적이고 절대적인 것으로 파악되는 십계명 형식과 기본권 형식이 얼마나 구체적인 법과 동떨어져 있는지가 분명하게 밝혀진다.

법은 그와 같은 자연법보다 더 구체적이어야 하고 더 복잡해야 한다. 즉 법은 십계명 형식과 기본권 형식을 적용하는 것이 가능한지를 판단할 수 있게 해주는 규칙을 포함해야 한다(또는 이러한 규칙을 발전시켜야 한다). 법은 예컨대 자유적 기본권과 사회적 기본권을 서로 '조정'(또는 조율)하는 방법을 찾아내야 한다. 이 두 기본권은 — 각각 그 자체로 보면 — 서로 다른 사회적 구조를 지향하는 경향이 있지만, 그런데도 양자 모두 **하나의** 사회에서 실현되도록 노력한다. 언제나 '실천적 조화(praktische Konkordanz)'[79]에 도달할 수 있는 것은 아니다. 그보다는 '우선순위'를 정해야 한다. 그러므로 언제 그리고 어떠한 상황에서 무조건적이고 절대적인 자연법에 담긴 다양한 목표들이 발현될 수 있는지를 규정하는 규칙에 따라 자연법의 구체화가 수행되어야 한다. 만일 이러한 규칙을 밝힐 수만 있다면, 이 규칙은 방법적으로 볼 때 절대적 자연법의 상위에 자리 잡는 '메타규칙(Metaregel)'이 될 것이다. 이 규칙은 규범에 관한 (규범적) 언명을 포함하기 때문이다. 이는 하나의 언어에 대한 명제는 오로지 메타언어(Metasprache)에서만 가능한 것과 같은 이치이다.

3.2.6.1 자연법적 메타규칙?

앞에서 언급한 논증이론적 접근방법에 따라 이제부터는 하나의 법질서 또는 법정책적 기획에서 발견되거나 실험적으로 제기되는 구체적인 메타규칙(가치철학적으로 표현하면 '우선규칙')이 결정과 관련된 대화에서 과연 강한 논거로 작용할 수 있는지를 심사해볼 수 있다. 예컨대 정당화사유에 관한 이론은 이러한 규칙들을 발전시켰다. 그리고 노동자의 공동결정권과 관련해 직접적 당사자들의 '자연적인 권리'와 자유로운 기업

---

79 *Hesse*, Grundzüge des Verfassungsrechts der Bundesrepublik Deutschland, 20. Aufl., S. 27.

활동의 경제적 효용과 관련된 일반적인 이익 사이의 조정이 문제가 될 때도 끝없는 다툼의 대상이 되는 공동결정 모델들은 다양한 형태의 메타규칙을 제시한다. 이렇게 볼 때 법의 구체화는 상당 부분 등장한 갈등사례들을 처리하기 위한 규칙의 수립을 통해 수행된다고 말할 수 있다. 우리가 심사 도식(3.2.4)에 비추어 서술했던 또 다른 문제, 즉 찾고자 하는 메타규칙이 강한 논거인지 아니면 약한 논거인지의 문제는 메타규칙이라는 현상을 자세히 논의한 이후에야 비로소 대답할 수 있다. 이 대답이 우리가 여기서 수행해야 할 과제에 속하지는 않지만, 자연법의 문제와 관련해서는 결정적 의미를 지니고 있다.

이러한 메타규칙을 설정하기 위해 노력한 대표적인 학자는 요하네스 메스너(Johannes Messner)이다.[80] 그의 시도는 무엇보다 그 자신이 표현에 너무나도 섬세한 주의를 기울이고, 결정규칙과 관련해 제안한 원칙들로부터 특정한 상황과 관련된 구체적 우선규칙을 표현하는 방향으로 나아가지 않을 수 없다는 사실을 잘 보여주고 있기 때문에도 우리에게 시사하는 바가 크다. 더 나아가 명증성과 합의가 메타규칙의 영역에서는 십계명 형식과 기본권 형식에서보다 훨씬 더 불안하고 위태로운 지위에 있다는 사실을 보여주는 확실한 증거도 메스너의 시도에서 확인할 수 있다.[81] 이 사실은 십계명 형식과 기본권 형식에 관한 메타규칙들이 정치적-세계관적 기본 결정에 의존한다는 점을 뚜렷이 의식하면 분명하게 드러난다. 즉 "죽이지 말라!", "침해하지 말라!", "직접적 당사자들이 함께 결정해야 한다" 등의 명제는 극도로 다양한 정치적 체계와 이데올로기의 구성 부분일 수 있고, 따라서 서로 다른 체계들 사이의 차이점은 메타규칙의 영역에서 비로소 드러난다. 예컨대 개인의 이익을 강조할 것인지 아니면 공동체의 이익을 강조할 것인지에 따라 우선규칙이 다르게 정해진다. 물론 목표와 관련된 사고의 대립을 (변증법적으로) 종합할 수 없다고 여기게 만드는 형식도 존재한다. 예컨대 다음과 같은 문장을 읽어보자. "개인과 공동체의 관계에 대한 기독교적 관점은 다음과 같은 공식으로 표현할 수 있다. **자유 속의 공동체와 공동체 속의 자유!**"[82]

80 이에 관해서는 '법의 다양성과 통일성'이라는 표제하에 논의가 펼쳐지는 *Messner*, Das Naturrecht, 4. Aufl. 1960, S. 244 이하 참고.

81 이 점에서 메타규칙에 대해 극히 회의적인 태도를 보이는 문헌으로는 *Luhmann*(각주 1), S. 190 참고.

하지만 어느 시점엔가는 공동체와 자유 사이에 어느 하나를 선택하는 결정을 내릴 수밖에 없는 강제에 직면하며, 바로 이를 위해 결정규칙을 찾으려고 하게 된다. 만일 십계명 형식과 기본권 형식에 인간의 근원적 욕구와 목표가 표출되어 있다고 전제하면, 우리는 뵈켄푀르데처럼 이렇게 말할 수 있다. 즉 "인간의 본질적 성격에 비추어 만들어진 근원적인 규범적 명제는 명령적 규범이 아니라, 좁은 의미의 원칙과 방향설정 규범으로 이해해야 하고, 이 원칙과 규범은 엄격한 합리적 추론이나 (상황과 관련된) 적용을 거쳐 명령을 정립한다는 의미가 아니라, 각각의 상태에 비추어 논증을 통해 다양한 방식으로 창조적으로 구체화하기 위한 출발점 또는 토대를 형성한다. 다시 말해 이러한 구체화는 원칙과 규범을 구성요소로 포함하고 있는 것이지 결코 원칙과 규범으로부터 논리적으로 도출되지 않는다."[83] 따라서 일차적으로 중요한 것은 이러한 구체화를 위한 규칙이어야 한다.

메타규칙의 근원을 찾고자 한다면, 무엇보다 라드브루흐가 '법철학적 정당이론(rechtsphilosophische Parteienlehre)'[84]에서 언급한 내용에서 가장 먼저 찾아낼 수 있다. 물론 이 내용은 상당히 많은 논란이 벌어지는 정신적 영역에 속한다. 이 상황은 결정이론의 관점에서 보면 조금도 놀라운 일이 아니다. 목표와 관련해 서로 화합하지 않는 다수의 사고가 제시되면, 제시된 사고의 숫자가 늘어나는 만큼 더 많은 결정 대안들이 제시되는 것은 당연한 일이다. 따라서 결정이 **내려지면** 그 결정은 다수의 가능성 가운데 하나일 뿐이다. 선택된 가능성은 다수의 가능성 가운데 하나일 뿐이기 때문에 결코 처분 불가능한 법의 영역에 속하지 않는다. 따라서 십계명 형식과 기본권 형식을 다루기 위한 메타규칙을 설정한다고 해서 결정과 관련해 강한 설득력과 명확한 확정력을 지닌 명제를 찾고자 하는 자연법적 인식목표에 더 가까이 다가서는 것은 아니다. 그런 식의 인식목표를 앞세우는 자연법사상이 처분 불가능한 구체적인 법을 찾게 해주지는 못하며, 오히려 법을 구체화하는 과제를 결정기관에 맡기지 않을 수 없게 만든다. 그 때문에 계몽된 법실증주의는 자신의 공격지점이 십계명 형식과 기본권 형식의 차원이

---

82 *Emil Brunner*, Gerechtigkeit, 1943, S. 99.

83 *Böckenförde*, Naturrecht(각주 57), S. 123/124.

84 이는 *Radbruch*, Rechtsphilosophie(각주 38), § 8의 제목이다.

아니라 이 원칙을 처리하는 데 동원되는 메타규칙이라는 사실을 뚜렷이 의식한다.

3.2.6.2 공리주의 원칙 — 완벽한 메타규칙?

공리주의 원칙에 따르면 세계의 효용을 증대하는 행위는 도덕적으로 정당한 행위이다. 따라서 입법은 효용의 증대라는 목표에 이바지하는 규칙을 제정해야 할 의무가 있다고 한다.[85] 즉 일차적으로 중요한 것은 전체효용이지, 효용의 분배가 아니다.[86] 다시 말해 공리주의 원칙은 배분적 정의의 원칙이 아니다. 최대한의 전체효용이 어떻게 성립하는지, 즉 평등한 분배를 통해 성립하는지 아니면 불평등한 분배를 통해 성립하는지는 경험적인 문제일 따름이고, 최대한의 전체효용이라는 원칙 자체와는 관계가 없다.

효용은 얼마든지 양적으로 산정할 수 있고, 따라서 여러 가지 개별적 효용은 서로 비교가 가능하고 계산도 가능하다. 모든 개별적 효용이 달성될 수 없다면, 비교 가능성을 통해 더 높은 정도의 효용을 가져다주는 방법을 선택해 그에 걸맞은 행위를 지시하거나 통상 최대한으로 가능한 효용을 가져다주는 행위 유형을 지시하는 우선규칙에 도달하게 된다.

기본적으로 최대한의 전체효용이라는 원칙은 — 이 원칙을 인정할 수 있고 현실적으로 수행할 수 있다는 전제하에 — 모든 규범충돌을 규율할 수 있다. 더 정확히 말하면, 이 원칙을 충실히 따르면 규범충돌 자체가 발생하지 않게 만들 수 있다. 하지만 가능한 모든 규범갈등과 가치갈등에 대한 보편적 메타규칙으로 등장하는 공리주의 원칙이 우리가 앞에서 제시한 심사도식(3.2.4)에서 의미하는 강점이 있는 논거이자 생산적인 논거인지를 검토해볼 필요가 있다.

공리주의 원칙이 과연 생산적인 논거인지를 먼저 검토해보자. 우리가 앞에서 서술

85 공리주의 원칙을 폭넓게 적용하는 문제를 가장 먼저 탐구했던 제러미 벤담(Jeremy Bentham)은 주로 입법의 관점에서 이 원칙을 다루었고, 이 관점에 비추어 볼 때 벤담은 필연적으로 규칙공리주의자였다는 점을 간과하는 경우가 많다.

86 이 단순한 효용 총합 원칙에 관해서는 *Ellscheid*, Über das Gleichheitsprinzip des klassischen Utilitarismus, in: Philosophisches Jahrbuch, 2001, S. 63 이하 참고.

한 형태의 공리주의 원칙은 그 자체 내용이 없는 최상위의 형식적 원칙이라는 유형(3.2.5.1 참고)에 속한다. 즉 이 유형에 속하는 원칙들에 기초한 논증이 미치는 영향의 범위는 거의 제로에 가깝다. 효용개념 자체가 아무런 서술적 내용도 갖지 않기 때문에 공리주의 원칙 역시 이러한 유형에 속한다. 즉 효용개념은 어떠한 내용도 담기지 않은 관계를 지칭할 뿐이다. 이 형식적 관계는 그저 "무언가가 무언가에 좋은 것이다"라는 단순한 형식으로 서술할 수 있다. 공리주의 원칙을 이렇게 서술하면 앞의 3.2.5.1에서 가치평가 언어인 '좋다'에 관해 서술한 내용은 공리주의에도 해당한다.

공리주의는 하나의 관계로 표현된 '좋음'을 경험적으로 포착할 수 있고 서술할 수 있는 특정한 대상들에서 충분히 찾아낼 수 있다는 점을 내용으로 확정함으로써 '포섭'을 가능하게 만들지 못하고 내용도 없는 형식적 원칙에 불과하다는 비난을 피할 수 있다. 벤담은 이러한 '좋음'을 행복(happiness, felicity, pleasure)으로 규정한다. 여기서 행복은 분명 경험적으로 서술할 수 있는 정신적 상태로서 행복한 상태에 있는 사람의 주관적 경험을 통해 직접 느낄 수 있지만(이는 주체의 '특권'이다), 이와 동시에 이 주체 '바깥에서' 타인의 심리적 현상으로 파악될 수도 있다. 행복한 감정과 고통(= 행복의 부정)이 다양한 강도를 지니고, 이 강도의 상대적 정도에 관해 설득력 있는 명제(어떤 행복감이 다른 행복감보다 더 크고, 더 적고 또는 같은 정도라는 명제)가 가능하다고 인정하면, —'지속성'이라는 범주까지 끌어들여 — 세계 안에 있는 행복을 계량적으로 산정하고 전체적으로 계산하며, 이 전체적 계산이 상대적으로 좋은 상태에 있도록 만드는 규칙을 수립하는 것이 애당초 불가능하다고 말할 수는 없다. 물론 이러한 규칙의 형성은 행복을 최적화하는 구체적인 사회구조가 사전에 정해진 특정 수치에 도달해야 한다는 식의 생각에서 출발할 수는 없다. 행위나 규칙을 통해 야기되는 인과의 연쇄가 끝없이 이어지기에 미래를 공리주의적으로 계산하는 것은 불가능하기 때문이다. 따라서 공리주의적 계산은 개관이 가능한 범위 내에서만 개별적 요소들이 서로 작용하는 연관성을 포착해야 하고, 작은 부분영역에 한정해 계산하는 예측에 만족해야 한다. 이마저도 부분영역에 한정된 각각의 효용들이 서로 충돌하기보다는 서로 결합하리라는 합리적인 기대를 전제해야 한다. 이와 같은 현실적인 제한을 받아들이면서 공리주의 원칙은 유형화가 가능한 다수의 상황과 관련해 행위의 지침이 되는 규칙을 수립할 수 있어야 하고, 이와 동시에 수립한 규칙들이 다시 충돌할 때는 새로운 효용 최대화 원칙 또는 행복 최대화 원칙을 끌어들여 서로 충돌하는 규칙들을 변경함으로써 효용원칙을 더 잘 유지할 수 있게 된다.[87]

내용적 해석과 관련해 공리주의 원칙이 지닌 논증의 생산성을 부정할 수는 없다. 이에 반해 사실상의 합의 가능성이라는 의미의 논증적 강점과 관련해서는 사정이 다르다. 조금만 깊이 생각해보면, 공리주의 원칙이 처분 불가능한 권리라는 이념을 거부해야만 한다는 사실 때문에 도덕적 직관의 저항에 봉착한다는 것을 알 수 있다. 즉 공리주의 원칙을 일관되게 적용하면, 모든 주관적 권리는 행복(또는 선호의 충족)과 관련된 전체 계산의 최적화를 위해 이 권리를 제한하는 조건에 구속되지 않을 수 없다. 그리하여 공리주의는 주관적 권리를 설정할 때 이미 평등한 권리의 체계 또는 주관적 권리의 체계 자체가 행복의 최적화에 과연 유리한 것인지를 물어야 한다. 설령 어떤 공리주의자가 모든 개인의 평등이라는 원칙에 따라 주관적 자유권이 분배되는 것이 효용의 최대화에 유리하다는 결론에 도달할지라도,[88] 분배된 권리는 언제나 노골적으로 또는 은밀히 이 권리 자체를 박탈할 수 있다거나 개별사례에 따라 박탈할 수 있다는 유보조건 아래 놓여 있다. 예컨대 형사소추기관이 '공공복리'를 이유로 유죄증명과 관련된 법적 요건을 정확히 준수하지 않아야만 특정한 형태의 위험한 범죄(예컨대 테러리즘)를 효율적

87 공리주의를 둘러싼 이와 같은 사고는 다른 방식의 공리주의인 이른바 선호 공리주의(Präferenzutilitarismus)에도 그대로 해당한다[선호 공리주의에 관해서는 *Nida-Rümelin*, Theoretische und angewandte Ethik: Paradigmen, Begründungen, Bereiche, in: *ders.*(Hrsg.), Angewandte Ethik, S. 10 이하 참고]. '선호'가 반드시 행복추구를 통해 규정될 필요는 없다. 따라서 선호 공리주의에서 말하는 효용개념은 벤담의 효용개념보다 더 개방성을 지닌다. 물론 그렇다고 해서 선호라는 개념이 아무런 내용도 없는 것은 아니다. 행복추구의 동기가 없는 선호 역시 다른 선호와 비교할 수 있는 강도를 지니며, 따라서 경험적으로 포착할 수 있는 정신적 실체이며, 이를 '측정'하는 것 역시 가능하기 때문이다. 이에 따라 선호의 충족 정도를 비교하는 것도 가능하다. 윤리학적 또는 자연법적 인식 관심에 비추어 보면 순수한 결과주의(Konsequenzialismus)가 비로소 아무런 내용도 없는 공리주의에 해당한다. 당위론(Deontologie)적 윤리학에 맞서 결과주의자들은 하나의 행위에 대한 도덕적 평가에서 중요한 것은 행위를 통해 행위자에게 귀속되는 결과라는 점을 지적한다. 이 지적은 그 자체 타당하다. 그렇지만 이 원칙만으로는 행위의 기준 및 행위에 대한 평가 기준을 도출할 수 없다. 즉 경험적으로 서술할 수 있는 어떠한 결과를 어떠한 비중에 따라 긍정적 또는 부정적으로 평가해야 하는지를 인식할 수 있게 해주는 평가 기준이 보충되어야 한다. 이를 위해서는 서술적 내용을 지닌 표현을 사용하는 기준들이 제시되어야 한다(이에 관해서는 앞의 3.2.5.1, 3.2.5.2 참고).

88 이러한 결론을 이론적으로 전제하게 되면 공리주의는 자유경제 이데올로기와 밀접한 관련을 맺게 된다.

으로 퇴치할 수 있다는 확신에 도달하면 형사소송법상의 무죄추정 원칙은 얼마든지 제한될 수 있다. 그러나 무죄추정 원칙이라는 법제도는 평등한 자유에 대한 기초적 권리로 확립되어 있고, 형벌권을 집행하는 국가권력이 법의 범위 내에서 행동하고자 하는 이상 효용을 이유로 침해해서는 안 되는 절대적 원칙이다.

공리주의가 도덕의 차원에서 거부감을 불러일으키는 이유는 개인의 행복이 최적화되어야 할 전체 행복보다 후위에 놓이고, 따라서 얼마든지 대체될 수 있다고 여겨진다는 사실 때문이다. 공리주의 독트린에 천착하는 사람이라면 공리주의가 자신 또는 다른 각 개인의 행복에 관해 말하는 것이 아니라, 각자의 주관적 참여권이나 주체의 '행복추구권'을 명시적으로 규정하지 않은 채 그저 행복의 전체적 계산이라는 추상성에 관해 말하고 있을 뿐이라는 사실을 깨닫게 된다. 즉 공리주의는 인간의 공존 — 특정한 인간 또는 특정 가능한 인간의 행복과 고통을 함께 느끼는 관계 — 을 사실상 경제적 전체효용의 원칙에 대한 구속으로 대체한다. 그리하여 행복은 전체적 총량이 아니라 오로지 개인의 개별적 행복으로 존재할 뿐이라는 사실은 잊히고 만다. 이처럼 개인적 행복이라는 경계선을 훌쩍 뛰어넘어 행복의 총량을 계산하는 일은 무의미하다. 전체 총량에 속하는 전체적 주체란 존재하지 않기 때문이다.[89]

따라서 방법적 관점에서 볼 때 공리주의 원칙이 메타규칙으로서 지닌 의미를 약화할 필요가 있다는 점을 지적해야 한다. 앞 절에서 우리는 서로 충돌하지만, 원칙적으로 그 자체 포기할 수 없는 도덕적 또는 법적 원칙들을 저울질하는 규칙들에 관해 서술했다. 그러나 공리주의가 제시하는 규칙들은 원래 이러한 사고와는 관계가 없다. 공리주의는 최소한 이상적 차원에서는 포기할 수 없는 다수의 원칙이 존재한다는 사실 자체를 인정하지 않으며, 따라서 이 원칙들이 '비극적인' 갈등을 겪게 되어 이 갈등을 '해결'하는 일은 갈등이 발생한 사회적 상태를 도덕적 의미에서 변경할 필요가 있다고 여기도록 만들 만큼 도덕적 불안감을 유발한다는 식의 생각과는 거리가 멀다. 공리주의자들은 오히려 모든 도덕적 및 법적 규칙을 전체효용이라는 심사대 위에 올려놓으면서 이 규칙들과 관련된 모든 중요한 사실과 이 사실에 기초한 모든 신빙성 있는

---

89 이에 관해서는 *Mackie*, Ethik, 1991, S. 178 이하의 내용에 관해 서술한 *Ellscheid*(각주 86), S. 73 이하 참고.

예측[90]을 알기만 하면 언제나 올바른 판단이 가능하고, 이로써 어떠한 문제도 해결할 수 있다고 믿는다.

3.2.7 절차적 원칙

우리는 지금까지 섬세한 자연법적 논증 기술을 경험이나 기대에 비추어 볼 때 누구나 동의할 수 있는 명제들을 수립하는 논증으로 묘사했다. 이 과정에서 우리는 서로 다른 구조를 지닌 여러 형태의 명제들을 접하게 되었다. 즉 최상위의 형식적 원칙, 서술적 내용을 지닌 십계명 형식과 기본권 형식 그리고 메타규칙 또는 우선규칙 등을 알게 되었다. 이 세 가지 형태의 명제들은 그 의미상 도덕적 문제, 특히 정의의 문제에 대해 내용적인 대답을 제시하고자 한다. 물론 이 시도가 완벽하게 성공하지는 못한다. 하지만 이러한 명제들을 **획득하는 절차**에 관해서는 다음과 같은 점이 밝혀져 있다. 즉 누군가 이 명제들을 굳이 다른 출발점으로부터 논리적으로 도출하려고 시도할 필요 없이 당연히 정당한 명제로 여기기 때문에 이 명제들을 제기할 수도 있고, 예컨대 자연법 전통, 윤리학, 정치적 대중, 입법절차나 법정절차 등과 같이 실제로 수행되는 논의에서 이 명제들을 심사할 수도 있다. 이러한 절차를 직관주의적-실험적 절차라고 부를 수 있다.[91]

앞에서 우리는 논의가 이루어지는 방식과 관련해 일정한 규범적 요구를 제기했고, 이로부터 현실의 논의와 관련된 제도적 범위의 기본 골격을 도출해냄으로써 직관주의적-실험적 절차라는 접근방법을 보충했다(3.1.9.4). 그것은 공정한 토론의 원칙과 규칙이었다. 이러한 논의규칙과는 달리 논의상황을 벗어나 — 한 사람 혼자서만 — 사용할 수 있는 사고의 절차를 생각해볼 수 있다. 이와 같은 사고의 절차를 정당화할 수 있다면 사고와 관련된 절차규정으로부터 정의의 내용에 관한 명제(Gerechtigkeits-aussage)를 도출하는 것이 가능하고, 이러한 논리적 도출의 연관성이 직관적인 규범적

---

90 이러한 예측은 *Hare*, Moralisches Denken, 1992, 특히 S. 91-100에서 말하는 대천사(Erzengel)의 관점에서 포착한 예측인 셈이다.

91 물론 여기서 말하는 직관은 앞에서(각주 65) 언급한 인식론적 직관주의와는 아무런 관계가 없다.

명제를 강화 또는 비판하는 방향으로 작용할 수도 있다. 이렇게 해서 직관이 불확실하거나 규범적 명제를 둘러싸고 논의에서 다툼이 벌어질 때는 독자적인 의미를 지닌 추가적인 논거들을 획득할 수 있을지도 모른다.

이와 같은 절차규칙이 다루어야 할 도덕적 문제에 관해 직접 해결책을 제시하는 명제가 아니라 오히려 규칙에 부합하는 사고의 절차를 거친 결과가 비로소 직접적 해결책이 되는 명제이기 때문에 우리는 이러한 절차규칙을 (실천철학의) **절차적 원칙**이라고 부르고자 한다. 이는 곧 논증 및 결정과 관련된 이성적인 절차가 존재한다고 주장한다는 뜻이며, 이러한 절차는 다른 도덕적 명제를 사전에 전제하지 않더라도 얼마든지 도덕적 명제를 제기할 수 있다고 주장한다는 뜻이다. 다시 말해 **특정한 내용의 도덕적 원칙이 출발점**(in principio)**이 아니라 절차가 출발점이다**. 절차적 원칙은 단지 도덕적 문제에 관한 내용적 명제를 도출하려는 사람이 어떤 식으로 사고의 절차를 거쳐야 하는지를 제시할 따름이다. 따라서 절차적 원칙은 앞에서 논의했던 명제들에 담긴 특정한 도덕적 내용에서 출발하는 것이 아니다. 오히려 모든 내용은 — 설령 가장 보편적인 내용일지라도 — 남김없이 사고의 절차를 거쳐 수립되는 것이어야 한다.

3.2.7.1 황금률

가장 대중적인 절차적 원칙은 소극적 형태로 표현된 황금률(goldene Regel)이다. "다른 사람이 네게 하지 않기를 원하는 것을 다른 사람에게 하지 말라!"[92] 이 규칙은 절차적 성격을 갖는데도 불구하고 풍부한 내용을 담고 있다. 즉 황금률은 무엇을 해서는 안 되는지를 알기 위해서는 어떠한 생각을 해야 하는지를 분명하게 서술할 뿐만 아니라 명확한 결론에도 도달한다. 다시 말해 자신을 보호하고자 하는 욕구에서 출발해, 이

92 황금률의 대중적 성격에 관해서는 *Maihofer*, Die Natur der Sache, in: *Arthur Kaufmann*(Hrsg.), Die ontologische Begründung des Rechts, 1965, S. 78, Fn. 75; *Hruschka*, Kants Bearbeitung der goldenen Regel im Kontext der vorangegangenen und der zeitgenössischen Diskussion, in: Strafgerechtigkeit, Festschrift für Arthur Kaufmann zum 70. Geburtstag(Hrsg. *Haft* u.a.), 1993, S. 129-140 참고. 황금률은 홉스에서도 찾아볼 수 있다. 홉스는 황금률이 어디에서나 타당하고 익히 알려져 있으며 모든 자연법을 포함하고 있다는 흥미로운 언급을 한다(Leviathan, ch. 26).

욕구가 다른 모든 사람에게도 존재한다는 사실을 깨닫게 해주며, 이 깨달음을 기준으로 다른 사람을 고려해야 한다고 명령한다. 그리하여 기초적인 욕구와 이익(이는 원칙과 이익이 서로 충돌하는 영역에서 벗어난다. 이에 관해서는 앞의 3.3.5.2.2.1, 3.2.6 참고)의 영역에서는 인간이 자기 자신을 보호하려는 욕구가 원칙적으로 똑같다는 인식에 기초해 보편적으로 인정할 수 있는 규칙에 도달한다. 이에 반해 보호 욕구가 똑같지 않고 서로 달라지는 상황이 오면 황금률은 아예 적용할 수 없는 규칙이 된다. 예컨대 현실적으로 매우 중요한 의미를 지닌 경제적 경쟁 영역에서 바람직한 경쟁의 형태에 관한 견해 — 또는 경쟁 자체가 과연 필요한지에 관한 견해 — 를 둘러싸고 다툼이 있는 경우에는 황금률을 적용할 수 없다. 즉 한 사람은 특정한 형태의 경쟁을 자신의 경제적 활동을 보호하기 위한 필수적 전제로 여기는 반면, 다른 사람은 이 형태를 자신의 경제적 활동의 자유를 쓸데없이 제한하는 것으로 평가한다. 이와 같은 차이는 (신약성서처럼) 적극적 형태의 황금률을 도덕적 또는 법적 원칙으로 적용하고자 할 때는 더욱 분명하게 드러난다. "다른 사람이 네게 해주기를 원하는 바를 다른 사람에게도 행할지니…(마태복음 7장 12절)"[93]

그러나 보호 욕구와 도움의 필요는 개인마다 다르므로 소극적 형태와 적극적 형태의 황금률로부터 모든 사람이 인정할 수 있고 보편화 가능한 행위규칙 또는 제도에 관해 충분히 신뢰할만한 결론을 도출하는 것은 불가능하다.

바로 그 때문에 칸트는 황금률을 정언명령과 동일시하는 것에 반대한다. 칸트는 "객관적인, 다시 말해 모든 이성적 존재의 의지에 타당한" 실천적(즉 행위의 지침이 되는) 원칙을 밝히고자 한다.[94] 행위준칙과 관련된 이러한 보편타당성을 황금률이 보장해주지는 못한다. 이 점은 행복(쾌락 Eudaimonia)을 핵심 개념으로 삼는 전통적 윤리학에 대한 칸트의 비판으로부터 도출되는 결론이다. "각자가 어디에서 자신의 행복을 찾아야 할 것인지는 각자 나름의 특수한 쾌감과 불쾌감에 달려 있다."[95] 이 점에서 칸트는 행복

93 물론 이 적극적 형태의 명령을 황금률이 아니라 다른 사람을 '사랑하라는 명령'으로 이해할 수도 있다. 하지만 이 명령은 법과 도덕의 영역을 초월한다.
94 *Kant*, Kritik der praktischen Vernunft, Bd. VII(각주 2), S. 125.
95 *Kant*, Kritik der praktischen Vernunft, S. 133.

에 관한 한 사람의 생각을 다른 사람에게 투영해 생각함으로써 행위준칙을 도출할 수 있다는 황금률이 행위준칙의 보편타당성이라는 목표에 도달하지 못한다는 결론을 내린다.[96]

3.2.7.2 정언명령

절차적 원칙과 관련해 역사적으로 가장 유명한 예는 칸트의 정언명령(절대적 명령; kategorischer Imperativ)이다.[97] 황금률과 마찬가지로 정언명령도 도덕적 문제를 어떻게 특정한 절차를 거쳐 해결할 수 있는지에 관한 지침으로 이해할 수 있다. 칸트의 정언명령은 여러 가지 형태가 있다. 한 가지 형태는 "너의 의욕의 기초가 되는 준칙이 일반법칙이 될 수 있는 그러한 준칙에 따라서만 행위하라!(S. 51)"라고 말한다. 이 명제는 어떠한 행위원칙이 타당한 원칙인지에 대해서는 아무런 내용도 제시하지 않는다. 칸트 자신이 언급한 예를 원용하자면, 이 명제는 (빌린 돈을 갚겠다는) 약속의 정직성에 관한 의무를 직접 명령하지 않는다. 하지만 행위원칙을 도출하기 위해 어떠한 절차를 거쳐야 하는지를 분명히 말해주고 있다. 예컨대 다른 사람에게서 돈을 빌리기 위해 돈을 갚을 의도나 능력이 없다는 사실을 속여서는 안 된다는 금지를 도출하려면 어떠한 절차를 거쳐야 하는지를 알 수 있다. 그렇다면 이 절차는 어떤 식으로 이루어지는 것일까? 다시 칸트가 제시한 예를 따라가 보자.

곤궁한 상태에 처해 갚을 능력과 의도가 없는데도 돈을 갚겠다고 약속한 사람은 다음과 같은 준칙을 따를 것이다. "내가 돈이 없을 때는 돈을 결코 갚지 못하리라는 사실을 알고 있을지라도 갚겠다고 약속하면서 돈을 빌려야 한다(S. 53)." **절차의 이 첫 번째 단계**는 의도하는 행위의 토대가 될 수 있는 규칙으로서의 행위원칙(준칙)을 구성하는

96 그런데도 칸트는 "타인의 행복은 목적이자 동시에 의무이다"라고 말한다[*Kant*, Metaphysik der Sitten, Bd. VII(각주 2), S. 524; Kritik der praktischen Vernunft, Bd. VII, S. 145]. 하지만 이는 모순이 아니다. 행복이 무엇인지를 규정할 힘은 다른 사람의 몫이지 황금률에서처럼 나의 소망을 다른 사람에게 투영해 다른 사람이 스스로 자신의 행복을 규정할 힘을 앗아버리지는 않기 때문이다.

97 이하에서 칸트를 인용하면서 제시하는 숫자는 *Kant*, Grundlegung zur Metaphysik der Sitten, Bd. VII(각주 2)의 해당 페이지를 지시한다.

일이다. 이 행위원칙은 특정한 주체가 수행할 수 있는 행위에 부합하는 원칙, 즉 완전히 주관적인 원칙이다.

절차의 두 번째 단계는 사고를 통한 실험이다. 즉 첫 번째 단계에서 구성된 준칙이 누구나 따르는 보편타당하고 실효적인 법칙이 된다고 가정하면, 과연 이 법칙이 사회적 세계에서 어떠한 결과를 낳을 것인지를 고찰한다. 앞에서 든 예에서 등장한 준칙이 보편적 법칙이 되면 약속의 힘에 대한 신뢰가 파괴될 것이라고 칸트는 말한다.

절차의 세 번째 단계에서는 하나의 명시적인 준칙에 따라 행위하려는 사람은 이 준칙의 내용이 보편타당한 법칙으로 작용할 경우 발생하게 될 결과까지 동시에 **의욕할 수** 있는지를 심사해야 한다. 칸트에 따르면 앞에서 예로 든 사례에서는 이와 같은 의욕이 불가능하다고 한다. 돈을 빌리려는 사람은 약속을 지키리라고 믿는 다른 사람이 필요하기 때문이다. 그렇다면 약속을 지키리라는 믿음은 보편타당한 행위법칙을 통해 완전히 파괴되어서는 안 된다(S. 53). 따라서 돈을 빌리고 싶어 하는 사람이 돈을 갚지 않으려는 의도를 숨기고 거짓말을 한다는 행위준칙을 보편타당한 법칙이 되도록 의욕할 수는 없다. 그렇지 않으면 그의 행위준칙 자체가 결코 성공하지 못할 것이기 때문이다. 바로 이 지점에서 정언명령과 관련된 사고의 절차와 황금률의 차이가 분명히 드러난다. 황금률에 따른다면 곤궁한 상태에 빠진 사람은 곤궁한 상태에 빠진 다른 사람이 자신을 속이는 상황을 원하는지를 자문하게 된다. 이에 반해 정언명령의 지침에 따르는 사람은 자신이 의도하는 행위, 즉 다른 사람을 속이는 행위가 이 행위를 허용하는 세계에서 과연 가능할 것인지를 묻게 된다. 속이는 행위를 허용하는 규범 — 이 규범이 보편적으로 알려진다는 전제하에 — 은 누군가를 속이기 위해서는 속임 당하는 사람의 신뢰가 필요하다는 전제조건을 파괴하기 때문에 결국 속이는 행위를 허용하는 규범 자체가 사실상 무의미하게 되고 만다. 이러한 추론은 — 황금률과는 달리 — 행위자 또는 잠재적 피해자의 욕구 구조와는 관계가 없다. 즉 이 추론은 고려 대상이 되는 행위준칙(다른 사람을 속이고 돈을 빌린다는 준칙)이 보편타당한 규범의 **형태**로 여겨질 때 빠지게 될 실천적 모순에 초점을 맞춘다. 이 점에서 특정한 형태의 준칙을 폐기하게 만드는 것은 개인의 욕구 구조가 아니라 바로 순수한 형태의 법칙 자체이다.

하지만 칸트의 이러한 절차가 논리적으로 반론의 여지가 없는 과정을 거쳐 법질서를 포함한 모든 규범적 질서에서 필요한 충분한 숫자의 내용적 명제에 도달하고, 따라서 우리의 심사도식(3.2.4)에서 말하는 '구체적'이고, '풍부한 내용을 담고' 있으며 '생산적인' 절차라고 가정할지라도, 칸트의 이 절차 방식이 왜 우리의 심사도식에서 말하는 **명백한**('강한') 절차에 해당하는지까지 밝혀지지는 않는다. 이 점은 다음과 같이 설명해야 한다. 즉 정언명령 형식은 도덕적 판단의 공정성과 공평성 이념을 포함하고, 따라서 정의(Gerechtigkeit)의 태도를 표현한다. 이 태도는 법칙의 개념에 표현되어 있다. 그러므로 법칙은 구체적 개인 — 예컨대 '나' — 에게 적용되는 것이 아니라 누구에게나 보편적으로 적용된다. 이처럼 법칙이라는 사고를 거쳐 표현되는 공정성과 공평성이 아마도 정언명령에 대해 사실상의 합의 가능성을 보장해주는 것 같다.

그러나 공정성과 공평성과 관련된 강한 도덕적 직관이 곧 칸트가 특정한 준칙을 금지하는 근거로 삼은 보편법칙의 형태를 취하는지는 의문이 아닐 수 없다. 돈을 갚을 의도와 능력이 없이 돈을 빌리려는 속임수를 쓰는 앞의 사례를 계속 원용한다면, 이 사례를 예로 드는 칸트의 의도는 아마도 도덕법칙이 이성과 의지를 지닌 모든 인간 존재에 효력을 지녀야 한다는 사고를 통해 모든 인간이 도덕법칙 앞에서 평등하다는 의미에서 모든 인간이 포함되는 사회를 정당화하려는 것이었다고 보인다. 이러한 도덕법칙에 대해서는 적어도 근대사회에서는 높은 합의 가능성이 인정된다.

심지어 '다른 사람을 도와야 한다는 명령'에 대한 칸트의 정당화마저도 얼마든지 이런 의미로 이해할 수 있다. 즉 긴급한 상태에서는 다른 사람의 도움을 기대하게 된다는 점을 알고 있다면 자기 자신이 도움을 받으려는 이익을 존중해야 할 뿐만 아니라 도움을 받고자 하는 다른 사람의 이익 역시 정당하고 동시에 이 다른 사람에게 도움을 주어야 할 의무의 근거가 된다는 사실을 인정해야 한다. 이 역시 공정성과 공평성에 따른 당연한 결론이다. 그렇지만 칸트의 윤리학에서는 법칙개념이 개인과는 무관한 독립성을 확보하고, 인간의 사회적 성격과의 관련성을 상실한다는 점을 관찰할 수 있다. 예컨대 자살에 관한 도덕적 금지는 이 금지의 사회적 관련성에 비추어서가 아니라 자연법칙과의 유사성에 비추어 전개된다. 그리하여 칸트의 물음은 생명체가 자신의 행복과 관련된 계산이 부정적 결론에 도달하리라고 전망될 경우 생명을 마감할 수 있는 보편적 자연법칙이 존재할 수 있는지로 향한다. 이와 관련해 칸트는 "생명을 촉진하도록 노력해야 할 소명을 지닌 감각을 통해 오히려 생명을 파괴하는 것을 법칙으로 삼는 자연은 자연 자체에 모순되고, 따라서 자연으로 존립할 수 없다(S. 52 이하)"라고 생각한다.

칸트의 이 성찰에서는 두 가지 점이 표현된다. 첫째, 공정성과 공평성이 언제나 사회와 관련된 이념과 결부되어야 한다는 사고가 더는 존재하지 않는다. 그 때문에 정언명령을 둘러싸고 칸트 자신이 제시한 절차는 명증성을 상실한다. 즉 이제 정언명령을 도출하는 논리적 추론이 현실 관련성이 없이 '형이상학적'이게 된다. 둘째, 칸트가 무엇을 **순수** 실천이성으로 이해했는지가 분명해진다. 즉 자유의지에 관한 규정이라는 목표와 관련해 의욕의 논리적, 실천적 정합성을 보장하는 사유적 작동에 한정되고, 이때 법칙이라는 형태 자체가 복잡한 선험철학적-범주적 사고에 기초해 경험적 세계를 구성하는 조건일 뿐 아니라 — 당위법칙으로서 — (경험적으로 확인할 수 없는 자유라는 범주에 속하는) 윤리적 세계를 구성하는 조건이기도 하다는 점에서 실천이성의 순수성이 드러난다. 다시 말해 법칙과 관련된 사고는 자연적 세계와 윤리적 세계 모두의 존속 가능성에 이바지한다.

그렇다면 칸트의 이러한 견해는 통상의 사고와는 거리가 멀고, 따라서 우리의 심사도식(3.2.4)에서 의미하는 사실상의 합의를 수립하는 데는 적합하지 않다. 이 점에서 매우 넓은 이론적 맥락으로부터 논리적 도출을 거친다고 해서 자연법적 명제의 명증성과 승인 가능성이 강화되지는 않는다는 우리의 추측은 칸트의 정언명령에도 해당한다고 말할 수 있다.

3.2.7.3 무지의 베일(존 롤스)

미국의 철학자 존 롤스(John Rawls)는 그의 두툼한 저작에서 칸트와 마찬가지로 절차적 원칙을 구성하는 이론을 전개한다.[98] 일단 롤스의 절차적 이론이 사회계약에 관

98 이하의 인용에서 등장하는 숫자는 모두 *J. Rawls*, Eine Thorie der Gerechtigkeit, 1975의 페이지를 지시한다. 롤스의 이론에 관한 입문으로는 *Otfried Höffe*, Rawls' Theorie der Gerechtigkeit, in: *ders.*, Ethik und Politk, 1979를 추천한다. 롤스 정의이론의 전개에 관해서는 특히 *John Rawls*, Die Idee des politischen Liberalismus, Aufsätze 1978-1989, Frankfurt 1994에 편집자인 *Wilfried Hinsch*가 쓴 '서론(Einleitung)'[S. 9-44]를 참고하기 바란다.

한 이성법적 이론을 수정해가면서 이 이론을 섬세하게 만든 것이라는 점을 지적하기로 한다. 즉 한 사회를 정의롭게 조직하기 위한 구조적 원칙들은 마치 원초적 상태(original position)에 있는 인간들, 다시 말해 사회적 결합에 발을 들여놓기 이전의 인간들이 합의해서 이 원칙들을 결의하는 것처럼 가정한 상태에서 고찰의 대상이 된다. 그리하여 정의원칙을 도출하기 위한 절차는 원초적 상태에 있는 인간이 자신의 동의를 구하기 위해 제시된, 사회적 삶에 관한 원칙에 동의하게 될 것인지 그렇지 않을 것인지를 사고해보는 절차이다.[99]

물론 원초적 상태에 있는 한 인간이 어떠한 원칙에 동의할 것인지는 원초적 상태에 존재한다고 가정하는 개개의 조건에 의존하고, 특히 원초적 상태의 인간이 어떠한 속성과 어떠한 목표를 지니고 있고, 어떠한 지식을 갖추고 있는지에 달려 있다. 이 측면에 대해서는 나중에 다시 다루기로 한다. 어쨌든 롤스의 정의이론은 가상의 상태에서 출발하기 때문에 칸트와는 달리 원초적 상태에서 결정을 내리는 인간의 절차적 원칙을 '필연적 진리'로 서술하지는 않는다(S. 38/39). 롤스에게 중요한 것은 "우리(즉 롤스의 독자 — 글쓴이)가 원초적 상태에 관한 서술에서 등장하는 조건들을 실제로 인정하는지(S. 39)"일 따름이다.

원초적 상태에 관한 서술을 실제로 인정하는지의 문제와 함께 롤스는 원초적 상태로부터 도출되는 '결론'과 우리의 '숙고를 거친 도덕적 판단' 사이의 끊임없는 피드백이 중요한 의미를 지닌다고 본다. 즉 원초적 상태에 관한 서술 역시 우리의 도덕적 판단에 비추어 변경될 수 있고, 이로써 원초적 상태에 있는 가상의 인간이 내린 결정이 우리가 **직관적으로** 충분한 근거가 있다고 여기거나 일반적으로 승인하거나 거의 확실하다고 여기는 도덕적 원칙들에 차츰차츰 근접하게 된다(S. 37/38). 따라서 롤스의 정의이론에서는 예컨대 앞에서 언급한 스콜라철학의 몇몇 자연법적 명제(3.2.2)를 타당하게 여기는 우리의 도덕적 직관이 완전히 배제되는 것이 아니라 절차적 원칙의 구성과 이 원

99 '원초적 상태'는 논의상황의 가정(Fiktion)이기 때문에 이 논의는 실제로 이루어지는 논의(논의윤리는 실제로 논의가 이루어질 것을 요구한다)가 아니라 (법적으로 중요한 의미가 있는) 도덕적 내용을 도출하는 사유적 절차이다. 물론 롤스는 자신의 이론을 읽는 독자의 동의를 중시한다. 하지만 독자에게 앞에서 우리가 서술한(3.2.3) 진리이론이나 정당화이론의 의미로 동의를 기대하지는 않는다. 이 점에서 롤스의 절차는 '독백적(monologisch)'이다.

칙으로부터 도출되는 결론들의 타당성을 확인하는 토대로 작용한다. 물론 그렇다고 해서 토대가 되는 도덕적 명제가 절차적 원칙의 관점에서도 전혀 비판의 대상이 될 수 없다는 뜻이 아니다(이에 관해서는 특히 S. 68-71 참고). 절차적 원칙과 숙고를 거친 도덕적 판단 사이의 상호작용은 시각의 지속적 왕래이고, 따라서 절차적 원칙이 숙고를 거친 도덕적 판단에 비추어 구체화할 때도 있고, 도덕적 판단이 절차적 원칙에 맞게 변경될 수도 있고, 새로운 도덕적 원칙이 도출될 수도 있으며 의심의 대상이 된 도덕적 원칙을 고수 또는 폐기해야만 하는 때도 있다. 과연 이 여러 가능성 가운데 어느 것을 선택하는지는 — 롤스의 이론에서는 — 궁극적으로 직관적으로 명백한 논거를 통해 결정된다.

도덕이론, 특히 정의이론을 이처럼 해석학적 순환(hermeneutischer Zirkel)을 거쳐 전개하는 롤스의 이론을 순수한 귀납적 이론이라고 생각해 마치 직관적으로 명백한 도덕적 판단으로부터 이 도덕적 판단을 논리적으로 설명할 수 있는 인식절차와 결정절차를 구성하는 것으로 파악한다면 그것은 오해일 따름이다. 원초적 상태는 귀납적 이론에 따른 결론에 불과한 것이 아니다. 오히려 정반대이다. 즉 비교적 구체적이고 명백한 도덕적 명제뿐만 아니라 도덕적 명제를 제기하는 **절차** 자체도 직관적 설득력을 주장한다. 다시 말해 절차 자체가 지닌 설득력은 이 절차로부터 도출되는 구체적 결론과는 관계없이 주장된다. 그 때문에 **절차의 설득력과 직관적인 도덕적 판단의 설득력**은 상호보충 관계에 있어야 하고, 양쪽 모두에서 직관적으로 수용할 수 있는 수정 과정을 거쳐 양자가 논리적으로 반론의 여지가 없게 서로 결합할 수 있어야 한다(S. 367 참고). 다시 말해 정의의 문제에 관한 도덕적 판단은 도덕적 명제들을 논리적-체계적으로 결합한 하나의 **이론**에 의해 지탱된다.

나는 롤스의 절차적 원칙이 지닌 설득력을 고찰하고자 함으로 먼저 이 절차적 원칙을 서술할 필요가 있다. 나는 이 절차적 원칙을 구성하는 요소들을 하나하나 제시할 것이고, 각 요소의 설득력을 검토할 것이다. 롤스의 절차적 원칙을 이런 식으로 고찰하게 되면, 원초적 상태라는 요소가 지닌 설득력의 문제를 — 롤스 자신이 행한 것보다 — 더 강하게 분리해 다루게 된다. 이는 얼마든지 허용되는 고찰방식에 해당한다. 롤스도 자신의 이론이 방법론적으로 완벽하지 않다는 점을 시사하고 있기 때문이다.

앞에서 말했듯이 — 롤스에 따르면 — 인간사회의 모든 기초적 정의원칙은 이 원칙이 원초적 상태의 인간, 즉 이른바 계약당사자들의 만장일치를 통해 의결된다는 가정하에 찾아야 한다. 롤스에게 일단 중요한 일은 원초적 상태의 인간과 결정상황을 특정한 방식으로 서술해 독자들이 롤스가 서술한 인간들이 그가 서술한 결정상황에서 영원한 정의원칙으로 의결할 내용이 과연 좋은 것인지를 판단하도록 만드는 일이다.

롤스가 서술하는 결정상황의 특징은 무엇보다 원초적 상태의 계약당사자들에게 정의와 관련된 다양한 생각들의 리스트가 최대한 완벽하게 제시되어 이 가운데 어느 하나를 선택하도록 해야 한다는 점이다(S. 144 이하). 롤스는 이 리스트를 철학사에 관한 지식을 토대로 작성하는데, 크게 보면 두 가지 대안으로 구성되어 있다. 하나는 두 가지 형태의 공리주의이고, 다른 하나는 효용보다 개인의 자유를 우선시하는 비공리주의적 정의사상이다. 물론 롤스의 이론구성 전체의 설득력은 이 이론에서 제기되는 테제들이 가능한 정의원칙들의 영역을 최대한 포함하는지에 달려 있다. 질문이 불완전하면 잘못된 대답을 얻게 되기 때문이다. 따라서 실천철학의 영역에서 이 문제영역이 적절하게 표현되었다고 가정할 때만 롤스가 제시한 절차도 설득력을 지닐 수 있다. 모든 측면에 비추어 볼 때 이 가정은 상당 부분 타당하다고 보인다.

계약당사자들이 무지의 베일(Veil of ignorance)에 가린 상태에서 정의원칙에 관해 결정을 내려야 한다는 가정 역시 중요하다. 무지의 베일은 모든 지식을 가리는 것이 아니라 특정한 방식의 지식, 즉 사회적 공동생활과 관련된 원칙의 선택과 관련된 다양한 가능성이 개별 계약당사자의 이익에 어떠한 영향을 미치는지에 관한 지식만을 가린다. 이 점을 롤스는 다음과 같이 설명한다. "무엇보다 누구도 사회에서 자신이 차지할 자리, 자신의 계급을 모르고, 자신의 천부적 재능, 지적 능력, 체력 등도 모른다. 더 나아가 누구도 무엇이 좋은 것인지에 관한 생각, 자신의 이성적인 삶의 계획에 관한 구체적 내용 그리고 심지어 자신의 심리적 특성이나 위험에 대한 태도 또는 낙관주의적 성향인지 비관주의적 성향인지 등도 전혀 모른다. 그리고 계약당사자들은 자신들의 사회가 처할 특수한 상태에 대해서도 전혀 모른다고 전제한다. 즉 이 사회의 경제적 및 정치적 상태, 문명과 문화의 발전상태에 대해서도 모른다고 전제한다. 원초적 상태의 인간들은 심지어 자신들이 어떠한 세대에 속하는지조차도 모른다(S. 160)." 이에 반해 계약을 체결할 당사자들은 예컨대 자연법칙, 사회적 공동생활의 특징적 성격, 사회적 계층, 갈등상황 등과 같은 일반적 사실에 관해서는 모든 지식을 갖추고 있다고 전제한다(S. 160 이하, 165).[100]

이 특수한 무지는 — 롤스에 따르면 — 여러 가지 결과를 낳는다. 가장 중요한 결과는 이렇다. 즉 누구도 이러한 무지 상태에서는 사회적 공동생활의 원칙을 자신의 개별성에 맞게 재단하려고 시도할 수 없다. 자신의 개별성 자체를 알지 못하기 때문이다. 이는 — 적극적으로 표현하자면 — 선택해야 할 원칙을 보편적 관점에 따라 판단해야만 한다는 뜻이다. 원초적 상태의 인간들은 자신들 사이에 이미 존재해 있는 차이를 오로지 보편적으로만 알고 있을 뿐, 이 차이를 구체적이고 개인적으로 관련시킬 수 없고 모두가 같은 지식을 보유하고 있기 때문에 이들 모두 똑같은 원칙을 선택하게 된다(물론 모두가 합리적으로 행동한다고 전제한다. 더 나아가 가상의 원초적 상태와 관련해 합리적 결정을 내릴 수 있게 해주는 객관적 규칙이 존재한다고 전제한다).[S. 162] 따라서 롤스에 따르면 무지의 베일에 가린 원초적 상태라는 모델은 이기주의적 원칙의 회피, **보편적** 원칙의 수립 그리고 특정한 정의관에 대한 만장일치라는 의미의 결론에 도달한다.

그렇다면 절차에 관한 이러한 이론적 제안은 얼마만큼 설득력이 있는 것일까? 정의원칙을 수립할 때 이기주의를 배제해야 한다는 점은 정의를 추구하는 노력과 관련된

---

100 *Wolfgang Kersting*, Theorien der sozialen Gerechtigkeit, 2000에서는 무지의 베일을 '외면하는 절차(Verfahren des Wegsehens)'라고 설명한다. "**부정의와 관련해 중요한 의미가 있는 차이에 관한 지식 모두를 베일로 가려버림으로써 획득되는 정의, 바로 그것이 롤스가 표방하는 이론이다. 정의와 관련해 중요한 의미가 있는 불평등에 관한 지식 모두를 베일로 가려버림으로써 획득되는 부정의, 바로 그것이 부자들이 표방하는 것이다**(*Kersting*, S. 356 — 강조표시는 케어스팅 본인)." 그러나 케어스팅의 이 비판에 대해서는 다음과 같이 반론을 제기할 수 있다. 즉 정의와 관련해 중요한 의미가 있는 모든 차이는 결코 구체적인 개인에만 관련된 사실만이 아니라 언제나 원초적 상태의 관점에서 모든 사람에 해당할 수 있는 일반적 사실이다. 이러한 차이에 관한 지식은 원초적 상태에서 완전히 감춰져 있는 것이 아니라[*Rawls*(각주 98), S. 165], 단지 구체적 개인에 해당하는 언명에 관한 지식일 따름이다. 롤스의 이론적 맥락에서 이러한 차이를 인식하는 데는 특정한 시공간의 위치를 확인할 수 있는 개인에게만 해당하고, 따라서 그 자체 시공간의 체계에서 위치를 확인할 수 있는 차이만이 개별적 사실에 속한다는 점을 이해(이에 관해서는 *Strawson*, Einzelding und logisches Subjekt, 1972, S. 47 이하 참고)하는 것만으로 충분하다. 즉 시공간에 위치하는 지식만이 원초적 상태에서 배제될 뿐, 예컨대 (역사서술의 지식과 반대되는) 사회학의 지식과 같이 시공간의 좌표를 사용하지 않고 표현될 수 있는 지식은 전혀 배제되지 않는다. 따라서 롤스에 대한 케어스팅의 비판은 — 적어도 앞의 문장에서 확인할 수 있는 일반적인 형태로는 — 롤스의 이론에 대한 오해에 기인한 것으로 보인다. 물론 그렇다고 해서 롤스가 '정의와 관련해 중요한 의미가 있다'고 보아야 할 사실을 남김없이 고려했다는 뜻은 아니다.

가장 신중한 태도를 보일 때도 얼마든지 인정할 수 있을 정도로 충분한 일반적 명확성을 갖는다. 이 명확한 측면보다는 도덕적 직관이 정의원칙의 내용이 아니라 그러한 원칙을 찾으려는 절차와 관련된다는 점에 주목할 필요가 있다. 선택해야 할 정의원칙이 보편적인 기준에 따라서만 판단되어야 할 뿐, 특정한 상태에 있는 특정한 개인과 관련된 기준에 따라 판단되어서는 안 된다는 점 역시 똑같은 직관, 즉 판단의 공정성과 공평성에 근거한다. 무지의 베일이 당사자들의 견해가 일치하는 결론에 도달하게 만든다는 가정과 관련해서는 두 가지 방향에서 의문을 제기할 수 있다. 첫째, 무지의 베일로 가려진 상태에서 사고를 진행하는 단계에서는 만장일치를 수립하리라고 추정할 수 있을 뿐 결코 확실하게 만장일치에 도달하리라고 기대할 수 없다. 롤스 자신도 원초적 상태를 구체화한 내용을 이성적으로 여겨지는 사람 모두가 이 근원적 계약상황으로부터 도출되는 결론까지 인정하리라고 기대하지는 않는다(S. 32). 그렇다면 원초적 상태의 인간들이 선택해야 할 원칙들에 관해 만장일치로 판단하게 되리라고 생각하기 어렵다. 둘째, 이러한 난점과는 별개로 원초적 상태에서 도달한 합의가 좋은 징표인지, 다시 말해 정당성을 보장하는 징표인지에 대한 판단은 합의된 판단을 내리는 인간들이 과연 어떠한 인간들인지를 알아야만 가능하다는 문제가 있다. 그 때문에 근원적 계약의 특성이 과연 설득력이 있는지에 대한 고찰은 계약당사자들의 속성에 관한 고찰과 평가가 없이는 완전하다고 볼 수 없다.

이로써 원초적 상태의 구체화와 관련해 가장 흥미로운 부분인 계약당사자의 '이성적 성격'을 고찰하게 된다. 롤스는 이 이성적 성격을 이렇게 표현한다. "이성의 지침에 따르는 인간에 대해서는 통상 자신에게 주어진 가능성과 관련해 모순이 없는 선호의 체계를 갖고 있다고 전제한다. 그리하여 이성적인 인간은 자신의 목적에 이바지하는 정도에 비추어 선호들의 서열을 구성한다. 그리고 자신의 소망이 최대한 다수 충족될 수 있게 해주고 성공적으로 실현될 전망을 가장 높여주는 계획을 따른다(S. 166 이하)." 이처럼 롤스가 말하는 이성적 성격은 도덕적 요구를 통해 규정되지 않는다는 점이 눈에 띈다. 즉 롤스의 이성개념은 각자의 삶의 계획을 최대한 완벽하게 실현하는 데 지향된 슬기로운 계산을 뜻한다.

더 나아가 롤스는 이성적 인간은 시기심을 모른다는 조건을 추가해야 한다고 생각한다(S. 167). 물론 이런 식의 이성적 성격을 도덕적 성질로 여길 수도 있다. 하지만 시기심의 배제가 슬기로운 계산이라는 의미의 이성과 관련된 진정한 의미의 추가조건인지는 의심스럽다. 만일 시기심을 삶의 계획을 적절히 수행하는 데 아무 도움이 되지 않는데도 그저 다른 행복한 사람에게 해악을 가하는 성향으로 이해한다면, 시기심에 기초한 행위는 최적의 행위를 시도하는 합리적 맥락에 편입되지 못한다. 이는 원초적 상태에 있는 계약당사자들이 자신보다 더 행복한 사람에게 고통을 줌으로써 — 즉 시기심을 행동으로 옮겨 — 자신의 욕망을 충족한다는 사실이 확정되어 있을 때만 가능하다. 그렇지만 계약당사자들은 이 점을 알 수 없다. 이 점 역시 무지의 베일로 가려져 있기 때문이다.

이 점은 **다른 사람**에게 좋은 일을 하려는 태도에도 그대로 해당한다(S. 168). 이러한 태도는 각자가 수립한 삶의 계획에 비추어 반드시 최적의 삶에 도달하게 만들지는 않기 때문이다. 다시 말해 계약을 체결해 사회가 성립한 이후에 자신이 어떠한 성향을 지니는지를 알지 못하는, 무지의 베일에 싸인 인간들은 자신들이 나중에 다른 사람을 사랑할지 미워할지를 알 수 없다. 이들은 그저 (롤스의 가정에 따르면 합리적으로 사고하고 행동하기 때문에) 자신들의 이익에 기초해 **어떤 식으로든** 삶의 계획을 앞뒤를 잘 계산해서 수행하기 원한다는 사실만을 알고 있을 뿐이고, 따라서 특정한 삶의 목적에서 벗어난 추상적인 합리성 모델에 의해 조종된다. 이렇게 삶의 목적이 무지의 베일에 가려져 있다면, 원초적 상태에 있는 계약체결자들의 합리성은 그것이 구체적으로 무슨 목적이든 관계없이 어떤 **임의의 목적**을 달성하기 위한 **수단**의 합리성이고 목적들을 형식적으로 조율하기 위한 합리성일 따름이다. 그리하여 목적 자체가 합리적이고 이성적인지는 중요하지 않다. 이 점은 다음과 같이 바꾸어 표현할 수도 있다. 즉 롤스가 말하는 '이성적 성격'은 적어도 이 단계(원초적 상태)에서는 도덕과는 무관하다. 이런 의미의 이성은 도덕적 성질을 지니는지를 따질 수 있는 특정한 삶의 목표에 초점을 맞추는 것이 아니라, 아직 확정되지 않은 임의의 목표를 최대한 실현하기 위한 수단을 최적화한다는 점에만 집중되기 때문이다.[101]

---

101 합리성의 개념을 통상적 의미의 이기주의적 태도와 동일시할지라도 이 개념이 완전히 도덕 중립적이라고 볼 수는 없다. 이타적으로 행동하는 사람도 활동의 여지와 이용할 수단이 필요하다. 이타적 행위

그렇다면 무지의 베일에 가린 인간들이 단순히 수단의 합리성과 조율의 합리성만으로 사회질서의 원칙들에 관해 결정을 내릴 수 있다는 롤스의 이론적 제안은 과연 설득력이 있는 것일까?

원초적 상태를 구체화하는 롤스의 이론 자체를 전혀 설득력이 없다고 고찰할 수도 있다. 즉 자신의 삶에 유리한지 아니면 불리한지만을 생각하는 존재가 무지의 베일 뒤에서 우리의 직관에 비추어 볼 때 정의롭다고 판단할 수 있는 원칙들에 합의하게 되는 이유가 도대체 무엇인지 의문을 품을 수 있다. 다시 말해 도덕 중립적인 합리성으로부터 도덕적으로 중요한 의미를 지닌 정의원칙으로 기계적인 전환을 거친다는 발상 자체가 설득력이 없다고 여겨질 수 있다. 차라리 원초적 상태의 인간들과 이들이 체결해야 할 사회계약에 관한 숙고에 앞서 미리 내용이 확정된 정의를 전제하고, 이를 통해 원초적 상태의 인간들이 거친 심의와 결정으로부터 — 확정된 내용의 정의에 비추어 — 도저히 용납할 수 없는 내용이 도출되는 것을 차단하는 것이 더 자연스럽다.

하지만 임의의 개인적 삶의 계획을 실현하기 위한 도덕 중립적 합리성을 근원적 계약이 체결되는 상황에 편입시킴으로써 **개인**이 곧 계약당사자가 되고, 이로써 각 **개인이 자신의 권리**를 유지하고 보존하는 자가 된다는 측면을 부각하게 되면 롤스의 이론을 다르게 평가할 수 있다. 즉 롤스가 전제하는 사유적 절차를 통해 각 개인의 이익(물론 이 이익은 계약체결을 통해 보편성을 획득한다)이 법질서의 기준이 되어야 한다는 측면에 초점을 맞추면 얼마든지 평가가 달라질 수 있다. 다시 말해 자신의 이익만을 고려하면 도덕적 원칙을 부정하게 된다는 선입견이 설득력이 없다고 여겨진다. 그리하여 개인이 원초적 상태에서 이미 개인의 이익을 주장할 권리를 갖는다는 사실 자체가 도덕적으로 정당하다고 여겨진다. 이렇게 되면 개인에 집중되고 개인의 이익을 조율하는 합리성과 개인의 이익을 위한 수단의 합리성은 개인의 자유 영역을 계약을 통해 제한하는 문제를 결정하는 원초적 상태에서 개인의 이익을 수호하는 장치로 기능한다. '이타적'인 계약당사자들의 경우에는 개인적 이익의 보존이 확실하게 이루어지지 않을 것이다. 이들은 개인적 이익을 포기할 용의가 있기 때문이다. 원초적 상태에서 이루어지는 자기 이

를 하려는 소망 자체를 이기주의적 소망으로 지칭하는 것은 말장난에 가깝다. 이타주의라는 이 특이한 의미의 '이기주의'는 인간의 실존 가능성 자체의 한 측면을 방어하는 문제에 해당한다.

익의 계산은 행위 가능성, 삶의 기회 및 재화에 대한 각 개인의 욕구를 표현한 것이고, 이 계산의 설득력은 (관점을 약간 바꾸어 효용계산의 합리성이 지닌 도덕적 중립성에 초점을 맞추는 것이 아니라 근원적 계약상황에서 이 계산이 수행하는 기능에 초점을 맞추면) 기본권 형식(3.2.5.2.1)의 설득력과 별 차이가 없다는 사실을 알 수 있다. 이미 원초적 상태에서도 각 개인은 자기 자신을 하나의 가치로 긍정할 수 있어야 하고, 이 가치가 제도적으로 어떻게 실현될 것인지를 원초적 상태에서 결정할 수 있어야 하기 때문이다. 이 점에서 롤스가 묘사하는 원초적 상태의 인간상은 자유롭고, 자율적이며 합리적인 인간이며, 자유와 이성적 자기결정을 긍정적으로 평가하는 우리의 철학적 및 정치적 전통에 완벽하게 부합한다. 원초적 상태의 인간에 대한 이러한 묘사는 결국 '명증성'을 전달하는 역할을 하며, 이 명증성 자체는 원초적 상태에 있는 인간들이 실제로 자유의 헌법을 선택할 것인지, 즉 이들이 자기결정을 향한 의지를 실제로 기본적 자유의 체계로 전환할 것인지와는 직접 관련이 없다. 원초적 상태에서는 자율적이고 자유로운 인간들이 자유에 독자적인 가치를 부여하지 않고 사회계약을 체결할 때 이미 인간들에게 더 유리하다는 이유로 자유를 포기하는 것 역시 얼마든지 상상할 수 있다.

롤스가 구체화한 원초적 상태의 개별적 요소들이 직접적 명확성을 띠고 있어서 탁월한 절차적 원칙으로 여겨진다고 일단 가정해보자. 그렇다면 이제부터는 이 원칙의 생산성에 대한 물음을 제기할 수 있다. 이 물음은 다시 두 가지 물음으로 나눌 수 있다. 첫째, 롤스가 묘사한 원초적 상태를 토대로 계약체결자들이 다수의 정의사상 가운데 어느 하나를 합리적으로 선택할 수 있게 해주는지를 물을 수 있다. 이 물음에 대답한 이후에 비로소 원초적 상태에서 합리적으로 선택한 정의사상으로부터 하나의 사회질서를 위한 구체적인 내용의 규칙들을 얼마나 많이 도출할 수 있는가라는 두 번째 물음을 제기할 수 있다.

롤스는 원초적 상태에서 다음과 같은 원칙들이 다른 원칙들보다 우선적으로 고려될 것이라고 한다(S. 336 이하).

제1원칙

누구나 모든 사람에게 가능한, 평등한 기본적 자유의 포괄적인 전체 체계에 대한 평등한 권리를 갖는다.

제2원칙

사회적 및 경제적 불평등은 다음과 같은 성격의 것이어야 한다.

a) 이 불평등은 정당한 절약원칙이라는 제한하에 가장 적은 이익을 누리는 자에게 가장 많은 이익이 돌아가는 것이어야 한다.

b) 이 불평등은 모든 사람에게 공평한 기회균등에 따라 개방된 공직과 지위와 결부된 것이어야 한다.

제1의 우선규칙(자유의 우선)

정의의 원칙들은 서열이 있다. 이 서열에 따라 기본적 자유는 오로지 자유를 위해서만 제한될 수 있고, 특히 다음과 같은 경우에 제한될 수 있다.

1a) 범위가 더 좁은 자유는 모든 사람을 위한 자유의 전체 체계를 강화하는 것이어야 한다.

1b) 평등한 자유보다 더 적은 자유는 평등한 자유보다 더 적은 자유를 가진 당사자가 이를 수용할 수 있어야 한다.

제2의 우선규칙(성과와 생활 수준보다 정의가 우선)

제2의 정의원칙은 성과원칙과 효용 극대화 원칙보다 서열상 우선한다. 공정한 기회균등은 차별원칙에 우선하고, 이는 특히 다음과 같은 경우에 해당한다.

2a) 기회의 불평등은 이로 인해 불이익을 받는 자의 기회를 개선하는 것이어야 한다.

2b) 특별히 높은 정도의 절약은 전체적으로 이로부터 영향을 받는 당사자의 부담을 줄여주는 것이어야 한다.

최소한으로 인용할 수밖에 없는 원칙들과 우선규칙들 전체를 여기서 자세히 논의하는 것은 당연히 불가능하다. 따라서 나는 우선규칙 1a)와 결부시켜 제1의 원칙이 과연 원초적 상태로부터 충분한 설득력을 갖고 도출될 수 있는지 그리고 이 원칙이 명확한 구체화에 도달할 수 있는 역량을 갖는지를 검토하는 데 논의를 한정하겠다.

제1의 원칙의 도출과 관련된 설득력은 — 축약적으로 해석하면 — 다음과 같이 밝힐 수 있다. 원초적 상태의 인간들이 평등한 기본적 자유에 대해 갖는 이익은 앞에서 설명했듯이 무지의 베일이 효용 합리성에 미치는 영향에 따른 명백한 결론이다. 즉 계약당사자들이 행복에 관한 자신들의 생각과 이 생각에 기초한 삶의 계획을 전혀 알지 못한다면 이들은 **어떤 식으로든** (그 자체 좋다고 여겨지는) 인간의 삶을 지속할 가능성 조건을 선택하지 않을 수 없다. 이 조건에는 행위의 자유도 포함된다. 원초적 상태에서는 행복에 관한 생각을 알지 못하기에 개인의 삶과 관련된 계획을 확정할 수 없으므로 나중에 이루어질 개인적 삶의 계획을 수립하고 수행하기 위해 결정의 자유와 행위의 자유를 미리 마련해야 한다. 즉 이러한 조건에서는 자유가 기본적 이익으로 여겨진다. 따라서 최대한 많은 자유를 누리는 것 역시 롤스가 말하는 무지의 베일로부터 도출되는 결론에 해당한다. 나중에 무엇을 원하게 될지를 모르는 사람은 일단 최대한 많은 가능성을 확보해두어야 한다. 행복에 관한 생각이 얼마든지 바뀔 수 있다는 점까지 고려하면 더욱더 그렇다. 하지만 자유가 **평등하게** 분배되어야 한다는 원칙은 계약당사자들이 **위험을 감수하지 않으려고 할 때**만 도출될 수 있다. 이들이 불평등분배에 도박을 거는 것도 가능하기 때문이다. 이 문제는 아마도 원초적 상태의 당사자들이 효용 합리성이라는 의미의 이성적 성격으로만 축소되지 않는 특정한 성격을 공통의 속성으로 갖고 있다고 전제하지 않고서는 해결할 수 없을 것 같다. 다시 말해 위험을 감수하는 범위와 관련해 계약당사자들이 특정한 성격을 갖는다고 전제하지 않을 수 없다. 그래야만 개인의 효용 합리성이 평등한 자유를 지지하는 결정을 낳을 수도 있고 평등한 자유를 반대하는 결정을 낳을 수도 있다는 가정이 정당하지 않다고 말할 수 있기 때문이다. 이에 반해 롤스는 원초적 상태가 이미 일정한 특징을 지닌 상황을 포함하고 있고, 이 상황에서는 순수한 결정이론의 관점에서 볼 때 불확실한 상태에서 결정을 내릴 때는 통상 거의 쓸모가 없는 효용 극대화라는 규칙 — 이 규칙은 신중한 태도의 표현이다 — 이 오히려 이성적으로 여겨진다는 사실을 증명하려고 노력한다(S. 177-181). 특히 효용 극대화 규칙을 따르지 않으면 발생할 수 있는 위험이 **매우 큰** 경우에는 결국에는 이 규칙을 따르게 된다고 롤스는 생각한다. 그리하여 매우 큰 위험에 직면할 때는 어떤 한 대안이 낳을 수 있는 최악의 결과가 다른 대안이 낳을 수 있는 최악의 결과보다 더 낫다는 판단에 따라

전자의 대안을 선택한다는 것이다(S. 178). 이는 우리가 다루고 있는 평등한 자유의 문제와 관련해서는 다음과 같은 의미이다. 즉 평등한 자유의 체계를 선택하면, 다른 사람의 자유를 희생시켜 '더 많은' 자유를 누릴 가능성은 차단되지만, 그 대신 도저히 참을 수 없다고 여겨지는 노예상태는 피할 수 있다.[102] 여기에는 다음과 같은 논거도 추가된다. 즉 자유가 불평등하게 분배되는 방향으로 선택하면 나중에 더 적은 자유를 가진 사람들이 불평등한 자유의 분배를 참을 수 없는 불이익으로 여길 것이기에 이 선택을 유지하지 않을 수도 있다는 사실을 누구나 알고 있다. 이렇게 되면 원초적 상태에서의 원래 의도와는 달리 사회적 체계가 불안정하게 된다(S. 201 이하).

평등한 자유의 원칙을 결정이론적으로 도출할 수 있다고 일단 가정하고 첫 번째 정의원칙의 **생산성**을 심사해보면, 이 원칙으로부터 어떠한 기본적 자유(예컨대 양심의 자유, 결사의 자유 등)가 도출되어야 하는지가 곧장 명백하게 드러나지 않는다는 사실을 알게 된다. 물론 최대한 포괄적인 평등한 기본적 자유의 전체 체계를 모든 사람에게 가능하게 만들라는 지침이 명확한 방향을 제시하기는 한다. 즉 인간이 특정한 행동방식(작위 또는 부작위)을 하지 못하게 만드는 특수한 형태의 제한에 구속되는 이상, 보편적으로 여겨지는 자유는 이 특수한 제한을 폐기함으로써 특수한 내용을 획득하게 된다(S. 230). 그렇다면 평등한 기본적 자유와 관련된 가장 포괄적인 전체 체계는 이와 같은 특수한 제한을 폐기한 전체 체계가 될 것이다. 하지만 일단은 명백하게 보이는 이 방향은 기본적 자유와 관련된 이 전체 체계가 **모든 사람**에게 가능해야 한다는 제한 조건과 상반된다는 문제가 발생한다. 바로 이 점이 난관이다. 그 때문에 롤스는 기본적 자유의 전체 체계를 자세히 밝히지 않는다. 그는 단지 양심의 자유와 이 자유의 한계(S. 234-251) 그리고 정치적 의지형성에 대한 평등한 참여 — 이 역시 기본적 자유에 속한다 — 라는 원칙 및 이 원칙에 대한 제한(S. 251-265)에 대해서만 논의할 따름이다. 따

---

102 *Höffe*, Kategorische Rechtsprinzipien, 1994, S. 316 이하에서는 이 논증의 정당성에 의문을 제기하지만, 이 의문을 자세히 논의하지는 않는다. 회페 자신이 제기한 물음("롤스의 정의이론은 칸트적인가?")은 원초적 상태와 관련된 결정이론적 문제를 해결하지 않고서도 대답할 수 있기 때문이다. 롤스 자신도 자기비판적 태도를 보이면서 정의이론을 합리적 결정에 관한 이론으로 서술한 것은 잘못이었다고 고백한다. 이에 관해서는 *Rawls*, Die Idee des politischen Liberalismus(각주 98, 1994), S. 273, 274 각주 20 참고.

라서 롤스의 이론을 통해 과연 기본적 자유의 전체 체계를 섬세하고 완벽하게 도출할 수 있는지는 쉽게 판단하기 어려운 문제이다.

그 때문에 평등한 기본적 자유와 관련해 생각할 수 있는 전체 체계 내부에서 각각의 기본적 자유 사이의 조율이 상당히 어렵다는 점에 주목하는 것이 더 중요하다. 롤스도 이 문제를 언급하고 있긴 하지만, 해결책을 제시하지는 않는다. 그는 단순히 "어느 정도 유리한 조건이라면 가장 중요한 지점에서 모든 기본적 자유가 동시에 실현되고, 모든 기초적인 이익이 보호될 수 있거나 최소한 일시적으로나마 가능하도록 이 기본적 자유들의 관계를 규정하는 방법이 언제나 존재한다(S. 231)"라고 막연히 전제할 따름이다. 이로써 자유들 상호 간의 제한이 배제되는 것이 아니라, 오히려 포함된다. 헌법제정의회의 의원들은 "많은 지점에서 … 예컨대 의사표현의 자유와 공정한 법정절차에 대한 자유 사이와 같이 하나의 기본적 자유와 다른 기본적 자유 사이를 저울질해야 한다. 최상의 자유 체계는 자유에 부과되는 제한의 총체성에 의존한다(S. 232)."

기본적 자유들 사이의 저울질은 롤스의 이론에서도 피할 수 없는 문제이지만, 저울질과 관련된 메타규칙은 존재하지 않는다. 이 점은 우리가 앞의 3.2.6에서 이미 살펴보았다. 롤스는 정의이론 전반과 관련해(S. 229) 또는 특수한 문제와 관련해(예컨대 S. 232, 260/261) 여러 가지 해결 방법이 있다는 점에서 자신의 정의개념이 불확실하다는 사실을 인정한다. 따라서 자신의 이론을 자연법으로 이해하는 롤스의 이 기획(S. 549, 각주 30)이 구체적 법을 도출해내는 능력을 과대평가해서는 안 된다(이는 롤스 자신도 인정하는 측면이다).

3.3 구체적 자연법을 향한 길

구체성은 자연법적 사고에서는 하나의 도전이다. 법이 구체적으로 모습을 드러내는 지점에서는 대부분 다수의 결정규칙이 대안으로 등장하고, 이 대안들 가운데 어느 하나를 결단주의적 또는 '세계관적'으로 선택해야만 한다는 식의 생각은 자연법적 사고의 인식목표에 비추어 보면 도저히 참을 수 없는 생각으로 여겨지기 때문이다.[103] 이러한 도전에 대응하려는 자연법의 노력은 이런저런 방식을 거쳐 미리 주어져 있고 처분 불가능한 구체적 내용을 밝혀 흩어져 있는 다양한 가치관점, 욕구, 이익을 하나의 총체적 연관성(구조, 체계, 제도 등)으로 포착하고, 이를 통해 이 구체적 내용으로부터 각각의 가치, 욕구, 이익의 범위를 특정할 수 있도록 만드는 길에 집중된다. 이러한 기준은 이제 더는 추상적인 가치관점이나 단순한 요구 또는 일정한 방식의 절차에서 찾지 않고, 오히려 이 추상적인 것들이 언제나 지시하고 있는 구체적인 맥락을 밝히고 이 맥락 속에서 의미를 획득하는 요소로 작용하는 하나의 총체성에서 찾으려고 시도한다.

3.3.1 '사물의 본성' — 구체화 시도와 관련된 총괄개념

적어도 교회에 구속되지 않는 자연법 운동인 이상 자연법론이 이 구체적인 내용을 하나의 조화로운 우주 또는 자연과 사회를 아우르는 전체 세계질서라고 말할 용기가 없는 것은 당연한 일이다. 그 대신 '사물의 본성(자연)'이라는 겸손하게 들리는 표제를 동원해 삶의 복잡성에 부합하는 법이 이미 주어져 있다는 사실을 밝히려고 시도했다. 사물의 본성과 관련된 여러 형태의 이론에서는 질서라는 개념이 중요한 의미를 지닌다. 즉 모든 규범제정과 무관하게 그 자체로 **존재하는 질서**를 밝히려고 시도한다.[104] 사물의 본성 이론은 무엇보다 현실, 특히 사회적 현실이 사회적 과정에 관한 합리적 계획과는 무관하게 체계를 형성하고, 이 체계가 규범의 개입에 (비교적) 저항한다는 사실을 적극적으로 활용한다. 이와 동시에 오로지 특정한 방식을 거칠 때만 전체에 편입될 수 있고, 그 때문에 전체의 내용을 함께 구성하는 현실의 요소들이 존재한다는 사실도 활용한다. 즉 "사물의 본성은 객관적으로 확인할 수 있고 사물논리적으로 형성된 현실의 구조이며, 이러한 구조가 지닌 질서의 성격은 곧 법을 구성하는 중요한 척도가 된다."[105]

질서의 성격을 지닌 구조는 예컨대 다음과 같이 분류할 수 있다.[106] '자연적 사실'은

103 이러한 경향을 명시적으로 지적하는 *Arthur Kaufmann*, Naturrecht(각주 54). S. 24 참고.

104 *Ballweg*, Zu einer Lehre von der Natur der Sache, 1960, S. 60.

105 *Ballweg*, Lehre(각주 104), S. 67.

밤과 낮의 변화, 계절의 변화와 같이 사회적 삶이 '자연'에 순응하도록 요구하고, '음식물'은 인간의 생물학적 존속이 펼쳐지기 위해 이미 확립된 질서로 해석할 수 있으며, 기술적인 차원의 실질적 강제는 합리적 행위의 소산이긴 하지만 그 자체 언제나 의도했던 결과가 아니라 실질적 요구를 담고 있는 독자적인 영역으로서 법학에서는 마치 제2의 자연처럼 질서의 성격을 지닌 객관적 구조의 형태로 이미 주어져 있다. 그리고 경제질서는 최적의 욕구충족을 위해 분화한 체계의 사물논리,[107] 사물논리적 구조[108] 또는 제도로서 자생적으로 형성된다. 이러한 자생적 제도는 — 의문의 대상이 되지 않는 — 특정한 과제 또는 필연적으로 분화를 거치게 되는 사회적 기능(이 기능은 예컨대 행형과 같이 반드시 합리적으로 측정하고 비교 가능해야 할 필요는 없지만, 어떤 식으로든 관철될 수 있어야 한다)의 충족을 위해 인적 및 물적 수단과 상호작용의 연관성의 앙상블로서 일정한 질서를 형성한다. 이 밖에도 질서의 성격을 지닌 구조는 이를 침해하는 순간에 비로소 의식하게 되는 기존의 상호작용 형태일 때도 있다. 이때 비로소 기존의 형태가 매우 강한 정도로 질서를 창출한다는 사실을 의식하게 되어 사회에 전형적인 실존형식을 구성하는 요소(역할)로 즉시 방어와 보호의 대상이 되고, 인간들이 서로서로 이 요소를 인정하게 된다(이는 아마도 생물학적 자기주장의 정당성에 대해 아무런 의문을 제기하지 않는 것과 거의 비슷하다고 볼 수 있다).[109]

현실의 질서구조로 이미 존재하는 이 일련의 영역들은 존재적 측면에서는 그 자체 극히 다양한 영역들이다. 이들 영역의 숫자는 얼마든지 늘어날 수 있고, 현실의 구조에 관한 (특히 사회과학적인) 서술 방법을 찾아내 실험해보면 얼마든지 다른 새로운 방식의 '사물의 본성' — 설령 명시적으로 이 이름을 달지 않을지라도 — 이 등장할 수 있다. 이와 같은 모든 연구방법을 사물의 본성과 관련된 단 하나의 이론으로 결집하는 것은 법을 처분 불가능성이라는 형태로 포착하려는 자연법적 인식 관심을 활용할 때

106 이 분류는 대부분 *Ballweg*(각주 104)에 따른 것이다.

107 이 사물의 본성에 관한 사고로부터 등장한 것이 헤겔 법철학의 유명한 서술 부분인 '욕구의 체계'이다 (*Hegel*, Rechtsphilosophie, §§ 189-208).

108 *Welzel*, Naturrecht und Rechtspositivismus(각주 11), S. 334 이하.

109 이에 관해서는 *Garfinkel*, Das Alltagswissen über soziale und innerhalb sozialer Strukturen, in: Alltagswissen, Interaktion und gesellschaftliche Wirklichkeit, hrsg. von *Arbeitsgruppe Bielefelder Soziologen*, 2 Bde., 1973, S. 189 이하 참고.

만 가능하다.

3.3.2 '사물의 본성'과 법실무

사물의 본성론이 다양한 개별적 분석을 통해 생산적인 결과를 낳을 것이라는 기대는 필연적으로 실망을 겪을 수밖에 없다. 사물의 본성론은 법실무에 대해 현실의 질서구조를 침해해서는 안 된다는 방법적 지침을 제시하는 이론들의 총괄개념일 뿐이다.

그 때문에 사물의 본성에 관한 이론이 이러한 방법적 의식을 뛰어넘어 구체적으로 법적 결정과 법도그마틱을 조종할 수 있을지 의문이다. 사물의 본성론에 기초해 구체적인 분석을 행하는 경우는 극소수에 불과하다. 지금은 거의 잊히긴 했지만, 암거래시장의 질서구조를 서술한 페히너(Erich Fechner)의 분석이 약간 유명했던 적은 있다.[110] 이 이외에는 그저 구체적 질서에 해당하는 예들만을 언급할 뿐 이를 자세히 분석하지 않는 경우가 대부분이다. 물건을 파는 사람과 사는 사람, 선생과 학생, 아버지와 아들 등과 같이 쌍방적인 역할과 지위의 관계에 확고한(존재론적?) 기대와 상응이 존재한다는 주장[111]만으로는 특정한 사물의 본성에 관한 명제를 경험적으로 심사하기에 턱없이 부족하다. 이처럼 사물의 본성론에서 사물 자체에 대한 상세한 분석이 이루어지지 않는 이유는 아마도 분석 자체가 전통, 입법, 해석, 사례집단의 형성 등을 통해 확립되고 분화된 법적 제도와 경쟁해야 한다는 사정 때문일 것이다. 즉 사물의 본성이라는 이념에 따르는 구체적 분석이 이러한 분석보다 더 구체적인 작업을 수행하는 도그마틱이나 사회적 삶의 실질적 법칙성에 비추어 제도들을 재구성하는 작업을 통해 이미 이루어졌기 때문일 것이다. 이 점에서 탁월한 법도그마틱은 이미 사물의 본성에 대한 상세한 분석을 시도하는 셈이다. 그렇다면 굳이 '사물의 본성'이라는 이념을 개별적 분석에 비추어 확인하고 증명할 필요가 없다. 법도그마틱 자체가 이미 사물의 본성에 기초한 사고라고 부르는 내용이 무슨 의미인지를 보여주기 때문이다.

---

110 *Fechner*, Rechtsphilosophie, Soziologie und Metaphysik des Rechts, 2. Aufl. 1962, S. 151-154.

111 *Maihofer*, Natur(각주 92).

3.3.2.1 사물의 본성에 기초한 사고: 한 가지 예

그렇지만 새로운 사회적 현실을 법학이 사후적으로 재구성할 필요가 있거나 특정한 제도를 기존의 현실적 질서요소들에 비추어 새롭게 구성할 필요가 있는 사례들이 발생하기 마련이다. 이러한 사례가 어떻게 발생하고 어떤 식으로 처리될 수 있는지는 ― 이제는 의문의 대상이 된 ― '교수와 학생' 관계의 구조적 요소에 관한 이하의 언급을 통해 대충 짐작할 수 있을 것이다.[112] 이 관계의 구조적 요소는 학문적 작업을 교육한다는 목표에 지향된 '가르침과 배움의 상황'에 내재하는 사물법칙성으로부터 포착해야 한다.

사물의 본성에 비추어 볼 때 다음과 같은 점은 분명한 사실이다. 즉 가르치고 배우는 상황에서 권위가 횡행하는 일은 학문적 배움의 의미에 모순된다. 학문적 태도 자체가 ― 설령 실천적 관점에서는 합리적으로 여겨질지라도 ― 이미 그 어느 것도 권위 때문에 인정해서는 안 된다고 요구하기 때문이다. 다른 한편 가르치고 배우는 상황에서는 통상 한쪽이 다른 쪽보다 지식을 더 많이 갖고 있어서 ― 또한 갖고 있어야 한다 ― 자연스럽게 권위가 형성된다. 특히 가르치고 배울 내용을 적절히 선택하는 문제나 배우는 과정을 구성하는 문제가 일정한 영역의 지식에 대한 개관을 전제한다는 점에서 어쩔 수 없이 교수의 권위가 작용하게 된다. 이러한 사정을 무시하거나 받아들이지 않으면 교수와 학생 모두 교육이라는 상황을 규정하는 결정적 요소 가운데 하나인 학습이라는 목표에 도달하는 데 장애가 발생했다고 체험하게 된다. 그렇다면 교수가 지식을 더 많이 갖고 있다는 사정에 기초한 권위는 법적으로 확립된 조직 권한으로 응축될 필요가 있다. 그렇지 않으면 교육의 내용에 관한 교수의 결정이 ― 여기서 국가고시 시행령과 같이 외부에서 결정하는 경우는 배제하기로 하자 ― 일부의 학생들에 의해 무시될 수 있고, 이는 곧 모든 학생에 대해 부정적인 결과를 낳는다. 그리하여 강의내용의 구성이 학생의 권한이 아니기에 자동적으로 교수의 권한에 속할 수밖에 없고, 이 구성에 관한 구속력 있는 결정이 필요하다는 이유로 가르치고 배우는 상황에서 등장하는

---

112 이하의 언급은 1970년대 어느 세미나에서 이루어진 논의를 축약한 것이다.

학문적 권위가 결국에는 법적으로 고정된 조직 권한으로 전환되는 경향을 띠게 되는 썩 바람직하지 못한 상황이 전개된다. 이러한 경향에 맞서기 위해서는 단순히 형식적 절차가 필요한 것이 아니라 교수들 스스로 자신들의 실질적 권한을 키우는 과정이 필요하다.

이처럼 가르치고 배우는 상황의 '본성'으로부터 가르침의 자유를 제도적으로 보장해야 할 필요성이 도출되긴 하지만, 그렇다고 해서 이것이 곧 가르치고 배우는 상황에 대한 제도화된 의존성을 뜻하는 학생의 부자유를 포함하지는 않는다. 학생들은 가르치고 배우는 상황을 피하면서도 자신들의 학습 목표에 도달하려고 노력할 수 있다. 이와 같은 배움의 자유를 제도적으로 고려하지 않을 어떠한 이유도 없다. 가르치고 배우는 상황의 '사물논리적 구조'는 이 상황 자체 이외에는 다른 의미를 포함하지 않는다. 다른 한편 이 상황을 제도적으로 구성할 때는 비판적 배움에 대한 욕구도 충분히 고려해야 한다. 이를 위해서는 교수에 대한 비판 가능성이 제도화해야 한다. 따라서 교수는 자세히 규정된 절차에 따라 자신의 권위 — 이 권위는 강의의 미시적 구조를 구성하는 우선권을 의미한다 — 를 유보하고 권위를 앞세우지 않으면서 학생과 자유롭게 대화하는 상황에 직면하도록 만들어야 한다. 강의의 '기능변경(Umfunktionierung; 1968년에 시작된 학생운동이 기존의 대학강의를 혁명적으로 전환할 것을 주장하며 기치로 내세운 표현 — 옮긴이)'을 거부할 교수의 권리는 이에 상응하는 의무가 수반되어야 한다. 즉 교수는 강의를 권위적으로 구성하는 것을 포기하고, 학생들이 교수의 권위에 기초해 구성된 내용에 의문을 제기할 수 있도록 해야 하며, 학생들의 비판을 구실로 가르치고 배우는 상황에서 벗어나서는 안 된다. 더 나아가 권위적으로 확정된 가르치고 배우는 상황 내에서도 비판적 학습이 가능하도록 순간순간 권위를 유보하도록 규정하는 규칙을 찾아내야 한다.

대다수 사람은 '사물의 본성'으로부터 도출되는 앞의 결론을 인정하겠지만, 이미 여기서도 사회적 현실에 내재하는 질서적 요소들로부터 '진정한' 질서에 대한 요구를 충족하는 구체적 질서를 도출해내는 일이 얼마나 어려운지를 잘 알 수 있다. 더욱이 앞에서 대강 분석한, 가르치고 배우는 상황이라는 한 작은 구성 부분에서 벗어나 시야를 '대학'이라는 제도 전체로 확장하면 이 작은 구성 부분을 전체에 편입할 때 다시 수많은 난관과 대안들이 존재한다는 사실을 알게 된다. 예컨대 이 상황으로부터 도출되는 질서를 대학이라는 제도 전체에 적용하는 문제를 명확히 규정하기는 어렵다. 설령 이 작은 구성 부분의 질서가 정당하고 현실에 부합하는 질서라고 믿는 경우라 할지라도 그렇다. 이 점에서 예컨대 교수가 지식을 더 많이 갖고 있다는 사정으로부터 학습계획, 시험규정, 학문 후속세대에 관한 규정, 대학교수의 초빙과 관련해서도 독점적 권한을 갖는다고 추론하는 것은 성급한 단견이다.

3.3.2.2 예에 대한 비판

앞에서 서술한 예는 사물의 본성에 기초한 사고가 어떤 영역의 질서를 구성하는 요소들을 밝히는 데는 장점이 있지만, 이 요소들을 더 넓은 사회적 맥락에 편입시켜 확고한 대안을 구성하는 데는 단점이 있다는 점을 보여준다. 그 때문에 코잉(Helmut Coing)도 이렇게 판단한다.[113] "우리가 '사물의 본성' 자체로부터 획득할 수 없는 것은 … 완결된 질서에 대한 통찰이다 … 사물의 본성은 우리에게 질서를 구성하는 요소를 알려줄 뿐 질서 자체를 알려주지 않는다 … 사물의 본성이 법을 제정해 질서를 형성하는 행위를 불필요하게 만들어주지는 못한다."

이처럼 사물의 본성에 기초한 사고가 지닌 역량이 — 자연법의 인식 관심을 기준으로 삼으면 — 극히 제한적이라면, 이미 주어져 있는 질서요소 또는 질서구조의 중요성이 지닌 가치론적 내용에 관해 물음을 제기하고, 가치평가의 관점에서 의문을 품는 즉시 사물의 본성에 기초한 사고형태 자체를 근본적으로 비판할 수밖에 없게 된다. 사물의 본성에 기초한 사고를 펼칠 때 딱히 자세히 다루지 않을 뿐 아니라, 심지어 의도적으로 배제해버리는 경우가 많은 물음[114]은 어떤 '존재하는 질서'가 "과연 존재**해야만** 하는가?"라는 근원적 물음이다. 이 물음을 제기하는 이상, 법률에 앞서 있는 또는 법률 바깥에 있는 질서의 존재를 복잡하고 불확실하게 증명하는 것만으로는 불충분하고, 어떻게든 증명했다고 여기는 질서 자체에 대해 이 질서가 반드시 존재해야 하는지 그리고 이

113 *Coing*, Grundzüge der Rechtsphilosophie, 5. Aufl. 1993, S. 189 이하.
114 *Ballweg*, Lehre(각주 104), S. 68 이하.

질서를 변경할 가능성은 없는지를 묻지 않을 수 없다. 이렇게 되면 이미 존재한다고 주장하는 질서가 과연 얼마만큼 사실이 아니라 규범적 또는 당위적 사고에 근거하는지를 심사해야 한다. 하지만 이 사고 자체가 이미 당위에 관한 사고이기 때문에 통상적 의미의 경험적 심사의 대상이 되지 못하며, 오히려 이 사고의 규범적 정당성을 심사해야 한다. 이런 의미에서 우리가 앞에서 간략하게 분석한, 가르치고 배우는 상황의 가치론적 내용을 묻게 되면, 일단 교수가 지식을 더 많이 갖고 있다는 사실 자체가 질서를 형성하는 가장 중요한 사실임을 확인할 수 있다. 이에 반해 일정한 학문적 기준에 따라 학생들에게 학문적 작업을 수행할 능력을 전달해야 한다는 대학의 과제는 사실의 차원에 놓인 문제가 아니다. 이 목표 자체가 — 직접 또는 '학문적' 기준을 다르게 해석하거나 변경해 간접적으로 — 공격 대상이 되면, 교수와 학생의 관계는 훨씬 더 근원적으로 의심을 받고 극히 불투명하게 된다.

이렇게 되면 교수가 지식을 더 많이 갖고 있다는 사실은 비록 특정한 가치론적 관점에서는 특정한 경향을 지닌 질서를 형성하는 사실일지라도 그 의미를 상실한다. 심지어 질서를 형성하는 경향을 완전히 상실할 수도 있다. 바로 이 점에서 사물법칙성이 가치론적 관점에 우선한다거나 가치론적 관점 자체가 중요하지 않는다는 주장을 사회적 상황에 관한 포괄적 분석을 동원해 정당화할 수는 없다는 사실이 밝혀진다. 오히려 사회적 상황 자체가 상호주관적으로 합의된 가치론적 정립을 통해 구성된다고 보는 것이 옳다.[115] 따라서 이 정립 자체가 변화하면, 미리 주어져 있는 사물이 질서를 형성하는 경향도 변화한다. 자연적 사실이든 음식물이든 기술적 차원의 실질적 연관성이든 모두 마찬가지다.

3.3.3 비판의 방법론적 전제 — 존재와 당위의 문제

지금까지의 서술을 통해 사물의 본성이라는 사고형태가 존재하는 것을 있는 그대로 밝혀냄으로써 마땅히 존재해야 할 당위를 도출할 수 있다는 의미로 존재/당위 이원주

115 이런 이유에서 사물의 본성을 '가치평가에 따른 결론'으로 축소하는 견해로는 *Günter Stratenwert*, Das rechtsphilosophische Problem der Natur der Sache, 1975 참고.

의를 극복하기에는 적합하지 않다는 점을 밝혔다. 하지만 이 점은 특정한 방법적 전제에 따른 것이고, 이제부터는 이 방법적 전제를 분명히 의식하면서 이 전제가 반드시 옳은 것은 아니라는 점을 밝히도록 한다. 이를 통해 우리가 사물의 본성을 지금까지 방법이원주의적 관점에서 해석했다는 점도 밝혀질 것이다. 여기서 말하는 '방법이원주의(Methodendualismus)'는 존재로부터 당위를 도출할 수 없다는 견해를 지칭한다. 이에 반해 방법일원주의(Methodenmonismus)는 존재가 가치와 당위의 차원을 포함한다는 견해를 지칭한다.

방법이원주의와 방법일원주의의 테제를 이해하기 위해서는 각 이론이 '존재'를 어떻게 이해하는가의 물음이 결정적으로 중요하다. 특히 신칸트주의(Neukantianismus)에 의해 섬세하게 구성된 방법이원주의는 존재를 사실성(Faktizität)으로 이해하는 반면, — 예컨대 아퀴나스와 헤겔로 대표되는 — 방법일원주의는 존재를 본질적 현실(Wensenswirklichkeit)로 파악한다.

아퀴나스처럼 존재와 선(善; 또는 가치)이 완벽하게 결합해 있다고 생각하면, 존재는 단순히 사실성을 뜻하는 것이 아니다. 이 점은 예컨대 아퀴나스가 '선'의 반대에 해당하는 '악(惡)'을 규정하는 방식을 보면 분명히 드러난다. "어떠한 본질도 그것이 존재하는 이상 악이라 부를 수 없고, 오직 존재를 상실할 때만 악이라 부를 수 있다."[116] 즉 비존재도 일정한 방식으로 작용한다. 비존재가 작용한다는 사실이 비존재를 존재로 만들지는 않는다. 따라서 아퀴나스 철학에서 의미하는 존재자 역시 이 존재자가 존재하거나 존재하지 않는다는 식으로 말할 수 없다. 단지 무언가가 더 많이 존재하거나 더 적게 존재한다고 말할 수 있을 뿐이다. 이 점에서 존재는 상승 가능한 개념이다. 그리하여 선한 존재는 본질의 실현(완벽성)을 뜻하고, 악한 존재는 고유한 본질을 그르치거나 존재의 본질적 가능성을 실현하지 못하고 뒤처져 있다는 뜻이다. 이와 같은 형이상학의 토대 위에서 '당위'는 본질과 존재자 사이의 관계를 파괴하는 차이에 해당한다. 하지만 이 경우 본질이 존재자에 의해 해체되지는 않으며, 본질 자체는 언제나 존재자의 근거로 사고된다.[117]

---

116 *Thomas Aquin*, De poentia, 3, 16 ad 3.
117 *Kluxen*, Philosophische Ethik bei Thomas Aquin, 1964, S. 171 이하.

아퀴나스와 비슷하게 헤겔도『법철학』서문에서 이성적인 것은 현실적이고, 현실적인 것은 이성적이라고 말할 때 현실을 단순한 사실성으로 이해하지 않는다. "오로지 필연적 존재 또는 본질의 총체적이고 적절한 표출로서의 현상만이" 헤겔이 말하는 '현실적'인 것일 수 있다.[118]

이와는 달리 신칸트주의가 표방하는 방법이원주의[119]의 존재개념은 바로 사실성을 뜻하고, 그 때문에 존재자의 존재 관련성, 즉 존재자를 함께 구성하는 본질과의 관련성을 완전히 배제한다. 이로써 존재자와 본질 사이에 있을 수 있는 차이에 기초하고 있는, 존재에 내재하는 당위라는 식의 사고도 철저히 배제한다. 그리하여 — 원칙적으로 — 경험적 방법을 통해 탐구할 수 있는 것만이 현실로 여겨진다. 이러한 탐구는 궁극적으로 (시공간에서 이루어지는) 관찰을 표현하는 명제를 토대로 삼는다. 모든 이론은 바로 이러한 토대에 비추어 증명되거나 확증되어야 한다. 그리하여 관찰만으로는 온전히 접근할 수 없고 의미이해까지 요구하는 문화의 세계마저 시공간의 사실성의 차원이 된다. 하지만 다음과 같은 구별을 전제한다. 첫째, 역사에서 등장하고 역사에서 객관적으로 여겨지는 의미는 현실의 영역(존재)이 아니라 타당성의 영역(당위)에 속한다. 둘째, 바로 앞에서 말한 방식의 의미를 파악하기 위해 시공간에서 이루어지는 행위는 현실의 영역에 속한다. 시공간에서 이루어지는 이러한 행위만이 시간적 질서 내에서 분류할 수 있고, 이 점에서 관찰할 수 있으며, 관찰 가능한 현상이라는 의미에서 현실적이다. 이와 같은 사실성의 차원에서는 특정 시대의 가치관이 누리는 **사실상의 타당성**과 이 가치관 자체가 가진 절대적 의미의 **정당성**을 엄격히 구별함으로써 문화 세계의 경계선을 설정한다. 이념성을 지닌 가치 자체는 당연히 사실성의 차원에 자리 잡지 않는다. 이에 반해 가치와 관련된 사고, 이 사고의 역사 그리고 이 사고가 전개되기 위한 역사적 조건 등의 현실에 관한 탐구는 원칙적으로 타당성과 당위의 영역에 대한 구속력 있는 인식에 도달하는 방법이 아니다.[120]

---

118 *Bloch*, Subjekt — Objekt, 1962, S. 253.

119 이에 대한 비판적 서술로는 *Verdross*, Statisches und dynamisches Naturrecht, 1971, S. 95 이하 참고.

120 가장 유명한 신칸트주의자 가운데 한 사람이 하인리히 리커트(Heinrich Rickert)는 이 점을 자신의 저서『문화과학과 자연과학(Kulturwissenschaft und Naturwissenschaft, 6./7. Aufl. 1926, 인용은 1986년판 S. 112)』에서 다음과 같이 표현하다. "가치 관련적 절차는 ... 이 절차가 이론적 학문으로서의 역사의

이렇게 볼 때 방법이원주의와 본질철학은 분명 같은 존재개념과 현실개념을 사용하지 않는다. 그 때문에 완전히 상반된다고 여겨지는 두 이론의 기본입장을 서로 근접하게 만들도록 시도할 수 있다. 이런 의미에서 두 이론 모두 사실로부터 (귀납적으로) 존재해야 마땅한 당위를 도출하지는 않는다는 공통점이 있다고 말할 수 있다. 본질철학의 관점에서는 사실적인 것이 곧장 현실적인(존재해야 마땅한) 것이 되지는 않는다. 즉 존재해야 마땅한 당위는 본질의 현실로부터 포착된다. 물론 본질은 이 본질이 실현되는 사실적인 것을 고찰함으로써 인식된다. 그러나 본질 인식과 사실 인식은 방법적으로 구별되고, 다만 본질 경험이 사실을 뛰어넘을 수는 없다. 다른 한편 방법이원주의는 사실에 내재하는 본질의 현실성을 부정하거나 이러한 본질의 인식 가능성을 부정하면서 — 플라톤 또는 본질철학과 유사하게 — 사실과는 분리된 순수한 가치의 왕국을 통찰한다고 설명하거나 — 칸트처럼 — 당위를 이성의 조직으로부터 도출되는 형식적인 의지의 구조로 해석해 이 구조를 의지가 수용할 수 있고 또 수용해야만 한다고 설명하려고 한다. 그렇지만 이런 식으로 파악된 당위는 그 자체가 지닌 의미에 비추어 볼 때 다시 사실의 세계를 지시하지 않을 수 없다. 가치 또는 당위라고 부를 수 있는 이념적인 의미의 통일체는 결코 자기충족적인 완결된 통일체가 아니다. 무언가 진정으로 현실적인 것은 존재해야 하거나 존재하지 않아야 하며, 다르게 존재해야 하기 때문이다. 이 점에서 당위는 사실을 기준으로 삼게 되고, 이렇게 해서 본질의 역할을 담당한다. 그러므로 '본질'은 — 방법이원주의적으로 — 사실화한 가치 또는 사실화한 당위로 해석할 수 있다. 역으로 당위와 가치는 가치철학이 존재 또는 현실이라고 부르는 것으로부터 분리해 낸 것(추상화)이다. 심지어 가치는 때로는 포괄적인 존재로부터 추상화한 것일 뿐이라는 의심을 받고, 때로는 윤리적 의지의 형식적 구조로부터 사유를 거쳐 파생된 것의 실체화에 불과하다는 의심을 받는다.[121]

본질을 표현해야 한다면 가치평가적 절차와 명확하게 구별해야 한다. 이는 곧 다음과 같은 뜻이다. 즉 역사에서 가치가 고려될 때는 가치가 **사실상으로** 주체를 통해 **사실상으로** 어떤 객체가 좋은 것으로 지칭된다는 점에만 한정된다. 역사가 가치를 다루기는 하지만, 그렇다고 해서 역사가 **가치평가적 학문인 것은 결코 아니다**. 역사는 단지 존재하는 사실을 확인할 따름이다."

121 전자에 관해서는 *Heidegger*, Einführung in die Metaphysik, 1953, S. 152-155, 후자에 관해서는 *Kluxen*, Ethik(각주 117), S. 221 참고.

3.3.4 '사물의 본성'에 대한 방법이원주의적 해석과 이용

앞에서 설명한 내용을 사물의 본성론에 관한 지금까지의 서술에 적용해보면 우리가 사물의 본성론을 방법이원주의적으로 파악했다는 사실이 드러난다. 즉 우리가 사물의 본성론에 관해 서술할 때는 한편으로는 일정한 사안에서 포착할 수 있는 질서가 언제나 특정한 가치관점에 비추어 드러난다는 점을 밝히려고 했고, 다른 한편으로는 현실적인 질서의 연관성이 존재해야 마땅한 당위인지의 관점에서 의문을 제기할 수 있고 또 있어야만 한다는 점을 밝히려고 했다. 이 두 가지 시도는 모두 현실의 질서로 규정되었던 것과 당위는 명확히 구별되고, 당위는 현실의 질서에 비해 초월적인 지위에 있다는 전제에서 출발한다. 바로 그 때문에 현실적인 질서는 본질적인 현실이 아니라 일상적 경험과 학문적 경험을 통해 밝혀지는 단순한 사실성으로 파악되었다.

하지만 방법이원주의의 관점에서도 사물의 본성이라는 사고형태는 얼마든지 미리 주어져 있는 질서, 체계, 질서요소를 섬세하고 주의 깊게 존중하라는 지침이 될 수 있다. 이렇게 되려면 존재해야 마땅한 당위는 오로지 사실상으로 존재하는 것을 고려할 때만 달성될 수 있다는 점을 파악해야 한다. 그렇다면 이제 존재와 당위 사이의 명확한 관계는 다음과 같은 모습을 취하게 된다.

일단 유토피아적인 것을 (유토피아 상황을 배제하는 매개적인 중간단계도 거치지 않은 채) 무작정 추구하는 일은 정당화되지 않고, 심지어 이러한 추구 자체를 포기하게 된다. 예컨대 자본주의 경제법칙을 일시적으로는 도저히 폐기할 수 없다는 사실을 인정한다면 기존의 경제체계를 폐지하려는 시도는 당분간 단념해야 한다. 기술적으로 실현 불가능하거나 극히 비경제적이기 때문이다.

자본주의 경제체제와는 달리 변경이 가능한 질서 역시 일단은 오랜 기간에 걸쳐 축적된 기존의 성과, 즉 사회적 재화로 평가되어야 한다. 기존의 질서를 다른 질서로 대체하기 위해서는 체계를 새로운 방식으로 안정화하는 새로운 조직적 역량이 필요하기 때문이다. 기존에 확립된 질서 또는 역사적으로 성장한 질서에 대한 이러한 평가야말로 법률가들의 일상실무에서 사물의 본성에 기초한 사고의 전형으로 당연하게 여기는 내용에 해당한다.

이렇게 볼 때 방법이원주의적으로 구성된 사물의 본성론은 하나의 체계에서는 모든 것을 변경할 수 있긴 하지만 모든 것을 단번에 변경할 수는 없다는 체계이론의 테제에 대해 얼마든지 동의할 수 있다.

3.3.5 존재와 당위를 잇는 다리로서의 사물의 본성?

얼마든지 방법이원주의적으로도 파악할 수 있는 사물의 본성론도 실정법에 대해 처분 불가능한 전제조건과 한계설정을 표시할 수 있음에도 불구하고 이러한 처분 불가능성은 — 앞에서 밝힌 대로 — 결국에는 상대적인 처분 불가능성일 따름이다. 더욱이 이 처분 불가능성은 변질된 처분 불가능성이다. 즉 법에서 (상대적인) 처분 불가능성은 때로는 만들어낼 수 있는 것의 한계, 다시 말해 우연적 성격으로 인해 인간의 자의만큼이나 커다란 의미가 없는 한계로만 등장하기에 결코 '영원한 자연법'으로 찬양할 수 없는 것일 수도 있고, 때로는 필연적인 대안이 나타나지 않은 곳에서 그저 변경은 무의미하다는 의미의 처분 불가능성으로 등장할 수도 있다. 이런 식으로는 자연법의 인식 관심이 충족되지 못한다.

3.3.6 사물의 본성에 관한 기초존재론적 이론을 통한 존재/당위 이원주의의 극복?

바로 이런 이유에서 사물의 본성론은 방법이원주의적인 구상에 머물지 않고, 법적 당위를 함께 구성하고 동시에 법적 당위를 도출하는 출발점이 되는 현실구조를 밝히려고 시도한다. 이 점에서 마이호퍼(Werner Maihofer)는 사물의 본성을 존재론적 — 사회학적이 아니다 — 으로 해석되는, '사회적 삶의 역할과 삶의 상태의 사물법칙적 구조'와 동일시한다.[122] 이 사물법칙적 구조는 동시에 존재구조, 의미구조, 가치구조, 당위구조이다. 이 점은 사회적 역할이 상호적으로 지시되어 있고,[123] 상호적으로 의미를 획득하며,[124] 사회적 역할의 담당자들이 — 학생은 선생에 대해 그리고 선생은 학생에 대

122 *Maihofer*, Natur(각주 92), S. 69.
123 *Maihofer*, Natur(각주 92), S. 73.

해, 의사는 환자에 대해 그리고 환자는 의사에 대해 — 상호적 기대로 맞물려 있다는 사실에서 드러난다고 한다. 이러한 기대는 자연적 또는 이성적이다. 기대 자체가 역할 상호 간의 관련성으로부터 나타나기 때문이다.[125] 그리고 이 기대는 역할 관계의 구조에 따라 정당화되고, 이로부터 권리와 의무가 발생한다.[126] 이러한 역할구조는 칸트의 정언명령과 황금률에도 일정한 내용을 부여할 수 있다. 정언명령과 황금률에 담긴, 행위의 보편성과 보편타당성은 역할에 부합하는 행동의 특수한 보편성을 통해 비로소 구체적 의미를 획득하기 때문이다. 역할은 — 아마도 마이호퍼를 이렇게 해석할 수 있을 것이다 — 역할 담당자가 구체적으로 누구인지에 관계없이 역할에 상응하는 당위를 구성한다. 즉 역할의 당위구조를 밝히는 것은 곧 이 구조의 존재론적 해명이 된다. 따라서 각각의 당위구조를 묘사하지 않고서는 각각의 역할에 대한 해명은 불완전하고, 심지어 불가능하다.

마이호퍼는 당위가 존재에 내재한다는 생각을 일관되게 고수한다. 이 점은 — 앞에서 서술한 신칸트주의적 현실개념을 배경으로 하더라도 — 마이호퍼 자신이 말하는 사회적 역할의 구조가 지닌 성격을 존재적(ontisch)으로 포착할 수 **없고** 사회학과 같은 경험적 인식을 통해서도 포착할 수 **없다**고 여긴다는 사실에서도 드러난다. 이러한 생각은 매우 커다란 난관에 봉착한다. 마이호퍼 자신도 개개의 사회적 역할의 구조가 역사적 변화를 겪는다는 사실을 부정할 수는 없을 것이기 때문이다. 물론 마이호퍼는 '사회적 역할과 상태가 지닌 속성과 성질이 사회적으로 변화하는 존재적 역사'와 '존재론적 역사'를 구별하고, 후자를 '로서의 존재(Alssein; 즉 역할 속에 있는)'의 '본래성(Eigentlichekit)'과 관련된 역사로 파악함으로써 최소한 개념적으로는 역할 속에 있는 현존재의 존재론적 구조와 경험적으로 서술할 수 있는 사회학적 역할을 구별하는 데 성공했다.

그러나 이 구별 자체는 — 본질철학에서 말하는 실존과 본질의 구별과 마찬가지로 — 기본적으로 순전히 언어상의 구별에 불과하다. 사회학적으로 포착할 수 있는, 사회

---

124 *Maihofer*, Natur(각주 92), S. 74.
125 *Maihofer*, Natur(각주 92), S. 75.
126 *Maihofer*, Natur(각주 92), S. 76 이하.

적 역할구조 이외의 존재론적 구조가 별도로 존재해야만 한다면, 양자를 구별하는 기준이 있어야 하고, 이 기준이 단순히 사회학적 경험은 존재론적 구조를 밝힐 능력이 없다는 주장만을 거듭한다고 해서 확보되는 것은 아니기 때문이다. 마이호퍼 자신도 — 형식적인 차원의 정언명령과 역시 형식적인 차원의 황금률 이외에 — 그저 '합당한', '이성적인', '타당한' 등과 같은 내용 없는 기준만을 제시할 따름이다. 물론 이러한 기준을 통해 합당하지 않고 부당하며 비이성적인 유형의 기대와 상응 관계, 즉 나쁜 역할구조가 존재할 수 있다는 사실을 확인할 수는 있다. 하지만 합당한 것과 합당하지 않은 것을 구체적으로 어떻게 구별할 수 있는지는 이 기준들만으로는 확인할 길이 없다. 다시 말해 존재론적 구조를 지적하는 것만으로는 아무런 도움도 되지 못한다. 이 존재론적 구조 자체를 사회학적으로 서술할 수 있는 구조와 구별해야 하는데도, 구별기준 자체가 제대로 기능하지 못하기 때문이다.

마이호퍼의 이론으로부터 역할(아버지와 아들, 선생과 학생, 의사와 환자 등)의 존재론을 얻을 수 없다는 사정은 그저 우연에 불과한 것일까? 사회적 역할을 구체화하려는 존재론은 그저 역할행동에 관한 서술의 형태로 이루어지는 개인적 평가를 매우 개인적으로 응집하는 작업 이상의 어떤 것이어야 하지 않을까? 다시 말해 단순히 존재하는 사실이 아니라 어떤 당위를 표현해야 하는 것은 아닐까? 만일 이러한 존재론적 당위를 밝힐 수 없다면, 사회학적 역할의 존재론은 경험, 즉 역할의 사회학에 기초하지 않을 수 없고, 그래야만 사회적 역할과 이 역할과 관련된 사회적 규범을 통해 확보되는 질서를 경험적으로 증명할 수 있을 것이다. 하지만 이런 식으로 경험적 토대에 기초할지라도 특정한 역사적 형태로 성립한 역할이 지닌 당위적 의미를 밝히려는 방법이원주의적 물음을 그저 존재론이라는 교묘한 조작을 통해 피해갈 수는 없다는 문제에 봉착한다. 물론 마이호퍼가 구사하는 개념들을 자세히 분석해보면 "어느 쪽도 의문을 제기하지 않는 사회적 위치와 집단에 대한 소속을 법적으로 고착화한다"라고 비판할 수는 없다.[127] 그러나 — 실천철학의 관심에 비추어 볼 때 — 마이호퍼의 존재론적 기준이 아무런 내용도 없다는 비판은 얼마든지 가능하다.

---

127 이는 *Maus*, Die Basis als Überbau oder: 'Realistische' Rechtstheorie, in: *Rottleuthner*(Hrsg.), Rechtstheorie, 1975, S. 492에서 마이호퍼에 대해 제기되는 비판이다.

이러한 존재론은 당연히 존재적인 것에서 구체적인 내용을 확인하려고 노력하지 않을 수 없고, 그 때문에 사회적 역할의 구조를 경험적으로 확인할 수 있는 내용 그대로 받아들이거나 이 내용에 어떤 당위구조를 집어넣지 않을 수 없다. 물론 이 당위구조는 경험에서 유래하지는 않지만, 이 당위구조에 관해 사고하는 자의 선-판단(Vor-Urteil) — 이를 명시적으로 밝힐 수는 없다 — 에서 유래한다. 이런 의미에서 마이호퍼의 법존재론은 "끊임없이 생성되는 구체적 자연법, 즉 역동적으로 전개되는 사물의 본성이라는 이름으로 인간이 확정하는 것과 언제나 미리 주어져 있는 현실구조 사이의 화해"[128]를 표방하게 된다. 이처럼 사물의 본성으로부터 도출되는 자연법은 결국에는 주관적 또는 문화적 조건에 구속된 상태에서 형성된 존재-당위의 상관성을 해명하는 순환논법에 도달하고 만다.[129] 이 점을 인정하는 이상 이러한 결론에 이의를 제기하기 어려울 것이다.

3.4 추상적-합리적 자연법과 사물의 본성에 기초한 사고의 차이점

앞에서 밝혔듯이 사물의 본성에 관한 마이호퍼의 사고는 원칙적으로 보수주의적 성향을 지니지만, 지속적인 변화와도 충분히 화합할 수 있다. 이는 마이호퍼의 사물의 본성론에만 국한되는 것이 아니라 사물의 본성에 관한 모든 사고 — 이 사고가 적어도 구체적인 사고를 펼치려고 시도하는 이상 — 에서 일관되게 등장하는 태도이다.

이 점에서 사물의 본성에 기초한 사고를 높은 합의 가능성을 지닌, 상대적으로 더 추상적인 원칙을 설정하는 절차와 비교해볼 필요가 있다. 이러한 비교를 수행해보면 사물의 본성을 규정하려는 모든 이론에서는 법을 개개의 가치, 목표 또는 이익을 '합리적'으로 저울질하는 질서로 — 즉 이성법으로 — 구성하는 것이 아니라, 이 저울질의 문제를 이미 해결했거나 이 문제가 전혀 등장하지 않는 현실 속에 미리 주어져 있는 질서

128 *Maus*, Basis(각주 127), S. 491.

129 자연법적 사고에서 등장하는 순환논법에 관해서는 *Welzel*, Naturrecht und materiale Gerechtigkeit, 4. Aufl. 1962, S. 61 참고.

를 발견하려고 시도한다는 사실을 알 수 있다. 하나의 부분체계(여기서는 법)와 관련된 요소들의 위치가 어떤 식으로 규정되어야 하는지가 체계를 통해 사전에 확정되어 있다고 생각하기 때문이다. 따라서 사물의 본성에 관한 사고에서는 전체, 즉 질서 — 이 질서가 아무리 작고 단편적일지라도 — 가 부분보다 논리적으로 우선한다. 이에 반해 합리주의적 사고에 기초한 자연법에서는 높은 합의 가능성을 지닌 개별적 논거에서 출발해 합리적 추론을 거쳐 구체적 문제해결과 관련된 전체에 도달한다. 이 점에서 합리주의적 자연법은 — 앞에서 서술했듯이 — 구체적 질서(문제해결)를 밝히거나 도출하는 데는 적합하지 않다. 하지만 합리주의적 자연법은 기존의 질서를 비판적으로 조명할 능력이 있다. 이 자연법은 필연적 측면(essentials)을 **분리해** 강조하는 방법적 출발점에 힘입어 유토피아적 성격을 지니고 있고, 사회적 공존의 모든 구체적 내용을 초월하는 경향을 띠기 때문이다. 이에 반해 사물의 본성론처럼 미리 주어져 있는 질서의 총체성에 기초한 사고는 이 질서를 긍정하는 경향이 있다. 즉 역사적으로 도달한 것의 의미와 내용을 긍정한다. 그 때문에 전체상황을 새롭게 규정해야 할 필연성에 직면할 때는 역량을 발휘하지 못한다는 단점을 안고 있다.

사물의 본성론에서는 역사성의 차원이 원칙적으로 배제된다. 역사성은 과거로부터 형성되어 온 것을 수용하는 것뿐만 아니라 미래에 대한 개방성도 포함하기 때문이다. 미리 주어져 있는 기존의 질서는 — 설령 역사철학적 관점에서 이 질서를 일시적인 전환기로 해석할지라도 — 역사적 과정을 거쳐 형성된 것이라는 사실을 알고 있음에도 그 자체 완결된 질서이자 기준이 되는 질서로 여겨지지, 미래를 향해 초월할 가능성으로 여겨지지 않는다. 그렇게 해야만 기존의 질서가 문제를 적절하게 회피하거나 해결한다는, 일상에서 필요한 지속성과 일관성을 확보할 수 있기 때문이다. 이는 성찰이 궁극적인 난관(Aporien)에 부딪혀 사라지고 마는 추상적 자연법과 비교해 볼 때 사물의 본성론이 지니는 장점에 해당한다. 따라서 사물의 본성에 기초한 사고는 충분히 개관할 수 있는 체계 내부에서 이루어지는 결정을 다루는 일상적인 법적 경험과 일상적인 법실무에서 적절한 방법적 자의식으로 여겨진다.

3.5 법철학적 문제로서의 법의 역사성

추상적-유토피아적 법사상과 구체적-보수주의적 법사상 사이의 양극성에 직면해 양자를 종합하는 길을 모색하게 된다. 이러한 종합을 시도하는 사고는 정확히 어느 경우에 기존의 구체적 질서에 의문을 제기해 이 질서를 새로운 체계로 전환함으로써 모두가 합의하는 가치론적 원칙들의 실천적 조화에 더 가까이 다가갈 수 있는지 또는 다가가도록 해야 하는지를 명확히 규정할 수 있어야 한다. 이를 위해서는 역사이론이 전제되어야 한다. 이때 역사는 역사적으로 형성된 모든 구체적 질서에 앞서는 메타체계 또는 이미 실현된 질서를 거치고 동시에 이를 넘어서서 미래의 차원과 정당성의 차원을 개방하는 체계로 이해할 수 있다.

이 점에서 법철학은 역사철학으로 파악할 수 있다. 즉 역사적으로 형성되어 온 것의 의미를 미래를 향해 해석하고, 이를 통해 상황과 관련된 대전제를 획득하는 철학으로 파악할 수 있다. 법철학에 관한 이러한 접근방법은 이미 존재한다. 그 가운데 지배적인 접근방법은 법에서 **역사성**(Geschichtlichkeit)이 지닌 의미를 분석하는 방법이다. 이와 관련해 법철학적 성찰에 도전으로 다가오는 물음은 곧 처분 불가능한 — 진리인 또는 정당한 — 법이라는 이념이 **역사적**으로 정당한 것이라는 사고, 즉 정당한 법의 **변화**라는 사고와 어떻게 화합할 수 있는가의 물음이다.[130]

3.5.1 변화하는 정당한 법?

이 물음을 이해하려면 합리적인 법의 구조적 특징 자체에 관한 법이론적 이해가 필요하다. 엥기쉬(Karl Engisch)[131]처럼 법적 명제는 가치평가에 기초해 절대적 효력이 있는 명제로서 조건 관계의 구조("… 라면 …이다")를 갖는다는 식으로 법적 명제의 본질을 규정한다면, 법적 명제(그리고 이 명제를 통해 표현되는 법규범)는 이 조건 관계에 해당하는 부분을 통해 변화하는 생활세계에 영향을 미친다고 말할 수 있다. 즉 이 부분은 각

130 이에 관한 기초적인 내용은 *Arthur Kaufmann*, Naturrecht(각주 54), S. 1 이하 참고.
131 *Engisch*, Einführung in das juristische Denken, 9. Aufl. 1997, S. 32 이하.

각의 생활세계를 지향하고, 생활세계의 전형적인 단면과 전형적인 상황을 사전에 예측해 규율하려고 시도한다. 예컨대 자동차 운전에 관한 규칙들은 당연히 자동차의 발명을 전제한다. 이처럼 조건적 명령의 총체로 이해되는 법은 생활세계의 변화에 적응해야 하고, 이 점에서 법은 가변적이고 '역사적'이다. 물론 변화하는 실질적 사실에 비추어 새로운 사고를 거듭해야 하는 수많은 조건적 명령 — 예컨대 도로교통법 — 에 비추어 생활세계의 변화와 조건적 명령의 영향을 받지 않는 목표와 가치평가를 추출할 수 있다. 일관되게 유지되는 목표에 관한 사고는 상황의 변화에 따라 법적 명제를 변경하거나 새로운 법적 명제를 설정할 수 있어야 하고, 그래야만 상황이 변할지라도 목표 자체를 계속 유지할 수 있다. 예컨대 "다른 사람을 해치지 말라!"라는 과거의 목표 — 이 목표는 도로교통법 제1조에 그대로 반영되어 있다 — 는 근대적인 교통기술의 조건에 비추어 과거에는 없던, 역사적으로 새로운 규율을 낳게 된다. 법의 역사에 비추어 볼 때도 특정한 목표나 가치평가 — 이러한 목표나 가치평가를 원칙이라고 부를 수 있다 — 는 **비교적** 일관성을 유지하고 있다는 사실을 밝힐 수 있다. 문제는 과연 이러한 일관성과 지속성이 절대적 일관성과 지속성인지, 어떠한 원칙이 이러한 절대적 일관성과 지속성을 갖는지 그리고 다수의 원칙이 생각할 수 있는 모든 상황에서 서로 어떠한 관계에 있는지를 사전에 확정할 수 있을 정도로 일정한 질서를 형성하는지다. 여기서 이 물음에 대해 낱낱이 대답할 수는 없다. 다만 다음과 같은 점만은 확인할 수 있다. 즉 원칙의 불변성과 법적 명제의 가변성은 얼마든지 조화를 이룰 수 있으므로 자연법의 불변성 또는 가변성에 대한 물음에 대답하려면 언제나 이 물음이 원칙의 차원과 관련된 것인지 아니면 구체적인 법적 명제(조건적 명령)의 차원과 관련된 것인지를 되물어볼 필요가 있다는 점이다. 조금 더 일반적으로 표현하자면, '가변적'과 '불변적'이라는 표현이 정당한 법을 구성하는 요소들 가운데 어떠한 요소와 관련되는 것인지를 되물어야 한다.

3.5.2 영원한 자연법의 '법전화'?

명시적으로 표현된 법(입법, 법관법 그리고 '자연법')이 대상으로 삼는 조건적 명령이

상황에 구속된다는 통찰은 널리 확산한 통찰이어서 오늘날에는 초시간적으로 타당하고 모든 생활영역을 포괄하는 법전을 제정하려는 노력[132]은 상상조차 할 수 없게 되었다. 그 대신 상황에 부합하고, '시대에 부합하는' 법을 추구한다.[133] 이제 초시간적으로 타당한 법적 명제의 가능성은 거의 부차적인 물음에 불과하다. 즉 이 물음은 규범이 상황과 관련을 맺는다는 사정을 고려할 때 과연 어떤 전형적이고 언제나 반복되는 요소를 지닌 인간 존재의 상황이 역사 전체를 관통해 일관성과 지속성을 갖는다고 말할 수 있는지[134]에 대해 어떻게 대답하는지에 달려 있다. 이 물음에 대한 대답은 결국 법적 경험에 맡길 수밖에 없다. 만일 일관되고 지속적인 상황이 존재한다면, 그 상황은 생각할 수 있는 초시간적인 법적 명제를 둘러싸는 가장 바깥쪽 경계선을 표시할 것이고, 이 경계선에 비추어 원칙의 불변성을 가정할 수 있을 것이다. 물론 이러한 가정에 대해서는 어느 정도의 합의가 이미 이루어져 있다. 하지만 초시간적 법원칙이 과연 존재하는지, 존재한다면 어떠한 내용을 지니고 있고 어떠한 영향력을 발휘하며 어떻게 정당화할 수 있는지의 물음은 대답하기 어려운 물음이다. 더 나아가 정당성이라는 사고에 비추어 이해할 수 있는 역사적 변화가 존재하는지, 역사적으로 필연적인 형태의 정당성이 존재하는지 아니면 일부의 원칙은 가변적이고 다른 일부의 원칙은 불변적인지 등의 물음도 대답하기 어려운 물음이다.

3.5.3 가변적 내용의 자연법(슈타믈러)

이 물음들과 관련해 생각할 수 있는 최대한으로 신중을 기울이는 학자는 루돌프 슈타믈러(Rudolf Stammler; 1856-1938)였다.[135] 슈타믈러는 법이 속하는 목적의 왕국에서는 통일성과 질서라는 이념이 곧 목적의 내재적 정합성과 조화를 이루도록 명령한다는 인식론적 테제에서 출발한다. 만일 이 테제를 수용한다면 정당한 법이 역사적 조건

---

132 이에 관해서는 *Rommen*, Wiederkehr(각주 60), S. 250/251 참고.
133 *Arthur Kaufmann*, Naturrecht(각주 54), S. 18 이하.
134 *Coing*, Grundzüge der Rechtsphilosophie, 5. Aufl. 1993, S. 201.
135 특히 *Stammler*, Die Lehre von dem richtigen Recht, 2. Aufl. 1926 참고.

에 의존한다는 사실을 다음과 같이 파악할 수 있다. 즉 개별적인 목적은 그 자체로부터 정당성을 획득하는 것이 아니라 이 목적이 목적의 왕국에 조화롭게 편입됨으로써 비로소 정당성을 획득하기 때문에 여러 목적의 질서 잡힌 총체가 곧 개별 목적의 정당성을 규정한다. 그러나 이 질서 잡힌 총체 자체가 역사적 조건에 구속된다. 목적의 총체에서는 절대적 목적이 존재하지 않기 때문이다. 다시 말해 목적의 세계 상위에 있는 종국적 목적이 아니라 목적들이 조화로운 질서 — 이 질서가 어떠한 모습인지는 중요하지 않다 — 를 형성하게 만드는 방법이다. 이 점에서 개별적인 목적의 추구와 관련해 조화로운 질서를 사전에 지시하는 데 성공한 법질서는 정당한 법질서이다. 이 질서가 구체적으로 어떠한 질서인지는 한 사회 또는 한 역사적 시대에서 사실상으로 어떠한 개별 목적을 추구하는지에 달려 있다. 이 개별적 목적들은 그 자체만으로 평가되는 것이 아니라 오로지 역사적 맥락에서 목적의 총체와 조화를 이룰 수 있는지에 비추어서만 평가된다. 다시 말해 개별 목적들이 조화를 이룰 능력이 있으면 그 목적은 허용되는 목적이고, 따라서 전체 맥락을 함께 규정하는 조건이 될 수 있다.

3.5.3.1 비판적 평가

슈타믈러의 형식적 원칙으로부터 정당한 법에 관한 **구체적** 이론을 전개할 가능성에 관해서는 여기서 자세히 논의하지 않겠다. 하지만 앞의 3.2.5.1에서 서술한 내용만을 고려하더라도 이 가능성을 부정해야 마땅하다. 물론 슈타믈러는 자신의 『정법론』 제3장('정당한 법의 실제')에서 — 법학적으로 보면 상당히 예리한 — 구체화를 시도하고 있다. 우리의 맥락에서 흥미로운 측면은 가변적 내용의 자연법을 표방하는 학자인 슈타믈러가 역사를 어떻게 이해하는가이다.[136] 이 문제와 관련해서도 슈타믈러는 매우 형식적인 이해에 머물러 있다. 즉 슈타믈러가 보기에 역사는 정당한 법을 추구하는 시도가 펼쳐지는 무대이다. 무대를 관찰하면 정당한 법을 향해 나가는 진보에 해당하는 사례들을 볼 수 있다. 이로써 정당한 법을 향한 진보의 역사를 서술해야 할 과제가 성립한

---

136 이에 관해서는 *Stammler*, Lehre(각주 135), S. 364-370 참고. 또한 *ders.*, Theorie der Rechtswissenschaft, 2. Aufl. 1923, Neudruck 1970, S. 478-495도 참고.

다. 하지만 이 과제를 정당한 법에 관한 이 이론가의 조감도에 비추어 보편적으로 활용 가능한 형식적 절차라는 근본이념을 앞세우기 때문에 구체적인 역사는 무시되고, 그리하여 역사는 그저 이 이론가가 이용하는 단순한 재료로 전락한다. 그리하여 다가올 역사적 단계를 준비하기 위해 현재의 법이 처한 역사적 상황을 분석하는 일은 슈타믈러가 몰두하는 문제가 아니고, 법의 역사가 어떻게 진행되었고 미래에는 어떻게 흘러갈 것인지를 전망하는 것과 같이 법의 역사에 관한 포괄적 해석 역시 당연히 그가 씨름할 문제가 아니다. 칸트의 철학을 보더라도 슈타믈러가 보이는 이러한 형식적이고 비역사적인 태도가 필연적인 것은 아니다. 이 점은 칸트의 저작 『영구평화론』을 보더라도 분명히 알 수 있다. 칸트는 이 저작에서 지금까지의 역사와 인간의 본성에 대한 해석을 거쳐 미래의 국제법이 펼쳐질 가능성을 획득하려고 시도하면서, 더 좋은 법을 향해 나가도록 강제하는 필연적 근거들을 기록하고 있다.[137]

3.5.4 역사적으로 진정한 법에 대한 실존철학적 정당화?

3.5.4.1 결정과 발견의 통일성

법의 역사철학이 역사적이지만, 그런데도 처분 불가능한 진정한 법을 밝히는 데 어떠한 역할을 할 수 있는지의 문제를 다루는 사전 영역에서 페히너(Erich Fechner)의 실존철학적 접근방법[138]은 결정이라는 실존철학적 개념을 "인간이 결정적인 몫을 차지하는 변화하는 내용의" 자연법에 관한 이론적 구상의 토대로 선택한다.[139] 페히너가 시도하는, 법에 대한 실존철학적 정당화를 자연법으로 이해할 수 있다는 사실은 '결단(Entschluss)'과 '결정(Entscheidung)'이라는 용어들의 변증법에 기초한다. 결정은 — 현실을 창조할 뿐만 아니라 — 결정 이후의 시간에 대한 척도가 된다. 즉 결정은 "나의 역사적 현실을 형성하는 새로운 근거가 된다. 이제 나는 … 선택의 순간에 스스로 창조

137 이에 관해서는 특히 *Kant*, Zum ewigen Frieden, Band XI(각주 2), S. 226 참고.
138 *Fechner*, Rechtsphilosophie. Soziologie und Metaphysik des Rechts, 2. Aufl. 1962, S. 248-263.
139 *Fechner*, Rechtsphilosophie(각주 138), S. 261.

함으로써 나 자신과 관련해 내딛는 걸음에 구속된다."[140] 다른 한편 실존적 결단에서는 이 결단이 필연적이라는 의식이 수반된다. 즉 결단을 통해 자유와 필연의 통일성을 체험한다. "나는 내가 앞으로 될 다른 나이지만, 이는 오로지 나의 자유라는 형태로만 가능하다."[141] 따라서 결단과 결정은 모두 무언가를 정립하는 것이자 동시에 현실을 명확하게 해명하는 일이다. 만일 실존적 결정이 단순한 정립에만 그친다면, 실존철학을 법의 영역으로 전환하는 일은 실증주의의 정당화에 불과할 것이다. 그러나 이 정립은 역설적이게도 발견(즉 현실의 해명)의 성격도 갖기 때문에 역사적 결정을 통해 창조되지만, 그런데도 처분 불가능한 법에 관한 실존철학적 이론구상이 가능하게 된다. 즉 실존철학은 결단이라는 개념을 통해 미리 주어져 있는 규범이나 가치를 통해 증명되지는 않지만, 그런데도 자의적이지 않은 의지의 표현이라는 이념을 포착함으로써 — '결단'이라는 표현[142]이 법의 영역에도 적용할 수 있다는 전제하에 — (최소한 형식적으로는) 정립하는 행위를 통해서도 필연적인 법이 가능하다는 점을 보여주고 있다. 법은 결단을 통해 **발견**되기 때문에 이러한 실존법은 처분 불가능한 법이라는 자연법의 형식적 사명에도 부합한다.

3.5.4.2 비판

각각의 국민이나 법공동체가 법의 문제와 관련해 '실존적 결단'을 내린다거나 다른 민족 다른 법공동체의 결단을 자신의 것으로 취하는 실존적 결단을 내린다고 말할 수 있을지도 모른다.[143] 하지만 그렇더라도 실존법에 관한 이론은 법의 실존적 성격을 형식적으로 서술하는 차원에 머물러 있어서는 안 된다. 법의 실존철학은 법공동체에 관한 철학이기에 여기서 한 걸음 더 나아가 구체적 내용에 관해 커뮤니케이션할 수 있는 철학이어야 한다. 다시 말해 법의 실존철학은 — 각 사상가의 관점에 따라 — 우리의 법

140 *Jaspers*, Philosophie, 2. Aufl. 1948, S. 462[이 문장은 *Fechner*, Rechtsphilosophie(각주 148), S. 254에 인용되어 있다].

141 *Jaspers*, Philosophie(각주 140), S. 466.

142 이에 관해서는 *Jaspers*, Philosophie(각주 140), S. 307 참고.

143 *Fechner*, Rechtsphilosophie(각주 138), S. 250 이하에서는 명백히 이러한 전제에서 출발한다.

이 담고 있는 실존적 내용을 명시적으로 표출해야 하고, 특히 결정을 통해 우리에게 부과되는 의무뿐만 아니라 결정을 내린 이후에 등장하는 '법의 실존적 불확실성'[144]까지도 밝혀주어야 한다. 일반적으로 이해할 수 있는 언어를 매개로 **알려지지 않은** 개인들을 향해 이루어지는 실존해명의 방법은 알려지지 않은 구체적 실존을 배제할 수밖에 없고, 그 때문에 실존적 과정의 일반적 구조만을 서술할 수밖에 없는 반면,[145] 실존적 법철학은 우리에게 **알려진** 법의 역사적 맥락 속에서 현실적으로 이 법질서의 내용, 즉 실존적인 법적 결정의 담당자(당연히 과거에 결정을 내린 담당자도 포함한다)와 커뮤니케이션해야 하고, 이를 통해 실존철학적 개념이 이러한 커뮤니케이션을 어떻게 밝히고 강화할 수 있는지를 보여주어야 한다.

3.5.5 법에 대한 역사철학적 정당화

따라서 법의 **역사성**에 관한 실존철학적 성찰은 이 성찰을 뛰어넘어 우리의 구체적 **역사**를 인식하는 사유를 거치지 않을 수 없으며, 그래야만 무엇이 법적으로 정당한 요구인지를 확인할 수 있다. 이는 — 마이호퍼의 법철학에서 볼 수 있듯이 — 실존철학을 뛰어넘어 역사철학의 철학적 언명과 요구를 수용하지 않고서는 불가능하다. 바로 그 때문에 마이호퍼는 마르크스와 블로흐(Ernst Bloch)의 역사철학을 수용하며,[146] 이를 통해 인간의 구체적 역사가 지닌 의미와 목표를 특정한 방식으로 해석하는 방향으로 나간다.

정당한 법을 이처럼 역사적 시대의 '본질'로부터 정당화하는 것이 과연 설득력이 있는지는 오로지 독일관념론과 마르크스주의 철학의 전통에 서 있는 역사철학적 노력 — 이에 관해서는 여기서 자세히 논의할 수 없다 — 이 계속 진행되는 가운데 밝혀질 것이다. 이러한 노력이 성공할 때만 새로운 자연법적 사고의 특징이라 할 수 있는, '구체적인 역사적 자연법의 모색'[147]이 성공할 수 있을 것이다.[148]

---

144 *Fechner*, Rechtsphilosophie(각주 138), S. 251.
145 *Jaspers*, Philosophie(각주 140), S. 274.
146 이는 이미 Naturrecht oder Rechtspositivismus, 3. Aufl. 1981, S. 37 이하에도 나타나 있다.

주요 참고문헌

Böckle, Franz/Böckenförde, Enrst-Wolfgang(Hrsg), Naturrecht in der Kritik, 1973.

Coing, Helmut, Grundzüge der Rechtsphilosophie, 5. Aufl. 1993.

Kaufmann, Arthur, Naturrecht und Geschichtlichkeit, 1957[*ders.*, Rechtsphilosophie im Wandel, 2. Aufl. 1984, S. 1-23에 재수록].

Maihofer, Werner(Hrsg.), Naturrecht oder Rechtspositivismus, 3. Aufl. 1981.

Rawls, John, Eine Theorie der Gerechtigkeit, 1975. 〔존 롤스, 『정의론』, 황경식 옮김, 이학사, 2003〕

Ryffel, Hans, Grundprobleme der Rechts- uns Staatsphilosophie, 1969.

Schnädelbach, Herbert, Philosophie in Deutschland 1831-1933, 1983 5. Aufl. 1994(가치의 문제에 관한 S. 198-231)

---

147 *Kaufamnn/Hassemer*, Grundprobleme(각주 51), S. 18.

148 이 맥락에서는 특히 칸트가 『영구평화론』에서 전개한 역사철학을 원용하는 것이 중요할 것이다. 칸트는 이 저작에서 그 당시의 경험적 사실과 발전 경향에 대해 미래의 국제법에 관한 이성법적 기획으로 대답하려고 시도한다. 이에 관해서는 *Habermas*, Kants Idee des ewigen Friedens — aus dem historischen Abstand von 200 Jahren(1995), in: *ders.*, Einbeziehung des Anderen, 1996, S. 192-236 참고.

4. 법과 도덕

권터 엘샤이트

4.1 법과 도덕의 관련성. 비교, 개념, 전통적 문제 제기

4.1.1 법과 도덕: 서로 떨어져 떠도는 두 개의 규범질서

법과 도덕은 규범으로 표현된다. 규범은 직접 또는 간접적으로 당위, 즉 해야만 할 행동을 표현한다. 법률에 규정된 개념정의 그리고 권리나 권한의 부여 역시 궁극적으로는 행위규범과 관련을 맺는다. 법과 도덕에서 어떤 가치나 목표를 명시적으로 표방할 때도 이 가치나 목표의 실현을 촉진하기 위한 행위규칙을 형성한다는 의미로 이해해야 한다.

법과 도덕의 관계는 이 두 규범 영역이 서로 구별되지 않는 통일성을 상실한 사회에서 비로소 문제가 된다. 물론 그와 같은 통일성이 순수한 형태로 존재한 적이 있었는지 의문을 제기할 수 있지만, 여기서는 이에 대해 자세히 논의할 수 없다. 하지만 — 법을 단순히 '규범들의 집합'으로 이해한다는 전제[1]에서 출발하면 — "사회가 규범의 효력을 보장하는 문제를 규범침해로 인한 피해자에게 맡기는 것이 아니라 사회 스스로 조직적 예방장치를 마련하기" 시작한 인류사의 초기 단계에서는 법과 도덕이 통일성을

1 예컨대 *Günter Dux*, Rechtssoziologie, 1978, S. 131.

지녔다고 볼 수 있다. 하지만 예전에는 사회 전반에 걸쳐 통용되는 도덕을 통해 규율되던 영역이나 전혀 규범적 규율이 없던 영역에 법이 깊숙이 침투하면서 법이 점차 분화하고 확산하는 과정을 거쳤다는 사실 역시 의문이 있을 수 없다.

사회의 총체적 규범으로부터 법이 분화하는 현상은 일단 형식적 차원에서 특정한 규범을 표명(제정)하고 관철하며, 이 규범의 관철을 위해 제재를 경고 또는 부과하는 기능을 담당하는 특수한 사회적 조직과 절차를 마련하는 과정에서 발생한다.[2] 내용적 차원에서도 분화 현상이 발생한다. 물론 근대사회에서도 법질서와는 별개로 일반적으로 공유되는 도덕적 원칙과 행위규칙이 계속 존재하고, 법질서 자체가 이러한 원칙과 규칙에 부합할 뿐만 아니라 도덕과 똑같이 행위를 평가하는 내용을 담고 있는 경우가 많다.[3] 하지만 도덕규범은 근대적 법의 복잡한 연결망에 반영된 복잡한 사안들을 적절히 포착하고 평가하기에 충분할 정도로 세분화가 이루어지지 않는다.[4]

도덕과 무관한 독자성을 지니면서 의식적인 규범제정 행위를 통해 수립되는 법질서가 분화하는 이유 가운데 하나는 도덕에 포함된 규칙과 원칙을 '적용'할지라도 서로 조율되어야 할 행위와 관련해 딱히 많은 정보를 얻을 수 없다는 사정이다. 도덕이 충분할 정도로 상호작용의 조율을 보장한다는 생각은 썩 현실적이지 않다. 윤리적 판단이 집단이기주의를 통해 왜곡되는 경우가 자주 있기 때문이다. 하지만 더 중요한 이유가 있다. 즉 그 자체 충분히 인정할 가치가 있는 다수의 이해관계가 대립하는 복잡한 맥락에서는 규범적 판단의 확실성이 줄어들 수밖에 없다는 사정이다. 이러한 맥락에서는 누구에게나 명확한 행위규칙을 설정하기가 매우 어렵고, 맥락과 관련된 행위규범들의 전체 체계와 정합적인 관련을 맺을 수 있도록 행위규칙을 표현하고 구성하는 것 역시 매우 어렵기 때문이다.[5]

---

2 독립된 입법이 존재하는 권력분립 국가에서도 규범제정은 입법자에 국한된 현상이 아니다. 법관 역시 규칙을 형성할 수 있기 때문이다. 법관의 규칙형성에 관해서는 *Günter Ellscheid*, Probleme der Regelbildung in der richterlichen Entscheidungspraxis, in: ARSP, Beiheft Nr. 45, 1992, S. 23-35 참고.

3 이에 관해서는 뒤의 4.2.1 참고.

4 이 점에서 '법제화(Verrechtlichung)'를 둘러싼 논의에서 자주 한탄과 비난의 대상이 되곤 하는 '규범홍수'는 상당 부분 불가피한 현상이다. 이에 관해서는 *Ellscheid*, Verrechtlichung und Entsolidarisierung, in: *Gessner/Hassemer*(Hrsg.), Gegenkultur und Recht, 1985, S. 51-71 참고.

5 이에 관한 구체적 내용은 *Ellscheid*, Rechtsethik, in: *A. Pieper/U. Thurnherr*(Hrsg.), Angewandte Ethik,

바로 이 점이 규범을 법적으로 표현하고 체계화하며 법전을 편찬하는 작업을 정당화하는 **한 가지** 근거이다. 즉 급속도로 변화하는 근대사회에서는 단순히 법적 관습을 기록하는 것만으로는 충분하지 않고, 그 때문에 입법, 입법을 보충하기 위해 법관이 선결례를 통해 규칙을 정립하는 과정 그리고 계약 내용을 구성하는 기술만이 행위를 어떻게 조율해야 하는지에 관한 정보를 충분히 제공할 수 있다(이를 위해 법률상담이나 특수한 역할에 따른 법적 지식의 매개를 거치게 된다). 근대사회에서 전형적으로 드러나듯이 행위연관성은 법률과 계약을 통해 비로소 수립되고 조직되는 경우가 갈수록 늘어나고, 따라서 보편적으로 확산한 도덕규범만으로 상호협력에 관한 정보를 얻을 수 있는 경우는 갈수록 줄어든다.

4.1.2 법의 사전개념(Vorbegriff)

근대의 법은 도덕보다 훨씬 더 복잡한 형태인데도 불구하고 도덕에 관한 통일된 개념을 서술하기보다 법이 무엇인지를 설명하기가 더 쉽다. 일상생활의 관점에서도 이미 법에 관한 확실한 선이해가 존재한다. 즉 법조문들은 이해하기 어려운 경우가 많고 수범자가 어떻게 행동해야 하는지, 자신이 어떠한 권리를 갖는지, 계약서를 어떻게 작성해야 하는지 등등을 분명히 알기 위해서는 국가기관이나 변호사의 해석이 필요하며, 국가기관이 법적 조치를 부과하고 관철할 수 있는 강제권을 독점하고 있으며, 특히 형벌, 조세, 한 개인이 다른 개인 또는 국가에 대해 갖는 청구권을 국가기관의 강제권을 통해 부과 또는 관철한다는 등등의 사실을 일상적으로 알고 있다. 무엇보다 법이 인간의 작품이라는 사실도 잘 알려져 있다. 즉 법규범은 특정 기관을 통해 제정되고 변경된다. 그리고 당사자들이 부당하다고 여길지라도 법규범은 구속력을 갖고 관철된다. 그래서 법을 변경해야 한다는 '정치적' 주장을 제기하는 동기가 마련된다. 그리고 법규칙을 통해 누가 법을 제정하고 법에 대한 권위적 해석을 담당하는지가 확정된다. 이와 관련된 절차규정은 상위에 있는 규범이긴 하지만, 이 역시 다시 별도의 특별한 절차를 거

1998, S. 141/142 참고.

쳐 변경될 수 있다. 이 모든 측면을 현대인들은 '법', '권리', '법적으로', '권한', '허가', '입법자', '헌법', '국가' 등등의 표현을 통해 연상하게 된다.

이 밖에도 법을 정의 또는 도덕적 권리의 의미로 파악하는 사고도 존재하고, 따라서 사실상으로 기능하는 법체계가 — 확실하지는 않지만 — 이러한 목적에 이바지하리라는 희망과 이바지해야 한다는 요구도 존재한다. 그렇지만 일반 대중의 의식 속에는 지금 효력이 있는 법과 마땅히 있어야 할 법 사이에 차이가 있다는 점 역시 자리 잡고 있다. 다시 말해 일반 시민은 무엇이 실정법인지는 자신의 법감정이나 상식이 아니라 외부기관을 통해 이루어지는 타율적인 결정에 의존한다는 사실을 분명히 의식한다. 그 때문에 법체계의 '강제기구(Erzwingungsstab)'[6]에 대한 불신을 드러내고, 심지어 법률가라는 직업에 대해서도 거부감을 드러낸다.

4.1.3 도덕개념

근대사회에서는 도덕이 무엇인가라는 물음에 대해 여러 가지 대답이 가능하다고 전제해야 한다. 무엇이 도덕적으로 명령 또는 금지되는지를 누가 규정하는가의 물음에서도 이미 차이가 드러난다. 즉 사회, 어떤 권위 또는 이성이 도덕적 명령 또는 금지를 규정한다고 대답할 수 있다.

4.1.3.1 사회현상으로서의 도덕

첫 번째 대답은 도덕을 한 사회에서 일반적으로 확산해 있고, 이 점에서 선한 행위와 악한 행위에 관해 사회에서 실제로 통용되는 견해로 이해한다. 하지만 도덕이라고 말하기 위해서는 특정한 사회적 행위기대를 전제하고, 이 기대에서 벗어난 행위 또는 상태를 견디기 어렵다고 느끼면서 특수한 '도덕적' 비판을 제기한다고 전제해야 한다. 이때 도덕적 비난은 여러 가지 형태를 띨 수 있다. 즉 비난, 사회적 관계의 단절, 타인의

6 이 개념에 관해서는 *Max Weber*, Wirtschaft und Gesellschaft, 1964, S. 24 이하.

성격에 관한 부정적 평가, 보이콧과 같은 가해 행동 등이 여기에 해당한다. 그러나 하나의 행위에 대한 비판이 어느 경우에 특별히 도덕적 성격을 지니는지를 자세히 규정하기는 어렵다. 앞에서 말한 사회적 제재는 — 순전히 외적으로만 고찰하면 — 전혀 확실한 기준이 아니라는 점을 알 수 있다. 예컨대 사회적 관계의 단절은 사전에 도덕적 위반이 없더라도 얼마든지 가능하다. 철학자들이 특수한 도덕적 감정으로 분류하는 흥분, 분노, 죄책감, 수치심 등의 **감정**은 도덕판단이 판단자의 양심, 판단자의 책임감, 벌주기 등 이성적으로 통제하기 어려운 감정 차원의 반응 형태와 의미상 관련이 있다는 점을 보여준다. 이렇게 보면 도덕은 규범위반에 직면해 감정적으로 표출되는 단순한 억압(Repression)임을 알 수 있다. 따라서 어떠한 행위방식이 제재를 받아야 마땅한가에 관해 일반적으로 공유되는 생각은 사회적 도덕에 속하고, 이에 반해 단순히 관습을 벗어난 행위에 대해서는 제재가 수반되지 않는다.[7]

이러한 도덕개념에서 중요한 측면은 **일반적으로 공유되는** 규범적 구성이 곧 도덕이라는 점이다. 따라서 도덕적 문제를 성찰하는 개인이 아니라 주류(Mainstream)가 어떠한 도덕적 규범이 효력을 갖는지와 관련해 결정적 기준이 된다. 즉 이러한 의미의 도덕은 설령 양심에 의무를 부과한다는 주장과 함께 등장할지라도 개인에게는 '바깥에서' 유래하는 규범이고, 이 점에서 실정법규범과 차이가 없다. 만일 개인이 이러한 도덕을 아무런 성찰도 없이 수용한다면, 그 개인이 이 도덕과 맺는 관계는 법과 맺는 관계와 마찬가지로 타율(Heteronomie)의 지배를 뜻한다. 물론 개인이 이 점을 분명히 의식하면서 성찰을 거친 이후에 도덕이 규범화한 내용대로 외부의 지침에 따라 행동하면서 사회 속에서 살아갈 수도 있고, 때로는 사회적 도덕과 비판적 거리를 유지할 수도 있다.

4.1.3.2 도덕과 (종교적) 권위

타율적 도덕의 또 다른 형태는 종교적 믿음이나 엘리트가 관리하는 공동체 이데올로

7 이 전형적인 도덕적 감정에 관해서는 *Peter Strawson*, Freedom and Ressentiment and other Essays, 1974, S. 1-25[독일어판: *Pothast*(Hrsg.), Seminar: Freies Handeln, S. 201-233] 참고. 이 밖에 *Ernst Tugendhat*, Vorlesungen über Ethik, 3. Aufl., 1995, S. 20-22도 참고. 위 본문의 서술은 사회학에서 말하는 일반적 규범 개념이 아니라 주로 도덕적 규범으로 해석되는 규범만을 염두에 둔 것이다.

기에 기초한다. 이 두 형태의 도덕은 순수한 교리의 수호자 — 이 수호자가 종교적 권위를 보유한 자일 수도 있고 이데올로기의 선봉자일 수도 있다 — 가 창조한 것이라는 점에서 권위적 구조를 뚜렷한 특징으로 삼는다. 이러한 권위적 도덕은 인간의 삶 전체를 조종하는 포괄적인 제도와 행위규범을 명시적으로 표방하는 경향을 보이고, 이와 동시에 여기에 반하는 삶의 방식을 용납하지 않는 불관용을 드러내는 경향을 보인다. 이 경향은 때로는 섬세하고 심오한 신학이나 사회철학을 토대로 전개되기도 한다. 이 점에서 성직자나 이데올로기를 통해 개인들의 영혼을 인도하고 지도하는 현상은 도덕이 소수집단의 권위에 의존한다는 사실을 가장 뚜렷하게 보여주는 부분적 측면일 따름이다.

권위를 통해 관리되는 윤리라는 이 구조적 요소는 역사적으로 볼 때 특히 종교의 지배가 강력한 시기에 뚜렷이 부각한다. 종교재판과 세세한 사적 영역에 대한 윤리적 통제는 16세기의 종교개혁과 그 직후에 시작한 반종교개혁의 전형적 속성이었다.[8]

이 두 가지 형태의 타율적 도덕은 현실에서는 혼합된 형태로 등장하는 현상을 유형화한 것이다. 종교를 거쳐 실현되던 도덕은 시간이 흐르면서 일반적인 도덕적 견해로 응축되었고, 이 견해가 종교에서 유래한다는 사실은 잊히게 된다. 역으로 종교가 기존의 윤리를 통합해 — 예컨대 피안에서 받게 될 상과 벌을 신앙의 내용으로 확정함으로써 — 이 윤리를 준수하도록 더 강한 동기를 부여할 수 있고, 이로써 굳이 외부에서 조종할 필요 없이 사회화한 양심을 통해 내면적으로 조종하는 상태에 도달할 수 있다.

4.1.3.3 자율적(비판적) 도덕

한 사회에서 무엇이 규범적으로 올바른 것이고 무엇이 잘못된 것인지에 관해 **아무런 제약이나 금기도 없이** 숙고하고 논의할 수 있고 또한 논의해야만 한다는 생각이 지배하게 되면 타율적 도덕은 점차 의미를 상실하는 과정을 겪게 되고 심지어는 타율적 도덕 자체가 해체되는 상황이 올 수 있다.

---

8 이 측면을 잘 보여주는 사례는 칼뱅(Calvin)이다. 이에 관해서는 *E. W. Zeeden*, Hegemonialkrieg und Glaubenskämpfe, 1556-1648, 1982, S. 33-52 참고.

4.1.3.3.1 자율적인 도덕적 사고가 사회적 의식 속에 뿌리내리는 과정

자율적인 도덕적 사고의 뚜렷한 특징 가운데 하나는 이성과 합리성의 관점에서 전통에 대해 의문을 제기한다는 점이다. 즉 자율적 도덕은 영국의 법철학자 하트(H. L. A. Hart)가 말하는 의미에서 '비판적'이다. 하트는 '비판적 도덕'과 흔히 사회적 도덕이라고 부르는 '실정적 도덕(positive moral)'을 구별한다. 자율적 도덕과 비판적 도덕은 한 뿌리에서 뻗어난 개념들이다. 즉 두 개념은 같은 대상을 지칭한다. 다만 자율적 도덕은 독자적 이성을 도덕의 원천으로 삼는다는 점에 초점을 맞추는 데 비해 비판적 도덕은 자율적 도덕이 지닌 사회적 기능에 초점을 맞춘다. 하트에 따르면 비판적 도덕은 사회적 도덕과 도덕을 판단하는 기관으로서의 실정법에 대해 반론과 이의를 제기할 수 있다. 이때 비판적 도덕은 한 사회의 실정법과 실정적 도덕에 대한 비판을 가능하게 해주는 일반적 원칙에 기초하고, 이를 토대로 과연 한 사회가 기존의 사회적 도덕을 그것이 지배적인 도덕이라는 이유만으로 법적인 제재를 동원해 강제적으로 관철할 수 있는 도덕적 권리가 있는지까지도 물을 수 있다.[9]

이와 같은 도덕철학이 사회 내에서 비판적 차원으로 자리 잡게 되면, 타율적 도덕이나 법으로 표현되는 전통적 규범이 전제조건으로 삼는 내용은 근본적이고 무제한적으로 비판의 소용돌이에 휩쓸리게 된다. 이러한 비판적 사고는 사회적으로 상당한 영향력을 행사한다. 실제로 비판적 사고는 사회적 도덕에 깊이 뿌리내리는 데 성공했다. 자율적 도덕이 사회를 통합하는 기능이 없다거나 사회에서 중요한 기능을 담당하지 않는다고 생각하는 학자들조차도 이 점을 부정하지 않는다.[10] 즉 규범 자체의 이성적 성격과 합리성에 대해 논의할 도덕적 권리는 근대사회에서는 일반적으로 인정되는 권리이다. 역설적이게도 이 논의의 자유가 사회적 도덕의 한 부분이 되었다. 그리하여 사회적 도덕이 변경될 수 있고, 따라서 만일 전통적인 윤리적 명령이 비합리적이라고 여겨지

---

9 이에 관해서는 *H. L. A. Hart*, Law, Liberty, and Morality, 1984, S. 19/20 참고. 실정적 도덕은 "기존의 사회집단이 현재 수용하고 공유하는 도덕이고 실정적 도덕을 포함한 현재의 사회제도를 비판하는 데 사용되는 일반적 원칙과는 구별된다. 이러한 일반적 원칙을 '비판적 도덕'이라 부를 수 있다."

10 이에 관해서는 *Theodor Geiger*, Vorstudien zu einer Soziologie des Rechts, 4. Aufl., 1987, S. 265 이하 참고.

면 적절한 사회적 활동을 통해 이 명령을 약화하는 것이 원칙적으로 정당하다는 사실은 특정한 법률의 폐지 또는 개정을 위해 활동하는 정치와 마찬가지로 일반적으로 인정된다. 예컨대 헌법적 차원에서도 전혀 반론이 제기되지 않은 상태에서 동성애를 처벌[11]했다가 이제는 동성애자의 혼인을 법적으로 인정하는 쪽으로 변화했다는 사실은 이 점을 분명히 보여준다. 물론 아무런 제약도 없는 비판이 가능하다는 말이 전통적 도덕 전체를 폐기한다는 말은 아니다. 그보다는 보편적 합의를 끌어낼 수 있는 범위에 비추어 전통적 도덕을 하나하나 심사하는 과정을 거치게 된다. 따라서 의문의 대상이 되지 않는 어떤 윤리규범의 타당성을 단지 전통이나 종교적 명령 또는 성서에 기초한다는 이유만으로 정당화하는 것은 적절하지 못하게 된다.[12] 이 점은 생명보호나 인간학적으로 고정되어 있다고 보이는 활동의 자유에 대한 보호와 같이 처분 불가능하다고 체험되는, 도덕의 핵심영역에 속하는 규범들도 마찬가지이다. 즉 이들 규범도 하나의 논의에서 논의 참여자들이 공유하는 전통과는 무관하게 이 규범이 이성적이기 때문에, 다시 말해 모든 사람의 이익에 부합한다고 여겨지기 때문에 일반적으로 인정되는 규범이라고 전제하지,[13] 전통이나 종교에 기초하기 때문에 인정되는 규범이라고 생각하지는 않는다. 더 나아가 도덕의 핵심영역에 속하는 규범들이 영향을 미치는 범위 — 예컨대 살인금지라는 규범이 영향을 미치는 범위 — 에 대해 끊임없이 새롭게 성찰할 수 있다는 점에서 비판적 도덕은 이 규범들과 관련해서도 비판적 성찰을 수행한다. 예컨대 사형제도를 둘러싼 논쟁은 이 점을 잘 보여준다.

이 밖에도 자율적 도덕이 타율적 형태의 도덕보다 더 우위에 있다는 테제가 상당 부분 특수한 내용을 지닌 특정한 종교적 도덕이 지속한다거나 집단적 도덕이 이데올로기와 엘리트들에 기초한다는 사실까지 완전히 배제하지는 않는다. 특히 후자의 형태는 이미 도덕적 논의에 노출될 수밖에 없다. 이 도덕 자체가 합리적인 사회철학 또는 '진

---

11 BVerfG NJW 57, 865 = BVerfGE 6, 389.

12 비판적 도덕이 경전 중심의 종교와는 무관하다는 점은 칸트의 저작 『이성의 한계 내에서의 종교[Die Religion innerhalb der Grenzen der bloßen Vernunft, in: Werke in zwölf Bänden, W. Weischedel(Hrsg.), Bd. VIII, S. 645-879]』의 주제였다.

13 이익과 관련해 보편화원칙을 제기하는 논의이론에 관해서는 *Jürgen Habermas*, Moralbewußtsein und kommunikatives Handeln, 6. Aufl., 1996, S. 75 참고.

리'인 사회철학을 토대로 삼는다고 주장하기 때문이다. 종교 역시 자신의 도덕을 누구나 이해할 수 있게 서술하고, 공격에 맞서 일반적으로 인정되는 논거를 통해 자신의 도덕을 방어하는 일을 포기하지 않는다.

4.1.3.3.2 커뮤니케이션을 통한 도덕적 사고

이러한 고려에 비추어 통일적인 도덕개념을 다시 획득할 수 있다. 즉 타율적인 도덕이 이성적이고 합리적인지를 심사하고 통제할 권리와 지적 의무가 사회적으로 인정되면, 사회적 도덕과 특수한 도덕들도 자율적인 도덕적 사고와 함께 사회적 인정이라는 공통의 인정 토대를 공유하게 되고, 이로써 지속적인 커뮤니케이션의 대상이 된다. 다시 말해 전통적인 사회적 도덕은 자율적인 사고를 거쳐 올바른 것에 대한 시도로 존중받게 되고, 이를 통해 지금까지 설득력을 발휘했다는 우선권을 지닌 상태에서 논의에 수용된다. 그리하여 전통적인 사회적 도덕은 인간의 공존에 따른 산물이자 공존을 구성하는 요소로 여겨지고, 자율적인 사고 역시 극단적으로 합리적인 백지상태에 빠지지 않고자 하는 이상, 이 전통적인 사회적 도덕의 이성적 성격과 합리성을 둘러싼 논의를 전개하지 않을 수 없다. 이렇게 볼 때 자율적인 도덕적 성찰은 여러 가지 의미에서 '비판적'이라고 할 수 있다. 즉 비난하고 부정한다는 의미에서 '비판적'일 뿐만 아니라 기존의 것을 보존하고 새로운 상황에 적응한다는 의미에서도 '비판적'이다. 이렇게 해서 타율적 도덕과 자율적 도덕의 엄격한 구별 — 또는 하트가 말하는 '실정적 도덕'과 '비판적 도덕'의 구별 — 은 뚜렷한 의식을 통한 보존과 뚜렷한 의식을 통한 변경의 상호작용 속에서 해소되고, 모든 사람이 함께 사고하면서 이러한 보존과 변경에 참여할 수 있게 된다.

이처럼 성찰을 거쳐 전통적인 도덕을 긍정하게 되면 전통적 도덕은 이제 더는 타율적으로 여겨지지 않게 된다. 그리하여 타율과 자율의 극단적 대립 역시 개인의 이성이 얽혀드는 커뮤니케이션 공동체라는 전제조건을 통해 상당 부분 해소된다. 물론 이 공동체에서 개인에게 합의를 강제하지 않는다는 것은 당연하다.

4.1.3.3.3 도덕의 역동성

커뮤니케이션 공동체를 전제할지라도 도덕적 판단의 자율성은 그대로 유지된다. 이제 도덕적 성찰의 자율성은 이 성찰이 성찰의 대상을 스스로 규정한다는 뜻이다. 전통이나 종교에 기초한 도덕은 원칙적으로 표준화와 체계화가 가능할 정도로 완결된 상태의 규칙과 원칙을 포함하는 반면, 비판적인 도덕적 사고에서 어떠한 문제가 제기될 것인지를 사전에 예측할 수는 없다. 전통적 도덕의 '유한성'은 사회적으로 중요한 새로운 상황이 등장한 경우에 분명하게 드러난다. 예컨대 바이오 의약, 우생학, 중환자 치료 등의 영역에서 새롭게 등장한 행위 가능성이나 기존의 생산형태와 경제형태가 불러일으킨 생태학적 결과 또는 전 세계를 파괴할 잠재력을 지닌 공격적 국가나 테러조직에 대한 예방적 방어조치 등과 관련해서는 전통적 도덕은 아무런 해결책도 담고 있지 않다. 새로운 상황을 이미 체험된 기존의 도덕규칙에 '포섭'하려는 시도가 많은 경우 가능하기도 하지만, 충분히 설득력 있는 경우는 드물다. 새롭게 저울질을 해야 할 문제가 등장하고, 이 문제들은 그저 전통적 맥락에서 끌어낸 도덕규칙에 포섭하는 것만으로는 해결할 수 없기 때문이다. 그러므로 앞에서 언급한 상황에서 벌어지는 격렬한 논의를 주도하는 비판적인 도덕적 사고는 새롭고 특수한 규칙을 찾아내야 한다는 과제를 떠맡게 된다.

이러한 상황에서 도덕적 성찰은 법을 올바르게 형성하는 문제와 관련해서도 넓은 범위에 걸쳐 영향을 미친다. 예컨대 공리주의 도덕이론의 기본원칙[14]을 어느 정도 인정하면서 인간 행위의 효용 문제 — 법규범의 제정 역시 이 문제에 해당한다 — 를 도덕적 성찰의 대상으로 삼게 되면, 도덕적으로 중요한 의미가 있는 규율 내용과 관련이 없는 법규범은 거의 없다는 것을 알게 된다. 심지어 도로교통법의 우측통행 규정 — 이 규정은 자주 도덕 중립적인 법규율의 대표적 사례로 인용된다 — 마저도 도덕적 의미가 있는 규범에 속한다. 이 규정은 손해의 예방이라는, 전혀 도덕 중립적이지 않은 명령을 구체화한 것이고 입법이 이 구체화를 방기해서는 안 되기 때문이다. 단지 우측통행인

14 이에 관해서는 앞의 3.2.6.2 참고.

지 좌측통행인지에 관한 결정만이 '도덕 중립적'일 뿐, 두 가지 가운데 어느 하나를 선택해야 한다는 사실 자체는 도덕 중립적이지 않다. 개인의 자유를 도덕적 가치로 전제할 때도 폭넓은 법윤리적 성찰이 이루어진다.[15] 이때는 법률의 강제에 대한 정당화 필요성이라는 하트의 원칙이 적용된다. 하트는 이렇게 말한다. "정당화를 물을 때는 최소한 다음과 같은 점을 고려해야 한다. 즉 어느 사회든 법률의 강제를 행사할 때는 이 강제 자체가 분명 불쾌한 것이지만, 오로지 보호할 가치가 있는 무언가를 위해 불가피하다는 사실을 밝힐 때만 정당화된다는 일반적인 비판적 원칙에 구속되어야 한다는 사실이다."[16]

4.1.4 법과 도덕의 분리 — 법실증주의의 테제

만일 입법자뿐만 아니라 해석이나 흠결 보충을 거쳐 법규칙을 형성할 권한을 가진, 법체계의 모든 기관도 충족해야 할 어떤 도덕적 요구가 존재한다면, 법과 도덕이 완전히 다른 규범 영역이라는 주장은 이 두 영역의 규범적 **내용**과 관련된 주장이 될 수 없다. 이 점에서 법과 도덕의 분리를 주장하는 법실증주의의 분리테제(Trennungsthese)는 법과 도덕의 규범이 서로 아무런 관련이 없다는 의미가 아니다. 분리테제는 오히려 법의 효력 — 즉 법의 구속력 — 과 관련을 맺으며, 법의 구속력 및 이에 따른 법의무는 해당하는 법규범이 도덕적 내용과 합치하는지와는 관계없이 성립한다고 말할 따름이다.[17] 이 테제는 법규범과 도덕규범이 내용의 측면에서 서로 모순될 수 있다는 전제에서 출발하고, 이러한 내용적 모순이 있을지라도 수범자에 대한 법규범의 구속력에는 아무런 변화가 없다고 주장한다. 따라서 이 테제는 어떤 도덕적 기준에 비추어 실정법을 비판하는 일이 불가능하다거나 허용되지 않는다고 말하지 않으며, 단지 이러한 비판이 법규범의 구속력을 부정하고 폐기하는 데는 적합하지 않다고 말할 따름이다.

---

15 도덕적 자율이라는 개념이 평등한 자유 영역을 요구하는 결과를 낳는다는 점을 여기서 자세히 논의할 수는 없다.

16 *Hart*(각주 9), S. 20.

17 이 문제영역을 가장 깊이 천착한 연구는 아마도 *Robert Alexy*, Begriff und Geltung des Rechts, Freiburg/München, 2. Aufl., 1994일 것이다.

이런 식으로 이해되는 분리테제를 정당화하는 방법은 두 가지가 있다. 우리가 여기서 다루고자 하는 첫 번째 방법을 선택하면 논증은 도덕철학적 요구를 제기하게 된다. 즉 — 일단은 역설적으로 여겨지겠지만 — 법규범이 부도덕한 내용을 담고 있다고 해서 이 법규범의 구속력이 폐기되지 않아야 할 도덕적 논거를 제시하게 된다. 이 이론은 좁은 의미의 법실증주의라고 부를 수 있는데, 이 이론은 도덕철학의 한 부분이다. 도덕에 반하는 법의 구속력이라는 문제를 도덕 내부의 문제로 다루기 때문이다.[18] 이에 반해 예컨대 가이거(Theodor Geiger)가 주장하는 형태의 사회학적 법현실주의는 비판적 도덕이 실정법의 구속력과는 아무런 관계가 없다고 하면서, 법의 효력 또는 구속력으로 지칭하는 대상은 단순히 하나의 사회적 사실로서 이 사실이 마땅히 그래야만 할 사실인지를 비판적으로 성찰할지라도 이 사실 자체에는 아무런 변화가 없다는 근거를 제시한다.[19]

그러나 우리가 이 글에서 계속 전개하고자 하는 비판적인 도덕적 사고의 관점에서 보면 실정법의 구속력과 이 구속력의 한계에 대한 물음을 제기해야 한다는 점은 의문이 있을 수 없다. 자율적인 도덕적 성찰이라는 말만 보더라도 이미 인간의 행위 가운데 어느 것도 도덕적 판단에서 벗어날 수 없고, 법적 영역에서 규범을 제정하고 해석하는 사람의 행위 역시 당연히 도덕적 판단에서 벗어날 수 없기 때문이다. 그렇다면 도덕적으로 비난받아 마땅한 법이 과연 구속력이 있는지의 물음도 자율적인 도덕적 성찰을 통해 대답해야 한다.

4.1.4.1 통일된 구속력개념이 존재하는가?

도덕철학적 사고는 '구속력'이라는 개념이 그저 겉으로만 같은 의미를 지니는 것처럼 보일 뿐, 실제로는 그때그때 법적 구속력을 의미하기도 하고 도덕적 구속력을 의미하기도 한다는 테제를 끌어들여 이 문제를 회피하려고 시도할 수 있다. 이렇게 구속력

---

18 이러한 고찰방식은 특히 *Gustav Radbruch*, Rechtsphilosophie(Studienausgabe), 1999, § 5와 § 10에서 등장한다.

19 이에 관해서는 앞의 각주 10 참고.

이라는 용어를 소극적으로만 확정하게 되면 법은 이미 개념적으로 볼 때 어떠한 도덕적 의무의 근거도 되지 않으며, 더욱이 도덕적 의무를 배제하지도 않고, 심지어 도덕적 의무와 충돌할 여지도 없다는 결론에 도달할 것이다. 이 관점에서 보면 비판적 도덕은 실정법의 상위에 있지만, 실정법 자체에 대해서는 아무런 영향도 끼치지 못한다. 그리하여 도덕적 관점에서 볼 때 도덕적 의무는 법을 통해 설정된 의무와 충돌하지 않는다. 도덕적 의미에서는 법의 구속력을 인정해야 할 어떠한 도덕적 의무도 존재하지 않기 때문이다. 이 논거는 다음과 같이 돌려서 말할 수도 있다. 즉 법의무(Rechtspflicht)라는 표현을 어떻게 이해하든 관계없이 이 표현이 도덕의 언어에서는 등장하지 않고, 법의무라고 부르는 무언가가 있다고 할지라도 그것은 도덕의 관점에서 볼 때 법규범의 구속력을 적절히 정당화하거나 법규범의 구속력을 무효로 선언하는 데 조금도 이바지할 수 없다는 것이다. 그리하여 법의무는 고작해야 도덕적 의무의 이행을 쉽게 또는 어렵게 만들거나 이도 저도 아닌 하나의 사실에 불과해서 도덕적으로 중요한 의미가 없다고 한다. 따라서 법의무는 도덕적 의무와 같은 반열에 있지 않고 이와 충돌할 수 있는 의무로 존재하지도 않는다. 그렇다면 법이론가와 도덕철학자가 규범과 의무에 관해 얘기할 때는 완전히 다른 대상을 염두에 두고 얘기하는 것이라고 한다.

법실증주의의 분리테제를 주장하는 학자들 역시 이처럼 도덕적 사고가 미치는 영향의 범위를 스스로 제한하는 것에 대해 얼마든지 동의할 수 있을지도 모른다. 하지만 두 가지 서로 다른 구속력개념 또는 의무개념을 사용한다는 용어상의 확정 자체가 이미 의문을 불러일으킨다. '의무' 또는 '구속력'이라는 용어가 도덕적 맥락에서 사용되는지 아니면 법적 맥락에서 사용되는지에 따라 그 의미가 달라진다고 주장하는 사람은 최소한 이 의미의 차이를 제시할 수 있어야 한다. 이러한 차이가 의무의 성립 방식과 관련될 수는 없으며, 오히려 의무구속의 방식과 관련되어야만 한다.

그러나 이러한 차이가 분명하게 드러나지 않는다. 물론 칸트에 따르면 도덕은 의무에 부합하는 행위 이외에 이 행위가 도덕법칙에 대한 존중, 다시 말해 도덕성에 대한 존중에 기초해 이루어질 것까지 요구하며, 이에 반해 행위의 합법성과 관련해서는 동기는 아무런 의미가 없다. 하지만 의무는 행위자의 동기와는 무관하게 존재한다. 즉 '도덕성'과 '합법성'은 의무와 관련되는 것이 아니라 행위와 관련된다.[20] 그렇다면 도덕을 통해 설정되는 의무 또는 구속력과 법을 통해 설정되는 의무 또는 구속력 사이의 개념적 차이는 어디에 있는가? 이 물음에 대한 대답을 찾기 위한 하나의 출구는 법규범의 구속력을 강제 가능성으로 축소하는 방법이다. 이 방법을 선택한다는 것은 곧 사회학적 법현실주의 진영으로 넘어간다는 뜻이다. 이 이론에서 '구속력'은 단지 행위자가 하나의 규범에 표현된 행위 모델에 부합해 행위할 것인지 아니면 법집행자가 부과하는 부정적 제재의 위험에 자신을 노출할 것인지의 대안 앞에 서 있다는 사실만을 뜻할 따름이다. 구속력을 이런 식으로 고찰하면 법의무가 미치는 영향력의 범위는 제한되지 않을 수 없어서, 결국 행위자가 자신과 자신의 행위에 대한 제재가 이루어지지 않으리라고 확신할 때는 법의무가 없다는 결론에 도달한다.[21] 이에 반해 법규범과 관련해 사실성과 분리될 수 있는 규범적 요소를 고수한다면, 법의무와 도덕의무 사이의 개념적 차이를 인식할 수 없고 또 인식할 이유도 없다.

도덕의무와 법의무의 의미 차이를 도덕의무는 절대적(무조건적) 의무로, 법의무는 상대적(조건적) 의무로 파악해야 한다는 식의 근거를 들어 설명할 수도 없다. 알렉시의 해석을 통해 알 수 있듯이 아마도 켈젠은 두 의무의 차이를 이런 식으로 설명하려고 한 것으로 보인다. 알렉시에 따르면 켈젠을 그렇게 이해할 수 있다. "어떠한 이유에서든 법이라는 게임에 참여하는 사람에게만 법의무가 존재한다. 여기에 참여하지 않는 사람에게는 강제행위에 걸려들 위험만이 존재할 뿐이다. 이 점에서 법은 어떠한 의무도 부과하지 않는다."[22] 만일 이 해석이 옳다면, 법의무는 결코 의무가 아니다. 법이라는 '게임'에서 벗어난다고 해서 법의무에서 벗어날 수는 없기 때문이다. 법질서의 의미에 비추어 볼 때 자유로운 가입과 탈퇴는 있을 수 없다. 즉 '법'이라는 표현이 지닌 의미를 해

---

20 *Kant*, Metaphysik der Sitten, Band VII(각주 12), S. 323-326에서는 의무개념과 도덕성개념의 분리를 전제한다. 칸트는 모든 의무와 관련해 이렇게 말한다. "행위 동기를 고려하지 않고 단지 행위가 법칙과 일치 또는 불일치하는지를 합법성(법칙부합성)이라고 부르고, 이에 반해 법칙에 따른 의무 이념이 동시에 행위의 동기인 경우를 행위의 도덕성(윤리성)이라고 부른다." 따라서 칸트에 따르면 '외적 입법'에 힘입어 존재하는 법의무는 "이 의무가 의무라는 이유만으로도 이미 윤리학에 속하고(S. 325)", 그 때문에 윤리적 동기에서 이 의무를 이행해야 한다. *Radbruch*, Rechtsphilosophie(각주 18), S. 47/48에서도 칸트와 같은 견해가 제시되어 있다.

21 이런 의미에서 *Niklas Luhmann*, Rechtssoziologie, 1972, Band I, S. 43, Fn 32에서도 가이거(Th. Geiger)의 법현실주의를 비판한다.

22 *Robert Alexy*, Begriff(각주 17), S. 181.

석할 권한은 개인의 자의에 맡겨지는 것이 아니라 개인의 자의를 제한하는 것이 곧 법의무의 의미이다. 이 점에서 법의무는 도덕의무와 아무런 차이가 없다. 그렇지 않다면 얼마든지 도덕의무도 도덕이라는 게임을 함께 하기를 원하는 사람에게만 적용된다는 결론에 도달하고 말 것이다.[23]

그 때문에 법적 맥락에서 등장하는지 아니면 도덕적 맥락에 따라 등장하는지에 따라 의무개념을 구별하는 것은 불가능하다. 그리고 바로 그 때문에 법과 도덕이 서로 긴장관계에 있을 때는 법의무와 도덕의무가 서로 충돌할 가능성도 존재하게 된다. 이제부터는 이 문제를 다루어보자.

4.1.4.2 법실증주의의 분리테제를 지지하는 도덕적 논거

"법질서의 존재 자체가 이미 어느 정도 도덕적 가치를 지니고, 이 점으로부터 일차적으로 법에 복종할 도덕적 의무를 도출할 수 있다고 보아야 할 충분한 근거가 있다."[24] 다원주의 사회에서 흔히 그렇듯이 사람들 사이의 상호작용이 어떠한 방향으로 이루어져야 하는지와 관련된 안정성과 확실성은 오늘날 더는 통일된 사회적 도덕을 통해 확보될 수 없다. 그렇다면 법체계가 개인 또는 집단이 표방하는 도덕적 견해 사이에 발생한 갈등을 억제하고, 발생한 갈등을 폭력이 아니라 일반적 효력을 가진 규칙과 원칙에 따른 평화로운 법적 절차를 통해 해결함으로써 원활한 공동생활을 가능하게 만들어야 한다. 이 논거 자체는 분명 도덕적 성질을 지닌 논거이다. 이 논거 자체는 원활한 공동생활이라는 이념으로부터 도출되는 결론이라고 주장하기 때문이다. 법적 안정성, 방향설정의 확실성, 평화 등의 법가치가 불법적 법률을 통해 침해되는 가치보다 어느 정도까지 더 우선해야 하는지는 다시 수범자의 관점에서 이루어지는 비판적인 도덕적 판단 또는 실정법을 관철하는 기관의 업무를 담당하도록 임명된 공직자들이 자신들의 도덕

---

23 이 문제에 관해서는 *William K. Frankena*, Analytische Ethik, 2. Aufl., 1975, S. 139 이하 참고.

24 *Norbert Hoerster*, Zum begrifflichen Verhältnis von Recht und Moral, in: Neue Hefte für Philosophie(Hrsg.: *Bubner, Cramer, Wiehl*) 1979, Heft 17, S. 77. 따라서 회르스터가 타당하게 지적하듯이 "법적 구속력과 도덕적 구속력 사이에 갈등이 발생할 때 등장하는 특수한 문제는 이 갈등이 궁극적으로 도덕 안에서 처리되어야 한다는 점, 다시 말해 **두 개의 도덕적 구속력 사이의** 갈등으로 처리되어야 한다는 점이다."

적 인격에서 결코 상실할 수 없는 관점에서 이루어지는 비판적인 도덕적 판단을 거쳐 결정해야 한다.

양심상의 이유로 현행법을 비난하고 위반할 권한을 부정하는 중대한 논거는 한 사회에 존재하는 법질서 자체가 모든 사람이 공유하는 공동재산이라는 사실로부터 도출된다. 오로지 사회 전체만이 이 재산을 처분할 수 있다. 따라서 한 개인 또는 한 집단이 법효력을 부정한다면, 이는 곧 특정한 질서를 통해 법가치에 특정한 형태를 부여하는 사회 전체의 권리를 침해하는 것이다. 이 점에서 인간들이 관계를 맺는 이 특정한 질서는 사회 전체에 귀속되는 행위를 통해서만 정립될 수 있다. 따라서 전체의 우선권을 존중하고, 제멋대로 행동하지 않는 것은 곧 도덕적 의무이다.

이 점은 예컨대 양심상의 이유로 실정법을 적용하지 않으려는 재판부와 같이 '법집행자'에 소속된 개인에게도 해당한다. 그런데도 어떤 법관이 본인의 양심 때문에 실정법을 적용하지 않는다면, 그의 결단을 영웅적으로 평가할 이유가 전혀 없다. 이 맥락에서 라드브루흐는 이렇게 말한다. "우리는 자신의 반대되는 법감정으로 인해 법률에 충실한 태도에 혼란을 불러일으키지 않는 법관을 존경한다."[25] 법률에 충실한 법관과 공무원이 없다면 근대사회가 의존하는 특수한 법가치가 제대로 실현될 수 없다는 사실은 개별 법적용자에 대해 법률에 충실한 태도를 특별히 높이 평가하도록 강한 동기를 부여한다.

당연히 자율적인 도덕적 성찰에 해당하는 이러한 논거들은 법질서에 맞선 저항이 불러일으킬 불안정성에 관한 더욱 섬세한 고려를 거쳐 실정법의 구속력을 무조건 견지하고, 확신에 찬 '범법자'가 어떠한 경우도 실정법규범을 준수해야 할 도덕적 의무로부터 해방되지 못하도록 규정하는 확고한 규칙으로 응집된다. 자신의 조국이 선고한 사형선고를 모면하기 위해 도망가는 것을 거부한 소크라테스의 생각 역시 이러한 맥락으로 이해할 수 있다.[26]

법실증주의의 분리테제를 지지하는 섬세한 논거 하나는 영국의 법철학자 하트의 이론에서 등장한다. 하트에게 중요한 문제는 실정법에 대해서도 비판적인 도덕적 사고의

25 *Radbruch*, Rechtsphilosophie(각주 18), S. 85.

26 *Platon*(*Schleiermacher* 번역) 1957, Band I, Kriton, S. 33 이하, 42.

자유를 유지하는 일이다. 그 때문에 하트는 법효력을 단지 법체계의 구조적 및 기능적 속성에만 고정할 뿐, 도덕적 원칙과 내용이 일치한다는 점을 법효력의 토대로 삼지 않는 것이 타당하다고 여긴다. 그보다는 실정법이 부정의하고 부정당할 수 있다는 사실을 인정해야만 한다고 생각한다. 그렇지 않으면 자율적이고 비판적인 도덕적 사고가 타율을 통해 압도될 위험이 있기 때문이다. 닐 맥코믹(Neil MacCormick)은 하트의 이 관점이 지닌 이론적 성격을 다음과 같이 서술한다. "하트가 법과 도덕의 개념적 분리를 고수하는 것은—역설적으로 들릴지 모르지만—도덕적 이유 때문이다. 하트는 비판적 도덕주의자이기 때문에 실증주의자이다. 그의 목표는 국가 지배자들에 대한 복종을 위해 법과 도덕의 분리를 정당화하는 것이 아니다. 오히려 국가권력의 사용과 남용을 도덕적으로 비판할 수 있는 시민의 권리를 강화하는 것이 그의 이론적 목표이다."[27]

하트는 다른 방법을 통해서도 자율적인 도덕적 성찰의 자유를 옹호한다. 즉 그는 형법과 타율적 도덕을 지나치게 단선적으로 결합하는 것에 대해 "특정한 행위가 일반적인 기준에 비추어 볼 때 부도덕하다는 사실만으로 이 행위를 형법으로 처벌해야 할 충분한 이유가 되는 것일까?"라고 의문을 제기한다.[28] 이렇게 의문을 제기한다는 사실 자체가 이미 (형)법이 사회적 도덕을 강화하는 메커니즘으로 등장한다고 해서 이 (형)법을 비판적인 도덕적 성찰의 대상에서 벗어나게 만들지는 못한다는 것을 뜻한다.

4.1.4.3 분리테제를 지지하는 도덕적 논증의 한계

예컨대 실정법이 시민을 제멋대로 가두거나 심지어 살해할 국가의 권한을 적극적으로 보장하는 경우처럼 실정법이 이 법에 속하는 특수한 법가치(법적 안정성, 평화)에 봉사하지 않는 형태로 제정되면, 실정법을 도덕적으로 정당화하는 일은 분명 불가능하다. 하트는 국가권력의 사용 또는 남용에 대한 끊임없는 비판을 정당화하지만, 만일 실정법이 이러한 비판을 원천적으로 봉쇄하면 어떻게 해야 할까? 이 경우 법의 구속력이란 무슨 뜻이고, 그때그때 효력이 있는 실정법이 법공동체를 구성하는 모든 사람의 공

27 *Neil MacCormick*, H. L. A. Hart, 1981, S. 160.
28 *Hart*(각주 9), S. 4.

동재산이기에 개별 수범자나 집단이 아니라 오로지 사회 전체만이 실정법에 대해 처분할 수 있다는 논거는 과연 무슨 의미가 있을까? 이 논거는 실정법의 토대가 되는 국가활동이 구성원의 총체로서의 사회에 귀속될 수 있음을 전제한다. 이런 식으로 의문과 반론을 제기하면, 법실증주의 분리테제를 지지하는 확실한 도덕철학적 논증은 오로지 한 사회의 문명화 수준이 일정 단계에 도달하고 이를 유지한다는 전제가 충족될 때만 비로소 설득력이 있다고 추측하지 않을 수 없다. 법과 도덕의 관계를 도덕 내재적 문제로 파악하면, 실정법으로 서술할 수 있는 **모든** 질서를 법과 도덕의 분리라는 관점에서 다룰 수는 없을 것이다. 즉 실정법이 법적 안정성과 평화라는 특수한 법가치에 봉사하고 한 사회에 내재하는 규범적 체계가 완전히 파괴되지 않았다는 전제가 충족되어야 한다.

이 맥락을 칸트는 다음과 같은 문장으로 표현한다. "반란을 일삼지 않는 신민은 지배자가 자기에게 불법을 가하려고 **하지 않으리라**고 전제할 수 있어야 한다."[29] 칸트는 계속해서 이렇게 말한다. 즉 지배자가 "그의 처분 가운데 무엇이 공동체에 대한 불법으로 여겨지는지에 대한 견해를 공개적으로 말할 시민의 권리를 인정하지 않는다면" 이러한 전제는 곧장 반박된다. 이는 곧 시민에게서 "최상위 권력자와 관련해서는 권리에 대한 모든 주장을 박탈한다"는 뜻이기 때문이다. 이러한 고려를 칸트는 다음과 같은 원칙으로 일반화한다. "한 국민이 자기 자신에 관해 결정할 수 없는 내용은 입법자도 그 국민에 관해 그러한 내용으로 결정을 내릴 수 없다."[30] 비록 칸트 자신은 이 문장을 선험적 논리 안으로 통합하려고 시도하지만, 우리의 관점에서는 이 문장을 얼마든지 다음과 같이 해석할 수 있다. 즉 국민의 문화 속에는 일반적으로 인정되는 원칙이 존재하고, 이 원칙은 ― 상당히 높은 탄력성을 갖고 있을지라도 어떤 식으로든 ― 국민의 삶의 형태를 구성하는 한 요소여서 이 원칙을 극단적으로 위반했을 때는 입법자가 정당하고 정의로우며 합목적적인 일을 실현하기 위해 노력한다는 의식 자체가 붕괴하고 만다. 그 때문에 저항권을 원칙적으로 부정하는 칸트마저도 이와 같은 상황에서는 실정법의

29 *Immanuel Kant*, Über den Gemeinspruch, in: Kleine Schriften zur Geschichtsphilosophie, Ethik und Politik, 1959, S. 102[= *Kant*(각주 2), Band XI, S. 161].

30 *Kant*, Über den Gemeinspruch(각주 29), S. 103[= *Kant*(각주 2), Band XI, S. 162].

효력이 한계에 봉착한다고 본다. 그리하여 실정법을 "단순히 영리한 계산규칙만을 따르는 최상위 권력에 기초하게 만들려는" 시도를 칸트는 "법이 아니라 그저 권력에 관해서만 말하면 국민도 자신의 이익만을 추구하게 되고, 이렇게 해서 모든 법률적 구조 전체가 불안정하게 되는 경우처럼 … 회의에 사로잡힌 상태에서 어쩔 수 없이 건너뛰기를 하는 것"일 따름이라고 한다.[31] 물론 이 구절에서 칸트는, 규범제정이라는 의미에서 효력이 있는 법을 단순히 계산에 기초해 해석하는 법이론은 법질서의 철학적 타당성을 밝힐 수 없다는 점을 서술하고 있을 따름이다. 즉 실정법이 단순히 강제로 관철할 수 있는 법이 아니라 이성으로부터 도출되는 시민의 (국가에 대항하는) 권리를 보존하기 위한 법이라고 전제하는 해석만이 법질서의 타당성을 밝힐 수 있다고 한다. 하지만 이러한 전제가 아무런 설득력도 없는 극한의 상태를 과연 어떻게 평가해야 하는가의 물음은 여전히 남는다.

이 물음에 대해서는 라드브루흐가 대답하고 있다. 그는 나치가 문명화한 국민과 국가에 대해 자행한 야만을 체험한 이후 자신이 예전에 표방한 법실증주의 분리테제를 포기한다. 나치를 겪은 이후 라드브루흐는 법효력을 모든 도덕적 원칙과 분리하는 일은 실정법이 이미 기본적인 도덕적 원칙에 기초하고 이를 생생하게 유지하는 시기에만 가능하다는 점을 분명하게 의식하게 된다.[32] 따라서 모든 법체계와 관련해 어떠한 도덕적 원칙이 법체계의 토대를 구성하고 이 원칙이 어떻게 실정법에 표현되어 있는지의 물음이 제기된다.

4.2 법과 도덕의 긴장 영역에서 자율

이 물음은 법과 도덕의 관계에 관한 우리의 논의에서 마지막 핵심주제에 해당한다.

31 *Kant*, Über den Gemeinspruch(각주 29), S. 105[= *Kant*(각주 2), Band XI, S. 164].
32 이에 관해서는 *Radbruch*, Gesetzliches Unrecht und übergesetzliches Recht(1946), in: *ders.*, Rechtsphilosophie(각주 18), S. 211-219 참고.

4.2.1 도덕 유형과 헌법 유형 사이의 의미 관련성

법과 도덕은 사회적 삶을 구성하는 두 가지 본질적이고 독자적인 요소로 파악할 수 있다. 즉 법과 도덕 모두 직간접적으로 인간의 행동과 관련을 맺고, 특히 다른 인간, 집단 또는 제도와의 상호작용과 관련을 맺기 때문에, 양자가 한 사회의 삶의 방식을 완전히 다른 방식으로 규정한다고 보는 것은 불가능하다. 오히려 한 사회에서 기본적으로 인정되는 윤리규범이 법질서에도 표현되고, 법질서를 보면 이 사회가 인간 존재를 어떻게 파악하고 이해하는지를 포착할 수 있다.

이 점은 법과 도덕의 상당 부분이 별다른 반론이 없는 같은 내용의 규범을 포함한다는 사실을 통해 확인된다. 다른 한편 법질서가 어떠한 유형의 도덕(이에 관해서는 앞의 4.1.3 참고)에 상응하는지를 법질서 자체가 표현할 수도 있다. 즉 법질서의 핵심을 이루는 법규범은 도덕의 효력 근거에 관한 한 사회의 사고로부터 도출해낼 수 있다. 따라서 도덕의 발현형태와 관련된 유형론을 되짚어보면, 한 법질서에서 이제는 지배적인 지위를 차지하는 자율적이고 비판적인 도덕이 과연 얼마만큼 표현되어 있는지를 심사해볼 수 있다.

물론 비판적 도덕이라는 유형이 지배하는 사회의 헌법적 제도는 이성이 아니라 전통이나 권위(종교) 또는 여타의 타율적 방식으로 정당화되는 도덕이 지배하는 사회의 헌법적 제도와는 다르다.

이렇게 볼 때 법질서에 대해 두 가지 측면에서 물음을 제기할 수 있다. 첫째, 법질서가 도덕적 자율사상이 요구하는 대로 삶의 형성과 커뮤니케이션의 자유를 보장하고, 비판적인 도덕적 충동이 정치의 차원에까지 도달할 수 있게 보장하는지를 물을 수 있다(4.2.2). 그리고 이 물음과 같은 차원에서 각 개인의 자율을 중시하는 법질서가 유지될 수 있으려면 어떠한 특수한 미덕이 필요한지를 묻게 된다(4.2.3). 둘째, 법질서를 규정할 뿐만 아니라, 법질서를 뛰어넘어 인간 상호 간의 행위에 대한 도덕적 요구에서도 분명하게 작용하는 어떤 도덕적 근본원칙이 존재하는지를 묻게 된다.

4.2.2 비판적인 도덕적 사고의 전제조건: 법치국가 민주주의 제도

형식적 법치국가이면서 동시에 기본권을 인정하는 실질적 법치국가인 민주주의 제도는 도덕적 사고를 비판적이고 자율적으로 고찰하며 또한 이 사고를 역사적 발전 과정에 비추어 고찰하는 도덕철학과 밀접한 관련이 있다는 점은 쉽게 알 수 있다.

4.2.2.1 자율적 도덕 그리고 이 도덕과 자유권 사이의 관련성

이러한 형태의 도덕철학은 각 개인이 인간으로서 지닌 이성을 기반으로 삼는다. 즉 인간의 이성은 존재하는 것을 인식할 수 있다 — 물론 인식의 한계도 인정한다 — 고 믿을 뿐만 아니라 행위의 원칙도 이성에 기초한다고 보며, 따라서 이성에 상응하는 제도를 마련한다. 그리하여 개인에게 자신의 이성을 사용하라고 호소하며, 특히 도덕적 문제와 관련해서는 더욱더 이성을 사용해야 한다고 호소한다. 이는 곧 개인의 삶(다른 개인과의 관계)을 스스로 그리고 외부의 강제 없이 자신의 통찰에 따라 형성할 자유와 필연적인 관련을 맺는다.

법질서는 자유 영역을 법적으로 보장함으로써 이러한 도덕적 요구를 반영한다. 자유 영역의 법적 보장은 특수한 자유를 명시하고 서술함으로써 이루어지고, 국가가 개인의 자유를 제한하고자 할 때는 국가에 대해 그와 관련된 논증 부담을 부과하는 일반적 자유 원칙을 통해서도 이루어진다. 자유 영역은 개인에 속한다. 하지만 그렇다고 해서 개인을 고립되어 있거나 아무런 결합도 없는 원자로 이해한다는 뜻이 아니다. 따라서 사전에 형태를 갖추고 있는 생활방식과는 관계없이 개별적 합의에 기초해 개인적인 관계를 형성할 권리도 당연히 자유에 속하고, 이 맥락에서는 특히 자유롭게 규정된 목표 — 물론 법의 한계 내에서 — 를 지닌 결사의 자유가 보장된다. 중요한 영역에서 다른 사람과 함께하는 삶을 스스로 형성할 권리는 다원적인 삶의 형태와 각각의 삶의 형태에 대한 관용의 필연성과도 합치한다.

자유 영역의 확정은 기존의 지배적인 타율적 도덕이 설정한 경계가 아니라 모든 사람의 평등한 자유라는 원칙에 따라 이루어진다. 이는 칸트의 법개념과 일치한다. 칸트는 법을 "한 사람의 자의가 다른 사람의 자의와 자유의 일반법칙에 따라 서로 합치할 수 있는 조건의 총체"로 규정한다.[33] 즉 자유는 오로지 다른 사람의 평등한 자유를 통해서만 제한된다. "자유가 다른 모든 사람의 자유와 자유의 일반법칙에 따라 공존할 수 있는 이상 자유(다른 사람의 강요하는 자의로부터 독립)는 단지 인간이라는 이유만으로 인간에게 속하는 유일하고 근원적인 권리이다."[34] 이 일반법칙을 법적 법칙, 즉 법규범으로 이해하면 법은 사회적 도덕에서 비롯된 사회적 압박과 법률 자체가 금지하는 것 이상으로 자유를 제한하는 작용을 하는 사회적 압박으로부터 자유를 지켜내는 보장자가 된다.[35] 다시 말해 법이 자유 영역을 규범화함으로써 법은 사회적 도덕의 타율에 맞서 자율적인 도덕적 삶의 조건을 보호한다. 여기에 덧붙여 법은 예측할 수 있고 또 항상 일정한 한계에 구속되는 제재만이 허용되는 절차를 거치는 보호 형식을 통해 예측할 수 없는 공격적인 제재를 부과하는 사회적 도덕의 막연한 압박을 차단한다.[36]

4.2.2.2 커뮤니케이션 도덕적 이성과 커뮤니케이션 기본권

책임능력이 있는 모든 인간은 이성적 존재로서 일반적 이성과 도덕적 사고에 참여할 수 있다. 일반적 이성의 발현형태는 언어나 다른 표현형태(예술)를 매개체로 삼아 이성적 존재 사이에 이루어지는 커뮤니케이션이다. 커뮤니케이션은 정보 또는 일방적인 표현까지 포함하지만, 당연히 여기서 그치지 않는다. 즉 커뮤니케이션은 논의, 비판, 협상, 영향력 행사, 결합, 공동의 활동 등의 형태로 등장한다. 모든 형태의 커뮤니케이션에서는 비판적 도덕, 윤리적 기획, 감정 구조의 변경, 결단, 커뮤니케이션 권력 등으로 실천이성이 펼쳐진다.[37]

---

33 *Kant*, Metaphysik der Sitten, Bd. VIII(각주 12), S. 337.

34 *Kant*, Metaphysik der Sitten, Bd. VIII(각주 12), S. 345.

35 이 맥락에 관한 체계이론적 해석으로는 *Niklas Luhmann*, in: *ders./H. Pfürtner*(Hrsg.), Theorietechnik und Moral, 1978, S. 8-95(68 이하) 참고.

36 이에 관해서 자세히는 *Ellscheid*, Die Verrechtlichung sozialer Beziehungen als Problem der praktischen Philosophie, in: Neue Hefte für Philosophie, 1979, Heft 17, S. 37-61, S. 37 이하 참고. 형사절차라는 보호형식에 관해서는 *Winfried Hassemer*, Einführung in die Grundlagen des Strafrechts, 2. Aufl. 1990, S. 135 이하; *ders.*, Konstanten kriminalpolitischer Theorie, in: Festschrift für Lange, 1976, S. 501, 518 이하 참고.

인간의 자율을 중시하는 법질서는 이러한 커뮤니케이션 과정의 자유를 이성을 공적으로 사용할 기본권을 통해 보장한다. 따라서 이미 칸트가 관헌에 대한 비판까지 포함하는 '펜의 자유'의 형태로 요구했던 의사표현의 자유, 시위의 권리뿐만 아니라 외부의 탐색을 차단(정보보호)함으로써 사적 영역의 커뮤니케이션을 보장하거나 심지어 커뮤니케이션하지 않을 권리(이는 자유롭고 자발적인 커뮤니케이션이 가능하기 위한 조건이다)를 보장하는 것도 기본권에 속한다. 더 나아가 예술의 자유와 ― 기본권이 발전하는 초기 단계에서 중요했던 ― 종교의 자유 역시 이성의 공적 사용과 관련된 권리이다. 이 밖에도 법은 ― 여기서 자세히 서술할 수는 없지만 ― 기본권이 행사되기 위한 실질적 조건도 보장한다.

4.2.2.3 커뮤니케이션 도덕적 이성과 정치적 기본권

정치의 영역이 비판적인 도덕적 사고의 자극을 수용하는 개방성을 가지려면 정치가 일반 대중의 도덕적 판단과 관련을 맺는다는 전제가 충족되어야 한다. 민주적으로 조직된 공동체에서는 이 전제가 충족되어 있다고 생각할 수 있다. 정치적 논쟁은 문제가 되는 내용에 비추어 볼 때 대부분 도덕적 논쟁이기도 하기 때문이다. 이때 우리는 앞에서(4.1.3.3.3) 언급했던 넓은 의미의 도덕개념에서 출발해야 한다. 이 점에서 도덕적 사고가 다루는 다양한 주제들을 '정의'와 '공동선'이라는 표현으로 지칭할 수 있다. 이 개념들은 법의 형성과 관련해 중요한 도덕적 문제를 표현하는 개념이다. 이렇게 볼 때 정치적 구상은 언제나 공동선이나 정의와 관련된 구상이다. 즉 기회와 부담의 분배, 특정 집단에 대한 차별에 저항하는 투쟁, 사회적 기본권, 생산적인 경제질서, 교육 시스템, 행정구조 등등 다양한 문제들은 궁극적으로는 공동선과 정의를 둘러싼 문제이다.

정의와 공동선에 관한 논의가 실현 가능한 것과 불가능한 것에 관한 전문적 논의에서 계속되어 마치 이 논의가 '가치 중립적'으로 보이는 경우라 할지라도 이 논의에서

37 헌법으로 보장된 커뮤니케이션권이 보장하는 커뮤니케이션의 순환을 분석하는 문헌으로는 *Jürgen Habermas*, Faktizität und Geltung, 4. Aufl. 1994, 특히 '시민사회와 정치적 대중의 역할'이라는 장의 3절 참고.

도덕적 기본개념과의 관련성이 단절되는 것이 아니라 오히려 언제나 전제되어 있다. 즉 도덕적 성찰은 목표설정의 단계를 뛰어넘어 목표에 도달하기 위한 수단을 도덕적으로 평가하고 서로 갈등을 빚는 이익들을 정의롭게 저울질하는 단계로 넘어가게 된다.

물론 집단의 이익을 관철하기 위해 도덕적 수사를 활용하는 경우가 많다는 지적은 옳다. 하지만 그와 같은 수사를 동원하지 않을 수 없다는 사실이 이미 원칙을 지향하는 공적인 도덕적 성찰을 피할 수 없다는 것을 분명하게 보여준다.

이 밖에도 자신의 이익을 명시적으로 표현하는 것은 정의와 관련된 논의의 전제조건이고, 따라서 이 표현은 자율적이고 비판적인 도덕이 펼쳐지는 사회적 과정에 속한다. 이 논의는 (집단)이기주의나 이타주의에 관한 논의가 아니라 정당한 이익과 부당한 이익의 구별을 위한 논의이다. 따라서 민주주의 정치는 도덕적 논의를 내용으로 삼는 이러한 공적 논의에서 벗어날 수 없다. 민주주의 정치는 공동선을 대변하고 정당한 이익과 부당한 이익을 구별하며 이익갈등을 공동선과 정의와 합치할 수 있도록 규율하는 과제를 담당해야 한다.

정치의 차원을 도덕적 사고와 분리될 수 없는 공적 논의에 다시 구속하는 일은 사전에 헌법으로 규정한 민주주의 조직형태를 통해 보장되고, 이 조직형태는 다시 개인의 주관적 권리, 정기적인 선거, 평등한 피선거권과 선거권, 정당 창당의 권리, 당원의 의사에 구속되는 정당구조, 유권자 단체 등을 전제한다. 이러한 조직형태만이 정치가 실제로 정의를 둘러싼 공적 논의에 구속되도록 강제할 수 있고, 이러한 논의에 반응하도록 강제할 수 있다. 즉 이 형태를 통해 비로소 비판적 도덕의 과정이 정치체계에까지 영향력을 행사할 가능성을 보장하는 법적 조건이 마련된다.

정치적 과정이 비판적인 공적 논의에 흡수된다고 해서 법규범이 사적 개인의 관점에서는 외부에서 부과되는 강제법으로 여겨질 수밖에 없다는 사실 자체까지 제거할 수는 없다. 하지만 개인이 커뮤니케이션 권리와 (좁은 의미의) 정치적 권리를 통해 사회의 자율적인 도덕적 과정이기도 한 정치적 과정에 참여할 수 있다면, 개인은 자신을 입법에 참여하는 자, 즉 정치적 시민(citoyen)으로 생각하면서 행동하는 태도를 지닐 수 있게 된다.

4.2.3 자유민주적 법질서에서 비롯되는 도덕적 도전

자유민주주의 기본원칙과 자율적 도덕의 기본원칙 사이의 상관성에 초점을 맞추면 법과 도덕의 상호결합이 아니라 도덕의 해체, 즉 도덕이 자유와 정치적 권리의 체계로 대체되는 현상이 발생한다는 결론에 도달할지도 모른다. 그리하여 의무가 아니라 자유를 먼저 얘기하고, 사회의 도덕적 실체는 매우 폭넓게 규정된 법적 틀 안에서 개인과 집단의 뜻에 맡겨진다는 식으로 결론을 내릴 수 있다. 즉 이와 같은 법을 통한 사회적 삶의 질서는 타인이 개인의 영역을 침범하는 행위에 대응하는 일에 한정되고, 이로써 한 사회의 도덕이나 윤리적 생활형태는 개인과 집단의 자유에 맡겨져 결국에는 사멸하게 된다는 식으로 결론을 내릴 수 있다. 바로 이 점 때문에 미덕의 상실(Verlust der Tugenden)을 한탄하는 목소리가 나온다.[38]

4.2.3.1 자유의 양면성

이런 식의 결론을 도출하는 논증은 당연히 진지하게 받아들여야 한다. 법으로 보호되는 비판적 도덕이 개인의 이성과 관련되고, 이로써 개인에게 사회적 도덕을 초월한 관점을 인정하면 이것만으로도 이미 외적 자유의 영역이 확대된다. 그리하여 개인이 예술, 문학, 철학 등을 통해 도덕 파괴로 해석할 수 있는 자유를 표현할 가능성이 허용된다. 도덕적 역량이 최대한 강제가 없이 오로지 윤리적 통찰을 통해 발휘되어야 한다면, 이는 곧 타율적 도덕의 영역보다 훨씬 더 넓은 범위에 걸쳐 도덕적 규칙에 구속되지 않는 자의가 발산할 수 있다는 뜻이다. 그리하여 경험적으로 볼 때 사회적으로 참을 수 있는 것의 한계를 시험하는 상황이 전개되는 경향이 있다.

자기 책임에 기초한 삶은 독자적인 도덕적 성찰을 위한 자유의 영역을 고수해야 하는데, 이러한 삶을 보호하는 도덕적 및 법적 장치가 확립하면 오히려 무책임이 확산하고 모든 영역에 침투할 수 있다. 즉 책임을 의식하는 삶을 위한 법적 조건이 동시에 사

---

38 '미덕의 상실'은 *Alasdair MacIntyre*, After Virtue(1981)[독일어판: Der Verlust der Tugend, zur moralischen Krise der Gegenwart, Frankfurt a. M., 1987]의 주제이다.

실상의 무책임을 위한 조건이 될 수도 있다. 그리하여 법이 도덕적 자율을 존중해야 할 의무 때문에 도덕적 내용을 회피하게 되면 오히려 사회의 도덕적 및 윤리적 붕괴를 선도하는 메커니즘으로 전락할 위험이 있다.

4.2.3.2 자유의 양면성에 대한 제한

자율적 도덕의 관점에서는 자유가 지닌 이러한 양면성을 원칙적으로 인정해야 한다. 그러나 자율적 도덕이 단순히 관찰자 관점에서 그저 도덕의 붕괴를 감수하고 확인하는 데 머물러서는 안 된다. 오히려 자율적 이성에 초점을 맞춘 법질서에 참여하는 자의 관점에서 자율사상의 부상으로 역동성을 지니게 된 도덕적 성찰이 이와 같은 새로운 도덕에 덧붙여 특수한 미덕을 발전시킬 수 있는지 그리고 이 새로운 미덕의 본질은 무엇인지를 물어야 한다.

이 물음을 제기할 때는 자기 책임에 기초한 삶과 이성적인 정치적 논의가 가능하기 위한 조건을 보장해야 하는 법적 제도가 직접 사회의 이성적 성격과 합리성을 확보할 수는 없다고 전제해야 한다. 즉 앞에서 논의한 법적 제도는 자율사상이 달성하고자 하는 목표의 필요조건이지, 충분조건이 아니다. 따라서 이미 마련된 법적 체계를 자율적인 도덕에 따른 삶으로 채우는 지속적인 태도와 실천이 발전되어야 한다.

특히 시민의 미덕을 요구하는 경우가 많다. 이러한 미덕이 없이는 커뮤니케이션을 통한 공적 이성에 지향된 헌법제도가 계속 살아남을 수 없기 때문이다. 이 점에서 교육체계와 모범적 인물을 통해 이 미덕을 함양하고 보호해야 한다. 시민의 미덕은 가까운 사람들과의 상호작용에서만 펼쳐지는 것이 아니라 사회적 삶과 정치적 삶 전체로 시야를 확장하고 이 전체와 관련된 행위형태까지 발전될 때만 본격적으로 펼쳐지기 때문이다. 그러나 시민의 미덕을 법을 통해 강제할 수는 없다. 예컨대 선거권과 같이 시민의 정치적 권리의 행사를 강제하는 것은 바람직하지 않다. 만일 그렇게 하면 공동체의 삶에 참여할 자유가 거꾸로 타율의 형태로 복종행위를 강요하는 것으로 전도되기 때문이다. 다른 예를 들어보자. 언론이 경제적 영역을 통해 압도된 나머지 진실과의 관련성 그리고 정치와 사회적 과정을 투명하게 만든다는 목표를 포기하게 되면, 언론은 도덕적 의미를 상실한다. 물론 그렇다고 해서 타락한 언론의 자유는 억압해도 좋다는 뜻은 아니다. 이 경우에도 언론의 자유는 비판적 도덕이 공적으로 표출될 가능성을 위한 필수 불가결의 조건이기 때문이다. 하지만 개선된 저널리즘 윤리를 통해 사회의 비판적 도덕을 지원해야 한다는 도덕적 요구는 계속 남는다.

4.2.4 인간의 평등 — 도덕적 및 법적 원칙

정치체계와 직접 관련을 맺는 미덕에 관해서는 여기서 자세히 서술할 수 없다. 어쨌든 이 미덕은 시민의 권리 행사와 관련을 맺고, 따라서 공적 영역에서 자율적 이성이 발현될 절차적 가능성과만 관련을 맺는다. 이 점에서 이러한 미덕은 도덕적 자율에 초점을 맞춘 사회의 이차적 미덕 — 이는 결코 부정적 의미가 아니다 — 으로 해석할 수 있다. 다시 말해 이 미덕은 이성을 자율적으로 사용하는 주체들 사이의 관계를 직접적이고 실질적으로 규정하는 윤리 자체에 해당하는 미덕이 아니다. 사적인 자유와 공적이고 강한 영향력을 행사하는 방식으로 이성을 사용할 가능성 그리고 정치적 권리만으로는 인간이 다른 인간을 어떻게 만나고 또한 만나야만 하는지를 알 수 없다.

공동체가 아무런 통합도 이루지 못한 상태에 머물지 않으려면 시민의 권리와 이에 상응하는 미덕 이외에 시민의 권리와 민주적 제도에 기초해 사회적 이성이 펼쳐지는 절차를 뛰어넘어 특정한 내용의 도덕적 원칙이 필요하다. 이러한 원칙이 인간 상호 간의 관계를 근원적으로 확정해야 한다. 이 점에서 인간 상호 간의 관계가 불평등 관계인지 아니면 평등 관계인지는 도덕적으로뿐만 아니라 제도적, 즉 법적으로도 중요한 의미가 있다. 근대의 법과 근대의 도덕은 인간의 평등이라는 이념에서 출발한다. 그 때문에 멘케(Christoph Menke)는 이렇게 말한다. "평등 이념은 근대의 법과 도덕을 포괄하는 이념이다. 이 이념은 근대법의 기본이념이다. 근대의 법은 모든 사람의 평등한 권리를 실현하고자 하기 때문이다. 근대법에서 그렇듯이 평등은 근대적 이해에 따른 도덕에서도 핵심 이념이 되었다. 근대적 이해에 따른 도덕에서는 각자가 다른 모든 사람에게 부담하는 의무가 곧 도덕의 핵심이 되었기 때문이다. 이는 곧 도덕적 의무의 근거가 어떤 초월적 차원에서 비롯된 것이 아니라 오로지 다른 모든 사람이 원칙적으로 나와 똑같은 지위를 갖는다는 사실을 인정한다는 점에서 비롯된다."[39]

4.2.4.1 평등취급, '평등사안' 그리고 도덕적 판단이 지닌 핵심적 의미

평등을 해석하는 첫 번째 단계에서 이미 인간의 평등은 평등취급 명령을 뜻하기도 하고, 동시에 경험적으로 서술할 수 있는 '평등사안(같음; Gleichheitssachverhalt)'을 뜻하기도 한다는 점을 알 수 있다. 멘케는 이와 관련해서도 적절하게 지적하고 있다. "규범적 의미의 평등 — 모든 사람을 똑같이 고려해야 한다 — 은 서술적 의미의 평등을 전제한다. 다른 사람을 똑같이(평등하게) 취급한다는 것은 다른 사람을 특정한 관점에서 같다(평등하다)고 서술한다는 것을 전제한다."[40] 이는 규범논리적으로 볼 때 필연적인 결론이다. 왜냐하면 '행위규칙'이라는 유형에 속하는 규범은 언제나 일반적인 성격의 특징을 지닌 사안과 관련을 맺어야 하고, 개별적 사안은 일반적 규범의 적용을 위한 조건이 되기 때문이다.

이에 반해 인간의 개별성 자체는 모든 사람을 특정한 관점에서 평등하게 취급하라는 명령을 낳을 수 없다. '개별성'은 다른 모든 사람 또는 다수의 사람과는 다르다는 뜻이기 때문이다.

물론 모든 사람에 공통된 다수의 특성을 조합할 수도 있다. 하지만 이것만으로는 이러한 평등(같음)이 곧장 도덕적 또는 법적 의미에서 중요한지를 결정할 수 없다. 결정은 오로지 규범적 관점에 비추어서만 이루어질 수 있다.

그러나 일반적인 견해에 따르면 결정의 기준이 되는 도덕철학적 출발점을 반박 불가능한 전제로부터 도출할 수 없고, 특히 (귀납을 거쳐) 인간의 '본성'으로부터 도출할 수도 없다. 도덕철학의 테제는 합의 가능성에 의존한다. 칸트의 도덕철학은 여전히 영향력을 발휘하기 때문에 이하에서는 칸트의 사고가 도덕적 의미를 지닌 인간학적 구조가 밝혀질 수 있을 정도로 평등 이념을 구체화하는 데 성공했다는 점을 서술하도록 한다.

---

39 *Christoph Menke*, Spiegelungen der Gleichheit, 2000, S. 3-4.

40 Spiegelungen(각주 39), S. 17/18.

4.2.4.2 평등사안의 토대로서의 자율적 도덕

이성에 기초한 도덕은 — 이성을 '객관정신(헤겔)'으로 해석하지 않는 이상 — 의식적인 행동이라는 기본적 상황에서 자기 자신과 관련을 맺는 살아 있는 개인의 이성적 활동에 초점을 맞춘다. 이 기본적 상황에서 모든 유한한 이성적 존재에게는 "다른 사람에 대해 어떻게 행동하는 것이 올바른 행동인가?"라는, 궁극적으로는 그 자신의 책임으로 해결해야 할 도덕적 물음이 제기되는데, 칸트는 모든 인간이 윤리법칙을 인식할 수 있는 능력 — 또는 인간이 성장하면서 습득하게 되는 능력 — 이 있다는 점에서 근본적으로 평등(같음)하다고 파악하는 것 같다.[41]

그러나 이러한 해석은 칸트의 평등철학에서 비롯된 해석이 아니다. 그는 인간을 '목적 그 자체'라고 부른다. 칸트는 그의 철학의 핵심에 해당하는 부분, 즉 『도덕형이상학 기초』에 등장하는 두 번째 정언명령에서 '목적 그 자체'라는 개념을 사용한다. **"너는 인간성을 그것이 너 자신의 것이든 타인의 것이든 항상 동시에 목적으로서 존중할 것이며, 결코 일방적 수단으로 사용하지 않도록 행위하라!"**[42] 이 공식은 예컨대 한 사람이 계약을 통해 다른 사람에게 서비스를 제공할 의무를 부담하는 경우처럼 일정한 목적-수단 관계에서 인간이 다른 인간을 사용하는 것 자체를 부정하지는 않는다. 하지만 인간과 인간의 관계가 한 쪽이 다른 쪽을 **일방적 수단**으로 사용하는 것은 어떠한 경우도 허용되지 않는다. 모든 인간은 그 자신을 위해 존재한다. 즉 인간은 그 자체 다른 어떠한 목적으로부터도 파생되지 않는 절대적 목적이다.

유한한 이성적 존재인 인간은 단순히 윤리법칙을 이행하고 충족하기 위한 수단이 아니다. 이 점에서 칸트의 평등원칙이 도덕적으로 지나치게 엄격하고 협소하게 구성되어 있다는 멘케의 비판은 타당하지 않다. 즉 유한한 이성적 존재와 윤리법칙의 관계는 오로지 윤리법칙을 초월적 권력이 인간에게 부과한 타율적 입법으로 파악할 때만 목적-수단의 관계로 해석할 수 있을 따름이다. 이에 반해 칸트의 이념에 따르면 자율적으로 당위법칙을 정립하는 자는 이성적 존재로서의 인간 자신이다. 따라서 인간 존재의 도

41 칸트철학에 대한 멘케의 짧은 비판에서도 칸트를 이렇게 해석한다[*Menke*, Spiegelungen(각주 39), S. 9].
42 *Kant*, Bd. VII(각주 12), S. 61.

덕적 구조는 인간이 자기 자신과 맺는 관계를 전제하고, 이 관계 안에서 인간은 자기 자신에게 일정한 방식으로 작용한다.

칸트는 인간의 자기 자신과의 관계를 『순수이성비판』에서 이미 제시한 개념들을 통해 서술한다. 즉 칸트는 물자체('예지적 세계')와 현상('감각적 세계')을 구별하는데, 이 구별에 따르면 윤리법칙은 예지적 세계에 속한다. 그렇지만 칸트는 인간이라는 '이성적인 자연적 존재'를 아무런 연관성이 없는 두 개의 부분으로 나누지 않고, 오히려 인간의 자기 자신과의 관계를 표현하기 위한 수단으로 삼는다. 그 때문에 칸트는 이렇게 말한다. "이제 우리 자신을 자유로운 존재로 사고한다면, 이는 곧 우리를 예지적 세계를 구성하는 부분으로 옮겨놓는 일이고 의지의 자율 및 이 자율의 결과인 도덕성을 인식한다는 점을 깨닫게 된다. 이에 반해 우리를 의무를 부담하는 존재로 여기게 되면 우리 자신을 감각적 세계에 속하면서도 동시에 예지적 세계에 속한다는 점을 깨닫게 된다."[43] 따라서 목적 그 자체라는 개념은 예지적 세계와 감각적 세계를 아우르는 총체성으로서의 자연적인 이성적 존재인 인간과 관련을 맺고, 이 점에서 인간이 자연적으로 갖게 된 행복추구와도 관련을 맺는다. 앞에서 인용한 두 번째 정언명령에서도 이러한 총체성이 윤리법칙의 내용으로 되어 있다. 그 때문에 칸트는 인간의 총체성으로부터 다른 인간을 목적 그 자체로 취급하라는 결론을 끌어내면서도 "모든 인간이 지닌 자연적 목적, 즉 인간 자신의 행복"을 추구하는 것을 부정하지 않는다. 칸트는 계속해서 이렇게 말한다. "다른 사람의 목적을 촉진해야 하는 것은 아니라면, **목적 그 자체로서의 인간성**과 부합하도록 행위하라는 적극적 명령이 아니라 다른 사람의 목적추구를 방해하지 말라는 소극적 명령이다. 목적 그 자체인 주체의 목적은 — 각자의 생각이 온전히 발현될 수 있으려면 — 최대한 나의 목적이 되어야 하기 때문이다."[44]

이로써 칸트의 도덕철학은 모든 평등사안에 대한 개방성을 지니게 된다. 이 점은 도덕적 지원의무가 다른 사람의 행복을 직접 지향하는 것 — 이는 후견이 없이는 불가능하다 — 이 아니라 각자가 — 행복에 관한 각자의 생각에 따라 — 스스로 정립한 목적을 지향한다는 점에서 분명히 드러난다. 이는 곧 각자는 자신이 어떠한 삶을 살기 원하고,

---

43 *Kant*, Bd. VII(각주 12), S. 89.
44 *Kant*, Bd. VII(각주 12), S. 63.

다른 사람과의 관계에서 어떻게 행동하기 원하고 또 행동할 수 있는지를 스스로 결정하는 주권자라는 뜻이다.

주체들이 이 점을 상호 인정한다는 것은, 자기성찰 능력이 있는 모든 개인의 내적 관점은 결코 다른 사람의 관점으로 대체할 수 없다는 뜻이기도 하다. 성찰 능력이 있는 개별적 존재가 지닌 의미에 대한 물음은 바로 이 존재의 관점에서 제기되지 객관화하는 관점에서 제기되지 않기 때문이다. 이 개별적 관점은 개인의 개별적 존재와 실존적으로 맞물려 있다. 따라서 개별적 존재의 의미에 대한 물음은 이 개별적 존재 바깥으로 밀어낼 수 없다. 그렇게 되면 개별적 존재가 이 존재를 초월하는 다른 목적을 위한 수단으로 전락하고, 얼마든지 대체될 수 있는 존재로 전락하기 때문이다.

개별적 인간 존재의 대체 불가능성은 평등원칙을 포함한다. 대체 불가능성은 비교개념이 아니기 때문이다. 물론 인간은 다른 사람의 이익과 관련을 맺을 때는 — 예컨대 일정한 기능을 담당하는 경우처럼 — 어느 정도(비교적) 대체가 가능하지만, 적어도 자기 자신과 맺는 관계에서는 대체 불가능하다.

인간의 존엄이라는 칸트의 개념은 자기성찰 능력이 있는 개인이 갖는 내적 관점의 이러한 구조에 기초한다. 모든 이성적 존재가 자기 자신과 맺는 관계가 그 무엇으로도 대체될 수 없다면, 이 관계는 결코 다른 상대적 가치와 맞바꿀 수 없다. "목적의 왕국에서는 모든 것이 가격 또는 존엄을 갖는다. 가격을 가진 것은 그것 대신 다른 상응하는 것으로 대체될 수 있다. 이에 반해 모든 가격을 뛰어넘고, 따라서 다른 상응하는 것으로 대체될 수 없는 것은 존엄을 갖는다."[45] 이성적 개인은 가격을 가진 것과 교환관계에 있지 않다. 더 일반적으로 표현하면, 어떤 다른 사람의 목표, 이익, 소망과 관련이 있는 것과 교환관계에 있지 않다. 뚜렷한 의식을 통해 자기 자신과 만나는 개인은 "가능한 모든 목적의 주체"[46]이고, 이 주체가 없다면 목표, 이익, 소망도 전혀 존재하지 않을 것이기 때문이다. 즉 모든 이성적 개인은 — '가치(Wert)'라는 단어를 실마리로 삼아 생각을 이어간다면 — 그 무엇과도 비교해 계산할 수 없는 절대적 가치를 갖는다.

이 계산 불가능성은 모든 사람에게 똑같이 해당한다. 따라서 인간은 똑같은 존엄을

45 *Kant*, Bd. VII(각주 12), S. 67 이하.
46 *Kant*, Bd. VII(각주 12), S. 71.

갖는다. 이 평등한 존엄은 단계화할 수 없고, 심지어 존엄에 반하는 범죄적 행동을 한 자일지라도 결코 존엄을 상실하지 않는다(칸트는 응보이론을 지지하면서도 범죄자의 존엄이 상실되지 않는다고 분명히 말한다[47]).

인간의 존엄을 단계화할 수 없다는 테제는 존엄(Würde)이라는 단어 자체가 이미 어쩐지 존엄의 단계화 쪽으로 이끄는 듯한 뉘앙스를 풍기기 때문에도 조금 더 깊이 고찰할 필요가 있다. 똑같은(평등한) 존엄이라는 개념은 자기 자신과 관계를 맺는 개인을 초월하거나 개인 바깥에는 어떠한 '목적 그 자체'도 존재하지 않는다는 것을 전제한다. 칸트처럼 인간을 가능한 모든 목적의 주체로 고찰하고, 주체가 없이는 어떠한 목적설정도 존재할 수 없다고 보면 이러한 전제가 충족된다. 이 점이 반드시 무신론적 입장과 결부될 필요는 없다. 즉 행동하고 창조하며 목적을 설정하는 초월적인 인격적 지성이 존재하는지는 별개의 문제이다. 이 문제에 대해 어떻게 대답하든 관계없이 중요한 것은 칸트가 의미하는 자율적이고 비판적인 도덕의 타당성이 초월적인 존재와는 무관하다는 사실이다. 목적 그 자체를 뜻하는 인간 존재를 둘러싼 도덕적 성찰은 초월적 차원이 인간에 대해 목적을 설정한다고 전제할 필요 없이 그 자체만으로 완결성을 가질 수 있어야 한다.

물론 개인이 '더 중요한 일'에 봉사하고, 다른 이익을 위해 자신의 이익을 상당 부분 희생하는 것을 자신의 소명으로 여길 수 있다. 그리고 개인이 자신의 행위준칙을 정언명령 대신 종교적 계시를 통해 정당화하는 것 역시 얼마든지 가능하다. 그러나 어느 경우든 자기결정과 자기 자신과의 의식적 관계라는 형식이 이미 전제되어 있다. 따라서 어느 경우든 인간 존엄의 근거가 되는, 자기 자신과의 관계를 피할 수 없다.

누군가 자신이 개인적인 관계를 맺는 사람들에게 자신의 실존과 관련해 커다란 의미를 부여할 때도 자기 자신과의 관계를 피할 수는 없다. 설령 다른 사람에게 커다란 의미를 부여할지라도 이를 보편화할 수는 없으며, 인간의 가치를 객관적인 측면에서 단계화할 이유가 되지는 못하기 때문이다.

---

47 *Kant*, Metaphysik der Sitten, Bd. VIII(각주 12), S. 602.

4.2.4.3 평등한 존엄과 평등주의적 평등의 구별

우리가 평등한 존엄의 토대로 설명했던 평등사안은 모든 인간을 존중하면서 행동하라는 도덕적 요구를 낳는다. 이 요구가 구체적으로 무슨 의미인지는 설명이 필요하다. 물론 존중과 멸시의 표현형태가 각각의 문화나 문화의 발전단계와 관계없이 영구불변이라고 기대할 수는 없다. 하지만 평등한 존엄이라는 원칙이 평등주의(Egalitarismus)가 말하는 무차별적 평등원칙과는 구별되어야 한다. 물론 이 두 원칙으로부터 도출되는 도덕적 요구가 일치하지 않는다는 사실이 곧장 두 원칙이 각각 별개로 존재해야 한다는 것을 뜻하지는 않는다. 그러나 두 평등원칙의 토대가 다르다는 점만은 분명하다.

평등한 존엄의 도덕은 자연적 조건과 기능적 조건에 따른 사회적 차이까지 없애는 방향을 지향하지 않는다. 그 때문에 이 도덕은 평등주의적 정치를 구상하는 길로 나가지 않는다. 평등주의적 정치의 이상은 재화의 균등한 분배이고, 재화분배에 참여할 수 있는 조건인 기회균등을 설령 각자의 노력을 기준으로 삼는 경우일지라도 궁극적으로는 재화의 균등한 분배를 이상으로 여긴다. 평등한 존엄의 도덕이 평등주의를 배격하는 이유는 평등주의적 정치가 규범적으로 확립된 불평등 시대의 위계질서 모델에만 사로잡혀 있기 때문이다. 이 모델은 인간을 사회적 실존조건의 차이를 기준으로 분류하고 등급을 매겨 평가했다. 평등한 존엄의 관점에서는 이 모델이 인간의 삶의 조건에 따른 차이에 비추어 인간의 가치까지 규정하는 오류를 범하기 때문에 이 모델을 비판하는 반면, 평등주의와 평등주의 정치는 신분에 따른 섬세한 위계질서를 비판하지 않고, 오히려 이 잘못된 전제를 수용하면서, 바로 그 때문에 모든 차이를 폐지해야 한다는 식으로 주장한다. 이로써 평등의 정치는 인간의 존엄이라는 지도 이념에서 벗어나 사회적 시기심을 잠재우는 방향으로 나가게 된다. 이 점에서 평등주의는 사회적 시기심을 도덕적으로 인정하고 그에 따른 사회심리학적 결과도 인정하는 셈이다.

평등한 존엄의 정치 — 이 정치는 시기심을 피하려는 정치처럼 목표에 도달할 수 없는 정치보다 더 현실성이 있다 — 는 삶의 조건이 다르다는 사실에서 출발하고, 이 근본적 상황을 전제하면서 인간의 존엄을 유지하는 길을 모색한다. 즉 평등한 존엄의 정치는 "차이에도 불구하고 인간 존재의 평등을 추구하는"[48] 철학이다. 이 정치에서 평등한 존엄은 균등 분배와 일치하지 않는다. 존엄이라는 개념은 오히려 "인간이 특정한 재화를 갖고 있다는 이유만으로 명성을 누리는 구조를 중요하게 여기지 않게 해주고, 또한 기회균등이라는 사고가 분배의 측면에서 중시하는 재화와는 관계없이 인간 자체를 고찰하도록"[49] 이끈다. 이는 곧 평등한 존엄의 정치가 앞에서(4.2.4.2) 논의한, 개인이 자기 자신과 맺는 관계에 초점을 맞춘다는 뜻이기도 하다. 버나드 윌리엄스(Bernard Williams)는 이러한 방향을 "개인이 삶을 살아가고 이 삶 속에서 행위하는 일이 그 자신에게 과연 무슨 의미인지를 일차적 고찰 대상으로 삼는 것"[50]이라고 서술한다. 따라서 모든 개별적 인간이 지닌 존엄을 존중하는 태도는 모든 경험적 차이와 관계없이 모든 인간 자체에 해당하는 미덕이고, 재화의 균등 분배나 사회적 기능의 차이와는 관계없이 인간이 자기 자신을 존중할 수 있도록 만드는 미덕이다. '시기심으로 가득한 비교[리처드 세넷(Richard Senett)]'에서 벗어난 자기 존중의 미덕 역시 이러한 미덕에 부합한다.

하지만 모든 인간의 평등한 존엄을 존중한다는 것이 다른 사람의 삶의 조건에 아무런 관심도 기울이지 않는다는 의미는 아니다. 평등한 존엄의 원칙이 인간의 독립성을 이데올로기적으로 숭배하는 근거가 될 수는 없으며, 인간이 자기 자신과 다른 동료와 함께 헤쳐나가야 할 숙명적 상황에 대해서도 냉담한 태도를 유지하게 만드는 이데올로기가 아니다. 오히려 험난한 삶의 조건에 처한 인간에 대한 무관심은 인간의 존엄을 멸시하는 태도이다. 인간의 존엄은 '이성적인 자연적 존재' 전체에 속하기 때문이다. 즉 인간의 존엄은 구체적으로 체험할 수 있는 경험적 조건에 의존한다는 측면을 포함하고 있다. 앞에서 보았듯이 이미 칸트도 다른 사람의 자연적인 행복추구를 그 다른 사람 자신이 생각하는 목표를 기준으로 지원해야 한다는 개인윤리적 의무가 인간을 목적 그 자체로 취급하라는 정언명령에 포함된다고 보았다. 칸트 철학을 토대로 삼으면 이러한 지원과 조력의 의무는 사적 영역에만 한정된다는 주장은 설득력이 없다.[51] 정치공동체

---

48 이 표현은 *Bernard Williams*, Der Gleichheitsgedanke, in: ders., Probleme des Selbst, 1978, S. 366-397, 395에 등장하는 표현이다.

49 *Williams*(각주 48), S. 395.

50 *Williams*(각주 48), S. 376.

51 이 점을 지적하는 *Herlinde Pauer-Studer*, Autonom leben, 2000, S. 147, 특히 Fn 50 참고.

가 그저 각자가 각자의 삶에 책임을 진다는 거짓에 가까울 정도[52]로 잘못된 자유주의적 전제하에 인간 존재가 겪는 처참한 상황을 무시하고 간과할 수는 없기 때문이다. 사회적 지원과 부조와 관련된 집단적 체계 자체는 지원이 필요한 사람의 존엄에 반하는 것이 아니라 오히려 존엄이 요구하는 내용이다. 즉 축적된 사회적 부에 비추어 볼 때 "도저히 눈을 뜨고 볼 수 없을" 정도로 빈곤하고 처참한 삶의 조건에 처한 사람을 돕는 일은 인간의 존엄에 부합한다. 따라서 존엄은 독립을 통해 존재할 뿐만 아니라 다른 사람의 도움에 대한 의존 속에서도 존재한다. 이렇게 평등한 존엄을 지닌 개인들의 상호적 관계에 비추어 존엄을 이해하면 존엄은 다른 사람이 막연히 판단하는 '자기실현'이라는 기준과 관련된 것이 아니고 또한 도움을 주는 자와 도움이 필요한 자 사이의 차이도 존엄과는 관련이 없는 우연의 영역에 속한다는 것을 알 수 있다.

4.2.4.4 불평등한 세계에서 존중이 지닌 의미

이처럼 존엄을 개인들의 상호적 관계에 비추어 이해하는 일이 쉽게 달성될 수는 없으며, 이러한 이해가 현실에서 확립되기 위해서는 특정한 실천이 끊임없이 이루어져야 한다. 이 실천은 특히 사회봉사의 영역과 관련된다. 이 점을 리처드 세넷은 자신의 개인적 경험을 토대로 인상 깊게 밝히고 있다. 세넷은 일반적인 형태로 다음과 같이 묻는다. "어떻게 상호존중을 통해 불평등의 한계를 극복할 수 있을까?"[53] 사회적으로 더 강한 자의 역할을 담당하는 사회봉사 요원의 시각에서 세넷은 문제를 다음과 같이 포착한다. "우리가 사회에서 그리고 특히 사회국가에서 봉착하는 문제의 핵심은 강자가 어떻게 약자의 운명에 처한 인간을 존중하면서 만날 것인가이다."[54]

인간들이 대개는 각자의 역할을 담당하면서 서로 대칭적이 아니라 상호보충적으로 관련을 맺기 때문에 서로 평등한 자로서 만나기 어렵다는 사정은 앞에서 서술한 위계

---

52 *R. Senett*, Respect in a World of Unequality[독일어판: Respekt im Zeitalter der Ungleichheit, Berlin 2000 — 인용은 독일어판에 따름].

53 *Senett*(각주 52), S. 36.

54 *Senett*(각주 52), S. 317 이하.

질서 메커니즘에 기인한다. 즉 권력과 영향력 또는 의존과 도움의 필요성을 상징하는 사회적 지위는 언제든지 한쪽은 교만, 멸시, 무관심, 억압, 경멸의 태도를 보이고, 다른 한쪽은 복종, 소심, 출세욕의 태도를 보이는 경향으로 전락할 수 있다. 평등한 존엄의 도덕만이 이러한 태도를 죄악으로 폭로할 수 있다. 즉 존엄의 도덕은 이러한 태도를 부정적 징후로 판단한다. 이러한 죄악의 대다수는 평등한 존엄이 내세우는 핵심적인 미덕에 완전히 모순된다. 평등한 존엄의 도덕은 이러한 죄악에 맞서 사회적 역할, 기능, 소유, 권력과 관련된 상태가 상대적이고 제한된 의미만을 갖는다고 일관되게 주장하기 때문이다.

이러한 주장을 관철하기 위한 실천적 방법은 사회적 협력을 통해 합리적이고 현실적으로 문제를 해결하려는 태도를 지니게 만드는 방법이다. 즉 이러한 태도는 기능적으로 불필요할 정도로 사회적 협력의 의미를 과장하는 상황을 방지하고, 이와 동시에 사회적 관계의 '상층부'에 등장하지 않는다는 이유만으로 발생하는 곤궁한 상태를 지나치게 과장하는 상황도 방지한다. 이 점은 인간이 도움을 받아야 하는 상황에도 해당한다. 이 도움이 앞에서 서술한 칸트의 이론에 따라 모든 목적설정의 주체인 인간 존재를 위해 이루어지는 것이라면 사회적 문제를 처리할 때는 도움이 필요한 사람 자신이 최대한 이 처리 과정에 적극적으로 참여하도록 자극할 때만 비로소 올바른 도움이 된다. 어떠한 경우든 "배려와 후견을 가르는 얇은 막"[55]이 찢어지지 않도록 해야 한다.

특히 인간의 '다름'을 관용하는 것은 평등한 존엄이라는 원칙에 따른 결론이다. 관용이라는 하위원칙을 성가신 의무로 여기거나 한 인간의 행위와 생각을 충분히 공감할 정도로 이해할 가능성에 의존하게 만들면 이 원칙을 제대로 이해하지 못한 것이다. "자율이란 같은 이해, 같은 투명성이 아니라 다른 사람을 이해하지 못하더라도 이를 받아들인다는 뜻이고, 이 점에서 불투명하고 막연한 평등을 뜻한다. 따라서 다른 사람의 자율을 자기 자신의 자율과 같은 가치를 지니는 것으로 취급해야 한다."[56] 관용의 미덕에 정면으로 반하는 죄악은 다르다고 생각하거나 실제로 다른 것을 용납하지 않고 배제하는 태도이다. 이러한 태도는 공통의 이해 지평이라는 한계를 뛰어넘을지라도 서로 이

55 *Senett*(각주 52), S. 160 이하.
56 *Senett*(각주 52), S. 151.

해하면서 행동할 가능성을 봉쇄한다.[57]

평등한 존엄이라는 시각에서 보면 근대사회의 가장 커다란 죄악은 순수한 경쟁원칙이 인간의 정신을 강력하게 지배하는 현상이라고 말할 수 있다. 즉 근대사회는 부와 권력만을 기준으로 인간 존재의 성공 여부를 판단한다. 인간의 정신을 이런 식으로 규정하는 사회가 과연 계속 통합에 성공할 수 있을지 의문이다. 그래서도 자율적 도덕이라는 유형으로 전환한 사회가 단순히 이론적 차원에만 머무르지 않고 실천적으로도 평등한 존엄의 원칙을 실현하도록 노력해야 하는 것은 아닐까?

57 이 문제에 관해서는 *Werner Kogge*, Die Grenzen des Verstehens, Weilersweit 2002, S. 352 이하 참고.

5. 법체계와 법전편찬: 법관의 법률구속

빈프리드 하세머

5.1 서언

약 1세기 전부터 독일 법이론과 법학방법론은 무엇보다 법률규범과 판결 사이의 양극성을 둘러싼 논의를 전개해왔다. 그 때문에 법학의 방법론적 문제에 관해 활발한 논의가 전개된 시기(예컨대 1900년경부터 '내용적'이고 정치적인 문제에 집중한 나치 지배가 시작할 때까지의 시기)에 이 양극성을 표현한 제목을 달고 출간된 저작들이 많았다는 사실은 결코 우연이 아니다.[1]

5.2. 법체계에서 법전편찬이 지닌 의미

법관의 행위를 구속하기 위한 가장 중요한 도구는 19세기 말에는 법전편찬이었다.

---

1 예컨대 *Bülow*, Gesetz und Richteramt, 1885; *Grünhut*, Begriffsbildung und Rechtsbildung im Strafrecht, 1926; *Eugen Huber*, Recht und Rechtsverwirklichung, 1925; *Hermann Isay*, Rechtsnorm und Entscheidung, 1929; *Walter Jellinek*, Gesetzesanwendung und Zeckmäßigkeitserwägung, 1913; *Reichel*, Gesetz und Richterspruch; Zur Oreinteirung über Rechtsquellen- und Rechtsanwendungslehre der Gegenwart, 1915; *Rumpf*, Gesetz und Richter, 1906; *Eberhard Schmidt*, Gesetz und Richter; Wert und Unwert des Positivismus, 1952; *Carl Schmitt*, Gesetz und Urteil, 1912; *Wieacker*, Gesetz und Richterkunst, 1958. 이와 관련된 전반적인 내용은 *Hassemer*, Der Begriff des positiven Rechts, in: Zeitschrift für vergleichende Rechtswissenschaft, 1978, S. 101 이하 참고.

즉 포괄적인 법전은 법관에게 사례를 결정하는 기준으로 삼아야 할 규범을 최대한 엄밀하고, 일목요연하게 규정한다.[2] 이 점에서 법전은 법관을 '구속'한다.

이로써 법전이 존재한다는 것이 곧 법관의 행위와 법관의 행위에 관한 이론에서 중심적 지위를 차지한다는 사실은 일단 증명된 셈이다. 하지만 법전이 법관의 행위와 관련해 어떠한 의미를 지니고, 법전화한 규범에 대한 법관의 구속을 어떤 식으로 이해할 수 있는지는 법규범이 법관의 법적 결정을 규정하는 정도를 어떻게 파악하는지에 달려 있다. 이와 관련해서는 여러 가지 형태의 이론이 등장한다.

5.2.1 법전편찬과 '포섭 이데올로기'

법관이 법적 결정을 법률로부터 논리적으로 도출한다, 즉 사례를 법전화한 규범에 '포섭'한다는 ― 어리석은[3] ― 사고를 따르는 사람은 법전편찬이 모든 법적 결정의 유일한 원천으로 기능한다고 생각한다. 이 생각에 따른다면 법관의 판결행위는 법전화한 규범의 내용을 가감 없이 정확하게 결정해야 할 사례로 전환할 때 '정당한' 것이 된다. 그리하여 법이론과 법학방법론은 법관이 이러한 전환을 엄격하게 수행할 때 준수해야 할 규칙을 표현하는 것을 유일한 과제로 삼게 된다. 여기서 한 걸음 더 나아가 법이론과 법학방법론이 입법자에게 자문을 제공하는 역할까지 담당하게 만든다면, 이 역할 역시 법전편찬과 관련을 맺게 된다. 즉 법이론은 '더 상위에 있는' 법원칙 ― 자연법, 헌법, 사물의 본성, 사물논리적 구조, '인간의 이성', 사회적 제도 등 ― 의 내용을 법전이라는 '더 하위에 있는' 차원으로 구체화함으로써 이러한 자문 역할을 담당한다.

어쨌든 법이론과 법학방법론을 이런 식으로 이해할 때는 법전만이 결정의 정당성을 보장하고, 법률의 내용을 결정해야 할 사례로 옮겨 구체화하는 것만이 판결의 과제라고 보게 된다. 따라서 법관의 법률구속은 필연적이고 어떠한 예외나 상대화도 허용되지 않는다. 이로써 법적 안정성이라는 이상에 도달하게 된다. 즉 일반규범은 다양한 사

---

2 이에 관해서는 *Noll*, Gesetzgebungslehre, 1973, 특히 S. 79 이하; *Frosini*, Gesetzgebung und Auslegung, 1995 참고.

3 이에 관해 자세히는 뒤의 6과 10 참고.

례에 관한 결정을 일관되고 통일적인 판결로 결합하고, 개개의 법적 결정을 사전에 예측할 수 있게 해준다. 개별 결정은 전적으로 사전에 명시적으로 표현된 법규범으로부터만 도출되기 때문이다.

5.2.2 법전편찬과 판결

그러나 판결이 법전화한 규범으로부터 명확하게 도출된다는 사고는 그사이 극복되었다. 즉 이 사고는 법관이 법창조적으로 활동한다는 인식을 통해 극복되었다(법관 자신이 이 점을 간파하거나 의도적으로 그렇게 하는지는 중요하지 않다). 하지만 이러한 새로운 인식에서 출발할지라도 법전이 법관의 행위와 관련해 어떠한 기능을 갖는지의 물음이 해결된 것이 아니라 오히려 더 복잡한 형태로 새로운 물음이 등장하게 된다. 법관의 과제가 법률에 대한 절대적 복종이 아니라고 보게 되면, 과연 법전이 법관의 결정 과정에서 어떠한 의미를 지니는지를 묻지 않을 수 없기 때문이다.

법관이 구체적인 사례에서 어떠한 결정원칙에 따라야 하는가의 물음에 대한 대답을 법률로부터 명확하고 완벽하게 얻을 수 있다는 희망에서 시작해 법관은 법률에서 벗어나 자신의 법감정이나 당사자들의 이익에 비추어 자유롭게 결정해야 한다는 지침에 이르기까지 법관과 법률의 관계에 관한 이론의 스펙트럼은 사뭇 다양하다. 여기 이 책에서는 이 다양한 이론적 스펙트럼을 소개하고 섬세하게 재구성하고 있다. 이 모든 이론의 공통점은 법률과 판결의 관계를 주제로 삼는다는 점이다. 각각의 이론이 법전편찬에 대해 어떠한 태도를 보이는지는 다음과 같이 개괄적으로 서술할 수 있다.

법전화한 법률이 사실상 판결을 완벽하게 규정할 수 없다는 인식은 전혀 새로운 인식이 아니다. 예컨대 해당하는 법률이 전혀 개정되지 않고서도 판결의 내용은 근본적으로 변할 수 있다는 경험만 보더라도 이 인식의 설득력은 충분히 증명할 수 있다. 관련된 수많은 예를 얼마든지 제시할 수 있고, 이 예들은 법률체계와 판결의 관계를 보여주는 지극히 정상적인 사례에 해당한다. 형법 제184조 제1항의 '음란물'[4]이라는 개념과

---

4 형법 제184조 제1항은 그사이 개정을 통해 '포르노'라고 표현하고 있다. 이로써 포르노에 해당하는 개별 사례와 관련해 규범내용과 판결 사이의 편차가 줄어들긴 했지만, 편차 자체가 없어진 것은 아니다.

관련해 연방법원이 파니-힐(Fanny-Hill) 판결[5]을 선고할 때까지 보여준 지그재그 노선이나 뤼터스(Bernd Rüthers)[6]가 엄청난 양의 자료에 기초해 민법의 문언을 조금도 개정하지 않고 오로지 '무제한적 해석(unbegrenzte Auslegung)'만을 통해 '나치즘 사법질서의 변화'가 발생했다고 비판한 내용을 생각해보면 이 점을 잘 알 수 있다.[7]

이러한 인식을 고려할지라도 신중하게 결론을 내려야 한다고 생각하는 이론은 판결보다 법전이 지배적인 역할을 한다는 점을 계속 고수한다. 물론 법률의 문언이 언제나 명확한 지시를 담고 있지는 않으며, '가치의 충족이 필요하거나' '애매' 또는 '모호'하다는 점은 당연히 인정해야 한다. 하지만 이처럼 뒤로 물러서면서도 법률의 우위를 방어하기 위해 새로운 전선을 구축한다. 예컨대 '해석의 한계'는 법률 개념의 '문언(Wortlaut)' 또는 '단어의 자연적 의미'라고 하거나 (단단하고 명확한) '개념의 핵심'과 (모호하고 해석이 필요한) '개념의 주변'을 구별해야 하고, 전자에 해당하는 경우에는 법전이 얼마든지 판결을 규정한다고 생각한다.[8]

법전이 이러한 힘을 발휘하리라는 희망이 과연 실현될지는 일단 여기서 논의하지 않겠다.[9] 어쨌든 법관의 행위에 관한 이러한 이해가 법전을 중심에 두고 이루어진 것이고, 법전이 계속 중심에 있다는 점만은 분명하다. 즉 판결이 법전에 '봉사하는' 역할을 한다는 점에서는 본질적인 변화가 없다. 그리하여 의문 역시 법률의 문언에서 시작한다. 법률의 문언이 충분할 정도로 명확하지 않은 예외적인 경우에만 법관은 법전화한 법률을 보충해야 하고, 이때 법관은 만일 의문이 발생한 사례를 입법자가 알았다면 어떻게 결정했을 것인지를 고려해 법률을 보충해야 한다고 생각한다.[10] 따라서 법관의

5 BGHSt 23, 40. 이에 관해서는 *Hassemer*, Strafrechtsdogmatik und Kriminalpolitik, 1974, S. 179 이하 참고.

6 *Rüthers*, Die unbegrenzte Auslegung. Zum Wandel der Privatrechtsordnung im Nationalsozialismus, 7. Aufl. 2012.

7 여기서 한 걸음 더 나아가 라드브루흐는 나치 시대의 입법을 경험한 이후 법전에 대해 '법률적 불법'이라는 혐의를 제기하면서 어떠한 경우에는 법관이 정의를 이유로 법률에 대한 복종을 거부해야만 하는지의 물음을 제기하기도 한다[이에 관해서는 *Radbruch*, Gesetzliches Unrecht und übergesetzliches Recht, in: *ders.*, Rechtsphilosophie III(Ed. *Hassemer*), Gesamtausgabe 3, 1990, S. 83 이하 참고).

8 예컨대 *Baumann*, Die natürliche Wortbedeutung als Auslegungsgrenze im Strafrecht, in: MDR 1958, S. 394 이하; *Larenz/Canaris*, Methodenlehre der Rechtswissenschaft, 3. Aufl. 1995, S. 141 이하; *Wank*, Die Auslegung von Gesetzen, 6. Aufl. 2015, S. 47 이하 참고.

9 이에 관해서는 뒤의 5.3 참고.

10 이와 관련된 고전적인 표현은 스위스 민법전 제1조에서 볼 수 있다.

행위가 정당하기 위한 조건은 여전히 법률과의 일치 여부이다. 그렇다면 법관의 행위에 관한 이론은—법관의 법률 의존성을 명시적으로 밝히는 것 이외에—최대한 엄밀하게 법률로부터 판결을 도출하기 위한 규칙을 밝히고, 결정할 사안이 '개념의 주변'에 해당할 때는 결정을 위해 몇몇 논거를 제공하는 것만을 과제로 삼을 수 있을 뿐이다.

이렇게 법이론의 문제영역을 제한해 법률해석을 지원하는 도그마틱으로 법이론의 과제를 한정하는 것[11]은 오래전부터 법전을 중심으로 법체계를 조직한 독일의 전통에서는 충분히 이해할 수 있고 일관성 있는 태도이다. 이 관점에서 보면 법전편찬이 판결에 어떠한 결과를 낳는지를 인식할 수 있다.

5.2.2.1 법적 안정성

법이 분산되고 파편화했던 시대 이후에 주요 법영역에서 이루어진 법전편찬—민법, 사법, 형법, 소송법—은 곧 '안정적이고 확실한' 판결을 통해 시민의 권리를 최대한 보호할 가능성을 의미했다.[12] 이와 동시에 법전편찬은 국가의 자의와 법관의 혁신에 맞서 시민의 법적 지위를 명시적으로 확인하고 보장한다는 것을 뜻했고, 이 점은 오늘날 우리가 이해하는 법치국가 사법부가 충족해야 할 최우선 전제조건이다. 따라서 법전편찬을 통해 개선되고 확립된 법적 안정성은 법관의 행위를 예견할 수 있고, 당사

1. 법률은 문언 또는 해석에 비추어 법률이 규정을 담고 있는 모든 법적 문제에 적용된다.
2. 법률로부터 법적 문제에 적용할 규범을 도출할 수 없는 경우에는 법관은 일단 관습법에 따라, 관습법이 없을 때는 법관이 입법자라면 제기했을 규칙에 따라 결정한다.
3. 이때 법관은 확립된 학설과 판례를 따른다.

11 이에 관해서는 특히 *Ellscheid*, Zur Forschungsidee der Rechtstheorie, in: *Arthur Kaufmann*(Hrsg.), Rechtstheorie, 1971, S. 5 이하 참고.

12 이에 관해 자세히는 *Gagnér*, Studien zur Ideengeschichte der Gesetzgebung, 1960, 특히 S. 341 이하; *Wieacker*, Privatrechtsgeschichte der Neuzeit unter besonderer Berücksichtigung der deutschen Entwicklung, 2. Aufl. 1967, 특히 S. 468 이하 참고. 사비니와 티보(Thibaut) 사이에 전개된 이른바 '법전편찬 논쟁'과 이 논쟁에서 법전편찬의 가치를 둘러싸고 제기된 대립적인 논거들에 관해서는 *Wieacker*, 앞의 책, S. 390 이하 참고. 입법이론에 대한 개관과 입법이론에서 오늘날 제기되는 문제들에 관해서는 *Noll*, Gesetzgebungslehre(각주 2); *Pilcher*, Der Kampf um die Kodifikation. Ein rechtshistorischer Akzentuierungsversuch, in: *Bydlinski/Mayer-Maly/ Pilcher*(Hrsg.), Renaissance der Idee der Kodifikation, 1991, S. 9 이하; *Hofmeister*(Hrsg.), Kodifikation als Mittel der Politik, 1986 참고.

자들이 장래의 판결에 확실하게 대처할 수 있으며, 시민이 자신의 권리와 의무가 무엇인지를 법전을 통해 일반적으로 확인할 수 있다는 뜻일 뿐만 아니라, 법관의 행위가 정당한지를 엄밀하게 심사할 수 있다는 뜻이기도 하다. 물론 이를 위해서는 — 앞에서 서술했듯이 — 이러한 정당성이 법률과의 일치에 기초한다고 전제해야 한다.

이처럼 법전화한 법질서에 비추어 법관의 행위를 심사할 수 있다는 것은 법전화가 시민의 법적 지위를 보장한다는 것에 그치지 않고 판결의 도출과 근거제시 그리고 판결의 조직과 관련해서도 직접적인 영향을 미친다는 것까지도 의미한다.

5.2.2.2 법적 지식의 체계화

엄청난 양의 법적 소재 — 법학과 법실무가 다루는 결정원칙, 논증규칙, 구별기준, 체계화, 사례와 규범의 세분화 등 — 를 개관할 수 있게 정리하고 서술하며, 이렇게 해서 법적 소재를 학문과 실무가 더욱더 세분화할 수 있게 만드는 일은 얼핏 보기에는 사소한 것 같지만, 실제로는 법전화를 통해 이룩한 중요한 성과에 해당한다. 즉 법적 문제를 구성요건에 따라 정렬하고, 구성요건을 개별 장, 총칙 및 각칙으로 정리해 하나의 법전으로 만드는 일은 법적 지식을 그 이전의 문서화 시도와는 비교할 수 없을 정도로 신속하고 섬세하게 활용할 수 있게 해주는 주석서와 판결집의 사전조건이었다.[13]

법전편찬을 통해 이루어지는 법적 지식의 체계화는 이 지식에 접근하고 이 지식을 활용하는 길을 개선할 뿐만 아니라 특히 법관법(Richterrecht)을 통해, 다시 말해 판결에서 끊임없이 이루어지는 법규범 해석과 법적 문제의 체계화를 통해 법적 지식을 더욱 세분화할 수 있게 해준다.[14] 법관법은 법관이 법적 문제에 관해 일관성 있게 커뮤니케이션할 때만 성립할 수 있다. 즉 커뮤니케이션에 참여하는 자들이 무엇을 얘기하는지를 더 정확히 알고, 문제를 더욱 세분화해서 커뮤니케이션의 대상으로 삼으며, 참여

13 물론 이러한 문서화가 안고 있는 위험도 의식해야 한다. 즉 문서는 어쩔 수 없이 문서로 기록된 내용으로 축약해 변경한 것이고, 문서로 만들 때 선별 기준이 무엇이었는지가 밝혀지지 않는 경우가 많다. 이 점에서 주석서가 은밀히 사법정책적 영향을 미칠 수 있다는 사실을 알아야 한다.

14 이에 관해서는 *Luhmann*, Rechtssoziologie, 4. Aufl. 2008, S. 201 이하 참고.

자들이 커뮤니케이션에 더욱 신속하고 쉽게 접근할 수 있을수록 법관법 역시 더욱더 세분화할 수 있다. 따라서 법적 지식의 체계화 및 전승과 관련해 중대한 결과를 낳는 법전화는 세분화한 법관법을 위해서도 매우 중요한 전제조건이 된다는 사실을 곧장 이해할 수 있다.

5.2.2.3 법적 결정의 정당화

법전편찬이 법관의 행위에 미치는 영향에 대한 세 번째 고려는 법률과 판결의 관계가 법이론 논의의 중심이었고 오늘날에도 그 중심이라는 사실을 쉽게 이해할 수 있게 해준다.[15] 즉 한 법질서의 결정원칙이 법전화 형태로 존재한다면, 판결이라는 법적 결정에 대한 정당화 요구는 특수한 방식으로 축소된다. 다시 말해 법전으로 제정된 규범은 통상 — 적어도 이 규범이 헌법의 한계 내에서 움직이는 이상 — 법전화한 규범의 토대가 되었고 이 규범을 정당화했던 결정원칙을 굳이 원용하지 않고서도 곧장 판결의 내용을 정당화할 수 있다.

법공동체가 당사자들 사이에 다툼이 있는 법적 문제에 대해 그때그때 새롭게 대답해야 하도록 결정실무를 조직화한 때는 대답의 내용적 정당성[16]을 늘 처음부터 끝까지 새롭게 표현해야만 한다. 즉 이런 식의 표현은 기본적인 법원칙을 또다시 원용해야 하고, 그래야만 다툼이 있는 법적 문제에 관한 결정이 합의한 원칙으로부터 도출된다는 사실을 밝힐 수 있다. 결정실무가 이런 식으로 조직된 경우 판결의 내용적 정당성과 관련된 정당화 요구는 원칙적으로 무제한이다. 이러한 고려에 비추어 보면 법전편찬과 세분화한 법관법이 없는 법질서에서는 분쟁 당사자들이 결정의 내용적 '정당성'에 관한 표현보다는 신판(神判), 결투, 신원증명(Leumundszeugnis; 소송에서 당사자의 평판에 대한 증언을 중시한 중세 재판제도의 한 측면. 오늘날에는 범죄경력이 없다는 증명서의 의미로 사용한다

15 이에 관한 자세한 서술은 *Hassemer*, 'Rechtsphilosophie', in: Axel Görlitz(Hrsg.), Handlexikon zur Rechtswissenschaft, 1972, S. 333 이하 참고.

16 여기서는 **내용적** 정당성만이 중요하다. 물론 당사자들이 자신들이 내세우는 서로 다른 법적 주장에 관한 결정을 이 결정의 내용과는 관계없이 그저 일정한 절차를 거쳤다는 이유만으로 수용하는 것 역시 얼마든지 가능하다.

—옮긴이)과 같이 일정한 의례(儀禮)에 따른 절차를 준수했다는 사실 때문에 결정을 수용하는 경향이 더 강한 이유를 이해할 수 있다.

이에 반해 법관의 행위가 법전화한 규범을 근거로 삼을 수 있을 때는 판결의 정당화와 관련된 요구는 다른 식으로 충족된다. 즉 결정의 근거를 제시할 때 법전화한 규범 자체를 정당화해야 할 필요가 없게 된다. 이 규범 자체가 '구속력(효력)'을 갖기 때문이다. 따라서 이 경우 결정의 '정당성'에 관한 표현은 단지 판결이 규범으로부터 도출된다는 사실을 밝히는 것일 뿐, 그 토대가 되는 법원칙을 밝혀야 할 필요는 없다. 심지어 판결의 근거를 제시할 때 법원칙을 원용하면 의심의 대상이 된다. 즉 법전화 체계 내에서 '신의성실', '선량한 풍속' 또는 '비난받아 마땅함' 등과 같은 법원칙을 원용해 자신의 결정을 정당화하는 법관은 그가 법전화한 규범을 회피 또는 왜곡한다거나 근본적인 법원칙을 구체화한 법전을 진지하게 고려하지 않는다는 혐의를 받게 된다. 이 점에서 법전화 중심의 결정실무 체계에서는 법전이 그저 형식적인 관할 규칙을 준수해 형성된 입법자의 지시를 모아놓은 총합이 아니라, 근본적 법원칙을 표현한 것으로 여겨진다는 사실을 충분히 이해할 수 있다.

이처럼 법전편찬을 통해 판결이라는 법적 결정에 대한 정당화 요구를 축소하기 위해서는 법전화한 규범이 합의된 법원칙을 표현한다는 전제조건이 충족되어야 한다. 그럴 때만 법전화한 규범을 원용하는 것이 동시에 규범의 토대가 되는 법원칙을 원용하는 것과 같은 의미가 된다. 즉 법전화한 규범은 법원칙에 기초한 결정지침을 법적 결정으로 옮겨놓는 기능을 한다.

법전편찬이 법관의 행위와 관련해 갖는 기능을 이런 식으로 서술할 수 있다는 점은 이 기능이 상실될 때 더욱 분명하게 드러난다. 즉 법전화한 규범이 '시대에 뒤떨어지게' 되거나(다시 말해 이 규범을 입법자가 폐기하거나 개정하지 않았는데도 판례가 오랜 기간에 걸쳐 이 규범을 적용하지 않거나) 법관이 개별사례에서 법전화한 규범을 적용하지 않고 근본적 법원칙을 원용하면(예컨대 구체적 사례에서 법전화한 규범을 적용하면 평등원칙, 사회국가 원칙 또는 인간의 존엄을 침해하는 결과를 낳는 경우) 법전편찬이 법관의 행위와 관련해 갖는 기능이 더욱 분명하게 드러난다. 이와 같은 사례에서 판결은 법전화한 규범이 법원칙을 표현하는 기능을 부정하는 셈이다(이 점을 판결이 명시적으로 표명하는지는 중요하지 않다). 즉 법전화한 결정지침이 합의된 근본적 법원칙에 기초하지 않는다거나 심지어 관련된 구체적 사례 또는 이와 유사한 사례집단 전체에서 법원칙을 위반한다고 보는 셈이다. 이렇게 되면 법전화한 규범이 판결에 대한 정당화 요구를 축소한다는 측면이 배제되어 판결의 '정당성'을 다시 근본적 법원칙을 원용해 표현해야만 한다. 이때 결정의 결과를 지탱할 수 있는, 다른 법전화한 규범을 활용할 수도 있지만, 그렇지 않다면 판결은 근본적 법원칙 자체를 원용하지 않을 수 없다.

5.2.2.4 법의 실정화

법전에 법원칙을 표현하는 것은 루만(Niklas Luhmann)이 '법의 실정화(Positivierung des Rechts)'라고 부르는 현상[17]의 핵심 조건이다. 법의 실정화는 법체계의 구조를 불변의 '자연법'으로부터 원칙적으로 변경 가능한 제정법으로 전환한다는 뜻이다. 역사적으로 볼 때, 유일하게 '정당한' '옛' 법의 지배는 법규칙의 우연성에 대한 경험으로 대체되었고, 입법자는 새롭게 성립한 규율 문제를 해결하기 위해 우연적인 법규칙을 "'국가생활'의 일상 업무"[18]처럼 활용한다. 입법자인 지배자의 개인적 인격과 역할을 분리하고, 입법제도가 분화하면서 입법자는 그가 예전에 사용한 법에 대한 구속에서 점차 벗어나게 되고, 따라서 법의 변경은 이제 법파괴 또는 불복종이 아니라 법체계를 둘러싼 환경의 요구가 변경되었다는 사정에 대응하기 위한 체계의 기능으로 여겨진다.

이렇게 법체계의 구조가 법의 실정화로 전환함으로써 '정당한' 법의 토대는 이제 더는 규칙이 이미 존재한다는 사실이 아니라 규칙을 제정한다는 사실이다.[19] 이를 통해 법체계는 사회적 변화에 대처하고 '사회의 변경을 위한 도구'[20]가 될 수 있다. 따라서 법전편찬을 통해 계속 변화하는 법은 확립된 질서의 원칙에 대한 고정성을 상실하고, '상승한 선별성(Selektivität)'[21]을 획득한다. 이로써 판결에 앞서 존재하고(이 점에서 판

---

17 이와 관련해서는 특히 *Luhmann*, Rechtssoziologie, 4. Aufl. 2008, S. 190 이하, 294 이하 참고. 또한 *ders.*, Rechtssystem und Rechtsdogmatik, 1974, S. 24 이하도 참고.

18 *Luhmann*, Rechtssoziologie, 4. Aufl. 2008, S. 196.

19 *Luhmann*, Rechtssoziologie, 4. Aufl. 2008, S. 203.

20 *Luhmann*, Rechtssoziologie, 4. Aufl. 2008, S. 294.

결을 정당화하는) 과거의 지속적인 규칙 역시 이제는 임의적으로 처분할 수 있고, 제정과 결정의 대상이 된다. 그리하여 과거의 규칙은 단지 선택한 대안이었을 뿐이라고 여겨지며, 규칙에 대한 요구가 변화하면 얼마든지 다른 적절한 규칙으로 대체할 수 있다고 생각한다.

5.3 법적 사례에 관한 결정에서 법전편찬이 지닌 의미

법적 규칙을 법전편찬을 통해 표현하는 일은 이 규칙들이 어떤 식으로든 법적 사례에 관한 구체적 결정에서 관철될 때만 실질적인 영향을 미칠 수 있다. 즉 법관이 결정을 내릴 때 법적 규칙을 준수할 때만 이 규칙이 관철된다. 따라서 법전편찬 중심의 법질서는 법관이 법전에 '구속'된다는 예상에 기초한다.

5.3.1 법관의 자유와 구속

물론 '법관의 자유와 구속'이라는 주제는 법전편찬 중심의 법체계 이전에도 그리고 이러한 법체계와 무관하게 이미 법이론의 일반적 주제에 해당했다. 즉 한 국가의 법질서가 결정규칙을 법전의 형태로 규율하는지, 법적 사례를 평등하게 취급한다는 원칙을 법관법을 통해 처리하는지 또는 판결이 미학적 원칙에 구속되는지[22]에 관계없이 이 주제는 언제나 법관의 행위 자유를 제한하는 문제와 관련된다. 이 제한은 두 가지 관점에서 서술할 수 있다. 하나는 결정 대안들 가운데 어느 하나를 선택한다는 관점이고, 다른 하나는 선택된 대안을 정당화하기 위해 사용되는 논거(또는 논거형태)를 선택한다는 관점이다.

---

21 *Luhmann*, Rechtssoziologie, 4. Aufl. 2008, S. 204. "따라서 법의 실정성은 궁극적으로 법의 상승한 선별성으로 파악할 수 있다."

22 이에 관해서는 예컨대 *Simon*, Rechtsfindung am byzantinischen Reichsgericht, 1973, S. 13 이하, 22 이하 참고.

법관의 구속을 통해 달성하려는 목표 역시 두 가지 방향으로 이해할 수 있다. 첫째, 법관의 구속이 결정의 결과를 더 정확히 예측할 수 있게 해준다는 점이다. 즉 당사자들이 법관의 행위에 충분히 대처할 수 있고, 이로써 법규범이 낳는 사회적 결과를 더 안정적으로 기대할 수 있다. 행위의 결과를 더 정확히 예견할 수 있을수록 행위 결과가 행위자의 대안을 규정하는 정도도 높아지기 때문이다. 둘째, 법관이 결정을 통해 비로소 효력을 갖는 것이 아니라 사전에 주어져 있는 결정 기준(예컨대 법률규범)에 구속된다는 것은 이 결정을 심사하기 위한 전제조건이고, 이와 동시에 사법부를 신뢰하기 위한 전제조건이다.

미리 주어진 결정규칙에 구속된 법관의 행위만이 이 규칙의 준수 여부에 비추어 평가 대상이 될 수 있다. 법관의 구속이 최소한으로 축소되는 경우 — 예컨대 '정당한 결과'에 도달해야 할 의무만으로 축소되는 경우 — 일지라도 이 최소한의 구속만으로도 결정을 심사하기 위한 토대가 되기에 충분하다. 물론 '정당한 결과'에 관한 사고가 사전에 존재하고 있어야 한다.

이렇게 볼 때 법관의 구속은 일관성 있는 사법부라면 당연히 갖추어야 할 필수적 요소이다. 이 점에서 법전화한 법체계는 이 구속을 더 강화해 법률을 법관 구속의 요소로 만든 셈이다.

5.3.2 법관 구속의 법률적 토대

"사법권은 독립이며, 법률에만 복종하는 법원을 통해 행사된다(법원조직법 제1조)." "법관은 독립이며 법률에만 복종한다(기본법 제97조 제1항)." "입법은 헌법질서에 구속되고, 행정권과 사법은 법률과 법에 구속된다(기본법 제20조 제3항)." 이 규정들이 보여주듯이 우리 법질서의 핵심적인 지점에서 법관의 자유는 근본적으로 제한되어 있다. 여기서 한 걸음 더 나아가 기본법 제103조 제2항(이 조항은 형법 제1조와 일치한다)은 이른바 '유추금지'와 '소급처벌금지'를 통해 형사판결과 관련해 법관의 법률구속을 더욱 강화한다. "행위는 이 행위가 저질러기 전에 그 가벌성이 사전에 법률로 확정되어 있을 때만 처벌될 수 있다."

법관의 법전에 대한 구속을 뒷받침하는 이러한 규정들에서는 근대의 사법부와 관련된 또 다른 핵심원칙도 표현되어 있다. 그것은 바로 법관의 독립이다.[23] 법관의 법률구속과 법관의 독립이라는 이 두 원칙은 서로 기능적 연관성을 맺고 있고, 핵심적 의미를 지닌 법치국가적 성취를 표현한다. 즉 법전에 표현된 법적 사고가 판결이라는 법적 결정으로 전환되는 일은 전환을 담당하는 기관인 법관에게 개인적 및 실질적 독립성이 보장될 때만 비로소 방해를 받지 않고 가능하게 된다.[24]

5.3.3 법률구속에 대한 비판

최근에 발전한 법이론적 접근방법만이 법원조직법의 법치국가적 토대를 뒤흔든다는 의심을 받는 것은 아니다. 이미 오래전부터 기본법 제20조 제3항에 '법률과 법'에 구속된다고 규정한 헌법제정자의 표현을 근거로 법률문언에 대한 법관의 엄격한 구속에 의문을 제기했다.[25] 유추금지 역시 법관의 자유에 대한 효율적인 제한장치가 되지 못한다고 밝혀졌다.[26] 가벌성의 한계가 법관의 해석 활동과는 관계없이 곧장 형법의 문언으로부터 도출되지는 않기 때문이다.[27] 즉 법관 스스로 이 한계를 구성하고, 법관의 결정 권한을 넘어섰다는 사실을 의심의 여지 없이 확인할 수 있게 해주는 확실한 기준이 존재하지 않는다.

모호하고 애매한 법률 개념을 완전히 제거할 수 없고 법관이 지닌 선이해의 다양성

---

23 이에 관한 포괄적 연구로는 *Simon*, Die Unabhängigkeit des Richters, 1975; *Arthur Kaufmann*, Richterpersönlichkeit und richterliche Unabhängigkeit, in: *Jürgen Baumann/Klaus Tiedemann*(Hrsg.), Einheit und Vielfalt des Strafrechts. Festschrift für Karl Peters zum 70. Geburtstag, 1974, S. 295 이하 참고.

24 법관의 독립이라는 원칙의 역사적 전개 과정에 관해서는 *Simon*, Unabhängigkeit(각주 23), S. 1 이하, 41 이하 그리고 이 원칙의 제한에 관해서는 S. 21 이하 참고.

25 이에 관해서는 예컨대 *Maihofer*, Die Bindung des Richters an Gesetz und Recht(Art. 20 Abs. 3 GG), 1960; *Arthur Kaufmann*, Gesetz und Recht, in: *ders.*, Rechtsphilosophie im Wandel. Stationen eines Weges, 2. Aufl. 1984, S. 131 이하 참고.

26 이에 관해서는 특히 *Arthur Kaufmann*, Analogie und Natur der Sache. Zugleich ein Beitrag zur Lehre vom Typus, 2. Aufl. 1982; *Hassemer*, Tatbestand und Typus. Untersuchungen zur strafrechtlichen Hermeneutik, 1968, S. 160 이하 참고.

27 이에 관해 자세히는 *Hassemer*, Strafrechtsdogmatik(각주 5), S. 39 이하 참고. 또한 *Yi, Sang-Don*, Wortlautgrenze, Intersubjektivität und Kontexteinbettung, 1992도 참고.

과 차이에 대한 인식에도 불구하고 법관은 법률에 엄격히 구속되어야 한다고 고집하는 일은 분명 난센스이다. 법관은 그렇게 할 수 없기 때문이다. 얼핏 보기에는 법치국가적으로 정당화되는 듯한 이 법률구속 요청은 판결이 실제로 엄격히 법률규정에 구속되는 결과를 낳는 것이 아니라, 오히려 판결이 마치 법률에만 따르는 것처럼 여겨지게 만드는 잘못된 결과를 낳는다. 즉 법관의 행위가 법률문언이 지닌 의미의 범위를 사례에 비추어 법률을 해석하면서 비로소 구성한다는 생각[28]이 옳다면, 법률구속을 '엄격하게' 파악할지라도 이 사실 자체를 변경할 수는 없으며, 오히려 이 사실을 은폐하는 방향으로 작용할 수 있다. 법관의 행위와 관련된 이러한 조건과는 반대로 맹목적인 법률복종을 의무로 삼는 판결은 다른 대안이 없으므로 여전히 이 조건에 따르게 된다. 하지만 이와 동시에 법률복종 의무를 충족하기 위해 이 조건의 해석과 관련된 불확실한 상황 요인들을 은폐한 채, 마치 법률의 완결성, 안정성, 불변성이 확보된 것처럼 표현하게 된다. 이렇게 되면 법관 구속이라는 법치국가적 명령이 방지하고자 하는 현상이 발생하게 된다. 즉 판결이 변경될 수밖에 없다는 사실과 이 사실을 규정하는 요인들이 불투명한 상태로 남게 된다.[29]

어떠한 법률도 판결의 전개 과정을 완벽하게 규정할 수 없다. 법률이 공포되는 즉시 법률이 지시하는 내용은 법관이 처리할 수 있는 대상이 되고, 설령 입법자가 썩 달갑지 않게 여기는 판결 때문에 법률을 개정할지라도 이 개정법률 역시 공포와 동시에 법관의 처리 대상이 된다.[30] 바로 이 점이 헌법에 규정된 법관의 독립이라는 명령의 내용적 측면이다. 그리고 법률규정이 지닌 의미의 범위를 확정하는 것과 관련된 내용은 법관의 자유와 구속이라는 현상에도 그대로 해당한다. 즉 오로지 법관의 행위만이 법관의 법률구속이 어느 정도까지 영향을 미치는지를 확정한다. 물론 법관의 필연적 자유와 관련된 요인들을 아무렇게나 처리할 수 있다는 뜻이 아니라 법관의 법률구속 자체가

28 이 테제의 전개에 관해서는 *Hassemer*, Tatbestand(각주 26), 특히 S. 118 이하, 127 이하 참고.

29 이 측면에 관해 포괄적인 자료를 제시하고 있는 *Rüthers*, Unbegrenzte Auslegung(각주 6) 참고. 또한 *Ransiek*, Gesetz und Lebenswirklichkeit. Das strafrechtliche Bestimmtheitsgebot, 1989, S. 87 이하도 참고.

30 이에 관해서 자세히는 *Hassemer*, Rechtstheorie, Methodenlehre und Rechtsreform, in: Rechtstheorie(각주 11), S. 27 이하; *Larenz*, Die Bindung des Richters an das Gesetz als hermeneutisches Problem, in: *Forsthoff/Weber/Wieacker*(Hrsg.), Festschrift für Ernst Rudolf Huber, 1973, S. 291 이하; *Arthur Kaufmann*, Richterpersönlichkeit(각주 17), S. 299 이하 참고.

법관의 해석권 아래 있다는 뜻이다. "그렇다면 구속 자체도 도그마틱의 해석 대상이 되고, 따라서 도그마틱은 구속으로부터 자유를 도출할 수 있다."[31]

그러므로 사례에 관한 결정을 단순히 법률문언에 대한 포섭으로 파악하는 식으로 법관의 법률구속을 이해하는 것은 불가능하다. 법관은 '법률의 입(몽테스키외)'이 아니라 법률을 창조적으로 다룬다.[32]

5.3.4 법률구속의 가능성

이러한 중간결론을 토대로 법관의 행위를 구속하는 효율적인 요소는 법률이 아니라 법관의 행위 자체에 포함되어 있다고 추측할 수 있다. 즉 법관은 자신의 결정 활동의 결과에 구속된다고 추측할 수 있다. 이러한 추측은 법전편찬이 없거나 최소한에 그치는 법체계도 '구속되고' 일관된 판결을 실현한다는 점에 대한 인식을 통해서도 타당성이 확인된다. 비록 대륙법 법이론에서는 '판례법(case law)'의 방법론이 아직 제대로 밝혀져 있지 않지만,[33] 개별사례에 관한 결정으로부터 결정규칙을 추출하고 이를 계속 체계적으로 발전시켜 나가는 법체계[34] 역시 장래의 사례에 관한 결정에 구속력을 행사하

---

31 *Luhmann*, Rechtssystem(각주 17), S. 16. 또한 이 점을 요약적으로 서술하고 있는 *Kilian*, Juristische Entscheidung und elektronische Datenverarbeitung. Methodenorientierte Vorstudie, 1974, S. 55-82도 참고.

32 이에 관해서는 예컨대 *Larenz*, Kennzeichen geglückter richterlicher Rechtsfortbildungen, 1965; *Langenbucher*, Die Entwicklung und Auslegung von Richterrecht. Eine methodologische Untersuchung zur richterlichen Rechtsfortbildung im deutschen Zivilrecht, 1996 참고.

33 법전편찬 중심의 법질서를 염두에 둔 법이론이 판례법에 관심을 기울이지 않는다는 사실은 예컨대 현재 가장 두껍고 포괄적인 법학방법론 교과서인 *Larenz/Canaris*, Methodenlehre(각주 8)에서 판례법을 다루는 내용이 없다는 점에서도 확인할 수 있다(단지 S. 252 이하에 법관법의 형성과 관련해 '선례'가 갖는 의미를 다루는 내용만이 있을 따름이다). *Röhl*, Allgemeine Rechtslehre, 3. Aufl. 2008, S. 562 이하도 마찬가지이다.

34 판례법 전통에 관한 독일어 문헌으로는 특히 *Radbruch*, Der Geist des englischen Rechts, 5. Aufl. 1965; *Esser*, Grundsatz und Norm in der richterlichen Fortbildung des Privatrechts, 4. Aufl. 1990, 특히 X장 '판례법에서 원칙과 규칙'; *Strache*, Das Denken in Standards. Zugleich ein Beitrag zur Typologik; *Schlüchter*, Mittlerfunktion der Präjudizien, 1986, 특히 S. 83 이하 참고. 그리고 *Esser*, Vorverständnis und Methodenwahl in der Rechtsfindung. Rationalitätsgrundlagen richterlicher Entscheidungspraxis, 2. Aufl. 1972에도 판례법 체계의 방법론적 지침에 관한 여러 가지 내용이 담겨 있다.

는 방식으로 작용한다는 점을 얼마든지 이해할 수 있다. 우리가 법전편찬 중심의 법질서에서 이루어지는 법관의 법창조적 활동에 관해 알고 있는 모든 내용에 비추어 볼 때 판례법 체계에서도 법관의 구속이 대륙법 체계에서보다 더 느슨하지 않다고 생각해도 무방하다.

5.3.4.1 해석규칙을 통한 구속

법학방법론은 법관의 결정 활동을 단순히 법률문언의 준수를 넘어 법률 자체를 다루는 방식까지 규율하는 규칙에 구속하기 위해 이른바 해석방법 또는 해석규칙을 발전시켰다.[35] 즉 법률문언의 의미에 대한 구속(문법적 해석), 해당하는 법률규정의 의미 연관성에 대한 구속(체계적 해석), 구체적인 입법자가 해당하는 규범을 통해 추구했던 규율목적에 대한 구속(역사적 해석), 해당하는 규범에 현재 객관적으로 표현된 규율목적에 대한 구속(목적론적 해석) 그리고 헌법의 원칙적 가치 결정에 대한 구속(헌법합치적 해석)이라는 규칙을 발전시켰다. 이러한 규칙을 준수하면서 법률을 다루게 되면 아마도 법관의 선택 폭이 줄어들고, 이로써 법률에 대한 구속을 강화할 수 있을지 모른다.

이러한 해석방법을 얼핏 보기만 해도 해석방법 자체도 해석이 필요하다는 사실을 알 수 있다. 물론 예컨대 법률의 동기가 명확하게 밝혀진 경우처럼 이상적인 상황에서는 입법자의 의지를 분명하게 확인할 수 있다. 하지만 기본법의 '원칙적 가치 결정'이나 규범의 '객관적 규율 목적'에 대한 물음[36]을 제기하면 결코 명확한 결론에 도달할 수 없다.

결정상황에서 설령 개별 해석규칙에 따른 지침이 명확할지라도 이것만으로는 법관이 특정한 결론의 결정에 구속되는 것은 아니다. 즉 해석규칙에 관한 메타 규칙(Meta-Regel)이 존재하지 않는다.[37] 다시 말해 법관에게 사례에 따라 특정한 방법을 적

---

35 이에 관한 기본적인 내용은 *Larenz/Canaris*, Methodenlehe(각주 8), S. 133-186; *Rüthers*, Rechtstheorie, 8. Aufl. 2015, S. 421-499; *Röhl*, Allgemeine Rechtslehre(각주 33); 본서의 6장('법학적 해석학과 규범해석') 참고.

36 이에 관해서는 *Naucke*, Der Nutzen der subjektiven Auslegung im Strafrecht, in: Festschrift für Karl Engisch zum 70. Geburtstag, 1969, 특히 S. 280 이하 참고.

용하도록 지시하는 지침은 존재하지 않는다. 서로 다른 해석규칙에 따라 '정당한' 규범 이해와 관련해 서로 다른 결론에 도달하는 것이 보통이기 때문에 해석규칙은 법관이 법률에 엄격하게 구속되도록 보장하지 못한다.

5.3.4.2 법관법을 통한 구속

이에 반해 법관법, 즉 이른바 '선례'는 (적어도 사실상으로는) 구속력을 행사한다.[38] 오랜 전통을 거쳐 판례가 처리, 변경, 확립한 결정원칙, 문제의 세분화, 문언의 의미에 관한 확인, 제도 등은 단순히 사실상으로 준수되고 계속 확정된다는 이유만으로 준수를 요구하는 것이 아니라 이 원칙 등이 '정당'하다고 주장하기 때문에, 다시 말해 합의된 법원칙을 표현한다고 주장하기 때문에 준수를 요구한다(때로는 법전화한 규범과 별개로 또는 심지어 이에 반해서까지 이 주장을 제기한다).

법관의 행위는 법관법의 이 기능에 대처한다. 만일 세분화한 법관법이 존재한다면,[39] 법관의 논증은 법관법을 통해 구체화한 규범 자체가 아니라 법관의 판결이 문제를 세분화한 내용을 먼저 다루어야 한다. 사례 결정은 일반적으로 인정되는 법관법 규칙(또는 일반적인 '통설')을 지적하는 것만으로 (축약적으로) 정당화될 수 있다. 즉 법관이 직접 규칙을 수립해 정당화할 필요가 없다.

하지만 법관법을 통한 구속이 단지 사실상의 구속작용일 뿐이라는 점은 반대되는 예를 통해 알 수 있다. 즉 법관은 얼마든지 법관법에서 벗어난 판결을 선고할 수 있다. 다

---

37 이 점을 밝히는 문헌으로는 특히 *Esser*, Vorverständnis(각주 34), S. 124 이하('방법다원주의') 참고. 이 밖에도 *Kriele*, Theorie der Rechtsgewinnung, entwickelt am Problem der Verfassungsinterpretation, 2. Aufl. 1976, S. 85 이하; *Larenz*, Bindung(각주 30), S. 294; *Hassemer/Kargl*, Nomos Kommentar StGB, 4. Aufl. 2013, § 1 Rn. 119 이하; *Mastronandi*, Juristisches Denken. Eine Einführung, 2. Aufl. 2003, S. 166 이하도 참고.

38 이에 관해서는 *Larenz*, Über die Bindungswirkung von Präjudizien, in: *Fasching/Kralik*(Hrsg.), Festschrift für Hans Scupin zum 75. Geburtstag, 1969, S. 247 이하; *Germann*, Präjudizien als Rechtsquelle, 1960; *Kriele*, Theorie(각주 37), S. 247 이하, 258 이하; *Schlüchter*, Präjudizien(각주 34), 특히 S. 83 이하, 111 이하 참고.

39 이러한 세분화에 해당하는 예로는 민법의 '신의성실', 형법의 부작위범과 관련된 보증인적 지위, 행정법의 '행정행위' 개념 등이 있다.

시 말해 법률구속 요청의 형식적 엄격성 때문에 선례에 구속되지 않는다. 하지만 법관이 법관법에서 벗어나면 자신의 결정을 정당화하기 위해 상당히 큰 논증 부담을 짊어지게 된다.

5.3.4.3 법도그마틱을 통한 구속

법학의 지원을 받아 법관이 형성한 규칙을 체계화하고 개념으로 집약하거나 수정하면서 하나의 규율체계를 정립하는 법도그마틱 역시 법관법과 유사한 방식으로 구속력을 행사한다.[40] 법도그마틱은 법률과 판결 사이의 중간쯤에 해당하는 추상도를 지닌 상태에서 결정규칙을 발전시키는데, 이 규칙이 관철되면 사실상 법관을 구속한다. 법도그마틱은 그 자체 법률을 구체화하는 것일 뿐만 아니라 나름의 기준(이 기준은 당연히 가변적이다)에 따라 법률의 의미와 내용을 구성하기도 한다.[41] 법도그마틱이 최소한 사실상으로나마 판결을 구속하는 것은 법도그마틱이 지닌 안정화와 세분화 기능 덕분이다. 즉 법도그마틱은 가능한 결정 대안의 범위를 축소하고 문제를 명시적으로 표시해 체계화하며 쟁점이 무엇인지를 확정하고 활용할 논거의 형태를 제시함으로써 사례에 관한 결정 가능성을 높인다. 이 점에서 법관은 법도그마틱이라는 보조수단에 힘입어 비로소 법률을 일관되게 다룰 수 있게 되고, 섬세한 구별을 인식할 수 있게 되며, 사례들을 분류해 자신의 결정이 전체 체계에서 차지하는 위치를 분명하게 설정할 수 있게 된다.

---

40 이에 관해서는 *Esser*, Dogmatik zwischen Theorie und Praxis, in: *Fritz Bauer*(Hrsg.), Funktionswandel der Privatrechtsinstitutionen. Festschrift für Ludwig Laiser, 1974, S. 517 이하; *Krawietz*, Was leistet Rechtsdogmatik in der richterlichen Entscheidungspraxis?, in: ÖZöR 23(1972), S. 47 이하; *Luhmann*, Rechtssystem(각주 17), 특히 S. 15 이하, 24 이하; *Viehweg*, Zwei Rechtsdogmatiken, in: Philosophie und Recht. Festschrift für Carl August Emge, 1960, S. 106 이하; *Wieacker*, Zur praktischen Leistung der Rechtsdogmatik, in: Hermeneutik und Dialektik. Festschrift für Hans-Georg Gadamer, Bd. II. 1970, S. 311 이하; *Hassemer*, Strafrechtsdogmatik(각주 5), 특히 S. 17 이하, 146 이하, 208 이하 참고.

41 *Hassemer*, Strafrechtsdogmatik(각주 5), S. 211.

5.3.4.4 비공식적 프로그램을 통한 구속

여기서 '법관법' 또는 '법도그마틱'으로 부르는 것을 — 방법론적 관점에 비추어 보더라도 — 지나치게 추상적으로 파악해서는 안 된다. 즉 법관법 또는 법도그마틱은 주석서나 교과서에서 찾아볼 수 있고 법과대학 강의에서 가르치고 배우는 결정지침과 같은 어떤 '공식적 프로그램'으로만 이해할 필요가 없다. 법관의 행위와 관련해 명시적으로 표현되지 않은 규칙이라는 '비공식적 프로그램'[42] 체계도 법관법이나 법도그마틱에 속한다고 이해해야 한다.[43]

예컨대 모든 형태의 소송에서 이루어지는 증거평가나 형법의 양형과 같이 법관의 결정 활동에서 중요한 비중을 차지하는 영역이 이러한 비공식적 프로그램에 속한다. 즉 특정 증언의 일부만이 신빙성이 있다거나 특정한 범죄에 대해 정확히 1년 3개월의 자유형을 선고해야 한다는 결론을 법률, 법도그마틱, 선례에 표현된 결정지침으로부터 완벽하게 도출해내는 일은 애당초 불가능하다. 이 결론을 학습하려는 사람은 이미 능숙하게 이러한 결론을 도출할 줄 아는 다른 사람에게 물어봐야 한다. 다시 말해 다른 법률가들이 어떻게 하는지를 관찰하거나 그들에게 물어봐야 하지, 그저 문서만 읽어서 학습할 수 있는 것은 아니다.

특히 소송법에서는 이러한 비공식적 구체화 기술이 공식적 결정프로그램보다 훨씬 더 중요한 역할을 하고,[44] 실체법을 다루면서 법률과 사안을 매개할 때도 이 프로그램이 영향을 미친다. 예컨대 이른바 '(판결의) 결과 고려(Folgenberücksichtigung)'처럼 최근 들어 법관의 해석 활동의 대상으로 활발한 논의가 이루어지는 문제에서 이 점이 뚜렷이 드러난다.[45] 법관이 어느 경우에 자신의 결정이 낳을 결과를 얼마만큼 고려해야

42 공식적 결정프로그램과 비공식적 결정프로그램이라는 개념과 이에 관한 개관으로는 *Hassemer*, Informelle Programme im Strafprozeß, in: Strafverteidiger 1982, S. 377 이하 참고.

43 *Hassemer*, Informelle Programme(각주 42), S. 381.

44 그 이유는 소송에서 법관은 '상황 이해(szenisches Verstehen)'를 거쳐야 하기 때문이다. 이에 관해서는 *Hassemer*, Einführung in die Grundlagen des Strafrechts, 2. Aufl. 1990, S. 122 이하 참고.

45 '결과 고려'에 관해서는 *Lübbe-Wolff*, Rechtsfolgen und Realfolgen. Welche Rolle können Folgenerwägungen in der juristischen Regel- und Begriffsbildung spielen?, 1981; *Deckert*, Folgenorientierung in der Rechtsanwendung, 1995; *Hassemer*, Über die Berücksichtigung von Folgen bei der Auslegung der

만 하는지의 문제가 법률에 명문으로 규정되는 일은 예외이고(예컨대 형법 제46조 제1항 2문; 양형사유), 그마저도 대개는 막연한 내용에 그칠 따름이다. 이처럼 결과 고려가 법률에 규정되어 있을지라도 — 독일처럼 법정책적으로 논증하는 법문화[46]에서는 더욱 더 — 법관이 부정적 결과를 피할 수 있도록 결정을 내리는 데 장애 요소로 작용하지 않는다.

주어져 있는 결정프로그램에 대한 법관의 구속이라는 관점에서 보면 '비공식적 프로그램'은 중요한 의미가 있다. 통제 가능성이나 제재 자체가 비공식적 성격을 갖는데도 불구하고 이 프로그램은 프로그램의 준수를 통제할 수 있고 프로그램의 위반에 제재를 가할 수 있는 규칙으로 구성되어 있기 때문이다.[47] 따라서 비공식적 프로그램은 법관의 결정 활동의 지침이 되고, 이 활동을 사실상으로 규정한다.

5.3.4.5 아비투스를 통한 구속

실무에 지향된 법학방법론의 최근 경향은 특히 법학적 해석학과 비공식적 프로그램에 관한 이론을 통해 얻게 된 통찰에 기초해 법률과 판결의 관계를 포착한다. 이러한 이론적 경향은 법관이 법률에 대한 고찰과 텍스트 독해를 통해 판결에 도달한다는 사고를 단호히 거부한다. 그보다는 법의 획득과 관련된 실제적 측면에 비추어 물음을 제기하면서 '성공적으로 전문화한 법적 결정'은 '규범적용 규칙의 준수'가 아니라 '법률가들의 아비투스(Habitus)'에 기초한다고 주장한다.[48]

이 주장이 충격적으로 다가올지 모르겠지만, 이 주장의 내용 자체는 너무나도 당연

Strafgesetze, in: Festschrift für Helmut Coing, 1982, Bd. I, S. 493 이하 참고. 법률을 평가할 때 결과에 대한 평가를 체계화하고 경험적 평가의 대상으로 삼는 방법에 관해서는 *Böhret/Konzendorf*, Handbuch Gesetzesfolgenabschätzung, 2001 참고. 그리고 뒤의 6과 11도 참고.

46 이에 관해서는 예컨대 *Walter Schmidt*, Einführung in die Probleme des Verwaltungsrechts, 1982, Rn. 109, 112 이하; *Röhl*, Allgemeine Rechtslehre, 2. Aufl. 2001, S. 405 이하 참고.

47 이에 관해 자세히는 *Hassemer*, Informelle Programme(각주 42), S. 379, 381 이하 참고.

48 *Morlok/Kölbel*, Rechtspraxis und Habitus, in: *Krawietz/Morlok*(Hrsg.), Vom Scheitern und der Wiederbelebung juristischer Methodik im Rechtsalltag — ein Bruch zwischen Theorie und Praxis?, Sonderheft Juristische Methodenlehre der Zeitschrift Rechtstheorie 2001, S. 304. 이 특별호에 실린 다른 논문들도 법학방법론에 관한 새로운 시각을 보여주고 있다.

한 결론이다. 해석학은 법관이 법률과 사례를 결정 이전에 주어진 상태 그대로 발견하는 것이 아니라 지속적인 인식 과정에서 사례에 비추어 법률규범을 구체화하고, 법률규범에 포함된 규범적 전제에 비추어 사례를 차츰차츰 구성해낸다는 점을 밝혔다. 그리고 비공식적 규칙에 관한 이론은 법관의 판결에서 중요한 의미가 있는 결정프로그램 전체가 공식적으로 명문화한 상태로 미리부터 존재하는 것이 아니라 법관의 직업적 일상에 포함된 비공식적 프로그램도 존재한다는 점을 밝혔다. 그렇다면 직업사회학의 고찰방식에서 '묵시적 지식(tacit knowledge)' 또는 '업무를 통해 습득한 지식(Betriebs-wissen)'이라는 용어를 통해 전문가의 핵심적인 행위 양태를 표현하는 내용은 경험 많은 법률가가 습관적 행위에서 규범프로그램과 '사안'을 능숙하게 매개하는 능력을 발휘한다는 사실에도 당연히 해당한다고 말할 수 있다.[49] 이러한 측면은 결코 법학방법론의 종말을 뜻하지 않는다. 오히려 법학방법론이 법실무가 이루어지는 현실적 조건에 초점을 맞추도록 자극하는 계기가 된다.[50]

5.3.5 사실상의 구속과 구속원칙

그렇다면 앞에서 서술한 대로 법관이 법관법이나 법도그마틱의 공식적 및 비공식적 규칙에 구속된다면 과연 이를 통해 법률구속 원칙의 요구를 충족하는 것인지, 만일 충족한다면 어느 정도까지 충족하는 것인지를 묻지 않을 수 없다. 이 물음에 대답하려면 몇 가지 점을 더욱 섬세하게 밝혀야 한다.[51]

첫째, 법률구속 요청이 법관의 행위에 대한 규범적 요청이라는 사실에는 변함이 없다. 법관이 설령 법창조적으로 활동할지라도 법창조가 법률의 제도에 따라 이루어져야 한다는 헌법의 명령은 법률이 아무런 결정규칙을 포함하고 있지 않다거나 헌법에 반하

49 심리학의 시각에서 법관의 행위를 고찰하는 연구도 공식적인 프로그램과 관련이 없는데도 사실상으로 법관의 행위에 구속력을 행사하는 반복되는 일상적 규칙을 밝히고 있다. 이에 관해서는 *Löschper*, Bausteine für eine psychologische Theorie richterlichen Urteilens, 1999, 특히 S. 62 이하, 277 이하 참고.

50 비슷한 관점으로는 *Strauch*, Die Bindung des Richters an Gesetz und Recht — eine Bindung durch Kohärenz, in: KritV 2002, S. 311 이하; *Kudlich/Christensen*, Zum Relevanzhorizont strafgerichtlicher Entscheidungsbedingungen, in: GA 2002, S. 337 이하 참고.

51 아래의 내용에 관해 자세히는 *Hassemer*, NK-StGB, 1. Aufl. 1999, § 1 Rn. 126 이하 참고.

는 결정규칙을 포함한다고 밝혀지지 않는 이상 언제나 구속력을 갖는다. 앞에서 서술한 내용은 법관이 원칙적으로 결정과 관련해 다수의 결정 가능성을 갖는다는 점을 밝혔을 뿐이다. 법관의 자유로운 결정을 극단적으로 주장하는 이론도 법률이 결정 가능성의 한계를 전혀 표시할 수 없다고 주장하지는 않는다.[52]

둘째, 법적 삼단논법을 반대하면서 법관의 법률해석이 지닌 법창조적 성격을 주장하는 해석학적 법이론은 법률문언 자체가 법규범인 것이 아니라 사안에 비추어 이해되고 구체화한 법률이 비로소 법규범이라고 말한다.[53] 이러한 통찰은 당연히 법률구속의 문제와 관련해서도 일정한 결과를 낳는다. 즉 규범의 세분화 정도가 낮을수록 규범을 구체화하는 과정에서 법관을 구속할 여지도 낮아진다. 따라서 법률구속 요청은 법관법과 법도그마틱을 통한 세분화에 비추어 이해해야 한다.[54]

셋째, 법률구속원칙의 목표 — 일관성 있는 판결(평등), 예견 가능한 판결(법적 안정성)[55] — 는 법관법과 법도그마틱의 관점에서 법관의 구속을 이해할 때만 달성할 수 있다. 즉 이럴 때만 한편으로는 일반화할 수 있고(이로써 다수의 사례에 적용할 수 있다), 다른 한편으로는 구체화할 수 있는(이로써 법률구속 요청과 관련된 여러 정보를 제공하고 이 요청의 연결 지점이 무엇인지를 알 수 있다) 결정규칙을 발견하게 된다. 물론 결정규칙 가운데 비공식적인 부분에 대해서는 이것이 제한적으로만 가능하다.

넷째, 최근의 법이론은 판결의 도출(Herstellung)과 판결의 근거에 관한 서술(Darstellung; 판결이유) 또는 법발견과 정당화를 구별해 논의하는데,[56] 이 논의를 수용해 결론의 조건이 되는 요인들과 이 결론을 서술하고 정당화할 때 중요하게 작용하는 요인들을 구별하면 법률구속 요청의 의미를 더 잘 이해할 수 있다.[57] 즉 이 구별을 고려

---

52 이에 관해서는 '자유법론'에 관한 앞의 2.3.4.4 참고.

53 이에 관해서는 *Arthur Kaufmann*, Richterpersönlichkeit(각주 23), S. 203 이하 참고. 카우프만은 아직 구체화하지 않은 법률규범을 '원료'라고 부른다. 이에 관해 자세히는 뒤의 6 참고.

54 물론 그렇다고 해서 법관법과 법도그마틱이 발전시킨 규칙을 법률문언에 비추어(이 점에서 법률구속 요청에 비추어) 비판할 가능성이 배제되지 않는다. 예컨대 형법 제13조가 도입되기 전에 가벌성과 관련된 명문의 법률규정이 없는데도 가벌성을 인정하는 도그마틱은 격렬한 비판 대상이었다.

55 이에 관해서는 *Larenz*, Bindung(각주 39), S. 293 참고.

56 이에 관해서는 뒤의 6.4.3 참고. 이 밖에 *J. Schneider*, Information und Entscheidung des Richters. Zu einer juristischen Entscheidungs- und Kommunikationstheorie automatischer Informationssysteme im Recht, 1980, S. 77 이하도 참고.

하면 법률구속 요청은 각 차원에 따라 다른 모습으로 등장한다.

정당화라는 측면과 관련해서는 구속원칙이 지닌 기능이 분명하게 드러난다. 즉 이때 '법률구속'은 법관이 자신의 결정을 정당화하면서 법률의 언어, 법률에서 이루어진 문제의 세분화, 법률의 결정규칙(물론 구체화가 이루어져야 한다) 그리고 법관법 또는 법도그마틱을 준수해야 한다는 뜻이다. 이를 통해 구속요청의 준수 역시 통제할 수 있다. 더 나아가 이러한 준수는 법관법과 법도그마틱이 계속 발전할 수 있는 전제조건이 된다.

법발견의 측면과 관련해서는 구속원칙은 그야말로 요청이자 동시에 투명하고 합의에 지향된 판결에 대한 요구 또는 '개방된' 도그마틱[58]에 대한 요구이다. 물론 이 요구를 충실히 이행했는지를 객관적으로 통제할 수는 없다. 하지만 그렇다고 해서 이 요구가 아무런 의미도 없다는 뜻은 아니다. 법관이 자신의 활동 조건이 되는 공식적 및 비공식적 과정과 요인들을 명확히 알고 있을 때 비로소 법발견과 정당화가 근접할 수 있기 때문이다.[59] 따라서 대학과 실무에서 법률가를 교육할 때 법관의 행위와 관련된 방법론적 규칙과 경험적 규칙들을 명확하게 학습하도록 만드는 일은 법발견의 측면에서도 법률구속원칙이 관철되기 위한 필요조건이고, 장기적으로 보면 아마도 충분조건이 될 것이다.

---

57 즉 판결 이유에 등장하는 내용(서술)이 반드시 판결 주문의 내용을 낳은 요인(결론)인 것은 아니다.
58 이에 관해서는 특히 *Esser*, Dogmatik(각주 40) 참고.
59 비슷한 견해로는 *Arthur Kaufmann*, Richterpersönlichkeit(각주 23), S. 305 이하 참고.

주요 참고문헌

Hassemer, Winfried, Juristische Hermeneutik, in: *ders.*, Freiheitliches Strafrecht, 2001, S. 15 이하(개관).

Kaufmann, Arthur, Richterpersönlichkeit und richterliche Unabhängigkeit, in: Einheit und Vielfalt des Strafrechts, Festschrift für Karl Peters zum 70. Geburtstag(Ed. Jürgen Baumann und Fritz Tiedemann), 1974, S. 295 이하(심화).

Sonderheft Juristische Methodenlehre der Zeitschrift Rechtstheorie 32: Vom Scheitern und Wiederbelebung juristsichen Methodik im Rechtsalltag — ein Bruch zwischen Theorie und Praxis?(Ed. Krawietz/Morlok), 2001(법학방법론의 최신 경향에 대한 개관).

Mastronardi, Philippe, Juristisches Denekn; Eine Einführung, 2. Aufl. 2003(법학의 고전적 문제에 대해 쉽게 이해할 수 있고 독창적인 관점을 제시하는 입문서).

Pawlowski, Hans-Martin, Methodenlehre für Juristen; Theorie der Norm und desGesetzes; Ein Lehrbuch, 3. Aufl. 1999, Rd. 383 이하(실정법을 특히 강조하는 입문).

6. 법학적 해석학과 규범해석 — 형법적 규범적용 문제를 중심으로

울리히 슈로트

6.1 새로운 해석학 철학

철학적 해석학과 관련된 최근 논의는 통상 슐라이어마허(Friedrich Schleiermacher)에서 시작되었다고 본다.[1] 슐라이어마허는 일반 해석학을 단순히 해석기술을 다루는 학문분과가 아니라 해석기술의 토대가 되는 이해 자체를 다루는 학문으로 이해한다. 텍스트 자체가 오해를 불러일으킨다는 식의 견해는 스피노자의 철학에서만 하더라도 아직 주변적인 문제로 여겨졌던 반면, 슐라이어마허에서는 이 견해가 해석학적 텍스트 이론의 중심에 있는 문제가 되었다. 즉 이제 해석학은 오해를 피하기 위한 기술로 이해된다. 그리하여 슐라이어마허는 텍스트 이론으로부터 해석학 이론을 전개한다. 이해해야 할 텍스트는 개별적 텍스트이다. 모든 이해의 과제는 하나의 텍스트에 담긴 개별적 내용을 사후적으로 밝히는 일이다. 슐라이어마허에 따르면 이해는 두 가지 측면을 갖는다. 첫째, 해석자는 자신이 텍스트 저자와 같은 심리적 상태에 있다고 전제하면서 텍스트의 의미를 밝혀야 하고, 둘째 언어적 연관성인 텍스트를 재구성하는 일도 해석자의 과제이다. 그리하여 해석자는 전체 텍스트와 텍스트의 각 부분이 서로 상응하는 관계에 있도록 만들어야 한다(해석학적 순환). 슐라이어마허는 언어적 연관성인 텍스트를

1 이에 관한 개관은 *Schnädelbach*, Philosophie in Deutschland 1831 bis 1933, 1983, S. 139 이하 참고.

재구성하는 작업과 저자의 관점에서 텍스트를 재구성하는 작업을 위해 해석규칙을 제시한다.[2]

슐라이어마허가 텍스트 해석과 관련해 제시한 규칙들은 명백히 텍스트 해석을 최대한 저자의 견해에 구속하려는 관심에서 비롯된 것이다. 따라서 해석자가 생각하는 내용을 텍스트에 집어넣는 것은 자의적인 텍스트 이해로 여겨졌다. 하지만 이와 동시에 이해는 하나의 과정으로서 끝없는 과제로 여겨졌다. "이해와 해석이라는 이 과제는 지속적이고 차츰차츰 펼쳐지는 총체이고, 이 총체가 진행되는 가운데 우리는 서로서로 지원을 주고받게 된다. 즉 이 과제는 정신이 자기 자신을 찾아가는 점진적인 과정이다."[3] 그리하여 슐라이어마허의 견해에 따르면 해석자는 성공적인 텍스트 이해가 이루어지면 저자가 자기 자신을 이해했던 것보다 더 저자를 잘 이해한다고 한다.

슐라이어마허가 '이해'를 여전히 텍스트 해석의 토대로 여겼다면, 딜타이(Dilthey)는 이해 개념을 정신과학의 토대로 파악한다.[4] 즉 이해는 이제 주체의 개인적 활동이 아니고, 주체는 한 사회의 대표자로서 이해를 수행한다. 이 점에서 이해는 언제나 한 사회의 **전승 맥락에 편입**(Einrücken in den Überlieferungszusammenhang)되는 것이기도 하다. 딜타이는 이해를 한편으로는 심리화한다. 즉 이해는 우리가 감각적으로 주어진 기호로부터 기호로 표현되는 심리 상태를 인식하는 과정이다.[5] 다른 한편 주체는 더는 개별 주체가 아니라 한 사회의 맥락을 대표하는 자로 파악된다. 이 점에서 학문이론적 문제로서의 이해는 딜타이의 관심 대상이 아니다. 오히려 이해는 한 사회에서 언제나 기능하는 어떤 것으로 여겨진다. 그리하여 딜타이가 제기하는 과제는 왜 이해가 그렇게 원활하게 기능하는지에 대답하는 것이다. 이와 관련해 딜타이는 주체들이 '친화성(Verwandtschaft)' 덕분에 서로 이해한다는 견해에 도달한다.

---

2 *Schleiermacher*, Hermeneutik und Kritik, in: *Frank*(Hrsg.), 7. Aufl. 1999, Autographische Notiz, S. 8, 309 이하. 이에 관해 자세히는 *Frank*, Das individuelle Allgemeine; zur juristischen Relevanz der Schleiermacherschen Kanons, 1. Aufl. 1977, Nachdruck 2001; *Coing*, Die juristische Auslegungsmethoden und die Lehre der allgemeinen Hermeneutik, 1959; *Schroth*, Theorie und Praxis subjektiver Auslegung im Strafrecht, 1983, S. 23 이하 참고.

3 *Schleiermacher*, Hermeneutik(각주 2), S. 328.

4 이에 관해서는 *Schnädelbach*, Philosophie(각주 1), S. 199 이하 참고.

5 *Dilthey*, Gesammelte Schriften, Bd. V, 1922, S. 317 이하.

이해를 학문이론적 문제영역에서 완전히 배제한 것은 하이데거이다. 이제 이해는 현존재(Dasein)에 속한다. "현존재는 다른 존재자들 가운데 등장하는 한 존재자가 아니다. 오히려 현존재는 이 존재자의 존재, 즉 존재 자체와 관련을 맺는다는 존재적 특징을 지닌다."[6] 이로써 이해는 실존범주가 된다. 해석은 이해가 존재 이해를 습득하는 과정이다. 그리하여 해석학적 순환의 문제를 새로운 방식으로 표현하는 하이데거에 따르면 이해를 제공해야 할 해석은 곧 해석되어야 할 대상으로 이해되어야 한다.[7]

딜타이와 하이데거의 이해에 관한 사고를 토대로 가다머(Gadamer)는 이해 가능성에 관한 이론구상을 전개한다. 가다머의 견해에 따르면 이해는 이해하는 자가 선이해(Vorverständnis)를 갖고 텍스트에 다가설 때만 비로소 가능하다.[8] 이는 곧 해석자가 텍스트를 **특정한 방향**으로, 즉 해석자의 생활세계로 **향하도록 만든다**는 뜻이다. 텍스트 이해는 이해에 대한 해석자의 관심과 결합한다. 따라서 우리는 텍스트를 이해하기 위해 **우리 자신의 개념**을 사용한다. 이처럼 텍스트 해석의 지침이 되는 선이해 때문에 텍스트에 대한 해석은 언제나 해석자의 현재 의식 상태에 대한 적용이 되기도 한다. 이로써 가다머가 말하는 **해석학적 순환**이 왜 **전승의 운동과 해석자의 운동이 서로 겹치는 현상**으로 이해되는지가 분명해진다.[9] 즉 해석자의 선이해를 통해 텍스트는 이해 과정에서 그때그때 다른 텍스트가 된다. 역으로 텍스트는 해석자의 견해를 바꾸기도 한다. 이 점에서 가다머가 말하는 이해는 재생산 행위가 아니라 언제나 생산적 행위이다. 즉 가다머가 말하는 이해 과정에서는 언제나 두 가지 경험세계가 존재한다. 하나는 텍스트가 작성될 때의 경험세계이고 다른 하나는 해석자의 경험세계이다. 이해의 목표는 이 두 경험세계를 융합하는 것이다.[10]

---

6 *Heidegger*, Sein und Zeit, 18. Aufl. 2001, S. 12.

7 *Heidegger*, Sein(각주 6), S. 152.

8 *Gadamer*, Wahrheit und Methode. Grundzüge einer philosophischen Hermeneutik, 4. Aufl. 1975, 특히 S. 250 이하, 261 이하, 324 이하. 이러한 해석학이 법철학적 맥락에서 지닌 의미에 관해서는 *Arthur Kaufmann*, Die Geschichtlichkeit des Rechts im Licht der Hermeneutik, in: *ders.*, Beiträge zur juristischen Hermeneutik, 2. Aufl. 1998, S. 25 이하 참고. 방법론적 의미에 관해서는 *Esser*, Vorverständnis und Methodenwahl in der Rechtsfindung. Rationalitätsgrundlagen richterlicher Entscheidungspraxis, 2. Aufl. 1972; *Hinderling*, Rechtsnorm und Verstehen, 1971 참고. 가다머의 해석학을 법학에 수용한 역사에 관해서는 *Frommel*, Die Rezeption der Hermeneutik bei Karl Larenz und Josef Esser, 1981 참고.

9 *Gadamer*, Wahrheit(각주 8), S. 250.

가다머는 올바른 해석의 기준을 포기한다. 오히려 텍스트와 해석자 사이에 놓인 시간적 간격을 통해 해석학과 관련된 결정적인 물음, 즉 이해의 전제인 '진정한' 선이해와 텍스트를 '오해'하는 선이해를 분리하는 문제를 해결할 수 있게 해준다고 한다. 해석자 자신의 선이해를 유예하는 일은 물음의 형태로 텍스트에 다가감으로써 이루어진다. 즉 해석자의 선이해 자체를 문제 삼게 됨으로써 선이해도 이해 과정에 편입된다.[11] 그 때문에 가다머의 해석학은 해석자가 이해를 위해 노력할 때 경험세계의 차이를 함께 사고하고, 영향작용사(Wirkungsgeschichte)에 대한 의식을 지녀야 한다는 규범적 요청을 제기한다.[12] 더 나아가 가다머는 해석자에게 '적용 의식(Applikations-bewusstsein)'도 요구한다. 즉 해석자는 텍스트 이해가 언제나 현재에 대한 적용이라는 사실을 알아야 한다는 것이다.[13] 다시 말해 해석자는 자신의 선이해가 단지 가설로만 작용해야 한다는 점도 분명하게 의식해야 한다. 따라서 해석자는 자신의 선이해를 수정할 수 있어야 한다.

6.2 해석학적 철학의 역량과 이 철학에 대한 비판

철학적 해석학이 어떠한 측면에서 법학의 해석이론에 새로운 인식을 불러일으켰고 또 어떠한 측면에서 이 철학에 대한 보충과 비판이 필요한 것일까?

일단 철학적 해석학이 해석과 관련된 방법적 규칙의 한계를 분명하게 밝혔다는 점을 인정해야 한다. 즉 철학적 해석학은 이해 활동에 언제나 창조적 요소가 내재한다는 점을 보여준다. 이 맥락에서는 슐라이어마허처럼 해석을 저자를 '더 잘 이해'하는 것으로

---

10 *Gadamer*, Wahrheit(각주 8), S. 250 이하.

11 *Gadamer*, Wahrheit(각주 8), S. 344 이하.

12 *Gadamer*, Wahrheit(각주 8), S. 324 이하.

13 *Gadamer*, Wahrheit(각주 8), S. 329 이하. 이 문제가 법적 맥락에서 어떠한 의미가 있는지는 *Wieacker*, Zur praktischen Leistung der Rechtsdogmatik, in: *Rüdiger Bubner/Conrad Cramer/Rainer Wiehl*(Hrsg), Hermeneutik und Dialektik. Festschrift für Hans-Georg Gadamer, Bd. II, 1970, S. 311 이하; *Betti*, Zur Problematik der Auslegung in der Rechtswissenschaft, in: *Paul Bockelmann/Arthur Kaufmann/Ulrich Klug*(Hrsg.), Festschrift für Karl Engisch, 1969, S. 205 이하 참고.

보는지 아니면 가다머처럼 단지 '다르게 이해'하는 것으로 보는지는 중요하지 않다.[14]

더 나아가 철학적 해석학은 이해가 삶의 실천에 기초한다는 점을 밝히고 있다. 해석학에서 말하는 공통의 선이해라는 개념은 이해가 삶의 실천에 뿌리내린 현상이라는 점을 잘 보여준다.[15] 이와 관련해 철학적 해석학은 하나의 텍스트에 다가서면서 제기된 해석 가설이 규칙이 수반된 절차에서 발견되는 것이 아니라, 삶의 실천에서 비롯된 가설을 가진 상태에서 이해해야 할 텍스트에 다가서는 것임을 밝힌다. 즉 이해가 선이해를 조건으로 삼아 이루어진다는 사실을 밝힘으로써 해석이 가설을 심사하는 절차라는 점이 분명하게 드러난다.

하지만 방법적 관점에서 볼 때 철학적 해석학은 몇몇 지점에서 더 섬세하게 구성될 필요가 있다. 즉 이해의 선이해 구속성을 더 명확하게 밝혀야 한다.

이해의 선이해 구속성은 슈테그뮐러(Stegmüller)가 자기언어와 관련된 해석의 딜레마(das eigensprachliche Interpretationsdilemma)라고 부른 방법적 문제를 안고 있다.[16] 예컨대 절도죄 구성요건을 이해하기 위해서는 개별 구성요건 표지를 알아야 한다. 하지만 이 구성요건 표지들을 더 정확하고 섬세하게 포착하기 위해서는 다시 절도죄 구성요건 전체를 이해해야 한다.[17] 이 밖에도 이해의 선이해 구속성은 이해가 궁극적으로는 해석자의 관점에 구속된다는 문제점도 안고 있다.[18] 즉 법적 규범에 관한 모든 이해 활동은 해석자가 어떠한 규칙, 어떠한 태도 그리고 어떠한 기대를 내면화했는지에

---

14 이에 관해 자세히는 *Arthur Kaufmann*, Geschichtlichkeit(각주 8), S. 81 이하; *Hassemer*, Tatbestand und Typus. Untersuchungen zur strafrechtlichen Hermeneutik, 1968; *Esser*, Vorverständnis(각주 8) 참고. 이에 대한 비판으로는 *Zimmermann*, Rechtsanwendung als Rechtsfortbildung. Untersuchungen zu einer hermeneutischen Problem, 1977 참고. 이 비판에 대한 재비판으로는 *Lübbe-Wolff*, Rechtsfolgen und Realfolgen. Welche Rollen können Folgenerwägungen in der juristischen Regel- und Begriffsbildung spielen?, 1981, S. 113 이하 참고.

15 이 측면은 아직 충분할 정도로 부각하지 않고 있다. 이 점을 지적하는 문헌으로는 *Peczenik*, Grundlagen der juristischen Argumentation, 1972, S. 197 이하 참고.

16 이 문제와 관련해서는 *Stegmüller*, Rationale Rekonstruktion von Wissenschaft und ihrem Wandel, 1979, S. 37 이하 참고.

17 이 문제의 법학적 측면에 관해서는 *Arthur Kaufmann*, Über den Zirkelschluß in der Rechtsfindung, in: *ders.*(각주 8), S. 65 이하 참고. 이 '순환'을 슐라이어마허는 전체와 부분 사이의 순환이라고 부르고, 히르쉬는 이 '순환' 때문에 저자에 특수하게 해석하고자 한다. 이에 관해서는 *Hirsch*, Prinzipien der Interpretation, 1972, S. 215 이하 참고.

18 이 방법적 문제에 관해서는 *Stegmüller*, Rekonstruktion(각주 16), S. 41 참고.

도 의존한다.[19] 이해의 선이해 구속성에 관한 이론은 슈테그뮐러가 '확증 딜레마(Bestätigungsdilemma)'라고 부르는 현상도 해소해야 한다.[20] 법학에서는 서로 다른 해석 가설에 대해 각 가설을 지지하는 '좋은' 논거를 똑같이 제시할 수 있는 경우가 자주 있다.[21] 그리하여 해석자가 어떠한 해석 가설을 따르고자 하는지는 선이해에 의해 조종되는 해석자의 직관에 맡겨져 있다. 그리고 이해의 선이해 구속성 테제는 텍스트가 해석이 펼쳐지는 역사 속에서 변한다는 언명도 포함한다. 즉 텍스트는 새로운 경험에 직면하면서 다른 텍스트가 된다. 예컨대 법전에 있는 '같은' 규범에 관한 옛날 주석서와 새로 출판된 주석서를 비교해보면 이 점을 곧장 알 수 있다.

그렇다면 철학적 해석학이 표방하는 어떠한 견해가 문제가 있는 것일까?

가다머의 해석학은 텍스트 해석의 기준 자체를 완전히 포기해야 한다는 견해를 표방한다. 하지만 텍스트를 이해할 때 오해가 일상적으로 발생한다는 슐라이어마허의 견해에서 출발한다면, — 최소한 일정한 기간에 걸쳐서나마 — 공통의 텍스트 이해를 가능하게 만드는 해석기준을 밝혀야 할 필요가 있다.[22]

이 밖에도 가다머가 저자와 아무런 관련을 맺지 않고 텍스트를 이해하려고 하는 것 역시 문제가 있다. 이미 다른 곳에서 서술했듯이, 해석학도 하나의 텍스트를 이 텍스트 저자에 알맞게 이해하는 것을 배제하지 않는다. 오히려 하나의 텍스트에 저자가 부여했던 의미를 그대로 부여할 것인지 아니면 이와는 다른 의미를 부여할 것인지는 하나의 규범적 문제이다.[23] 그리고 동의가 이해에 속한다는 가다머의 견해 역시 문제가 있다. 텍스트에 동의하지 않고서도 얼마든지 텍스트를 이해할 수 있기 때문이다.[24]

---

19 이와 관련된 법학적 문제에 관해서는 *U. Schroth*, Zum Problem der Wertneutralität richterlicher Tatbestandsfestlegung im Strafrecht, in: *Arthur Kaufmann*(Hrsg.), Rechtstheorie, 1971, S. 103 이하 참고.

20 이에 관해 자세히는 *Stegmüller*, Rekonstruktion(각주 16), S. 45 이하 참고.

21 예컨대 형법 교과서에서 '대체 장물죄'를 둘러싼 논의, 즉 장물을 팔아 확보한 금전을 보유한 경우가 장물죄 구성요건에 해당하는지의 논의를 생각해보면 이 점을 분명히 알 수 있다.

22 법학방법론 문헌에서는 텍스트 해석의 기준 자체가 있어야 한다는 점을 반박하는 경우는 없다. 다만 이 기준이 얼마만큼 법관을 구속해야 하는지를 둘러싸고 논쟁이 벌어진다. 이 논쟁에 대해서는 구속을 인정하는 *Esser*, Vorverständnis(각주 8)와 구속을 상대적으로 부정하는 *Müller/Christensen*, Juristische Methodik, Bd. I: Grundlegung für die Arbeitsmethoden der Rechtspraxis, 11. Aufl. 2013 참고.

23 이에 관해서는 *Neumann*, Neuere Schriften zur Rechtsphilosophie und Rechtstheorie, in: Philosophische Rundschau 1981, S. 197 이하; *U. Schroth*, Theorie(각주 2), S. 33 이하 참고.

24 *Habermas*, Theorie des komminikativen Handelns, Bd. 2, 1981, S. 195 이하에서도 이 점을 지적한다.

6.3 사안과 규범의 접근 과정에 대한 이해

이제부터는 법학적 해석학의 핵심 문제를 다루도록 한다. 이 문제는 철학적 해석학에서는 논의되지 않지만, 법적 규범 적용에서는 핵심을 이루는 문제이다. 법규범의 적용은 여러 측면에서 하나의 사안이 하나의 규범에 '포섭'될 수 있는지와 밀접한 관련이 있다. 다시 말해 법학적 해석학에서는 하나의 규범을 개별사례에 적용할 수 있는지가 전면에 부각한다.[25] 따라서 법학적 해석학에서는 사안을 규범에 비추어 어떻게 이해하고, 규범을 사안에 비추어 어떻게 해석할 수 있는지를 묻게 된다. 해석학의 전통은 법적용에 관한 다음과 같은 서술에 결정적 의미를 부여한다. 즉 법적용에서는 규범과 사안이 서로 상응해야 하고, 구체적 사례에서 규범을 적용할 때는 규범과 사안 사이에 지속적인 시각의 왕래가 발생한다는 사실이다.[26] 사안을 규범에 귀속시키는 것 — 이를 '포섭'이라고 부르는 것은 옳지 않다[27] — 은 생활사안(Lebenssachverhalt)의 구조를 이해한다는 것을 전제한다. 법적용에 관한 이러한 서술은 법적용이 권위적인 텍스트에 대한 해석을 뛰어넘는 활동이라는 점을 분명하게 보여준다. 즉 규범적용은 언제나 생활사안에 관한 이해와 해석까지 포함하는 활동이다.

이 점을 한 가지 예를 통해 밝혀보자. 어떤 출판사가 인터넷에서 다운로드할 수 있는 회사명부에 등록할 고객을 유치하기 위해 표준서식을 작성해 이 서식을 다수의 영업고객에게 발송했다. 이 서식의 표지에는 출판사 명칭과 함께 '제안서'라는 표현을 명기했다. 서식 중앙에는 "독일 전역에서 접근 가능한 인터넷 온라인 회사명부에 등록하기 위한 신청서 및 고객별 홍보 사항"과 관련된 내용도 포함되어 있다. 그다음에는 고객이 원하는 서비스를 표시할 수 있는 여러 항목이 열거되어 있고, 고객이 표시한 항목에 따라 서비스 가격이 상승할 수 있다는 사실도 지적했다. 출판사가 제공하는 기본 등록사항과 관련된 항목에는 직접 가격을 명시하지 않았다. 하지만 이 항목에 별표를 치고,

25 이 점에서 *Frommel*(각주 8)은 법학적 해석학을 '행위과학'으로 지칭한다.

26 *Engisch*, Logische Studien zur Gesetzesanwendung, 2. Aufl., 1960, S. 35 이하.

27 하나의 개념이 다른 개념에 속하거나 같은 것이 같은 것에 속할 때만 '포섭'이라고 말할 수 있다. 이에 관해서는 *Engisch*(각주 26), S. 22 참고.

하단에 기본 등록사항에 해당하는 가격이 연 845유로임을 밝히면서 "연 845유로의 기본 등록사항 가격으로 회사명부에 등재된다는 사실을 서명으로 확인한다"라는 문구가 있다. 이 문구는 서명란의 3cm 위쪽에 있다. 이 표준서식을 수취한 사람들은 기본 등록사항은 무료라고 생각하면서 서명할 수 있다. 얼핏 읽으면 그렇게 이해할 수밖에 없도록 텍스트가 작성되어 있기 때문이다. 그러나 서식을 자세히 읽으면 기본 등록사항만으로 이미 연 845유로를 지급해야 한다는 사실이 분명히 드러난다. 이 서식을 발송한 이후 출판업자는 수십만 유로를 벌어들였다. 다수의 회사, 변호사, 의사 등이 기본 등록사항의 기재가 유료라는 사실을 제대로 인지하지 못했기 때문이다.

형사법률가가 이 사안을 형법 제263조에서 의미하는 사기죄에 해당하는지에 비추어 검토하면, 법적용자는 출판사가 이 광고문을 발송함으로써 허위의 사실로 회사와 자영업자를 속였는지, 진정한 사실을 왜곡 또는 은폐했는지에 대해 일정한 견해를 가져야만 한다(형법 제263조 제1항). 그러나 사기죄의 행위서술을 제263조처럼 세 가지 경우로 나눈 것은 일반적인 언어나 논리의 관점에서 볼 때 썩 성공적이지 못하다. 입법자가 서술한 세 가지 행위 대안은 서로 중첩될 뿐만 아니라, 서로 모순되기까지도 하기 때문이다. 예컨대 허위의 사실이 존재하는 것은 아니며, 오로지 허위의 사안이 존재할 따름이다. 그 때문에 사기죄 행위서술에 관한 이런 식의 3분법을 형법 제263조의 요건으로 '사실에 관한 기망'이 필요하다는 식으로 요약하는 것이 보통이다. 바로 이 요약 자체가 해석을 위한 첫걸음이다. 따라서 사안에 비추어 고찰하면, 이 광고문의 발송은 발송 자체가 ― 서식에 서명할 것이라는 생각과 함께 ― 사실에 관한 기망에 해당할 때만 사기죄가 성립한다. 이 밖에도 사기죄 도그마틱은 명시적인 기망과 묵시적 기망 그리고 부작위를 통한 기망을 구별한다. 부작위를 통한 기망은 사안을 밝힐 보증인적 의무가 있을 때만 성립할 수 있다.

명시적 기망은 허위의 사안을 명백히 표현했을 때 성립한다. 표현한 내용이 현실과 일치하지 않으면 그 표현은 허위이다. 앞에서 제시한 사안에서처럼 서면 표현을 해석할 때는 당연히 텍스트를 읽어서 이해한 내용에 먼저 초점을 맞추어야 한다. 따라서 광고문 텍스트로부터 밝혀지는 표현 내용이 현실과 일치하지 않아야 허위의 사안이 된다. 하지만 출판사가 제공할 서비스와 관련해 제시된 내용은 모두 현실에 부합한다. 텍스트 어디에도 회사명부에 대한 기본 등록사항은 무료라는 언명이 없다. 오히려 비록 눈에 띄지는 않지만, 회사명부에 등록되면 기본 등록사항에 대해 연 845유로가 부과된다는 사실을 서명을 통해 확인한다는 내용이 들어 있다. 광고문 서식 앞장에 인쇄된 텍스트에 있는 이 명시적인 문언에 비추어 볼 때 제안된 서비스가 무료인 것인 양 명시적으로 기망했다고 볼 여지는 조금도 없다. 즉 서식을 발송한 자가 명시적으로 기망했다고 주장하는 것은 불가능하다.

형법학과 형사판례에 따르면 명시적 기망 이외에 묵시적(konkludent) 기망도 사기죄의 구성요건을 충족하는 또 다른 형태에 해당한다고 본다. 즉 묵시적 기망은 '착각을 유발하는 전체적 행태'로서 이 행태가 일반적인 거래 관념에 비추어 볼 때 특수한 — 허위의 — 사안에 관한 묵시적 표현으로 이해될 수 있는 경우일 것을 전제한다. 이 묵시적 기망은 행위자가 허위의 사안을 명시적으로 표현하지 않았지만, 일반적인 거래 관념에 비추어 볼 때 그의 행위를 통해 허위의 사안을 함께 표현했다고 볼 수 있을 때만 성립한다. 예컨대 애당초 돈이 없는데도 비싼 호텔 방에 투숙한 자는 사실에 관해 기망한 것이다. 통상의 거래 관념에 비추어 볼 때 호텔에 투숙한 자는 숙박료를 지급할 수 있고 또한 지급할 용의가 있다는 점을 묵시적으로 표현한 것이기 때문이다. 즉 그가 자신이 지급할 용의가 없다는 사실을 명시적으로 표현하지 않았음에도 사실에 관해 기망한 것이다.

앞에서 서술한 사례에서 핵심 문제는 그 광고 서식을 사용함으로써 기본 등록사항은 무료라고 묵시적으로 기망했는가이다. 무료인 것처럼 기망했다고 말하려면 거래 관념에 비추어 볼 때 통상의 이해능력이 있는 수신자들이 기본 등록사항이 무료라는 묵시적 표현으로 이해할 수밖에 없을 정도로 착각을 불러일으키는 전체 행태가 존재해야 한다. 여기서 중요한 기준은 "통상의 거래 관념이 행위자의 행위를 각각의 전체상황에 비추어 어떻게 객관적으로 평가하는가"이다.[28] 이처럼 객관적인 범위의 수신자에 초점을 맞추면 묵시적 기망을 통한 사기의 관점에서 사기죄 구성요건의 적용과 관련해 두 가지 중요한 제한이 발생하게 된다. 첫째, 통상의 거래 관념에 비추어 묵시적으로 표현

---

28 Leipziger Kommentar zum StGB-*Lackner*, § 263 Rn. 28.

된 기망이 이미 존재하지 않는다면, 표현한 자가 주관적으로 기망할 경향이 있었다는 점은 중요하지 않게 된다. "피해자가 — 재산 손해를 유발하는 — 착각에 빠지기를 바라는 행위자의 희망은 사회윤리적으로는 비난받아 마땅하지만, 그렇다고 해서 그러한 희망이나 기대만으로 기망행위가 될 수는 없다."[29] 다시 말해 행위자가 기망을 원하긴 했지만, 통상의 거래 관념에 비추어 볼 때 특정한 의미의 표현에 해당한다고 볼 수 있는 행위가 없었다면, 형벌부과를 정당화할 사기죄 구성요건 해당성을 고려할 수 없다.

둘째, 행위자가 통상의 거래 관념에 비추어 특정한 의미를 지니는 표현을 했다고 말할 수 없다면, 구체적인 수신인이 실제로 착각에 빠졌다는 사실 역시 사기죄 구성요건을 적용할 때 중요한 의미가 없다. 이 범죄 구성요건을 적용하기 위해서는 착각뿐만 아니라 기망행위도 필요하기 때문이다. 즉 수신자의 착각만을 근거로 기망행위의 존재를 추론할 수는 없다.

따라서 광고 '제안서'의 수신인이 이 제안서를 오해할 수 있고, 이 점을 발신인이 의식했다는 것만으로 곧바로 형법적 의미의 기망이라는 구성요건 표지가 충족되지는 않는다고 본 연방법원의 판결은 일관성이 있다.[30] 이 점에서 광고 서식이 그 표현에 비추어 볼 때 이 문건의 수신인에게 기본 등록사항은 무료라는 잘못된 사고를 유발하기에 객관적으로 적합했는지를 살펴보아야 한다.

광고 서식이 평균적인 주의를 기울이는 상인에게 명백히 광고 제안으로 여겨진다는 사실은 너무나도 분명하다. 생활경험에 비추어 보더라도 서식의 표지에 '제안서'라고 표시했고, 이 제안서를 통해 출판사의 영업적 이익을 추구하며, 따라서 무료 서비스를 제공하지 않는다는 점도 분명하다. 기본 등재항목에는 가격이 명시되어 있지 않지만, 다른 추가 등록항목에는 연간 150유로에서 199유로에 해당하는 가격이 표시되어 있고, 이 가격은 추가 비용으로 명시되어 있다. 그리고 일반적인 해석에 따라 제안서에 가격이 제시되지 않았다고 해서 이로부터 곧바로 무료 서비스가 제공된다고 추론할 수 없다는 점도 분명히 해두어야 한다. 더욱이 추가 비용을 요구한다는 사실 자체가 이미 기본 가격을 지급해야 한다는 것으로 이해해야 마땅하다.

---

29 BGH NStZ 2001, 430, 431.

30 BGH NStZ 2001, 430.

광고 서식의 여러 곳에서 기본 등록사항에 대해 지급해야 할 비용을 명시적이고 구체적으로 밝히고 있다는 사정 역시 결정적 의미가 있다. '기본 등록항목'이라는 난에 별표를 붙였고, 그 밑에 역시 별표를 붙인 텍스트에는 다음과 같은 문구가 포함되어 있다. "앞의 항목과 관련된 데이터가 사실에 부합한다는 점 그리고 기본 등록사항에 대해 연 845유로를 지급하고 회사명부에 등록한다는 점을 서명을 통해 확인한다."

이처럼 명시적으로 그리고 실제 가격을 제시하고 있다는 점에 비추어 볼 때 가격 제시가 서식에 명백히 드러나지 않고 감추어져 있어 통상의 거래 관념에 따르더라도 해당 문구를 간과하기 쉽다고 여길 수 있을 때만 비로소 묵시적 기망이 존재한다고 볼 수 있다. 그러나 실제로는 그렇지 않았다. 해당 문구는 수신인이 표시해야 할 기본 등록항목 난의 바로 아래 있었고, 서명란의 바로 위에 기재되어 있었기 때문이다.

따라서 광고 서식 텍스트의 구성과 순서에 비추어 볼 때 가격을 은폐했다고 말하는 것은 불가능하다는 결론에 도달해야 한다.

부작위를 통한 기망도 존재하지 않는다. 영업 관계가 시작하는 시점에 잠재적인 영업 파트너는 서로 포괄적인 설명을 해야 할 보증인적 지위를 갖지 않기 때문이다. 당사자는 각각 오해가 발생하지 않을 정도로만 행동하면 그만이다. 이제 이 사례에 대해서는 더 자세히 설명할 필요가 없다. 단지 이 사례를 다루는 방식에서 보듯이 사안을 형법적으로 평가하는 과정이 정확히 무슨 의미인지만을 주제로 삼고자 한다.

무엇보다 형법 구성요건을 이해한다는 것이 무슨 뜻인지를 묻게 된다. 비트겐슈타인[31]은 "한 문장을 이해한다는 것은 이 문장이 참이라면 어떠한 사례가 이 문장에 해당하는지를 안다는 뜻이다"라고 말한 적이 있다.[32] 이와 비슷하게 형법의 어떤 구성요건을 이해한다는 것은 이 구성요건이 하나의 사안에 — 올바르게 — 적용된다면, 어떠한 사례가 여기에 해당하는지를 안다는 뜻이라고 말할 수 있다.

형법 규범과 사안이 각각 세분화를 거친다는 점은 너무나도 분명하다. 즉 사안이 적

31 비트겐슈타인에 관해서는 *Vossenkuhl*, 'Verstehen' verstehen. Über Analyse und Hermeneutik, in: *Kanitscheider/Wetz*(Hrsg.), Hermeneutik und Naturalismus, 1998, S. 190 이하 참고.

32 *Wittgenstein*, Werkausgabe in 8 Bänden, Band I, Tractatus logico-philosophicus, Philosophische Untersuchungen 1984, S. 1 이하.

절하게 평가될 수 있도록 형법 규범은 세분화하고, 역으로 사안의 포섭은 언제나 사실상으로 발생한 것을 섬세하게 이해하는 작업과 직결된다.[33] 사실상으로 발생한 것은 섬세하게 재구성해야 할 뿐만 아니라 삶의 실천 및 경험과도 결부되어야 한다. 따라서 한 사안이 사회적 실천에 뿌리내린 거래 관념에 따라 어떻게 해석되어야 하는지를 제대로 이해하지 못하면 사안을 적절하게 포착하지 못한다. 예컨대 우리가 앞에서 다룬 사례에서 '제안서'라는 개념을 사용한 서식을 어떻게 해석해야 하는지를 이해해야 한다. 더 나아가 누군가 추가사항에 대해서는 더 높은 가격을 요구한다고 명시한 반면, 기본사항에 대해서는 기본 가격을 요구한다는 점을 명시하지 않고 단지 서명란 위에 있는 문장으로만 표현한 나머지 이를 간과할 수 있게 만든 경우, 이 사람이 과연 무엇을 표현한 것인지를 이해해야 한다.

앞에서 설명한 사례와 관련해 법적용자는 — 이미 언급했듯이 — 허위의 사안으로 기망하거나 진정한 사실을 왜곡 또는 은폐한 행위로 서술한 형법 제263조 제1항의 구성요건을 어떻게 이해해야 하는지도 알아야 한다. 당연히 이 행위서술은 허위의 사실로 기망했다는 것을 요구한다고 해석해야 한다. 허위라고 볼 수밖에 없는 사안으로 기망하는 행위는 묵시적으로 이루어질 수도 있다. 이와 관련된 예는 이미 앞에서 살펴보았다. 앞에서 다룬 사례에서 기본 등록사항에 대해 가격을 명시하지 않은 출판사는 기본 등록사항이 무료라고 기망한 것이 아니다. 다른 추가 항목에 대해 추가 비용을 요구했고, 서명란 바로 위에 기본 등록사항의 가격을 명시했기 때문이다.

이 밖에도 법적용자는 가벌적 행위를 한 자의 행위 의도까지 이해할 능력이 있어야 한다. 행위자가 기망의 의도가 있었다고 주장할 수 있을 때만 기망행위의 존재를 인정할 수 있다. 그리고 법적용자는 무엇이 기망 의도이고 이를 어떻게 확인하는지도 알아야 한다.

더 나아가 해석자는 사회적 평가와 귀속을 인식할 수 있어야 한다. 일반적으로 존재하는 거래 관념을 이해할 능력이 없이는 '묵시적 기망'과 같은 구성요건 표지를 제대로 적용할 수 없다. 이 점에서 법적용자는 사회적 표준을 포착해 이를 허위의 사안으로 기

---

33 이에 관해서는 *Arthur Kaufmann*, Die 'ipsa res iusta'-Gedanken zu einer hermeneutischen Rechtsontologie, in: *ders.*, Beiträge(각주 8), S. 63 참고.

망하는 행위에 비추어 해석해야 한다. 끝으로 사기죄 구성요건을 적용하기 위해서는 해석자가 영업적 거래에서 어떠한 사회적 기대가 존재하는지를 인식할 수 있어야 한다. 예컨대 광고 서식의 내용은 슬쩍 읽어보기만 해도 파악할 수 있어야 한다는 사회적 기대가 존재하는지 물어야 한다. 만일 이러한 기대가 존재한다면 이 기대가 형법을 수단으로 삼아 보호되어야 하는지도 물어야 한다.

앞에서 서술한 사례는 법적 사안이 이미 존재하는 것이 아니라 구성되어야 한다는 점을 잘 보여준다.[34] 즉 법적 사안은 규범에 비추어 이해해야 한다. 규범과 사안 사이의 지속적인 시각의 왕래라는 엥기쉬의 표현은 규범과 사안의 근접이 정확히 무엇인지를 잘 나타낸다.[35] 즉 법적용은 규범을 사안에 비추어 펼친다는 것을 전제하고, 사안의 확인은 사안을 규범에 비추어 펼치고 해석한다는 것을 전제한다. 따라서 법적용은 단순히 하나 또는 다수의 규범을 이해하는 것일 뿐만 아니라, 삶의 실천에 뿌리내린 사회적 맥락을 이해하는 것이기도 하다. 이 점에서 법적용은 언제나 행위에 대한 이해와 해석이다(그리고 이 이해와 해석이 법적용의 핵심이다). 이와 동시에 법적용은 행위에 대한 '이해를 이해하는 일'(통상의 거래 관념에 따른 행위 이해에 대한 이해)이자 '행위에 대한 이해를 이해하는 것을 이해하는 일'(이해가 통상의 거래 관념에 따라 이해된다면 무슨 일이 일어나는지를 이해하는 일)이기도 하다. 이로써 법학적 해석학은 법적용이 텍스트 이해에 그치는 것이 아니라, 삶의 실천에 대한 이해이고, 이 점에서 사회를 이해하는 것이라는 점을 분명하게 밝힌 셈이다.

법학적 해석학은 사안과 규범이 그저 마치 사실처럼 존재한다고 보는 사고에 대한 반론이다. 법학적 해석학은 오히려 법을 적용할 때 텍스트와 사회적 사안에 대한 선이해가 이미 전제되어 있어야 하고, 시각의 지속적 왕래를 통해 서로 근접하게 된다는 점에서 출발한다.[36]

법학적 해석학은 법적용 활동이 오로지 텍스트 이해일 뿐이라는 사고에 대한 반론이

34 이에 관해서는 앞의 2.3.8.2 참고.

35 이에 관해서는 *Engisch*(각주 26), S. 14 이하 참고.

36 *Arthur Kaufmann*, Gedanekn zu einer ontologischen Grundlegung der juristischen Hermeneutik, in: *ders.*, Beiträge(각주 8), S. 93 이하.

다. 이러한 사고와는 반대로 법학적 해석학은 법적용이 이해와 마찬가지로 사회적 행위라고 주장한다. 따라서 행위에 대한 이해는 텍스트에 대한 이해와 비슷한 의미를 지닌다.

법학적 해석학의 핵심은 법적용이 오로지 규범을 통해서만 규정된다는 사고를 반박한다는 점이다. 이러한 사고와는 반대로 법학적 해석학은 법적용이 사회적 실천에 대한 이해, '사회적 실천에 대한 이해를 이해하는 것' 그리고 '사회적 실천에 대한 이해의 이해를 이해하는 것'을 통해서도 규정된다고 전제한다. 더 나아가 이해는 해석자의 사회화 과정을 통해서도 규정된다.

끝으로 법학적 해석학은 법적용자가 절대적인 의미를 지닌 법률과 관련을 맺고, 법률에 대한 해석이 하나의 명확하고 정당한 결론에 도달해야만 한다는 사고를 반박한다.[37] 이러한 사고와는 반대로 법학적 해석학은 법률이 상대적 의미를 지닐 뿐이고, 따라서 한 시대의 이해와 생활세계에 필연적으로 의존하며, 해석은 언제나 상대적 타당성을 지닐 뿐이어서 더 적절하거나 덜 적절할 수 있을 뿐, 절대적 의미에서 정당한 해석은 있을 수 없다고 전제한다. 법률해석이 단 하나의 명확한 결론에 도달해야 한다는 사고는 방법론적 허구일 따름이다. 물론 이 허구는 얼마든지 의미가 있을 수 있고, 해석자에게 최대한 방법에 부합하고 정확하게 법률을 해석하라는 명령이 될 수 있다. 하지만 현실적으로 텍스트 해석은 상대적일 수밖에 없고, 시대와 삶의 실천과 관련을 맺으며, 더욱이 해석자의 인식 관심에도 의존한다.[38]

다만 법학적 해석학에서도 "텍스트 이해가 구체적으로 어떻게 이루어져야 하는가?"와 관련된 방법론적 물음에 대해서는 명확한 대답이 이루어지지 않고 있다(이해가 얼마만큼 진정한 것이어야 하는지, 이해에서 의미론과 화용론의 전개가 어떠한 역할을 하는지, 체계적 해석이 어떠한 역할을 담당하고 법률해석의 결과는 규범의 의미를 펼칠 때 어떠한 역할을 하는지 등등). 법학적 해석학을 선험적 성찰로 파악할지라도 법적용의 지침이 되는 적절한 규칙을 전개해야 할 과제에서 벗어나는 것은 아니다.

37 이에 관해서는 앞의 2.3.8.1 참고.

38 이에 관해서는 *Arthur Kaufmann*, Durch Naturrecht und Rechtspositivismus zur juristischen Hermeneutik, in: *ders.*, Beiträge(각주 8), S. 87 이하.

6.4 법규범을 개별사례에 적용하는 문제

6.4.1 법적 명제의 적용기준

법적 명제는 특수한 법적 결과(예컨대 특정한 형벌범위)와 관련해 구성요건에 서술된 요건으로 구성된다. 구성요건은 특수한 법적 결과(법률효과)를 적용할 가능성의 기준을 추상적으로 표현한다. 구성요건이 특수한 법적 결과를 적용하기 위해 충족되어야 할 요건을 표현하고 있고, 이와 동시에 적극적 요건이 존재하는데도 불구하고 법적 결과의 적용을 배제하는 소극적 조건까지 표현하고 있다면 그 구성요건은 완벽한 구성요건이다.

법규범은 **행위규범과 제재규범**으로 구별된다. 행위규범은 시민만을 지향한다. 즉 행위규범은 시민에 대한 입법자의 기대를 표현한다. 제재규범은 법관이 법적 결과를 적용할 수 있기 위해 증명해야 하는 요건의 성질을 규정한다.[39]

형법전 각칙 법규범의 구성요건 표지는 법적용자가 보장해야 하는 적용기준의 개략적 구조를 확정한다. 형법 제259조를 예로 들어보자. 이 조항에 따르면 한 행위자(T)의 행위(H)는 이 행위와 관련된 재화(X)에 대해 X가 물건이고, 타인이 X를 훔쳤거나 재산범죄를 통해 X를 취득했다고 주장할 수 있다면 장물죄에 해당한다. 더 나아가 T의 H와 관련해 T가 X를 취득했거나 T가 X를 제3자에게 습득하게 했거나 T가 X를 처분했거나 T가 X의 처분을 도왔다고 주장할 수 있어야 한다. 그리고 T와 관련해 T가 고의로 행위했으며 T 자신 또는 제3자가 행위를 통해 재산상의 이득을 취하고자 했다고 주장할 수 있어야 한다. 그러나 지배적인 학설에 따르면 입법자가 제시한 개략적인 법적용기준들만으로는 충분하지 않다. 그 때문에 법적용자는 T가 X를 선행 행위자로부터 파생적으로 습득했다는 사실을 밝혀야 한다.[40] 다른 여러 측면에서도 법률에 제시된 개

39 법질서는 이러한 법규범 이외에 몇몇 다른 방식의 법적 명제도 포함한다. 예컨대 법규범의 적용 가능성에 관한 효력규범, 권한을 부여하는 규범, 국가와 자치단체의 조직형태를 구속하는 조직규범, 법적 행위의 실효성의 요건과 관련된 규범, 법규범의 언어사용과 관련해 법적 개념을 정의한 규범, 같지 않은 것을 특수한 법적 측면에 비추어 같은 것으로 취급하는 법률상의 의제(Fiktion) 등이 있다.

40 이에 관해서는 *Fischer*, Strafgesetzbuch, 62. Aufl. 2014, Rn. 3, 4 zu § 259 참고.

략적 구조는 보충이 필요하다. 장물죄 구성요건을 적용하기 위한 개략적 기준들이 구체적인 법적용에서 불확실한 경우가 많기 때문이다. 한 가지 예를 들어보자. 제259조는 장물죄 구성요건의 충족을 전제할 때는 장물이 절도 또는 타인의 재산을 침해하는 여타의 위법한 행위를 **통해** 습득되었음을 증명해야 한다. 만일 장물이 직접 재산범죄를 통해 습득된 것이 아니라 간접적으로 습득된 경우라면 과연 물건이 타인의 재산을 침해한 위법한 행위를 **통해** 습득된 것인지를 묻게 된다. 따라서 이 물음에 대답하기 위해서는 '통해'라는 단어의 적용기준을 정확하게 밝혀야 한다. 지배적인 학설은 장물이 '직접' 선행 행위로부터 습득되어야 한다고 본다. '통해'라는 표지의 사용기준을 이렇게 명확히 함으로써 법적용자는 일련의 사례들과 관련해 장물죄 구성요건을 적용하기 위해 어떠한 조건이 충족되어야 하는지를 명확하게 결정할 수 있다. 그러나 다른 수많은 사례에서 다시 난관에 봉착하게 된다. 즉 어느 경우에 금전을 직접 선행 행위로부터 습득한 것이 되고 어느 경우에는 그렇지 않은가? 예컨대 선행 행위로 습득된 금전과 같은 액수의 금전을 습득했다면 이는 직접 습득에 해당한다고 볼 수도 있고, 선행 행위로 습득한 지폐 자체를 습득했을 때만 직접 습득에 해당한다고 논증할 수도 있다.[41] 이 예에서 보듯이 한 구성요건을 적용하기 위한 모든 기준은 법적용 사례의 일정 부분만을 포괄할 뿐이다. 적용기준과 관련해 어느 정도 합의가 존재해서 사안들을 일관되고 통일적으로 판단할 수 있는 한에서만 기준으로서 역할을 한다. 만일 기준들을 사용할지라도 사안들을 서로 다르게 '판단'하게 된다면 충분한 기준이라 할 수 없고, 그저 불확실한 기준일 따름이다. "언어가 일치한다는 것은 개념정의가 일치한다는 것뿐만 아니라 (이상하게 들릴지 모르지만) 판단이 일치한다는 뜻이기도 하다 … 측정방법을 서술하는 일과 측정결과를 찾아 말하는 일은 완전히 별개의 문제이다. 하지만 우리가 '측정'이라고 부르기 위해서는 측정결과가 어느 정도 일관성을 갖는다는 점도 전제한다."[42]

41 이에 관해서는 특히 *Wessels/Hillenkamp*, Strafrecht, Besonderer Teil II, 38. Aufl 2015, § 259 Rn. 830 이하, 838.

42 *Wittgenstein*, Philosophische Untersuchungen, § 242.

6.4.2 사례규범 이론 — 선례: 법적용 실무에 관한 서술

피켄처(Wolfgang Fikentscher)는 법적용 실무의 출발점이 예전에 결정된 개별사례인 경우가 많다는 사실을 분명하게 밝혔다. 즉 법실무에서는 특정한 사례집단(= 사안집합)과 관련해 '사례규범'이 형성된다고 한다. 특정한 법적 결과가 부과되는 어떤 사례집합이 존재하고, 결정을 내려야 할 사안이 이 집합에 논리적 의미에서 포섭된다면, 사례규범이 존재한다고 말할 수 있다는 것이다.[43] 사례규범은 법적 결과를 서술할 뿐만 아니라 법적 결과가 적용되어야 할 사안도 서술하며, 이를 통해 무엇을 법적으로 같은 것으로 보아야만 하는지를 확정한다. 이 점에서 사례규범 이론(Fallnormtheorie)은 모든 같은 사례를 장래에도 사례규범에 따라 결정해야 한다고 요구한다.[44]

피켄처의 이론은 실무에서 법적용이 어떻게 이루어지는지를 분명하게 보여준다. 즉 규범은 단순히 하나의 틀일 따름이고, 결정해야 할 사례들을 판단하는 사실상의 기준은 기존의 판결 실무로부터 도출된다. 이 점에서 선례는 본질적 의미를 지닌 법발견 요소로 인식된다. 사례규범 이론은 법원에 대해 사례규범을 먼저 고려해야 한다고 요구한다. 더 나아가 이 이론은 법률을 '계속 발전적으로 형성'하는 사례규범이 구속력을 가져야 한다고 요구한다. 즉 사례규범은 객관적 법이라는 것이다.[45] 그러나 이 이론이 전혀 문제가 없지만은 않다. 입법자는 고등법원 합의부와 연방법원 합의부와 관련해서는 선례가 형식적인 구속력을 갖는다고 규율하고 있다(법원조직법 제121조 제2항, 제132조 제2항). 즉 고등법원과 연방법원 전원합의부는 선례와 다른 결정을 내리고자 할 때는 결정해야 할 사안을 다른 합의부에 이관해야 한다. 하지만 이 형식적 규정 이상으로 선례의 구속력을 인정하는 것은 — 적어도 법원조직법에서 출발한다면 — 문제가 있다. 법원조직법은 다른 법률규정(기본법 제95조, 판결의 통일성 유지를 위한 법률)과 함께 법원의 판결이 갖는 구속력에 관한 종국적인 규율에 해당한다.

---

43 *Fikentscher*, Methoden des Rechts in vergleichender Darstellung, IV, 1975-1977, S. 202.

44 *Fikentscher*, Methoden(각주 43), S. 204.

45 이 문제에 관해서는 사례규범의 구속력을 부정하는 *Larenz/Canaris*, Methodenlehre der Rechtswissenschaft, 3. Aufl. 1995, S. 252 이하; *Fikentscher*, Methoden(각주 43), S. 289 참고. 또한 *Bydlinski*, Juristische Methodenlehre und Rechtsbegriff, 2. Aufl. 1991, S. 515 이하 참고.

사례규범은 하급법원의 사례규범인 경우가 자주 있다. 따라서 상급법원이 하급법원의 판결에 구속된다는 것은 인정할 수 없는 일이고, 이 구속을 정당화하는 어떠한 합의도 존재하지 않는다.

연방법원 합의부가 다른 합의부에 어느 정도 실질적으로 구속된다는 점은 상급법원 판례도 인정한다. 즉 연방법원 합의부가 다른 합의부와는 다른 결정을 내리고자 할 때는 과거의 결정에 반대할 **압도적인** 근거(과거의 결정과 똑같이 적절한 근거가 있는 것만으로는 충분하지 않다)가 있어야 한다.

법적용이 설령 법원이 정립한 규칙을 원용할 수 있을지라도 과연 법률에 반해서까지 결정할 수 있는지는 방법론에서는 아직 명확한 대답을 찾을 수 없는 물음이다. 형법에서는 피고인에게 불리하게 법률에 반하는 법적용은 금지된다. 민법에서는 법률규범에 반하지만, 일반적으로 정당하다고 여겨지는 수많은 사례규범을 찾아볼 수 있다(예컨대 민법 제252조 및 민법상의 모든 손해배상 규범에 반해 일반적 인격권을 침해한 비물질적 손해에 대해 배상을 인정한 이른바 '승마기수' 판결; BGHZ 26, 359). 민법전에 반하는 사례규범이 얼마든지 존재할 수 있다는 점은 일반적으로 인정되고 있다. 다만 법률에 '반하는' 사례규범이 어느 정도까지 허용되는지와 관련된 기준이 필요하다고 보인다.

6.4.3 규범의 적용기준을 어떻게 찾아내고 심사하는가?

6.4.3.1 인식론적 문제점

법적 텍스트의 이해와 관련된 유비추론 이론(특히 아르투어 카우프만과 빈프리드 하세머의 이론)은 모든 혁신적 해석이 유비추론을 통해 이루어진다는 점을 증명했다.[46] 즉 혁신적 해석은 비교를 통해 이루어진다. 다시 말해 '비교의 기준(tertium comparationis)'을 거쳐 사안이 규범에 상응하는 상태에 도달한다. 이때 법적용자는 규범이 확실하게 적용되는 사안집합에서 출발해 서서히 '불확실한 사례'에 다가가게 된다. 엥기쉬의 표

46 이에 관해 자세히는 *Arthur Kaufmann*, Analogie und 'Natur der Sache'. Zugleich ein Beitrag zur Lehre vom Typus, 2. Aufl. 1982(특히 제2판의 후기); *Hassemer*, Tatbestand(각주 14) 참고.

현을 빌리자면 사실상 또는 가능한 사안과 규범 사이의 지속적인 시각의 왕래(이 표현은 곧 해석학적 순환을 지칭하는 것이기도 하다)를 거쳐 규범적용의 기준들을 밝히게 된다. 이로써 규범이 적용되어야 할 사안들은 비교기준들의 도움으로 규범이 적용되어서는 안 될 사안과 뚜렷하게 구별된다. 그리하여 제안된 구별기준은 언제나 '법학과 법실무' 라는 커뮤니케이션 공동체를 통해 타당성 여부를 심사받게 된다. 즉 해석기준을 '찬성하는' 논거와 '반대하는' 논거가 제시됨으로써 해석기준과 관련된 다양한 경험들이 제시된다. 해석기준을 심사하는 논거들은 다양한 유형의 경험과 관련을 맺는데, 특히 다음과 같은 사항들과 관련을 맺는다.

- 규범에서 사용되는 개념들에 비추어 본 언어규칙
- 하나의 법규범을 둘러싸고 일반적으로 생각하는 목적
- 해석기준 및 이 기준에 따른 평가가 낳을 도그마틱적 결과와 사회적 결과
- 법정에서 해석기준을 활용할 가능성
- 헌법규범 및 헌법도그마틱과 합치하는지 여부
- 다른 해석기준과 합치하는지 여부
- 역사적 입법자가 어떠한 생각에서 해당 규범을 규율했는지에 관한 추정

6.4.3.2 법규범에 대한 해석의 문제점

사비니(F. C. v. Savigny)의 해석이론 이후 고전적인 법학적인 해석이론은 네 가지 해석요소를 구별한다. 먼저 사비니의 해석이론을 살펴보자. 그는 성공적인 법률에 대한 해석과 흠결이 있는 법률에 대한 해석을 구별한다.[47] 성공적인 법률에 대한 해석에서는 해석자가 다음과 같은 해석요소들을 고려해야 한다. 1) 문법적 해석: 해석자는 입법자가 사용한 언어규칙을 재구성해야 한다. 2) 논리적 요소: 해석자는 법률에 담긴 사고를 해석해야 한다. 3) 역사적 요소: 해석자는 법적 규칙이 기존의 법적 상태에 어떤 식

47 *F. C. v. Savigny*, System des heutigen römischen Rechtes, Bd. I, 1840, S. 222 이하.

으로 개입하는지를 서술해야 한다. 4) 체계적 요소: 해석자는 법제도와 법적 규칙 사이의 내적 연관성을 밝혀야 한다.

이와 같은 정상적인 경우의 해석과는 별개로 사비니는 흠결이 있는 법률의 해석을 탐구한다. 이 경우에는 법률을 제정하게 된 이유도 함께 고려해야 한다.[48] 사비니는 구체적인 법률안을 낳게 만드는 이유를 두 가지로 구별한다. 하나는 과거와 관련된 이유이고, 다른 하나는 미래와 관련된 이유이다. 과거와 관련된 이유는 입법자가 이미 효력이 있는 상위의 규칙을 통해 법률을 정당화하는 경우이다. 미래와 관련된 이유는 법률이 사회적 작용을 의도하는 경우이다.[49] 정상적인 법률과 관련해서는 입법절차의 이유가 독자적인 인식기능을 갖지 않지만, 흠결이 있는 법률과 관련해서는 사정이 다르다. 즉 입법절차를 통해 구체적인 법률을 낳게 만든 이유를 명확히 인식할 수 있고 법률 내용과의 친화성이 존재한다면 당연히 이 이유를 해석에서 고려해야만 한다.[50]

오늘날의 고전적인 해석이론은 사비니와 마찬가지로 네 가지 해석요소에서 출발한다. 이 이론은 문법적 해석과 체계적 해석을 구별하고, 역사적 해석도 포함한다. 역사적 해석을 통해 역사적 입법자의 의지를 확인해야 하고 이 의지가 해석에서 어떠한 의미가 있는지를 밝혀야 한다. 네 번째 해석요소는 객관적-목적론적 해석이다. 이에 따르면 현재의 목적에 비추어 법률을 해석해야 한다.[51]

이 해석규칙들에 대해서는 몇 가지 언급이 필요하다. 먼저 문법적 해석을 살펴보자.

문법적 해석이론은 규범의 해석기준을 확정하는 언어형상이 지닌 의미에 초점을 맞춘다. 오늘날에는 두 가지 의미이론을 구별하는 것이 일반적이다. 의도주의(Intentionalismus)는 언어기호의 의미를 이 기호를 통해 무언가를 생각했다는 점으로부터 구성된다는 전제에서 출발한다. 화자가 생각한 것의 확인은 화자가 어떠한 작용을 유발하고자 했는지를 밝히려고 시도함으로써 이루어진다. 이에 반해 규약주의(Konventiona-

---

48 *F. C. v. Savigny*, System(각주 47), S. 235.

49 *F. C. v. Savigny*, System(각주 47), S. 236.

50 *F. C. v. Savigny*, System(각주 47), S. 236.

51 고전적 해석이론에 관해서는 무엇보다 *Engisch*, Einführung in das juristische Denken, 11. Aufl. 2010, S. 115 이하; *Larenz/Canaris*, Methodenlehre(각주 45), S. 133 이하; *Fikentscher*, Methoden III(각주 43), S. 657 이하 참고. 또한 고전적 해석이론을 현대적인 논증이론에 비추어 해석하는 *Alexy*, Theorie der juristischen Argumentation, 4. Aufl. 2001(초판: 1978), S. 283 이하도 참고.

lismus)은 언어기호의 의미가 이 기호를 다루는 사용을 통해 확정된다는 견해를 피력한다. 그리하여 기호의 의미는 이 기호에 해당하는 규칙을 거쳐 구성된다고 한다. 규약주의적 접근방법의 핵심 문제는 규칙개념을 섬세하게 구성하는 일이다. 즉 언어적 규칙성이 확인되기만 하면 곧장 언어규칙이 존재한다고 주장할 수 있는지 아니면 언어규칙이 특정한 요구를 충족해야 하는지가 핵심이다. 아이케 폰 사비니(Eike von Savigny)는 한 집단의 구성원들이 특수한 상황에서 규칙에서 벗어나는 경우가 극히 드물다면 이미 그것만으로 규칙의 존재를 인정한다. 더 나아가 그는 규칙에서 벗어나면 제재가 부과되고 이 제재가 일반적으로 받아들여져야만 규칙의 존재를 인정할 수 있다고 한다.[52]

문법적 해석

문법적 해석요소에 관한 이론적 구상 가운데는 의미의 사용이론이 더 적절하다고 보인다. 이 이론은 일단 구성요건에 관한 언어적 표현 자체에 이미 의미가 부여된다는 점을 밝힌다. 즉 구성요건 표지는 어떻게 이 표지를 따라야만 하는지가 명확한 즉시 분명한 의미를 지닌다. 따라서 법적용자가 판단해야 할 사례와 관련해 구성요건 표지가 충족되었다고 여길 수 있기 위해 어떠한 사안을 확인해야 하는지를 알고 있다면 그것만으로 이미 문법적 해석이 가능하다. 이에 반해 의도주의의 의미 모델은 법규범을 순전히 입법자와 관련해 파악하는 결과를 낳는다. 따라서 규약주의 모델이 의도주의 모델보다 더 개방적이다. 즉 규약주의 모델은 현재의 언어사용을 해석기준으로 삼는 것을 허용한다. 이 모델은 언어규칙이 새롭게 확정되어야 한다는 사실을 분명히 밝히기 때문이다. 현실의 언어사용은 유동적인 측면을 갖는 경우가 많다. 이 유동성은 언어규칙이 통상적인 조건에서 학습되기 때문에 발생한다. 우리가 언어를 학습하는 통상적인 조건을 낱낱이 열거할 수는 없다. 하지만 어떤 사정 때문에 특수한 언어표현의 사용이 의심스러울 때는 이 사정이 통상의 조건에서 벗어난다는 점을 밝힐 수 있다.[53] 심지어

52 *Eike von Savigny*, Die Philosophie der normalen Sprache, 2. Aufl. 1974, S. 280. 의도주의의 규칙개념에 관해서는 *Kemmerling*, Bedeutung und Sprachverhalten, in: *Eike von Savigny*(Hrsg.), Probleme der sprachlichen Bedeutung, 1976, S. 73 이하 참고.

규범의 언어사용은 언제나 특수한 조건에 구속된다고 주장할 수도 있다. 이 조건에 법적 결과가 연결되기 때문이다. 따라서 해석 가설을 '찬성' 또는 '반대'하는 근거를 제시하면서 '규범 목적'이라는 개념을 사용함으로써 언어사용과 관련된 특수한 조건을 제시해야 한다고 추측해도 무방하다. 구성요건 표지의 사용과 관련된 특수한 법적 규칙을 사실상으로 확인 가능한 자연적 언어사용에 반하는 방향으로 **확정**할 수 있는지 그리고 만일 확정할 수 있다면 어느 정도까지 가능한지는 규범적으로 대답해야 할 물음이다. 경험적 절차를 거쳐 삶의 실천에서 통상적으로 사용되는 규칙을 확인한다면 이는 규칙의 **확인**에 해당한다. 이에 반해 규범적 고려(예컨대 특수한 법규범이 어떠한 목적을 추구하는지에 관한 고려)에 비추어 실제로 존재하는 규칙과 관계없이 특정한 규칙이 중요하다고 주장한다면 규칙의 **확정**에 해당한다.

체계적 해석

한 법률규범의 체계적 지위에 비추어서도 이 법률규범을 반드시 사용해야 한다는 점을 밝힐 수 있다. 체계적 해석의 전제조건은 개개의 규범을 아무런 관련이 없는 별개의 규범으로 고찰하는 것이 아니라 가치결정의 체계로 해석해야 한다는 점이다. 따라서 해석자는 가치결정의 체계에 통합되는 기준을 제시하도록 노력해야 한다. 이렇게 하면 개별 법규범은 전체 맥락을 구성하는 부분이 된다. 이 점에서 슈타믈러(Stammler)는 한 법규범을 적용하는 자는 궁극적으로 전체 법질서를 적용하는 것이라고 말했다. 특히 평가의 모순을 피하는 일은 체계적 해석을 통해 보장된다.

필립 헤크(Philipp Heck) 이후 일반적으로 법의 외적 체계와 내적 체계를 구별한다.[54] 카나리스(Canaris)는 이 구별을 수용해 체계를 더욱 섬세하게 구성했다.[55] 외적 체계는 법률의 외적 구조와 관련된다. 법률의 외적 구조는 법적 소재를 분류한다. 내적 체계는 법의 내적 구조를 뜻한다. 내적 구조와 관련해 해석자는 법체계를 일관된 가치결정의

53 *Wittgenstein*, Philosophische Grammatik, § 118.
54 이에 관해서는 *Heck*, Begriffsbildung und Interessenjurisprudenz, 1914, S. 139 참고.
55 *Canaris*, Systemdenken und Systembegriff in der Jurisprudenz: entwickelt am Beispiel des deutschen Privatrechts, 2. Aufl. 1983, S. 19 이하.

체계로 재구성해야 하고, 이로부터 자신의 해석기준을 전개해야 한다.

역사적 해석

역사적 해석(발생론적 해석 또는 주관적 해석이라고 부르기도 한다)은 역사적 입법자의 심리적 의지를 확정하는 것과는 관계가 없다.[56] 다수의 개별 의지가 결합한 입법기관의 심리적 의지 따위는 존재하지 않는다. 그리고 역사적 해석은 법규범과 관련해 의회가 합의한 의미와도 관련이 없다.

역사적 해석은 입법자가 규율하고자 했던 사안에 연결된다. 입법절차에서는 입법자가 대답하고자 하는 문제가 등장한다. 새로운 구성요건을 설정해 특수한 문제를 해결하고자 하고, 따라서 새로운 구성요건은 이 문제에 대한 입법자의 대답으로 이해해야 한다.[57] 이처럼 구성요건 표지를 구체적 문제에 대한 입법자의 대답으로 이해한다면, 역사적 해석은 곧 입법자가 표현한 의미를 확인한다는 뜻이다.

입법자가 특정 시점에 특수한 결정상황에 놓여 있었고 입법자의 행위가 결정할 문제에 대한 해결책이었음을 인식할 때 비로소 입법자가 그 시점에 하나의 규범을 구체적으로 설정함으로써 특정한 목적을 추구했다는 사실을 정확히 이해하게 된다. 그리고 입법자가 특정한 표현을 선택해 이 표현과 특수한 내용을 결합했다는 점을 인식할 때 비로소 입법자가 법규범에 특수한 내용을 부여하고자 했다는 사실을 이해하게 된다. 그렇다면 입법자료들을 입법자가 추구한 특수한 목적과 여러 법률 내용에 비추어 해석할 수 있을 때만 비로소 입법자의 '의지'에 관해 얘기할 수 있다. 더 나아가 입법 의도가 법률의 표현으로 전환된 과정을 특수한 방식으로 해석하는 것에 합의할 때만 비로소 역사적 입법자의 의지에 관해 얘기할 수 있다. 이 점에서 입법자료의 해석을 둘러싸고 합의가 없거나 법률의 변환 또는 규범의 구체적 표현의 전환에 대한 합의 가능한 설명이 존재하지 않는다면 역사적 해석 역시 가능할 수 없다.

---

56 이에 관해서는 *Schroth*, Wörtliche Bedeutung und Äußerungsbedeutung von Tatbestandsmerkmale in ihre Relevanz für das strafrechtliche Analogieverbot, in: *Hefendehl/Hörnle/Greco*(Hrsg.), Festschrift für Bernd Schünemann zum 70. Geburtstag, 2014, S. 267 이하 참고.

57 법적 개념들을 물음과 대답으로 이해하는 인상 깊은 서술로는 *W. Burckhardt*, Methoden und System des Rechts, 1936, S. 70 이하 참고.

이와 관련해서는 두 가지 예를 제시하겠다. 장기거래(Organhandel)를 금지한 법률의 입법자는 거래라는 개념을 마약법의 거래개념에 연결하고자 했다. 이를 통해 입법자는 한편으로는 그사이 발전된 기존의 법률언어를 따르고자 했고, 다른 한편으로는 매우 넓은 거래개념을 통해 비난 가능성이 있는 모든 거래행위를 포착하고자 했다. 장기거래 금지법을 해석할 때 이처럼 넓은 의미의 거래개념을 사용하면, 입법자가 표현한 의미에 연결되어 결과적으로는 이 금지를 넓은 범위에 걸쳐 확장해석하게 된다. 입법자가 마약법의 거래개념에 해당하는 규칙에 따라 장기거래 금지법의 거래개념을 규정하고자 했다는 점에 관해서는 의문이 없다. 하지만 거래개념을 매우 넓게 포착한 탓에 여러 가지 문제가 발생한다. 예컨대 과도한 비용을 요구하는 범죄 역시 장기거래 금지를 위반한 범죄가 된다. 그 때문에 과도한 수술비용을 요구한 의사는 이 법률에 따르면 장기거래자에 해당한다. 이 의사의 행위는 자신의 이익을 위한 것이고 장기의 판매와 관련된 것이기 때문이다. 더욱이 이 의사의 행위는 치료행위에 대한 적절한 대가의 지급을 장기거래 금지에서 배제하는 장기이식법 제17조 제1항의 적절성 조항에도 속하지 않는다. 따라서 법적용자가 입법자의 이러한 표현에 구속되는지 아니면 입법자와는 완전히 다른 거래개념을 전개하거나 최소한 장기거래 금지와 관련해 제한적인 사례집단을 형성하는 것이 허용되는지 묻지 않을 수 없다.[58] 다시 말해 장기거래 금지의 목적 — 즉 장기 기증자와 장기 수증자의 자율성을 보장하는 것[59] — 이 거래개념에 대한 이와 같은 이해로 인해 완전히 다른 방향으로 전도된다는 사실을 명시적으로 확인해야 한다. 즉 문제의 구성요건이 부당한 비용을 요구하는 범죄를 억제하기 위한 구성요건으로 전도된다. 형법 자체에는 폭리죄를 처벌하는 구성요건 이외에는 부당한 비용을 요구하는 행위를 처벌하는 조항이 없다. 더욱이 폭리죄 구성요건은 원래 부당한 비용의 요구를 처벌하는 구성요건이 아니라 타인의 곤궁상태를 악용하는 행위를 처벌하는 구성요건이다. 이러한 사정에 비추어 나는 장기거래를 금지하는 장기이식법의 구성요

58 이에 관해서는 *Schroth*, Das strafbewehrte Organhandelsverbot des Transplantations- gesetzes. Ein internationales Problem und seine deutsche Lösung, in: *Oduncu/Schroth/Vossenkuhl*(Hrsg.), Grundlagen einer gerechten Organverteilung, 2003, S. 115 이하 참고.

59 법률로부터 이러한 목적을 도출하는 문제에 관해서는 *Schroth*, Das Organhandelsverbot, in: *Schünemann u.a.*(Hrsg), Festschrift für Claus Roxin zum 70. Geburtstag, 2001, S. 871 이하 참고.

건을 목적론적으로 축소해야만 한다고 생각한다. 그러나 입법자가 거래라는 개념을 통해 생각한 내용을 완전히 무시할 수는 없다. 이를 완전히 무시하면 커다란 법적 불안정성이 발생하기 때문이다. 하지만 장기 기증자와 장기 수증자의 자율성을 보장한다는 장기거래 금지의 목적에 비추어 볼 때 특정한 사례집단은 장기거래 금지에서 배제하는 것이 타당하다.[60]

입법자의 표현이 지닌 의미는 법률에 등장하는 언어표현으로부터 드러날 수도 있다. 예컨대 형법 제250조 제1항은 "강도 행위자 또는 강도에 관여한 자가 a) 무기 또는 다른 위험한 도구를 휴대하거나, b) 타인의 저항을 폭력 또는 위협을 통해 폭력적으로 억압 또는 극복하기 위해 여타의 도구나 수단을 휴대한 때는 3년 이상의 자유형에 처한다"라고 규정하고 있는데, 이 조항을 자세히 살펴보면 a)의 경우, 즉 위험한 도구를 휴대해 범한 강도의 경우에는 이 도구를 사용한 의도는 중요하지 않다는 결론에 도달한다. 이 경우에도 도구를 사용한 의도까지 필요하다면, 이 제250조 제1항 1호에 a)를 별도로 규정할 이유가 없다. 그렇게 되면 a)에 속하는 모든 사례는 동시에 b)에 포섭되는 사례가 될 것이기 때문이다. 즉 제250조 제1항 1호의 a)는 완전히 b)의 부분집합이 될 것이다. 따라서 하나의 구성요건 표지가 불필요하다고 여기는 해석은 입법자의 결정에 대한 적절한 해석일 수 없다. 여기서도 입법자의 의지가 구속력이 있는지의 물음이 제기된다. 위험한 도구라는 개념을 사용 의도에 비추어 확정하지 않고, 더욱이 사용의 측면에서 확정할 수도 없다면 이 개념은 매우 불확정적이기 때문이다. 그렇지만 이 개념을 사용 의도에 비추어 확정해서는 안 된다. 그렇지 않으면 법률에 규정된 a) 경우는 아무 의미가 없게 되고 입법자의 의지를 전도하는 것이 되고 만다. 입법자는 예컨대 염산, 자재 절단용 칼, 수류탄 등과 같은 위험한 도구를 휴대한 강도는 그가 이 도구를 사용한 의도를 증명하지 않고서도 가중 처벌하고자 했기 때문이다.

객관적-목적론적 해석

객관적-목적론적 해석은 목적설정의 관점에서 해석한다. 다만 여기서 목적설정은

---

60 해당 구성요건의 목적론적 축소에 관해서는 *Schroth*, Organhandelsverbot(각주 58), S. 125 이하 참고.

입법자의 목적설정이 아니다. 즉 헌법원칙, 형법 구성요건에 관해 일반화할 수 있는 이념, 커뮤니케이션 공동체에서 '법학'으로 발전된 이념 등이 법규범에 관한 해석기준이 된다. 이 해석에서 핵심적인 물음은 법적용자가 어느 경우에 입법자가 추구했던 목적설정으로부터 거리를 둘 권한이 있는가이다.

방법론 문헌의 일부는 해석이론의 구상 내에서 해석의 목표와 해석의 수단을 구별해야 할 필요가 있다고 한다. 여기서 해석수단은 문언, 체계적 연관성 그리고 규범 영역에 속하는 요소들이다.[61] 해석목표는 역사적 입법자의 의지를 밝히는 것이거나 법률의 현재 목적을 확인하는 것이다. 역사적 해석의 지지자라면 입법자가 문언을 어떠한 의미와 결합했고, 역사적 입법자의 의도에 따른 체계적 연관성에 비추어 볼 때 어떠한 의미를 지니고 있으며, 역사적 입법자가 어떠한 목적을 추구했는지를 물어야 한다. 이에 반해 법률의 현재 목적이 결정적이라는 견해를 가진 자는 주관적인 해석수단이 아니라 객관적인 해석수단이 무엇인지를 물어야 한다.[62]

프리드리히 뮐러(Friedrich Müller)는 다른 길을 걷는다. 그는 설득력 있는 근거를 제시하면서 주관적 해석과 객관적 해석은 이 가운데 어느 하나를 선택해야 하는 대안이라는 사고를 반박한다.[63] 뮐러는 규범을 사안에 적용하려고 시도하는 절차를 '규범 구체화(Normkonkretisierung)'라고 부른다. 그가 보기에 규범의 구체화는 한편으로는 규범 텍스트에 대한 해석 그리고 다른 한편으로는 도그마틱적 요소, 이론 기술적 요소, 문제해결 기술적 요소, 법정책적 요소 등과 같은 규범 영역에 속하는 요소들을 통한 규범 구체화로 이루어진다.

규범 영역을 구성하는 요소들은 규범프로그램이 사회적 구조를 지시한다는 점에서 법적용을 위한 기준을 제공한다. 예컨대 특정한 문제에 관해 판례와 학설이 이미 존재

61 이에 관해 자세히는 *Engisch*, Einführung(각주 51), S. 115 이하 참고.

62 순수한 객관적 해석이론은 수많은 법학 교과서에서 등장한다. 이에 관해서는 특히 *Baumann/Weber/Mitsch*, Strafrecht, Allgemeiner Teil, 11. Aufl. 2003, § 13 참고. 법학방법론도 객관적 해석이론에 대해 긍정적인 태도를 보이지만, 일정한 제한을 가하는 경우가 많다. 이에 관해서는 특히 *Larenz/Canaris*, Methodenlehre(각주 45), S. 153 이하 참고.

63 *Müller/Christensen*, Methodik(각주 22), S. 263 이하; *Krey*, Studien zum Gesetzesvorbehalt im Strafrecht, 1977, S. 181 이하.

한다면 이러한 도그마틱적 요소가 규범을 구체화할 수 있다. 뮐러의 견해에 따르면 법도그마틱은 법의 세계에서 활용되는 커뮤니케이션기술의 하부체계에 해당한다.[64] 구체적 법영역에서 '이론'이 구축되어 있다면 이 이론 역시 규범을 구체화하는 요소가 된다. 즉 이 요소로부터 구체적 문제에 관한 결정과 관련된 중요한 관점들을 도출할 수 있다. 문제해결 기술적 요소들은 적절한 사례해결을 위한 전략을 제안한다는 점에서 규범 구체화의 방향을 조종할 수 있다. 그리고 법정책적 요소들을 고려함으로써 결정이 낳을 결과들을 저울질하고 평가할 수 있다.[65] 규범 텍스트에 대한 해석은 문법적, 체계적, 주관적 해석으로 이루어진다. 규범 텍스트를 해석할 때 주관적 요소는 다시 두 부분으로 나뉜다. 하나는 역사적 해석이고, 다른 하나는 발생론적 해석이다. 역사적 해석은 현재 직면한 사례에서 구체화해야 할 규범 텍스트와는 다른 규범 텍스트, 즉 과거에 규율한 내용을 담은 텍스트를 다루는 작업이다. 발생론적 해석은 규범의 성립사(Entstehungsgeschichte)와 관련된 텍스트를 다루는 작업이다.[66] 뮐러는 이 다양한 구체화 요소들과 관련해 우선규칙을 구성한다. 즉 해석요소들의 서열은 해석의 목표를 거쳐 도출되는 것이 아니라 구체화 요소들 사이의 우선규칙을 통해 도출된다고 한다. 예컨대 규범과 직접적 관련성이 있는 구체화 요소가 직접 관련성이 없는 구체화 요소보다 우선한다. 규범과 직접적 관련성이 있는 요소들 가운데는 문법적 구체화 요소와 체계적 구체화 요소가 우선한다. 역사적 논거와 발생론적 논거는 문법적 요소와 체계적 요소 다음으로 비중을 갖는다.

뮐러의 이론을 고려하면 곧장 다음과 같은 물음을 제기하게 된다. 즉 규범을 개별사례에 적용하는 일은 고전적 해석이론이 생각하듯이 단순히 해석으로 이해해야 할까 아니면 뮐러가 생각하듯이 규범 구체화로 이해해야 할까? 이 물음에 대해서는 당연히 뮐러의 견해를 지지하는 쪽으로 대답해야만 한다. 법률을 개별사례에 적용하는 일이 단순히 텍스트 해석일 뿐이라고 생각할 수는 없기 때문이다. 해석의 결과를 고려하는 경향이 갈수록 강화한다는 사정만 보더라도 규범 구체화는 단순한 해석이 아니라는 점을

---

64 *Müller/Christensen*, Methodik(각주 22), S. 423 이하.
65 *Müller/Christensen*, Methodik(각주 22), S. 440 이하.
66 *Müller/Christensen*, Methodik(각주 22), S. 369 이하.

잘 알 수 있다.[67] 이 점에서 일상적 법실무에서는 해석 이외의 다른 경험들도 '규범과 관련성이 있는' 경험으로서 구체화 절차에 편입된다고 전제해야 한다. 예컨대 법관은 자신이 사회화 과정을 통해 내면화한 사회적 규범을 해석 절차에 끌어들인다. 그리고 법실무에서 규범을 구체화할 때는 법학이 발전시킨 일반적인 이론적 요소를 활용하게 된다. 예컨대 형법에서는 객관적 귀속이론이 규범을 구체화할 때 중요한 역할을 한다.

그렇다면 법학방법론이 제시한 해석요소들은 어떠한 기능을 발휘하는 것일까? 이 물음에 대답하려면 먼저 법적용자가 어떠한 난관 앞에 서 있는지를 분명하게 밝혀야 한다.

법적용자는 일단 텍스트의 **해석 필요성**을 확인해야 한다. 법적용자가 텍스트를 어떤 식으로 따라야만 하는지를 잘 모르기 때문에 텍스트를 그대로 따를 수 없어서 해석 필요성을 확인할 수도 있고(문법적 해석), 입법자료를 살펴보고 법률 텍스트가 불완전하다는 것을 알게 되어 해석 필요성을 확인할 수도 있다(역사적 해석). 이 밖에도 법적용자가 법률의 체계를 고려해 법률 텍스트를 읽어본 이후 규범 텍스트 자체를 이해할 수 없어서 해석 필요성을 확인할 수도 있다(체계적 해석). 이처럼 해석요소들은 텍스트의 해석 필요성을 분명하게 확인하는 데 도움을 준다.

규범 구체화 절차의 다음 단계는 해석기준을 표현한 **가설을 제기**하는 일이다. 이 단계에서도 해석요소들이 도움을 준다. 즉 법적용자는 입법자료에 이미 해석기준이 어느 정도 표현되어 있음을 알게 되는 경우가 많다. 그리고 체계적 관점에서 규범 텍스트를 읽다 보면 법적용자가 가능한 해석기준을 떠올릴 수도 있다.

규범 구체화와 관련된 다음 단계는 어떠한 해석기준에 따를 것인지를 **결정**하는 단계이다. 특정한 해석기준을 선택하는 결정은 해석가설을 '지지하는' 논거와 이를 '반박하는' 논거들을 형량하는 논증을 통해 이루어진다. 규범 구체화 요소들이 중요한 의미가 있는 영역은 바로 이 결정 단계이다. 즉 이 요소들은 여러 가지 가능한 형태의 경험들을 표현하고 있고, 해석기준들은 이 경험들에 비추어 평가할 수 있고 또 평가해야만 한다.

---

67 아르투어 카우프만, 울프리드 노이만, 요헨 슈나이더가 수행한 뮌헨 대학교 프로젝트인 '최고법원 판례변경의 논증이론적 측면'에 따르면 결과평가 논거는 최고법원 판례에서 가장 자주 등장하는 논거이다.

다양한 해석기준의 타당성을 심사하는 일은 모든 해석요소가 특정한 해석기준을 지지하는 논거일 때 가장 간단하게 해결될 수 있다. 하지만 서로 대립하는 두 개의 해석기준이 각각 서로 다른 해석요소에 비추어 타당성을 갖거나 서로 다른 해석요소가 각 해석기준을 반박하는 상황이라면 어떻게 해야 하는가? 예컨대 구성요건의 언어규칙은 해석기준 A1를 지지하지만, 해당하는 규범이 통합된 체계는 A1을 반박하고, 형법적 평가의 체계는 해석기준 A2를 지지하지만 법률문언은 A2를 반박한다면 어떻게 해야 하는가? 해석이 이러한 상황에 봉착했다면, 다수의 방법적 가능성이 존재한다. 예를 들어 이 경우에는 각 해석요소가 얼마만큼 비중이 있는지를 평가하는 규칙을 설정해야 한다는 식으로 논증할 수 있다. 또는 A1과 A2 가운데 어느 하나를 선택하는 결정은 전적으로 개별사례의 정의를 최대한 실현한다는 관점에 따라 법적용자 스스로 짊어져야 할 책임에 속한다는 식으로 논증할 수도 있다.[68] 첫 번째 방식의 논증은 같은 방법적 상황에 봉착할 때 같은 판단의 토대가 보장된다는 점에서 타당성이 있다(평등원칙). 첫 번째 논증은 두 번째 논증보다 법관을 더 강하게 구속한다는 점에서도 타당성이 있다. 그렇지만 이 경우에도 법적용자 스스로 부담해야 하는 책임 영역이 존재한다. 두 번째 방식의 논증은 정의를 실현한다는 법학의 본래 목적을 가장 잘 달성할 수 있다는 점에서 타당성이 있다. 하지만 이 목표는 첫 번째 방식의 논증에서도 고려되고 있다. 다만 두 번째 방식의 논증에서는 다른 해석요소들과 비교해볼 때 이 목표에 더 커다란 가치를 부여하고 있을 따름이다.

이 밖에도 해석요소들은 법적으로 가능한 규범 구체화의 **한계를 설정**한다는 중요한 기능을 담당한다. 예컨대 형법과 관련해 압도적 다수의 형법학자가 가능한 언어사용이 곧 해석의 한계를 뜻한다고 주장한다.[69] 이에 반해 역사적 해석을 지지하는 학자들은 해석이 입법자의 의지에 기초할 때만 허용된다는 테제를 주장한다.[70] 물론 이 테제에 따른 해석 한계는 너무 협소하다. 법관을 그런 식으로 입법자의 평가에 엄격히 구속하

---

68 이 문제에 관해서는 *Neumann*, Schriften(각주 23), S. 200 이하; *Larenz/Canaris*, Methodenlehre(각주 45), S. 166 이하 참고.

69 이에 관해서는 특히 *Engisch*, Methoden der Strafrechtswissenschaft, in: Enzyklopädie der geisteswissenschaftlichen Arbeitsmethoden, Methoden der Rechtswissenschaft Teil I, 1972, S. 62 이하 참고.

70 이에 관해서는 *Schroth*, Theorie(각주 2), S. 110 이하 참고.

는 것은 현실적으로 관철할 수 없을 뿐만 아니라 이론적으로도 일관되게 관철할 수 없기 때문이다.

가능한 언어사용은 단지 부분적으로만 명확한 해석 한계가 될 뿐이다.[71] 어떤 해석의 한계가 언어의 관점에서 가능하다고 인정될 것인지는 언어의 관점에서 이를 용납할 수 있는지의 문제와 결부되는 경우가 많기 때문이다.[72]

코호(Hans-Joachim Koch)와 뤼스만(Helmut Rüßmann)은 언어분석 방법을 통해 해석의 한계를 엄밀하게 규정하려고 시도한다.[73] 이들은 실재론적 의미론의 기본적 인식을 수용한다. 이 의미론에 따르면 개념의 '내포(Intension)'와 '외연(Extension)'을 구별해야 한다. 개념의 외연이란 이 개념에 해당하는 사안을 뜻한다. 그리고 개념의 내포란 개념을 '적용하는 규칙'으로 이해해야 한다. 내포는 사실상의 언어사용을 서술함으로써 확인할 수 있다. 개념의 내포는 이 개념이 적용되는 모든 사례와 관련해 특정한 사안 집합에 이 개념이 해당하는지 그렇지 않은지를 결정할 수 있다면 정확히 확인할 수 있다. 즉 특정한 사안 집합이 한 개념에 해당할 경우 이 집합을 긍정적 대상(positiver Kandidat)이라 하고, 의심의 여지 없이 개념에 속하지 않는 집합은 부정적 대상(negativer Kandidat)이라고 한다. 만일 하나의 사안 집합이 개념에 속하는지를 결정할 수 없다면, 이 집합은 중립적 대상(neutraler Kandidat)이다.[74] 이러한 분석에 따른다면 죄형법정주의 원칙은 어떤 형법적 개념과 관련해 부정적 대상은 어떠한 경우에도 이 개념에 속해서는 안 된다는 원칙으로 이해할 수 있다.

법률적용과 관련된 긍정적, 부정적, 중립적 대상의 구별은 매우 엄밀하고 정확한 구별이다. 하지만 이 구별을 통해 형법 해석의 한계를 설정하는 엄밀한 개념규정을 획득하는 것은 부분적으로만 가능하다. 실제로 이 개념규정은 긍정적, 부정적, 중립적 대상

---

71 이에 관해서는 *Neumann*, Der 'mögliche Wortsinn' als Auslegungsgrenze in der Rechtsprechung der Strafsenate des BGH, in: *Neumann/Rahlf/E. v. Savigny*, Juristische Dogmatik und Wissenschaftstheorie, 1976, S. 42 이하; *Priester*, Zum Analogieverbot im Strafrecht, in: *H. J. Koch*(Hrsg.), Juristische Methodenlehre und analytische Philosophie, 1974, S. 153 이하(프리스터는 해석의 한계로서의 가능한 문언의 의미를 딱히 회의적으로 평가하지 않는다).

72 이에 관해서는 *Schroth*, Theorie(각주 2), S. 110 이하 참고.

73 *Koch/Rüßmann*, Juristische Begründungslehre, 1982, S. 129.

74 *Koch/Rüßmann*, Begründungslehre(각주 73), S. 195.

을 상호주관적으로 정확하게 규정할 수 있는 절차가 존재할 때만 의미가 있다. 그러나 이러한 절차가 존재하려면 다시 내포를 객관적으로 확인할 수 있는 또 다른 절차가 존재해야 한다.

해석요소가 지닌 또 다른 기능은 결정의 결과를 **서술**(판결이유)하는 데 도움을 준다는 점이다. 어떤 해석기준을 하나의 해석규칙을 통해 정당화할 수 있다면, 그 해석기준은 충분히 납득 가능한 기준이 되기 때문이다.

몇몇 학자는 해석규칙에 대해 아무런 인식가치도 부여할 수 없다고 주장한다. 그 이유는 해석요소들이 너무나도 불명확할 뿐만 아니라, 법적용 실무에서 해석요소들을 자의적으로 원용하거나 배제하기 때문이라고 한다. 이 주장을 반박하기는 쉽지 않다. 하지만 이 주장은 해석요소 '자체'를 반박하기보다는 법학방법론의 현재 상태를 반박하는 것으로 보아야 한다. 해석요소들이 더욱 엄밀하게 구성되어야 한다는 점은 당연히 옳다. 예컨대 주관적 해석의 경우 주관적 해석이 정확히 무엇인지, 이 해석이 어느 정도까지 가능한지, 이 해석이 얼마만큼 규범적 구속력을 갖는지 등을 섬세하게 밝혀야 한다. 객관적-목적론적 해석과 관련해서도 어떠한 의미에서 '목적'이 정당화되는지, 목적이 얼마만큼 추상적으로 표현되어야 하는지(목적이 추상적일수록 해석기준이 목적에 부합하는 정도도 높아진다), 어떠한 의미에서 해석기준이 목적에 봉사하는지 등을 밝혀야 한다. 그리고 문법적 해석과 체계적 해석에 대해서도 마찬가지로 얘기할 수 있다. 즉 이 해석들이 무슨 의미이고, 언어규칙이나 체계를 어떻게 확인해야 하며, 어느 정도로 언어규칙이나 체계가 규범적 구속력을 갖는지를 밝혀야만 한다.[75] 해석요소들이 언제나 똑같은 구속력을 가져야 한다는 전제에서 출발하면 실무에서 해석요소들을 거의 자의적이라고 말할 수 있을 정도로 극히 다양한 방식으로 사용한다는 사실이 눈에 띄게 된다.[76] 하지만 해석요소들은 모든 포섭에서 똑같은 가치를 갖지는 않는다. 이 점에서

75 이에 관해서는 주관적 해석과 관련해 이 점을 자세히 밝히는 *Schroth*, Theorie(각주 2), S. 82 이하 참고. '입법자의 의지'라는 개념은 헤크의 이론을 끌어들여 해석자가 입법자의 행위 이해를 해석하는 작업으로 이해된다. 즉 이 개념은 '심리적' 의지와는 관계가 없다. 다시 말해 규범을 표현하게 된 구체적 계기였던 평가적 관점을 재구성하는 것이 곧 주관적 해석의 과제이다. 문법적 해석과 관련해서는 *Koch*, Einleitung, Seminar: Die juristische Methode im Staatsrecht, 1977, S. 35 이하; 목적론적 해석과 관련해 가장 섬세한 서술은 *Koch/Rüßmann*, Begründungslehre(각주 73) 참고.

76 이에 관해서는 *Schroth*, Theorie(각주 2), S. 101 이하 참고.

해석요소들을 형량하는 지침을 개개의 특수한 상황에 비추어 이해해야 한다는 견해에서 출발하면, 실무가 자의적으로 해석요소들을 사용하는지에 대해 명확하게 대답하기 어렵게 된다. 즉 해석요소들을 어떤 때는 끌어들이고 어떤 때는 그렇게 하지 않는 실질적 이유가 얼마든지 존재할 수 있다. 아마도 해석요소들을 형량하는 지침을 특수한 상황에 비추어 이해해야 한다는 견해가 타당할 것이다. 예컨대 '입법자의 의지'라는 해석요소와 관련된 몇몇 논거들은 제시할 수 있을 것이다. 물론 '역사적 입법자의 의지'가 명확한지 그렇지 않은지에 따라 분명 커다란 차이가 있다.[77] 불명확한 '입법자의 의지'는 법적 해석에서 아무런 역할도 하지 못한다. 입법자의 구체적 '의지'가 무엇인지에 대해 다양한 견해를 피력할 수 있기 때문이다. '역사적 입법자의 의지'가 지닌 비중과 관련해서는 이 의지가 법률과는 별도로 존재하는지 아니면 직접 법률규범에 표현되어 있는지도 중요한 역할을 할 것이다. 입법자의 의지는 이 의지가 법률의 표현에 '감지할 수 있는' 영향을 미쳤을 때만 해석에서 중요한 역할을 할 수 있다. 이 점에서 '입법자의 의지'는 현재의 가치판단 체계와 일치하지 않는 과거의 가치판단 체계에서 제정된 법률보다는 비교적 최신에 제정된 법률에서 더 커다란 역할을 한다.[78] 이 밖에도 역사적 입법자의 의지는 실질적 문제를 어떤 식으로 해결할 것인지에 관해 견해가 일치하는 경우보다는 이 문제와 관련해 합의 가능한 대답이 없는 경우에 더 커다란 규범적 의미를 지닐 것이다.[79] 만일 입법자가 구성요건을 특정한 방식으로 표현함으로써 특수한 한계를 설정하고자 했다면, 이 한계는 구속력이 있다. 그리고 입법자의 의지가 예컨대 법률의 표현을 통해 특수한 이론을 거부하거나 판례가 일정한 방향으로 변경되도록 만들고자 했고, 이를 법률에 명시적으로 표현했다면, 입법자의 의지는 구속력이 있다. 입법자가 목적으로 삼았던 작용이 헌법을 위반하지 않는 이상, 입법자의 의지는 분명 구속력이 있다. 간단한 예를 하나 들어보자. 입법자는 형법의 착오론과 관련해 고의설을 거부하고, 제한 책임설을 형법총칙의 토대로 삼고자 했다. 그렇다면 법적용자가 계속 고의설을 고집하는 것은 부적절하다.

---

77 *Schroth*, Theorie(각주 2), S. 101 이하.
78 *Schroth*, Theorie(각주 2), S. 104 이하.
79 *Schroth*, Theorie(각주 2), S. 105.

다른 해석요소들의 비중 역시 역사적 해석과 관련된 이상의 논의와 비슷한 방식으로 규정할 수 있다.

6.4.4 불명확한 해석기준과 결정의 결과

해석과 관련된 실제 현실에서는 명확한 해석기준이 아니라 단지 불명확한 해석기준만이 발전되는 경우가 자주 있다.

예컨대 형법도그마틱은 '절취' 개념을 '타인의 물건 보유를 단절하고 새로운 보유를 설정하는 것'이라고 구체화한다.[80] 여기서 '보유'는 물건에 대한 지배 의지를 토대로 한 사실상의 지배 관계로 이해된다.[81] 이러한 개념 설명에 비추어 일상생활에서 접하게 되는 생각을 살펴보게 된다.

예컨대 상점절도범이 백화점 직원이 감시하고 있는 위치에서 물건을 외투 호주머니에 슬쩍 집어넣은 사례를 결정할 때는 이 절도범이 이미 새로운 보유를 설정했는지를 묻게 된다.[82] 이 물음을 어떻게 결정하는지에 따라 절도죄 '미수'가 될 수도 있고 '기수'가 될 수도 있다.

이와 같은 사례에서는 — 뤼베-볼프가 정확히 지적하듯이 — 사례를 어떻게 결정해야 하는가의 물음은 형법상의 절취개념을 어떻게 이해해야만 하는가의 물음과 분리할 수 없다.[83]

그 때문에 법적용자는 결정의 결과를 평가해야 한다는 요구에 직면한다. 이 요구에 따르면 법규범을 올바르게 이해했는지는 결과의 정당성에 비추어 판단하게 된다. 이 점에서 해석기준은 사례규범, 즉 확인 가능한 사안에 대한 규칙을 거쳐 비로소 적용할 수 있다.[84] 이 사례규범의 정당성은 결과의 정당성에 비추어 판단하게 된다. 뤼베-볼프가 서술하듯이 이 점은 일반조항(Generalklausel)에 대한 해석과 관련된 일반적인 문제

80 *Wessels/Hillenkamp*(각주 41), § 2 Rd. 82.
81 *Wessels/Hillenkamp*(각주 41), § 2 Rd. 82.
82 *Wessels/Hillenkamp*(각주 41), § 2 Rd. 125.
83 *Lübbe-Wolff*, Rechtsfolgen(각주 14), S. 135.
84 *Fikentscher*, Methoden IV(각주 43), S. 202 이하.

에 해당한다. 일반조항의 특징은 해석의 문제와 결정 결과의 문제를 (인위적으로 구성하지 않는 이상) 서로 분리할 수 없다는 점이기 때문이다.[85]

6.4.5 해석기준과 형벌 범위

형법을 해석할 때는 형벌 범위를 어느 정도로 고려해야 하는가를 묻게 된다.[86] 예를 하나 들어보자. 형법 제224조(중상해죄)는 형벌의 하한선을 6개월로 상향해 규정하고 있다(단순 상해죄를 규정한 제223조는 '5년 이하의 자유형'으로 규정해 하한선이 없다 — 옮긴이). 그 때문에 상해죄의 가중 구성요건에 해당하는 표지를 제한적으로 해석해야 하는가의 물음이 제기된다. 이와 관련해 예컨대 위험한 도구라는 개념을 더 좁게 이해해야 한다거나 단순 상해가 아니라 중상해에 해당하는 공동의 행위방식 역시 좁게 해석해야 한다고 말할 수 있다. 내 생각으로는 형벌 범위의 하한선을 상향한 경우 원칙적으로 구성요건을 더 좁게 해석해야 한다. 유죄판결을 선고할 때 법률효과는 비례성 원칙에 부합해야 하기 때문이다. 물론 입법자가 의도적으로 형벌 범위를 상향 조정했을 때는 이 원칙이 적용되지 않는다. 입법자가 특정 방식의 범죄 실현을 법원이 더 중하게 제재해야 한다고 생각했고, 입법자의 이 결정은 헌법적으로 문제가 없기 때문이다. 만일 입법자가 종신형만을 규정한 때는 언제나 제한적으로 해석해야 한다. 그렇지 않으면 비례성 원칙을 유지할 수 없을 것이기 때문이다. 법질서가 규정한 가장 중한 형벌은 가장 중한 불법에 해당하는 사례에서만 부과되어야 한다. 유감스럽게도 연방법원이 이 측면을 충분히 고려하지 않는 경우가 많다. 연방법원은 피해자가 살인 행위자를 오랫동안 비인간적으로 다룬 사례를 결정한 적이 있다. 피해자는 행위자의 부인을 강간했고, 이로써 조화로운 혼인 생활이 파탄에 이르게 했을 뿐만 아니라 행위자를 죽여버리겠다고 위협하고 부인을 또다시 강간했다. 이렇게 피해자가 행위자의 결단을 유발한 사례였다. 연방법원과 사실심은 살해 방식이 은밀했기 때문에 제211조(1급 살인)를 적용해야

85 *Lübbe-Wolff*, Rechtsfolgen(각주 14), S. 136.

86 이에 관해 자세히는 *Kudlich*, Die strafrahmenorientierte Auslegung im System der strafrechtlichen Rechtsfindung, in: ZStW, 2003, S. 1 이하 참고.

한다는 전제에서 출발했다. 연방법원은 이 사례에서 비례성 원칙에 부합하는 형벌을 선고하기 위해 법률에 반해(contra legem) 형법 제49조 제1항 1문(특별한 감경사유가 존재할 때는 종신형을 3년 이상의 자유형으로 대체 — 옮긴이)을 유추 적용하는 방향으로 결정했다.[87] 그러나 이 판결은 설득력이 없다. 노이너(Neuner)가 밝히고 있듯이 이 판결은 평등원칙을 고려하는 판결이 되지 못하기 때문이다. 오히려 살인행위가 1급 살인의 구성요건을 충족할지라도 1급 살인으로 볼 수 있는 통상의 살인행위가 지닌 평균적인 강도에 부합하지 않은 때는 해석을 통해 1급 살인 구성요건 표지를 수정하는 것이 타당한 방법이었다. 예컨대 한 부인이 오랫동안 남편에게 지속적으로 학대를 받은 나머지 남편이 잠든 사이 권총으로 살해한 사례에서는 비록 이 부인이 은밀하게 행위했지만, 그렇더라도 제211조(종신형)를 적용하는 것은 부당하다.[88]

6.4.6 해석기준과 성향술어

'책임무능력' 또는 '운전 불가'와 같은 개념은 이 개념이 지시하는 대상 또는 상태를 직접 '관찰할 수 없다'는 특징을 갖는다. 즉 이러한 개념은 지각을 통해 직접 포착할 수 없는 '성향(Disposition)'이나 속성을 지칭한다. 과연 어떤 대상 또는 상태가 이 개념에 속하는지는 특정 상황에서 이루어진 인간의 행태를 관찰해 특정한 방식의 행동으로부터 거꾸로 성향의 존재를 추론하는 방법을 알 때만 확인할 수 있다. 따라서 이와 같은 개념을 밝히기 위해서는 법체계에서 이 개념이 지닌 기능 그리고 확인 가능한 사실에 비추어 이 개념을 **귀속하는 규칙**을 투명하게 만들어야만 한다. 판례는 운전자의 혈중알코올농도가 0.011%를 기준으로 '운전 불가'라는 개념을 구체화하는데, 이는 곧 판례가 현실에 이 개념을 귀속하는 규칙을 설정했다는 뜻이다. 귀속규칙은 통상의 개념 구체화와 증거규칙이 분리되지 않는다는 점에서 '통상의' 해석기준과는 구별된다.[89] 상

87 BGHSt 30, 105. 이에 관해서는 *Neuner*, Die Rechtsfindung contra legem, 1992, S. 166 이하 참고.
88 이에 관해서는 '폭군 남편' 사례인 BGHSt 2003, 665 참고.
89 이 문제에 대해 자세히는 *Volk*, Strafrechtsdogmatik, Theorie und Wirklichkeit, in: *Kaufmann/Bemmann/Kraus/Volk*(Hrsg.), Festschrift für Paul Bockelmann zum 70. Geburtstag, 1979, S. 75 이하 참고.

급법원에서 발전시킨 이러한 규칙은 하급법원의 판결을 간접적으로 구속하기 때문에 법관의 자유로운 증거평가(자유심증)는 사실상 제한을 받는 셈이다. 즉 이 경우 사실문제가 법률문제가 된다.[90] 하지만 이러한 귀속규칙을 통해 법률심이 사실심의 증거평가 권한을 과연 어느 정도까지 제한할 수 있는지는 규범적으로 볼 때 문제가 아닐 수 없다.[91]

6.4.7 적용기준과 법적 결정의 결과 지향의 문제점

법적용자가 법규범의 해석과 관련해 특정한 기준을 선택하면, 이 결정은 두 가지 측면에서 영향을 미친다. 첫째, 해석기준의 선택은 결정의 결과에 영향을 미친다. 즉 해석기준은 결정해야 할 구체적 사례만이 아니라 이와 유사한 다른 일련의 사례에서도 특수한 법적 결과를 낳는다. 둘째, 특정한 해석기준의 선택은 이보다 더 넓은 범위에 걸쳐 여러 가지 결과를 낳는다. 예컨대 금지된 신문방법(형사소송법 제136a조)과 관련해서는 자유로운 증명이 가능하고 '의심스러울 때는 피고인의 이익으로'라는 원칙이 적용되지 않는다는 연방법원의 견해는 제136a조가 법실무에서 충분히 고려되지 못하는 결과를 낳게 된다. 이 조항의 위반을 증명하기가 몹시 어렵기 때문이다. 이처럼 법적 결과가 낳는 사회적 결과를 적응 결과(Adaptionsfolge)라고 부른다. 방법론에서는 결정 결과와 적응 결과를 규범 구체화 절차 내에서 얼마만큼 고려해야 하는지가 아직 분명하게 밝혀져 있지 않다.

일부 법학방법론 문헌은 어떤 해석기준을 선택함으로써 낳게 되는 부정의한 결과를 이 해석기준의 정당성을 부정해야 할 징표로 여긴다. 또 다른 법학방법론 문헌은 부정의한 결과를 이 결과를 낳은 해석기준의 정당성을 부정해야 할 결정적 논거로 여기기도 한다. 어떠한 견해를 선택하든 관계없이 부정의한 결과를 낳는 해석기준의 내용은 받아들일 수 없다는 점에 대해서는 견해가 일치한다.[92]

---

90 *Volk*, Strafrechtsdogmatik(각주 90), S. 81 이하.

91 절대적 '운전 불가'를 둘러싼 논의는 이 문제를 잘 보여준다. 이에 관해서는 BGHSt 21, 157(= JuS 1971, 448 — *Haffke*의 평석); BGHSt 22, 352(= NJW 1969, 1578 — *Händel*의 평석) 참고.

타당한 해석기준을 선택할 때 결정의 적응 결과가 얼마만큼 중요한 역할을 하는지는 전혀 밝혀져 있지 않다. 법실무에서는 결정의 적응 결과는 전혀 고려 대상이 되지 않는 경우가 있는가 하면, 적응 결과가 절대적으로 중요한 역할을 하는 경우도 있다(이를 적극적으로 지지하는 이론도 있다[93]). 방법론적으로 볼 때 법적 결정이 이 결정이 낳을 직접적인 적응 결과를 고려하는 것은 불가피한 일이다. 이 점에서 '다르게' 결정을 내리더라도 감당하기 어렵게 보이는 적응 결과를 피할 수 없을 때만 적응 결과를 고려하지 않는 것이 정당화된다. 더욱이 적응 결과는 이 결과가 발생할 개연성의 정도로만 인식할 수 있을 뿐 확실하게 인식할 수 없다는 사정도 고려해야 한다. 따라서 법학방법론은 어느 정도로 결과 발생의 개연성이 있을 때 이를 고려해야만 하는지를 밝혀야 한다.

6.5 법발견과 정당화

해석의 결과를 고려할 때는 법관의 판결을 고려할 때와 마찬가지로 원칙적으로 결론의 발견과 결론에 도달한 이유에 관한 서술(정당화)을 구별해야 한다. 하지만 이 두 요소가 마치 양자 사이에 아무런 연관성도 없는 것처럼 전제해도 무방할 만큼 완전히 분리되는 것은 아니다. 오히려 정당화는 결정 과정에 연결된 마지막 단계로서 결론을 발견하는 과정을 반영해야 한다. 그렇지만 판결 이유에서 밝힌 것보다 더 많은 내용 또는 밝힌 것과는 다른 내용이 판결에 개입하는 경우가 자주 있다. 즉 판결을 정당화하면서

92 이 문제와 관련해 미세한 의견의 차이를 드러내는 *Larenz/Canaris*, Methodenlehre(각주 45), S. 168; *Esser*, Vorverständnis(각주 8), S. 8 이하; *Kriele*, Theorie der Rechtsgewinnung, entwickelt am Problem der Verfassungsinterpretation, 2. Aufl. 1976, S. 312 이하 참고. 논의 전반에 관해서는 *Neumann*, Schriften(각주 23), S. 199 이하 참고.

93 *Lübbe-Wolff*, Rechtsfolgen(각주 14), S. 139 이하; *Nell*, Wahrscheinlichkeitsurteile in juristischen Entscheidungen, 1983. 결과 고려라는 일반적인 문제에 관해서는 다양한 관점을 제시하고 있는 *Hassemer*, Über die Berücksichtigung von Folgen bei Auslegung der Strafgesetze, in: *Horn*(Hrsg.), Festschrift für Helmut Coing zum 70. Geburtstag, 1982, S. 423 이하; *Sambuc*, Folgenerwägungen im Richterrecht, 1977; *Wälde*, Juristische Folgenorientierung, 1979; *Luhmann*, Rechtssystem und Rechtsdogmatik, 1974, S. 31 이하; *Pawlowski*, Methodenlehre für Juristen, 3. Aufl. 1999, § 11; *Rottleuthner*, Zur Methode einer folgenorientierten Rechtsanwendung, in: Wissenschaften und Philosophie als Basis der Jurisprudenz, ARSP, Beiheft Nr. 13, 1980, S. 97 이하 참고.

결정을 발견하는 과정에서는 중요하지 않았던 측면이 등장할 수 있다. 어쨌든 판결을 정당화해야 한다는 강제는 나중에 결정을 정당화할 가능성이 결정의 발견에도 영향을 미치고, 결정을 일정한 방향으로 조종하며 결정에 동기를 부여한다는 현상을 수반한다. 물론 결정의 발견과 이를 정당화하는 판결 이유의 서술을 두 개의 이어지는 단계로 파악하는 것은 충분히 의미가 있다. 하지만 결정과 정당화(논증)를 절대적으로 분리할 수 있고 또 분리해야 한다는 뜻은 아니다.

다수의 결정 가능성 가운데 어느 하나를 선택할 때 작용하는 법관의 선이해는 언제나 나중에 정당화할 수 있는 결론으로만 이끌 뿐이다. 결정 과정의 초기 단계에서 이미 잠정적인 해결 가설을 정당화 가능성의 측면에서 심사하게 된다. 그리고 다수의 해결 가능성을 낱낱이 '검토'하고, 각 가능성의 결과를 분석함으로써 몇몇 해결 방법은 배제하게 된다. 이 점에서 현실적으로는 결정을 발견할 때 이미 최종 결정과 이에 대한 정당화를 위한 부분적 결정이 이루어지는 셈이다. 따라서 결정과 논증이라는 요소가 서로 교차하는 과정을 겪게 된다. 즉 결정이 이루어진 후 비로소 논증이 이루어진다거나 논증을 거친 이후 비로소 결정이 이루어진다는 식으로 생각할 수 없다. 그렇지만 결정 요소와 논증 요소를 별개의 측면으로 구별해 이 구별 자체와 구별된 두 측면의 관계를 분석할 수 있도록 두 개의 고찰방식을 별도로 도입하는 것은 충분한 의미가 있다.

법적 사례에 관한 결정의 차원에서는 **결론**에 결정적으로 영향을 미친 요소를 탐구해야 한다. 그리고 논증의 차원에서는 어떠한 규칙들이 법적 **논의와 정당화**에 적용되고 적용되어야 하는지를 분석해야 한다.

주요 참고문헌

Alexy, Robert, Theorie der juristischen Argumentation, 4. Aufl. 2001. 〔로베르트 알렉시, 『법적 논증 이론』, 변종필/최희수/박달현 옮김, 고려대학교출판부, 2007〕

Engisch, Karl, Logische Studien zur Gesetzesanwendung, 2. Aufl. 1960.

ders., Einführung in das juristische Denken, 11. Aufl. 2010. 〔칼 엥기쉬, 『법학방법론』, 안법영/윤재왕 옮김, 세창출판사, 2011〕

Esser, Josef, Vorverständnis und Methodenwahl, 2. Aufl. 1972.

Fikentscher, Wolfgang, Methoden des Rechts, 5 Bde., 1975–1977.

Gadamer, Hans–Georg, Wahrheit und Methode, 4. Aufl. 1975. 〔한스 게오르크 가다머, 『진리와 방법 1』, 이길우/이선관/임호일/한동원 옮김, 문학동네, 2012; 『진리와 방법 2』, 임홍배 옮김, 문학동네, 2012〕

Hassemer, Winfried, Tatbestand und Typus; Untersuchungen zur strafrechtlichen Hermeneutik, 1968.

ders.(Hrsg.), Dimensionen der Hermeneutik, Arthur Kaufmann zum 60. Geburtstag, 1984.

Hefendehl, Roland/Hörnle, Tatjana/Greco, Luis(Hrsg.), Streitbare Strafrechtswissenschaft. Festschrift für Bernd Schünemann zum 70. Geburtstag, 2014.

Hinderling, Hans–Georg, Rechtsnorm und Verstehen, 1971.

Kanitscheider, Bernulf/Wetz, Franz Josef(Hrsg.), Hermeneutik und Naturalismus, 1998.

Kaufmann, Arthur, Beiträge zur juristischen Hermeneutik, 2. Aufl. 1998.

ders., Analogie und 'Natur der Sache', 2. Aufl. 1982.

Kudlich, Hans, Die strafrahmenorientierte Auslegung im System der strafrechtlichen Rechtsfindung, in: ZStW, 2003, S. 1 이하.

Kramer, Ernst–A., Juristische Methdenlehre, 1998. 〔에른스트, A. 크라머, 『법학방법론』, 최준규 옮김, 박영사, 2022〕

Kriele, Martin, Theorie der Rechtsgewinnung, 2. Aufl. 1976. 〔마르틴 크릴레, 『법발견의 이론』, 홍성방 옮김, 유로, 2013〕

Larenz, Karl/Canaris, Claus–Wilhelm, Methodenlehre der Rechtswissenschaft, 3. Aufl. 1995.

Lübbe–Wolf, Gertrud, Rechtsfolgen und Realfolgen, 1981.

Müller, Friedrich/Christensen, Ralph, Juristische Methodik, Band I, Grundlegung für die Arbeitsmethoden der Rechtspraxis, 11. Aufl. 2013.

Neumann, Ulfrid, Juristische Argumentationslehre, 1986. 〔울프리드 노이만, 『법과 논증이론』, 윤재왕 옮김, 세창출판사, 2009〕

Neuner, Jörg, Rechtsfortbildung contra legem, 1992.

Puppe, Ingeborg, Kleine Schule des juristischen Denkens, 3. Aufl. 2014.

Schnädelbach, Herbert, Philosophie in Deutschland 1831–1933, 1983.

Schroth, Ulrich, Theorie und Praxis subjektiver Auslegung im Strafrecht, 1983.

Wälde, Thomas, W., Juristische Folgenorientierung, 1979.

7. 법논리학

울프리드 노이만

7.1 법논리학의 개념

법논리학(Juristische Logik)이라는 개념은 이중의 의미를 지닌다. 논리학이라는 개념 자체가 넓은 의미와 좁은 의미로 사용되기 때문이다. 넓은 의미의 '논리학'은 '방법론'과 같은 의미이고, 예컨대 '사회과학의 논리' 또는 '문화과학의 논리'라고 말할 때는 이 넓은 의미의 논리학을 염두에 둔 것이다. 이에 반해 좁은 의미의 논리학 개념은 오로지 형식적 규칙, 즉 특수한 적용 영역에서만 타당한 규칙과 관련을 맺는다. 이 좁은 의미의 논리학은 "오로지 형식에 기초해서만 참이 되는 명제들에 관한 이론"이다.[1] 좁은 의미의 논리학 개념에서 출발하면, 특수한 '법'논리학의 존재 자체를 부정할 수 있다. 이 논리학은 오로지 형식에만 기초해 명제의 진리성을 다룰 뿐, 각 개별학문에서 등장하는 내용은 아무런 역할도 하지 않기 때문이다. 그 때문에 일부 학자는 법논리학이라는 말 자체가 마치 의료논리학이나 생물논리학이라는 말과 똑같이 무의미하다고 주장한다.[2]

실제로 형식적 의미의 '법논리학'의 문제들은 오로지 **일반 논리학**을 법과 법학에 **적**

---

1 *Patzig*, Sprache und Logik, 2. Aufl. 1981, S. 10.

2 *Wagner/Haag*, Die moderne Logik in der Rechtswissenschaft, 1970, S. 7. 이에 관해서는 *Perelman*, Juristische Logik als Argumentationslehre, 1974, S. 14 참고.

용하는 문제로만 제기될 수 있을 뿐이다.[3] 하지만 이 측면에서도 특수한 문제가 제기된다는 사실에 비추어 볼 때 '법논리학'이라는 개념은 ― 이 글에서 다루고자 하는 ― 형식적 의미의 논리학을 적용하는 영역과 관련해서도 얼마든지 사용할 수 있다. 예컨대 포섭의 논리적 구조(7.2), 독자적인 규범논리학의 필요성(7.4.1.3), 논리학과 법학적 논증의 관계(7.5.4) 등은 이러한 특수한 문제에 속한다.

7.2 삼단논법과 '사법 삼단논법'

법적 포섭을 지칭하는 '**사법 삼단논법**(Justizsyllogismus)'이라는 표현은 어떤 때는 냉소적으로, 또 어떤 때는 진지한 의도에서 사용된다. 사법 삼단논법은 전통적인 추론형식인 삼단논법(Syllogistik)에 기초한다. 아리스토텔레스에 기원한 이 추론형식[4]은 두 가지 예를 통해 가장 잘 설명할 수 있다. 첫 번째 삼단논법은 다음과 같다.

M a P
S a M
S a P

이 도식은 "모든 M이 P이고, 모든 S가 M이면 모든 S는 P이다"라고 읽으면 된다. 두 번째 삼단논법은 다음과 같다.

M e P
S i M

---

3 법논리학을 이런 의미로만 이해하는 견해로는 예컨대 *Simon*, Juristische Logik und die richterliche Tätigkeit, in: Zeitschrift für vergleichende Rechtswissenschaft 81(1982), S. 63; *Tammelo*, Modern Logic in the Service of Law, 1978, S. 1 이하 참고.

4 여기서 아리스토텔레스의 삼단논법과 전통적인 (스콜라철학의) 삼단논법 사이의 차이는 고려하지 않겠다. 이에 관해서는 *Patzig*, Die aristotelische Syllogistik, 3. Aufl. 1969, S. 11-24 참고.

S o P

이 도식은 "어떠한 M도 P가 아니고, 몇몇 S는 M이면, 이로부터 몇몇 S는 P가 아니라는 결론이 도출된다"라고 읽으면 된다. 소문자 a, i, e, o(affirmo와 nego)는 각각 전체긍정("모든 …는 …이다"), 부분긍정("몇몇 …는 …이다"), 전체부정("어떠한 …도 …이 아니다"), 부분부정("몇몇 …는 …이 아니다")을 지칭한다. 각 양태의 추론은 세 문자로 표시되고, 모음은 대전제, 소전제, 결론에서 M과 P 사이의 관계를 규정한다. 첫 번째 삼단논법은 modus barbara라고 부르고, 두 번째 삼단논법을 modus ferio라고 부른다.[5] 법적 포섭에서는 소전제가 단칭명제라는 점을 제외하면,[6] 이른바 사법 삼단논법은 modus barbara의 적용사례로 재구성할 수 있다.

모든 살인자는 처벌되어야 한다
T는 살인자이다
T는 처벌되어야 한다

7.3 논리계산

삼단논법의 추론형식은 형식논리학의 발전에서 중요한 단계이다. 이 형식은 추론의 구체적 내용과는 관계없이 구속력을 갖는 추론의 보편적 구조를 보여주기 때문이다. 즉 이 형식은 생각할 수 있는 모든 명제에 대해 똑같이 타당성을 갖는다. 바로 그 때문에 내용적 개념('살인자', '처벌되어야 한다' 등)은 이 형식에서 추상적 기호로 대체될 수 있다. 이 점에서 삼단논법의 추론형식은 내용의 측면에서 설득력이 있거나 내용을 심

5 타당한 삼단논법에 대한 더 완벽한 분석은 *Tammelo/Schreiner*, Grundzüge und Grundverfahren der Rechtslogik, Bd. I, 1974, S. 110 이하; *Herberger/Simon*, Wissenschaftstheorie für Juristen, 1980, S. 23 이하; *Arthur Kaufmann*, Das Verfahren der Rechtsgewinnung, 1999, S. 43 이하 참고.

6 이 점에 관해서는 예컨대 *Klug*, Juristische Logik, 4. Aufl. 1982, S. 49 참고.

사할 수 있는 연산을 포함하지 않는다. 바로 이 지점이 **현대논리학**과 **고전논리학**을 구별하는 결정적 측면이다. 현대논리학은 계산을 통한 형식적 연산을 가능하게 만든다. 여기서 **계산**(Kalkül)이란 특정한 연산규칙에 따라 서로 결합할 수 있는 기호체계를 말한다.[7] 계산을 통해 대상 영역을 서술하기 위해서는 대상 영역의 요소를 계산 기호에 귀속시킬 수 있어야 한다. 다시 말해 개별 기호의 의미가 확정되어 있어야 한다. 이처럼 내용의 측면에 비추어 해석되는 계산을 **형식화 언어**(formalisierte Sprache)라고 부른다.[8] '형식화'는 단순히 단어를 기호로 대체('상징화')하는 것과는 다르고 그 이상의 의미를 지닌다. 형식화에서 결정적 측면은 표현의 '의미'를 배제한 채 계산의 한 표현에서 다른 표현으로 전환하게 만드는 순수한 '형식적' 연산규칙이 존재한다는 점이다. 예컨대 현대논리학의 명제계산과 술어계산은 이 의미에서 형식화 언어에 속한다. 따라서 법적 언어의 '형식화'라고 말할 때는 일반적으로 법적 언어를 (법의 규범성을 고려해 조금 변형된) 명제논리 계산 또는 술어논리 계산으로 전환하는 작업을 염두에 둔 것이다(자세히는 뒤의 7.3.1과 7.3.2 참고). 논리적 연관성을 서술하기 위해 어떠한 계산을 활용할 것인지는 어떠한 구조를 표현해야 하는지에 달려 있다. 개개의 계산은 세분화 정도가 다르고, 따라서 '분해 능력'도 다르다. 그 때문에 계산의 선택은 어떠한 구조를 어느 정도로 확대해 관찰하고자 하는지에 달려 있다.

7.3.1 명제계산

명제계산은 기초적 명제들("비가 온다", "길이 젖었다")과 복합 명제("비가 오고 길이 젖었다") 사이의 논리적 연관성을 반영한다.[9] 이 계산에서 명제의 구조는 중요하지 않기 때문에 명제계산은 단 두 가지 기호만을 포함한다. 즉 명제를 상징하는 소문자 p, q, r(명제 변수)과 기초적 명제를 복합 명제로 연결하는 연결사(Junktor)만 있으면 된다.

---

7 '계산' 개념에 관해 자세히는 *Reisinger*, Überlegungen zur Formalisierung im Recht, in: DSWR 1974, S. 47 참고.

8 *Reisinger*, Überlegungen(각주 7), S. 47.

9 이에 관한 입문적 서술은 *Ruppen*, Einstieg in die formale Logik, 1997, S. 17 이하; *Buth*, Einführung in die formale Logik, 1996, S. 40 이하 참고.

이 연결사는 대부분 일상언어의 표현으로 전환할 수 있다('그리고', '또는', "…라면 …이다", "…일 때만 …이다"). 자연언어의 형식화(그리고 법적 언어의 형식화)를 명제계산으로 전환할 가능성을 이해하기 위해서는 형식화가 일상언어의 불변화사(Partikel)를 통해 규정되지 않는다는 점이 매우 중요하다. 명제논리학의 연결사는 연결사를 통해 구성되는 복합 명제의 진리값이 기초적 명제의 진리값에 의존한다는 사실을 통해 규정된다.[10] 일상언어의 '그리고' 연결에 해당하는 연결사인 '∧'는 이 연결사를 통해 구성되는 복합 명제 (p∧q)가 기초 명제인 p와 q 모두 참일 때만 참이 된다는 사실을 통해 규정된다.

'1'을 '참', '0'을 거짓으로 표현하면, 이 점은 다음과 같이 도식화할 수 있다.

p	∧	q
1	1	1
1	0	0
0	0	1
0	0	0

여기서 중간의 '∧'에 해당하는 진리값(1000)은 왼쪽 p의 진리값과 오른쪽 p의 진리값에 따른 전체 표현(연언 Konjunktion)의 진리값을 표시한다.

함축문(p→q)의 경우에는 진리값이 다음과 같이 배분된다.

p	→	q
1	1	1
1	0	0

10 부정사(Negator) 역시 진리값의 분배를 통해 규정된다.

p	¬p
1	0
0	1

0 1 1
0 1 0

논리적 연결사를 진리값을 통해 규정하는 것은 연결사의 도움으로 구성되는 논리적 표현을 일상언어로 번역하는 일과 관련해서는 다음과 같은 점을 뜻한다. 즉 이 번역은 오로지 명제들의 진리값 사이의 관계(따라서 명제들의 의미 사이의 관계가 아니다)를 설정하는 일상언어적 불변화사에 대해서만 타당할 따름이다. 일상언어의 '그리고'는 이러한 연결에 속한다고 볼 수 있다. 예컨대 "비가 오고 파리는 프랑스 수도이다"라는 명제는 "비가 온다"라는 명제와 "파리는 프랑스 수도이다"라는 명제가 모두 참일 때만 참이 된다.[11] 이 점에서 일상언어의 관점에서는 명제들의 결합이 상당히 부자연스럽게 느껴질 때가 있고, 거꾸로 일상언어에서 사용하는 명제결합('…때문에', '…이긴 하지만', '…인 반면' 등)의 상당수는 명제계산으로 표현할 수 없다.

하지만 명제논리적 **함축**(Implikation)은 비교적 일상언어로 전환해 서술할 수 있다. 즉 '…라면 …이다'의 연결은 계산에서 표현될 수 없는 인과적 관련성을 연상하게 만든다. 예컨대 "런던이 프랑스 수도라면 스톡홀름은 나일강 변에 있다"라는 명제는 함축에 관한 명제논리적 계산에서는 참이다. 함축문은 이미 개념정의상 앞 문장이 거짓이면(뒷 문장의 참 또는 거짓 여부에 관계없이) 언제나 참이기 때문이다.[12] 그렇지만 일상언어의 측면에서는 이 명제를 참으로 여기는 것을 주저하게 된다. 런던을 프랑스로 '옮기는' 일이 도대체 스톡홀름을 나일강으로 '옮기는' 일에 무슨 작용을 하는지를 이해할 수 없기 때문이다. 바로 이 인과관계의 측면이 명제계산에서는 표현되지 않는다.

명제계산은 일상언어보다 정확하긴 하지만, 그 대신 내용이 더 '빈곤'하다. 이는 명제논리학이 외연(Extension) 중심의 구성[13]이기 때문이다. 즉 명제논리학은 외연(진리

---

11 물론 "비가 오고 파리는 프랑스 수도이다"라는 명제를 들을 때 이상하게 느끼는 이유는 '(그리)고'로 연결되는 한 문장을 두고 일반적으로 어떤 의미의 연관성이 존재할 것이라고 기대하기 때문이다. 예컨대 "야당이 정권을 잡았고 실업률이 급감했다"라는 표현은 원칙적으로 하나의 인과관계를 주장하는 문장으로 이해된다(하지만 이 표현이 특정 시기에 발생한 사건들이 무엇인지에 대한 대답일 경우는 그렇지 않다). 이러한 차이로 인해 같은 표현을 활용하는 여러 가지 수사학적 가능성이 발생한다.

12 앞의 진리값 표의 세 번째 줄과 네 번째 줄.

13 이에 관해서는 *Klaus*, Moderne Logik, 7. Aufl. 1973, S. 129 이하 참고.

값)만을 다룰 뿐, 내포(의미)를 다루지 않는다. 명제들을 내용의 측면에서 연결하는 것은 곧 의미의 문제이다. 바로 이 점이 명제계산을 통한 명제의 형식화 가능성과 다른 외연 중심의 계산이 지닌 뚜렷한 한계이다. 법규범을 형식화하려는 시도 역시 이러한 한계 때문에 난관에 봉착한다는 점은 아래에서 더 자세히 설명하겠다.

7.3.2 술어계산

명제의 연결을 내용의 측면에서 서술하는 데 한계가 있다는 점과는 별개로 명제계산은 표현 가능성의 한계 때문에도 법규범과 법적 명제를 형식화하는 데 썩 적합한 방법이 아니다. 법적 포섭의 구조에서 가장 중요한 역할을 하는, 전칭명제와 단칭명제의 구별이 명제계산으로는 제대로 포착되지 않기 때문이다. 그 때문에 법규범과 법적 명제를 형식화하기 위해 주로 **술어계산**(Prädikatenkalkül)[14]을 이용한다.[15] 이 술어계산에서는 전칭 연산자인 'Λ'와 존재 연산자인 'V'를 통해 전칭명제, 특별명제, 단칭명제 사이의 구별을 서술할 수 있다. 이와 관련해서는 다음과 같은 형식이 중요하다.

1. $\Lambda x(Px \rightarrow Sx)$. 이 형식은 "모든 x에 대해, x에 술어/속성 P가 속하면, x에는 술어/속성 S가 속한다" 또는 "모든 P는 S이다"라고 읽으면 된다.
2. $Vx(Px \vee Sx)$. 이 형식은 "최소한 하나의 x가 존재하고, 이 x에 대해, x에 술어/속성 P가 속하거나 x에 술어/속성 S가 속한다"로 읽으면 된다. 그리고 $(Pa \wedge Sa)$는 "a에 술어/속성 P가 속하고 a에는 술어/속성 S가 속한다"로 읽으면 된다.

이 형식을 사용해 법적 삼단논법의 기본형식은 다음과 같은 술어계산으로 서술할 수 있다.

---

14 이에 관한 입문적 서술로는 *Buth*(각주 9), S. 96 이하; *Ruppen*(각주 9), S. 155 이하 참고.

15 이에 관해서는 *Rödig*, Über die Notwendigkeit einer besonderen Normenlogik als Methode der juristischen Logik, in: *U. Klug u. a.*(Hrsg.), Gedächtnisschrift für Jürgen Rödig, 1978, S. 140 이하 참고.

$\Lambda x(T_1x \rightarrow R_1x)$

T_1a

R_1a

모든 x에 대해, x가 구성요건 T_1을 충족하면, x에 대해 법률효과 R_1이 적용된다.
a는 구성요건을 T_1을 충족한다.
a에 대해서는 법률효과 R_1이 적용된다.

법적 삼단논법을 서술한 이 도식은 modus barbara와 구조적으로 유사하다는 점을 곧장 확인할 수 있다. 실제로 삼단논법은 원칙적으로 술어논리학의 한 부분으로 해석할 수 있다.[16]

7.4 논리학이 법에서 발휘할 수 있는 역량

법학에서 논리학이 어떠한 합리적 역할을 담당할 수 있는지는 커다란 논란거리이다. 한쪽에서는 법논리학의 역량을 극히 낮게 평가할 뿐만 아니라, 법과 법학을 나쁜 의미에서 '논리화'할 위험이 있다는 이유에서 논리학에 강한 불신을 드러낸다.[17] 이와는 달리 — 법학자의 관점에서 논리학 비판자들을 격렬하게 비판하는 경우[18] 이외에도 — 현대논리학을 활용해 법과 법적 논증을 성공적으로 분석한 문헌도 있다.[19] 이러한 논쟁을 고려하면서 논리학과 법학의 관계를 설정하고자 한다면, 일단 형식화 체계(계산)로

16 이에 관해서는 *Klug*(각주 6), S. 48 이하; *Herberger/Simon*, Wissenschaftstheorie(각주 5), S. 114 이하 참고.

17 예컨대 *Esser*, Grundsatz und Norm in der juristischen Fortbildung des Privatrechts, 4. Aufl. 1990, S. 221; *ders.*, Vorverständnis und Methodenwahl in der Rechtsprechung. Rationalitätsgrundlagen richterlicher Entscheidungspraxis, 2. Aufl. 1972, S. 106 이하 참고.

18 예컨대 논리학을 비판하는 툴민(Toulmin)을 재비판하는 *Koch/Rüßmann*, Juristische Begründungslehre, 1982, S. 59-63 참고. 이 비판에 관해서는 *Neumann*, Juristische Argumenationslehre, 1986, S. 25-28 참고.

19 독일어권 문헌 가운데는 특히 뢰디히(Rödig)의 연구를 언급할 수 있다. 법적 결정에 대한 분석과 관련해서는 *Alexy*, Die logische Analyse juristischer Entscheidungen, in: *Hassemer/Kaufmann/Neumann* (Hrsg.), Argumentation und Recht, ARSP-Beiheft n. F. Nr. 14, 1980, S. 181 이하 참고.

서의 논리학과 묵시적 언어규칙 체계로서의 논리학을 구별해야 한다.

7.4.1 법적 명제의 형식화와 공리화

7.4.1.1 형식화의 목표

법적 명제를 형식화하는 것이 어떠한 목표를 추구하는지는 적어도 소극적 측면에서는 곧장 대답할 수 있다. 즉 계산을 벗어나서는 획득할 수 없을 결정들을 가능하게 만드는 일은 형식화의 목표가 아니다. 논리계산이 규범적으로 중요한 의미가 있는 데이터들을 마련하지는 못하기 때문에 논리계산은 추론 가능한 결정의 집합을 확대하지 않는다. 형식화의 목표를 적극적으로 설명한다면, 법적 논증의 투명성이라고 말할 수 있다. 이 맥락에서는 프레게(Frege)의 비유를 원용하기도 한다.[20] 즉 프레게는 수학적 논리학을 육안(우리의 맥락에서는 자연언어가 여기에 해당한다)보다는 활동성이 떨어지지만, 정확도에서는 육안을 훨씬 더 능가하는 현미경에 비유한다.[21] 한 가지 단순한 예는 명제계산을 통해 일상언어의 연결사가 지닌 다의성을 제거하는 과정을 보여준다. 명제계산에서 명제의 연결을 서술하기 위해서는 일상언어에서는 자주 간과하고 무시하는 명제 연결의 정확한 논리적 구조를 분명하게 설명하지 않을 수 없다. 예컨대 형법 제303조 제1항은 고의의 기물손괴에 대해 벌금형 **또는** 자유형을 규정하고 있는데, 이 표현만으로는 벌금형과 자유형이 병과될 수 있는지(포함적 '또는') 아니면 자유형과 벌금형 가운데 어느 하나만을 부과해야 하는지(배제적 '또는')가 분명하지 않다.

이 제303조 제1항을 명제계산으로 서술하려면, '또는'을 어떻게 해석해야 하는지를 먼저 결정해야 한다. '또는'을 포함적 '또는'으로 해석하면, 형법 제303조 제1항의 법률효과에 대해서는 명제논리의 논리합(Disjunktion) $(p \vee q)$를 사용해야 하고(진리값의 순서는 1 1 1 0이다), 배제적 '또는'으로 해석하면 배타적 논리합(Kontravalenz) $(p \rangle\langle q)$를 사용해야 한다(진리값의 순서는 0 1 1 0이다). 따라서 개별 법규범이나 법적 명제의 형

---

20 *Alexy*, Analyse(각주 19), S. 181.

21 *Frege*, Begriffsschrift. Eine der arithmetischen nachgebildete Formelsprache reinen Denkens, 1879, S. IV.

식화를 위해서는 사용되는 계산을 엄밀하게 구성하는 기준을 준수해야 한다. 더 나아가 논리계산으로 논증을 재구성하면 예컨대 전제가 없거나 전제가 모순된다는 것의 확인과 같이 논증의 부정확성을 확인할 수 있다.

7.4.1.2 법규범의 형식화가 안고 있는 문제점

법규범의 형식화(이하에서는 술어계산을 중심으로 서술한다)에 대한 반론은 형식화가 지닌 법이론적 함의 때문에 제기될 수도 있고, 형식화 자체가 안고 있는 기술적 난점 때문에 제기될 수도 있다. 전자의 경우에는 법이론적 관점에서 다음과 같은 반론을 제기한다. 즉 법규범의 조건문 구조를 서술하기 위해 함축문을 이용하는 것은 적절하지 않다는 반론이다. 함축문은 전제(구성요건)와 결론(법률효과) 사이에 존재하는 의미 연관성을 무시하고, 그 때문에 인정할 수 없는 결론에 도달한다는 것이다. 전제가 거짓이면, 함축문은 언제나 참이기 때문에 함축문을 사용하면 전제가 거짓인 규범은 언제나 참이거나 타당하게 된다. 예컨대 한 사회에서 누구도 100세 이상인 사람이 없는 경우 "100세 이상인 자는 누구나 사형에 처한다"라는 규범은 참이거나 타당하다.[22] 이처럼 논리적 함축문이 내용적 연관성을 서술하기에 적합하지 않다는 사실을 고려하면, 법규범을 표현할 때는[23] — 자연법칙을 표현할 때도 그렇듯이[24] — 다른 함수 기호를 사용해야 한다.

하지만 내용적 연관성을 (외연 중심의) 논리계산으로 명확히 포착할 수 없다고 해서 논리학적 재구성을 시도하는 것 자체가 무의미하다는 뜻은 아니다. 논리계산은 일상언어를 **번역** 또는 **전환**하기 위한 것이지 이를 **대체**하기 위한 것이 아니기 때문이다.[25] 따

---

22 이에 관해서는 *Weinberger*, Kann man das normlogische Folgerungssystem philosophisch begründen?, in: ARSP 1979, S. 178 참고. 바인베르거에 대한 비판으로는 *Yoshino*, Die logische Struktur der Rechtsnormen bezüglich der logischen Formalisierungsweise für die Rechtsnorm: A(x) (Mö(x) → St(x)), in: ARSP Supplement Vol. 1, Part 3, 1983, S. 236 이하 참고.

23 이에 관해서는 *Koch/Trapp*, Richterliche Innovation — Begriff und Begründbarkeit, in: *Harenburg/Podlech/Schlink*(Hrsg.), Rechtlicher Wandel durch richterliche Entscheidung, 1980, S. 91 이하 참고.

24 이에 관해서는 *Popper*, Logik der Forschung, 11. Aufl. 2005, S. 445 이하, 459 이하 참고.

25 이 점을 분명하게 밝히는 *Patzig*, Sprache und Logik(각주 1), S. 16, 37 이하; *Alexy*, Analyse(각주 19), S.

라서 의미의 연관성을 고려한다는 의미에서 형식화가 적절하다고 기대하는 것은 애당초 불가능하다. 이렇게 볼 때 논리계산이 일상언어와 비교해 내용이 '빈곤'하다는 사실보다 더 우려할만한 측면은 논리계산의 생산성이다. 즉 바로 앞에서 언급한 규범("100세 이상은 사형")의 논리적 도출 가능성에는 의문이 없지만, 이 규범 자체를 수긍할 수는 없기에 논리계산의 생산성에 의문을 제기하게 된다.

그러나 법이론적 결론에 비추어 볼 때 논리계산이 이러한 문제점을 안고 있다고 해서 논리계산을 도구로 투입하는 것 자체를 반대해서는 안 된다. 그런 식의 반대는 마치 돋보기를 사용하면 특정 구절을 확대해 볼 수 있지만, 그 대신 다른 부분은 구부러지게 보인다는 이유로 돋보기를 사용하지 않는 것과 마찬가지다. 하지만 논리계산을 단순히 기술적인 이유에서 투입할 때도 주의해야 할 필요가 있다. 형법 제211조 제1항("1급 살인자는 종신 자유형으로 처벌한다")은 $\Lambda x(Mx \rightarrow Fx)$로 간단하게 형식화할 수 있지만, $\Lambda x(\neg Sx \rightarrow \neg Fx)$["책임능력이 없는 자는 종신형으로 처벌받지 않는다"]도 동시에 타당하면 곧장 모순에 봉착한다.

즉 책임능력이 없는 살인자 a에게는 Ma와 $\neg Sa$ 모두 적용되고, 이에 따라 Fa와 $\neg Fa$도 모두 적용된다.

이처럼 개별 법적 명제를 형식화할 때는 모순이 등장할 위험(법적 논증을 재구성할 때 이러한 모순을 피할 수는 없다)을 고려해 개별 법규범이 아니라 단지 (공리화한) 법영역만을 형식화해야 한다는 주장이 제기된다.[26] 그 때문에 형식화할 때는 일종의 '유보조항'을 추가하는 방법을 마련해야 한다. 이 유보조항은 예컨대 $\Lambda x(Mx \wedge \neg Ax \rightarrow Fx)$의 형식이 될 수 있다. 여기서 '$\neg Ax$'는 "x와 관련된 다른 규율이 없는 이상"으로 읽으면 된다.[27]

---

198 이하; *Koch/Rüßmann*, Begründungslehre(각주 18), S. 33 참고.

26 *Rödig*, Axiomatisierbarkeit juristischer Systeme, in: *E. Bund u. a.*(Hrsg.), Jürgen Rödig, Schriften zur juristischen Logik, 1980, S. 81.

27 이러한 기술에 관해서는 *Alexy*, Analyse(각주 19), S. 202 이하 참고. 이에 대한 비판으로는 *Ratschow*, Rechtswissenschaft und Formale Logik, 1998, S. 75, Fn. 81 참고.

7.4.1.3 진리함수 논리학 또는 규범 논리학?

법규범을 술어계산(또는 규범 논리학에 속하지 않는 다른 논리계산)을 통해 형식화하는 것에 대해 제기되는 가장 상세한 반론은 함축 관계 그리고 진리함수 논리학에서 사용되는 다른 연결사들이 진리값의 분배를 통해 규정된다는 점(앞의 398면 이하)을 반론의 근거로 삼는다. 즉 표현의 진리값을 탐구하기 위해서는 당연히 표현에 진리값을 부여하는 것이 의미가 있다고 전제해야 하지만, 논리계산은 이 전제를 충족할 수 없다고 한다. 압도적 다수의 견해에 따르면 법규범을 포함해 모든 규범은 진리 판단의 대상이 될 수 없다고 본다. 이 견해가 옳다면, 명제논리의 함축 관계를 통해 법규범을 형식화하는 작업은 함축 관계가 진리값의 관계로 규정된다는 사실 때문에도 이미 실패하지 않을 수 없다. 서로 다른 규범들 사이의 추론 관계 역시 논리계산을 통해 서술할 수 없다. 이 점에서 규범에 진리값을 귀속시킬 수 없는 반면, 추론 관계는 진리값의 관계로 규정된다는 근본적 문제에 봉착한다. 그러나 다른 한편에서는 규범들은 얼마든지 추론 관계를 구성하는 부분으로 등장하기도 하고, 이 점에서 규범명제들 사이의 추론 관계는 순수한 서술명제들 사이의 추론 관계와 똑같이 명확성을 지니기도 한다(이른바 외르겐센의 딜레마).[28] 따라서 규범의 영역에서 형식논리학적 추론 가능성을 포기하지 않으려면 추론 관계를 다르게 파악하거나 아니면 규범의 진리값을 부정하는 태도를 번복해야 한다.

첫 번째 방법은 독자적인 규범 논리학 체계[29]를 발전시키는 방향으로 나간다. 물론 이 체계는 많든 적든 서술논리학 체계에 의존한다. 규범 논리학과 관련된 다양한 이론적 기획을 여기서 자세히 다룰 수는 없다.[30] 두 번째 방법은 타르스키(Tarski)가 전개한 '의미론적' 진리개념을 원용한 위르겐 뢰디히가 주장하는 방법이다. 타르스키는 전통

---

28 *Jørgensen*, Imperatives and Logic, in: Erkenntnis 7(1937/38), S. 288 이하.

29 '규범 논리학(Normlogik)'과 '당위 논리학(deontische Logik)'은 대부분 동의어로 사용된다. 다만 일부의 학자는 '당위 논리학'을 규범을 서술하는 명제에 관한 논리학으로 이해하고, 규범 논리학은 규범적 명제에 관한 논리학으로 이해한다[예컨대 *Keuth*, Deontische Logik und Logik der Normen, in: *Lenk*(Hrsg.), Normenlogik. Grundprobleme der deontischen Logik, 1974, S. 65].

30 이에 관한 훌륭한 개관으로는 *Kalinowski*, Einführung in die Normlogik, 1973 참고.

적인 일치설과는 달리 '진리'를 명제와 사안의 일치가 아니라 서로 다른 단계에 있는 명제들 사이의 관계, 즉 대상언어적 명제와 메타언어적 명제 사이의 관계로 규정한다. 그리하여 "'눈은 흰색이다'라는 명제는 눈이 흰색이면 참이다"라고 한다.[31] 이때 눈이 흰색이다가 무슨 뜻인가의 물음은 대답하지 않을 수 있다. 즉 대상언어적 명제에서 주장되는 사안의 존재를 전제하지 않는다. 이처럼 진리를 의미론적으로 파악하는 이론은 어떠한 인식론적 입장과도 합치할 수 있다.[32]

뢰디히는 법논리학적 계산의 의미론을 구성하기 위해 타르스키의 진리개념을 활용한다. 즉 진리를 명제의 속성으로 이해하면(따라서 명제를 통해 표현되는 내용의 속성이 아니다), 예컨대 "범죄가 발생할 위험은 관청에 신고하는 것이 명령된다"라는 명제는 범죄 위험을 관청에 신고하는 것이 명령되어 있다면 참이다.[33] 실제로 어느 경우가 여기에 해당하는지의 물음은 이 명제로 대답할 수 없다,

뢰디히의 이 이론적 구상은 아무런 모순도 겪지 않고 견지할 수 있다. 그의 이론에 대한 비판[34]은 명제에 대한 검증과 규범에 대한 검증이 서로 다르다는 점에 기초해 형식적 진리개념에 내재하는 문제점을 지적한다.[35] '관계적(상대적)' 진리개념을 토대로 삼을 때 검증의 문제는 진리값의 문제와는 엄격히 구별해야 한다.

따라서 법규범과 법적 명제의 형식화는 술어논리학에 따라서든 특수한 규범 논리학에 따라서든 얼마든지 가능하다고 볼 수 있다. 하지만 어느 경우든 이론적 및 실천적 유보조건이 붙게 된다. 첫째, 지금까지 이루어진 거의 모든 형식화 시도는 달갑지 않은 부수효과를 수반한다.[36] 특히 규범 논리학의 역설들은 그사이 독자적인 연구 영역으로 발전했을 정도이다. 둘째, 이 복잡한 이론적 시도를 통해 과연 어떠한 소득을 얻는지 물음을 제기할 수 있다. 그 때문에 '논리계산을 하는' 법률가를 멍청한 소리만 뇌까리

31 *Tarski*, Die semantische Konzeption der Wahrheit und die Grundlagen der Sematik(1941), in: *Sinnreich*(Hrsg.), Zur Philosophie der idealen Sprache, 1972, S. 53, 88.

32 *Tarski*, Konzeption(각주 31), S. 87.

33 *Rödig*, Notwendigkeit(각주 15), S. 170.

34 *Adomeit*, Rechtswissenschaft und Wahrheitsbegriff, in: JuS 1972, S. 631; *Weinberger*, Bemerkungen zu J. Rödigs 'Kritik des normlogischen Schließens', in: Theory and Decision 3(1973), S. 314.

35 이에 관해서는 *Ratschow*(각주 27), S. 97 이하도 참고.

36 유일한 예외는 *Cornides*, Ordinale Deontik, 1974이다.

는 남자에 비유하는 것[37]은 조금 과장이긴 하지만, 아예 틀린 비유는 아니다.

7.4.2 법적 명제의 공리체계화

법의 **형식화**와 **공리체계화**(Axiomatisierung) 사이에는 논리계산의 연산이 계산의 공리체계화를 전제한다는 점에서 연관성이 존재한다. 거꾸로 한 체계의 공리체계화를 위해서는 체계의 형식화가 필요하지는 않다.[38] 즉 일상언어의 명제들도 하나의 공리체계로 만들 수 있다. 이러한 공리체계는 다음과 같은 요소들로 구성된다.

1. 전제된 명제(공리)
2. 체계에서 공리로부터 또는 공리에서 도출되는 명제로부터 또 다른 명제들을 도출하기 위한 규칙
3. 체계에서 도출 가능한 명제(정리)

하나의 공리체계를 구성하는 이 요소들(즉 공리체계라고 말할 수 있기 위해 존재해야 하는 요소들)에 추가해 **성공적**인 공리체계라고 말하기 위해서는 체계의 무모순성이라는 요구도 충족해야 한다. 다른 요구 조건(체계의 완결성, 공리의 독자성)은 큰 의미가 없다.[39] 이러한 측면에서 볼 때 법적 명제의 공리체계화(이는 법규범의 공리체계화뿐만 아니라 도그마틱 명제들의 공리체계화까지 포함하는 넓은 의미이다)가 원칙적으로 가능하다고 결론 내릴 수 있다.[40] 이에 대한 가장 빈번한 반론은 — 학문이론적 관점에서 — 법적 명제의 공리체계화 가능성 자체에 대한 반론이라기보다는 단지 이 이 공리체계화 절차가 법학에는 적절하지 않다는 반론이다. 특히 법이 교조화하거나 개념법학으로 다시 전락

37 이 비유에 관해서는 *Zippelius*, Juristische Methodenlehre, 11 Aufl. 2012, S. 90 참고.

38 이에 관해서는 *Rödig*, Axiomatisierbarkeit(각주 26), S. 52; *Eike von Savigny*, Zur Rolle der deduktiv-axiomatischen Methode in der Rechtswissenschaft, in: *Jahr/Maihofer*(Hrsg.), Rechtstheorie 1971, S. 339; *Bund*, Juristische Logik und Argumentation, 1983, S. 100 참고.

39 이에 관해서는 *Bochénski*, Die zeitgenössischen Denkmethoden, 10. Aufl. 193, S. 78 이하 참고.

40 법의 작은 부분체계를 공리체계화하는 실례로는 *Eike von Savigny*(각주 38), S. 316-326; *Rödig*, Die Denkform der Alternativen in der Jurisprudenz, 1969, S. 140 이하 참고.

하리라는 우려를 표명한다.

교조화의 위험을 지적하는 반론은 법적 명제의 공리체계를 구성하는 명제들이 불가침의 근본적 명제로 여겨질 수 있다는 전제에서 출발하는 것으로 보인다. 그러나 실제로는 명제들 리스트의 공리체계화는 공리 또는 정리의 타당성을 전제하지 않는다. 예컨대 — 아이케 폰 사비니가 지적하듯이 — 개별 명제가 거짓이라는 점을 쉽게 증명하려는 목적에서 법체계를 공리체계화할 수 있다. 학문이론에서 일반적인 오늘날의 언어사용에 따르면 공리가 특별히 높은 명증성을 지닌다는 생각은 이제 더는 타당하지 않다(일상언어에서도 '공리'는 이런 식으로 이해된다). 즉 명제들 리스트 가운데 어떠한 명제들을 공리로 선택할 것인지는 합목적성의 문제이지 내용적 타당성의 문제가 아니다. 물론 한 법영역의 공리체계화에 성공한 이후에는 어떤 법적 명제를 도입하거나 삭제함으로써 체계를 다르게 구성해야 한다면, 이에 대해 반감을 갖기 마련이다. 다시 말해 모든 체계에 내재하는 지속성 경향이 공리체계화를 통해 더 강화한다고 볼 수 있다. 하지만 이로 인해 발생할 위험을 얼마만큼 높게 평가할지는 공리체계화와 관련된 구체적 조건(법영역의 범위, 공리의 숫자 등)에 달려 있다.

법의 공리체계화와 **개념법학**의 연관성을 둘러싼 논쟁에서도 공리체계화의 개념을 부정확하게 사용한다는 문제점이 드러난다. 공리체계화한 법학의 불가능성을 가치 중립적 법학의 불가능성으로 정당화하는 견해[41]는 공리체계의 명제들에 대해 공리체계 자체와 아무런 관련이 없는 요구를 제기한다. 이 점에서 가치평가를 포함하는 명제들은 왜 공리체계화할 수 없다는 것인지를 명확히 알 수 없다. 예컨대 다음과 같은 명제 리스트가 있다고 하자.

1. 경제성장이 침체하는 것보다는 5%의 인플레이션이 더 좋다.
2. 무역적자보다는 경제성장이 침체하는 것이 더 좋다.
3. 무역적자보다는 5%의 인플레이션이 더 좋다.
4. 5%의 실업률보다는 무역적자가 더 좋다.

---

41 *Simitis*, Zum Problem einer juristischen Logik, in: Ratio 3(1960), S. 77: "가치 중립적 법학은 존재하지 않으며, 따라서 공리체계화한 법학도 존재하지 않는다."

5. 5%의 실업률보다는 경제성장의 침체가 더 좋다.
6. 5%의 실업률보다는 5%의 인플레이션이 더 좋다.

이 명제들 리스트는 **우선규칙**(X가 Y보다 더 좋고 Y가 Z보다 더 좋다면, X는 Z보다 더 좋다)을 토대로 다음과 같은 공리체계로 구성할 수 있다.

경제성장이 침체하는 것보다는 5%의 인플레이션이 더 좋다(명제 1).
무역적자보다는 경제성장이 침체하는 것이 더 좋다(명제 2).
5%의 실업률보다는 무역적자가 더 좋다(명제 4).

법을 공리체계화할 경우 "개념법학의 개념구조가 … 단순히 계산된 논리적이고 완결된 체계로 대체된다"라는 주장[42]은 공리체계화에 관한 일상언어적 이해에 따른 주장일 뿐, 오늘날의 학문이론에서 말하는 공리체계화의 개념과는 관계가 없다. '개념법학'이 정확히 무슨 의미인지와는 별개로 개념법학은 두 가지 본질적 측면을 갖는다는 점에 대해서는 의견이 일치한다. 즉 개념법학은 1) 법적 개념들의 질서가 존재한다고 전제하며, 2) 이 논리적 질서를 아직 알려지지 않은 법적 명제의 인식 원천으로 파악한다. 법적 명제를 공리체계화할 때는 이 두 가지 측면 중 어느 것도 전제하지 않는다. 즉 공리체계화는 어떠한 형태의 법적 명제들 리스트도 대상으로 삼을 수 있다. 다시 말해 법적 명제 및 이 명제에서 사용되는 법적 개념은 미리부터 질서로 구성된 상태에 있는 것이 아니라, 특정한 형태의 공리체계화를 거쳐 비로소 질서로 구성될 따름이다.

어떠한 명제들이 공리체계화 대상이 되는 명제들 리스트에 포함될 것인지, 즉 법의 부분 영역을 공리체계화할 때 이 영역의 어떠한 명제들을 공리체계의 명제들로 삼을 것인지는 공리체계화 자체와는 무관한 기준에 따라 결정된다. 따라서 **문제 중심론**(Topik)과 **공리체계론**(Axiomatik)은 결코 배타적 관계에 있지 않다.[43] 문제 중심론은 명

42 *Simitis*, Problem(각주 41), S. 76.
43 이 점에서 일치된 견해를 보여주는 *Seibert*, Topik als Problematisierung von Aussagesätzen, in: ARSP 59(1973), S. 54; *Eike von Savigny*, Topik und Axiomatik; eine verfehlte Alternative, in: ARSP 59(1973), S.

제들의 선택을, 공리체계론은 명제들의 정렬을 대상으로 삼기 때문이다.

7.4.3 법학에서 '형식적' 논리학과 '자연적' 논리학

7.4.3.1 '언어논리'의 구속력

논리계산을 법학에서 사용하면 어떠한 이점이 있는지의 물음은 **자연적 논리학**이 법적 논증에서 지니는 의미에 대한 물음과 분리해야 한다. 자연적 논리학의 규칙이 법과 법학에서 구속력이 있다는 점은 특별히 강조할 필요가 없다. 그저 사고법칙의 위반이 판결에 대한 상소의 근거가 되고,[44] 법률구속은 논리규칙에 대한 구속이 없이는 생각할 수 없다[45]는 점을 지적하는 것만으로 충분하다. 이때 기준이 되는 논리는 묵시적인 언어논리의 기준이지, 특정한 논리계산의 정리(Theoreme)가 아니다. 예컨대 자연적 언어논리에서는 "전제가 거짓이면 어떠한 명제든 참이다(이른바 ex falso quodlibet; 이에 관해서는 앞의 402면 참고)"라는 정리에 해당하는 규칙이 없다.[46] 논리학과 법적 논증의 관계에 대해서는 뒤의 7.5.4에서 자세히 다룬다.

7.4.3.2 사이비-논리적 논거

하지만 '논리적'이라는 수식어를 달고 등장하는 논거들 가운데 상당 부분은 "오로지 형식에 비추어 참인 명제들에 관한 이론"이라는 통상의 이해에 따른 논리학[47]과는 아무런 관계가 없다는 사실에 주의해야 한다. 예컨대 판례와 학설의 주장과는 반대로 "국적을 상실하지 않는 자가 다시 국적을 취득할 수 있는지",[48] "이미 지나버린 기간을 연

---

250 참고.

44 BGHSt 6, 70, 72.

45 *R. Schreiber*, Logik des Rechts, 1962, S. 92 이하.

46 이에 관해 자세히는 *Neumann*, Juristische Argumentationslehre, 1986, S. 32 이하 참고.

47 *Patzig*, Sprache(각주 1), S. 10.

48 이에 관해서는 *Neumann*, Rechtsontologie und juristische Argumentation. Zu den ontologischen Implikationen juristischen Argumentierens, 1979, S. 47 이하 참고.

장할 수 있는지",[49] "무효인 법률행위를 취소할 수 있는지"[50] 등의 문제는 논리학의 문제가 아니다. 특히 맨 마지막 문제는 많은 점을 시사한다. 무효인 법률행위의 취소는 "논리적으로 불가능하다"라는 견해는 분명 "무효인 법률행위의 취소는 불가능하다"라는 문장이 논리학의 문장이라는 전제에서 출발하는 것 같다. 그러나 이는 잘못된 전제이다. 인용한 문장은 하나의 **내용적** 명제이고, 이미 이 점에서 **형식**을 기초로 명제의 진리성을 다루는 논리학의 명제가 아니다. 물론 이 문장 자체가 어느 정도 설득력이 있다는 점을 반박할 수는 없다. 하지만 이 설득력은 논리법칙이 아니라 언어적 혼란에 기초한다. 즉 존재하지 않는 대상은 어떤 행위의 대상이 될 수 없다는 생각, 다시 말해 대상세계와 관련된 언어사용에서 통용되는 생각에 기초한 것이다. 그러나 법학의 대상 영역인 '법'은 어떤 존재하는 '실체(Entität)'가 아니다. "법률행위 R_1은 조건 x가 충족되면 무효이다"라는 명제는 "조건 x가 충족되면 관할 법원은 당사자에게 법률행위 R_1에 따른 청구권을 귀속시켜서는 안 된다"라는 명제를 축약해 서술한 것일 따름이다.[51]

즉 이 규범명제를 표현하기 위해 — 그저 번거로움을 피한다는 경제적 이유에서 — 이에 상응하는 명제 "R_1은 조건 x가 충족되면 무효이다"라고 짧게 말하는 것이다. 다시 말해 '무효'는 얼마든지 다른 약칭(예컨대 '유효')으로 대체될 수 있는 약칭에 불과하다. '무효'라는 표현을 선호한 이유는 단지 표현의 선명함 때문이다. 물론 선명함을 확보하는 대가로 개념법학적 오해를 불러일으킬 위험이 발생한다. 바로 이 오해로 인해 무효인 법률행위는 취소할 수 없다는 견해가 등장할 수 있다.[52]

이른바 **사법 삼단논법**에 대한 비판 역시 이와 비슷한 맥락으로 이해할 수 있다. 법적

---

49 이에 관해서는 *Simon*, Logik(각주 3), S. 64.

50 *Simitis*, Problem(각주 41), S. 74. 단체협약이 일반적 구속력을 갖는다는 선언의 '이중적 성격'을 전제하는 것이 논리학에 반한다는 견해 역시 같은 맥락에 있는 문제이다. 이에 관해서는 *Adomeit*, Rechtswissenschaft(각주 34), S. 630 참고.

51 이에 관해서는 *Wieacker*, Die juristische Sekunde. Zur Legitimität der Konstruktionsjurisprudenz, in: *Thomas Würtenberger u. a.*(Hrsg.), Existenz und Ordnung. Festschrift für Erik Wolf zum 60. Geburtstag, 1962, S. 446 이하 참고. 비아커는 "물리적 상태에 관한 공리와 ... 논리적 공리를 구별"하기 어렵다는 점(S. 447)을 지적하긴 하지만, 그가 말하는 '논리적 공리'는 앞에서 말한 의미의 논리적 공리가 아니라 언어규칙에 가깝다.

52 이에 관해서는 *Eike von Savigny*, Die Phausnahme und die Phregel, oder was die Logik im Recht nicht leisten will, in: Jahrbuch für Rechtssoziologie und Rechtstheorie, Bd. 2(1972), S. 231 참고.

포섭을 삼단논법(modus barbara)이나 술어논리 계산으로 재구성한다고 해서 포섭이 논리적 추론의 적용으로 **끝난다**고 주장하거나 법률이 결정을 완벽하게 규정한다고 주장하는 것은 아니다. 법적 결정에 대한 정당화의 논리적 구조의 문제[53]가 법률구속의 문제와 전혀 관련이 없다는 점은 법률에 반하는 결정도 얼마든지 법적 삼단논법의 형태로 재구성할 수 있다는 사실을 보더라도 분명히 알 수 있다. 물론 논리학적 관점에서 볼 때 전제의 선택은 당연히 임의적이다. 따라서 반드시 법률 텍스트 또는 텍스트를 해석한 명제만을 대전제로 서술해야 할 어떠한 필연성도 없다.[54]

7.4.3.3 규칙에 지향된 결정의 논리적 기본구조

그러나 법적 결정에 대한 정당화를 술어계산 — 또는 삼단논법 — 으로 재구성하는 것이 과연 적절한지 의문이다. 무엇보다 두 가지 관점에서 반론이 제기된다. 첫째, 앞에서 이미 확인했듯이 형법 제211조 제1항의 '적용'을 논리학적으로 재구성해 이 조항을 $\bigwedge x(Mx \rightarrow Fx)$으로 형식화하는 것은 너무 강한 형식화이다. 제211조 제1항의 구성요건을 실현한 모든 사람이 자유형을 선고받지는 않기 때문이다. 물론 '유보조항'을 도입해 재구성이 모순이 없도록 만들 수는 있다. 하지만 법적 규칙을 논리적 전칭명제로 해석하면서도 동시에 예외조항을 추가해 이 강한 해석을 다시 약화하는 것이 도대체 무슨 의미가 있는지 의문이다. 즉 법적 결정의 정당화를 위해 논리적 전칭명제로부터의 도출 가능성을 요구해야 할 근거가 무엇인지를 물을 수 있다. 다시 말해 **특정한** 살인자의 가벌성을 주장하기 위해 왜 동시에 **모든** 살인자의 가벌성을 주장해야만 하는 것일까?

이 물음에 대한 대답은 형식적 정의 원칙에 부합하는 **보편화 가능성 원칙**(Universalisierbarkeitsprinzip), 즉 결정에서 중요한 모든 측면에 비추어 볼 때 완벽하게 같은 사례들을 다르게 취급하는 것을 금지하는 원칙이다.[55] 결정을 논리적 전칭명제로부터

---

53 이 구조에 관해서는 여전히 일독할 가치가 있는 *Engisch*, Logische Studien zur Gesetzesanwendung, 3. Aufl. 1963 참고.

54 이에 관해서는 에컨대 연방헌법재판소의 이른바 레바하(Lebach) 판결(BVerfGE 35, 202)을 재구성하는 *Alexy*, Analyse(각주 19), S. 194 이하 참고.

55 이에 관해서는 *Hare*, Freiheit und Vernunft, S. 25 이하; *Alexy*, Analyse(각주 19), S. 186 참고.

도출하면 이 원칙의 요구를 충족할 수 있다. 즉 특정한 살인자의 가벌성을 주장하기 위해서는 **모든** 살인자의 가벌성도 함께 주장해야 한다. 하지만 이 논리적 도출이 보편화 가능성 원칙의 요구에 합치한다는 사실이 곧장 논리적 도출이 이 원칙에 비추어 볼 때 필수 불가결하다는 뜻은 아니다. 보편화 가능성 원칙을 자의금지로 이해한다면,[56] 살인자를 처벌해야 한다는 규칙이 존재하는 것만으로 이미 이 원칙을 충족하게 되고, 모든 개개의 살인자가 예외 없이 처벌되어야 한다고 전제할 필요는 없다. 더욱이 결정의 정당화에 대한 논리적 재구성에서 보편적 성격을 지니는 명제로 원용되는 법률규정은 (예외에 적대적인) 논리적 전칭명제를 표현하는 것이 아니라 예외를 허용하는 규칙을 표현한 것일 따름이다.[57] 따라서 보편화 가능성 원칙이든 '보편적' 법률규범에 대한 구속이든 결정을 논리적 전칭명제로부터 도출해야 한다는 요구의 근거가 되지는 않는다.

여기에 다시 두 번째 반론이 추가된다. 즉 전칭명제 $\Lambda x(Mx \rightarrow Fx)$는 단칭명제 $Ma \rightarrow Fa$를 '정당화'하는 것이 아니라 단지 이를 반복해 주장하는 것일 뿐이다. 이 점에서 단칭명제를 전칭명제를 통해 '정당화'하는 것은 순환논법이다.[58] 이 연관성은 살인자 A도 처벌되어야 하는지를 알 때 비로소 모든 살인자가 실제로 처벌되어야 하는지를 알 수 있다는 점을 고려해보면 분명하게 드러난다.

적어도 이 지점에서 법적 결정의 정당화 구조를 술어계산으로 재구성하는 것이 섬세한 재구성이 되지 못하고, 따라서 부적절하다는 점이 명확해진다. 즉 살인자 A가 처벌되어야 하는 이유는 A가 — 다른 살인자와 마찬가지로 — 처벌되어야 하기 때문이 아니라 A가 살인자이고 살인자를 처벌해야 하는 **규칙**이 존재하기 때문이다. 그 때문에 법관은 A에 대한 유죄판결을 A가 살인을 저질렀다는 사실을 통해 정당화하고, 이때 살인자를 종신형에 처해야 한다는 규칙의 존재를 근거로 삼는다. 이러한 규칙의 존재에 대해 의문이 제기되면 법관은 형법 제211조 제1항을 지적하게 된다. 법적 논증의 이러한 구조는 툴민(Toulmin)이 제시한 논증 도식을 통해 섬세하게 표현할 수 있다.[59]

---

56 이에 관해서는 헤어(Hare)의 이론을 원용하는 *Alexy*, Analyse(각주 19), S. 186 참고.

57 *Alexy*, Analyse(각주 19), S. 186.

58 이에 관해 자세히는 *Neumann*, Juristische Argumentationslehre(각주 46); *ders.*, Rechtstheorie und allgemeine Wissenschaftstheorie, in: *Michael Martinek u. a.*(Hrsg.), Vestigia Juris. Festschrift für Günther Jahr zum 70. Geburtstag, 1993, S. 157 이하 참고.

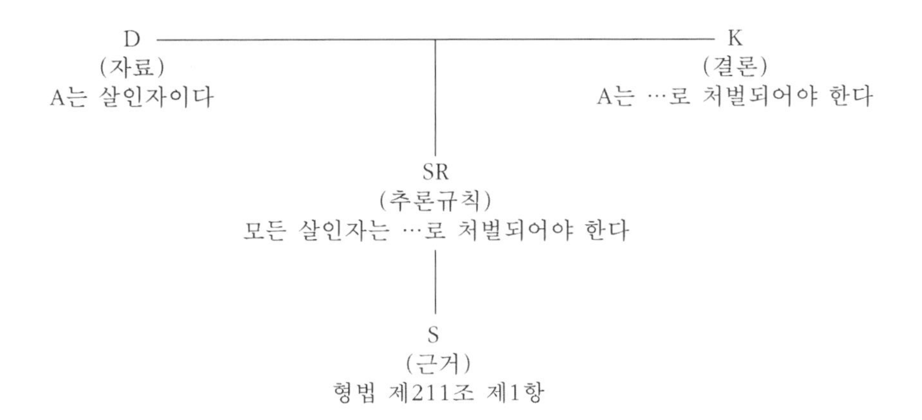

물론—다시 한번 말하지만—법적 포섭을 삼단논법으로 재구성하는 것이 법적 정당화의 구조를 적절하게 표현하지 못한다는 사실을 확인했다고 해서 법적 논증이 논리학의 규칙에 구속되지 않는다는 뜻은 아니다. 예를 들어 모순율은 명백히 법적 논증의 기준이다. 즉 논리학의 특정 규칙들은 법적 논증에서도 분명 구속력이 있다. 다만 이 구속력의 기초가 무엇이고 이 구속력이 모든 논리규칙에 해당하는지 아니면 **특정한** 논리규칙에만 해당하는지를 물을 수 있다.

7.5 논리학의 구속력 근거

7.5.1 논리학의 구속력을 정당화할 가능성

논리학의 구속력을 정당화할 수 있는 원칙적 가능성[60]은 다음과 같은 고려를 통해 밝힐 수 있다.

59 *Toulmin*, Der Gebrauch von Argumenten, 2. Aufl. 1996, S. 86 이하. 이에 관해 자세히는 *Neumann*, Juristische Argumentationslehre(각주 46), S. 21 이하 참고. 삼단논법 논증모델에 대한 툴민의 비판에 관해서는 *Ratschow*(각주 27), S. 63 이하 참고.

60 여러 가지 가능성에 대한 섬세한 서술로는 *Essler*, Analytische Philosophie I, 1972, S. 191 이하 참고.

일단 '말하기'가 언제나 **무엇인가에 대한 말하기**라는 고려에서 출발해 논리학의 규칙을 대상 영역의 추상적이고 보편적인 법칙으로 이해할 수 있다(논리학에 대한 존재론적 정당화). 이 이해에 따르면 논리법칙은 대상 영역 자체에 '기초'한다. 이와는 달리 — 말하기가 언제나 **서로 말하기**라는 점에서 출발해 — 논리학의 명제를 이성적인 대화의 기준으로 파악할 수도 있다. 이렇게 되면 논리학 명제는 대상 영역이 아니라 상호주관적 이해의 영역에 고정된다(논리학에 대한 대화이론적 정당화). 이 밖에도 특히 법학과 관련해서는 논리학의 규칙을 '불문법 규범'[61]으로서 법적 구속력이 있다고 정당화할 가능성도 있다. 하지만 이 견해가 타당하지 않다는 점은 얼마든지 밝힐 수 있다.[62] '사고법칙'의 위반이 법적으로 중요한 의미가 있다고 해서 곧장 논리규칙에 대해 실정법규범이나 자연법칙과 같은 의미가 부여되는 것은 아니며, 법관이 논리규칙을 무시한다고 해서 곧장 상소이유가 되는 것도 아니기 때문이다.

논리학에 대한 존재론적 견해는 예컨대 현대논리학의 발전에 중요한 역할을 한 버트랜드 러셀(Bertrand Russel)[63]과 하인리히 숄츠(Heinrich Scholz)가 주장한다. 법철학에서는 아르투어 카우프만과 가르시아 마이네츠(García Maynez)가 이 견해를 주장하는 대표적 학자이다. 카우프만에 따르면 우리의 사고는 "무모순성 원칙에 구속되는데, 그 이유는 오로지 이 원칙이 존재의 진리에 기초하기 때문이라고"[64] 한다. 그리고 동일성 원칙, 충분조건의 법칙, 배중률도 "존재론적 법칙이고, 따라서 오로지 형이상학적으로만 포착할 수 있고 정당화할 수 있을 뿐이다"라고 말한다.[65] 마이네츠(Maynez)는 "순수 논리학의 최상위 원칙이 보편 존재론의 최상위 원칙에 근거하는 것과 마찬가지로 법논리학의 최상위 원칙의 토대는 형식적 법존재론이다"라고 한다.[66] 이처럼 존재에 기초

61 BGHSt 6, 70, 72. 이에 대한 반론으로는 *Hamm*, Die Revision in Strafsachen, 7. Aufl. 2010, Rn. 962 참고.

62 이에 관해 구체적으로는 *Neumann*, Rechtsontologie(각주 48), S. 7 이하 참고.

63 "모순율에 대한 믿음은 직접 사물에 해당하지, 단순히 사고에만 해당하는 것이 아니다. 예컨대 우리는 한 나무가 참나무이자 참나무가 아니라고 동시에 생각할 수는 없다. 우리는 나무가 참나무라면, 이 나무가 동시에 참나무가 아니라고 생각할 수는 없다. 따라서 모순율은 사물에 관한 명제이지, 단순히 사고에 관한 명제가 아니다(*Russell*, Probleme der Philosophie, 5. Aufl. 1973, S. 78 이하)." 마르크스주의 철학에서 논리학을 '물질주의적'으로 정당화하는 것에 대해서는 *Klaus*, Logik(각주 13), S. 9 이하 참고.

64 *Arthur Kaufmann*, Rechtspositivismus und Naturrecht in erkenntnistheoretischer Sicht, in: *ders.*, Rechtsphilosophie im Wandel. Stationen eines Weges, 2. Aufl. 1984, S. 78.

65 *Arthur Kaufmann*, Rechtspositivismus(각주 64), S. 78.

한 논리학 모델을 비판하는 학자들은 거꾸로 논리규칙이 존재구조에 기초하는 것이 아니라, 논리규칙이 이 존재구조에 대한 특정한 사고(특정한 존재론)를 규정한다는 전제에서 출발한다.

7.5.2 직관주의 논리학과 법학

이른바 직관주의 논리학(intuitionistische Logik)을 주장하는 학자[67]들은 바로 이 지점에 초점을 맞추어 논의를 전개한다. 직관주의의 견해에 따르면 고전논리학(이치논리학)은 그 자체로 존재하는 완결된 세계의 존재론에 기초한다고 한다. 즉 진리 여부를 결정할 수 없는 명제도 '그 자체' 참 또는 거짓이라고 주장(배중률)하는 고전논리학은 존재론적 전제하에서만 정당화될 수 있을 뿐이라고 한다. 이는 법의 영역에서는 다음과 같은 점을 뜻한다. 즉 고전논리학을 법에 적용할 수 있으려면 다음 두 가지 조건을 전제해야 한다.

a) 법은 실정적으로 제정되는 것이 아니라, 이미 주어져 있다.
b) 법규범은 완결성을 가진다. 즉 모든 행위가 법률로 규율되어 있다.

만일 이 전제조건을 포기하면, 법적 명제가 '그 자체' 정당하다고 말할 수 없게 된다. 그리하여 법적 명제가 정당하다는 것은 단지 이 명제가 제정된 법적 명제로부터 논리적으로 도출된다는 것을 의미할 뿐이다. 따라서 이 명제의 부정을 도출할 수 있다면 명제는 정당하지 않다.

이 점에서 배중률이 보편적 타당성을 갖지 않는다는 점을 쉽게 파악할 수 있다. 제정된 법적 명제로부터 법적 명제 R_1과 이에 대한 부정 가운데 그 어느 것도 도출할 수 없

---

66 *García Maynez*, Die höchsten Prinzipien der formalen Rechtsontologie und der juristischen Logik, in: *Arthur Kaufmann*(Hrsg.), Die ontologische Begründung des Rechts, 1965, S. 429.
67 법학에서 직관주의 논리학을 표방하는 대표적 학자로는 *Philipps*, Sinn und Struktur der Normlogik, in: ARSP 52(1966), S. 195 이하; *ders.*, Rechtliche Regelung und formale Logik, in: ARSP 50(1964), S. 317 이하 참고.

는 경우가 발생하기 때문이다.

하지만 배중률을 포기하는 논리학이 어떻게 정당화될 수 있는지를 물을 수 있다. 이 물음과 관련해서는 '그 자체'로 참인 명제라는 전제에 대한 비판과 진리 문제를 논리적 도출 가능성으로 전환하는 것에 대한 비판을 고려해볼 때 상호주관적 이해라는 차원에서 정당화를 모색할 수 있다고 대답하게 된다. 즉 논리학을 '합리적 대화에 관한 이론'으로 정당화하려고 시도할 수 있다.

7.5.3 논리학에 관한 대화이론적 정당화

파울 로렌첸(Paul Lorenzen)의 '작동 논리학(operative Logil)'은 바로 이러한 시도에 해당한다. 로렌첸은 이렇게 말한다. "인간의 말하기는 언제나 하나 또는 다수의 파트너에게 말을 거는 일이고, 때로는 파트너가 대답함으로써 서로 말을 주고받는 대화가 성립한다. 이 점에서 명제들은 마치 진공상태에서 참인 명제와 거짓인 명제로 존재하는 것이 아니라 주장과 반박의 대상이 된다(이는 물론 '참' 또는 '거짓'이라는 술어를 명시적 또는 묵시적으로 긍정 또는 부정할 수 있다는 뜻이다)."[68] 이러한 출발점에서 시작해 로렌첸은 명제논리학의 연결사를 (고전논리학처럼) 진리표를 통해서가 아니라, 대화의 진행 과정을 통해 규정한다. 우리의 입문적 글에서 작동 논리학을 자세히 설명할 수는 없다.[69] 우리의 맥락에서는 배중률이 로렌첸의 대화논리학[70]에서는 논리적 참이 아니라는 점이 중요하다. 즉 모순율과는 달리 배중률은 논의의 기준이 아니다. 다시 말해 모든 대화 파트너에게 — 그리고 어떤 명제 p에 대해 — p와 ¬p를 동시에 주장해서는 안 된다고 기대할 수는 있다. 예컨대 "신은 있다(S_1)"와 "신은 없다(S_2)"를 동시에 주장해서는 안 된다. 이에 반해 S_1과 S_2 가운데 어느 하나를 반드시 선택해야 한다고 기대할 수는 없

68 *Kamlah/Lorenzen*, Logische Propädeutik, 3. Aufl. 1996, S. 158.

69 이에 관해서는 *Kamlah/Lorenzen*, Propädeutik(각주 68), S. 150 이하, 196 이하; *Lorenzen*, Logische Strukturen in der Sprache, in: *ders.*, Methodisches Denken, 3. Aufl. 1988, S. 60 이하 참고. 또한 *Kuno Lorenz*, in: *Lorenzen/Lorenz*, Dialogische Logik, 1978, S. 17 이하, 96 이하도 참고.

70 물론 논리학에 대한 대화이론적 정당화는 필연적으로 배중률이 타당하지 않은 체계에 도달하지 않을 수 없다. 이에 관해서는 *Essler*, Philosophie(각주 60), S. 197 이하 참고.

다. 한 명제 또는 이 명제에 대한 부정 가운데 어느 하나를 선택해야 한다는 규범적 기대가 존재하는 경우—정치적 행위를 준비하는 과정에서는 대부분 이러한 기대가 존재한다—에 중요한 것은 일반적인 논의의 기준이 아니라 주제와 관련된 특수한 기준이다. 이 점에서 배중률에 부합하는 일반적 논의 기준은 존재하지 않는다.

7.5.4 법논리학과 법적 논증

이성적 논증의 기준을 활용하면 합리적 행위와 말하기와 관련된 모든 영역에 대한 논리학의 구속력을 정당화할 수 있는 토대가 마련된다. 논리학과 논증의 관계는 법이론[71]과 일반 논리학 및 학문이론[72]에서 점차 뚜렷하게 밝혀지고 있다. 이러한 관점은 법과 법학에서 논리학이 수행하는 역할에도 부합한다. 즉 이 관점은 논리학이 법학이라는 논증 학문에서 필연적으로 차지할 수밖에 없는 의미에 부합할 뿐만 아니라, 논리계산을 사용하는 것만으로는 인식을 얻는 것을 기대할 수 없다는 점도 분명하게 보여준다. 논리학을 이성적인 논증의 규칙들을 재구성하는 작업으로 이해한다면,[73] 형식논리학의 추론규칙들은 이성적 논증의 규칙들과 일치하는지를 기준으로 평가해야 한다. 다시 말해 형식논리학의 추론규칙들을 이성적 논증의 기준으로 삼아서는 안 된다.[74]

---

71 이에 관해서는 *Bund*, Logik(각주 38); *Perelman*, Logik(각주 2) 참고. 이에 반해 예컨대 가르디스(Gardies)는 형식적 법논리학과 '실제 법적 사고'의 논리학을 대비하면서 논리학은 사고 자체를 묘사하는 것이 아니라 '그 대상의 독자적 구조'를 묘사하는 것이라고 한다(*Gardies*, Juristen und Logiker: Die Schwierigkeiten einer Zusammenarbeit, in: Rechtstheorie Beiheft 1, 1979, S. 225 이하). 여기서 가르디스는 논리학의 '객체'가 이념적으로 실재하고, 이 실재가 규범 논리학의 영역에서는 (법)규범이라는 전제에서 출발한다.

72 *Gethmann*(Hrsg.), Logik und Pragmatik, 1982; *ders.*(Hrsg.), Theorie des wissenschaftlichen Argumentierens, 1980.

73 이러한 접근방법에 관해 자세히는 *Neumann*, Juristische Argumentationslehre(각주 46), S. 30 이하 참고.

74 이 맥락에서는 자연언어와 논리계산에 공통되는 구문론(Syntax)을 발전시키려는 노력이 큰 의미가 있다. 이에 관해서는 *Schlapp*, Zur Einführung: Logik und Recht, JuS 1984, S. 505 이하, 509 참고. 슐랍은 몽테뉴와 Stegmüller, Hauptströmungen der Gegenwartsphilosophie, Bd. II, 8. Aufl. 1987, S. 35 이하를 원용한다.

7.5.5 '비단조' 논리학의 접근방법

이러한 사고는 최근 들어 특히 토마스 고든(Thomas F. Gordon),[75] 헨리 프라켄(Henry Prakken)[76] 그리고 지오바니 사르토르(Giovanni Sartor)[77]가 전개한 이른바 비단조 논리학(nichtmonotone Logik)의 발전에 계기로 작용했다.[78] 비단조 논리학 체계의 특징은 ― 단순하게 표현한다면 ― 단조 논리학과는 달리 논리적으로 타당한 추론이 전제에 속하는 집합을 확대함으로써 타당하지 않게 될 수 있다는 점이다. 이러한 체계는 논증이론의 관점에서 매우 흥미로운 체계이다. 무엇보다 이 체계는 (일상언어에서도 사용되지만) 법적 논증에서 사용되는 원칙-예외 구조를 고려할 수 있기 때문이다. 그 때문에 비단조 논리학과 법적 논증이론은 수많은 지점에서 서로 결합할 수 있다. 하지만 비단조 논리학 체계는 관점이 구조의 문제에 국한되기 때문에 이 체계가 기존의 법적 논증이론이 차지하는 영역 전체를 정복할 수 있으리라 기대하기는 어렵다.[79]

이른바 퍼지 논리학(Fuzzy-Logik)의 모델을 이용해 법적 추론을 이해하고 재구성하려는 시도는 현실에서 이루어지는 법적 논증의 구조에 접근하는 것을 목표로 삼는다. 이와 관련해서는 특히 로타 필립스가 이해하기 쉽게 서술한 글[80]을 참고하기 바란다.

---

75 *Thomas F. Gordon*, The pleadings game: An Artificial Intelligence Model of Procedural Justice, 1993 (Darmstadt 대학교 박사학위 논문).

76 *Henry Prakken*, Logical Tools for Modelling Legal Argument, 1993(Amsterdam 대학교 박사학위 논문), Dordrecht, Kluwer Academic, 1997.

77 *Giovanni Sartor*, Artificial Intelligence and Law: Legal Philosophy and Legal Theory, Oslo: Tano 1993.

78 이에 관한 훌륭한 개관으로는 *Ratschow*(각주 27), S. 141 이하 참고.

79 이에 관해 자세히는 *Ratschow*(각주 27), S. 141 이하 참고.

80 *Philipps*, Ein bisschen Fuzzy Logik für Juristen, in: *Tinnefeld/Philipps/Weis*(Hrsg.), Institutionen und Einzelne im Zeitalter der Informationstechnik, 1994, S. 219 이하. 또한 *Krimphove*, Der Einsatz der Fuzzy-Logik in der Rechtswissenschaft, in: Rechtstheorie 30(1999), S. 540 이하도 참고.

주요 참고문헌

Bund, Elmar, Juristische Logik und Argumentation, 1983.

Buth, Manfred, Einführung in die formale Logik — unter der besonderen Fragestellung: Was is Wahrheit allein aufgrund der Form?, 1996.

Joerden, Jan, Logik im Recht. Grundlagen und Anwendungsbeispiele, 2. Aufl. 2010.

Ruppen, Paul, Einstieg in die formale Logik: Ein Lern– und Übungsbuch für Nichtmathematiker, 1997.

Weinberger, Ota, Rechtslogik, 2. Aufl. 1989.

심화 문헌

Krimphove, Dieter, Grenzen der Logik, in: Rechtstheorie 44(2103), S. 315 이하.

Ratschow, Eckart, Rechtswissenschaft und Formale Logik, 1998.

8. 규범이론

로타 필립스

8.1 금지와 명령 — 구조의 차이

"사람을 살해한 자는 … 5년 이상의 자유형에 처한다." 형법 제21조에는 이렇게 쓰여 있다. 물론 십계명에는 "죽이지 말라!"라고 쓰여 있다. 이 두 표현 가운데 어느 것이 법규범의 본질에 더 가까울까? 이 물음은 19세기 이후 계속 논란의 대상이다. 어떤 사람들은 법률의 전형적인 형태인 "…라면 …이다"라는 문장만이 법규범의 본질에 해당한다고 한다. 다른 사람들은 이 '조건/결과' 문장이 단지 법규범의 표면, 즉 법원과 행정기관을 통해 적용되는 법과 관련될 뿐이라고 한다. 그러면서 이 측면도 중요하긴 하지만, 더 중요한 것은 다른 측면이라고 한다. 즉 시민들의 일상적 행동은 법률 텍스트로 규정되는 것이 아니라 무엇을 해야 하고 무엇을 하지 말아야 하는지에 관한 생각(이른바 의지결정규범)을 통해 규정된다고 한다. 법관들 역시 의문에 봉착할 때는 그런 식으로 생각한다는 것이다.[1]

이 오래된 논쟁을 여기서 결정할 수는 없다. 하지만 이 글을 통해 규범을 금지, 명

1 이 문제 그리고 이와 관련된 다른 문제에 관한 훌륭한 입문서로는 *Engisch*, Einführung in das juristische Denken, 11. Aufl. 2010 참고. '법적 명제'와 '규범'의 차이에 기초해 형법학자 빈딩은 거대한 체계를 구성했다. 이에 관해서는 *Karl Binding*, Die Normen und ihre Übertretung, 2. Aufl. 1890-1919(4 Bände) 참고. 이 책에는 그 당시의 논쟁이 반영되어 있다.

령 그리고 허가로 고찰함으로써 실정법의 몇몇 핵심 현상들을 설명하고, 이 현상들이 법률의 '조건/결과' 명제만으로는 온전히 파악될 수 없다는 점을 밝힐 수 있기를 희망한다.

규범의 구조 그리고 규범들의 관계가 지닌 구조는 벤다이어그램을 활용하면 더 분명하게 밝힐 수 있다. 벤다이어그램은 개념(또는 집합)을 지칭하는 두 개의 겹치는 원으로 이루어진다.[2] 이 벤다이어그램은 여기에 해당하는 대상이 존재하는지를 표시한다. 표시는 굵은 횡선 또는 사선으로 이루어진다. A가 존재한다(속성 A를 지닌 대상이 존재한다)는 것은 원 A에 굵은 횡선으로 표시된다. A가 없는 B는 없다(즉 B이면 A다)라는 점을 표현하기 위해서는 원 B에서 원 A와 겹치지 않는 부분(원 B의 '반쪽')이 사선으로 표시된다.

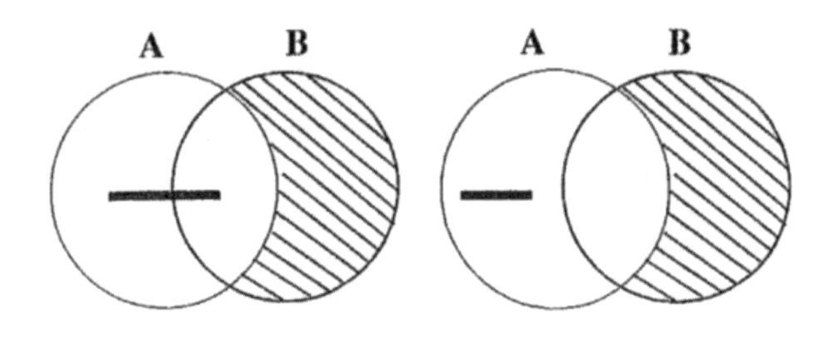

왼쪽 벤다이어그램에서는 B인 A도 존재한다는 점이 표시되고, 오른쪽 벤다이어그램에서는 이 물음에 대답하지 않는다.

행위도 '대상'이 될 수 있다. 따라서 벤다이어그램을 규범으로 확장할 수 있다. 이때는 "A가 존재한다"를 "A가 존재해야 한다!"로 대체하게 된다. 즉 A가 명령된다는 뜻이

2 벤다이어그램에 관해서는 *Willard von Orman Quine*, Grundzüge der Logik, 1969, S. 104 이하 참고('막대선'의 사용에 관해서는 S. 117 참고). 이미 *Herbert Fiedler*, Juristische Logik in mathematischer Sicht, in: ARSP 1966, S. 93 이하에서 벤다이어그램을 법학에 적용할 수 있다고 지적한다. 다만 피들러도 모든 법적 규율을 구성요건/법률효과라는 법적 명제의 '정상적 형식'으로 만들 수 있다는 일반적 사고를 완전히 관철할 수는 없고, 관철할지라도 극히 인위적인 방식으로만 가능할 뿐이라는 결론에 도달한다.

다. 그리고 "A가 존재하지 않는다"는 "A가 존재해서는 안 된다!"로 대체된다. 즉 A는 금지된다.

벤다이어그램이 한 사람의 행위 범위를 표시한다고 생각해보자. 이 경우 사선으로 표시된 영역은 '차단영역'이다. 즉 이 영역에 들어가서는 안 된다. 이는 곧 금지이다. 이에 반해 굵은 횡선으로 표시된 영역은 '목표영역'으로서 행위는 이 영역으로 들어가야 한다. 이는 곧 명령이다. 이 밖의 영역은 규율되지 않은 영역이다. 이 영역에서는 어떤 지침에 따르지 않고 자유롭게 행동해도 좋다.

이러한 고찰방식에 따르면 금지와 명령은 근본적으로 다른 규범이다. 즉 완전히 다르고 상반되는 두 가지 방식의 규범에 해당한다.

그런데도 규범이론에서 제기되는 압도적 견해는 금지와 명령을 이와는 다르게 파악한다. 이 견해에 따르면 금지와 명령의 차이는 구조적 차이가 아니라 단지 언어적 차이에 불과하다고 한다. 즉 "…이 금지된다"는 단지 "…하지 않는 것이 명령된다"의 언어적 축약일 뿐이라고 한다. 그리하여 예컨대 "살인은 금지된다"는 단지 "살인하지 않는 것이 명령된다!"라는 명제를 축약한 것이라고 한다. 그리고 "사고를 당한 사람을 돕는 것이 명령된다"는 복잡한 이중부정을 통해 "…을 돕지 않는 것은 금지된다!"라고 말할 수 있다고 한다. 특히 켈젠은 그의 초기이론부터 이미 명령과 금지가 단지 언어적 차이에 불과하다고 주장했고, 오늘날의 규범 논리학에서도 이 주장은 규범 논리학 체계의 전제조건으로 여겨진다.[3] 물론 실무에서 법을 다루는 사람이라면 금지와 명령의 차이

3 이에 관해서는 *Hans Kelsen*, Hauptprobleme der Staatsrechtslehre, entwickelt aus der Lehre vom Rechtssatz, 2. Aufl. 1923, S. 669 이하(켈젠의 이 책은 그의 순수법학이 본격적으로 형성되기 이전의 저작이지만, 법적 명제를 중심으로 규범이론을 전개하는 켈젠의 이론을 서술하는 최상의 저작이다). 규범논리학과 관련된 문헌 가운데 명령과 금지를 이런 식으로 재구성하는 문헌으로는 *Franz von Kutschera*, Einführung in die Logik der Normen, Werte und Entscheidungen, 1973 참고(이 입문서는 일독할 가치가 있다). 이에 반해 법학적 규범 논리학은 대부분 금지와 명령의 실질적 차이(언어적 차이가 아니다)에서 출발한다. 이 점은 특히 *Armin Kaufmann*, Die Dogmatik der Unterlassungsdelikte, 2. Aufl. 1988에서 섬세하게 드러나 있다. 이 차이에 비추어 작위범과 부작위범 사이의 '존재론적' 차이 또는 인과적 야기와 비인과적 야기 사이의 존재론적 차이를 주제로 삼기도 한다. 이에 관해서는 *Arthur Kaufmann/Winfried Hassemer*, Der überfallene Spaziergänger, in: JuS 1964, S. 151 이하 참고. 나의 연구인 *Philipps*, Der Handlungsspielraum, 1974도 금지와 명령의 근본적 차이에서 출발하고, 양자의 존재론적 차이도 함께 고려한다(S. 125 이하).

가 극히 중요한 실천적 의미가 있다는 사실을 잘 알고 있다. 예컨대 급부청구권과 부작위청구권의 구별, 이 청구권을 소송과 강제집행 절차에서 다른 방식으로 다룬다는 사실 그리고 작위범과 부작위범의 차이 등은 모든 법영역에서 익히 알려져 있다.

이 현상에 대해서는 나중에 다시 다루겠다. 여기서는 일단 금지와 명령 사이에 존재하는 또 다른 중요한 차이를 밝히겠다. 즉 이 두 가지 방식의 규범은 시간적 성격의 측면에서 차이가 있다. 다음과 같이 개괄적으로 말할 수 있다. 금지의 차단영역에 들어간 사람은 규범을 위반한 것이고, 명령의 목표영역에 들어가지 않은 사람은 규범에 따르지 않은 것이다. 하지만 자세히 관찰해보면, 차이가 있음을 알 수 있다. 즉 금지 위반은 금지를 확실하고 되돌릴 수 없게 위반한 것인 반면, 이행하지 않은 명령은 장래에 — 내일이나 모레 또는 20년 후에 — 얼마든지 이행할 가능성이 남아 있다.

이러한 차이 때문에 명령은 어떤 식으로든 이를 이행해야 할 기간을 정해야 한다는 점을 알 수 있다. 그렇지 않으면 이 명령에 대한 위반을 확인할 수 없기 때문이다. 즉 이행 기간을 정해놓지 않으면 규범은 단순한 권장과 구별될 수 없다. 이에 반해 금지는 시간과 관계없이 표현할 수 있다. 형법, 민법, 공법에서 등장하는 기초적인 명령도 기간이 정해져 있지 않다.[4] 따라서 입법자 역시 이러한 차이에 주목할 필요가 있다.

8.2 의지결정과 평가 — 허가의 문제

허가는 금지와 마찬가지로 시간의 제한이 없이 표현할 수 있다. 예컨대 우리 헌법의 기본권 규정을 보면 이 점을 곧장 알 수 있다(이 점에서 허가와 기본권은 여러 측면에서 같은 구조를 지닌다). 과연 허가를 어떤 식으로 이해해야 할까? 일단 법으로 규율되지 않은 영역, 즉 벤다이어그램에서 굵은 횡선 표시도 없고 사선 표시도 없는 부분이 허

4 이 점에서 카알 포퍼는 자연과학에서 법칙은 '보편적'으로 표현되는 반면, 존재명제는 시공간이 정해진 개별적 규정을 포함해야 검증 가능하다는 점에서 차이가 있음을 강조한다. 이에 관해서는 *Popper*, Logik der Forschung, 11. Aufl. 2005, S. 35 이하 참고. 위에서 말한 명령과 금지의 차이는 포퍼가 강조하는 차이와 유사하고, 차이의 근거도 유사하다. 이에 관해서는 *Philipps*, Der Handlungspielraum(각주 3), S. 21 이하 참고.

가에 해당한다고 생각할 수 있다. 하지만 규율되지 않았다고 해서 이미 허가된 것일까? 많은 사람은 그렇게 생각한다("금지되지 않은 것은 허용된다"[5]). 즉 규율되지 않은 영역에서는 법적 제재를 두려워할 필요 없이 자유롭게 활동할 수 있다고 한다. 허가를 이렇게 이해하면, 이를 뛰어넘어 어떤 '본래 의미'의 허가가 보장될 수 있다는 식으로 생각하기 어렵다.

하지만 다수의 법률가와 일반인은 허가가 단순히 금지되지 않았다는 것과는 다르고 무언가 이보다 더 강한 의미가 있다고 느낀다. 문제는 이 느낌을 어떻게 구체적으로 설명할 것인가이다.

다시 직관을 활용해보자. 아래의 벤다이어그램은 각각 금지규범 A와 B를 상징한다. 이번에는 수범자 α와 β도 함께 생각해보자. 즉 β가 A에 들어가는 것이 금지되고, α가 B에 들어가는 것이 금지된다.

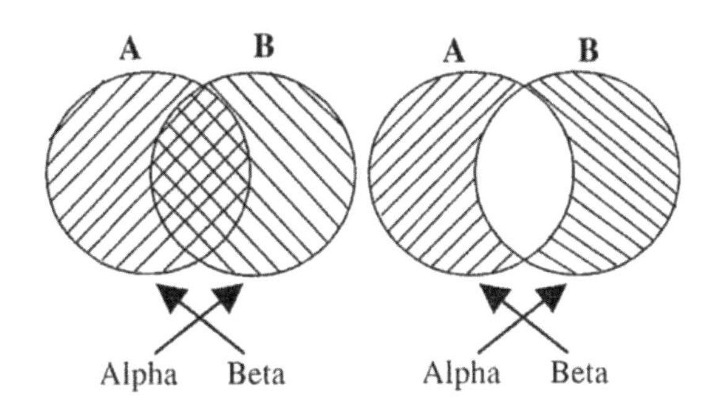

두 벤다이어그램은 A와 B가 겹치는 영역에서 차이가 있다. 즉 이 영역에서는 두 수범자의 이익이 걸려 있고, 양자 사이에 이익갈등이 존재할 수도 있다. 왼쪽 모델에서는 당사자들이 엄격히 분리된다. 즉 '충돌영역'에 들어가는 것은 두 당사자 모두에게 금지된다. 오른쪽 모델에서는 겹치는 영역이 규율되어 있지 않다. 이 영역에서 두 당사자는 서로 합의하도록 노력하거나 아니면 상대방을 누르고 자신의 영역을 확장하도록 노력해야 한다.[6]

5 이른바 보편적 부정 명제. 이에 관해서는 *Claus-Wilhelm Canaris*, Die Feststellung von Lücken im Gesetz, 2. Aufl. 1983, S. 49 이하 참고.

이러한 금지는 상대방의 이익을 고려해 구속력을 갖는 것이 일반적이다. 즉 β가 금지영역 A에 들어가지 말도록 금지하는 것은 α를 고려하기 때문이고, α가 금지영역 B에 들어가지 말도록 금지하는 것은 β를 고려하기 때문이다. 따라서 금지영역의 배후에는 각자의 이익영역에 대한 승인이 자리 잡고 있다. 즉 "너는 …에 들어가서는 안 된다!"와 "너는 너의 이익영역을 자유롭게 이용해도 좋다!"가 함께 한다.

이에 따라 본래 의미의 허가는 허용되는 행위에 반대되는 금지가 없다는 소극적 측면 이외에도 허용된 행위가 법질서가 승인하는 가치를 구현한다는 적극적 측면도 갖는다. 이 점에서 긴급한 상황에서 공격자를 살해할 수도 있다는 정당방위권은 단순히 살인금지의 부재가 아니라 방위행위자의 이익이 공격자의 이익보다 우선한다는 평가를 뜻한다.

이러한 설명은 '평가규범'에 관한 테제에도 부합한다. 다수 학자의 견해에 따르면 평가규범은 금지와 명령이라는 의지결정규범보다 앞서 존재하는 규범이라고 한다.[7] 이 테제를 입법자가 아무런 근거도 없이 금지와 명령을 제기하지 않는다(또는 제기해서는 안 된다)는 의미로 이해하는 것은 굳이 법률가가 아니더라도 누구나 그렇게 이해할 정도로 너무나도 당연한 일이다. 그러나 이 테제는 이러한 상식적 측면보다 훨씬 더 강한 측면을 담고 있다. 즉 법을 단순히 명령으로만 파악하고 이익 또는 다른 가치에 대한 승인을 고려하지 않으면, 법의 본질적 현상을 제대로 이해할 수 없다는 점이다. 다수의 현상 — 예컨대 여기서 언급하는 허가 이외에 나중에 언급할 부진정 부작위범 — 은 단순히 의지결정규범만으로는 이해할 수 없고, 의지결정규범과 평가규범 사이의 상호작용으로 파악할 때만 훨씬 더 쉽고 자연스럽게 이해할 수 있다.

상당히 논란이 많은 현상 하나를 더 언급할 필요가 있다. 즉 법을 평가규범으로 이해

6 두 사람 — 여기에는 직접 행위하는 사람뿐만 아니라 이 행위로부터 영향을 받는 당사자도 포함된다 — 이 행위의 결과를 짊어지고, 이에 관해 책임을 부담할 수 있다는 점을 통찰하면 '함께 작용하는 유책성', '자신의 위험에 따른 행위'('자율적 자기위해'), '동의'라는 개념을 이해할 수 있는 길도 열린다. 규범의 야누스적 속성 — 즉 타인의 이익과 자신의 이익 모두를 향한다는 점 — 은 실정법의 금지와 명령 역시 황금률("네가 원하지 않는 것을 다른 사람에게 행하지 말라!")과 같은 법적 공동생활을 위한 기초적인 (자연법적) 원칙과도 밀접한 관련이 있다.

7 평가규범에 관한 이론을 탁월하게 서술한 문헌으로는 *Gustav Radbruch*, Rechtsphilosophie, Studienausgabe, 2. Aufl. 2011, S. 45 참고.

하면, 과연 금지의 부재가 존재하는 것인지 묻지 않을 수 없다. 다시 말해 금지규범이 없으면 그저 금지가 없다는 것으로 끝나고 이에 상응하는 '적극적' 가치를 충족할 필요가 없다는 것인지를 묻게 된다. 이와 관련에서는 흔히 '법으로부터 자유로운 영역(rechtsfreier Raum)'이라는 표현을 사용한다.[8] 이 가능성을 인정하는 학자들은 다음과 같은 상황을 지적한다. 어떤 의사가 두 명의 사고 피해자 가운데 한 명만을 구출할 수 있고 다른 한 명은 죽게 내버려 둘 수밖에 없는 상황에 놓여 있다. 이때 이 의사가 어떤 식으로 결정을 내리든 법질서는 그에게 어떠한 제재도 부과하지 않는다. 물론 구출된 사람의 생명이 죽은 사람의 생명보다 더 우선하기 때문이 아니라 달리 다른 방도가 없기 때문이다.

이 사례에서 '법으로부터 자유로운 영역'은 구조에 기인한 것이지만, 내용적 이유에서 가치평가를 단호하게 포기할 가능성도 있다. 예컨대 임신중절을 허용하는 사례는 어느 한쪽이 우선한다는 정당화가 아니라 서로 모순되는 평가적 태도가 공존하는 다원주의 사회에서 제재를 포기하는 것으로 해석(카우프만은 이 해석을 지지한다)하는 것이 바람직하다.

본래 의미의 허가까지도 순전히 구조의 측면에서 규정하려는 주목할만한 이론적 시도는 규범제정자의 묵시적 전제를 배제하고, 두 개의(또는 그 이상의) 규범 사이의 위계질서를 전제한다.[9] 이 위계질서에서 하위기관은 오로지 상위기관이 규율하지 않은 것만 규율할 수 있다. 따라서 상위기관은 시민에게 자유로운 행위영역을 허용할 수 있고, 하위기관은 이를 존중해야 한다. 예컨대 헌법제정자가 규정한 기본권을 입법자는 존중해야 한다. 그러나 순전히 구조로부터, 다시 말해 위계질서 메커니즘으로부터 금지되지 않은 영역의 보장을 도출할 수는 있지만, 이 영역이 '권리'와 관련을 맺는다는 점은 도출되지 않는다.

---

8 이에 관해서는 특히 *Arthur Kaufmann*, Rechtsfreier Raum und eigenverantwortliche Entscheidung, in: *F.-C. Schroeder/H. Zipf*(Hrsg.), Festschrift für Reinhard Maurach, 1972, S. 327 이하 참고.

9 *Eugenio Bulgyn*, Permissive Norms and Normative Systems, in: Automated Analysis of Legal Texts, Amsterdam 1986, S. 211 이하.

8.3 규범과 분업적 행동 — 부작위를 통한 금지위반

앞의 서술을 통해 규범적 현상을 섬세하게 이해하기 위해서는 규범제정자의 — 얼핏 보기에는 당연하게 여겨지는 — 전제들을 일단 고려에서 배제해야 한다는 사실을 알 수 있다. 이 점은 구체적으로 행위하는 개별 수범자의 — 역시 얼핏 보기에는 당연하게 여겨지는 — 전제들 역시 마찬가지다. 인간의 행위는 대부분 분업적으로 이루어진다. 이는 사회학자가 아니더라도 얼마든지 알 수 있다. 하지만 기이하게도 법이론에서는 법질서의 명령과 금지를 준수해야 하고 명령과 금지에 비추어 평가해야 하는 행위가 여러 사람의 행위가 결합한 것이라는 점을 결코 당연하게 여기지 않는다. 각각 별개로 고찰되는 개인적 행위는 금지규범이나 명령규범(부작위 또는 작위를 요구하는 규범)의 일반적 의미에서 벗어날 수 있다. 개인은 때로는 금지규범이나 명령규범의 의미에서 벗어나야만 하고, 때로는 여러 사람의 결합된 행위를 통해 금지규범이 위반되지 않도록 만들기 위해 적극적으로 행위(작위)하거나 명령규범이 충족되도록 만들기 위해 행위하지 말아야 한다(부작위).[10]

한 가지 예를 들어보자. 나는 두 사람이 각자의 행위영역에서 걸어서 움직이는 상황이 아니라, 자동차 사막 경주를 함께하는 상황이라는 더 단순한 방식을 택하겠다. 운전하는 사람은 모터와 변속기 그리고 도로상황에 집중한다. 그는 무릎에 지도를 펴놓고 어느 방향으로 가야 하는지를 말해주는 옆 사람을 맹목적으로 신뢰한다.

일단 자동차 사막 경주라는 스포츠 규범의 관점에서 보면, 만일 옆 사람이 제때 경고하지 않은 탓에 운전금지 구역으로 접어들었다면, 이 팀 — 운전자와 옆 사람 — 은 실격당하게 된다. 이때 팀의 실격과 금지위반에 책임이 있는 사람은 지도를 본 옆 사람이다. 다만 이 동승자가 직접 행위한 것이 아니라 무언가를 제대로 하지 않았음(부작위)에도 책임이 있다는 점에 주의해야 한다. 즉 개인의 행위는 체계의 행위에 따라 평가되고, 개인의 행위는 이 체계에서 책임을 부담하는 부분이다. 실격 여부와 성패 여부를 판가름하는 스포츠 규범에서 이와 같은 평가는 너무나도 당연하다. 법적 규범에서도 사정

---

10 이에 관해서는 Philipps(각주 7), S. 132 이하 참고. 이와 똑같은 맥락에서 '기능주의적' 관점을 표방하는 *Günther Jakobs*, Strafrecht. Allgemeiner Teil, 1983, 2. Aufl. 1991 참고.

은 조금도 다르지 않다. 이런 의미에서 동승자도 얼마든지 행인을 치어 사망하게 만든 사고와 관련해 책임을 부담할 수 있다. 법률가들이 잘 알고 있듯이 금지위반이라는 개념과 작위범이라는 개념은 일치하지 않으며(이른바 부진정 부작위범의 문제), 이 예를 보면 왜 양자가 일치하지 않는지가 분명해진다.

금지를 금지 그대로 준수하는 것뿐만 아니라 법적으로 승인된 이익을 보존하는 것도 다수인의 분업적 행동으로 분배될 수 있다. 앞에서 말한 운전자는 제3자의 생명뿐만 아니라 자신의 생명도 동승자에 맡기고 있고, 따라서 동승자는 운전자의 사망에 대해서도 책임을 부담할 수 있다(즉 부작위였음에도 살인금지 규범에 따라 책임을 부담할 수 있다). 형법도그마틱 역시 아민 카우프만의 저작이 발간(1959년)된 이후 위험요인을 감시할 '보증인 의무'와 보호객체에 주의를 기울여야 '보증인 의무'를 구별한다(물론 우리가 살펴본 예에서 보듯이 두 의무는 일치하는 경우가 많다).[11]

이상의 서술에서는 뒤로 갈수록 법이론의 개념보다는 법도그마틱의 개념들이 더 자주 등장하게 되었다. 이는 곧 법이론이 실정법 도그마틱에 봉사하는 역할을 해야 할 지점에 도달한다는 뜻이다.

8.4 규범해석에서 벤다이어그램의 활용

앞에서는 벤다이어그램이 여러 번 등장했다. 그 자체 이미 비유적 표현인 '행위영역'을 다시 '차단영역'과 '목표영역'으로 구별했는데, 다이어그램을 활용하면 이 영역의 의미와 영역들 사이의 관계를 그림을 통해 더 분명하게 묘사할 수 있다고 생각했기 때문이다.

벤다이어그램은 이른바 오일러 트레일(Euler trail)을 발전시킨 것이다. 오일러 트레일은 아주 간단하게 이해할 수 있고 훨씬 일반적으로 이용되며, 예컨대 신문 경제면과 같이 논리학 이외의 영역에서도 자주 등장한다. 따라서 벤다이어그램을 이해하기 위해

11 *Armin Kaufmann*(각주 3).

서는 오일러 트레일을 먼저 설명하는 것이 좋다.

오일러의 절차에서는(나중에 벤Venn의 절차에서도 마찬가지였다) 개념이 원으로 상징화한다. 즉 두 개의 원이 서로 자리 잡을 수 있는 방식을 통해 개념들 사이의 논리적 관계를 표현하고자 했다. 다음과 같은 세 가지 방식이 있다.

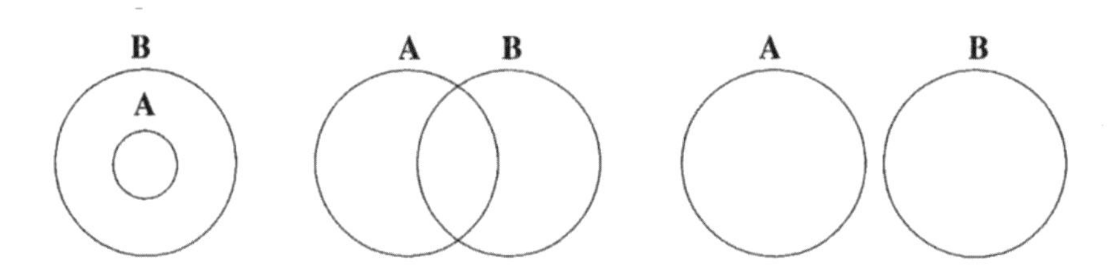

1. 개념의 원 A가 다른 원 B에 완전히 포함되는 경우. 이를 명제로 전환해 설명하면, A에 속하는 모든 것은 동시에 B에 속한다. 즉 모든 A는 B다.
2. 원 A와 B가 서로 겹치고, 한 원의 내용 일부가 다른 원의 내용에 포함된다. 이는 A에 속하는 몇몇은 B에도 속한다. 즉 몇몇 A는 B다. 이때 두 원의 관계는 대칭적이어서, 그래픽을 '역방향'으로 읽을 수도 있다는 점에 주의해야 한다. 즉 몇몇 B는 A다. 1과 같이 비대칭적 상황에서는 이처럼 역방향으로 읽는 것이 불가능하다. 물론 두 원이 완전히 일치하는 극히 예외적인 경우(모든 A는 모든 B다)에는 그렇지 않을 수도 있다.
3. 원 A와 원 B가 완전히 별개로 있는 경우. 이는 어떠한 A도 B가 아니라는 뜻이다. 이 그래픽 역시 대칭적이기 때문에 역방향으로 읽을 수 있다. 즉 어떠한 B도 A가 아니다.

이러한 방법으로 논리학의 본질적 부분, 특히 삼단논법 이론을 정당화하고 심사할 수 있다. 다만 삼단논법을 다이어그램으로 포착하려면 세 개의 원이 필요하다. 이 논법이 세 개의 개념을 포함하기 때문이다.

벤다이어그램과 오일러 트레일의 차이는 다음과 같은 점이다. 즉 오일러 원은 위치와 관계 방식이 서로 다를 수 있고, 원의 위치가 다르다는 점이 오일러 트레일 절차의 핵심이다. 이에 반해 벤다이어그램의 원은 언제나 서로 밀접하게 관련을 맺는다. 즉 벤다이어그램에서는 오일러 트레일의 세 가지 방식 가운데 두 번째 방식으로 고정된다. 벤은 개념들의 관계를 표현하기 위해 두 가지 상징을 추가한다. 이 상징을 통해 벤은 한 개념(또는 개념의 부분영역이나 다수 개념의 결합)이 '비어 있'거나 '채워져 있다'는 점을 지시하고 했다.

1. 두 개의 개념 원 그래픽에서 어떠한 요소도 속하지 않는 비어 있는 영역은 사선으로 표시된다. 즉 "…는 존재하지 않는다."
2. 거꾸로 그래픽에 표시된 횡선(때로는 별표로 표시되기도 한다)으로 개념영역이 채워져 있다는 것을 표현한다. 즉 "…이 존재한다."

오일러 트레일로 서술되는 세 가지 형태의 명제는 다음과 같은 벤다이어그램을 통해 더욱 분명하게 보여줄 수 있다. 이때도 역시 그래픽의 대칭 또는 비대칭에 따라 한 형태의 명제가 역방향으로도 타당한지가 밝혀진다.

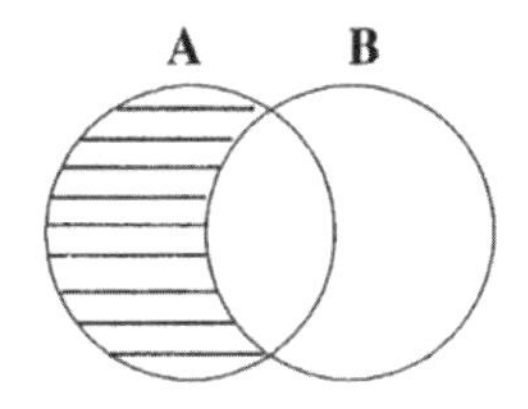

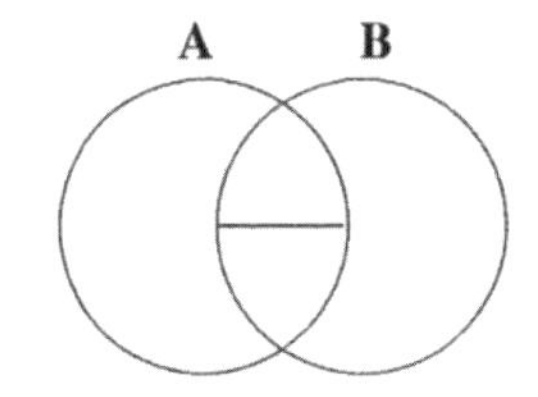

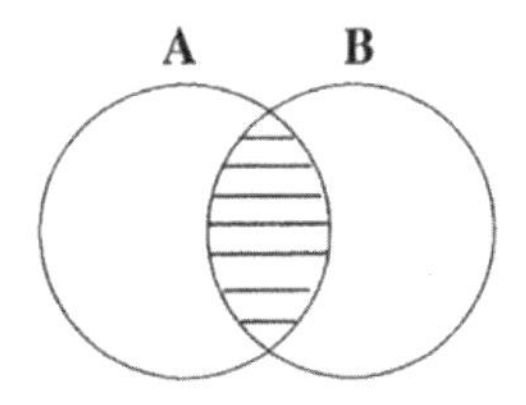

1. B가 아닌 A는 존재하지 않는다. 또는 모든 A는 B다. 또는 무언가가 A라면, 동시에 B다.
2. 몇몇 A는 B다. 즉 A이면서 B인 대상이 존재한다.
3. 어떤 A도 B가 아니다. 즉 A이면서 동시에 B인 대상은 존재하지 않는다.

오일러 트레일과 벤다이어그램의 결정적 차이는 단순히 그래픽의 차이가 아니라, 더 심오한 차원에 놓인 차이이다. 즉 양자의 차이는 논리학을 포함한 철학 전반의 본질적인 변화와 관련이 있다(오일러는 18세기 사람이고, 벤은 19세기 사람이다). 물론 벤과 오일러 모두 원으로 개념을 표현한다. 하지만 개념의 충족 여부, 개념에 상응하는 대상이 존재하는지 여부, 다시 말해 존재 여부를 그래픽으로 표시하는 문제를 벤은 개념의 내용과는 분리해 다른 방식으로 표시한다. 이렇게 한 이유는 아마도 칸트의 유명한 테제로부터 영향을 받았기 때문인 것 같다. 칸트는 신의 존재를 존재론적으로 증명하는 과거의 전통을 비판하면서 대상의 '존재'는 대상의 술어 가운데 하나가 아니고, 대상의 존재는 개념의 내용과는 엄격히 구별되어야 한다고 보았다.[12]

이렇게 대상의 존재와 개념의 내용을 분리함으로써 벤은 논리학에 새로운 가능성을 제시했지만, 이 가능성은 그가 죽은 지 한참이 흐른 오늘날에도 여전히 제대로 활용되지 못하고 있다. 물론 벤이 그래픽을 통해 선명하게 보여준, '존재명제'와 '전칭명제(전칭명제 자체가 존재하지는 않는다)'의 차이는 이미 오래전부터 현대논리학과 학문이론의 기본적 출발점에 속한다. 하지만 다른 측면에서는 칸트 이론과의 연결 가능성을 상실하고 말았다. 잘 알려져 있듯이 칸트는 (흄의 이론을 수용해) 존재와 당위의 분리라는 다른 길을 걸었다. 신칸트주의 철학은 바로 이 분리를 둘러싼 철학이었다. 그러나 존재/당위 이분법은 곧 비교 가능한 것의 대립이기 때문에 당위 역시 술어가 아니고, 당연히 존재가 아니라고 생각하지 않을 수 없다.[13]

이러한 고려에 비추어 보면 당위명제도 아무런 문제 없이 벤다이어그램으로 설명할 수 있다. 즉 어떤 대상, 상태, 사건, 행위가 존재해서는 안 된다는 점은 이러한 대상, 상태, 사건, 행위가 존재하지 않는다는 점과 똑같은 방식으로 표현할 수 있다. 이에 해당하는 개념영역을 사선으로 표시하면 그만이다. (물론 '규범적' 사선과 횡선을 예컨대 물결 모양이나 색깔을 입혀 표시하는 것이 적절할 것이다. 내가 이 글에서 굳이 그렇게 표시하지 않는 이유는 맥락에 비추어 표시가 서술적인지 아니면 규범적인지를 쉽게 확인할 수 있기 때문이다).

---

12 놀랍게도 술어와 존재의 차이는 이런 농담에서도 분명히 드러난다. "가장 이상적인 남편은 술과 담배를 하지 않고, 도망가지도 않으며 존재하지도 않는다."

13 예컨대 클룩(Ulrich Klug)은 당위를 명백히 술어로 파악한다. 그 때문에 클룩은 당위를 'S'로 기호화한다. 하지만 존재가 술어가 아니라면 — 이 점에 대해서는 클룩을 포함해 거의 모든 학자가 동의한다 -, 당위 역시 술어가 아니어야 하고, 더욱이 미학적 이유 때문에도 술어가 아니다. 이에 관해서는 *Ulrich Klug*, Die Reine Rechtslehre von Hans Kelsen und die formallogische Rechtfertigung der Kritik an dem Pseudoschluss vom Sein auf das Sollen, in: *Salo Engel*(Hrsg.), Law, State, and Legal International Order. Essays in Honor of Hans Kelsen, Knoxville 1964, S. 153 이하 참고.

'살인'이라는 개념을 상징하는 원이 규범적으로 해석되는 사선으로 채워져 있다면, 이는 "살인은 있어서는 안 된다" 또는 "살인해서는 안 된다"라는 뜻이다. 이에 반해 명령은 횡선으로 표시된다. 즉 "…이다(…이 존재한다)"가 아니라 "…이어야 한다(…이 존재해야 한다)"를 뜻한다. '곤궁한 상태에 있는 사람에 대한 도움'이라는 개념을 상징하는 원이 규범적으로 해석되는 횡선으로 표시되어 있으면, 이는 "곤궁상태에 있는 사람을 도와주어야 한다"라는 뜻이다.

앞에서 제시한 세 개의 벤다이어그램은 규범적 해석의 맥락에서는 다음과 같이 읽을 수 있다.

1. 행위 A를 수행할 때는 반드시 행위 B도 수행되어야 한다. 즉 B 없는 A는 행해서는 안 된다. 또는 A를 행한 사람은 B도 행해야 한다.
2. A와 B는 함께 수행되어야 한다. 즉 A와 함께 하는 B라는 이중의 행위가 수행되어야 한다.
3. A와 B는 함께 수행되어서는 안 된다. 예컨대 자동차를 운전할 때는 핸드폰으로 통화해서는 안 된다.

독자들은 벤다이어그램을 단순히 이 글이 전달하려는 내용을 표현한 그림으로만 여기지 않기 바란다. 벤다이어그램은 무엇보다 독자 스스로 규범의 논리를 탐구하기 위한 도구로 여겨져야 마땅하다. 이 점에서 독자가 직접 다이어그램을 그려가며 실험해볼 것을 권한다. 즉 규범의 경합과 모순, 규범과 자연과학적-기술적 규칙의 결합 등과 같은 규범적 관점에서 흥미로운 상황을 그래픽으로 그려 분석해보거나 거꾸로 흥미로운 그래픽을 규범적 문제로 번역해보기를 권한다.

그런데도 상당수 독자는 다이어그램을 사소한 보조수단쯤으로 여길 것이다. 즉 당연하고 자명한 내용의 결론을 그림으로 표현한 것에 불과하다고 생각할지 모른다. 그러나 이는 엄청난 오해이다. 당연하게 여겨지는 결론들 가운데 다수는 지난 반세기에 걸쳐 섬세하게 발전되었고, 규범의 논리적 구조를 파악했다고 주장하는 '규범 논리학'에서 확실하다고 여기는 정리(Theoreme)와 상반된다. 그 때문에 규범적 벤다이어그램이 보여주는 단순한 명확성을 규범 논리학에 맞서 관철하는 일이 상당히 힘들게 느껴진다.

이 점에서 여기서 규범 논리학에 관해 몇 가지를 언급할 필요가 있다. 규범 논리학의 기원은 라이프니츠이다. 라이프니츠는 양상논리학(Modallogik), 즉 "A는 필연적이다", "A는 가능하다" 등과 같은 명제를 다루는 논리학의 창시자 가운데 한 사람이다. 양상논리학의 정리는 예컨대 "A가 필연적이라면, A는 가능하다", "A가 필연적이라면, non-A는 불가능하다"와 같은 명제이다. 라이프니츠는 여기서 한 걸음 더 나아가 양상논리학을 규범적으로 해석하는 천재적 능력을 보여준다. 즉 그는 필연성이라는 양상을 "명령되어 있음(훗날 칸트의 용어로는 '실천적 필연성'이다)"으로, 가능성이라는 양상을 "허가되어 있음(칸트의 용어로는 '실천적 가능성')"으로 해석한다. 이로부터 예컨대 "A가 명령되어 있다면, A는 허가된다"라는 명제가 도출된다.

라이프니츠의 이 이론적 구상을 약 50년 전에 핀란드 철학자 리트(Georg Henrik Wright)와 독일 철학자 베커(Oskar Becker)는 — 각자 별개로 — 양상논리학의 도구를 이용해 새롭게 발전시켰고, 리트 이후 '규범 논리학(deontische Logik)'이라고 부르는 이론이 형성되었다.[14] 규범 논리학은 처음부터 성공을 거둔 모델이었지만, 수학자와 철학자들 사이에서만 성공했을 뿐 법학자들의 환영을 받지는 못했다. 규범 논리학 관련 문헌은 그사이 이미 개관이 어려울 정도로 많아졌지만, 법적 문제에 규범 논리학을 적용하는 법학 문헌은 지난 50년 사이에 거의 없다고 해도 무방할 정도로 드물다. 그 이유는 양상논리학을 규범적으로 해석하게 되면 법률가들이 명령, 금지, 허가라는 규범을 이해하는 방식과는 거의 관계가 없는 정리가 등장하기 때문이다. 한 가지 예를 들어보겠다.

철학자 바인가르트너(Paul Weingartner)는 「법체계의 불변적 규범」이라는 제목을 단 매우 독창적인 논문에서 모든 규범 논리학 체계에서 인정되는 '근본' 법칙이 존재한다고 말한다. 이 법칙은 다음과 같은 논리적 추론 방식으로 서술할 수 있다.[15]

---

14 *G. H. von Wright*, Deontic Logic, in: Mind 1951[*ders.*, Logical Studies, London 1957, S. 58 이하에 재수록]; *O. Becker*, Untersuchungen über den Modalkalkül, Meisenheim/Glan 1952. 리트와 달리 베커는 유감스럽게도 별로 유명하지 않다.

15 이에 관해서는 *Philipps*(각주 7), S. 17 이하 참고.

A를 하면 B를 해야 한다.

A를 해야 한다.

B를 해야 한다.

이 점에 대해서는 모든 규범 논리학 학자들이 동의할 것이다. 그러나 법실무가에게 이 추론을 보여주면 조금은 당황하면서 "그렇지 않다!"라고 말할 것이다. 그러면서 곧장 이 추론에 반대되는 다음과 같은 예를 제시할 수 있다. 한 외교관이 어떤 나라를 방문하라는 업무지침을 받았다. 이 나라를 방문하는 사람은 예방접종을 해야 한다는 규정이 존재한다. 그렇다면 이 외교관은 예방접종을 해야 할 의무가 있는가? 바인가르트너가 모든 법체계에서 효력을 갖는다고 보는 규범 논리학의 '기본' 법칙에 따르면 예방접종 의무가 있다. 그러나 실제로는 그렇지 않다. 이 외교관이 방문을 거부하면, 예방접종 의무가 없기 때문이다. 접종의무는 외교관이 실제로 방문을 하려고 할 때만 의미가 있을 뿐이고, 더욱이 이 점은 외교관이 방문할 의무가 있는지 그렇지 않은지와는 관계가 없다. 따라서 이 추론의 결론은 거짓이거나 최소한 오해의 여지가 있다. 즉 무언가가 "명령되어 있다" 또는 "무언가를 해야 한다"라는 말을 일상적인 의미로 이해해 행위지침 또는 유효한 행위지침에 관한 명제로 이해한다면, 이 결론은 분명 오해의 여지가 있다.

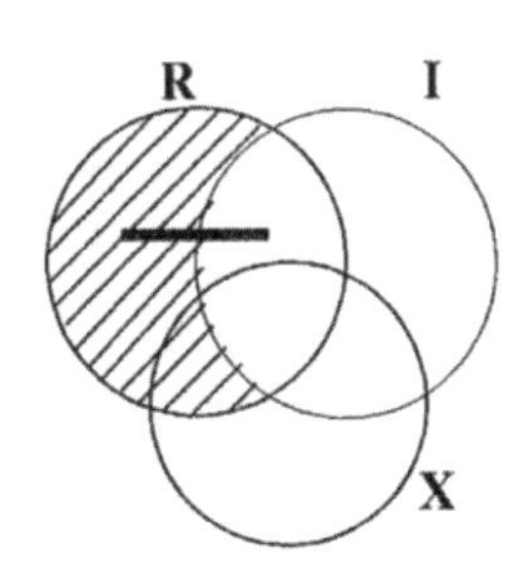

이 다이어그램에서 R은 "언급된 나라를 방문한다"를 상징하고, I는 예방접종을, X는 다른 임의의 행위를 상징한다. 이 다이어그램은 보면 한 가지 점이 분명해진다. 즉 R의 영역에 들어가고자 할 때만 (사선으로 표시된) 차단영역을 통해 I의 영역에 '들어가야 할' 의무가 성립한다. 이에 반해 다이어그램의 아래쪽, 즉 X의 영역 가운데 R과 겹치지 않는 영역에서는 그러한 의무가 성립하지 않는다. 여기는 예방접종 지침에 속하지 않는다. 물론 이 경우에는 다른 방식으로 규범을 위반하는 것이 된다. 즉 이 나라를 방문하라는 명령(횡선)을 위반한 것이 된다. I의 의미에서 예방접종을 하고, 방문하지 않는 경우도 마찬가지다.

그렇지만 오해의 소지가 많은 이 규범적 추론은 두 가지 관점에서는 충분히 의미가 있다. 즉 이 추론은 특정한 규범복합체를 비판하는 실마리가 될 수 있고, 다른 규범들을 도출할 때 사전기획으로 활용될 수 있다. 다시 앞의 예를 끌어들여 설명하자면 이렇게 말할 수 있다. 일단 반드시 예방접종을 해야 할 의무는 없다. 그러나 엄격하게 법에 따라 행동하고 이 예에서 전제되는 두 규범 모두를 엄격히 준수하는 사람이라면 예방접종(다이어그램의 I 영역)을 지나칠 수 없다. 이처럼 완벽하게 의무에 따른 행위와 관련된 이 '지나칠 수 없다'라는 관점에 비추어 보면 접종은 사실상 "명령되어 있다." 그리고 이 추론은 형식적 의미에서 '정확'할 뿐만 아니라, 이 예에서 작동하는 규범적 전제들에 대한 비판의 실마리로서도 충분히 의미가 있다. 예컨대 문제의 외교관이 건강상의 이유로 예방접종을 거부하는 데 성공하면, modus tollens에 따라 최소한 두 개의 규범적 전제 가운데 어느 하나는 범위가 제한되어야 한다. 즉 제한적 접종의무 또는 무조건적 방문의무가 성립해야 한다. 그리고 이 상황에서는 행정관청이 접종의무를 방문명령에 연결하는 행정명령을 발동해야 하지, 사실상으로 방문할 용의에 연결해 행정명령을 발동하지 않는 것이 목적에 부합한다는 점을 알 수 있다. 이렇게 해야만 통상적으로 기대할 수 있는, 접종명령의 관철 가능성을 높일 수 있다. 이 가능성은 곧 규범 논리학이 추론을 통해 밝힌 유사규범(Quasi-Normen)을 진정한 의미의 규범의 지위로 상승시킬 것인지를 검토하는 합리적인 발견술에 해당한다.[16] 하지만 이 두 가지 측면은 좁은 의미의 규범이론을 뛰어넘는 영역에 속한다.

16 한 가지 예를 더 들어보자(물론 이 예는 단지 설명의 편의를 위한 것일 뿐이다. 이 예를 분석하는 데 필요한 이론적 도구는 이 글에서 제시한 내용을 훨씬 더 뛰어넘는 매우 복잡한 이론에 속하기 때문이다). A는 B에 대한 청구권을 가지고 있다. B는 다시 C에 대해 같은 내용의 청구권을 가지고 있다. A가 직접 C에 대해 청구권을 행사하는 것이 '논리적'이고 현실적이지 않을까? 실제로 그럴 수 있다. 이 전체 과정을 '지시' 또는 '변경'으로 부를 수 있지만, 그렇게 하려면 몇 가지 보조규범을 도입해야 한다.

주요 참고문헌

Alexy, Robert, Theorie der Grundrechte, 5. Aufl. 2006. 〔로베르트 알렉시, 『기본권이론』, 이준일 옮김, 한길사, 2007〕

Hart, Herbert L. A., Der Begriff des Rechts, 2011. 〔허버트 하트, 『법의 개념』, 오병선 옮김, 아카넷, 2001〕

Hohfeld, Wesley Newcomb, Fundamental Legal Conceptions, 1919.

Kelsen, Hans, Allgemeine Theorie der Normen, 1979. 〔한스 켈젠, 『규범의 일반이론 1 · 2』, 김성룡 옮김, 아카넷, 2016〕

Lachmayer, Friedrich, Grundzüge einer Normentheorie, 1977.

Opalek, Kazimierz, Theorie der Direktiven und der Normen, 1986.

Philipps, Lothar, Der Handlungsspielraum, 1974.

Robels, Gregorio, Rechtsregeln und Spielregeln, 1987.

Rödig, Jürgen, Die Denkform der Alternativen in der Jurisprudenz, 1969.

von Savigny, Eike, Die Überprüfbarkeit der Strafrechtssätze, 1967.

Weinberger, Ota, Normentheorie als Grundlage der Jurisprudenz und Ethik, 1981.

von Wright, Georg Henrik, Norm and Action, 1963.

9. 법적 논증이론

울프리드 노이만

9.1 법적 논증의 목표와 기능

법률가들은 논증한다. 법관인 법률가는 명문의 소송법 규정(형사소송법 제267조, 민사소송법 제313조)에 따라 자신의 판결에 대해 근거를 제시할 의무가 있다. 이 근거제시 의무는 법관의 결정이 합리적 논증에 기초할 때만 충족된다. 형사변호인 또는 민사소송의 소송대리인인 법률가는 재판부가 자신의 의뢰인에게 유리한 결정을 내리도록 하기 위해서는 논증을 해야 한다. 그리고 변제할 의사가 없는 계약당사자의 변호인과 협상을 할 때도 법률가는 상대방에 대해 자신의 의뢰인이 주장하는 청구권이 타당하다는 사실을 증명해야 한다.

논증하는 사람은 다른 사람을 설득하고 자신의 논거에 대해 확신하게 만들고자 한다. 단순히 특정한 목표에 도달하고자 하는 경우, 즉 계약당사자에게 다툼의 대상이 되는 급부를 이행하도록 하거나 재판부로부터 특정한 결정을 얻는 것만이 중요한 경우에는 아마도 논증보다 훨씬 더 효과적인 수단을 고려할 수 있을지도 모른다. 예컨대 협박이나 담합 또는 뇌물이 훨씬 더 효과적인 수단일 것이다. 실제로 법률가들은 가끔 이러한 수단을 이용하기도 한다. 하지만 그것은 결코 법적인 수단이 아니다. 법률가의 무기는 논거다. 즉 법률가는 다른 사람이 확신하게 만들어야 한다.

이러한 사정을 확인한다면 곧바로 다음과 같은 물음을 제기하게 된다. 즉 법률가는 도대체 **무엇을** 자신의 논증 상대방이 확신하게 만들려고 하는가? 분명 신청한 내용(피고인에 대한 무죄선고, 소송상대방에 대한 유죄판결, 채무의 변제)을 이행하는 것이 법률가 자신의 이해관계에 부합한다는 것만을 상대방이 확신하게 만들려는 것은 아니다. 법적 논증은 당사자의 **이해관계**뿐만 아니라, 무엇보다 **권리**와 **의무**를 목표로 삼는다. 따라서 이 물음에 대해서는 다음과 같이 대답해야 한다. 즉 법률가는 자신의 대화 상대방이 특정한 법적 가치평가 또는 특정한 사례에 관한 결정이 정당한 평가 또는 정당한 결정이라는 것을 확신하도록 만들고자 한다. 예를 들어 판결의 경우, 재판부는 자신들의 판결이 정당한 판결이라는 사실에 대해 확신하도록 만들어야 한다.

하지만 이러한 대답은 타당하긴 하지만, 충분하지는 않다. 다시 다음과 같이 물을 수 있기 때문이다. 즉 법적 가치평가의 '정당성' 또는 한 사례에 관한 결정의 '정당성'이란 도대체 무엇인가? 하나의 결정은 그것이 — 예컨대 브레히트의 희곡 『카우카수스의 백묵원』에서 친권자에 관한 판사 아즈닥(Azdak)의 판결[1]처럼 — 당사자들과 사회에 **최상의 결과**를 가져다주면 정당한 것일까? 아니면 결정이 **초실정적 정의** 규칙에 합치하면 정당한 것일까? 그것도 아니면 결정이 현재 효력이 있는 **실정법**에 부합하면 정당한 것일까?

이 물음에 대해서는 보편타당한 대답을 제시하기 어렵다. 결정의 정당성을 규정하는 기준은 법을 어떻게 보느냐에 따라 다르게 정해지기 때문이다. 예컨대 신정질서의 자연법 체계에서 출발하면 **신의 의지**가 법의 정당성 주장의 기준이 된다. 이에 반해 세속적인 자연법 체계에서는 결정의 지침이 되는 규칙의 **정의** 또는 **합리성**이라는 기준이 중요하고, 선례 중심의 판례법 체계에서는 결정이 **판례**를 통해 발전된 규칙과 합치하는지가 결정적인 기준이 된다. 성문법 체계 — 아래의 논의는 이 체계를 중심으로 이루어진다. 판례법 중심의 영미법 체계에서도 오늘날에는 성문법이 갈수록 중요한 의미를 지닌다 — 에서는 결정이 제정법(실정법)의 규칙과 일치하는지가 정당한 법적 결정의 기준이 된다.

---

1 이에 관해서는 여전히 일독을 권할 가치가 있는 *Wiethölter*, Rechtswissenschaft, 1968, S. 12 이하 참고.

9.2 법적 논증의 구조

9.2.1 법적용과 사실확인

법률은 전형적으로 조건적 구조를 갖는다. 즉 구성요건이 실현되면 특정한 법률효과가 확인 또는 확정되어야 한다. 따라서 구체적 사례에 대한 법적 결정의 정당성은 해당하는 법규범을 정확히 적용하는 것뿐만 아니라, 무엇보다 결정에서 중요한 의미가 있는 사실을 타당하게 확인하는 것까지 전제해야 한다. 이에 따라 결정에 대한 근거제시는 법원이 어떻게 해서 문제의 사건이 법원이 판단한 대로 발생했다는 심증을 갖게 되었는지도 설명해야 한다.[2] 비록 판결이유의 한 부분을 차지하는 사실확인에 대해서도 특수한 법적 규칙이 적용되긴 하지만(예컨대 특정한 사안의 존재 여부에 관한 재판부의 심증은 증거평가금지의 대상이 되는 사정을 토대로 삼아서는 안 된다), 이는 법적 논증이론의 핵심영역은 아니다.[3] 법적 논증이론의 핵심은 사례에 대한 법적 평가를 정당화하는 문제이다.

9.2.2 규칙지향

이러한 정당화의 기본구조는 일단 특정한 법체계(즉 자연법적 법체계 또는 실정법체계, 선례에 지향된 법체계 또는 법률에 지향된 법체계)에 우선하는, 합리적 논증의 일반적 조건으로부터 도출된다. 하나의 결정에 대한 합리적인 논증은 결정 대상이 되는 사건과 유사한 **모든** 사례유형을 똑같이 결정하도록 만드는 **규칙**에 근거할 때만 가능하다. 이 일반화(Generalisierung)라는 요소는 합리적 논증이라는 개념 자체로부터 도출된다. 규범적 영역에서의 근거는 경험적 영역에서의 원인과 마찬가지로 일회적인 사건에 국한

---

2 소송법(예컨대 형사소송법 제267조 제1항 2문)은 사실확인에 대한 근거제시와 관련해 단지 상대적인 의무규정(Soll-Vorschrift)으로 규정하고 있지만, 법실무와 법이론은 그사이 이를 절대적 의무규정(Muss-Vorschrift)으로 해석한다.

3 법적 논증이론이 사실확인의 정당화까지 포함한다는 견해로는 예컨대 *Koch/Rüßmann*, Juristische Begründungslehre, 1982, S. 271 이하 참고.

되지 않기 때문이다. 예를 들어 특정한 화학물질이 질병의 원인인지는 같은 조건에서 다른 사례에서도 같은 질병을 유발할 때만 병의 원인이라고 할 수 있다. 이와 마찬가지로 법의 영역에서도 피해자가 잠자고 있는 사이에 살해한 경우 이를 1급 살인죄의 처벌 근거로 삼기 위해서는 같은 조건에서 수면 중인 사람을 살해한 것이 언제나 1급 살인죄로 처벌되어야 한다. 소극적으로 표현하자면, 자연과학의 영역에서 보편적인 자연법칙에 어긋나는 단 한 번의 사건(기적)이 존재하지 않는 것과 마찬가지로 법의 영역에서도 일반적 규칙과 정당성 기준에 모순되는 규범적 기적은 존재하지 않는다. 물론 규칙의 예외가 존재하긴 하지만, 이 예외 역시 다시 일반화된 형태로, 다시 말해 예외규칙의 형태로만 존재할 수 있을 뿐이다.

이처럼 근거(논거)의 일반화라는 요소는 법적 영역에만 국한된 것이 아니다. 이는 합리적인 도덕적 논증에서도 구속력을 갖고,[4] 법적 삼단논법의 논증모델[5]에서든 이를 비판하는 툴민의 논증모델[6]에서든 언제나 구속력을 갖는다.

9.2.3 법률규칙과 도그마틱 규칙

이에 반해 이러한 규칙을 어디에서 끌고 와야 하는지는 법(도덕과 구별된다는 의미에서) 전체에서뿐만 아니라, 모든 개별 법체계에서도 제기되는 문제이다. 성문법질서에서는 법률의 형식으로 제정된 법규범에 우선적인 의미가 부여된다. 그러나 법적 결정을 정당화하는 데 필요한 법적 규칙을 법률규범과 동일시할 수는 없다. 이는 다음과 같은 이유 때문이다. 첫째, 법률은 **규칙**(Regel)뿐만 아니라, **법원칙**(Rechtsprinzip)도 포함하고 있고, 원칙은 규칙으로 응축될 때만 비로소 적용될 수 있다.[7] 둘째, 규칙의 형태로 공포된 법률일지라도 대다수 법률규칙은 불확정적인 경우가 많고, 법률규칙만으로는

---

4 이와 관련된 기본적인 내용은 *Hare*, Moralisches Denken, 1992(영어 원본은 Moral Thinking, Its Levels, Method and Point, 1981), S. 166 이하 참고.

5 이에 관해서는 앞의 397면 이하 참고.

6 이에 관해서는 앞의 417면 참고.

7 법규칙과 법원칙의 구별에 관해서는 *Dworkin*, Bürgerrechte ernstgenommen, 1984(영어 원본: Taking Rights Seriously, 1977), S. 42 이하; *Alexy*, Zum Begriff des Rechtsprinzips(1979), in: *ders.*, Recht, Vernunft, Diskurs, 1995, S. 177 이하; *Sieckamm*, Regelmodelle und Prinzipienmodelle des Rechtssystems, 1990 참고.

구체적인 결정을 실질적으로 정당화할 수 없다. 예컨대 형법 제211조는 '은밀한' 살해를 단순 살인과는 구별되는 1급 살인죄로 규정하고 있지만, 과연 수면 중이거나 의식이 없는 피해자를 살해한 행위를 '은밀한' 살해로 보아야 하는지는 법률규칙만으로는 확정할 수 없다. 즉 법률규칙 이외에 다른 더 섬세한 규칙들이 형성되어야 한다. 이러한 섬세한 규칙형성의 과제를 담당하는 것은 **법도그마틱**(Rechtsdogmatik)이다. 물론 이러한 규칙형성 자체에 대해서도 당연히 정당화가 이루어져야 한다. 그 때문에 판결과 관련해서는 정당화(근거제시)를 2단계로 구별할 필요가 있다. 즉 법률규칙 또는 도그마틱 규칙을 통한 결정의 정당화[내적 정당화(interne Rechtfertigung)]와 이 규칙 자체에 대한 정당화[외적 정당화(externe Rechtfertigung)]를 구별하게 된다.[8]

9.2.4 규칙지향의 한계

법률규칙이나 도그마틱 규칙에 따라 결정을 정당화하는 것은 많은 경우 큰 문제가 없다. 수면 중인 사람을 살해한 자는 언제나 '은밀히' 행위한 것으로 인정한다면 수면 중인 부인을 살해한 A를 1급 살인죄로 처벌하는 것은 적어도 이 점에서는 당연한 일이다. 하지만 이를 적절한 추론연관으로 재구성하는 과제가 안고 있는 어려움[9] 이외에도 **모든** 경우에 사안에 관한 결정이 논리적으로 도출될 수 있는 대전제가 되는 규칙을 과연 형성할 수 있는가라는 물음은 상당한 어려움을 낳는다. 이 물음은 중요한 실천적 의미가 있다. 이 물음에 어떻게 대답하는가에 따라 판결을 통일할 가능성 및 그 한계가 결정되기 때문이다. 입법자는 상고심 재판부가 만일 다른 상고법원의 결정에서 토대가 되었던 도그마틱 규칙으로부터 이탈하는 결정을 내리고자 할 때는 먼저 이에 관한 연방법원 또는 연방법원 합의부의 결정을 신청하도록 의무를 부과함으로써 판결의 통일성과 동질성을 보장하고자 한다(법원조직법 제121조 제2항). 이 법원조직법의 규정을 통해 추구하는 판결의 통일성이라는 목표는 결정이 일반적 규칙에 기초할 때만 비로소 가능하다. 그러나 언제나 그와 같은 일반적 규칙을 형성할 수 있는 것은 아니다.[10] 예컨

8 *Alexy*, Theorie der juristischen Argumentation, 7. Aufl. 2012, S. 273 이하.
9 이에 관해서는 앞의 415면 이하 참고.

대 그로스(Grosz)의 작품 「가스마스크를 쓴 예수」가 형법 제166조에서 의미하는 종교적 신앙에 대한 모독인지를 판단할 때는 일반적 결정규칙을 원용할 수 없다. 그와 같은 사례는 일반적 규칙에 따른 심사가 불가능한 '개별사례'에 해당한다. 하지만 이는 예외적 상황이다. 일반적인 사례에서는 결정을 하나의 규칙에 비추어 정당화할 수 있다. 물론 이 규칙을 오로지 법률로부터만 도출할 수는 없고, 법실무와 법학에서 표명되는 도그마틱 규칙까지 함께 고려하여 규칙을 형성해야 한다.

9.3 법적 논증의 기준들

9.3.1 권위논거와 실질논거

법적 결정의 기초가 되는 법적 규칙 자체의 정당화, 즉 **외적 정당화**는 훨씬 더 어려운 문제를 낳는다. 하나의 도그마틱 규칙을 정당화하기 위해 어떠한 논거를 원용할 수 있는가라는 물음은 법원이론(Rechtsquellentheorie)과 밀접한 관련이 있다. 오로지 법률만을 '**법원**(法源)'으로 여긴다면 모든 법적 결정규칙은 법률에 연원하는 것이어야 한다. 이러한 규칙은 전적으로 법률에 대한 '해석'을 통해서만 획득될 것이다. 그러나 법관의 발전적 법형성(Rechtsfortbildung) 가능성과 그에 따른 법관법(Richterrecht)을 최소한 보충적인 법원으로 인정한다면,[11] 논증에는 훨씬 더 넓은 여지가 생기게 된다. 이 경우 하나의 규칙은 규칙의 실질적 정당성이라는 논거만으로도 정당화될 수 있고, 이에 대

10 이에 관해 자세히는 *Kuhlen*, Regel und Fall in der juristischen Methodenlehre, in: *Herberger/Neumann/Rüßmann*(Hrsg.), Generalisierung und Individualisierung im Rechtsdenken, ARSP-Beiheft Nr. 45(1992), S. 101 이하 참고.

11 확립된 판례에 대해 독자적인 법원으로서의 성격을 인정해야 하는가의 물음은 논란의 대상이다. 이에 관한 학설의 스펙트럼은 법관법을 단순히 법인식의 원천일 뿐이라고 보는 견해(*Larenz*, Methodenlehre der Rechtswissenschaft, 6. Aufl. 1991, S. 43)에서부터 법관법이 일단 '구속력을 갖는다고 추정'할 수 있다는 입장(*Kriele*, Theorie der Rechtsgewinnung, 2. Aufl. 1976, S. 243 이하)과 법률보다는 약하긴 하지만, 어쨌든 독자적인 법원이라고 보는 입장(*Bydlinsky*, JZ 1985, S. 153 이하)을 거쳐 법관법은 제정법률과 동등한 법원에 해당하는 사례규범이라는 입장(*Fikentscher*, Methoden des Rechts, Bd. 4, 1977, S. 143 이하)에 이르기까지 상당히 넓다. 연방헌법재판소는 법관법이 법률에 비견할 수 있는 법적 구속력을 갖지 않는다(BVerfGE 84, 212, 227)고 보지만, '창조적 법발견'을 할 수 있는 법관의 권한은 인정한다(BVerfGE 34, 269, 287).

한 제도적 정당화는 입법자가 아니라, 법관의 권한에 속한다.

이러한 사고는 법적 논증과 관련해 매우 중요한 구별을 낳는다. 그것은 곧 권위논거(Autoritätsargument)와 실질논거(Sachargument)의 구별이다.[12] 다시 말해 하나의 법적 규칙의 승인 및 이 규칙으로 지탱되는 결정의 승인에 대해 이 결정이 결정을 담당하는 권위에 의해 정립되었다는 사실을 근거로 제시할 수도 있고, 또는 결정이 합리적이고 정당하다는 사실을 근거로 제시할 수도 있다(또는 결정이 유리한 결과를 낳기 때문이라는 근거를 제시할 수도 있다). 전형적인 권위논거는 입법자의 의사를 원용하거나 통설을 원용하는 경우 또는 법률문언을 지시하는 경우이다. 전형적인 실질논거는 규칙이 정의롭다거나 합리적이라는 것 또는 이 규칙을 적용한 결과가 긍정적이라는 논거이다.

성문법체계의 경우 규칙을 제정하는 입법과 규칙을 적용하는 사법 사이의 이상적 분업을 통해 이론적으로 볼 때 권위에 지향된 논증만이 타당한 것처럼 보이지만, 법실무를 분석해보면 실질논거에 지향된 정당화가 커다란 비중을 갖는다는 사실을 알 수 있다.[13] 물론 논증실무에서는 양자의 대립이 상당히 복잡하게 얽혀있다. 실질논거와 권위논거를 결합하는 경우가 많기 때문이다. 예를 들어 특정한 법률해석은 그 결과가 부정의 또는 불합리하기 때문에 입법자의 의사에 부합하지 않는다는 식으로 논증을 하기도 한다. 그렇지만 권위논거/실질논거 이원주의는 법적 논증의 실무에서도 원칙적으로 대안이 되는 선택지에 해당한다. 다만 각 논거가 구체적으로 어느 정도의 범위에서 영향력을 갖는지는 명확하게 밝혀져 있지 않다. 특히 법관이 자신의 결정으로 인해 발생할 실제적 결과를 어느 정도까지 지향할 수 있는지는 논란 대상이다.[14]

9.3.2 법적 논증과 일반적-실천적 논증의 관계

법적 논증은 앞에서 설명한 대로 이미 내려진 또는 앞으로 내려야 할 법적 결정의 근

---

12 이 구별과 관련된 기초적인 내용은 *N. Horn*, Rationalität und Autorität in der juristischen Argumentation, Rechtstheorie 6(1975), S. 145 이하 참고.

13 연방법원의 형사판례에서 정의 논거가 갖는 의미에 관한 기본적인 연구로는 *Eike von Savigny*, Die Überprüfbarkeit der Strafrechtssätze, 1967 참고.

14 이에 관한 포괄적인 문헌으로는 *Deckert*, Folgenorientierung in der Rechtsanwendung, 1995 참고. 더 나아가 *Teubner*(Hrsg.), Entscheidungsfolgen als Rechtsgründe, 1995에 실린 논문들도 참고.

거를 제시하는 기능을 갖는다. 이처럼 '정당성'과 관련을 맺는다는 점에서 법적 논증은 행위를 정당화하는 다른 형태의 논증과 구별되지 않는다. 특히 행위와 행위규범에 대한 도덕적 논증과 법적 논증은 명백히 유사한 점이 있다. 그 때문에 법적 논증이 일반적인 실천적 논증과 어떠한 관계가 있는지를 묻게 된다. 즉 법적 논증은 단지 일반적인 실천적 논증의 특수한 경우인가 아니면 일반적인 실천적 논증과는 다른 독자적인 논거체계와 논증구조를 갖고 있는가?

이 물음에 대해 명확한 대답을 제시하는 것은 어려운 일이다. 두 논증체계 사이의 공통점과 차이점에 대한 **분석** 자체가 어려운 것이 아니라, 공통점과 차이점의 **비중**을 어떻게 이해하느냐에 따라 대답이 달라지기 때문이다. 다만 두 논증체계가 서로 겹치는 영역(결정의 정의와 합리성이라는 기준)이 있고, 서로 분리되는 부분(법적 사고에서는 제정을 통해 성립한 규칙에 대한 구속이 중요하다는 측면)도 있다는 점에 대해서는 반론이 없다.

이러한 공통점과 차이점의 비중을 어떻게 보느냐에 따라 논증의 구조, 허용되는 논거 및 논증의 목표를 구별해볼 수 있다. **구조적** 측면에서 보면, 법적 논증이든 도덕적 논증이든 모두 하나의 규칙을 구성해야 하고, 이 규칙에 비추어 법적 또는 도덕적으로 결정을 내려야 한다는 점에서 양자는 상당히 유사하다. 그러나 허용되는 논거의 **유형론**의 측면에서 보면 법에서 사용되는 특수한 논거들은 합리적인 도덕적 논증에서는 이와 유사한 경우를 찾아볼 수 없는 논거들이다. 법률을 제정한 기관이나 통설을 원용하는 것은 합리적인 도덕적 논의에서는 수용될 수 없다. 이에 반해 도덕신학에서는 권위를 원용하는 것이 법학에서와 마찬가지로 허용된다.

결정적인 차이점은 법적 논증의 **목표**와 도덕적 논증의 **목표**의 관점에서 드러난다. 법적 논증은 결정이나 법적 견해가 포괄적이고 절대적인 의미에서 정당하다고 밝히는 것을 목표로 삼지 않는다. 정당성의 척도는 지금 여기에서 효력이 있는 실정법이고, 실정법은 얼마든지 도덕규범과 모순될 수 있다. 법적 결정이 실질적으로 도덕적 기준을 원용하는 경우일지라도 도덕적 기준은 법적 개념으로 전환되어야 한다. 예를 들어 구 동독 국경수비대 대원들의 총격행위는 당시의 동독법에 따르면 합법이었는데, 통일 이후 이 행위의 가벌성을 인정하는 경우 그들의 행위가 단순히 도덕에 반한다는 근거로 처벌할 수는 없다. 이 행위를 처벌하기 위해서는 도덕적 비난가능성을 법적인 좌표계에 부합하는 근거에 맞추어 제시해야 한다. 예컨대 자연법적 논증을 원용해 그와 같은 근거제시가 이루어지기도 한다. 라드브루흐(Radbruch)가 제안했고 연방법원(BGHSt 39, 1, 15 이하)과 연방헌법재판소(BVerfGE 95, 96, 134 이하)가 취했던 기준, 즉 정의에 대한 참을 수 없는 위반이라는 기준은 이와 관련된 대표적인 예에 해당한다. 이 기준에 따르면 "정의에 대한 실정법의 모순이 참을 수 없는 정도에 도달한 나머지 법률이 '부정당한 법'으로서 정의에 자리를 물려주어야 하는" 경우에는 그 법률은 법으로서의 구속력이 없다고 한다.[15]

따라서 실질적으로 보면 도덕적 기준(부정의)을 원용한 경우라 할지라도 도덕적 기준에 대해 **법적** 규율체계의 상태에 영향을 미칠 수 있도록 해주는 전환규칙의 도움을 받을 때만 비로소 법적 논거가 될 수 있다. 다시 말해 법적 결정의 정당성을 위해 어떠한 기준이 중요한 의미가 있는지는 오로지 법체계가 결정한다. 그 때문에 법적 논증은 일반적인 실천적 논증의 특수한 경우가 아니라, 독자적인 논의로 해석해야 할 것이다(이에 관해서는 '특수경우테제'에 관한 뒤의 9.5.4도 참고).

9.4 유일하게 정당한 결정의 문제

9.4.1 법적 결정의 '정당성'인가 아니면 '납득 가능성'인가?

법적 논증이 특정한 결정의 법적 정당성 근거를 제시하는 과제를 담당한다면, 과연 어느 경우에나 사실상 단 하나의 정당한 결정만이 존재하는가를 묻게 된다. 이 물음은 학문적인 논의에서만 격렬한 논쟁의 대상이 되는 것은 아니다. 이는 법실무의 여러 영역에서도 여러 가지 방식으로 문제가 되고 있다. 예를 들어 상고심 실무는 당연히 하급심 판결의 토대가 되었던 법적 견해가 정당하거나 아니면 오류이거나 둘 중 하나라는 전제에서 출발한다. 제3의 기준은 있을 수 없다. 법률소견서 또는 법과대학의 시험에

15 *Radbruch*, Gesetzliches Unrecht und übergesetzliches Recht(1946), GRGA Bd. 3(1990), S. 83, 89.

서도 **하나의** 법적 견해는 옳고, 이와 경쟁 관계에 있는 다른 법적 견해는 잘못이라는 식으로 설명할 것을 기대한다.

하지만 이러한 소견서를 평가할 때에는 유일하게 정당한 결정이라는 모델을 떠나게 된다. 즉 '정당하다' 대 '오류이다'라는 엄격한 대비 대신에 훨씬 더 관용적으로 '납득할 수 있는' 법적 견해와 '납득할 수 없는' 법적 견해로 나누게 된다. 어떤 상고심 법관이 오전에 1급 살인죄 구성요건(형법 제211조)에 대한 단호한 결정에서 1급 살인죄를 다른 우발적 살인과는 전혀 다른 독자적인 구성요건으로 보고, 여기에서 벗어난 견해는 오류라고 선언했을지라도 오후에 열린 사법시험 구술시험에서는 자신이 오류로 여긴 견해를 납득할 수 있는 견해로 평가할 수 있다. 연방헌법재판소 역시 국민이 오류인 재판(오판)으로 인해 자신의 기본권을 침해당했는지를 심사할 때는 '납득할 수 있는'과 '납득할 수 없는'이라는 구별을 이용한다. 그리하여 문제의 판결이 납득할 수 없는 법적 견해에 기초할 때만 기본권침해를 인정한다.[16] 따라서 연방헌법재판소는 심사의 대상이 되는 판결에 대해 상고심 법관의 관점보다는 더 우호적인 관점을 채용한다.

법실무의 이러한 통일되지 않은 관점은 법철학의 논의에도 부합한다. 법철학에서 주장되는 견해는 모든 법적 사례와 관련해 언제나 유일하게 정당한 결정만이 존재한다는 견해[17]에서 시작해 법적 정당성 주장에 대한 극단적인 회의와 함께 오로지 사실상으로 주장되는 견해의 '빈도(Zeritätswert)'만이 중요할 뿐이라고 주장하는 견해[18]에 이르기까지 다양한 스펙트럼이 존재한다.

9.4.2 '유일하게 정당한 결정'에 관한 이론(드워킨)

모든 법적 사례와 관련해 그리고 모든 법적 문제와 관련해 단 하나의 정당한 결정이 존재한다는 테제는 오늘날의 논의에서는 무엇보다 로날드 드워킨(Ronald Dworkin)에

16 BVerfGE 96, 375, 395; BVerfGE 85, 248, 257 이하; BVerfGE 82, 6, 13.

17 이 입장의 대표자라 할 수 있는 *Dworkin*, Bürgerrechte ernstgenommen(각주 7), S. 144 이하, 448 이하, 529 이하 참고. 더 나아가 *Larenz/Canaris*, Methodenlehre der Rechtswissenschaft, 3. Aufl. 1995, S. 60 각주 131도 참고.

18 *Adomeit/Hähnchen*, Rechtstheorie für Studenten, 6. Aufl. 2012, Rn. 29.

의해 주장되고 있다. 드워킨은 자신의 테제를 상당히 자극적인 표현을 동원하여 묘사한다. 즉 초인적인 능력이 있는 법관 '헤라클레스'는 그보다 능력이 훨씬 떨어지는 평범한 법관—'허버트'—의 의심 따위에는 구속되지 않는다고 한다. 그러나 이러한 비유는 그것이 갖는 증명력에 비해 감정을 자극하는 힘이 더 강할 뿐이다. 이 비유에 따르면 여러 가지 법적 견해들이 논쟁을 벌이는 이유는 법률의 불명확성 탓이 아니라, 전적으로 법률가의 무능 탓이고, 바로 이 무능 때문에 '진정한' 법을 인식하지 못할 뿐이라고 가정하기 때문이다. 그러나 법률가들 사이에 다양한 견해가 존재한다는 사실이 법질서의 **규율의 흠결**이 아니라, 법질서를 관리하는 사람의 **인식의 흠결** 탓이라는 드워킨의 주장은 설득력이 없다. 법적 규칙은 예컨대 수학적 법칙과는 달리 어떤 이념적 존재가 아니라, 사회적 존재를 갖기 때문이다. 따라서 하나의 결정은—그리고 결정을 지탱하는 법적 규칙은—승인된 논증규칙에 비추어 '정당하다'라고 근거를 제시할 수 있을 때 비로소 정당한 결정이 되는 것이지, 그 자체로 정당한 결정이 근거와는 무관하게 존재하는 것은 아니다. 더욱이 승인된 논거들(문언, 입법자의 의사, 법률체계, 법률의 성립사, 실효성, 정의, 통설 등)이 지시하는 방향은 제각각이기 마련이고, 각 논거가 지닌 비중을 정확히 가늠할 수 있게 해주는 규칙도 존재하지 않는다. 그 때문에 다수의 법적 견해가 모두 방법론적으로 정확하게 정당화될 수 있다.

9.4.3 정당성의 논증 의존성

법적 견해의 정당성과 법적 견해를 지지하기 위해 수행되는 논증 사이의 이러한 연관성은 다른 학문분과에서의 논증과는 다른 법적 논증의 특수성을 잘 보여준다. 자연과학적 가설의 타당성은 이 가설을 지지하기 위해 제시된 논증에 따른 결과가 아니다. 예컨대 과학사학자들의 설명이 옳다는 전제하에, 코페르니쿠스가 살던 시절 당시의 지식수준에서는 천동설의 세계관이 지동설보다 훨씬 더 나은 근거를 지니고 있었다(더욱이 훨씬 더 설득력 있는 관찰 데이터도 갖고 있었다). 이러한 과학사적 테제가 실제로 타당한지에 관계없이, 이 사례는 자연과학의 영역에서 제기된 테제의 정당성과 이를 지지하기 위해 제시된 근거 사이에는 직접적 관련성이 없다는 사실을 잘 보여준다. 즉 자연과학에서는 좋은 논거에 기초한 가설일지라도 얼마든지 오류로 밝혀질 수 있다. 더욱이 제시된(그리고 제시될 수 있는) 근거가 터무니없을 정도로 무용한 것일지라도 이와는 관계없이 가설 자체는 얼마든지 타당할 수도 있다.

이에 반해 법적 논증의 질적 수준은 이 논증을 통해 지탱되는 법적 견해의 질적 수준을 구성하는 핵심적 의미를 지닌다. 즉 특정한 법적 견해는 특정한 근거제시를 통해 납득할 수 있는 것이 되고, 다른 논증을 통해서는 납득할 수 없는 것이 된다. 이는 곧 제시된 근거의 수용 여부가 법적 견해 자체의 수용 여부를 규정한다는 의미이다. 이러한 사정은 법학을 다른 학문과는 뚜렷이 구별하게 만드는 특성에 기인한다. 즉 법학적 연구는 이 학문적 활동의 대상을 변경시킨다. 조류학 교과서는 조류의 세계에 아무런 변화도 불러일으키지 않지만, 형법 교과서는 형법까지도 변경한다.[19]

9.4.4 규제이념으로서의 유일하게 정당한 결정

그러나 단 하나의 법적 견해가 아니라, 다수의 법적 견해가 방법론적으로 정확하게 정당화될 수 있고 이런 의미에서 다수의 법적 견해가 '정당하다'라고 말할 수 있을지라도, 법관 또는 감정인으로서 하나의 법적 문제에 대해 대답을 해야 하는 법률가로서는 단순히 여러 가지 해결방안이 모두 정당하다거나 모두 납득할 수 있다는 사실을 확인하는 정도에 머물러서는 안 된다. 법관은 어느 하나의 견해를 선택하는 결정을 내려야 하고, 이 경우 가장 적절한 논증(이런 의미에서 유일하게 정당한) 결정이라는 목표를 지향해야 한다. 즉 유일하게 정당한 결정이라는 모델은 법실무의 여러 영역에서 결코 포기할 수 없는 **규제이념**(regulative Idee)이다. 법관의 내재적 관점에서는 유일하게 정당한 결정이 존재할 수 있다. 이에 반해 법철학자의 외재적 관점에서는 그러한 이념은 반사실적 가정(kontrafaktische Unterstellung)이다.

---

19 이에 관해서는 *Adomeit/Hähnchen*, Rechtstheorie(각주 18), Rn. 15; *Peczenick*, Grundlagen der juristischen Argumentation, 1983, S. 142 참고.

9.5 법적 논증이론들

9.5.1 분류기준

'법적 논증'이라는 대상 영역을 학문적으로 포착하는 문제와 관련해서는 다양한 관점이 있다. 가장 야심적인 법적 논증이론은 합리적인 법적 논증의 규칙과 기준들을 발전시키려고 시도하는 이론이다. 이처럼 논증실무에 대해 구속력 있는 지침을 제시한다는 목표를 가진 이론 모델은 **규범적**(normativ; präskriptiv)인 법적 논증이론에 해당한다. 이와는 달리 법적 논증에서 사실상으로 준수되는 규칙들을 법적 텍스트들에 대한 체계적인 분석을 통해 재구성하는 작업에 국한되는 연구도 있다. 이러한 연구는 법적 논증이론에 관한 **분석적-재구성적**(analytisch-rekonstruktiv) 접근방법이라 할 수 있다. 끝으로 법적 논증을 합리성의 결핍, 이상화(Idealisierung) 또는 수사학적 요소의 측면에서 연구할 수도 있다. 이는 **분석적-비판적**(analytisch-kritisch) 법적 논증이론의 관할 영역이다. 이러한 분류는 당연히 이상형적 성격을 갖고 있다. 그 때문에 규범적인 법적 논증이론은 사실상으로 준수되는 논증기준에 대한 정보를 포기할 수 없고, 이에 대한 비판적 분석 역시 포기할 수 없다. 따라서 법적 논증이론에 대한 개개의 연구들은 각 연구의 중점이 어디에 있는가에 따라 이 모델들 가운데 어느 하나에 귀속시키는 방식으로 분류할 수 있다.

이 밖에도 개개의 연구들을 법적 논증이론 모델들에 귀속시킬 때는 또 다른 관점도 중요한 의미가 있다. 어떤 경우에는 논증을 순전히 언어적 과정으로 파악할 수 있다. 이 경우 논증 분석은 텍스트 분석에 한정되고, 규범적 논증규칙은 텍스트 구성의 규칙으로 한정된다. 이러한 시각은 논리적, 분석적 논증이론을 지배하는 시각이다. 다른 한편 논증을 두 사람 또는 다수의 사람 사이의 커뮤니케이션 과정으로 이해할 수도 있다. 이 경우에는 분석적-재구성적 논증이론의 대상이 텍스트뿐만 아니라, 관련 당사자들 사이의 커뮤니케이션 관계에까지 확장한다. 규범적 논증이론에서는 이러한 시각에서 텍스트형성의 기준들뿐만 아니라, 논증 참여에 관련된 규칙(예컨대 모든 논증 참여자는 방해를 받지 않고 자신의 태도, 희망, 욕구를 표현할 수 있다)까지도 포함한다.[20]

9.5.2 법적 논증에 관한 논리적-분석적 접근방법

논리학적 추론에 관한 이론모델은 여러 가지 이유에서 법적 논증을 합리적으로 재구성하기 위한 모델로 제시된다. 첫째, 배중률(a와 non-a는 동시에 타당할 수 없다)과 같은 논리법칙은 모든 합리적 논증과 법적 논증에서 구속력을 갖는다. 사고법칙에 대한 모순은 당연히 법률위반과 마찬가지로 상고이유가 된다. 둘째, 법적 논증의 핵심에 해당하는 판결이유는 조건관계의 구조를 가진 논리학적 추론에 부합해야 한다.[21] 그 때문에 법적 논증이 상당 부분 논리학적 추론과 동일시되는 것은 결코 놀라운 일이 아니다.[22] 그리고 법적 삼단논법은 내적 정당화에서는 구속력 있는 논증모델로 인정된다.[23]

하나의 사안을 법률에 포섭시키는 과정을 논리학적 추론으로 서술하는 것은 원칙적으로 가능하다.[24] 하지만 포섭이 지닌 복잡한 구조는 이러한 서술만으로는 다른 대안적 논증모델들에서처럼 섬세하게 밝혀지지 않는다.[25] 물론 술어논리학 모델에서는 모든 법적 결정이 규칙을 지향한다는 사실(전제로서의 전칭명제)이 분명하게 드러난다. 그렇지만 논리학적 모델은 법적 논증이 지닌 복잡한 구조를 충분히 반영하지 못한다. 결정적인 문제는 내적 정당화가 아니라, 구체적인 사례를 결정할 때 원용하는 도그마틱 규칙의 형성과 이에 대한 정당화이다. 이 도그마틱 규칙 자체에 대한 정당화는 다양하고 이질적인 논거와 반대논거가 모두 함께 작용하는 논증구조를 지니고, 이 구조 내에서는 형량이 중요한 역할을 하며, 논리적 연역은 부수적인 역할을 할 뿐이다.

그렇다고 해서 논리학적 분석이 특정한 경우에는 특정한 법적 논거의 구조를 명확하게 밝히는 데 이바지한다는 사실 자체를 부정해서는 안 된다. 예를 들어 어떠한 전제조건하에서 유추논거(Analogieargument), 반대추론논거(argumentum e contrario), 대소추론논거(argumentum a fortiori)가 형식적으로 타당한 추론도식으로 전환될 수 있는

20 *Alexy*, Theorie der juristischen Argumentation(각주 8), S. 245, 362.
21 이에 관해 자세히는 *Neumann*, Juristische Logik(앞의 397면 이하) 참고.
22 *Rödig*, Theorie des gerichtlichen Erkenntnisverfahrens, 1973, S. 3.
23 *Alexy*, Theorie der juristischen Argumentation(각주 8), S. 273 이하; *Koch/Rüßmann*, Juristische Begründungslehre, 1982, S. 48 이하.
24 앞의 397면, 403면 이하, 415면 이하 참고.
25 앞의 415면 이하 참고.

지를 밝힐 수 있다.[26] 특히 유추논거와 반대추론논거 가운데 어느 것을 선택해야 하는가와 관련해 논리학적 분석은 각 추론이 전제하지 않을 수 없는 대전제를 분명히 밝혀주는 역할을 한다. 물론 논리학이 실무에서 자주 문제가 되는, 이 두 가지 대안 사이의 결정을 법률가를 대신해 내려줄 수는 없다. 여기서도 논리학을 원용하면 문제를 명확하게 밝히는 데에는 이바지하지만, 법적 논증의 문제 자체를 해결해줄 수는 없다는 사실을 다시 한번 확인할 수 있다.

9.5.3 문제 중심적-수사학적 접근방법

다양한 논증이론의 스펙트럼에서 문제 중심적-수사학적(topisch-rhetorisch) 모델은 법적 논증의 수사학적 성격과 전략적 성향을 강조한다. 이처럼 논증의 수사학적 구조를 재구성하고 공식적인 법학방법론의 규칙들에 대비시키는 작업은 **수사학적 법이론**('분석적 수사학')이 담당하는 과제이다.[27] 이 모델은 분석적-비판적이다. 다시 말해 이 모델은 무엇보다 법적 논증의 실제 구조와 그 조건들을 명확하게 밝히는 데 집중한다. 특히 법률언어가 존재론화(Ontologisierung)를 통해 실제로는 주관적 결정임에도 불구하고 이것이 마치 객관성을 갖는 것처럼 포장하는 허구성을 담고 있다고 폭로한다. 하지만 이러한 폭로와 비판으로부터 과연 어떠한 규범적 결론을 도출해야 하는지는 단지 암시만 하고 있을 뿐, 구체적인 대안을 제시하지 않고 있다. 영미권에서는 이른바 '비판법학(Critical Legal Studies)'[28]이 수사학적 법이론과 유사한 방향을 걷고 있다.

---

26 자세히는 *Neumann*, Juristische Argumentationslehre, 1986, S. 34 이하 참고.

27 분석적 수사학에 대한 요약적인 문헌으로는 *Katharina Gräfin von Schlieffen*, Rhetorik und rechtswissenschaftliche Aufklärung, in: Rechtstheorie 32(2001), S. 175 이하 참고. 또한 *Neumann*, Juristiche Argumentationslehre(각주 26), S. 54 이하의 서술도 참고.

28 비판법학에 대한 기초적인 설명으로는 *S. P. Martin*, Ist das Recht mehr als eine bloße soziale Tatsache? Neuere Tendenzen in der anglo-amerikanischen Rechtstheorie, in: Rechtstheorie 22(1991), S. 525 이하, 527 이하('비판법학') 참고.

9.5.4 합리적 법적 논의에 관한 이론(알렉시)

상당히 강한 합리성을 주장하면서 명시적으로 규범적 논증이론을 표방하는 이론모델은 하버마스(Habermas)의 논의이론(Diskurstheorie)을 토대로 삼고 있는 로버트 알렉시(Robert Alexy)에 의해 전개되었다.[29] 이 모델의 출발점은 사실 주장과 마찬가지로 규범적 주장과 법적 주장도 정당성에 관한 주장과 결합해 있다는 확인이다. 따라서 이 모델은 규범적 영역에서도 참인 명제와 거짓인 명제, 좋은 근거와 나쁜 근거, 타당한 논거와 타당하지 않은 논거를 명확히 구별할 수 있다고 전제한다.[30]

우리의 맥락에서 이 모델과 관련된 결정적인 물음은 정당한 법적 주장과 잘못된 법적 주장, 타당한 법적 논거와 타당하지 않은 법적 논거를 구별할 수 있게 해주는 명확한 기준을 과연 확보할 수 있는가이다. 알렉시의 이론에서는 — 하버마스의 논의이론에서와 마찬가지로 — 내용적, 실질적 관점이 아니라, 절차적 관점이 그와 같은 기준을 선별하는 과제를 담당한다. 즉 특정한 명제가 규범획득 및 규범심사를 위한 이상적인 절차의 결과로 여길 수 있는지가 결정적인 의미를 지닌다.[31] 이처럼 한 명제의 정당성을 이 명제가 획득되는 절차에 구속한다는 점에서 알렉시의 이론은 절차적 이론에 해당한다.

이러한 절차적 이론의 핵심적 문제는 결과의 정당성을 보장하기 위해 준수되어야 할 규칙의 선별 및 이 규칙 자체에 대한 정당화이다. 이와 관련해서는 일반적 실천적 논의의 규칙 — 법적 논의는 일반적 실천적 논의의 특수한 경우라는 알렉시의 테제(이른바 '특수경우테제'[32])에 따르면 이 일반적 논의의 규칙은 법적 논의에서도 구속력을 갖는다 — 과 법적 논의의 특수한 규칙을 구별해야 한다.

예컨대 모순금지 규칙(규칙 1.1), 요구가 있을 때는 주장에 대한 근거를 제시해야 한다는 명령 규칙(규칙 2), 여하한 주장일지라도 논의에 끌어들일 수 있다는 허용 규칙(규칙 2.2.a) 등은 일반적 실천적 논의의 규칙들 — 이 규칙들은 다시 여러 규칙집단으로 분

---

29 *Alexy*, Theorie der juristischen Argumentation(각주 8); *ders.*, Theorie der Grundrechte, 3. Aufl. 1996; *ders.*, Recht, Vernunft, Diskurs, 1995.

30 자세한 내용 및 관련 문헌에 대해서는 *Neumann*, Argumentationslehre(각주 26), S. 78 이하 참고.

31 Ebd.

32 *Alexy*, Theorie der juristischen Argumentation(각주 8), S. 273 이하.

류된다 — 에 속한다. 그리고 법적 논의의 규칙들에 속하는 것으로는 예컨대 모든 법적 판단은 최소한 하나의 보편적 규범을 동원하여 정당화해야 한다는 명령 규칙(규칙 J.2.1), 법적 논거형태들을 망라해서 검토해야 한다는 명령 규칙(규칙 J. 6) 및 우선순위에서 벗어나야 할 별도의 예외적 근거를 제시할 수 없는 이상, 법률문언 논거와 입법자의 의지 논거가 다른 논거보다 우선한다는 원칙(규칙 J.7) 등이 있다. 알렉시가 섬세하게 구성한 법적 논증 모델에 대한 더욱 면밀한 설명과 평가는 내가 다른 저작에서 행한 상세한 서술[33]을 참고하기 바란다.

9.5.5 논증기준의 역사적 및 문화적 상대성

법적 논증과 관련된 규범적 이론에서는 보편적인 구속력을 갖는 기준, 즉 법적 논증과 관련해 시대적 및 문화적 상대성을 초월하는 기준을 밝힐 수 있는가라는 물음이 제기된다. 이 물음은 서두에서 주제로 삼았던 법모델의 맥락(신정정치적 법질서, 합리적 자연법, 판례법, 제정법)을 뛰어넘는 물음이다. 이 물음은 한 법질서의 구조뿐만 아니라, 그 이데올로기적 배경과도 관련되기 때문이다(여기서 '이데올로기' 개념은 가치중립적으로 이해한다). 즉 하나의 법문화에서 사실상으로 인정되는 논증기준은 상당 부분 그에 앞서는 정치적-사회적 합의에 구속된다는 점은 결코 부정할 수 없는 사실이다. 이러한 합의는 '정치적 올바름(political correctness)'이라는 규칙을 통해 허용되는 법적 논증의 기준들을 함께 규정한다. 예컨대 오늘날에는 과거의 법질서와는 달리 법적 논증에서 인종에 따라 지적 능력의 차이(또는 성격상의 차이)를 전제하는 것은 결코 생각할 수 없는 일이다. 이는 논증의 배경이 되는 기초적 합의로서 그 본질적 내용이 너무나도 당연한 것으로 전제되기 때문에 논증하는 사람은 보통 이러한 기초적 합의를 의식하지 못할 정도이다. 그리고 바로 이러한 무의식 상태가 배후에 자리 잡은 기초적 합의가 기능하는 논리이기도 하다. 그 때문에 과거의 법질서나 다른 나라의 법질서를 이데올로기 비판적 분석의 대상으로 삼는 것이 일반적이다.[34] 또한 **현재** 존재하고 있는

33 *Neumann*, Argumentationslehre(각주 26), S. 78 이하.

34 이에 관한 기본적인 문헌으로는 *Rüthers*, Die unbegrenzte Auslegung - Zum Wandel der Privat-

다양한 법질서들에서 이루어지는 법적 논증문화에 대한 비교분석은 법적 상호작용과 관련하여 유럽통합이나 세계화가 진척되면서 기초법학 연구의 본질적 과제 가운데 하나가 되었다.

rechtsordnung im Nationalsozialismus, 5. Aufl. 1997 참고.

주요 참고문헌

Alexy, Robert, Theorie der juristischen Argumentation, 7. Aufl. 2012. 〔로베르트 알렉시, 『법적 논증 이론』, 변종필/최희수/박달현 옮김, 고려대학교출판부, 2007〕

Grabowski, Andrzej, Judicial Argumentation and Pragmatics, Krakau 1999.

Neumann, Ulfrid, Juristische Argumentationslehre, 1986. 〔울프리드 노이만, 『법과 논증이론』, 윤재왕 옮김, 세창출판사, 2009〕

Peczenik, Aleksander, Grundlagen der juristischen Argumentation, 1983.

Raz, Joseph, Practical Reason and Norms, 3. Aufl. 1999.

Summers, Robert, The Jurisprudence of Law's Form and Substance, 2000.

10. 법학의 학문이론

울프리드 노이만

10.1 법학과 학문이론

"법학의 학문이론(Wissenschaftstheorie der Rechtswissenschaft)'이라는 개념이 법이론 문헌에서도 서서히 자주 사용되고 있다. 하지만 '학문이론'이라는 용어 자체는 법이론과 법학방법론과 관련된 대다수 기초문헌에서 등장하지 않는다.[1] 물론 그렇다고 해서 법학의 학문이론에 속한다고 볼 수 있는 문제들이 주변적인 문제라거나 완전히 새로운 문제라는 뜻은 아니다. 오히려 정반대이다. 즉 이 개념 자체는 아직 일반적으로 사용되지 않지만, 이 개념으로 포착되는 문제들은 아주 오래된 문제이다. 예컨대 법학이 학문인지, 학문이라면 어떠한 의미에서 학문인지는 이미 16세기부터 철학자와 법학자들이 골몰한 문제이다.[2] 더욱이 일반 학문이론의 발전은 당연히 법학의 논의에도

---

1 예외적으로 '학문이론'이라는 용어를 사용하는 문헌으로는 예컨대 *Bydlinski*, Juristische Methodenlehre und Rechtsbegriff, 2. Aufl. 1991, S. 60 이하, 76 이하; *Arthur Kaufmann*, Rechtsphilosophie, 2. Aufl. 1997, S. 54 이하; *Mastronardi*, Juristisches Denken, 2003, Rn. 110 이하, 623 이하; *Röhl/Röhl*, Allgemeine Rechtslehre, 3. Aufl. 2008, S. 79 이하; *Rüthers/Fischer/Birk*, Rechtstheorie mit Juristischer Methodenlehre, 8. Aufl. 2015, Rn. 280 이하; *Zippelius*, Rechtsphilosophie, 6. Aufl. 2011, S. 210 이하 참고. 법학의 학문이론에 관한 중요한 논문들은 *M. Jestaedt/O. Lepsius*(Hrsg.), Rechtswissenschaftstheorie, 2008; *E. Hilgendorf/H. Schulze-Fielitz*(Hrsg.), Selbstreflexion der Rechtswissenschaft, 2015에 실려 있다.

2 이에 관해서는 *Troje*, Wissenschaftlichkeit und System in der Jurisprudenz des 16. Jahrhunderts, in: *Blühdorn/Ritter*(Hrsg.), Philosophie und Rechtswissenschaft, 1969, S. 63 이하 참고. 더 자세히는 *Jan Schröder*, Recht als Wissenschaft. Geschichte der juristischen Methode vom Humanismus bis zur historischen Schule, 2.

영향을 미치게 된다.[3] 하지만 학문분과들이 갈수록 분화하고 특화하면서 이러한 영향이 반드시 의미를 상실했다고까지 말할 수는 없지만, 이 영향을 당연하게 여기는 경향은 분명 약화했다. 일반 학문이론을 수용할 경우 법학이 수행할 본래 과제로부터 '소외'될지도 모른다는 불안 — 이 불안은 사회과학에 대한 법학의 태도에서도 감지할 수 있다 — 은 법률가들이 학문이론에 대해 보이는 유보적인 태도의 한 원인일 것이다. 이 불안감은 얼마든지 이해할 수 있다. 그러나 학문이론의 논의를 아예 포기하게 되면, 법학의 자기성찰을 얼마든지 피할 수 있을지라도 결국에는 성찰의 결핍을 감수할 수밖에 없는 상황에 빠질 위험이 있다. 다른 한편 외부로부터 문제 또는 문제해결 방법을 법학에 강요하는 상황이 전개되어서도 안 된다. 즉 법학이 학문이론을 수용한다고 해서 법학이 서로 경쟁하는 학문이론 모델들 가운데 어느 하나를 반드시 선택해야 하는 것은 아니다.[4] 다시 말해 일반 학문이론이 법학의 고유한 문제들을 밝히거나 해결방안을 제시하는 한에서만 학문이론의 수용이 도움을 줄 수 있다.

10.2 법학의 학문성

법학의 학문이론을 다룰 때 가장 먼저 등장하는 것은 법학의 학문성에 대한 물음이다. 즉 법학의 핵심영역인 법도그마틱이 과연 학문인지 아니면 각각의 법체계에 관한 정보와 견해를 수집한 학설에 불과한 것인지는 예나 지금이나 논란이 많은 문제이다. 그러나 법학의 학문성에 대한 물음을 이런 식으로 매우 일반적이고 막연하게 제기하는

Aufl. 2012 참고.

3 이 역사적 연관성에 관해서는 *Jan Schröder*, Wissenschaftstheorie und Lehre der 'praktischen Jurisprudenz' auf deutschen Universitäten an der Wende zum 19. Jahrhundert, 1979; *Herberger*, Dogmatik. Zur Geschichte von Begriff und Methode in Medizin und Jurisprudenz, 1981(이 책에는 고대부터 19세기까지 학문이론의 전개를 개관하고 있다) 참고.

4 이 점을 뚜렷이 강조하는 *Bydlinski*, Methodenlehre(각주 1), S. 77 참고. 일반 학문이론을 법학에 수용하는 문제와 관련해 여러 측면을 저울질하는 문헌으로는 *Wieacker*, Vom Nutzen und Nachteil des Szientismus in der Rechtswissenschaft, in: *F. Kaulbach/W. Krawietz*(Hrsg.), Festschrift für Helmut Schelsky zum 65. Geburtstag, 1978, S. 745-764 참고.

것은 문제의 본질을 흐리는 잘못을 범하는 일이다.[5] 한 분과의 학문성을 결정하는 필요충분조건을 둘러싸고 합의 가능한 목록이 존재하지 않는 이상, 이 물음에 대한 대답은 법학에 관한 주장이 아니라 주장이 토대로 삼는 '학문' 개념을 표현하는 것에 불과하기 때문이다. 그렇지만 이 물음에 대한 논의는 학문이론의 관심을 끌지 않을 수 없다. 법학의 학문성을 판단하는 기준으로 언급되는 관점들(명제의 심사 가능성, 대상, 방법)은 곧 학문이론의 핵심 문제에 해당하기 때문이다.

10.2.1 대상의 측면

법학의 학문성을 둘러싼 논쟁은 처음에는 아리스토텔레스의 학문개념에 지향되었다. 아리스토텔레스에 따르면 학문(episteme, scientia)은 존재자의 원칙으로부터 존재자를 방법적으로 인식하는 것이다. 이 학문개념에서는 대상의 선재성[先在性(Vergegebenheit)]과 불변성이 핵심이다.[6] 이 점에서 법학이 불변의 법원칙으로 구성된 선재하는 질서라는 이념에서 출발하는 한에서만 이 학문개념을 충족할 수 있다. 만일 법학이 역사적 변화를 겪는 법질서를 다룬다면 법학은 단순한 기술(techne, ars) 또는 실천적 지혜나 통찰(phronesis, prudentia)로 이해될 수 있을 따름이다.[7]

---

5 같은 견해로는 *Arthur Kaufmann*, Das Verfahren der Rechtsgewinnung. Eine rationale Analyse, 1999, S. 41; *ders.*, Über die Wissenschaftlichkeit der Rechtswissenschaft. Ansätze zu einer Konvergenztheorie der Wahrheit, in: ARSP 72(1986), S. 425 이하, 426 참고. 조금은 다른 견해로는 *Lege*, Pragmatismus und Jurisprudenz, 1999, S. 405 이하 참고. 아르니오(*Aarnio*, Denkweisen der Rechtswissenschaft, 1979, S. 37)도 나처럼 법학의 학문성이라는 문제를 의견의 일치와 관련된 문제라고 본다. *Bydlinski*, Methodenlehre(각주 1), S. 76 이하 역시 그렇다. 어쨌든 법학이 최대한 합리성을 지녀야 한다는 요구가 법학의 학문성에 관한 결정에 의존하지 않는다는 점만은 분명하다. 이 점을 정확히 지적하는 *Bydlinski*, Methodenlehre(각주 1), S. 78 참고.

6 즉 "학문적 인식의 대상은 필연성이라는 성격을 갖는다. 다시 말해 대상은 영원한 대상이다[*Aristoteles*, Nikomachische Ethik, Buch VI, 1139 b(Dirlmeier 번역)].

7 이에 관해서는 *R. Dreier*, Zum Selbstverständnis der Jurisprudenz als Wissenschaft, in: Rechtstheorie 2(1971), S. 49; *Jan Schröder*, Wissenschaftstheorie(각주 3), S. 49 이하 Fn. 39 참고. 아리스토텔레스 학문이론 체계에서 법관의 활동이 지닌 의미에 관해서는 *Gröschner*, Verhältnis zwishen Theorie und Praxis in einer dialogisch rekonstruierten Techne der Jurisprudenz, in: *Krawietz/Morlok*, Vom Scheitern und der Wiederbelebung juristischer Methode im Rechtsalltag — ein Bruch zwischen Theorie und Peraxis?, in: Rechtstheorie 32(2001), S. 213, 215 이하 참고.

키르히만(Julius von Kirchmann)이 법학은 "우연적인 것을 대상으로 삼는"[8] 분과라는 이유로 법학의 학문성을 의심할 때는 아리스토텔레스가 제시한 학문의 기준을 염두에 둔 것이다. 이 점을 고려해 특정한 문제가 사회에서 지속성을 갖는다거나 법에서 '사물논리적 구조'를 포착함으로써[9] 법학의 학문성을 방어하려고 시도하기도 한다. 하지만 이 시도는 딱히 부담을 덜어주지 못한다. 이러한 시도 역시 법학의 대상 가운데 대부분을 차지하는 실정법이 우연적 성격을 지닌다는 사실을 부정하지는 못하기 때문이다.

하지만 학문의 대상이 시대와 장소에 따라 가변적이라는 점은 법학만이 아니라 예컨대 역사학과 같은 다른 학문분과에 대해서도 얼마든지 제기할 수 있는 측면이다.[10] 따라서 이른바 정신과학에 속하는 여러 학문분과의 학문적 성격을 박탈하려고 하지 않는 이상 대상 영역의 불변성을 학문 여부를 판가름하는 기준으로 삼는 아리스토텔레스의 기준을 학문과 '비학문적' 영역을 가르는 기준으로 사용해서는 안 된다. 이런 의미에서 하이델베르크 학파(서남독학파) 신칸트주의가 학문을 대상 영역에 관한 일반법칙을 제기하는 분과(법칙과학)와 단칭적 서술에 집중하는 분과(서술과학)로 분류한 것(빈델반트Windelband)은 충분히 이해할 수 있다. 이 분류에 따르면 법학은 서술적 성격을 갖는다.[11]

이와는 별개로 법도그마틱으로서의 법학, 즉 법률학(Jurisprudenz)[12]을 과연 '서술적' 학문분과로 이해할 수 있는지 묻게 된다. 법도그마틱은 단순히 이미 존재하지 않는 법적 규칙을 서술하는 것이 아니라 아직 존재하지 않는 법적 규칙을 밝히는 것을 목표로 삼기 때문이다. 이 점에서 법학은 다른 모든 학문분과와 뚜렷이 구별된다. "학문적 서술이 세계에 부합하지 않으면, 그 서술은 거짓이고 세계는 조금도 변하지 않는다. 이에 반해 법원(法源)에 부합하지 않는 법학적 서술은 법을 변경할 수 있다."[13] (법학이 지

8 *Kirchmann*, Die Wertlosigkeit der Jurisprudenz als Wissenschaft(1848), 2000, S. 29.

9 예컨대 *Larenz*, Über die Unentbehrlichkeit der Jurisprudenz als Wissenschaft, 1966, S. 23 참고.

10 이에 관해서는 *Radbruch*, Rechtsphilosophie, Studienausgabe, 2. Aufl. 2003, S. 116 이하(= GRGA Bd. 2, S. 356 이하) 참고.

11 이 점을 명시적으로 표방하는 *Radbruch*, Rechtsphilosophie(각주 10), S. 116(= GRGA Bd. 2, S. 356).

12 법도그마틱과 법률학은 같은 동의어로 사용한다. 이에 반해 *Ballweg*, Rechtswissenschaft und Jurisprudenz, 1970, S. 1 이하에서는 '법학'을 도그마틱적 법률학의 메타 이론으로 이해한다.

닌 이러한 창조적 성격이 어떠한 결론을 낳는지는 법도그마틱의 학문이론적 지위를 논의하면서 다시 다루겠다[14]). 이러한 어려움에 비추어 볼 때 법학의 학문성에 관한 논의의 중심을 대상 영역으로부터 방법 영역으로 옮기는 것은 충분히 이해할 수 있다.[15] 즉 법의 가변성과 불확정성으로 인해 법학의 대상 영역에서는 확고한 토대를 찾기 어렵다는 판단에 따라 그 대신 법학 방법의 확실성과 안정성에서 확고한 토대를 찾고자 한다.

10.2.2 방법의 측면

학문을 "인식의 획득을 목표로 삼는 계획적 활동"으로 이해하면,[16] 법학이 '진정한' 학문의 지위를 지닌다는 주장은 충분한 근거가 있다. 법학의 연구가 섬세한 계획에 따른 정신 활동이라는 점을 반박할 사람은 없을 것이기 때문이다. "대상에 비추어 전개되는 특정한 사고방법을 동원해 확고한 인식을 획득하기 위해 합리적으로 심사할 수 있는 절차"[17]를 거쳐 개념을 섬세하게 구성하는 작업은 '학문적' 활동의 본질적 전제조건에 해당한다. 즉 제기된 주장에 대한 합리적 심사 가능성은 학문의 핵심 전제조건이다. 이러한 심사 가능성의 기준이 무엇인지는 분석적 학문이론의 논의에서 가장 중요한 물음이다.

10.3 법학과 분석적 학문이론

10.3.1 경험적 의미 기준

분석적 학문이론의 이론적 토대인 근대 경험주의는 한 학문분과에서 제기되는 주장

13 *Peczenik*, Grundlagen der juristischen Argumentation, 1983, S. 142. 비슷한 견해로는 *Adomeit/Hähnchen*, Rechtstheorie für Studenten, 6. Aufl. 2012, Rd. 15 참고.

14 뒤의 475면 이하.

15 이에 관해서는 *Mastronardi*, Juristisches Denken(각주 1), Rn. 624 참고.

16 *Larenz*, Methodenlehre der Rechtswissenschaft, 6. Aufl. 1991, S. 6.

17 *Larenz*, Unentbehrlichkeit(각주 9), S. 11.

을 경험적으로 심사할 수 있는지를 경험과학과 '형식과학'인 논리학 및 수학 그리고 형이상학 사이를 구별하는 결정적 기준으로 파악했다. **경험주의적 의미 기준**에 관한 다양한 견해를 여기서 자세히 다룰 수는 없다.[18] 다만 이 견해들 모두 논리적으로 참 또는 거짓이 아닌 명제들을 경험적으로 심사할 수 있고 경험적으로 확인할 수 있어야 한다고 요구한다는 공통점이 있다는 사실만을 지적해두기로 한다.

법학을 이러한 경험주의적 의미 기준에 비추어 평가하면, 명확한 결론에 도달한다. 즉 **학문으로서의** 법학은 경험적으로 심사 가능한 명제에 한정되고 말 것이다. 이런 식으로 이해되는 법학은 입법 활동과 법관의 판결에 대한 **경험적 서술**이나 법관의 판결에 대한 **예측**을 과제로 삼게 될 것이다. 결정을 서술하는 일은 얼마든지 관찰할 수 있는 사안이기 때문에 경험적 의미 기준을 충족할 수 있다. 이에 반해 법률에서 등장하는 법적 규칙의 해석과 법률을 보충하는 법적 규칙의 전개를 담당하는 법도그마틱의 전 영역은 경험적 심사 가능성이 없기 때문에 법**학**의 영역에서 추방되어야 한다. 이로써 법학의 학문성을 확보할 수 있을지는 모르지만, 법학의 핵심인 법도그마틱을 절단해야 하는 대가를 치러야 한다. 이른바 **법현실주의**(Rechtsrealismus)의 견해에 부합하는 이러한 해결 방법은 법학의 연구가 지닌 핵심 기능, 즉 결정을 준비하는 기능을 제거해버리기 때문이다.

법률해석과 '도그마틱' 규칙의 전개는 그 자체가 목적이 아니라 일관된 법적 결정을 보장하기 위한 것이다. 이 점에서 한 사례를 결정하기 위해 어떤 법률해석을 선택하는(따라서 다른 해석 가능성을 배제하는) 법관 역시 법도그마틱을 수행한다. 이처럼 법학자들이 수행하는 법학과 법관의 법실무 모두 결정을 준비하기 위해 규칙을 해석하고 규칙을 설정한다는 관점에서 볼 때 법학이 단순히 법적 결정을 서술하고 예측하는 분과로 제한될 수는 없다. "법관은 자신의 판결을 경험적-사회학적으로 예측할 수 없다."[19] 즉 결정을 준비하는 도그마틱으로서의 법학은 분명 경험주의적 의미 기준을 충족할 수

18 이에 관해서는 *Stegmüller*, Hauptströmungen der Gegenwartsphilosophie. Eine kritische Einführung, Bd. I, 7. Aufl. 1989, S. 380 이하 참고.

19 *Ellscheid*, Zur Forschungsidee der Rechtstheorie, in: *Arthur Kaufmann*(Hrsg.), Rechtstheorie, 1971, S. 5 이하, 13. 이미 *H. Kantorowicz*, Rationalistische Bemerkungen über Realismus, in: *ders.*, Rechtswissenschaft und Soziologie, 1962, S. 113에서도 이 점을 지적한다.

없다. 따라서 경험과학 그리고 형식과학인 논리학과 수학만이 '학문'이라고 주장할 수 있다고 보는 논리적 경험주의에 따르면 법도그마틱으로서의 법학은 학문의 영역에서 추방된다.[20]

10.3.2 법적 명제의 심사 가능성

그러나 논리적 경험주의의 기본적 사고, 즉 학문적 명제는 반드시 상호주관적으로 심사할 수 있어야 한다는 사고에서 출발한다고 해서 필연적으로 학문의 기준을 경험주의적으로 파악해야 하는지 의문을 제기할 수 있다. 관찰의 명증성(Evidenz)이 갖는 학문이론적 의미는 이 명증성이 높은 정도의 상호주관성을 지닌다는 데 있지, 명증성을 획득하는 방법에 있지 않기 때문이다. 따라서 법학의 영역에서 관찰의 명증성이 갖는 기능과 유사한 기능을 담당하는 어떤 통제단계가 있는지를 검토할 필요가 있다.

최고법원 형사판례의 논증구조를 밝힌 아이케 폰 사비니(Eike von Savigny)의 연구—이 연구는 오늘날에도 여전히 일독할 가치가 있다—는 **법감정**을 그와 같은 통제단계로 파악한다. 폰 사비니에 따르면 독일 형법학은 학문이론적으로 볼 때 가치가설의 체계로 이해할 수 있고, 각각의 가치가설은 기초명제에 해당하는 가치판단을 통해 반증(Falsifikation)될 수 있다고 한다.[21] 이들 가치판단은 학문이론에서 중요한 모든 속성에 비추어 볼 때 관찰의 명증성과 유사한 가치 명증성을 토대로 수용될 수도 있고 거부될 수 있다. 가치 명증성은 특히 관찰의 명증성과 마찬가지로 **자의적이지 않은 동의**를 통해 특정의 논거에 합의할 수 있게 만든다. 그리고 이 가치 명증성은—기초명제를 사용함으로써—심사를 거쳐 확보되기 때문에 형법학은 엄격한 의미의 학문이라고 한다.

폰 사비니의 연구는 법학이 일반 학문이론에서 이루어진 발전을 무시하는 것은 커다란 실수라는 점을 분명하게 보여준다. 물론 법학과 경험과학 사이의 유사성이 어느 정도까지이고 어떠한 점에서 양자가 다른지는 더 구체적으로 연구해야 한다. 즉 상호주

20 이에 관해서는 *Röhl/Röhl*, Rechtslehre(각주 1), S. 79 이하도 참고.
21 *Eike von Savigny*, Die Überprüfbarkeit der Strafrechtssätze, 1967, S. 95.

관적 가치 명증성에 근거할 수 없는 가치판단도 존재한다는 사실을 고려해야 하고, 법학에서는 가치평가를 표현하는 논거 이외에도 다른 유형의 논거(체계적 논거, 역사적 논거, 법정책적 논거 등)도 허용된다는 점에서 법학이 매우 '**이질적인 토대**'에 기초한다는 사정도 고려해야 한다.[22]

10.3.3 반증모델과 법학

학문적 이론에 대한 심사는 증명(Verfikation)아니라 오로지 반증(또는 반증 시도)을 통해서만 가능하다는 이론은 학문적 이론의 구조와 관련을 맺는다. 학문적 이론은 전형적으로 전칭명제의 구조("모든 행성은 태양을 중심으로 타원형으로 움직인다", "모든 까마귀는 검다", "피해자의 부지와 무저항을 악용해 고의로 살해한 모든 살인자는 형법 제211조에서 말하는 1급 살인자이다")를 갖는다. 하지만 전칭명제는 무제한 숫자의 사례 및 대상과 관련되기 때문에(즉 지금까지 알려진 태양의 알려진 행성뿐만 아니라 생각할 수 있는 모든 태양과 행성과 관련된다) 아무리 많은 개별적 관찰을 축적할지라도 이 전칭명제를 완벽하게 증명할 수는 없다. 이 점에서 관찰된 다수의 개별사례로부터 생각할 수 있는 모든 사례에 대한 결론을 추론하는 귀납원칙(Induktionsprinzip)은 논리적으로 타당한 원칙이 아니고, 그 때문에 '반증모델'을 주장하는 학자들의 통렬한 비판을 받는 대상이다.[23] 고전적인 예를 들어보자. "**모든** 까마귀는 검다"라는 명제는 아무리 많은 숫자의 검은 까마귀를 관찰하더라도 증명되지 않지만, 단 하나의 흰 까마귀의 존재만으로 반증될 수 있다. 이로부터 다음과 같은 결론을 도출할 수 있다. 즉 이미 말했듯이 경험과학의 이론은 전칭명제의 구조를 갖기 때문에 자연과학적 인식은 언제나 잠정적 성격을 지닌다. 다시 말해 경험과학적 이론의 타당성은 단지 반증 시도가 실패했다는 사실을 통해 간접적으로 확인될 수 있을 따름이다. 법과 윤리의 영역에서 이 반증모델은 충분한 정당화라는 이념에 대한 비판, 즉 '정당화 사고' 자체에 대한 비판으로 수렴한다.[24] 이로써 정당화

---

22 법학이 이질적 토대에 기초한다는 점에 관해서는 *Eike von Savigny*, in: *Neumann/Rhalf/v. Savigny*, Juristische Dogmatik und Wissenschaftstheorie, 1976, S. 144 참고.

23 *Popper*, Logik der Forschung, 11. Aufl. 2005, S. 3 이하.

이념은 **비판적 심사**(kritische Überprüfung)라는 이념으로 대체된다.[25]

법학이 얼마만큼 반증원칙을 따르고 따라야만 하는지는 논란이 많은 문제이다. 한 가지 확실한 것은 자연과학과의 유사성을 지나치게 부각해서는 안 된다는 점이다. 예컨대 "피해자의 부지와 무저항을 악용해 고의로 살해한 모든 살인자는 형법 제211조에서 말하는 1급 살인자이다"라는 법도그마틱 명제는 이 형법 조항에서 말하는 방식대로 행위했는데도 제211조에서 의미하는 1급 살인자가 아닌 행위자가 존재한다는 사실만으로 반증되지 않는다. 다른 한편 도그마틱 명제를 그 이전에는 고려하지 못했던 사례**집단**을 고려해 포기하거나 제한하는 일은 얼마든지 가능할 뿐만 아니라 법실무에서 계속 발생하는 현상이기도 하다. 예컨대 연방법원은 "모든 1급 살인자는 종신형에 처한다(제211조 제1항에 대한 해석)"라는 명제를 특수한 예외사례와 관련해서는 이른바 '법률효과 중심의 해결'을 통해 제한한다(BGHSt 30, 105).[26] 이처럼 사례집단과 관련된 넓은 의미에서는 반증모델을 법학에도 적용할 수 있다.[27]

또 다른 문제는 법학이 과연 도그마틱 이론의 반증이라는 방법에 한정되어야 하는가이다. 이 문제와 관련해 일부 학자들은 법학이 다루는 "현실은 결코 완결된 상태가 아니기" 때문에 법도그마틱 이론의 검증은 고려 대상이 아니라는 논거를 들어 법학이 반증에만 한정되어야 한다고 생각한다.[28] 이 생각은 원칙적으로 법도그마틱 명제들을 수정할 수 있다는 점에서 분명히 옳다. 즉 법도그마틱 명제의 타당성을 최종적이고 완벽하게 증명하는 검증은 불가능하다. 하지만 검증과 반증을 배타적인 선택의 대상으로 파악하는 것은 법학의 영역에서는 너무나 단순한 사고이다. 법학의 이론은 검증될 수 없지만, 얼마든지 **정당화**될 수 있고 또한 정당화되어야 한다. 즉 법도그마틱의 주장을

---

24 *Albert*, Traktat über kritische Vernunft, 5. Aufl. 191, S. 9 이하 참고.

25 *Albert*, Traktat(각주 24), S. 35 이하; *ders.*, Traktat über rationale Praxis, 1978, S. 11.

26 단칭사례과 관련된 기초명제를 통해 전칭명제를 반증하는 것과 사례**집단**과 관련된 규칙 주장을 통해 전칭명제를 반증하는 것의 차이에 관해 자세히는 *Neumann*, Juristische Argumentationslehre, 1986, S. 39 이하 참고.

27 같은 견해로는 *Canaris*, Funktion, Struktur und Falsifikation juristischer Theorien, in: JZ 1993, S. 377, 386 참고.

28 이 입장에서 단호한 주장을 펼치는 *Schlink*, Bemerkungen zum Stand der Methodendiskussion in der Verfassungsrechtswissenschaft, in: Der Staat 19(1980), S. 88 이하 참고.

오로지 이 주장이 아직 반증되지 않았다는 지적만으로 정당화할 수는 없다.[29] 즉 법도그마틱 주장을 **지지하는** 근거를 제시해야 한다.[30] 따라서 법학 이론의 검증 불가능성 — 내 생각으로는 이 불가능성은 현실이 최종적 완결성을 갖지 않기 때문이 아니라 기존의 가치평가를 수정해야 할 상황에 맞닥뜨리기 때문에 발생한다 — 은 법학 이론의 정당화가 불가능하다는 뜻이 아니다. 이 점에서 반증모델이 검증에 활용할 수 없다고 비판하는 귀납원칙은 법학의 정당화에서는 중요한 역할을 한다.[31]

물론 이러한 정당화를 **증명**으로 이해할 수 없다는 점은 너무나도 당연하다. 법적 원칙을 제기하는 일은 실험적이고 가설적인 사고의 과정에서 이루어지고,[32] 이 과정은 새로운 경험과 가치평가에 개방되어 있기 때문이다. 그렇다고 해서 법학적 발견[33]이나 발명[34]의 가능성이 배제된다거나 법학에서는 진보[35]가 있을 수 없다는 뜻이 아니다. 하지만 법학의 절정기를 표현할 때나 적합할 수 있을 발명이라는 개념이 이중적 의미를 지닌다는 점에 비추어 볼 때 법학이 제시한 결론들은 잠정적이고 구성적 성격을 갖는다는 점을 분명히 인식할 필요가 있다. 즉 법학의 결론은 무언가 이미 주어져 있는 것에 관한 인식이 아니라 특정한 사회적 문제를 해결하는 데 적합한 방법을 마련하기 위한 것이다. 이때 제시된 발명품이 실제로 진보에 이바지하는지 아니면 오히려 난관에 봉착하게 만드는지는 곧바로 판단할 수 없는 문제이다.

---

29 이 점에서 검증할 수 없는 경우 정당화는 "단지 아직 반증이 이루어지지 않았음을 확인한다는 것을 뜻할 뿐"이라는 슐링크의 주장(S. 89)은 문제가 있다. 반증모델이 법학에서 유용한가에 관해 자세히는 *Neumann*, Argumentationslehre(각주 26), S. 37-45 참고.

30 같은 견해로는 *Arthur Kaufmann*, ARSP 72(각주 5), S. 438 참고. 법적 정당화가 충족해야 할 요건에 관해서는 *Alexy*, Theorie der juristischen Argumentation, 7. Aufl. 2012, S. 273 이하 참고.

31 이에 관해서는 *Wittmann*, Induktive Logik und Jurisprudenz, in: Rechtstheorie 9(1978), S. 43-61 참고.

32 이에 관해서는 *Zippelius*, Rechtsphilosophie(각주 1), S. 66 이하.

33 이에 관해서는 *Dölle*, Juristische Entdeckungen, 1958 참고.

34 에어리히(Eugen Ehrlich)는 대리와 관련된 민법적 사고의 발전은 기차의 발명에 버금가는 발명이라고 한다[이에 관해서는 *Zippelius*, Rechtsphilosophie(각주 32), S. 68 참고].

35 법학에서도 진보가 이루어질 가능성이 있다는 점은 법도그마틱의 학문적 성격을 지지하는 논거로 삼을 수 있다. 이에 관해서는 *Alexy*, Theorie(각주 30), S. 328 이하 참고.

10.3.4 법학적 개념구성의 문제

법학은 주로 예컨대 '소유권', '독립된 범죄유형(delictum sui generis)', '법인' 등과 같이 어떤 경험적으로 주어진 것과 관련이 없거나 직접 관련이 없는 개념을 이용해 작업한다. 이러한 개념을 학문이론에서는 '**이론적 개념**(theoretische Begriffe)'라고 부른다.[36] 이론적 개념의 사용은 인식론적 관점에서는 문제가 있다. 이 개념은 실체화(Hypostasierung), 즉 가상의 본질이 마치 실제로 존재한다는 사고를 불러일으킬 위험이 있기 때문이다. 이 위험 때문에 분석적 학문이론은 이론적 개념을 경험적 개념으로 소급해 설명하기 위해 수많은 노력을 기울인다.[37]

법학의 이론적 개념과 관련해서는 이 개념이 규범적 기능을 갖기 때문에 경험적 개념으로 소급하는 것은 고려할 여지가 없다. 다만 도그마틱 개념을 **기능적으로 해석**(funktionale Interpretation)하는 것은 생각해 볼 수 있다. 이 해석에 따르면 예컨대 '소유권' 개념은 이 개념을 적용하기 위한 전제조건과 개념을 적용한 결과가 맞물리는 지점으로 이해할 수 있다고 한다.[38] 이러한 해석이 가능한 범위 내에서는 법도그마틱의 이론적 개념은 제거할 수 있다. 즉 '소유권' 개념은 전제조건(예컨대 "동산을 10년간 사실상으로 점유한 자는…")과 소유권 취득이라는 법률효과("… 그 동산을 마음대로 처분할 수 있다") 사이의 직접적 연결[39]로 대체할 수 있다.

그러나 법도그마틱의 모든 이론적 개념을 제거하는 것이 원칙적으로 가능한지는 아직 분명하게 밝혀져 있지 않다.[40] 어쨌든 하나의 개념에 어떠한 법률효과도 상응하지

---

36 이 문제에 관해서는 *Stegmüller*, Theorie und Erfahrung. Probleme und Resultate der Wissenschaftstheorie und analytischen Philosophie, Bd. II, 1. Halbband, 1974, S. 181 이하 참고. 이론적 개념과 관찰 개념의 구별이 법학의 문제를 분석할 때 지니는 의미에 관해서는 *Volk*, Strafrechtsdogmatik; Theorie und Wirklichkeit, in: *A. Kaufmann u. a.*(Hrsg.), Festschrift für Paul Bockelmann zum 70. Geburtstag, 1979, S. 75 이하 참고.

37 이에 관해서는 *Stegmüller*, Theorie(각주 36), 1. Halbband, S. 213 이하 참고. 이와 관련된 법이론적 측면에 관해서는 *Podlech*, Rechtslinguistik, in: *D. Grimm*(Hrsg.), Rechtswissenschaft und Nachbarwissenschaft, Bd. 2, 1976, S. 113 이하 참고.

38 이에 관해서는 *Lübbe-Wolff*, Rechtsfolgen und Realfolgen. Welche Rolle können Folgenerwägungen in der gerichtlichen Regel- und Begriffsbildung spielen?, 1981, S. 40 이하 참고.

39 독일 민법 제937조 제1항, 제903조.

40 제거할 수 있다는 낙관적 전망으로는 *Lübbe-Wolff*, Rechtsfolgen(각주 38), S. 30 이하, 42, 58 이하;

않는다면 법학의 개념을 존재론적으로 해석하는 일이 불가피하다는 점만을 지적하기로 한다.[41]

10.3.5 법도그마틱에서 이론의 의미

10.3.5.1. 경험과학 이론과의 유사성

일반 학문이론에서 '이론'은 "변수들의 집합에 존재하는 특정한 관계에 대한 명시적 표현이고 … 이 표현의 도움으로 경험적으로 확인할 수 있는 규칙성(또는 법칙)의 집합을 설명할 수 있다"라는 의미로 이해된다.[42] 즉 한 사건을 지칭하는 명제가 이론 및 여타의 조건으로부터 논리적으로 도출되면 이 사건은 설명된다. 따라서 알려진 사안에 대한 설명은 알려지지 않은 사안에 대한 예측과 똑같은 논리적 구조를 지닌다. 다시 말해 설명과 예측은 학문이론에서 상호보충적인 기능에 속한다.[43]

법도그마틱 이론이 담당하는 과제를 이러한 기능과 비교해보면, 일단은 양자가 서로 다르지 않다는 점이 눈에 띈다. 즉 법도그마틱의 교육적 의미, 다시 말해 법적 소재를 구조화함으로써 학습을 쉽게 만드는 과제[44] 이외에도 도그마틱 이론은 기존의[45] 법적 명제를 설명하는 기능과 아직 존재하지 않는 법적 명제를 준비하는 기능(발견술적 기능)[46]을 담당한다. 예컨대 대리이론(Vertretungstheorie)[47]은 파산법원의 지역관할이

Philipps, Das dialogische Tableau als Werkzeug des Rechts, in: Jahrbuch für Rechtssoziologie und Rechtstheorie, Bd. 2(1972), S. 223; 회의적 전망으로는 *Neumann*, Rechtsontologie und juristische Argumentation. Zu den ontologischen Implikationen juristischen Argumentierens, 1979, S. 53 이하 참고.

41 이에 관해서는 *Neumann*, Rechtsontologie(각주 40), S. 81 이하 참고.

42 *Nagel*, Probleme der Begriffs- und Theoriebildung in den Sozialwissenschaften, in: *Albert*(Hrsg.), Theorie und Realität, 2. Aufl. 1972, S. 70.

43 *Popper*, Logik(각주 23), S. 37. 예측이라는 개념을 넓게 파악하면, 설명도 (알려진 사안에 대한) 예측으로 이해할 수 있다. 이에 관해서는 *Popper*, Logik(각주 23), S. 37 Fn. 3 참고.

44 이에 관해서는 *Podlech*, Rechtstheoretische Bedingungen einer Methodenlehre juristischer Dogmatik, in: Jahrbuch für Rechtssoziologie und Rechtstheorie, Bd. 2(1972), S. 492 이하 참고.

45 이에 관해서는 *H. Wagner*, Die Theorie in der Rechtswissenschaft, in: JuS 1963, S. 457 이하 참고.

46 이에 관해서는 *Wagner*, Theorie(각주 45), S. 460 이하; *Podlech*, Bedingungen(각주 44), S. 493 참고. 경험과학의 이론구성과 법학의 이론구성 사이의 관계에 대해 자세히는 *Schlapp*, Theoriestrukturen und

파산관리인의 관할지가 아니라 채무자의 관할지에 따라 정해진다는 사실을 설명한다. 이는 상대성이론이 중력장에서 발생하는 빛의 굴절을 설명하는 것과 마찬가지이다. 더 나아가 이 대리이론은 파산관리인이 '조직권한'을 위반했을 경우 무권대리인에 관한 법률규정(민법 제179조 이하)을 적용할 수 있다는, 법률에 확정되어 있지 않은 규칙까지 도출할 수 있게 해준다. 이렇게 보면 설명 기능과 예측 기능을 갖는 경험과학 이론과의 유사성이 분명히 드러난다.

10.3.5.2 경험과학 이론과 법도그마틱 이론의 차이

그러나 이러한 유사성을 이유로 경험과학 이론과 법도그마틱 이론의 차이점을 간과해서는 안 된다. 양자는 이론과 대상 영역 사이의 관계에서 커다란 차이가 있다. 여기서는 두 가지 관점에서 차이를 밝히겠다. 첫째, 경험과학의 이론은 주어진 경험에 구속된다. 둘째, 경험과학 이론에서는 이론적 개념을 사용할 때 개념적 도구가 개념의 대상 영역에 대해 상대적으로 높은 자유를 구가한다. 예컨대 광학이 유클리드 기하학에 구속되는지 아니면 리먼(Rieman) 기하학에 구속되는지는 전적으로 합목적성의 문제이다.[48] 이에 반해 광학의 이론은 특정한 지속적 경험에 구속된다(예컨대 일정한 매체를 통과할 때 빛이 굴절되는 현상에 대한 관찰).

이와는 달리 법도그마틱 이론의 대상 영역인 법의 일부는 이 이론을 통해 비로소 구성된다. 다른 한편 도그마틱 이론 그 자체가 입법을 통해 확정될 수도 있고 폐기될 수도 있다. 다시 대리이론을 예로 들어보자. 이 이론은 파산관리인이 조직권한을 위반할 때는 민법 제179조를 적용한다는 규범적 결론을 제시한다. 이 점에서 대리이론은 법적 상태에 영향을 미치고, 따라서 이 이론의 대상 영역에 영향을 미친다. 그렇지만 대리이론을 법률규정을 통해 확정할 것인지("파산관리인은 전체 채무자의 대리인으로 활동한다")

Rechtsdogmatik. Ansätze zu einer strukturalistischen Sicht juristischer Theoriebildung, 1989 참고.

47 이에 관해서는 *Thomas-Putzo*, Zivilprozessordnung, 36. Aufl. 2015, § 51, Rn. 27 참고.

48 이에 관해서는 *Eike von Savigny*, Hypothesenbildung als Auslegung — Eine Detailanalyse, in: *Neumann/Rhalf/v. Savigny*, Dogmatik(각주 22) 참고.

아니면 이 이론을 명시적으로 거부할 것인지는 전적으로 입법자의 몫이다. 이 점에서 도그마틱과 입법은 밀접한 관련이 있다. 즉 법도그마틱 이론으로부터 일정한 규범적 결론이 도출되기 때문에 이 이론에 구속력을 부여할 것인지 아니면 구속력을 박탈할 것인지는 입법자의 자유에 맡겨야 한다.[49]

이 관점은 도그마틱의 학문이론적 지위와 관련해 매우 중요하다. 규범만이 실정법 규율의 처분 대상일 뿐, 인식적 명제가 처분 대상이 아니기 때문이다. 이처럼 규범이 입법자의 처분 대상인 이상 도그마틱 이론은 인식적 성격이 아니라 규범적 성격, 더 정확히는 규범명제적 성격을 갖는다(도그마틱 이론은 구속력 있는 결정권한이라는 권위를 갖고 표현되지는 않기 때문).[50] 이 점에서 법도그마틱 이론은 학문이론에서 의미하는 이론의 지위를 갖지 못한다고 볼 수 있다.[51]

다른 한편 법학의 이론들은 언제나 인식적 요소**도** 포함한다. 도그마틱 이론은 내재적 일관성뿐만 아니라 외재적 일관성,[52] 즉 주어져 있는 실정법 규율과의 합치도 충족해야 한다. 법도그마틱 이론이 지닌 이 야누스적 성격, 다시 말해 인식과 규범제정 사이에 끼어 있는 법도그마틱의 특성[53]은 법도그마틱 이론을 과연 엄밀한 의미의 이론으로 이해할 수 있는가의 물음에 대한 대답을 몹시 어렵게 만든다.[54]

---

49 이 점에서 입법자가 도그마틱의 통찰을 지시할 수는 없고 단지 법률효과만을 지시할 수 있을 뿐이라는 주장은 '완전히 잘못'이라는 카나리스의 지적(*Canaris*, Systemdenken in der Jurisprudenz, 2. Aufl. 1983, S. 101 Fn. 53)에 동의할 수 있다. 다만 도그마틱 이론 자체가 규범화될 수 있는지 아니면 특정한 법률효과의 확정을 통해서만 규범화될 수 있는지는 논란의 대상이다. 카나리스는 전자가 가능하다고 본다. 후자만이 가능하다고 보는 견해로는 *Neumann*, Rechtsontologie(각주 40), S. 90 참고.

50 이에 관해서는 뒤의 10.4.1 참고.

51 이에 관해서는 *Adomeit*, Zivilrechtstheorie und Zivilrechtsdogmatik — mit einem Beitrag zur Theorie der subjektiven Rechte, in: Jahrbuch für Rechtssoziologie und Rechtstheorie, Bd. 2(1972), S. 505 참고.

52 이에 관해서는 *R. Dreier*, Zur Theoriebildung in der Jurisprudenz, in: *ders.*, Recht — Moral — Ideologie, 1981, S. 70 이하, 88 이하 참고.

53 이에 관해서는 *Peczenik*, Grundlagen(각주 13), S. 88 이하 참고.

54 엄밀한 의미의 이론으로 이해할 수 있다고 보는 견해로는 *R. Dreier*, Theoriebildung(각주 52), S. 94 참고.

10.4 행위과학으로서의 법학

10.4.1 규범과학으로서의 법학

법학의 성격을 '규범적 학문'으로 규정하는 것은 여러 가지를 의미할 수 있다. '규범적'이라는 표현은 규칙의 제안(규범명제적 기능), 규칙에 관한 서술(규범서술적 기능)또는 규칙의 제정(규범표현적 기능) 등 여러 가지 의미로 이해할 수 있다. 실제로 법학은 이 모든 기능을 담당한다. 법학이 입법 또는 판결을 준비하는 과제를 담당할 때는 규범서술적 성격(이 경우 개별 규범의 효력과 내용은 문제 삼지 않는다[55])과 규범명제적 성격(이 경우에는 법률안이나 도그마틱적 해결 방법을 제시한다)을 모두 갖는다.

법학에 법제정과 법적용에 대한 비판적 분석이라는 기능을 부여한다면, 법학은 규범표현적 기능을 담당하게 된다.[56] 이러한 기능까지 담당하는 법학은 법실무에서 제시되는 결정의 근거를 재구성하고, 도달 가능한 합리성을 기준으로 실무의 근거제시를 비판적으로 심사하는 과제를 담당하게 된다.[57] 이 점에서 법학은 (규범적) 법적 논증이론과 같은 맥락에 있다. 이 모든 기능에 비추어 볼 때 법학적 활동은 사회적 행위에 영향을 미치는 것을 목표로 삼는다. 이 점에서 법학은 행위과학이다.[58]

물론 이러한 측면들의 확인만으로는 법학의 과제 영역을 확실하게 밝혔다고 볼 수 없다. 특히 법학이 규범을 서술하는 기능(규범서술적 기능)과 규범을 제안하는 기능(규범명제적 기능)에 한정되는지 아니면 한 걸음 더 나아가 규범적 기준에 비추어 법실무를 평가하는 기능(규범표현적 기능)까지 담당해야 하는지는 명확한 대답이 이루어지지 않았다.

---

55 법학의 과제가 규범을 서술하는 데 집중되는 경우에는 법학을 얼마든지 **경험과학**으로 이해할 수 있다[이에 관해서는 *Röhl/Röhl*, Rechtslehre(각주 1), S. 158 이하 참고]. 하지만 단순히 서술에만 국한될 뿐 가치평가와 해석과 관련된 제안을 포기하는 법학은 학원 강의로 전락하고 말 것이다.

56 *Rottleuthner*, Rechtswissenschaft als Sozialwissenschaft, 1973, S. 86; *Ballweg*(각주 12).

57 *Rottleuthner*, Rechtswissenschaft(각주 56), S. 205, 258.

58 이에 관해서는 *Schwerdtner*, Rechtswissenschaft und kritischer Rationalismus, in: Rechtstheorie 2(1971), S. 232 이하; *Wieacker*, Nutzen(각주 4), S. 755 Fn. 18(다만 비아커는 '행위과학'이라는 개념이 불명확하다는 우려를 표명한다).

10.4.2 법학에 대한 사회기술적 이해

비판적 합리주의를 표방하는 학자들은 법학을 사회기술(Sozialtechnologie)로 이해하고, 그 때문에 법학을 규범서술 기능과 규범제안 기능에 한정하려고 한다.[59] 비판적 합리주의의 관점에서 볼 때 법학은 현실과학의 과제, 즉 법적 규율이 지닌 사실상의 효력과 사회를 조종하는 역량을 설명하는 과제를 담당한다.[60] 이 점에서 법학을 규범적 성격의 도그마틱 학문으로 이해하는 것은 — 알버트에 따르면 — 규범과 규범에 관한 명제를 제대로 구별하지 않는 잘못의 소산이라고 한다. 다시 말해 법학의 규범서술적 활동과 규범적(규범표현적) 활동을 명확히 구별하지 않은 탓에 법학의 과제를 그런 식으로 오해한다는 것이다. 오히려 법학의 명제는 규범에 **관한** 명제이고, 이 명제 자체는 규범적 성격을 지니지 않는다고 한다.[61] 이처럼 법학의 규범적 성격을 제거함으로써 법학의 실천적 과제는 사회기술에 국한된다는 결론에 도달한다. 즉 법학은 (단지) 현행규범을 해석하기 위한 제안과 향후의 입법(de lege ferenda)과 관련된 제안을 제시하는 과제(앞에서 사용한 용어로는 법학의 '규범명제적 기능')만을 담당해야 한다. 다시 말해 법학은 규범적 성격을 갖지 않은 상태에서 실천에 지향되어 있다고 한다.[62]

그러나 비판적 합리주의에 따라 법학의 과제를 이렇게 제한적으로 이해하는 것이 과연 가능하고 또 바람직한지 묻지 않을 수 없다. 이러한 제한이 가능하지도 않고 바람직하지도 않다고 보아야 할 충분한 근거가 있기 때문이다. 어떤 규범을 해석하는 특정한 제안은 이 규범에 대한 **가능한 해석**을 포함한다는 주장 자체가 이미 가치평가를 담고 있다. 더 나아가 법학을 사회기술에 한정하는 것은 곧 법학이 지닌 논증 능력을 결과 논거라는 단 하나의 논거 유형으로 축소하고 만다.

알버트처럼 법학이 특정한 **가치관점**에 지향된 사회기술이라고 이해[63]할지라도 사정

---

59 *Albert*, Praxis(각주 25), S. 60 이하, 특히 75 이하. 이 밖에도 *Albert*, Rechtswissenscahft als Realwissenschaft, 1993도 참고. 비판적 합리주의에 대한 개관으로는 *Hilgendorf*, Hans Albert zur Einführung, 1997, S. 108 이하 참고.

60 *Albert*, Praxis(각주 25), S. 65.

61 *Albert*, Praxis(각주 25), S. 73 이하.

62 *Albert*, Praxis(각주 25), S. 80.

63 *Albert*, Praxis(각주 25), S. 80.

은 다르지 않다. 알버트가 말하는 가치평가는 법학이 제안한 해석이 낳을 결과에 대한 평가로 이해할 수밖에 없고, 이 평가는 제안된 해석이 법률문언, 입법자의 의지 또는 정의의 요구와 합치할 수 있다는 주장의 토대가 되는 평가와는 다른 평가이기 때문이다. 따라서 법학을 사회기술로 이해하는 이론 모델에서는 일반적 규율(법률)과 구체적 결정의 매개라는 법학의 과제는 설 자리가 없는 셈이다.[64] 이로써 합리적 논증이 차지하는 영역은 '권위를 지닌 역할 담당자'의 결단이 더 높은 비중을 갖도록 극단적으로 제한되지 않을 수 없다.

이러한 비판을 통해 법학을 사회기술로 한정하는 것이 과연 **바람직**한지도 대답할 수 있다. 이와 관련해서는 일단 비판적 합리주의가 법학의 과제를 규정하는 방식을 따른다면 법학적 인식이라는 그럴듯한 외관을 씌워 등장하는 주관적 평가와 주관적 결정이라는 문제점을 해결하거나 완화할 수 있다는 사실을 인정해야 한다. 물론 이를 위해서는 혹독한 대가를 치러야 한다. 즉 권위를 지닌 역할 담당자의 결정을 규정하는 가치평가를 합리적으로 통제하는 것 자체를 포기해야 한다.

10.4.3 비판적 학문으로서의 법학

비판적 합리주의처럼 가치로부터 최대한 멀리 떨어지는 것을 선호하는 태도와는 달리 법학과 법실무에서 등장하는 가치평가를 뚜렷이 의식하도록 만들고 이를 합리적으로 통제하는 태도를 표방할 수 있다. 이렇게 되면 법학의 과제는 법학과 법관의 '인식'이 예컨대 선입견, 특정한 선호(Präferenz), 경향성을 띤 정보와 같이 법률 이외의 요인들로부터 영향을 받는다는 사실 그리고 이런 의미에서 법도그마틱과 법실무가 '정치적' 성격을 지닌다는 사실을 분명하게 의식하도록 만드는 일이 된다.

이 측면에서 예컨대 법관사회학 연구나 법과대학 교육의 사회화 기능에 관한 연구를 법학의 보조학문 영역쯤으로 치부해서는 안 된다. 이 연구 역시 법학의 고유한 과제에 속한다. 물론 이러한 연관성을 자세히 증명하는 작업은 정치적 법학, 즉 비판적 법학이

64 그 때문에 알버트가 생각하는 법학은 해석학적 분과가 아니라 현실과학적 분과일 따름이다.

수행하는 여러 과제 가운데 하나일 뿐이다. 정치적 법학이 결정자의 자기이해만이 아니라 결정 자체까지도 실질적으로 비판하고자 한다면, 결정의 내용적 타당성을 판단하는 기준이 필요하다. 즉 정당한 법과 관련된 초실정적 기준, 다시 말해 법적 명제의 '진리'라는 기준이 필요하다. 물론 이 진리를 법적 명제와 주어진 규범 사이의 일치라는 **일치이론**(Korrespondenztheorie)의 의미로 이해해서는 안 된다. 진리개념을 대상과 지성의 일치(adaequatio rei et intellectus)로 규정하는 것은 대상과 관련해 일관된 자연법사상만이 인정하는 필연적 존재를 전제해야 하기 때문이다. 이 관점에서 볼 때 법학에서는 **합의이론**(Konsenstheorie)의 진리개념을 수용해야 한다는 제안[65]은 충분히 설득력이 있다. 합의이론은 명제의 동의 가능성에 초점을 맞추기 때문이다. "명제가 진리이기 위한 조건은 다른 모든 사람의 잠재적 동의이다."[66]

법학에서 합의이론은 두 가지 지점에서 중요한 의미가 있다. 첫째, 합의이론은 실재론적 진리이론이 법학을 존재론적 난관에 빠뜨릴 수 있는 위험을 피할 수 있다.[67] 둘째, 합의이론은 규범과 가치평가에 대해서도 진리라는 가치를 인정할 수 있다. 일치이론은 규범이 존재하는 사안을 주장하는 것이 아니고, 따라서 규범과 사안의 일치 자체가 있을 수 없다는 이유에서 규범의 진리 가능성을 일관되게 부정한다. 이에 반해 하버마스처럼 진리를 하나의 언어행위가 제기하는 타당성 주장을 정당화할 가능성으로 이해하면,[68] 규범에 대해서도 진리 가치를 부여할 수 있다. 명령과 가치평가 역시 타당성 주장을 제기하는 것이고, 이 주장을 실천적 논의를 통해 정당화할 수 있기 때문이다.[69] 이러한 합의이론에 비추어 보면 법학이 제기하는 진리 주장은 유일하게 정당한 결정이 존재한다[70]는, 인식론적으로 극히 의심스러운 사고를 지칭하는 것이 아니라 확고한 정당

---

65 *J. Schmidt*, Noch einmal: Wahrheitsbegriff und Rechtswissenschaft, in: JuS 1973, S. 204 이하. 하버마스의 합의이론에 관해 자세히는 *Alexy*, Theorie(각주 30), S. 134 이하 참고.

66 *Habermas*, Wahrheitstheorien, in: *H. Fahrenbach*(Hrsg.), Wirklichkeit und Reflexion. Walter Schulz zum 60. Geburtstag, 1973, S. 219.

67 *J. Schmidt*, Wahrheitsbegriff(각주 65), S. 207.

68 *Habermas*, Wahrheitstheorien(각주 66), S. 218.

69 *Habermas*, Wahrheitstheorien(각주 66), S. 220. 예전보다 더 섬세하게 이론을 구성하는 *Habermas*, Richtigkeit versus Wahrheit, in: *ders.*, Wahrheit und Rechtfertigung, 2004, S. 299 이하도 참고.

70 이에 관해서는 *Arthur Kaufmann*, Die Geschichtlichkeit des Rechts im Lichte der Hermeneutik, in: *ders.*, Beiträge zur juristischen Hermeneutik, 1984, S. 52. "방법에 따른 법발견 절차 바깥에는 법의 객관적 정당

화가 가능하다는 주장을 표현한 것이다. 이 점에서 합의이론은 법학이 논증하는 분과라는 사실에 주목하게 해준다. 즉 법학의 합리성은 논거의 합리성에 달려 있고, ―더 정확히 말하면―법적 논거를 합리적 논증에 비추어 심사할 가능성에 달려 있다.[71] 이렇게 해서 법학의 학문이론은 법적 논증에 관한 이론으로 흘러간다.[72]

성이 존재할 수 없다." 하지만 순수하게 절차적으로 이해되는 합의이론과는 달리 카우프만은 진리이론이 합의된 결과의 내용적 일치라는 이념을 필연적으로 전제한다는 점에 주목한다[*Arthur Kaufmann*, Wissenschaftlichkeit(각주 5)].

71 이에 관한 기본적인 내용은 *Alexy*, Theorie(각주 30), S. 259 이하; *Peczenik*, Grundlagen(각주 13), S. 167 이하 참고.

72 *Mastronardi*, Angenwandte Rechtstheorie, 2009, Rn. 1에서도 같은 생각이 등장한다.

주요 참고문헌

Aarnio, Aulis, Denkweisen der Rechtswissenschaft, 1979.

Dreier, Ralf, Recht — Moral — Ideologie, 1981.

Neumann, Ulfrid/Rahlf, Joachim/von Savigny, Eike, Juristische Dogmatik und Wissenschaftstheorie, 1976.

심화 문헌

Lege, Joachim, Pragmatismus und Jurisprudenz, 1999.

Neumann, Ulfrid, Rechtstheorie und Allgemeine Wissenschaftstheorie(1993), in: *ders.*, Recht als Struktur und Argumentation, 2008, S. 243 이하.

ders., Rechtswissenschaft als säkuläre Theologie. Anmerkungen zu einer wissenschaftstheoretischen Topos des Kritischen Rationalismus, in: *ders.*, Recht als Struktur und Argumentation, 2008, S. 318 이하.

Schlapp, Thomas, Theorienstruktur und Rechtsdogmatik, 1989.

11. 법경제학

알프레드 뷜레스바하

11.1 서론

“법과 경제의 관계를 학문적 연구의 대상으로 삼는 것은 오랫동안 미국의 학문으로 여겨졌다. 하지만 이는 결코 정확한 판단이 아니다. 이 학문의 연원은 명백히 국제적 차원이다. 영국의 경제학자 애덤 스미스와 제러미 벤담이 시작했고, 그 이후 피구(A.C. Pigou)와 로널드 코스(Ronald Coase)가 이 학문의 토대를 마련했으며, 막스 베버 — 그는 법학자이자 경제학자였다 — 역시 중요한 역할을 했다. 프리드리히 하이에크(Freidrich Hayek)와 브루노 레오니(Bruno Leoni) 역시 이 학문에 영향을 미친 학자들 가운데 미국인이 아닌 예에 속한다. 어쨌든 오늘날 이 학문분과에 속하는 연구가 국제적 차원에서 이루어지고 있다는 것은 명백한 사실이다. 「법과 경제 학회」는 북아메리카에만 있는 것이 아니라, 유럽과 라틴아메리카에도 있으며, 법과 경제의 관계를 연구하는 학문은 모든 주요 국가와 다수의 소규모 국가에서 이루어지고 있고, 이 분야의 주도적 학술지는 미국 이외의 나라에서도 발간된다.”[1]

---

1 *R. A. Posner*, Foreword, Encyclopedia of Law and Economics, 1999.

11.2 법경제학의 발전

11.2.1 행태의 관계성인가 아니면 인과성인가?

법경제학 또는 법에 대한 경제학적 분석은 지난 몇십 년에 걸쳐 영역을 확장해왔다. 오늘날에는 법적인 설명을 할 때 '인센티브 시스템'이나 '효용극대화'와 같은 경제학적 개념을 사용하는 것은 거의 당연한 일이 되었다. 예를 들어 환경법[2]에서는 배출권거래, 보험을 통한 위험방지와 같은 개념을 사용하거나 형법[3]에서는 형량을 높이는 것과 검거비율을 개선하는 것 가운데 어느 것이 더 효율적인 범죄예방 전략인지에 대해 논의한다.

행위조종을 위한 도구로서의 법규범은 행태과학적 연구와 특히 최근에는 빅 데이터 분석과 같이 알고리즘으로 조종되는 정보기술적 분석을 통해 확대되었다.[4] 빅 데이터 분석은 이제 더는 인과성 원칙에 기초하는 것이 아니라, 일반적 행위형태의 관계성과 개연성에 기초한다. 즉 개인의 행동은 빅 데이터 저장소가 분석적으로 평가해서 행동을 예측하게 되는 다양한 소프트웨어의 활용을 통해 규정되는 상태에 놓이게 된다.

11.2.2 경제적 분석의 영역들

법학에 대한 사회과학적 고찰은 법경제학(법에 대한 경제학적 분석)으로 전환되고 있다고 보인다. 정치, 경제, 법, 교육, 문화, 개인적 행태 등의 영역에서 작용하는 제도와 과정에 대한 상세한 분석은 경제학적 방법을 법경제학의 방법으로 이용하고, '경제적

---

2 *H. G. Nutzinger*, Langzeitverantwortung im Umweltstaat aus ökonomischer Sicht, in: *C. F. Gethmann/M. Kloepfer/ H. G. Nutzinger*, Langzeitverantwortung im Umweltstaat, 1993, S. 42-78.

3 *G. Becker*, Crime and Punishment. An Economic Approach, in: Journal of political Economy 76(1968), S. 169 이하.

4 Big Data. Das neue Versprechen der Allwissenheit, 1. Aufl. 2013. 특히 이 책에 실린 *Dirk Baecker*, Metadaten, S. 156-186과 *Dana Boyd/Cate Crawford*, Big Data als kulturelles, technologisches und wissenschaftliches Phänomen, S. 187-218 참고. 또한 *Chr. Kirchner*, Informationsrecht: ein institutionenökonomischer Zugang, in: *J. Taeger/A. Wiebe*(Hrsg.), Informatik - Wirtschaft - Recht. Regulierung in der Wissensgesellschaft, FS f. W. Kilian, 2004, S. 103-116도 참고.

인간(homo oeconomicus)'의 행태 및 합리성에 대한 전제를 분석하기 위해 후생경제학(파레토 기준과 칼도어-힉스 기준)이나 미시경제학 및 거시경제학을 법에서 사용한다. 그리고 상호작용에서의 합리적 결정의 측면에서 게임이론은 이익갈등의 해결을 지향하는 법학에서 결정이론으로 이용된다.[5]

경제학에 대한 포괄적인 이해(경제학과 국가학)는 독일에서는 이미 일찍부터 확산해 있었지만, 미국에서는 경제학적 정치이론('신정치경제학')으로 국가이론, 헌법이론 및 행정이론을 거쳐 법학에 수용되었다(공공선택이론과 사회적 선택이론).[6]

합리적 선택(Rational Choice)이론[7]은 경제학적 행위모델로서 인간은 (1) 개인적이지만 안정된 선호도 질서를 거쳐 (2) 적절한 양의 정보와 다른 투입을 고려하여 (3) 자신의 효용을 극대화함으로써 합리적으로 행동한다는 점에 기초하고 있다.[8]

합리적 선택이론은 법규범을 수범자와 법적용자의 기대 가능한 행동을 조종하는 규범으로 설명하는 데 이바지할 수 있다. 경제학적 행위모델의 보편성은 법학에서도 얼마든지 이용할 수 있다. 이 모델은 관련 문헌에서 법과 경제의 관계에 관한 연구가 법학에 이바지한 가장 중요한 연구 가운데 하나로 여겨진다.[9]

11.3 법에 대한 경제학적 분석

11.3.1 기원

법에 대한 경제적 분석의 사상사적 선구자는 초기 고전 경제학자에까지 거슬러 올라

5 이에 관해서는 *E. V. Towfigh/N. Petersen*, Ökonomische Methoden im Recht. Eine Einführung für Juristen, 2010, S. 1 이하, 23 이하, 35 이하, 71 이하, 117 이하 참고.

6 이에 관해서는 *E. V. Towfigh/N. Petersen*(각주 5), § 6 Public Choice Theorie und Social Choice Theorie, S. 133 이하(135/136) 참고.

7 이에 관해서는 *E. V. Towfigh/N. Petersen*(각주 5), § 7 Verhaltensökonomie, S. 165 이하 참고.

8 *E. V. Towfigh/N. Petersen*(각주 5), § 7 Verhaltensökonomie, S. 166 이하, 169 이하; *G. Becker*, The Economic Approach to Human Behavior, 1976, S. 14.

9 Ebd., S. 166.

간다. 애덤 스미스[10]는 법률이 미치는 영향을 서술했고, 동시대의 데이비드 흄[11]은 법률을 희소한 자원의 세계에서 경제주체들이 상호 협력이 가능할 수 있도록 준수하는 원칙들의 앙상블로 파악했으며, 제러미 벤담은 행위자들이 법적 자극을 고려해 어떻게 행동하는지를 연구하고 그 결과를 사회 전체의 복리를 기준으로 평가했다. 벤담은 인간 행동의 모델("자연은 인류를 고통과 쾌락이라는 두 주권자의 통치하에 살도록 만들었다")과 입법의 목표("공동체를 구성하는 개인들의 행복이 입법자가 고려해야 할 목표이자 유일한 목표이다")를 밝혔다.[12]

법현실주의(특히 '법과 사회 운동'과 '비판법학 연구') 이외에도 벤담의 공리주의 역시 법에 대한 경제학적 분석에 강한 영향을 미쳤다.

여기서 자세히 서술할 수는 없지만, 오스트리아학파 국민경제학의 태두인 멩어(C. Menger), 프리드리히 하이에크(F. A. Hayek), 사비니(F. C. v. Savigny)를 중심으로 한 독일 역사법학의 영향 그리고 카알 마르크스가 미친 영향도 지적할 필요가 있다. 마르크스는 법이 생활관계에 미치는 작용을 강조했고, 공리주의가 인간을 유용성이라는 유일한 관계로 축소한다는 이유로 공리주의를 비판했다.[13]

11.3.2 '법과 경제' 접근방법

1960년대 말부터 코스(R. Coase),[14] 칼라브레시(Calabresi; 예일대 로스쿨),[15] 리처드

---

10 *A. Smith*, An Inquiry into the Nature and Causes of the Wealth of Nations, 1976, Vol. II, S. 708, in: *R. H. Campwell/A. S. Skinner/W. P. Todd*(eds.), The Glasgow Edition of the Works and Correspondence of Adam Smith, Oxford, 1976.

11 *David Hume*, Treaties and Enquiries, 1991.

12 이에 관해서는 *Posner*, The Law and Economics Movement. From Bentham to Becker, in: The Origins of Law and Economics, S. 328-349 참고. 또한 *K. Grechenig/M. Gelter*, Divergente Evolution des Rechtsdenkens - Von amerikanischer Rechtsökonomie und deutscher Dogmatik, in: RabelsZ Bd. 72(2008), S. 513-561(530); *Mestmäcker*, A Legal Theory without Law, Posner v. Hayek on Economic Analysis of Law, 2007, S. 16-20(17)도 참고.

13 *Marx*, Die Deutsche Ideologie(1845-1846), MEW, Bd. 3, S. 394 이하.

14 *R. H. Coase*, The Problem of Social Cost, in: Journal of Law and Economics 3(1960), S. 1-41.

15 *Calabresi*, The Cost of Accidents. A Legal and Economic Analysis, New Haven, 1970; *ders.*, Some Thoughts on Risk Distribution and the Law of Torts, in: Yale Law Journal 70(1960/61), S. 498-553.

포스너(시카고대 로스쿨)[16] 등은 오늘날의 '법과 경제' 운동의 토대가 된 획기적인 저작들을 발표했다.[17] 법관인 칼라브레시와 포스너 그리고 경제학자인 코스는 법적 정당화에 경제학적 접근방법과 방법론을 도입했다. 경제학자인 쿠터(R. D. Cooter; 버클리대)는 법이라는 주제를 경제학적 고찰의 대상으로 발견했다. 베커(G. Becker)는 경제학적 도구를 범죄에 적용했다.[18] 뷰캐넌(Buchanan)/툴록(Tullock)은 헌법, 국가 및 행정에 대한 경제학적 분석의 초석을 놓았다.[19]

칼라브레시는 경제적 효율성을 기준으로 사고책임보험법을 정당화한다. 그는 예일 법경제학파의 창시자 가운데 한 사람으로 여겨진다. 이 학파는 후생경제학적 의미에서 규범적 논증을 중시하는 학파이다. 예컨대 파레토 기준이나 개선된 칼도어-힉스 기준과 같은 효율성 기준을 수용하는 것은 미국의 법체계에서 통상적으로 이루어지는 논증, 즉 법관의 개인적 판단에 기초하여 법적 이론구성의 생성에 초점을 맞추는 논증과는 뚜렷한 차이가 있다.

포스너(1972)와 랜즈(Landes; 1972)는 민사소송에 대한 경제학적 분석의 토대를 마련했다. 포스너는 규범적 경제학의 공리주의적 접근방법을 지지할 뿐만 아니라, 법에 대한 실증적인 경제학적 분석(실증주의)도 지지한다. 이를 통해 법적 논거들 — 은폐된 논거들까지 포함하여 — 을 재구성할 수 있고, 법적 논거들이 규범적 고려의 측면에서 미치는 영향을 평가할 수 있게 된다. 이러한 실증적 경제학적 분석의 지지자들 — 시카고 법경제학파가 대표적이다. 이 학파에서는 규제에 관한 경제학적 이론을 연구하기도 한다(대표적인 학자는 스티글러 G. J. Stigler[20]) — 은 무엇보다 사회적 비용(social cost)의 문제에 대한 코스의 선구적 논문(1960)을 원용한다. 코스는 이 논문에서 효율적인 협

---

16 *Posner*, Economic Analysis of Law, 1. Aufl. 1972, 8. Aufl. 2011.

17 *Schanze*, Ökonomische Analyse des Rechts in den USA - Verbindungslinien zur realistischen Tradition, in: *Assmann/Kirchner/Schanze*(Hrsg.), Ökonomische Analyse des Rechts, überarb. Aufl. 1993, S. 1-16; *Grechenig/Gelter*(각주 12), S. 534-539.

18 *G. Becker*, Crime and Punishment. An Economic Approach, in: Journal of Political Economy 76(1968), S. 169 이하.

19 *J. Buchanan/G. Tullock*, The Calculus of Consent, 1962. 뷰캐넌에 관해서는 *Jona Mc Gill*, in: The New Palgrave, Dictionary of Economics and The Law, Ed. *Peter Newman*, 1998, Vol. I, S. 179-185 참고.

20 스티글러에 관해서는 The New Palgrave Dictionary of Economics and the Law, Vol. III, S. 544 참고.

상을 위한 이론 모델을 제시했다. 코스는 「사회적 비용의 문제(The Problem of Social Cost)」라는 논문에서 거래구조의 물음에 대한 답을 제시했고, 이를 '코스의 정리(Coase-Theorem)'로 집약한다. "거래비용이 낮은 경우 처분권의 할당은 전혀 효율성을 낳는 작용을 하지 못한다."[21]

이로부터 다음과 같은 결론이 도출된다. 즉 의회나 법관이 어떤 식으로 처분권을 할당하는지에 관계없이 당사자들이 거래비용이 낮은 처분권 이전에 합의할 수만 있다면, 당사자들은 효율적인 해결방안에 도달하게 된다.[22] 코스의 모델에 따르면 법관, 변호사, 입법부가 전혀 영향을 미치지 않는 세계가 가능하다. 코스 정리는 그의 모델에 따른 세계에서 협상이 전체 사회에 효율적인 해결방안에 도달할 수 있음을 보여준다. 물론 현실에서는 국가의 개입이 필요하게 만들 수 있는 거래비용이 존재한다.

11.3.3 '행태 법과 경제학' 접근방법(행태경제학)

법경제학에 관한 시카고학파(특히 포스너)의 접근방법은 처음부터 비판의 대상이었다.[23] 최근의 연구 방향인 '행태 법과 경제학(behavioral law and economics)' 역시 경제학적 합리성이라는 요청에서 벗어남으로써 시카고학파와는 반대되는 법정책 제안을 하는 경우가 많다.[24]

카너만(Kahneman)과 트버스키(Tversky)는 '전망이론(Prospect Theory)'을 통해 독자적인 실증적 행태이론을 창안했다. 이들은 인간의 결정행태가 경제학적 합리성 이론

---

21 *Coase*(각주 14); *ders.*, The Firm. The Market and the Law, 1988, S. 95-156, 157-185(174 이하). 코스 정리에 관해서는 The New Palgrave Dictionary of Economics and the Law, Vol. I, 1998, S. 270-282, 262-270 참고. 또한 *Towfigh/Petersen*, Ökonomische Methoden im Recht(각주 7), S. 165 이하(188 이하); *R. Richter/E. G. Furubotn*, Neue Institutionenökonomie, 3. Aufl. 2003도 참고.

22 설명을 위한 예로는 *R. Kirstein*, Ökonomische Analyse des Rechts, Discussion Paper 2003-06, S. 10-13 참고.

23 *A. M. Polinsky*, An Introduction to Law and Economics, 3rd ed., 2003.

24 이에 관해서는 *Jolls/Sunstein/Thaler*, A Behavioral Approach to Law and Economics, in: Stanford Law Review 50(1997/98), S. 1471-1550; *Sunstein*, Behavioral Law and Economics, 2nd Ed. 2004; *Eidenmüller*, Der Homo oeconomicus und das Schuldrecht. Herausforderungen durch Behavioral Law and Economics, in: JZ 2005, S. 216 이하 참고.

이 생각하는 것과는 완전히 다른 방식으로 이루어진다는 점을 확인했다.[25] 이 점에서 전망이론은 인간의 행위기대를 합리성 이론에 기초해서 접근하는 것과는 반대되는 이론 모델로 인정되고 있다. 이론적 개방성을 취하는 경제학자들에게 주도적 역할을 하는 행태이론은 인지심리학이었다. 그렇게 된 데에는 여러 가지 이유가 있지만, 무엇보다 이 심리학 분과는 이미 애덤 스미스가 생각했던 사실을 밝혀주었을 뿐만 아니라, 프로이드의 심리분석보다 인지심리학이 훨씬 더 섬세하게 인간의 행태를 설명해주기 때문이다. 절대다수의 인간은 합리적 모델에서 벗어난 행동을 한다는 인식을 체계화함으로써 인간의 행태에 대한 예견가능성을 높이고, 상대적으로 보편타당한 '준 합리성' 행태 모델을 제시하게 되었다.[26]

11.4 법경제학의 응용

법경제학을 응용할 수 있는 영역은 특히 소유권법(보호권과 행동권, 환경보호 라이센스와 같은 처분권의 할당), 계약법(계약자유) 그리고 정보, 기대 및 기회비용이 변경되는 경우의 거래비용 계산 등이다. 이 밖에도 전통적으로 채권법(불법행위법, 손해배상법, 유책성과 위험책임과 관련된 책임 관련 규율)에서는 법률효과를 효율성을 기준으로 연구한다. 더 나아가 가족법, 경쟁법, 여러 경제영역에 대한 규제, 공기업법, 직업법, 조세법, 사회보장법, 사회법, 국가보조금법 등도 법경제학의 연구 영역에 해당한다. 그리고 형법에 대한 경제학적 분석은 독자적인 연구 영역으로 확립되어 있다.

이미 다양한 측면에서 전개되고 있는 이러한 응용영역과 연구 영역 이외에도 법경제학에서는 법의 성립, 발전, 적용, 준수에 관련된 연구들이 갈수록 늘어나고 있다. 법경제학적 연구 문헌들은 법의 기초도 다루고 있고, 법의 철학적 기초를 원용하기도 한

25 *D. Kahneman/A. Tversky*, Prospect Theory. An Analysis of Decision under Risk, in: Econometrica 47(1979), S. 236-291.

26 이에 관해서는 *Towfigh/Petersen*, Ökonomische Methoden im Recht(각주 7), § 7 Verhaltensökonomie, S. 165-199(168 이하, 170 이하) 참고.

다(예컨대 입법절차, 입법학, 결과평가, 최적의 비용 등에 관한 연구). 이 밖에도 법경제학자들은 유럽연합에서 회원국의 국가법들 상호 간의 조화(예컨대 보충성원칙)에도 주목한다. 정의, 자유, 통일성과 같은 기본가치들 역시 법경제학이 주목하는 대상이다.[27]

11.5 효율성: 법적 규율의 목표인가 아니면 경쟁의 산물인가?(포스너 대 하이예크)

메스트메커(Mestmäcker)는 포스너의 법이해가 함축하고 있는 내용 및 그 역사적 연원을 반박한다. 즉 포스너와는 달리 시장의 발견을 계몽된 사회에서 지배와 법을 새롭게 규정하기 위한 경제체계의 정합적 모델로 파악한다. 그리하여 법은 불변의 자연법 원칙에서 독립했고 기존의 특권을 폐지하며 경제를 파트너로 삼았다고 한다.

이 점에서 포스너의 '법에 대한 경제학적 분석'은 '그 자체' 법 없는 법학이고, 법과 경제의 관계를 충분히 밝히지 못하고 있다.[28] 이 '이론'은 법의 합리성을 온갖 곳으로 퍼트리기만 할 뿐이다. 즉 법을 경제학의 성립, 적용 및 해석으로 축소한다.

이러한 포스너 스타일의 법경제학과는 완전히 다른 접근방법은 경제체계를 자유의 체계로 파악하고, 이 체계는 법질서에 기초해 기본적인 경제적 자유를 개인의 권리로 보장한다고 생각한다.[29] 그러나 포스너는 애덤 스미스와 하이예크가 주장하는 이와 같은 입장을 철저히 비판한다.

메스트메커는 포스너와 하이예크의 논쟁을 다음과 같이 요약한다.

"포스너/하이예크 논쟁은 경제적 재화의 희소성을 다루고 또한 상당 부분 희소성을 통해 규

27 이에 관해서는 앞의 2; *Grechenig/Gelter*, Divergente Evolution des Rechtsdenkens - Von amerikanischer Rechtsökonomie und deutscher Dogmatik, in: RabelsZ Bd. 72(2009), S. 513-562(543-559); *Stefan Magen*, Konjunkturen der Rechtsökonomie als öffentlich-rechtlicher Grundlagenforschung, Reprints of MPI Institute for Research on Collective Goods, Bonn 2014/20, S. 1-20; *P. Behrends*, Die ökonomischen Grundlagen des Rechts, 1976(법에 대한 경제학적 분석과 관련된 1970년대와 80년대의 독일어권 문헌); *Schäfer/Ott*, Lehrbuch der ökonomischen Analyse des Zivilrechts, 5. Aufl. 2012 참고.

28 *E.-J. Mestmäcker*, A Legal Theory Without Law - Posner v. Hayek on Economic Analysis of Law, 2007, S. 21.

29 Ebd., S. 22.

정되는 합리성의 규범적 의미에 관련된 것이다. 경제적 이기심에 기초한 합리적 선택은 의심할 여지 없이 인간의 행동을 이해하고 예측하기 위해 이용되는 가장 근원적인 기준이다. 시장을 자원의 희소성 문제를 처리하기 위한 일차적 제도로 삼는 사회는 합리적 선택이 계약, 소유권 또는 불법행위 책임과 과실에 대한 우리의 이해에 이바지하고 있다는 사실을 결코 무시할 수 없다. 이 점은 포스너와 하이예크의 공통된 출발점이다."[30]

그러나 포스너와 하이예크의 경제이론은 '법의 지배'를 다르게 이해한다. 포스너는 법을 경제에 종속시키는 반면, 하이예크는 추상적인 법규칙을 자신의 자유시장질서이론에서 실현하고자 한다.

11.6 법에 대한 경제학적 분석 대 도그마틱의 자율성

글을 마감하면서 다음과 같은 극단적인 물음을 제기해보자. 즉 경제학적 분석이 법 도그마틱의 학문적 방법을 제거할 수 있을까?

이 물음과 관련해서는 두 가지 구별을 분명하게 밝힐 필요가 있다.

법사학, 법철학, 법사회학, 사회과학적 이론의 수용, 심리학 등도 법을 다루긴 하지만, 이 경우 방법적 및 이론적 도구는 현행법에 대한 법학적 문제를 직접 추적하는 것이 아니라, 각 전문분과 나름의 문제를 추적한다. 따라서 학제연구는 비법학적 문제와 방법들을 결합하는 것을 목표로 삼는다.

이에 반해 법에 대한 경제학적 분석은 "인간의 욕구에 비해 자원이 한정된 세계에서 인간의 선택 행동에 관한 학문으로서의 경제학에 기초하고 있고, 인간이 삶의 목표, 즉 — 우리가 인간 '자신의 이익'이라고 부르는 — 욕구충족을 합리적으로 증대하는 자라는 가정이 갖는 의미를 탐구하고 검토한다."[31]

---

30 Ebd., S. 43.

31 *Posner*, Recht und Ökonomie. Eine Einführung, in: *Assmann/Kirchner/Schanze*, Ökonomische Analyse des Rechts, 1993, S. 79-98(80). 또한 *Polinsky*, Ökonomische Analyse als potentiell mangelhaftes Produkt. Eine

법경제학적 연구는 모든 전문분과를 지향할 수 있으며, 각 전문분과에서 학문적 설득력을 통해 인식을 촉진할 수 있다. 그러나 현행법의 해석에 관해서는 법도그마틱의 기준이 결정한다.[32]

앞으로도 이런 상태가 계속될 것인가 아니면 코스 정리가 갈수록 더 높은 설득력을 발휘하게 될 것인가?

Verbraucherinformation zu Posners Ökonomische Analyse des Rechts, S. 99-128도 참고.

32 이에 관해서는 *Stefan Magen*, Konjunkturen der Rechtsökonomie(각주 27), S. 1-20(5) 참고.

주요 참고문헌

Assmann/Kirchner/Schanze, Ökonomische Analyse des Rechts, Tübingen, 1993(Calabresi, Coase, Polinsky, Posner의 논문 포함).

G. Becker, Crime and Punishment. An Economic Approach, in: Journal of political Economy, 76(1968), S. 169 이하.

P. Behrens, Die ökonomischen Grundlagen des Rechts, Tübingen 1986.

H. Eidenmüller, Effizienz als Rechtsprinzip. Möglichkeiten und Grenzen der ökonomischen Analyse des Rechts, Tübingen, 2. Aufl. 1998.

C. F. Gethmann/Kloepfer/Nutzinger, Langzeitverantwortung im Umweltstaat, Bonn, 1993.

K. Grechenig/M. Gelter, Divergente Evolution des Rechtsdenkens – Von amerikanischer Rechtsökonomie und deutscher Dogmatik, in: RabelsZ Bd. 72(2008), S. 513–561.

R. Kirstein, Ökonomische Analyse des Rechts, Center for the Study of Law and Economics, Discussion Paper 2003–06.

Chr. Kirchner, Informationsrecht: ein institutionenökonomischer Zugang, in: J. *Taeger/A. Wiebe*(Hrsg.), Informatik – Wirtschaft – Recht. Regulierung in der Wissensgesellschaft, FS f. W. Kilian, 2004, S. 103–116

M. Kloepfer(Hrsg.), Umweltstaat als Zukunft, juristische, ökonomische und philosophische Aspekte, Bonn, 1994.

St. Magen, Konjunkturen der Rechtsökonomie als öffentlich–rechtlicher Grundlagenforschung, Reprints of MPI Institute for Research on Collective Goods, Bonn 2014/20. Dez. 14.

E.–J. Mestmäcker, A Legal Theory Without Law – Posner v. Hayek on Economic Analysis of Law, Tübingen 2007.

The New Palgrave, Dictionary of Economics and The Law, Ed. by *Peter Newman* in 3 Volumes, London, 1998.

A. M. Polinsky, An Introduction to Law and Economics, 3rd ed., 2003.

R. Posner, Economic Analysis of Law, 8th ed., New York, 2011. 〔리처드 A. 포스너, 『법경제학 – 상·하』, 정기화 옮김, 자유기업센터, 2003〕

J. Rawls, Eine Theorie der Gerechtigkeit, Frankfurt/M., 1975. 〔존 롤스, 『정의론』, 황경식 옮김,

이학사, 2003〕

R. Richter/E. G. Furubotn, Neue Institutionenökonomie, 3. Aufl. 2003.

H.−B. Schäfer/C. Ott, Lehrbuch der ökonomischen Analyse des Zivilrechts, 5. Aufl. 2012.

St. Voigt, Institutionenökonomik, München, 2002.

E. V. Towfigh/N. Petersen, Ökonomische Methoden im Recht. Eine Einführung für Juristen, Tübingen, 2010.

12. 의료윤리, 생명윤리 그리고 법

울리히 슈로트

12.1 개념

의료윤리(Medizinethik)는 인간의 질병을 치료할 때 등장하는 규범적 문제를 다룬다. 의료윤리라는 개념은 의사-환자 관계에서 제기되는 도덕적 당위를 다루는 의사윤리보다 더 넓은 개념이다. 의료윤리는 예컨대 인간실험 또는 치료 목적 실험의 허용 여부와 관련해 제기되는 문제와 같이 의학에서 등장하는 규범적 문제까지 포함하기 때문이다. 오늘날의 의료윤리는 출산 전 진단술이나 수정란 이식 전 진단술(Präimplantations-diagnostik)과 같이 생식과 관련된 문제도 다루고, 낙태의 정당성 여부 및 허용한계를 둘러싼 문제도 다룬다. 낙태와 관련해서는 특히 배아(Embryo)의 도덕적 지위가 논의의 중심이 된다.

생명윤리(Bioethik)라는 개념은 생명과학의 규범적 문제를 주제로 삼는다. 이 분과는 유전자기술과 장기이식 의료의 영역에서 문제가 되는 규범적 당위에 대한 물음들을 다룬다. 더 나아가 생명윤리에서는 배아 줄기세포의 추출과 같이 잔여 배아를 폐기할 수밖에 없는 연구가 과연 허용되는지도 중요한 주제가 된다. 그리고 인간복제(Klonen)의 정당성도 생명윤리의 대상이다.

생명윤리라는 개념은 부정적인 의미로 사용되기도 한다. 즉 효용성을 고려해 생명과학자와 의학자들의 행위영역을 확장하고자 하는 공리주의적 견해를 생명윤리라고 부르기도 한다.

12.2 의료윤리와 생명윤리에 대한 오늘날의 관심

현재 공적 논의에서는 의료윤리와 생명윤리의 문제에 대해 커다란 관심을 보인다는 사실을 확인할 수 있다. 이렇게 된 데는 여러 가지 요인이 작용했다.

일단 의료의 가능성 영역이 크게 확장했다. 예컨대 산 사람의 간을 부분 이식하는 수술이 가능해졌기 때문에 기증자에게는 상당히 위험한 생체이식을 어느 경우에 허용해야 하는지를 곧장 묻게 된다.

새로운 치료 가능성의 획득이 초기 배아의 생존 이익에 대한 침해와 결부되는 때도 있다. 그 때문에 이러한 침해가 허용되는가의 물음이 제기된다.

이 밖에도 의료윤리와 생명윤리에 관한 관심이 높아진 이유 가운데 하나는 의사들과 연구자들이 예전과는 달리 도덕적 문제와 관련해 절대적인 권위를 누리지 못하기 때문이다. 즉 사회 자체가 의료와 생명과학에서 등장한 새로운 기회가 과연 규범적으로 허용되는지에 대해 직접 관심을 기울인다. 그리하여 의사들과 연구자들에게 인정되어야 할 행위의 범위는 이제 공적으로 논의해야 할 문제로 여겨진다.

오늘날의 다원주의 사회에서는 도덕을 둘러싸고 서로 다른 견해들이 충돌한다. 그렇다고 해서 의료기술과 생명과학의 영역에서 최소한의 기준을 확정하는 일을 소홀히 할 수는 없다.

12.3 의료윤리와 생명윤리의 발전

의료윤리는 의료 자체와 똑같이 오랜 역사를 갖고 있다. 이른바 히포크라테스 선서는 2000년도 넘은 오래된 의료윤리이다. 이 선서는 의사의 치료는 손해를 불러일으키거나 부당한 방식으로 행해져서는 안 되고, 오로지 환자의 이익에 이바지해야 한다는 내용을 담고 있다. 그리고 설령 환자가 원할지라도 환자에게 치명적인 약품을 처방해서는 안 되고, 임산부에게 낙태 약품을 처방해서는 안 된다고 요구한다.

의료윤리의 발전에서 기념비적 전환점은 1946년에 시작된 뉘른베르크 나치 의료인 재판 — 이 소송을 통해 나치 시대 때 의사들이 인체실험 등 엄청난 죄악을 저질렀다는 사실이 만천하에 드러났다 — 에 대한 반향으로 선언된 「뉘른베르크 의료지침(1947년)」이다. 이 재판은 나치 때 자행된 잔인하고 끔찍한 연구들을 형법적으로 처리하게 되었다. 그 때문에 「뉘른베르크 의료지침」은 의사의 연구가 환자와 피실험자의 자발적이고 명시적인 동의를 전제한다는 점을 명시했다.

1964년에 세계 의사협회는 「헬싱키 선언」을 통해 의료 연구는 피실험자가 충분한 설명을 들은 이후 자발적으로 동의할 때만 수행될 수 있다는 점을 명시적으로 선언했다.

독일에서 의료윤리의 발전은 1970년대에 시작되었다. 이때부터 대학과 교회에 의료윤리 센터가 설립되고, 의료윤리 학술지가 창간되었으며 교과서도 출간되었다. 이와 동시에 의료윤리에 관한 연구에 대한 재정적 지원도 확대되었다. 2003년부터 의료윤리는 의과대학 교육에서 중요한 역할을 하게 되었다.

유럽 전체의 차원에서 생명윤리의 최소기준을 확립하려는 시도도 있다. 유럽위원회의 의지에 따라 생명의료에 관한 인권협약이라 할 수 있는 이른바 「생명윤리 국제협약」에는 인간 생물학과 의료 영역에서 인간의 존엄을 보장하기 위한 규칙을 제안하고 있다.[1] 이 협약의 제1조는 협약의 목적이 시민과 시민의 신체적 완결성 및 정체성을 보호하기 위한 것임을 명시하고 있다. 의료개입은 환자 또는 피실험자가 설명을 들은 이후 동의한 경우에 한정된다는 점도 확정하고 있다. 그리고 동의 무능력자, 정신질환자, 긴급상황에 처한 자의 보호 필요성도 명시하고 있다. 인간 유전자와 관련해서는 유전적 특성에 따른 차별을 금지한다. 신체에 대한 유전자치료는 의료목적으로만 허용되고, 줄기세포 치료 자체는 전면적으로 금지된다. 인간을 의학적으로 연구하는 행위는 다른 연구 대안이 없고, 그에 따른 위험/효용 관계를 충분히 납득할 수 있어야

1 「생명의료에 관한 인권협약(생명윤리 국제협약)」에 대한 독일 의회의 심의에 관해서는 Bundestagsdrucksache 13/54435(1996년 8월 21일) 참고. 이 생명윤리 협약은 그사이 발효되었지만, 독일은 아직 서명 비준하지 않았다.

하며, 윤리위원회의 심사를 거쳐야 하고 당사자들이 포괄적인 설명을 들은 이후 서면으로 동의할 때만 허용된다. 동의 능력이 없는 사람을 연구 대상으로 삼는 것은 당사자의 건강을 위한 것이거나 생명윤리 위원회가 지명한 질병의 치료를 위해 잠재적 유용성이 있을 경우만 허용된다.

이로써 「헬싱키 선언」을 통해 직업윤리의 측면에서만 확정되어 있던 「뉘른베르크 지침」이 이제는 국제적으로 구속력을 갖게 되었다. 유럽의회와 유럽위원회 각료위원회는 이 협약을 보충하는 의정서를 작성했다. 첫 번째 보충은 1997년에 통과된 「인간 복제 금지 의정서」이다.

12.4 의료윤리와 생명윤리의 방법론

의료윤리와 생명윤리에서는 어느 한 윤리학 이론이 지배하는 것이 아니다.[2] 즉 이 영역에서 제기되는 논거들과 원칙들은 그때그때 **공리주의**,[3] **규범윤리**(deontologische Ethik), **논의윤리**(Diskursethik) 등으로부터 도출되는 논거와 원칙이다.

하지만 한편으로는 규범체계를 정당화하고, 다른 한편으로는 의료윤리에서 등장하는 견해의 차이를 해소할 수 있는 방법론을 수립하려는 이론도 존재한다. 이와 관련된 이론적 구성은 커트, 컬버, 클루저, 단너에 의해 발전되었다.[4]

이와 반대되는 모델은 사례집단을 구성하는 방법을 취한다. 이 모델은 생명윤리가 사례에서 시작되고, 윤리학자는 확실한 판단이 가능한 사례들에서 출발해 불확실한 사례에 대한 해결을 준비해야 한다고 전제한다. 그리하여 이 모델은 당사자들에게 미칠 결과에 대한 평가에서 출발해야 한다고 본다. 이 점에서 당사자들의 권리(한편으로는 생명권, 다른 한편으로는 헌법상의 권리)에 대한 분석에서 시작해야 한다. 이에 따라 생명윤리

---

2 다양한 이론적 접근방법에 관해서는 *Düwel/Steigleder*(Hrsg.), Bioethik, 2003 참고.

3 공리주의적 의료윤리에 관해서는 *Singer*, Rethinking life and death, 1994; *Düwel*, Utilitarismus und Medizinethik, in: Bioehtik(각주 2), S. 57 이하 참고.

4 *Gert/Culver/Clouser/Danner*, Bioethics. A Return to Fundamentals, 1997.

는 모든 환자가 누려야 마땅할 존중에 관해 숙고해야 한다. 그리고 관련된 사례들을 미덕(공감, 정직 등)의 관점에서도 고찰해야 한다. 끝으로 정의나 비용도 고려해야 한다.[5]

의료윤리에서 가장 유명한 통합적 접근방법은 톰 부챔(Tom Beachamp)과 제임스 칠드레스(James Childress)에서 비롯된다.[6] 이들의 저작 『생명의료윤리의 원칙들(초판 1979년)』에서 부챔과 칠드레스는 의료윤리와 생명윤리에서 핵심 역할을 해야 할 네 가지 원칙을 확정한다.

- 환자의 자율에 대한 존중
- 손해의 회피
- 배려 및 보호의무와 효용 증대
- 정의

이 원칙들은 중범위(middle range) 원칙으로서 직관적으로 자명하다는 사실에 기초해 설득력을 지닌다. 이 원칙들은 거부하거나 더 발전시킬 수 있는 확정된 이론에서 비롯된 것이 아니라 그 자체가 이미 의학과 생명과학의 기준이다.

환자의 자율을 존중해야 할 필연성은 의사의 행위가 여러 측면에서 환자의 신체적 완결성을 침해한다는 사실에 따른 당연한 결론이다. 이미 헌법에 비추어 보더라도 신체에 대한 침해는 이 법익의 주체가 자기결정에 기초해 신체에 대한 침해에 동의할 때만 허용된다. 환자는 예컨대 고통에서 벗어날 자유와 같이 자신의 신체와 관련해 일정한 이익을 갖는다. 다른 한편 환자는 가치와 관련된 이익도 갖는다. 이 이익은 자신이 어떠한 인간이길 원하는지에 관한 환자의 생각을 표현한다. 따라서 건강을 회복하기 위해 의사가 환자의 신체에 개입하는 행위는 의사가 환자 개인의 생각을 존중할 때만 정당화할 수 있다. 즉 환자가 자율적으로 행동할 수 있는 이상, 의사는 환자의 생각을 존중해야 한다. 하지만 치료행위가 불확실한 상태에서 내리는 결정을 요구하는 경우가

5 *Brody*, Life and Death. Decision making, 1988, S. 22 이하.

6 *Beauchamp/Childress*, The Principles of Biomedical Ethics, 7. Aufl. 2013, S. 101 이하(자율), 150 이하(손해의 회피), 202 이하(배려와 보호), 249 이하(정의).

많다는 사실에 비추어 볼 때 자신의 신체적 완결성을 침해당하는 환자 스스로 어떠한 전제조건하에 어느 정도로 어떠한 위험을 수반하면서 침해가 이루어져도 좋은지를 결정해야 한다.

그러나 자율 원칙만이 의사의 행위지침인 것은 아니다. 예외적인 경우 환자는 의사가 자신을 대신해 결정을 내리기를 원한다. 환자가 자율적으로 행동하는 이상 의사의 대리 결정은 얼마든지 허용된다. 환자가 의식이 없어서 직접 결정할 수 없는 경우도 많기 때문이다. 이 경우에는 추정적 동의라는 원칙에 따라 결정해야 한다. 환자가 동의능력이 없을 때는 환자를 대신해 결정을 내릴 다른 사람을 끌어들이게 된다.

손해의 회피도 의사의 행위 원칙에 속한다는 점은 히포크라테스 선서가 이미 수 세기 전부터 의사의 역할을 이해하는 토대로 인정된다는 사실만으로 충분히 설명된다.

배려와 보호도 의사의 행위에 속한다는 점은 환자를 위해 의사의 배려와 보호가 필요하고 또한 환자가 이를 요구한다는 사실로 설명된다. 그리고 의사의 행위가 유용해야 한다는 점 역시 활용할 자원이 제한되어 있고, 이 자원을 최대한 건강을 위해 투입해야 한다는 사실로부터 도출되는 결론이다.

자원이 한정되어 있고 질병이 있을 때 치료를 통한 도움을 요구할 수 있는 개인적 권리가 존재한다는 사실에 비추어 볼 때 희소한 자원의 분배가 **정의**롭게 이루어져야 할 필요가 있다. 따라서 예컨대 환자가 가진 재정적 능력에 따라 희소재화를 분배하는 의료시스템은 정의로운 시스템으로 인정받을 수 없다.

그 때문에 부첨과 칠드리스의 의료윤리학은 네 가지 최상위 가치기준에서 출발한다는 점에서 격렬한 비판의 대상이 된다. 즉 이 최상위 기준을 따른다면 의료윤리 영역에서 순간적이고 일시적인 해결방안만을 찾으려고 할 뿐, 일관성 있는 이론을 전개할 수 없다는 비판이 제기된다.[7] 하지만 부첨과 칠드리스가 제시한 최상위 가치기준을 규칙이 아니라 원칙으로 이해하면, 이 비판의 예봉을 무디게 만들 수 있다.[8]

네 가지 가치기준이 원칙에 해당한다는 주장은 일단 이 원칙들이 각각 최대한 실현

---

7 이에 관해서는 *Gert/Culver/Clouser/Danner*, Bioethics(각주 4); *Qunate/Vierth*, Welche Prinzipien braucht die Medizin-Ethik, in: Bioethik(각주 2), S. 145 이하 참고.

8 규칙과 원칙의 차이에 관해서는 *Alexy*, Theorie der Grundrechte, 1985, S. 71 이하 참고.

될 수 있도록 만들어야 한다는 최적화 명령(Optimierungsgebot)에 속한다는 뜻이다. 즉 충족되거나 충족되지 않을 뿐인 규칙과는 달리 원칙을 표현하는 명제들은 최대한 높은 정도로 실현되어야 한다는 명령이다. 원칙들이 어느 정도까지 실현될 수 있는지는 사실상의 가능성 그리고 한 원칙과 다른 원칙 사이의 관계에 달려 있다. 규칙들이 서로 갈등을 겪으면 어느 한 규칙은 무효가 되고, 효력이 없게 된다. 이에 반해 원칙들이 갈등을 겪으면, 한 원칙을 다른 원칙보다 우선적으로 고려할 수 있다. 이때 하위에 놓은 원칙 자체가 효력을 상실하지는 않으며, 다른 형태로 다시 중요한 의미를 지닐 수 있다. 예컨대 한 의사가 장기기증자의 신장을 적출하는 것이 허용될지라도, 이 의사는 신장을 적출하면서 이로 인해 유발되는 손상이 최소한에 머물도록 주의해야 한다.[9] 한 원칙이 다른 원칙의 후 순위에 있는지를 언제나 같은 방식으로 대답할 수는 없다. 상황이 달라지면 원칙들 사이의 순위가 역전될 수 있다. 예컨대 장기기증이 기증자의 사망을 유발한다면, 의사는 장기를 적출해서는 안 된다. 독일의 법체계는 촉탁살인을 금지하기 때문이다. 즉 다른 사람을 치료하기 위해 자신의 생명을 희생하는 것은 불가능하다. 형법 제216조는 다른 사람을 위해 자신의 목숨을 희생하려는 환자의 의지는 실현될 수 없도록 차단한다. 따라서 환자의 요구에 따라 장기를 적출해 이 환자가 사망에 이르게 만든 의사는 형법 제216조에 따라 처벌된다. 그러므로 앞에서 말한 원칙들은 해석이 필요하다. 즉 이 원칙들을 구체적 상황에 어떻게 적용해야 하고 원칙들이 서로 어떠한 관계에 있는지를 분명히 밝힐 때야 비로소 원칙들의 구조가 분명해진다.

이하에서는 원칙들이 서로 갈등을 겪는 몇몇 사례를 다루기로 한다. 하지만 이 원칙들이 생명윤리와 의료윤리의 문제들을 포괄적으로 다루기에는 충분하지 않다는 점을 미리 밝혀둔다. 예컨대 배아를 어느 정도까지 보호해야 하는지를 밝히려면 초기 배아의 도덕적 지위에 대한 대답이 선행해야 한다.

---

9 독일에서 산 사람의 신장 또는 간 일부를 적출하는 행위는 극히 좁은 범위에서만 허용된다. 허용요건은 장기이식법 제8조에 명문으로 규정되어 있다.

12.5 의료윤리와 생명윤리의 몇몇 핵심적 문제

12.5.1 손해의 회피, 자율의 존중, 환자에 대한 배려와 보호—장기기증을 중심으로[10]

의료윤리의 핵심 문제는 환자의 자기결정을 얼마만큼 존중해야 하는지 그리고 다른 사람에게 손해를 불러일으키는 일이 어느 정도까지 금지되는지, 다시 말해 "일단 손해를 피하라(primum non nocere)"라는 원칙을 어느 정도까지 준수해야 하는가이다. 히포크라테스 선서의 핵심 명제 가운데 하나는 이렇게 되어 있다. "의사는 그의 온 지식과 능력을 동원해 환자의 치료를 위해 의술을 적용해야 하고, 어떠한 경우도 환자에게 손해가 가도록 해서는 안 된다."

이 원칙을 절대적 원칙으로 이해하면, 산 사람의 장기기증은 허용되지 않고, 윤리적으로도 거부되어야 한다. 그러나 손해의 회피를 절대화하는 히포크라테스 선서는 환자의 자기결정에 대한 존중, 환자에 대한 배려와 보호의무 그리고 효용 최대화라는 원칙과 모순된다.

효용 최대화 원칙과의 충돌은—예컨대 부부 사이에서 이루어진 신장 기증에서 명백하게 드러나듯이—부인을 위해 자신의 신장 하나를 적출하도록 한 남편의 행위는 부인에게 이익이 될 뿐만 아니라 기증자인 남편 자신에게도 심리적 효용을 높이는 일이기 때문에 발생한다.

산 사람의 장기기증에서 가장 핵심적인 측면은 손해 회피의 원칙이 장기기증을 원하는 환자의 자기결정권에 대한 존중이라는 원칙과 충돌한다는 사실이다. 오늘날에는 사회 구성원 각자가 자신의 신체적 완결성에 관해 결정할 권한이 폭넓게 인정된다는 전제에서 출발한다. 이러한 이해는 인간의 신체와 관련된 이익과는 별개로 가치와 관련된 이익도 갖는다[11]는 점에 따른 당연한 결론이다. 즉 인간은 자신이 원하는 대로 삶을

---

10 이하에서 펼쳐질 사고에 관해 자세히는 *Gutmann/Schroth*, Organlebendspende in Europa. Rechtliche Regelungsmodelle, ethische Diskussion und praktische Dynamik, 2002 참고.

11 이에 관해서는 *Gutmann/Schroth*, Organlebendspende(각주 10), S. 110; *Dworkin*, Die Grenzen des Lebens, 1994, S. 275 이하 참고.

형성하고 무엇이 올바른 삶인지에 대해 스스로 생각하는 대로 살 권리가 있다. 결정능력이 있는 사람의 자율성 존중이라는 원칙은 기본적으로 이와 같은 가치 관련적 이익에 대한 존중과 관련된다. 이 원칙은 인간을 자신의 행위가 무슨 의미인지를 알고 있는 자율적 인격으로 승인해야 하는 이상 더욱 강한 비중을 갖게 된다.

따라서 동의 능력이 있는 잠재적 장기기증자가 장기 적출로 인한 위험을 숙지하고 장기이식을 통해 자신의 배우자를 치료할 가능성에 대해 충분한 설명을 들었다면 그의 결정에 따라 손해 회피 원칙이 후 순위로 밀려나게 된다. 즉 잠재적 장기기증자는 설령 신체에 대한 손해를 유발할지라도 가치와 관련된 자신의 이익을 실현할 권리를 행사할 수 있어야 한다. 그 때문에 산 사람의 장기기증은 손해 금지 원칙을 위반하는데도 불구하고 윤리적으로 정당하다고 인정해야 한다. 윤리적으로 볼 때 장기기증은 오로지 기증자의 자율적 결정을 통해서만 정당화된다. 이때 기증자가 **결정능력**이 있고, 자신에게 손해를 불러일으킬 결정에서 중요한 의미가 있는 모든 관점에 대해 충분한 설명이 이루어졌다면 기증자의 행위는 **자율적**인 행위이다. 당연히 잠재적 기증자를 속여서는 안 되고, 그에게 압박을 가해서도 안 되며, 그의 결정은 시간적 지속성을 갖는 안정적 결정이어야 한다.

이러한 사고에 대해서는 히포크라테스 선서에 명백히 표현되어 있듯이 의사가 환자에게 손해를 유발해서는 안 된다는 원칙에 모순된다고 반론을 펼칠 수도 있다.

그러나 의사의 행위를 전통적인 역할 모델로 정당화하는 것은 부분적으로만 가능하다. 전통적 역할 모델은 무엇보다 의사가 환자의 자율을 존중해야 한다는 원칙을 부정할 수 없다. 오늘날 의사는 개인의 가치 관련적 이익에 부합하도록 노력해야 한다. 의사가 잠재적 장기기증자에 맞서 손해 금지를 내세우는 일은 일종의 후견(Bevormundung)일 따름이다. 물론 환자가 원하는데도 불구하고 손해 금지를 내세워 장기의 적출과 이식을 거부하는 의사에게 이식을 강요할 수는 없다. 즉 장기기증자가 의사에게 어떠한 경우든 적출과 이식을 하도록 요구할 권리는 없다.

자율적 결정에 대한 존중을 강조하는 것에 대해서는 산 사람의 장기이식에서 과연 자율적 행위 자체가 가능한 것인지 의문을 제기하기도 한다. 예컨대 간 질환으로 사망할 위기에 처한 자식을 둔 어머니는 진정 자율적으로 장기를 기증하는 결정을 내릴 수 있을까?[12] 그러나 이 반대 논거는 설득력이 없다. 결정을 내리기 어렵다는 사실이 곧장 이 결정이 자율적이지 않다는 뜻은 아니기 때문이다. 물론 기증자 스스로 기증에 따른 위험을 숙지하고 이를 감수할 자세를 갖추고 있다는 전제가 충족되어야 한다.[13] 다시 말해 기증자가 위험의 계산을 의사에게 맡겨서는 안 되고, 장기기증이 자신에게 무슨 의미인지를 알 수 있도록 포괄적인 설명을 들을 수 있어야 한다. 즉 의사에게 결정을 위임하는 것은 불가능하다. 산 사람의 장기이식은 위험을 숙지한 상태에서 이루어진 기증자의 자율적 결정을 통해서만 정당화된다. 위험에 관한 설명은 포괄적으로 이루어져야 한다. 기증자는 기증으로 인해 자신이 사망하거나 질병을 앓을 가능성과 관련해 충분한 설명을 들어야 한다. 그리고 보험법과 관련된 문제에 관해서도 설명을 들어야 한다. 장기를 적출하는 수술로 인해 기증자의 삶에 커다란 영향을 미치는 결과가 발생할 위험이 있는 경우도 많다. 따라서 예컨대 아직 충분한 연구가 이루어지지 않았지만, 만성피곤 증상이 발생할 가능성에 관해서도 설명해야 한다. 그리고 기증자는 기증을 통해 다른 사람을 돕고자 하는 것이기에 장기이식으로 다른 사람이 치료될 가능성, 즉 치료의 성공과 실패 가능성에 관해서도 충분한 설명을 들어야 한다. 이식된 장기가 거부반응을 불러일으켜 장기기증이 아무 소용이 없는 상황은 언제든지 발생할 수 있다. 이 점에서 기증자가 기증으로 추구하는 목적에 도달할 가능성에 대한 설명도 이루어져야 한다. 한마디로 말해, 기증자는 그의 결정과 관련해 중요한 의미가 있는 모든 점에 관해 설명을 들어야 한다. 이를 통해 기증자가 자신의 결정에 책임을 지고 결정 자체가 그 자신의 인격에 기초한다고 볼 수 있도록 결정의 **안정성과 확실성**이 보장되어야 한다. 따라서 기증자가 어느 날 갑자기 장기이식에 동의했다가, 그다음 날에는 이를 거부한다거나, 기증자가 자신이 장기를 기증할 용의가 있는지를 생각하기만 하면 심리적 문제를 겪는다면 자율적 결정이라 말할 수 없다. 그 때문에 안정적이고 확실한 결정을 내려야 할 필요성에 비추어 볼 때 기증자에게 '충분한 시간적 여유'가 주어져야 한다.

그러나 자율성 존중이라는 원칙이 지닌 높은 가치에도 불구하고 특정한 상황에서는 손해 회피 원칙이 더 높은 비중을 지닐 수 있는지를 묻게 된다. 내 생각에는 장기이식의

---

12 이 논거에 관해서는 *Gutmann/Schroth*, Organlebendspende(각주 10), S. 111.

13 *Gutmann/Schroth*, Organlebendspende(각주 10), S. 112.

위험성이 높을수록 자율성 원칙의 가치가 낮아진다. 즉 장기기증자가 생명을 잃을 위험이 있다면 자율성 원칙은 더는 중요하지 않게 된다. 예컨대 기증자가 사망할 구체적 위험이 있다면 형법의 가치결정(제216조)에 따라 손해 회피 원칙이 더 우선해야 한다. 다른 생명을 구출하기 위해 다른 생명을 말살해야 한다면, 설령 당사자가 이를 원할지라도 의료행위는 한계에 봉착한다. 즉 태어난 생명을 말살하면서까지 다른 사람의 건강을 회복하는 것은 금지되기 때문에 손해 회피 원칙은 이 경우 의료행위에 한계를 설정한다. 이 점에서 법질서가 촉탁살인을 금지하는 것은 정당하다. 이 규정은 '태어난 생명'을 금기시하고 형량의 대상에서 배제한다는 중요한 의미를 지닌다. 즉 한 생명을 다른 생명을 침해함으로써 구출하는 행위는 금지된다. 이 점에서 의사는 장기기증과 관련된 비합리적 행동을 저지해야 한다는 윤리적 요구를 받는다. 예컨대 장기를 기증받는 사람이 장기이식을 통해서도 건강을 회복할 가능성이 현실적으로 없다면 기증자의 결정은 비합리적이다. 이 경우 의사는 장기기증 결정이 의학적으로 성공 가능성이 없다고 설명해야 할 의무뿐만 아니라, 이 점을 기증자와 수증자에게 명시적으로 강조할 의무까지 부담한다.

'정상적인' 의사-환자 관계에서는 환자의 자율을 존중해야 할 필요성이 광범위하게 인정되고 있다. 환자의 신체적 완결성을 침해하는 의사의 치료는 환자가 충분한 설명을 듣고 자율적으로 의사의 침해에 동의했을 때만 정당성이 있다. 이제 손해 회피나 배려 및 보호만으로는 의사의 행위를 정당화하지 못하며, 설명을 들은 환자의 자율적 결정만이 의사의 행위를 정당화한다. 자율적 인격은 다른 사람에게 해악이 되지 않는 이상 자신의 삶을 자신이 원하는 대로 살아갈 도덕적 권리가 있고, 이 권리는 일반적 인격권을 통해 보장된다. 물론 환자는 자신의 결정 가운데 일부를 의사에게 맡길 권한도 갖는다. 이때 환자는 자신의 결정을 의사에게 맡긴다는 점을 명시적으로 알고 있어야 한다. 그리고 환자가 "설명이 이루어지지 않은" 차원을 정확히 인식하고 있다면 설명을 원하지 않을 수도 있다. 치료방법과 관련해서는 의사에게 맡기는 것 역시 환자의 자율에 속한다. 끝으로 의사의 치료와 관련해 손해 회피 원칙은 환자에 대한 설명이 곧 환자에게 실존적 위협이 될 때는 설명하지 않아야 한다는 결과를 낳는다. 물론 그렇다고 해서 의사가 환자에게 '선의의 거짓말'을 할 권리가 있다는 뜻은 아니다. 환자는 치료 전망이 썩 좋지 않다는 점에 관해서도 설명을 들어야 한다. 환자에게서 희망을 앗아가서는 안 된다는 논거는 옳지 않다. 경험적 조사는 치료 가능성이 낮은 환자들도 치료 의지를 보이고, 이 의지가 치료에 도움이 된다는 사실을 밝히고 있다.

예컨대 환자가 의식이 없는 경우처럼 환자 스스로 결정을 내릴 수 없을 때 의사는 무엇보다 손해를 회피할 의무에 집중해야 한다. 즉 의사는 환자의 이익을 위해 행동해야 한다. 의사가 이미 그 환자를 치료한 경험이 있어서 환자의 추정적 의지를 알고 있다면, 의사는 이를 반드시 고려해야 한다(추정적 동의). 다수의 행위 대안이 있다면, 의사는 미룰 수 있는 결정은 최대한 미루어 환자 스스로 나중에 다수의 치료 가능성 가운데 하나를 선택하게 해야 한다.

환자가 치료를 원하지만, 의사의 판단으로는 치료에 적합하지 않고 오히려 부작용을 유발할 위험이 있을 때도 치료를 해야만 하는지는 아직 명확한 대답이 이루어지지 않는 문제이다.[14]

12.5.2 자율적 결정 가능성에 대한 법률적 제한 — 후견주의의 문제

입법자는 살아 있는 타인의 장기기증(Fremdlebendspende)을 원칙적으로 금지한다(장기이식법 제8조 제1항 2문). 이 법률에 따르면 기증자와 수증자가 1촌 또는 2촌 친족 관계에 있지 않거나 약혼, 혼인 관계, 등록된 사실혼 관계 또는 기타 특수한 인적 결합 관계에 있지 않은데도 재생 불가능한 장기를 이식한 의사의 행위는 처벌 대상이 된다.[15]

이처럼 기능자의 범위를 제한하는 이유로는 세 가지 논거가 제시된다. 첫째, 기증자의 범위를 제한함으로써 **장기거래**를 차단할 수 있다. 둘째, 장기를 기증할 용의가 있는

14 치료해서는 안 된다는 판례로는 OLG München, in: Medizin und Recht 2003, S. 104 참고. 내 생각으로는 이와 같은 치료를 모두 위법하다고 볼 수는 없다. 다만 치료가 부적절하고 부작용을 낳는다는 사실 자체를 의사가 명시적으로 언급해야 한다. 만일 이러한 치료 자체를 전면적으로 부정한다면 의사에게 후견인 역할을 맡기는 셈이 된다.

15 기증자의 범위를 제한하고 이를 위반할 경우 형벌을 부과하는 문제에 관해서는 *Schroth*, Die strafrechtlichen Grenzen der Organ- und Gewebelebendspende, in: *Roxin/Schroth*(Hrsg.), Handbuch des Medizinstrafrechts, 4. Aufl. 2010, S. 466 이하 참고.

사람 자신을 보호할 수 있다. 셋째, 장기기증을 **연대성에 기초한 행위**로 확립할 수 있다.

이러한 규정은 잠재적 장기기증자에게는 후견주의(Paternalismus)적 규정이다. 즉 입법자는 이러한 후견주의적 금지를 통해 법익주체의 자유를 이 주체를 위해 제한하려고 시도한다. 이 금지는 개인이 전 생애에 걸쳐 언제나 똑같은 인격으로 여겨져서는 안 된다는 점을 통해 정당화된다. 다시 말해 개인은 자신의 태도를 자주 바꾸고, 이 점에서 언제나 똑같은 인격으로 머물러 있지 않다는 논거를 제시할 수 있다. 만일 그렇다면, 나중에 펼쳐질 인격이 지금의 인격이 수행하는 행위를 통해 침해되지 않도록 보호해야 한다고 논증하게 된다. 이 논증이 옳다면, 후견주의적 규율을 통해 개인에 대한 독재적인 후견마저도 이루어질 수 있다고 보아야 한다. 그리하여 **나중의 자아**를 **예전의 자아**가 행한 특정한 행위로부터 보호해야 한다는 식으로 주장해야 한다. 이러한 결론만을 보더라도 후견주의적 개입은 정당화할 수 없다는 점이 분명히 드러난다. 이런 식의 논증모델에 대해서는 특히 한 인격을 다수의 인격으로 분할할 수 없다는 반론을 제기할 수 있다. 그렇지 않다면 인격의 책임이라는 사고가 와해하고 말 것이기 때문이다. 인격은 하나의 통일성으로 파악될 때만 비로소 책임을 부담하는 존재가 될 수 있다. 그렇지 않다면 누구나 나중의 인격이 예전의 인격과 같지 않다는 이유로 예전의 행위에 대한 책임을 부정할 수 있을 것이다.

후견주의는 무엇보다 건강과 관련해 개인이 갖는 가치 관련적 이익을 제대로 고려하지 못한다는 점에서 문제가 많다. 인격의 자율이라는 가치는 기본적으로 의료윤리의 손해 회피 원칙보다 더 상위에 있는 가치로 여겨야 한다.

몇몇 학자는 개인이 자신의 인간 존엄을 침해할 위험이 있을 때는 후견주의가 정당하다고 생각한다. 이 맥락에서 산 사람의 장기기증과 관련해 인간 존엄에 비추어 자기손상이 금지된다고 논증할 수 있다. 그러나 이 논거는 타당하지 않다. 한 인격의 행위범위를 인간의 존엄을 침해하지 않는다는 전제에 따라 제한한다면, 결과적으로 개인의 인간 존엄과 개인의 자유를 서로 대립하는 것으로 파악한다는 뜻이다. 이렇게 되면 한 개별적 인격의 인간 존엄이 아니라 인간 존엄에 관한 사회적 관념을 보호한다는 뜻이고, 더욱이 모든 사람이 이러한 요구에 따라 행동해야 한다는 요구까지 제기하는 것이 된다.

이 밖에도 법익 주체의 자율성 보장에 이익이 될 때는 후견주의가 예외적으로 허용된다고 보기도 한다(연성 후견주의soft paternalism). 이 원칙으로 장기이식의 제한을 정당화하기도 한다. 그러나 기증자의 범위를 제한하는 규정은 기증자의 자율성 보장에 이바지하지 않는다. 기증자가 자율적으로 행동하는지는 장기 수증자와 친족 관계에 있는지와는 관련이 없기 때문이다.

개인의 자율적 결정능력을 보장하기 위해서는 어떠한 후견주의가 의미가 있는 것일까? 의사의 치료나 장기기증과 관련해 이 물음은 의사가 잠재적 기증자에게 장기기증과 관련된 위험을 포괄적으로 설명하고, 이를 통해 자기결정에 기초한 행위를 가능하게 만들어야 한다는 뜻이다. 이에 반해 기증자의 범위를 제한하는 것은 자율성의 보장과는 필연적 관련이 없다.

연대성 관계가 있을 때만 타인의 장기기증을 허용해야 한다는 논거 역시 설득력이 없다. 장기기증은 잠재적 기증자가 자신의 가치 관련적 이익을 실현할 수 있게 만든다는 점에서 그 자체 정당하다. 연대성을 발휘한다는 기증자의 소망은 밀접한 개인적 관계만이 아니라—어떤 경우에는—그러한 관계가 없는 타인 또는 기증자가 연대성을 발휘할 의무가 있다고 느끼는 타인에 대해서도 존재할 수 있다. 예컨대 잠재적 기증자가 지금 병을 앓고 있는 사람 덕분에 생명을 구했다면, 이 사람에게 자신의 신장 하나를 기증하려는 소망은 얼마든지 정당한 소망이다. 하지만 입법자는 장기이식법 제8조 제1항 2문을 통해 이러한 장기기증을 불가능하게 만들고 있다.

기증자의 범위를 제한함으로써 장기거래 금지를 확실하게 보장한다는 논거 역시 설득력이 없다.[16] 일단 장기거래 금지는 장기이식법 제17조와 제18조에 따른 가벌성만으로도 이미 제도적으로 확립되어 있다는 점을 지적할 수 있다. 다른 한편 재생 불가능한 장기를 이식할 때는 혹시 장기거래로 볼 여지가 있는지를 위원회가 심사하도록 규정되어 있다. 따라서 이 이상으로 장기거래 금지를 확립해야 할 필연성은 존재하지 않

16 장기매매 금지라는 법익에 관해서는 *Schroth*, Das Organhandelsverbot. Legitimität und Inhalt einer paternalistischen Strafrechtsnorm, in: *Schünemann u. a.*(Hrsg.), Festschrift für Claus Roxin zum 70. Geburtstag, 2001, S. 869-890 참고. 이 논문에서 나는 인간의 존엄을 장기거래 금지의 보호법익으로 파악할 수 없고, 오히려 장기기증자와 수증자의 자율성을 보장하기 위한 조건으로 보아야 한다는 점을 설명했다.

는다. 조금 더 논쟁적으로 표현하자면 이렇게 말할 수도 있다. 즉 생명이라는 법익은 의심의 여지 없이 형법규범을 통해 보호되어야 하지만, 도로교통이 생명에 대한 현저한 위험이라는 이유로 도로교통 자체를 금지해야 한다고 생각하지는 않는다. 그 이유는 도로교통의 금지가 시민의 자유를 현저하게 침해할 것이기 때문이다. 이와 마찬가지로 기증자의 범위를 제한하는 것은 기증자의 자유를 제한할 뿐만 아니라 무엇보다 중병을 앓는 환자에게 더 많은 도움을 줄 가능성까지 차단한다.

12.5.3 장기분배의 기준으로서의 효용 대 절박성

오늘날 의료윤리의 핵심 문제 가운데 하나는 희소재화의 할당(Allokation)이라는 문제이다.[17]

할당의 문제는 거시적 차원과 미시적 차원 모두에서 존재한다. 거시적 차원에서는 보건영역에서 활용할 수 있는 수단의 볼륨이 어느 정도인지를 묻게 된다. 미시적 차원에서는 의료 자원이 충분하지 않을 때 **어떠한** 의료 조치가 **어떠한** 환자에게 사용돼야 하는지를 묻게 된다. 즉 다수의 장기 수증자가 고려 대상이 될 때 누가 사망자의 신장을 이식받아야 하는가?

할당과 관련해서는 다수의 모델이 존재한다. 예컨대 중증 간암 환자에게 사망자의 간을 분배할 때는 간이식을 통한 기대수명을 기준으로 삼을 수 있다(효용 기준에 따른 분배). 또는 곧 사망할 위험이 있는 환자에게 우선적으로 사망자의 장기를 이식할 수도 있다(절박성 기준에 따른 분배). 절박성에 따라 분배할 때는 장기기증의 효용성이 감소하는 결과를 낳는다. 중증환자의 경우에는 그렇지 않은 환자에게 이식하는 경우보다 사망자의 장기가 원활하게 기능할 가능성이 더 낮기 때문이다. 제3의 대안은 추첨을 통

---

17 이에 관해 자세히는 *Gutmann/Schneewind/Schroth u. a.*, Grundlagen einer gerechten Organverteilung, 2003, 특히 *Gutmann/Fateh-Moghadam*, Rechtsfragen der Organverteilung(Wer entscheidet?), S. 37 이하; *dies.*, Verfassungsrechtliche Vorgaben für die Verteilung knapper medizinischer Güter am Beispiel der Organallokation, S. 59 이하; *dies.*, Normative Einzelprobleme der gegenwärtigen Regelung der Organverteilung, S. 105 이하 참고. 이들 논문에서는 할당의 법적 토대 자체가 문제가 있을 뿐만 아니라 의사협회가 확정한 할당기준도 문제가 많다는 점을 밝히고 있다.

해 희귀자원을 분배하는 방법이다.

굿만과 파테-모가담[18]은 희소한 의료자원에 관한 미시적 차원의 할당이 법인격의 평등이라는 엄격한 요구를 부정하지 않을 때만 자유 법치국가의 기본원칙에 부합할 수 있다는 테제를 강력하게 주장한다. 이 점에서 두 사람은 공리주의적 할당기준을 반대한다. 즉 생명 가치에는 어떠한 차별도 인정되지 않는다는 헌법 원칙에 부합하는 견해만이 인간의 존엄과 합치하고 대기자명단에 있는 환자들이 현재의 장기이식 절차[19]에 참여할 평등한 기회를 보장받을 헌법적 권리에도 합치한다고 주장한다. 이 원칙에 초점을 맞추면 환자의 나이 또는 장기이식 이후 예상되는 수명은 삶의 기회를 분배할 때 아무런 역할도 하지 못한다. 즉 희소재화를 분배할 때 다른 환자에게 분배하면 기대수명이 더 길다거나 더 높은 삶의 질을 보장할 수 있다는 이유로 의료 자원이 절박하게 필요한 환자를 배제하는 것은 허용되지 않는다. 이처럼 정의의 실현에서 평등원칙이 핵심적 의미가 있고 또 생명 가치와 관련해 어떠한 차별도 인정하지 않는 절차를 선택해야 한다는 전제에서 출발하면, 두 가지 할당 가능성만이 남게 된다. 즉 모든 사람에게 똑같은 기회를 보장하거나 아니면 추첨절차를 도입할 수 있다.[20] 추첨절차를 도입하면 장기가 가장 절박하게 필요한 환자가 장기를 받을 수도 있고 이식이 특별히 효용성이 있는 환자가 장기를 받을 수도 있다. 국가가 중환자에 대해 보호의무를 부담한다는 사실은 장기를 절박성에 따라 평등하게 분배해야 할 근거가 된다. 이러한 고려가 타당하다면, 장기를 순전히 효용성에 따라 분배하고 생명을 최대한으로 연장한다는 목표를 더 앞세우는 할당기준은 잘못된 기준이다. 장기이식법 제12조 제3항은 의학적 지식의

---

18 이에 관해서는 *Gutmann/Fateh-Moghadam*(각주 17), S. 59 이하 참고.

19 장기 할당의 맥락에서 파생된 다른 문제영역에 관해서는 *Schroth/Hofmann*, in: NStZ 2014, S. 486(491 이하); *dies.*, Zurechnungsprobleme bei der Manipulation der Verteilung lebenserhaltender Güter, in: *P.-A. Albrecht u. a.*(Hrsg.), Festschrift für Walter Kargl zum 70. Geburtstag, 2015, S. 523(530 이하) 참고.

20 '중환자 우선 규칙(Sickest-First-Rule)'은 문제가 있다. 간이식과 관련해 분배는 이른바 MELD 점수에 따라 이루어진다. 예컨대 MELD 점수 40은 향후 3개월 내 사망할 확률이 98%라는 뜻이다. 이보다 더 낮은 점수인 경우는 향후 3개월 내 사망할 확률은 약 90%이다. '중환자 우선 규칙'에 따른다면 사망확률이 90%인 환자가 아니라 98%인 환자가 장기를 받아야 한다. 하지만 MELD 점수가 더 낮은 환자가 먼저 사망하는 것도 얼마든지 가능하다. 확률은 미래에 대한 확실한 예측이 아니기 때문이다. 그 때문에 '중환자 우선 규칙'을 구체적으로 어떻게 적용해야 하는지를 묻게 된다. 설령 확률에 기초한 판단을 따를지라도 이 판단이 타당한 토대에 기초하도록 보장해야 한다.

상태에 비추어 특히 **성공 가능성**과 **절박성**에 따라 **적합한 환자**에게 장기를 분배하도록 규정하고 있다. 다시 말해 장기이식법은 하나의 기준이 아니라 똑같은 비중을 지닌 세 개의 기준을 담고 있다. 하지만 장기를 분배할 때 각 기준이 지닌 비중을 어떻게 다루어야 하는지는 입법자가 결정하지 않았다. 그러나 성공 가능성과 절박성은 서로 충돌하는 경우가 많기에 두 기준의 비중을 결정할 필요가 있다. 즉 절박성은 크지만, 성공 가능성은 적을 수 있고, 그 반대일 수도 있다. 이러한 복잡성 때문에 과연 장기이식법 제12조 제3항 1문이 헌법에 합치하는지 의문을 제기하게 된다. 연방헌법재판소가 대학 입학정원의 제한과 관련해 입법자가 법률로 기본권을 침해할 때는 직접 본질적인 내용은 결정해야 한다고 확인했다[21]는 점에 비추어 볼 때도 장기이식법의 해당 조항은 더욱더 문제가 아닐 수 없다.

12.5.4 배아 줄기세포 연구, 착상 전 배아의 지위, 배아보호의 가치적 일관성 문제[22]

배아 줄기세포 연구는 지난 몇 년 동안 엄청나게 발전했다. 이 연구는 세포, 조직, 장기 배양을 연구할 가능성을 확보해 새로운 치료방법의 개발을 향해 가는 문을 활짝 열어주었다. 예컨대 파킨슨병 환자의 손상된 뇌세포를 대체하는 것이 가능하리라는 현실적인 희망이 존재한다. 그리고 미래에는 심근경색을 겪은 환자의 심근세포나 간세포를 재생할 가능성도 존재한다. 물론 장기 전체를 생성할 수 있을지는 아직 미지수이다. 하지만 배아에서 줄기세포를 추출하는 행위는 독일에서는 법적으로 금지되고, 윤리적으로도 많은 논란이 있다. 어쨌든 초기 배아에서 줄기세포를 추출하는 행위는 금지된다. 이 금지를 규정한 배아보호법(Embryonenschutzgesetz) 제2조 제1항은 배아를 남용하는 행위를 명시적으로 금지한다. 여기서 배아의 남용이란 배아의 보존과 관련이 없는 목적으로 배아를 사용하는 것을 뜻한다. 배아에서 줄기세포를 추출하면 배아를 폐기하는 결과를 낳기 때문에 이는 곧장 배아보호법 제2조 제1항에 규정한 금지의 대상이 된

---

21 BVerfG, NJW 1972, S. 1561 이하.

22 이 문제를 둘러싼 다양한 견해에 관해서는 *Oduncu/Schroth/Vossenkuhl*, Stammzellenforschung und therapeutisches Klonen, 2002; *Merkel*, Forschungsobjekt Embryo, 2002 참고.

다. 배반포(Blastozyst)에서 줄기세포를 추출하면 배아가 폐기되기 때문이다. 따라서 줄기세포의 추출은 배아보호법 제2조 제1항과 양립할 수 없다. 입법자가 독일의 배아 연구자들에게 인정한 행위 범위는 상당히 복잡하게 구성되어 있다. 아래 도표를 통해 이 복잡한 구성을 어느 정도 개관할 수 있을 것이다. 행위 범위의 제한이 과연 의미 있는 일인지[23]는 독자 스스로 판단하기 바란다.

배아 줄기세포의 추출 및 이용의 가벌성

사안	법적 평가
1. 독일 내에서 배아 줄기세포를 추출하는 행위	배아보호법 제2조 제1항에 따른 가벌성
2. 전적으로 외국에서 행해진 줄기세포 추출에 참여한 독일인	줄기세포 추출이 외국에서도 가벌성이 있지 않은 이상 가벌성 없음
3. 국내에서 줄기세포 추출을 교사하거나 추출에 참여한 행위	배아보호법 제2조 제1항 및 형법 제9조 제2항, 제26조, 제27조에 따라 가벌성 있음
4. 배아 줄기세포를 외국에서 수입한 행위	수입 허가를 받지 않은 경우(줄기세포가 2007년 5월 1일 이전에 추출되었고 연구가 학문적으로 중요한 목적에 이바지할 때만 허가 가능)는 줄기세포법 제13조 제1항에 따라 가벌성 있음
5. 줄기세포를 독일 내에서 이용한 행위	허가를 받지 않고 이용한 경우 줄기세포법 제13조 제1항에 따라 가벌성 있음
6. 독일인이 외국에서 줄기세포를 이용한 행위	해당 외국에서 가벌성이 있지 않은 이상 가벌성 없음
7. 독일에서 외국의 줄기세포 이용에 참여한 행위(예컨대 전화나 인터넷으로 참여한 행위)	가벌성 없음

배아에서 줄기세포를 추출하는 행위에 대해서는 두 가지 관점에서 윤리적 반론이 제기된다. 첫째, **배아를 보호**해야 할 필연성에 비추어 볼 때 금지가 필요하다고 한다. 둘

23 행위 범위의 제한이 안고 있는 문제점에 관해서는 *Schroth*, Forschung mit embryonalen Stammzellen im Lichte des Rechts. Bemerkungen zum Entwurf des Stammzellgesetzes, in: Stammzellenforschung und therapeutisches Klonen(각주 22), S. 249, 279 이하 참고.

째, 줄기세포를 추출하는 행위는 **일반적 이익**을 침해한다고 한다.[24]

배아 보호의 측면에서는 줄기세포의 추출이 곧 인간 존엄의 침해라는 논거를 제기한다. 이 밖에도 배아가 인간이 될 **잠재성**, 배아가 **인간 유**(Spezies)에 속한다는 사실, 태어난 인간과 배아 사이의 **연속성**, 배아의 **생명권**으로부터 배아에 대한 포괄적인 보호를 도출하기도 한다.

일반적 이익과 관련해서는 줄기세포 연구를 금지하지 않으면 사회에서 **가치상실**이 발생할 것이라는 논거를 제시한다. 더 나아가 생명의 신성함이 훼손된다는 논거도 있다. 끝으로 줄기세포 추출을 허용하면 **인간의 자기이해**가 부정된다는 반론도 있다. 즉 생명이 도구화한다는 것이다.

12.5.4.1 배아의 이익이 침해된다는 테제에 대한 반대논거

초기 배아에서 줄기세포를 추출하는 행위가 언제나 인간 존엄의 침해라는 테제는 설득력이 없다. 착상 전 배아가 과연 인간 존엄의 보호를 누릴 수 있는지가 이미 의문이다. 내 생각에는 인간 존엄의 보호는 착상 이후에 비로소 이루어진다고 보는 것이 옳다.[25] 다음과 같은 이유 때문이다.

- 배아는 착상 이후에는 더는 분할될 수 없으므로 이때부터 개별적인 인간 생명이다.
- 착상 때부터 비로소 배아의 유전자 프로그램이 완성된다.
- 착상 때부터 배아가 모체와 통일성을 이루고, 이로써 사회적으로 실존하게 된다.
- 착상 이전의 배아를 인간 존엄의 보호 대상으로 삼게 되면, 착상 전 배아가 반드시 모체에 이식되어야 한다는, 거부할 수 없는 청구권 주체가 되는 결과를 낳는다. 이는 설득력이 없다.

---

24 이 논거들은 *Schnöcker/Damschen*(Hrsg.), Der moralische Status menschlicher Embryonen. Pro und contra Spezies-, Kontinuitäts-, Identitäts- und Potentialitätsargument, 2002에 상세하게 제시되어 있다.

25 이에 관해서는 *Scholz*, Neue Bioethik und Grundgesetz, in: *Büdenbender/Kühne*(Hrsg.), Das neue Energierecht in der Bewährung. Festschrift für Jürgen F. Baur, 2002, S. 663 이하 참고.

인간 존엄의 원용은 전형적인 승자의 논거에 해당한다.[26] 즉 한 대상에 인간 존엄을 부여하면 이 대상은 포괄적인 보호를 받게 되고, 다른 이익과의 형량은 불가능하다. 다시 말해 인간의 존엄은 인간 존엄이 부여되는 대상의 불가침성을 보장한다. 그러나 초기 단계의 배아를 불가침으로 규정하는 것은 의미가 없다. 그런데도 초기 단계 배아의 불가침성을 주장한다면 시험관의 배아 역시 보호해야 한다. 즉 착상 이전의 배아가 불가침이라면 입법자는 피임방법인 '성교 후 피임약'이나 착상을 저지하는 '삽입 피임기구'도 금지해야 할 의무가 있다는 결론에 도달하게 된다. 낙태는 실존적 결단이고 배아의 폐기는 실존적 결단이 아니기에 시험관 배아의 보호와 모체 내 배아의 보호를 서로 비교할 수 없다는 테제 역시 부적절하기는 마찬가지다. 낙태가 실존적 결단이 아닌 경우도 많기 때문이다. 착상을 저지하는 피임방법 역시 실존적 결단과는 관계가 없다. 이 경우에도 수정란이 그저 착상 전에 폐기될 따름이다.

그렇다고 해서 입법자가 초기 단계 배아를 보호할 필요가 없다는 뜻은 아니다. 하지만 이 배아의 보호 필요성은 배아의 생명 이익을 예컨대 새로운 치료방법의 연구라는 이익과 같이 다른 이익과 서로 비교해 형량할 수 있다는 전제에서 정당화해야 한다. 따라서 착상 전 배아에 대해 **출생 전 인격권**(pränatale Persönlichkeitsrecht)을 부여하는 것이 적절하다.

잠재성 이론[27]은 배아가 인간으로 발전할 잠재력을 지니고 있기에 포괄적인 보호가 필요하다고 주장한다. 그러나 이 논거는 설득력이 없다. 정자와 난자도 이미 잠재성이 있다. 물론 이 이론의 논증은 완전한 생명체가 독자적으로 갖는 특수한 잠재성(적극적 잠재성)에 초점을 맞춘다. 적극적 잠재성은 정자가 난자에 침투할 때부터 이미 존재한다. 그러나 누구도 전핵(Pronucleus)을 보호하지는 않는다. 전핵은 수정란을 배양할 때 동결(凍結)되고, 나중에 수정에 성공하면 나머지 전핵은 폐기된다. 이처럼 완전한 생명체가 갖는 특수한 잠재성도 다른 맥락에서는 포괄적 보호의 근거가 되지 못한다는 사실을 알 수 있다.

---

26 인간의 존엄을 끌어들이는 논거에 관해서는 *Neumann*, Die Tyrannei der Würde, in: ARSP 1998, S. 153 이하 참고.

27 이에 관해 자세히는 *Merkel*(각주 22), S. 131 이하 참고.

더 나아가 잠재성 논거는 모체에 이식되지 않은 잔여 배아를 보호해야 한다는 근거가 될 수 없다. 잔여 배아는 독일의 현행 배아보호법상 다른 여성에게 이식될 수 없다. 입법자가 (예컨대 대리모의 경우처럼) 모성의 분리를 저지하고자 하기 때문이다. 이는 곧 독일의 입법자가 잔여 배아의 잠재성을 고려하지 않는다는 뜻이다.

배아에 대한 포괄적 보호 필요성을 정당화하기 위해 초기 배아도 이미 **인간 유**에 속한다는 논거를 제시하기도 한다. 초기 배아가 인간 유에 속한다는 사실 자체를 부정할 수는 없다. 하지만 이 배아를 이미 포괄적 보호를 요구하는 도덕적 지위를 갖는 인격으로 볼 수 있을지 의문이다. 만일 초기 배아가 포괄적 보호를 받아야 할 인격이라면, 모체에 있는 착상 전 배아를 보호하지 않는 것(예컨대 착상을 저지하는 피임방법)도 잘못이라고 생각해야 한다.

끝으로 초기 배아의 보호 필요성은 인간의 **발전 과정이 연속적이고**, 인간의 유전자 프로그램이 세포핵 융합과 함께 이미 완결된다는 사실로부터 도출된다고 주장하기도 한다. 하지만 이 논거가 과연 경험적 타당성을 지니는지가 이미 의심스럽다. 저명한 자연과학자들에 따르면 인간의 유전자 프로그램은 착상과 함께 비로소 완결된다고 한다.[28] 더 나아가 대다수 국가는 배아의 발전단계에 따라, 즉 발전단계가 높을수록 보호를 강화하는 방식으로 규율한다는 점을 확인할 수 있다. 인간이 출생하는 즉시 가장 강한 보호가 시작된다. 다음과 같은 예를 들어보자. 어떤 건물에 불이 났는데, 이 건물에는 소아과와 인공수정 전문 산부인과가 있다. 이때 누구든지 소아과에 있는 갓난아기들을 먼저 구출해야 한다고 생각할 것이다. 시험관 배아를 먼저 구출하고, 갓난아기들의 피해를 감수하는 행위는 형법상으로도 가벌성이 있다(형법 제323c조). 이처럼 법질서는 이와 같은 방식의 보호를 통해 태어난 인간의 생명 법익을 더 높게 평가한다(산 사람을 살해한 행위는 언제나 낙태보다 더 무겁게 처벌한다).[29]

포괄적 보호를 보장해야 할 배아의 도덕적 지위[30]를 정당화하려는 또 다른 논거는

28 이에 관해서는 *Nüsslein-Vollhardt*, Wann ist ein Tier, ein Mensch kein Mensch, in: Frankfurter Allgemeine Zeitung(2001년 10월 2일), S. 55 참고.

29 *Merkel*(각주 22), S. 151 참고.

30 이에 관해서는 *Oduncu*, Moralischer Status von Embryonen, in: Bioethik(각주 2), S. 213 이하 참고.

배아 자체가 이미 인간 존재이고, 단순히 인간으로 발전하는 과정에 있는 존재가 아니라는 논거이다. 즉 배아가 인간으로 발전해 가는 것이 아니라 이미 인간이고 단지 발전단계에 있을 뿐이라고 한다. 이와 동시에 인간의 본질적 특성이나 배아가 도움이 필요한 존재라는 점도 지적하면서 배아가 처음부터 인간 존엄과 생명권 그리고 신체적 완결성을 요구할 권리를 갖고, 이는 곧 인간의 본질로부터 도출되는 결론이라고 주장한다.

이 논증도 타당하지 않다. 법률가들은 이미 20세기 초반부터 이런 식의 논증을 개념법학적 사고라고 비판했다. 즉 제시된 특수한 의미론으로부터 윤리적 및 법적 청구권이 도출되지는 않는다. 이런 형태의 논증은 개념법학적 사고를 의료윤리에 적용한 것일 따름이다. 인간학적 본질을 원용하는 것 역시 권리를 정당화하기에는 적합하지 않다. 즉 배아와 태어난 인간이 지닌 특정한 인간학적 속성을 공유한다는 사실로부터 양자가 똑같은 권리를 갖는다는 결론이 도출되지는 않는다. 인간이라는 개념을 둘러싼 다른 화용론(Pragmatik)도 얼마든지 가능하다. 예컨대 형법에서 인간이라고 말할 때는 언제나 태어난 인간을 염두에 두고, 배아는 오랫동안 태아로 여겨졌다. 이 화용론에서 배아는 인간이 아니라 인간으로 되어 가는 과정에 있을 따름이다.

따라서 배아가 태어난 인간과 똑같이 인간 존엄의 보호 대상이고, 생명권과 신체적 완결성에 대한 권리를 갖는다는 테제는 기존의 법적 상태에 전혀 부합하지 않는다. 이 테제가 옳다면 배아와 태어난 인간을 똑같이 보호해야 한다는 결론에 도달하게 되고, 이 결론은 — 앞의 예가 보여주듯이 — 직관에도 부합하지 않는다.

12.5.4.2 줄기세포의 추출이 일반적 이익에 반한다는 주장에 대한 반대논거

줄기세포의 추출이 사회에서 **가치상실**을 유발한다는 주장도 의문에 부딪힌다. 낙태에 관해 자유주의적 태도를 보이는 형법 제218조가 우리 사회에서 생명의 가치를 낮게 평가하는 결과를 낳지는 않았다. 법질서가 생명의 신성함을 보장한다는 근거로 줄기세포의 추출을 부정해야 한다고 주장한다면, 이 논증은 잘못된 전제에서 출발한 것이다. 법질서는 모든 발전단계에 있는 모든 생명의 신성함을 전제하지 않기 때문이다.

잔여 배아로부터 줄기세포를 추출하는 행위를 반대하는 논거로 인간이 특정한 목적에 봉사하는 존재로 전락해서는 안 된다는, 인간의 자기이해를 내세우기도 한다. 이 논거에 대해서는 우리 사회에서 인간은 다양한 방식으로 도구화하고 있다는 반대논거를 제시할 수 있다. 법질서는 (대리모와 같은) 모성의 분리를 금지하고, 그 때문에 잔여 배아를 다른 여성에게 이식하는 것을 금지한다. 이는 결과적으로 법질서가 배아를 도구화한다는 뜻이다. 즉 법질서는 분명 배아보호보다는 모성 분리 금지의 관철을 더 중요하게 여긴다. 물론 잔여 배아를 도구화하지 않도록 해야 할 정당한 이익도 존재한다. 하지만 이와 반대되는 이익도 존재하기 때문에 이 이익들 사이의 형량이 필요하다. 인간이 질병을 치료할 능력이 있고, 새로운 치료방법을 개발할 가능성을 인간에게 인정하는 것 역시 인간의 자기이해에 속한다. 예외적인 경우 이 이익을 어차피 폐기될 수밖에 없는 잔여 초기 배아의 이익보다 더 중요하게 여길 수 있고, 그렇다고 해서 잔여 배아를 도구화하는 행위가 되지는 않는다. 배아 줄기세포에 관한 연구를 통해 많은 사람을 치료할 수 있는 중요한 방법을 개발할 수 있다. 따라서 어차피 폐기되고 감각 능력도 없는 잔여 배아의 권리를 새로운 치료방법의 개발 가능성보다 더 중요하게 평가해야 한다는 주장은 설득력이 없다. 다만 배아를 오로지 연구 목적으로만 배양해야 하고, 상업적 대상으로 전락하지 않도록 해야 한다.

하버마스는 배아 줄기세포 연구가 '배아 세포 더미'를 도구화하는 태도를 보인다는 이유로 윤리적으로 부정당하다고 주장한다.[31] 그러나 하버마스의 주장이 구체적으로 무슨 의미인지는 명확하지 않다. 아마도 하버마스의 비판은 '디자인된 아기(Designer-Babys)'의 제작을 목표로 삼는 연구에만 한정된 것으로 보인다.[32] 배아를 배양해 모체에 이식하는 의료기술이 — 하버마스가 비판하는 — 도구적 이성을 전제한다는 사실에는 의문이 없다. 이 의료기술은 불임부부들에게는 자신들의 아이를 갖고자 하는 소망을 실현할 기회를 제공한다. 그리고 이 의료기술 역시 자기결정을 허용한다. 더욱이 생식의 권리는 헌법적으로도 보장된다. 이 밖에도 줄기세포 연구는 연구자들이

---

31 *Habermas*, Replik auf Einwände, in: Deutsche Zeitschrift für Philosophie 50(2002), 2, S. 283-298(297).

32 *Habermas*(각주 31), S. 296. 이와 관련해 하버마스는 병원에서 충분한 합의를 전제하고 생명체를 다루는 치료자의 태도와 유전자를 변형할 배아를 최적화하고 도구화하는 디자이너의 태도를 구별한다.

새로운 치료방법을 개발할 수 있게 만든다. 연구의 자유도 기본법 제5조 제3항에 따라 헌법적으로 보장되는 권리이다. 이렇게 볼 때 도구적 이성이 없이는 생명과학적 인식의 진보를 달성할 수 없다.

줄기세포 연구에 반대하는 논증 구조에 대한 개관

논증 1

배아의 관점에서 연구를 반대하는 근거

1. 인간 존엄의 침해
2. 잠재성 이론
3. 인간 유에 속한다는 사실
4. 태어난 인간과 태어나지 않은 인간의 연속성
5. 배아의 생명권

논증 2

일반적 이익의 관점에서 연구를 반대하는 근거

6. 가치상실: 생명의 신성함에 대한 부정
7. 인간의 도덕적 자기이해에 대한 침해(유의 윤리학)

줄기세포 연구에 반대하는 논증 구조에 대한 반대논거

1. 이식 전 진단술이나 배아에서 줄기세포를 추출하는 행위는 언제나 **인간 존엄의 침해**라는 테제는 설득력이 없다.

첫째, 착상 전의 초기 배아에 인간 존엄이 부여되는지가 확실하지 않다. 인간의 존엄은 불가침성을 보장한다. 초기 단계의 배아를 불가침으로 여기는 것은 의미가 없다. 그렇지 않으면 인간의 존엄이라는 논거는 사소한 논거로 변하고 만다. 즉 모든 방식의 형량을 거부하고 배아를 태어난 인간과 똑같이 보호해야 한다는 결론에 도달할 것이다. 둘째, 이 테제가 옳다면 형법 제218조 제1항(낙태)의 규율 역시 위법으로 보아야 한다.

물론 초기 단계의 배아가 아무런 권리도 없다는 뜻은 아니다. 내 생각으로는 초기 배아에 대해 **출생 전 인격권**을 인정할 수 있다. 이렇게 보면 침해의 허용 여부는 형량의 문제가 된다.

2. **잠재성 이론**은 배아가 살아 있는 인간으로 발전할 능력이 있기에 절대적 보호가 필요하다고 주장한다.

이 논거는 설득력이 없다. 잠재성은 정자가 난자에 침투할 때 이미 존재한다. 그런데도 이 적극적 잠재성은 보호되지 않는다. 만일 이 논거가 타당하다면, 시험관 배아도 착상 전부터 보호받아야 할 것이다. 그러나 적극적 잠재성은 착상 전에도 이미 태어난 인간보다 더 낮게 평가된다.

3. 이 논거는 초기 배아가 인간 유에 속한다는 이유만으로도 이미 살인금지를 통한 보호 대상이라고 주장한다.

이 논거 역시 타당하지 않다. 이 논거가 타당성을 지니려면, 초기 배아가 예컨대 태어난 인간과 똑같은 규범적 가치를 갖는다는 점을 정당화해야 한다. 그러나 우리 법질서는 분명 발전단계에 따라 보호방식을 달리해야 한다는 전제에서 출발한다. 즉 시험관 배아는 착상 전에는 보호되지 않는다. 따라서 시험관 배아를 왜 포괄적으로 보호해야만 하는지가 이 논거에서는 분명히 제시되지 않는다.

4. 초기 배아에 대한 보호 필요성을 인간의 발전 과정이 **연속적** 과정이라는 사실로부터 도출하기도 한다.

그러나 이 논거를 토대로 배아에 대한 포괄적 보호를 정당화할 수 없다. 먼저 이 논거가 경험적으로 타당한지 의문이다. 인간의 유전자 프로그램은 착상과 함께 완결된다. 더 나아가 이 전제로부터 보호가 인간의 발전 과정 처음부터 끝까지 똑같이 이루어져야 한다는 내용의 규범적 규율을 도출할 수도 없다. 그리고 연속성 테제에 대해서는 착상 때까지는 쌍둥이가 형성될 수 있다는 반론도 제기할 수 있다.

5. 법질서가 **생명권**을 무제한적으로 보장하는 것은 아니다. 이 점은 기본법 제2조 제2항과 형법 제218조를 보면 곧장 알 수 있다.

물론 배아가 원칙적으로 '생존'에 대한 이익을 갖는다는 사실을 지적하는 것은 옳다. 따라서 줄기세포는—내 생각으로는—잔여 배아로부터만 추출해야 한다. 잔여 배아는 어차피 폐기되지 않을 수 없다. 인공수정이 성공한 이후 잔여 배아를 다른 여성에게 이식하는 것은 금지되기 때문이다.

6. 착상 전 진단술에서 줄기세포를 추출하는 행위를 허용하면 사회에서 가치가 상실될 것이라는 주장은 의심스러운 주장이다. 낙태를 폭넓게 허용하는 형법 제218조가 우리 사회에서 가치상실을 불러일으키지는 않는다. 더욱이 법질서가 생명의 신성함이라는 전제에서 출발하지도 않는다.

7. 이 논거를 잔여 배아의 활용 문제와 결부해 정당화하려고 시도하면, 잔여 배아를 활용하지 않고 자연적으로 폐기되도록 놔두는 일이 과연 인간의 자기이해에 부합하고, 그 때문에 잔여 배아에서 줄기세포를 추출하는 행위를 금지해야 하는지 의문을 제기하게 된다. 즉 잔여 배아를 활용하지 않는 것이 진정 인간의 자기이해에 속하는지를 묻게 된다. 내 생각으로는 설령 이 논거에 따를지라도 역시 인간의 자기이해에 속하는 더 중대한 이익이 존재하고, 이때는 다른 자기이해에 대한 침해가 얼마든지 정당성을 가질 수 있다. 인간이 다른 사람을 치료하고, 다른 사람을 도우며, 연구할 수 있다는 사실도 인간의 자기이해에 속하기 때문이다. 이 점에서 잔여 배아에 대한 침해는 정당하다.

12.5.5 쌍둥이 또는 다둥이를 줄이는 의료행위의 규범적 문제

오늘날에는 호르몬 치료로 임신을 가능하게 만드는 의료행위가 일반화되어 있다. 호르몬 치료를 통해 다수의 여포(Follikel)가 형성되고, 이를 정확히 진단하지 않으면 쌍둥이 또는 다둥이 임신이 이루어질 수 있다. 이때 다둥이 모두 생존할 수는 없다. 예컨대 수태 후 14주 이내에 다둥이 임신이 발견되면, 의사가 다둥이 가운데 하나 또는 다수를 폐기할 수 있는지의 문제가 제기된다. 법적으로는 수태 후 13주까지는 형법 제218a조 제2항에 따라 하나 또는 다수의 여포를 폐기하는 의사의 행위에 대해서는 정당화사유가 존재한다고 고려할 수 있다. 이 조항에 따르면 임부의 현재 또는 장래의 삶을 고려할 때 의사의 지식에 비추어 임부의 육체적 또는 정식적 건강 상태에 중대한 침해가 발생할 위험을 차단하고, 이 위험을 다른 방식으로 차단할 수 있다고 기대할 수 없을 때는 임부의 동의를 얻어 이루어진 임신중절은 허용된다. 이 규정은 정당화사유이다. 즉 법질서가 여기에 해당하는 의사의 행위를 정당화한다. 따라서 이 규정은 언제 태아의 생명권을 침해할 수 있는지를 규율하고 있다. 임부의 동의는 의사의 적절한 설명이 선행될 때만 합법적 동의가 된다. 그러나 문제는 제218a조 제2항이 다른 태아를 보호하기 위해 행해지는 부분적 임신중절에 대해서는 명시적으로 정당화사유를 제시하지 않고 있다는 점이다. 다시 말해 쌍둥이 또는 다둥이의 경우 다른 태아를 희생시켜 한 태아의 생명을 구출할 수 없다는 뜻이다. 정당화적 긴급피난에 관한 형법 제34조도 다둥이 임신의 일부 중절을 허용하지 않는다. 두 가지 이유 때문이다. 첫째, 제218a조는 특별규정이고, 따라서 제34조에 우선한다. 둘째, 제34조의 전제조건이 이 경우에는 충족되지 않는다. 제34조는 더 높은 가치의 이익을 보호할 때만 권리 침해를 허용하기 때문이다. 다시 말해 다둥이의 일부 중절은 다둥이 임신으로 임부의 육체적 또는 정신적 건강이 침해될 때만 임부의 동의를 얻어 허용될 수 있다.

그렇지만 다둥이의 일부를 구출하기 위해 다둥이 일부를 중절하는 행위는 허용되어야 한다. 이와 관련해서는 세 가지 논거를 제시할 수 있다.

- 법질서가 자연을 통해서도 보호될 수 없는 다둥이의 생명 이익을 보호할 수는 없다. **당위**(Sollen)는 **가능**(Können)을 전제한다.
- 기본법은 모든 태아가 생명권을 갖는다는 전제에서 출발한다. 태아의 생명권은 어떠한 경우도 형량할 수 없다는 원칙은 모든 태아가 죽어야 한다는 결론에 도달한다. 이렇게 되면 모든 태아의 생명권을 박탈하게 된다. 다른 중대한 이익이 침해되지 않는 이상(형법 제218a조 제2항, 제3항) 태아의 생명권에 대한 부분적 침해를 정당하게 여기는 세속의 법질서에서는 모든 태아의 생명이 구체적인 위험에 직면할 때마저도 태어나지 않은 생명의 불가침성을 요구할 규범적 근거는 존재하지 않는다. 낙태와 관련된 법은 태어나지 않은 생명의 신성함에서 출발하는 것이 아니라 다른 이익과 충돌할 경우 태아의 생명권을 침해할 수 있다는 전제에 기초한다.
- 의료윤리에서는 이미 2000년 전부터 히포크라테스 선서를 통해 의사의 행위가 손해 회피의 원칙에 따라야 한다고 명시되어 있다. 손해 회피 원칙에는 (손해를 유발할 수밖에 없는 상황이라면) 손해를 최소화하라는 명령도 포함된다. 이 원칙은 최대한 실현되어야 한다. 따라서 손해 회피 원칙은 손해 최소화 원칙을 포함한다. 그렇다면 다둥이와 관련된 사례에서 손해를 최소화하는 것은 의료행위의 과제에 속한다.

12.6 의료 영역에서 윤리와 법

의료 영역에 관한 윤리학적 논의에서는 이미 현행법인 규범들을 논거로 제기하는 경우가 자주 있다. 그리고 의료행위의 허용 여부를 다루는 법적 논의에서는 윤리학적 성찰을 시도하는 경우가 자주 있다. 이처럼 법과 윤리가 밀접한 관련을 맺는 것은 우연이 아니다.

의료윤리와 의료법의 문제들은 환자, 피실험자 또는 배아의 생명보호와 신체적 완결성 보호를 중심으로 제기된다. 이들 재화가 지닌 커다란 비중에 비추어 볼 때 법적 규율이 불명확한 경우 윤리적 고려를 거치지 않을 수 없게 되고, 윤리적 논의를 통해 법적 기준을 포착해야만 한다.

12.6.1 법적 규율은 환자의 자율성에 대한 존중을 보장한다

핵심적인 윤리적 원칙 가운데 하나는 의사가 환자의 자율적 결정을 존중해야 한다는 원칙이다.

신체적 완결성에 대한 의사의 침해는 오로지 환자의 **자율적** 동의를 통해서만 정당화된다는 점은 일반적으로 인정된다. 이 기본적인 윤리적 규정은 법적으로도 보장된다. 그리고 법적 규율은 사전에 충분한 설명이 이루어진 이후에 내려진 환자의 결정만이 유효하도록 보장한다. 환자가 자신이 판단해야 할 사안에 대해 충분히 알고 있을 때만 충분한 권한을 갖고 행동할 수 있기 때문이다. 의사의 설명이 어떠한 요건을 충족해야 하고 어떠한 내용에 관해서는 설명을 포기해도 좋은지는 앞에서 이미 설명했다.[33] 환자의 동의를 얻을 수 없는 상황이라면 의사는 추정적 동의의 원칙에 기초해 의료행위의 필요성에 관해 스스로 결정할 수 있다.

12.6.2 법적 규율과 손해 회피 원칙의 위상

통상의 경우 손해 회피 원칙이 환자의 자기결정권 원칙보다 후위에 놓인다는 점은

33 앞의 12.5.1 참고.

분명하다. 환자는 치료를 받지 않으면 손해가 발생하는데도 불구하고 유용한 치료를 거부하는 방향으로 결정할 권리가 있기 때문이다. 더 나아가 환자는 다른 사람을 돕기 위해 자신의 신체적 완결성을 침해하는 것을 희망할 권리가 있다(예컨대 장기기증). 이 점에서 환자의 가치 관련적 이익을 고려해야 한다. 하지만 법적 규율은 환자가 (예컨대 수술을 통해) 어떠한 신체적 손해에 동의하는지를 명확히 알고 있어야 한다고 요구한다. 즉 환자가 장기이식에 동의한다면, 이 환자는 자신이 어떠한 위험에 노출되고, 자신이 장기를 기증함으로써 수증자가 치료될 가능성이 어떠한지를 알아야 한다. 성형수술도 환자가 수술과 결부되는 모든 위험에 관해 충분한 설명을 들어야 한다.

자신을 침해해도 좋다고 동의할 가능성은 다른 사람을 돕기 위해서 자신을 죽여도 좋다고 동의하는 것에 도달하면 절대적 한계에 봉착한다. 형법은 실존을 말살하는 자기희생을 배제한다. 촉탁살인을 금지하는 이유는 생명 가치를 명시적으로 표명하기 위한 것이다. 이 점에서 다른 사람을 돕기 위해 자신을 죽여달라는 요구에 부응하는 의료행위는 사회적 인정을 상실한다.

이 예가 보여주듯이 법적 규율은 의료윤리의 논의에 토대를 제공한다. 그리고 법적 규율은 의료윤리의 논의 결과에 대해 한계를 설정하기도 한다. 의료윤리의 논거에 비추어 볼 때 어떤 부모가 아픈 자식을 위해 희생하겠다는 의지가 타당할지라도 이 결론을 현실로 옮기는 행위는 가벌성이 있다.

촉탁살인 금지는 예컨대 적극적 안락사의 가능성과 윤리적 정당화와 관련된 논의에도 한계를 설정한다.

물론 촉탁살인 금지에 대해 의문을 제기할 수도 있다. 따라서 이 금지의 근거가 되는 필연적 논거를 제시해야 한다. 촉탁살인은 생명을 금기시하는 태도의 표현이고 누구도 다른 사람을 위해 생명을 희생하려는 소망이나 요구에 직면해서는 안 된다는 가치관점의 표현이다. 더 나아가 촉탁살인은 진정으로 죽을 용의가 있는 사람은 "자기 손으로 죽을"[34] 용의가 있는 사람뿐이라는 사실의 표현이기도 하다. 그러나 촉탁살인 금지가 환자의 희망에 따라 고통 없이 죽게 만드는 간접적 안락사까지 배제하지는 않는다. 더

34 이에 관해서는 *Jakobs*, Tötung auf Verlangen, Euthanasie und Strafrechtssystem, 1998 참고.

나아가 의사의 조력을 받는 자살을 배제하지도 않는다. 다만 이 경우에는 형법 제217조의 금지를 준수해야 한다. 끝으로 소극적 안락사도 배제되지 않는다. 소극적 안락사의 정당성은 환자가 치료의 계속을 거부할 수 있어야 한다는 사실만으로도 곧장 확인할 수 있다. 연방법원은 그사이 환자가 동의 능력이 있고 환자의 고통이 치명적인 상태로 전개될 때는 환자가 사전에 의지를 표명했다면(대개는 환자의 사전 의료지시를 통해 표명된다) 생명을 인위적으로 연장 또는 유지하는 조치를 중단해야 한다고 명시적으로 판결했다. 이 점은 동의 능력이 있는 상태에서 행사한 자기결정권은 자기 책임에 기초한 결정이 불가능한 상태에 도달했을지라도 계속 존중받도록 명령하는 인간 존엄으로부터 도출되는 결론이다.[35] 그사이 입법자도 법률을 개정해 민법 제1901조 이하에서 환자가 사전 의료지시를 통해 삶의 마감을 결정할 수 있는 범위와 요건을 규율했다.

12.6.3 법적 규율과 "의사는 의사-환자 관계에서 정의의 관리자이어야 한다"라는 의료윤리 원칙

독일의 일반 대중은 2010년부터 2012년 사이에 의사들이 장기분배와 관련해 저지른 조작행위를 어떻게 판단해야 하는지의 문제에 직면했다. 이 행위를 형법으로 처벌해야 한다는 주장이 제기되었고, 검찰은 의사들을 살인미수 또는 중상해 미수로 기소했다. 이 사례들의 구조적 특징은 「유럽 장기이식 협회(Eurotransplant)」에 등록할 때 환자들의 질병 상태를 실제보다 과장해 신고했다는 사실이다. 이 과장 신고 행위에 대한 처벌은 2013년 8월 1일에 개정 발효한 장기이식법 제19조 제2항 a의 구성요건을 통해 비로소 가능해졌다. 이 신설 조항은 소급효금지 원칙에 따라 이 사례에 적용할 수는 없었다. 그 때문에 의사들의 과장 신고가 상해죄 또는 살인죄로 처벌될 수 있는가의 문제가 제기되었다. 입법자는 장기이식법 제12조를 통해 의학적 지식의 상태에 비추어 특히 성공 가능성과 절박성에 따라 적절한 환자에게 장기를 분배하도록 확정하고 있다. 이 규율은 장기분배와 관련된 정의의 원칙으로 이해해야 한다. 즉 이 규율은 합

35 BGH 2003년 3월 17일 결정(XII ZB2/03 = NJW 203, 1588)

리적 기준에 따라 장기분배가 이루어지는 절차를 보장하는 규율이다. 이 주제와 관련된 세세한 측면을 여기서 모두 서술할 수는 없고,[36] 다만 세 가지 핵심적 문제만을 언급하기로 한다.

사망자의 장기를 이식할 때는 장기이식법 제1a조 2호에 따라 반드시 장기분배를 담당하는 중앙기관의 개입을 거쳐야 한다. 즉 가족이나 기증자가 누가 장기를 이식받을지를 결정할 수 없고, 국가가 장기분배를 관리한다. 대기자명단에 등록되어 있고 장기이식을 받기에 적합한 환자라면 누구나 장기를 받을 평등한 권리를 갖는다. 하지만 장기를 받으면 수증자인 중환자가 건강을 회복할 기회를 얻지만, 장기를 기다리는 다른 환자들은 — 독일의 경우 예나 지금이나 기증되는 장기의 수는 수요에 훨씬 못 미친다 — 그만큼 더 기다려야 한다는 의미이다. 하지만 신체적 완결성이나 생명을 보호하기 위한 범죄구성요건은 장기를 기다리는 한 사람이 다른 대기자보다 우선권을 갖고 있을 때만 실현될 수 있다. 그 때문에 의사들의 조작행위를 상해죄 또는 살인죄로 처벌하려면 이러한 우선권을 어떻게 정당화할 것인지를 묻게 된다. 장기이식 대기자명단은 그저 순서를 확인해 적용하기만 하면 되는 간단한 명단이 아니다. 따라서 장기를 받을 권리 또는 최소한 기대권이 존재할 때만 우선권이 침해되었다고 말할 수 있다.[37]

또 다른 문제는 누가 우선권에 관한 규칙을 확정할 권한을 갖는가이다. 독일에서 장기분배는 국가가 직접 사망자의 장기를 분배하는 과제를 담당하도록 규율되어 있다. 하지만 입법자는 의학적 지식의 상태에 비추어 특히 성공 가능성과 절박성을 기준으로 적절한 환자에게 장기를 분배한다고만 규율하고 있을 뿐이다. 따라서 입법자는 — 앞에서 서술했듯이 — 모순된 결정을 내린 셈이다. 즉 입법자가 누가 '먼저' 장기를 받아야 하는지에 관한 엄밀한 의미의 규범적 결정을 내린 것은 아니다. 이 점에서 장기를 중앙기관을 거쳐 분배해야 한다고 선언한 국가가 과연 권리능력이 없는 단체에 삶의 기

36 이에 관한 자세한 설명은 *Schroth*, Die strafrechtliche Beurteilung der Manipulation bei der Leberallokation, in: NStZ 2013, S. 437 이하; *Schroth/Hofmann*, Die srafrechtliche Beurteilung der Manipulation bei der Leberallokation — kritische Anmerkungen zu einem Zwischenbericht, in: NStZ 2014, S. 486 이하; *Schroth/Hofmann*, Zurechnungsprobleme(각주 19) 참고.

37 이 문제에 관해서도 *Schroth/Hofmann*, Die srafrechtliche Beurteilung der Manipulation bei der Leberallokation — kritische Anmerkungen zu einem Zwischenbericht, in: NStZ 2014, S. 486 이하(490 이하); *Schroth/Hofmann*, Zurechnungsprobleme(각주 19), S. 523(530 이하) 참고.

회를 분배할 권한을 이양할 수 있는가를 묻게 된다. 대학정원의 분배에 관한 연방헌법재판소의 원칙적 결정(입학정원 제한 결정[38])에 따르면 희소재화를 분배할 때는 국가가 본질적인 내용을 결정할 과제를 담당한다고 한다.

세 번째 문제는 희소재화의 분배와 관련해 정의의 원칙을 침해했다는 사실이 곧장 신체의 완결성을 보호하기 위한 범죄구성요건까지 실현되는 결과를 낳는가이다. 이미 장기를 기증받은 사람은 모두 자신의 건강을 유지하기 위해 분배된 장기에 대한 청구권을 갖는다. 하지만 연방헌법재판소의 입학정원 제한 결정을 토대로 삼으면 현재의 장기분배 규율은 헌법과 합치하지 않는다. 다음과 같은 예를 통해 규범적 문제점을 분명히 밝힐 수 있다. 사고로 인해 세 명의 중환자가 발생했는데 응급실에는 인공호흡장치가 단 하나만 있다. 이때 제3자가 어떤 허위조작을 통해 다른 사람보다 생존확률이 더 높다고 판단되는 사람에게 인공호흡장치를 연결했다면, 이 제3자의 행위를 어떻게 평가해야 할까? 내 생각으로는 이 기망행위를 상해죄 미수나 살인미수로 규정하는 것은 적절하지 않다. 다른 환자보다 우선할 권리를 인정하는 청구권이 있을 때만 — 이 사례에서는 이러한 청구권이 존재하지 않는다[39] — 상해죄 또는 살인죄를 고려할 수 있기 때문이다.[40] 검찰은 문제의 사례에서 기망은 의사의 의료행위가 아니고, 의료행위 규칙을 위반했을 때는 신체의 완결성을 보호하기 위한 범죄구성요건의 충족을 고려할 수 있다는 이유로 이 기망행위의 가벌성을 인정할 수 있다고 보았다. 그러나 이 논증은 설득력이 없다. 검찰의 주장에 따른다면 제3자에 대해 의료행위의 표준을 위반하는 행위도 가벌성의 근거가 된다. 그러나 의료행위의 표준은 손해 회피 원칙의 표현이고, 따라서 의사와 환자의 관계에만 적용된다. 즉 의사가 치료하지 않는 제3의 환자에게는 적용되지 않는다. 이 점에서 제3의 환자에 대한 상해죄(미수)를 의사가 자신의 환자에게 부당한 방법으로 도움을 주었다는 논거로 정당화할 수 없다. 법질서에서는 '중환자 우

---

38 BVerfG NJW 1972, 1561 이하.

39 이에 관해 자세히는 *Schroth/Hofmann*, Zurechnungsprobleme(각주 19), S. 523(530 이하) 참고.

40 형법 도그마틱에서는 한 환자에게 생명유지장치가 일단 연결된 이상 이 장치를 — 예컨대 다른 더 젊은 환자를 구하기 위해 — 다시 뗄 수는 없다고 본다. 그 근거는 명확하다. 즉 중환자에 생명유지장치가 연결되는 즉시 이 환자는 생명구출 가능성의 유지에 대한 청구권을 갖기 때문이다. 이 예를 통해 알 수 있듯이 한 환자에게 장기가 분배되는 즉시 이 환자는 장기에 대한 청구권을 갖는다.

선 규칙'이 적용되고, 이 점에서 언제나 질병이 더 심한 환자를 먼저 도와야 한다는 주장 역시 가벌성을 정당화할 수 없다. 장기분배와 관련해서는 '중환자 우선 규칙'만이 아니라 '최대한 많은 생명을 구하라(Most-Lifes-Saved)'의 원칙도 있다. 입법자는 분명 장기분배와 관련해 어떠한 원칙을 따라야 하는지를 확정하지 않았다. 더욱이 3개월 이내에 사망할 확률이 90%인 환자를 95%인 환자보다 더 우선해야 하는지 의문이다. 사망확률에 관한 통계수치가 미래를 정확히 예측하는 것은 아니다. 사망확률이 90%인 환자가 95%인 환자보다 더 일찍 사망하는 것도 얼마든지 가능하다. 이 밖에도 이 통계수치가 과연 타당한 설명력을 갖는지 자체도 상당히 의심스럽다.

12.6.4 의료윤리가 제기한 문제는 현행법 규율에 대한 비판이 될 수 있다

윤리학적 성찰은 예컨대 살아 있는 사람의 장기기증을 금지하는 법률을 윤리적으로 정당화할 수 없다는 점을 밝혀 기존의 법적 규율을 비판할 수 있다. 앞에서 서술했듯이 독일법은 1촌 또는 2촌의 친족 관계, 약혼 또는 혼인 관계, 등록된 사실혼 관계 또는 기타 특수한 인적 결합 관계가 있는 경우만 장기기증을 허용하고 있고, 이 관계가 없는 사람 사이의 장기기증에 대해서는 형벌을 부과한다. 그러나 개인의 가치 관련적 이익을 고려한다면, 잠재적 장기기증자가 특수한 개인적 관계가 없는 다른 사람을 돕기 위해 제한적인 범위 내에서 위험을 감수하는 것도 가능해야 한다. 따라서 개인을 최대한 개인 자신의 (잘못된) 결정으로부터 보호해야 하고, 오로지 연대적 관계(밀접한 개인적 관계)에서만 재생 불가능한 장기의 기증을 허용할 수 있다는 주장은 윤리적으로 정당화할 수 없다. 이 점에서 장기이식법 제8조 제1항 2문의 금지가 과연 정당한지 의심스럽다. 즉 이타적 동기에서 다른 사람에게 장기를 기증하는 것이 윤리적으로 정당하다고 증명할 수 있다면, 현행법의 (형벌까지 부과하는) 금지는 의심의 대상이 된다. 입법자는 기증자의 범위를 제한하고, 위반 시에는 형벌을 부과하는 현행 규정이 장기거래를 차단하기 위한 것이라고 근거를 제시했다. 설령 장기거래 금지라는 입법자의 목적이 정당하다고 할지라도 이 규정은 다른 사람의 생명을 구할 수 있는 이타적 동기에서 이루어지는 장기기증마저도 전면적으로 차단하기 때문에 헌법적 관점에서도 문제가 있다.

장기거래의 금지는 개인이 자발적으로 자신을 타락시키는 행위를 저지하기 위한 것이다(즉 건강이라는 장기적 이익이 높은 수익이라는 단기적 이익을 통해 침해되지 않도록 하기 위한 것이다). 그러나 이 목적이 포괄적인 가벌성 규범을 정당화할 수는 없으며, 단지 개인의 자유를 침해할 수 있는 행위를 처벌할 근거가 될 수 있을 뿐이다. 가치 관련적 이익에 대한 침해는 기본권을 통해 보호된다(기본법 제1조, 제2조 제1항). 그리고 기본권침해는 이 침해가 필요하고 적절하며, 비례성이 있을 때만 정당하다(이는 입학정원의 제한이든 장기거래 금지든 어느 경우에나 해당한다). 따라서 개인이 자발적으로 자신을 타락시키지 않도록 보호한다고 해서 모든 방식의 장기기증을 장기거래로 처벌할 필요는 없으며, 산 사람의 장기를 기증하는 행위를 전면적으로 금지할 필요는 없다.

12.6.5 의료윤리의 공백 메우기 기능

법적 규율은 허용되는 행위 범위의 성격을 규정할 때도 많다. 예컨대 형법규정은 안락사가 어느 경우에 허용되고 어느 지점부터 안락사에 관여한 의사가 처벌되는지를 확정한다. 이때 형법규정은 절대적으로 필요한 생명보호를 지침으로 삼는다. 하지만 형법규정이 안락사가 어떻게 이루어져야 하는지를 확정하지는 않는다. 이 문제를 다루는 일은 의료윤리의 과제에 속한다. 즉 의료윤리는 의사에게 허용된 행위 범위 내에서 의사가 죽어가는 사람에게 어떠한 배려와 보호 조치를 수행해야 하는지를 확정한다. 즉 이상적인 안락사가 어떠한 형태를 취해야 하는지를 법적으로 규율할 수는 없다.

의사-환자의 관계는 이 관계의 복잡성에 비추어 볼 때 포괄적인 법적 규율의 대상이 될 수 없다. 그 때문에 의료윤리가 의사-환자 관계에서 법적 규율의 공백을 메워야 할 과제를 담당한다.

12.6.6 규범적 문제에 대한 논의의 플랫폼으로서의 의료윤리

더 나아가 의료윤리는 의학과 생명과학에서 여전히 명확하게 밝혀지지 않은 문제들을 논의할 플랫폼을 형성한다. 예컨대 배아 줄기세포 연구를 통해 새로운 치료 가능성이 발전될 수 있지만, 초기 배아를 폐기하는 문제가 발생한다면 어떤 형태로든 관련된 규범적 문제를 논의할 플랫폼이 있어야 한다. 즉 착상 전 배아가 어떠한 도덕적 지위를 갖는지를 물어야 한다. 그리고 배아의 도덕적 지위를 침해할 수 있는지, 침해는 어느 경우에 허용되는지를 논의해야 한다. 이때 의료윤리의 고려는 법에도 영향을 미친다. 예컨대 배아의 도덕적 지위를 법적으로 어떻게 보장해야 하는지를 논의하게 된다.

새로운 기회가 주어지지만, 이 기회가 과연 얼마나 현실이 될 수 있는지가 불확실하다면, 의료윤리는 규범적 논의를 위한 플랫폼이 되어야 할 과제를 담당한다.

12.6.7 법적 규율과 의사-환자 관계의 연대성 약화

법적 규율은 의사-환자 관계를 정형화한다. 이 규율은 환자에게 의사에 대한 청구권을 부여한다. 환자가 청구권을 주장하면 원래 연대성을 토대로 삼는 의사-환자 관계가 침해된다. 즉 의사는 환자를 의사인 자신의 역할을 침해하는 사람으로 지각하게 된다. 법적 관점에서 요구를 쏟아내는 환자에 대해 의사가 배려와 보호라는 태도로 대하기 어려워진다. 심지어 의사와 환자 사이의 연대성 관계가 파괴될 수도 있다.

그렇지만 권리는 환자에게 자유의 기회를 부여한다. 환자는 의사에게 요구할 수 있고, 자신이 단지 의사의 객체가 아니라 주체로서 진지하게 여겨지도록 요구할 수 있다. 환자는 자신이 어떠한 치료 기회를 받아들이고 싶은지를 스스로 결정할 수 있다. 입법자는 의사-환자 관계가 어느 정도로 정형화해야 하고 무엇을 법적 규율에서 벗어난 영역으로 확정할 것인지를 계속 새롭게 규율해야 한다. 의사-환자 관계의 법적 정형화는 연대성을 약화하긴 하지만, 환자의 주체적 지위를 강화한다는 장점이 있다. 정형화는 특히 불확실한 상황에서 결정을 내려야 할 때 환자 스스로 결정하는 결과를 낳는다. 그러나 정형화는 스스로 결정하지 않고자 하면서 대신 결정해줄 아버지와 같은 사람을 찾는 환자에게는 오히려 부정적으로 작용한다. 이 점에서 의료윤리는 의사-환자 관계를 어느 정도로 정형화해야 하고 법적 규율에서 벗어나도록 해야 할 영역이 무엇인지도 명확하게 밝혀야 한다.

주요 참고문헌

Beauchamp, Tom L./Childress, James F., The Principles of Biomedical Ethics, 7. Aufl. 2013.

Düwel, Marcus/Steigleder, Klaus(Hrsg.), Bioethik. Eine Einführung, 2003.

Gutmann, Thomas/Schroth, Ulrich, Organlebendspende in Europa. Rechtliche Regelungs-modelle, ethische Diskussion und praktische Dynamik, 2002.

Habermas, Jürgen, Die Zukunft der menschlichen Natur. Auf dem Weg zu einer liberalen Eugenik, 2001. 〔위르겐 하버마스,『인간이라는 자연의 미래』, 장은주 옮김, 나남출판, 2003〕

Höffe/Honnefelder/Isensee/Kirchhof, Gentechnik und Menschenwürde, 2002.

Irrgang, Bernhard, Grundriss der medizinischen Ethik, 1995.

Jakobs, Günther, Tötung auf Verlangen, Euthanasie und Strafrechtssystem, 1998.

Knoeffler, Nikolaus/Haniel, Anja(Hrsg.), Menschenwürde und medizinethische Konfliktfälle, 2000.

Nationaler Ethikrat, Genetische Diagnostik vor und während der Schwangerschaft, 2003.

Neumann, Ulfrid, Tyrannei der Werte, in: ARSP 1998, S. 153 이하.

Oduncu/Schroth/Vossenkuhl(Hrsg.), Stammzellenforschung und therapeutisches Klonen, 2002.

dies.(Hrsg.), Transplantation, Organgewinnung und –allokation, 2003.

Pöltner, Günther, Grundkurs Medizin–Ethik, 2002.

Roxin, Claus/Schroth, Ulrich(Hrsg.), Handbuch des Medizinstrafrechts, 4. Aufl. 2010.

Schnöcker, Dieter/Damschen, Gregor(Hrsg.), Der moralische Stauts menschlicher Embryonen. Pro und contra Spezies–, Kontinuums–, Identitäts– und Potentialitätsargument, 2002.

Schroth, Ulrich, Die strafrechtliche Beurteilung der Manipulation bei der Leberallokation, in: NStZ 2013, S. 437 이하.

Schroth, Ulrich/Hofmann, Elisabeth, Die strafrechtliche Beurteilung der Manipulation bei der Leberallokation — kritische Anmerkungen zu einem Zwischenbericht, in: NStZ 2014, S. 486 이하.

dies., Zurechnungsprobleme bei der Manipulation der Verteilung lebenserhaltender Güter, in: Festschrift für Walter Kargl zum 70. Geburtstag, 2015, S. 523 이하.

13. 신경과학과 법

라인하르트 메르켈

13.1 토대

특히 생물학, 의학, 신경심리학의 기초연구 등과 같은 다양한 학문분과에서 이루어진 획기적인 발전은 지난 20년에 걸쳐 인간의 자연과 관련해 예전에는 접근할 수 없었던 영역에 여러 가지 방식으로 개입할 수 있는 수많은 새로운 가능성을 밝혀 놓았다. 이러한 개입은 중립적으로 관찰하더라도 인간의 조건(condicio humana)에 대한 심각한 침해로 여겨질 수 있는 경우가 자주 있다. 즉 인간의 정신적 및 문화적 특수성에 대한 우리의 사고가 토대로 삼는 기본형식과 기본가치에 대한 침해로 여겨질 수 있다. 분자유전학, 합성생물학, 배아 연구, 생식의학 그리고 무엇보다 이미 다수의 분과로 섬세하게 분화한 신경과학은 이와 관련된 대표적인 예에 해당한다.

1990년 7월에 미국 대통령 조지 부시는 「대통령 선언」에서 '뇌의 10년(decade of the brain)'을 선포하면서, 앞으로 미국 국가와 사회는 뇌과학의 발전을 촉진하기 위해 특별한 노력을 기울일 것이라고 약속했다. 이 선언은 국제적으로 활발한 반향을 불러일으켰다. 그리고 미국이 주도한 이 노력은 10년을 넘어 국제적 차원에서 다양한 연구가 상호 협력하는 글로벌 촉매제 역할을 하게 되었다. 그 이후 신경과학은 전 세계적으로 환상적인 역동성을 발휘했고, 수많은 하위영역으로 분화했다.[1] 그리고 이 역동성은 당분간 줄어들기보다는 더 높아질 것으로 예상한다.

2013년에 유럽위원회는 미래 기술과 새롭게 등장하는 기술 프로그램과 관련해 인간 뇌 프로젝트(Human Brain Project)에 10년 동안 매년 10억 유로를 지원한다고 결정했다. 이 프로젝트는 인간의 뇌에서 이루어지는 전체 기능적 상호작용 가능성을 컴퓨터를 토대로 시뮬레이션한다는 미래주의적 목표를 내세운 유럽연구집단이 수행하는 두 개의 '플래그십(Flagship)' 프로젝트 가운데 하나이다. 이 목표의 차원을 조금이나마 이해하려면 이 목표의 물질적 토대 몇 가지를 알아야 한다. 뇌를 구성하는 기초단위는 다양한 형태의 신경세포인 이른바 뉴런이다. 최근의 신경해부학 연구에 따르면 인간의 뇌에 있는 뉴런의 숫자는 약 900억 개다.[2] 각 뉴런에는 1,000개에서 20,000개 사이의 시냅스(Synapsen)가 있다. 시냅스는 뉴런과 뉴런 사이의 커뮤니케이션이 이루어지는 표면의 접촉지점이고, 표면을 거쳐 시냅스의 숫자만큼 다른 뉴런과의 커뮤니케이션이 이루어진다. 예컨대 어떤 뉴런에 뇌 전체의 평균 정도에 해당하는 10,000개의 시냅스가 있다면, 뉴런 사이의 결합 활동의 숫자는 총 9,000조가 된다. 이는 상상할 수 없는 숫자이다. 더욱이 이 모든 결합은 역동적이다. 즉 강도, 범위, 공간적 위치에 따라 다양한 방식으로 모듈이 가능하다.[3] 간단히 말하면, 인간 뇌의 메커니즘 전체를 함수로 시뮬레이션하는 데는 — 이것이 가능하다는 전제하에 — 10년이 아니라 족히 100년은 필요할 것이다.

하지만 '인간 뇌 프로젝트'가 시작되고 10년이 지나면 인류는 뇌에 관해 지금보다 훨씬 더 많이 알게 될 것이다. 이 프로젝트가 시작된 직후에 개시된 미국과 중국의 연구 프로젝트도 많은 연구성과를 가져다줄 것이다.[4] 이 프로젝트들을 통해 과학, 치료, 인격 변경 등 온갖 목적으로 뇌에 개입할 가능성도 뚜렷이 증대할 것이다. 뇌에 대한 개입

---

1 이에 관한 간략한 개관으로는 *Swaab*, Developments in neuroscience — Where have we been; where are we going, in: *Giodarno/Gordijn*(Hrsg.), Scientific and Philosophical Perspectives in Neroethics(2010), S. 1-36 참고.

2 그리고 뇌에는 뉴런만큼 많은 숫자의 신경아교세포(glia cell)가 있다. 이 세포는 뉴런의 활동을 지원하는 여러 기능을 담당한다. 뉴런과 신경아교세포의 비율은 얼마 전까지만 하더라도 1:9(즉 아교세포가 9배 더 많다)고 추산했다.

3 이러한 기초적인 지식에 관해서는 *O'Shea*, Das Gehirn(2008), S. 22-63 참고.

4 오바마 대통령이 주도한 미국의 '뇌 이니셔티브(Brain Initiative)'에 관해서는 http://www. brianinitiative. nih.gov/; '중국 뇌 프로젝트(China Brain Project)'에 관해서는 http://english.cas.cn/newsroom/news/201606/t20160617_164529.shtml 참고.

과 관련된 규범적 문제는 이미 오래전부터 그사이 엄청나게 성장한 학문분과인 '신경윤리학(Neuroethik)'의 논의 대상이다.[5] 이 문제가 지닌 특수한 법적 측면도 갈수록 분명하게 드러나고 있다.[6]

신경과학과 법 사이의 관계에 대한 논의에서 다루어지는 주제들을 일반적인 관점에서 정리해보면 무엇보다 인간의 뇌에 깊숙이 개입할 가능성이 확대되면서 등장하는 법적 문제와 관련된 주제가 가장 중요한 주제라는 점을 알 수 있다. 개입은 세 가지 양태로 구별할 수 있다. 이 구별은 조금은 수사적이고 막연하게 여겨질 수도 있지만, 구체적인 첫인상을 얻기에는 적절한 구별이다. 즉 뇌를 연구하는 경험과학을 통해 뇌에 대한 (1) 새로운 통찰, (2) 새로운 관점, (3) 새로운 개입이 성립했다. 아래에서는 이 세 가지 표제하에 이와 관련된 여러 측면을 논의하기로 한다. 물론 모든 측면을 낱낱이 다룰 수는 없고, 몇몇 대표적인 측면만을 다룰 수밖에 없다. 나의 논의는 궁극적으로 '정신적 자기결정(mentale Selbstbestimmung)'권이라는 새로운 기본권을 요청하는 방향으로 흘러간다.

13.2 새로운 통찰

새로운 학문적 지식은 우리가 가진 기존 지식을 확장하고, 전승된 지식의 몇몇 부분을 수정한다. 이 두 가지 측면에서 앞으로 신경과학의 연구 결과를 법의 문제에 적용하면 법에 관한 이론과 법실무를 변경하게 될 것이다. 이는 신경과학 연구의 역동적 발전에 비추어 볼 때 조금도 놀라운 일이 아니다. 다수의 법적 문제에서는 개인의 주관적(정

5 이제는 개관하기 어려울 정도로 많은 문헌이 쏟아져 나왔지만, 그 가운데 특히 *Illies/Sahakian*(Hrsg.), The Oxford Handbook of Neuroethics, 2001; *Clausen/Levy*(Hrsg.), Handbook of Neuroethics, 3 Vols., 2014 참고. '개입'이라는 문제에 관해서는 *Merkel u. a.*, Intervening in the Brain. Changing Psyche and Society, 2007 참고.

6 이에 관해서는 예컨대 *Patterson/Pardo*(Hrsg.), Philosophical Foundations of Law and Neuroscience, 2016; *Nadel/Shauer/Sinnott-Amatrong*(Hrsg.), Oxford Series in Neuroscience, Law, and Philosophy(현재 9권까지 발간되었다); 미국 맥아더 재단이 1,000만 달러를 투입한 프로젝트인 'Research Network on Law and Neuroscience'에 관해서는 http://www.lawneuro.org/; *Spranger*(Hrsg.), International Neurolaw, 2012 참고.

신적) 상태가 결정적 역할을 한다. 정신적 상태는 뇌에서 발생하는 현상에 기초한다. 이 현상의 미시 구조에 대한 이해가 높아질수록 신경과학은 법적 문제에서 중요한 의미가 있는 의식상태에 대해서도 새로운 대답을 제시하게 될 것이다.

이 점을 아래에서는 형법의 관점에서 서술하기로 한다. 물론 신경과학은 민법이나 공법에도 적용할 수 있다.[7] 하지만 민법이나 공법과 비교해볼 때 형법이 훨씬 더 큰 영향을 받게 된다. 형법의 근본적 문제와 관련해 신경과학의 분석이 특히 영향을 미칠 주제는 '자유의지'라는 문제이다.[8] 이 자유의지가 존재하기 위한 필요충분조건이 정확히 무엇인지에 관계없이 대다수 형법학자는 자유의지를 형법적 책임의 전제조건으로 생각한다. 신경과학이 형법의 기초에 영향을 미칠 수 있는 다른 영역들도 있다. 예컨대 뉴런의 상관관계를 경험적으로 설명할 수 있게 되면 고의의 다양한 형태를 더 정확히 규정할 수 있고, 어떻게 인간의 행태가 '의지의 조종'에 힘입어 형벌구성요건을 충족하는 행위가 되는지도 밝힐 수 있다.[9] 하지만 아래의 서술에서는 자유의지의 문제에만 집중하겠다.

13.2.1 뇌과학과 자유의지의 문제[10]

개념적 측면

인간에게는 '자유의지'가 있을까? 만일 있다면 원칙적으로 있는 것일까 아니면 대다수 경우에 있는 것일까? 이 자유의지는 금지된 행위를 한 사람에게 '책임'을 귀속시키

7 민법의 예: 신경과학은 머지않은 장래에 **정신적** 손해(고통, 트라우마를 겪은 이후의 정신적 장애 등)가 발생한 경우 뉴런이 구체적으로 어떠한 상태에 있는지를 밝혀낼 수 있을 것이다. 이렇게 되면 피해자가 거짓으로 정신적 손해가 있다고 주장하는지를 판별할 수 있고, 손해의 강도도 구별할 수 있다. 이에 관해서는 *Kolber*, The experiential future of the law, in: Emory Law Journal 60(2001), S. 585 이하, 652 참고.

8 이에 반해 민법에서 말하는 의사표시의 자유는 외적 행위자유, 즉 (뇌가 완벽하게 결정하는지에 관계없이) 행위자가 사실상으로 의욕하는 것을 강제와 기망이 없이 표현하는지의 문제일 따름이다. 따라서 민법상의 의사표시는 특수한 철학적 문제를 제기하지 않는다.

9 이에 관해서는 *Pardo/Patterson*, Mind, Brains, and Law. The Conceptual Foundations of Law and Neuroscience, 2013, S. 121-140 참고.

10 이하의 서술 가운데 일부는 나의 선행연구인 *Merkel*, Willensfreiheit und rechtliche Schuld, 2. Aufl. 2014; *ders.*, Ist ein 'freier Wille' Bedingung strafrechtlicher Schuld?, in: *Hastedt*(Hrsg.): Macht und Reflexion. Deutsches Jahrbuch Philosophie, Bd. 6(2016), S. 285 이하에 기초한다.

기 위한 전제조건일까? 이 물음들에 대한 대답은 물음에서 등장하는 여러 개념을 어떻게 이해하는지에 달려 있다. 당연히 이 개념들을 어떻게 이해해야 하는지는 논란거리이다. 하지만 자유의 문제를 설명하기 위해 몇몇 기초적인 구별에 대해서는 충분히 합의할 수 있다. 먼저 시민의 자유와 관련된 체계(법질서[11])와 인격의 개인적 자유는 구별해야 한다. 여기서 내가 자유의지라고 말할 때는 전자의 의미가 아니다. 후자, 즉 인격의 개인적 자유는 다시 행위의 자유와 의지의 자유로 구별할 수 있다. 양자는 명확히 밝혀지지 않은 방식으로 서로 관련을 맺지만, 우리의 맥락에서는 이 점을 자세히 밝힐 필요는 없다. 이 글에서는 오로지 자유의지만을 문제 삼고자 하며, 따라서 자유의지에 기초한 행위만을 염두에 둔다. 끝으로 '소극적' 자유와 '적극적' 자유를 구별할 수 있다. 소극적 자유는 행위하는 사람이 외부의 장애가 없는 상태에서 행위한다는 뜻이고, 적극적 자유는 행위하는 사람의 내부에 기인한 장애가 없는 상태에서 행위한다는 뜻이다. 이 두 가지 장애는 직접적-물리적 강제(vis absoluta)에 기초할 수도 있고 아니면 단순히 간접적-심리적 강요(vis compulsiva)에 기초할 수도 있다. 그리고 외부의 강제는 물리적 강제이거나 규범적 강제일 수 있고, 이에 반해 내부의 강제는 심리적 강제이거나 규범적 강제일 수 있다.

내적 강제가 없는 상태에서 행사되는 적극적 자유는 흔히 행위하는 사람의 '인격적 자율'로 파악된다. 물론 자율이라는 개념 역시 자유와 비슷하게 다양한 의미가 있고 논란의 대상이기도 하다. 예컨대 칸트는 자율을 오로지 실천이성 주체의 자기입법으로만 이해한다. 즉 주체 자신의 행위 준칙(Maxime)이 정언명령에 복종하는 경우만이 칸트가 의미하는 자율이다. 이처럼 도덕법칙을 자율개념의 기준으로 삼게 되면 자율이 한편으로는 규범적으로 보편화하고, 다른 한편으로는 도덕화한다. 그 결과 도덕법칙에 충돌하는 비난받을 행위는 자율적 행위가 될 수 없다는 기이한 결론에 도달하게 된다. 오늘날 철학에서 일반적으로 이해하는 인격적 자율이라는 개념은 칸트의 이론과는 다

---

11 "한 사람의 자의가 다른 사람의 자의와 자유의 일반법칙에 따라 서로 양립할 수 있는 총체"라는 칸트의 유명한 법개념 정의(*Kant*, Metaphysik der Sitten/Rechtslehre, Einleitung § B, AA Bd. VI, S. 230)에서 '자의(Willkür)'는 순전히 행위와 관련된 사실상의 결정을 뜻한다. 즉 자의의 자유는 행위자유를 뜻할 뿐, 의지의 자유를 뜻하지 않는다.

르다. 즉 오늘날의 철학은 자율을 통상 '자기결정'을 할 수 있는 사실상의 능력, 즉 개인 자신의 행위에 대한—반드시 도덕적일 필요가 없는—사실상의 지배 또는 이에 상응하는 성격으로 이해한다.

'대안이 되는 다른 행위 가능성'으로서의 자유? '근거를 갖고 행위할 능력'으로서의 자유?

자유로운 행위라는 중립적인 개념은 다음과 같은 점을 말하려는 것으로 보인다. 즉 하나의 행위는 이 행위를 하는 사람이 다르게 행위할 수 있거나 행위를 하지 않을 수 있을 때만 자유롭다는 것이다. 이 설명은 흔히 '대안 가능성 원칙(Prinzip der alternativen Möglichkeit; PAM)'이라고 부른다.[12] PAM은 자유의지 개념에도 해당한다. 즉 특정한 행위를 하기로 결정한 사람은 그가 다르게 결정할 수 있다면 자유로운 사람이다.

PAM은 자유의지에 따른 행위의 필요조건인 것처럼 보인다. 물론 '달리 행위할 수 있음'이 정확히 무슨 의미인지 명확하지 않다. 어떤 특정한 행위를 하지 않을 가능성을 의미하는 것일까? 아니면 그저 일반적인 속성의 능력으로서, 사실상으로 행위가 이루어지는 구체적 사례에서는 얼마든지 발휘되지 못할 수도 있는 가정적인(반사실적인) 실효성을 의미하는 것일까?[13] 어쨌든 PAM은 자유의 **충분**조건이 아니다. 의지의 자유라고 말하기 위해서는 여기서 그치지 않고 사실상으로 수행된 행위 X와 대안이 될 수 있는 행위 Y 모두 행위하는 사람 자신에게 '유형적(generisch)' 성격을 지니는 것이 필요하다. 다시 말해 행위하는 사람이 행위의 유형(Genus)을 할 능력이 있고, 그가 이 행위 유형을 원칙적으로 반복할 수 있어야 한다. 유형 X의 행위는 설령 행위하는 사람이 X에 속하는 행위를 할 수 없을지라도 구체적 사례에서 이 행위에 성공할 수 있고, 이 의미에서 가능한 행위가 될 수 있기 때문이다. 예컨대 사격할 줄 모르는 사람일지라도 정확한 사격에 필요한 능력이 턱없이 부족한데도 예외적으로 아주 먼 곳에서 과녁을 정통으로 맞출 수 있다. 이때는 사격한 사람의 자유로운 행위가 목표를 실현한 것이 아니

---

12 이 용어는 국제적 논의에서 통용되는 'Principle of Alternative Possibility'라는 용어의 독일어 번역이다.
13 이 구별에 관해서는 *Merkel*, Ist ein 'freier Wille' Bedingung strafrechtlicher Schuld?(각주 10), S. 308 이하 참고.

라, 그저 행운에 따른 우연의 산물일 따름이다. 따라서 특정한 행위 유형을 할 능력이 없는 행위를 하지 않은 사람은 이 행위를 자발적으로 하지 않은 것(부작위)이 아니라 그저 자신이 지닌 능력의 한계에 굴복한 것일 뿐이다.

특히 독일의 학문적 논의에서는 의지의 자유(또는 행위의 자유) 개념에 대한 다른 방식의 설명이 매우 중요한 역할을 한다. 그러나 이 설명과 PAM은 필연적 관련성이 없다.[14] 이 설명에 따르면 행위는 행위하는 사람이 '근거를 갖고' 행위를 수행한다면 자유로운 행위(또는 자유의지에 기초한 행위)라고 한다. 그러나 "'근거를 갖고' 행위할 수 있다"라는 자유의 기준 역시 불확실하기는 마찬가지다. 여기서 '근거'는 정확히 무슨 의미일까? (내적) 동기의 상태를 말하는 것일까? 아니면 (외적) 규범적 기준을 말하는 것일까? 그리고 근거가 정확히 어떻게 행위하는 사람의 결단을 생성하는 것일까? 인과적 현상(원인으로서의 근거와 결과로서의 결단)으로? 그리고 근거를 가진 결단은 자유로운 결단으로 여길 수 있는 것일까? 이 물음들을 더 정확히 분석해보면, '근거'를 동원해 자유를 설명하는 논거는 첫인상과는 달리 설득력을 완전히 상실하게 된다.[15]

앞에서 언급한 두 가지 기준을 결합할 수도 있다. 이렇게 하면 매우 강한 의미의 자유개념을 얻게 된다. 물론 그로 인해 강한 주장에 수반될 수밖에 없는 전형적인 단점이 발생한다. 즉 자유라는 술어를 이런 식으로 이해하면, 우리가 통상 생각하는 것보다 훨씬 더 좁은 범위의 행위에 대해서만 이 술어를 사용할 수 있게 된다. 다른 한편 이처럼 강한 개념을 선택하면 — 이 개념의 설득력이 증명된다는 전제하에 — '자유의지 또는 의지 결정론'이라는 논쟁에서 단호하게 전자를 지지하는 태도를 선택할 수 있다. 지금까지 서술한 내용에 비추어 볼 때 이 강한 자유개념은 대략 다음과 같은 내용을 지닌다.

14 물론 자유의지 지지자들(Libertarier)은 자유의 두 가지 기준 모두를 긍정한다. 예컨대 J. *Nida-Rümelin*, Über menschliche Freiheit, 2005, S. 49-51 참고. 하지만 *ders.*, Freiheit als naturalistische Unterbestimmtheit von Gründen, in: *Heilinger*(Hrsg.), Naturgeschichte der Freiheit, 2007, S. 242에서는 "행위는 오로지 근거에 비추어서만 기준이 된다"라고 말함으로써 이전과는 다른 견해를 제기한다. 자유로운 행위의 원천이 '근거의 공간'이라는 점을 강조하는 대표적인 학자로는 *Habermas*, Das Sprachspiel verantwortlicher Urheberschaft und das Problem der Willensfreiheit: Wie lässt sich der epistemische Dualismus mit einem ontologischen Monismus versöhnen?, in: Deutsche Zeitschrift für Philosophie 54(2006), S. 669 이하 참고.

15 이에 관해 자세히는 *Merkel*, Ist ein 'freier Wille' Bedingung strafrechtlicher Schuld?(각주 10), S. 293-301 참고.

즉 하나의 행위(또는 부작위) X는

(1) 행위하는 사람이 유형 X에 속하는 일반적 행위를 적극적으로 행하거나 소극적으로 행하지 않을 능력이 있고
(2) 달리 행위할 수 있거나 모든 행위를 하지 않을 수 있으며
(3) 구체적 행위 X를 자기 나름의 근거를 갖고 행하고
(4) 행위하겠다는 결단이 전적으로 근거에 기초한 그 자신의 의지를 통해 규정된다면

'자유로운' 행위이다.

이 기준들을 충족하는 행위는 이중의 의미에서 자유로운 행위이다. 즉 행위하는 사람이 다르게 행위할 수 있다는 소극적 의미에서 자유로운 행위이고, 자기 나름의 근거에서 행위한다는 적극적 의미에서 자유로운 행위이다.

도덕적 책임과 법적 책임

이로부터 도덕적 및 법적 책임에 관한 직관적으로 명백한 개념에 도달하는 길이 열린다. 앞에서 설명한 자유개념은 도덕적 및 법적 책임이라는 개념에 확실한 토대를 제공한다. 즉 불법을 저지른 사람에게 책임을 묻기 위해서는 다음과 같은 측면을 전제한다.

(1) 행위한 사람의 자유의지에 기초한 행위일 것
(2) 행위한 사람 자신의 근거에 따라 결단하고 행위했을 것
(3) 그가 얼마든지 — 역시 그 자신의 근거에 따라 — 다르게 결단/행위할 수 있었을 것.

전제조건 (3) — PAM — 은 다시 세계의 사건이 최소한 부분적으로나마 자연법칙적으로 확정 또는 '결정(determinieren)'되지 않는다는 것을 요구한다. 다시 말해 앞에서 말한 기준을 충족하는 인간 행위는 자연법칙적으로 확정되지 않는다고 전제해야 한다.[16]

16 여기서 '결정'은 다의적이고, 논란이 많은 표현이다. 나는 이 표현을 엄격한 학문적 의미가 아니라 직관적 의미로 사용한다. 즉 어떤 현상의 미래가 과거를 통해 확정 또는 고정되어 있다면 이 현상은 결정되어

원칙적 반론

강한 자유개념에 대해서는 대략 다음과 같은 순서의 논거들을 통해 원칙적인 반론을 제기할 수 있다.

(1) '의지' 또는 '결단'이라는 개념[17]이 정확히 무슨 의미이든 관계없이 이 개념이 지칭하는 대상은 정신(das Mentale)의 영역에 속한다.

(2) 오늘날의 과학적 세계상에 근거한다면 한 인간의 의식에서 발생하는 모든 정신적 현상은 인간 뇌의 활동에 기초한다는 사실은 거의 반박할 수 없다. 물론 정신적 현상과 뇌의 활동 사이의 관계는 비대칭적이다. 즉 정신적 사건이 뇌의 현상을 통해 발생하고, 역으로 정신적 사건을 통해 뇌의 현상이 발생하지는 않는다. 다시 말해 신경 활동이 이루어짐으로써 정신적 사건이 발생하지만, 역으로 정신적 사건이 발생함으로써 뇌의 활동이 발생하지는 않는다.

(3) 뇌는 물리적 체계이다. 따라서 뇌 내부에서 이루어지는 변화는 인간이 변경하거나 회피할 수 없는 자연의 규칙('자연법칙')을 따른다.

(4) 행위의 물리적 기반인 외적인 신체 운동은 뇌의 활동 메커니즘과 이 메커니즘이 해당하는 신체 부위에 신경자극을 전달하는 과정을 거쳐 유발되고 실현된다. 즉 신체 운동 역시 자연의 규칙에 따른 물리적 현상의 인과적 연결이라는 메커니즘을 따른다.

(5) 따라서 의지는 다음과 같은 경우에만 PAM의 의미 또는 근거를 갖고 이루어진 행위라는 기준에 따른 '자유'의지로 파악할 수 있다.

a) 의지가 자연에 의해 규율되지 않는 물리적 현상이고, 이 자연법칙에 따르지 않는 현상만으로 해당하는 행위(그리고 행위를 실현하는 신체 운동)를 유발하고 조종할 수 있을 것.

b) 이때 의지 자체도 자연법칙을 통해 유발되고 조종되지 않을 것.

있다는 의미로 사용한다. 물론 세계의 진행 과정은 (이론물리학에서 말하는) 엄격한 의미에서 '결정'되어 있지 않을 것이다. 무언가가 '결정된 채' 이루어진다는 사실은 단지 (흔히 '자연법칙적'이라고 말하는) 이것이 자연적으로 주어진 규칙에 따르며, 이 규칙은 인간이 만든 것이 아니고 인간의 영향권에서 벗어나 있다는 뜻이다(이 규칙을 인간이 얼마나 완벽하게 이해하는지는 별개의 문제이다).

17 우리의 서술 목적에 비추어 볼 때 의지라는 불분명한 개념은 더 좁은 의미이자 더 명확한 개념인 '결단(즉 행위를 하는 결단)'으로 축소하는 것이 더 장점이 있다. 이에 관해서는 *Merkel*, Willensfreiheit und rechtliche Schuld(각주 10), S. 15 이하 참고.

(5 a)는 명백히 전제 (4)와 충돌한다.[18] 그리고 조건 (5 b)는 전제 (2)와 충돌한다. 의지 자체는 자연법칙에 따르는 신경생리학적 현상에 대한 비대칭적 의존을 통해서만 표출될 수 있다면, 의지와 의지의 내용이 어떻게 ─ PAM이나 '근거' 논거에서 생각하듯이 ─ 자연법칙에서 벗어나 자유로울 수 있다는 것인지 알 수 없는 노릇이다.

이로써 자유의지를 둘러싼 논쟁의 여러 전선 가운데 가장 격렬한 다툼이 벌어지는 전선을 표시한 셈이다. 이 전선의 한쪽에는 모든 정신적 현상이 신경생리학적 현상에 의존한다(또는 생리학적 현상과 일치한다)고 보고, 따라서 정신적 현상의 발생을 자연법칙에 복종하는 과정으로 파악하는 다양한 형태의 '자연주의(Naturalismus)' 또는 '물리학주의(Physikalismus)'가 자리 잡고 있다.[19] 다른 쪽에는 정신과 뇌의 체계적 연관성을 부정할 필요는 없지만, 자유로운 행위 결단은 어떤 의미에서든 뇌의 '결정론적' 체계에서 해방된다고 주장하는 넓은 의미의 '정신주의(Mentalismus)'가 자리 잡고 있다.

물론 전자를 지지하는 학자의 대다수인 '자연주의자들'도 인간의 의지와 행위가 자유일 가능성을 얼마든지 인정한다. 이러한 견해를 철학적 논의에서는 '양립주의(Kompatibilismus)'라고 부른다. 즉 자연주의자들의 관점에서는 의지가 어떠한 경우든 신경의 자연법칙적 과정에 기초한다는 사정과 의지의 (적절히 이해된) 자유가 양립할 수 있다고 한다. 이에 반해 '정신주의'의 지지자들은 '자유주의적 양립불가주의(Inkompatibilismus)'를 표방한다. 즉 이들은 한편으로는 자유의지와 의지의 토대가 되는 신경에 의한 완벽한 결정은 서로 양립할 수 없다고 주장하면서도, 다른 한편으로는 정신과 뇌 사이의 법칙적 결합에는 충분할 정도로 틈새가 있어서 완전히 결정되지

---

18 물론 신체 운동의 유발에 관한 물리적-인과관계적 설명인 (4)에 정신적인 설명을 추가하면 그렇지 않을 수도 있다. 이렇게 되면 운동 현상은 뇌뿐만 아니라 이와 동시에 그리고 뇌와 무관하게 의지에 의해서도 유발된다고 보게 되며, 이 현상은 다수의 요인을 통해 유발된다고 말해야 한다. 그러나 개개의 행위를 이런 식을 설명할 수는 없다. 이렇게 설명하려면 다시 정신적 현상과 신체적 현상 사이의 인과적 상호작용(데카르트가 말하는 상호작용적 이원주의)을 전제해야 하는데, 이 전제는 물리학의 기본법칙과 충돌하기 때문이다. 더욱이 조건 (5 a)는 자유의지에 기초한 모든 행위에 해당하기 때문에 마치 자유의지에 기초한 행위는 체계적으로 다수의 요인을 통해 유발되는 것처럼 생각하게 된다. 그러나 이 생각은 설득력이 없는 형이상학적 테제에 불과하다.

19 이는 최근 들어 자유의지를 둘러싼 철학적 논의에 참여하는 신경과학자들 대다수가 주장하는 논거이기도 하다. 이에 관한 간략한 설명으로는 *Merkel*, Willensfreiheit(각주 10), S. 30 이하 참고.

않은 자유의지의 영역 — PAM의 의미 또는 근거에 따르는 행위 — 이 허용된다고 주장한다.[20]

자유의지 논의에서 아직 결정되지 않은 측면과 당분간 결정될 수 없는 측면

최근 들어서는 신경과학자들도 자유의지에 관한 철학적 논쟁에 개입하고 있고, 주로 — 이는 조금도 놀라운 일이 아니다 — 자연주의의 편에 서 있다. 몇 가지 대표적인 예를 들어보자.

"뇌가 활용하는 모든 지식은 뇌의 기능적 구조, 즉 뇌에 있는 수백억 개의 신경세포들 사이의 특수한 결합에 따른 것이다 … 뇌는 진화를 통한 적응 과정을 거쳐 끊임없이 최적의 행위방식을 탐색하도록 만들어져 있다 … 결단을 내릴 때 뇌는 엄청난 숫자의 변수들에 기초한다. 즉 환경과 육체로부터 오는 수많은 시그널 가운데 현재 활용할 수 있는 시그널과 저장된 전체 지식에 기초하고, 감정적 평가와 동기를 부여하는 평가 역시 저장된 지식에 속한다 … 유전적 소질, 영아 때 받은 강한 영향 또는 무의식적인 학습 과정을 거쳐 뇌에 도달한 판단 전략, 가치평가, 묵시적 지식은 의식적인 결단의 변수로 활용되지는 않지만, 행위를 조종하는 방향으로 작용하고, 결단이 의식적 동기에 힘입는지 아니면 무의식적 동기에 힘입는지에 관계없이 결과를 확정한다."[21]

물론 이 인용문에서 '탐색, 결단, 판단'이라는 은유적 표현은 엄격한 의미에서는 부적절한 표현이다. 결단을 내리는 것은 인격으로서의 우리 자신이다. 물론 우리의 결단은 우리의 뇌에 힘입은 것이다. 따라서 이러한 은유적 표현은 얼마든지 다른 적절한 표현으로 번역할 수 있다. 철학자들은 신경과학자들이 우리의 행위를 엄격하게 뇌와 관련해 서술함으로써 의미론적 규칙을 위반한다고 비판한다. 이 비판은 그 자체 옳지만, 썩 중요한 의미가 있는 비판이 아니다. 이 정도의 문제점은 쉽게 수정할 수 있기 때문이

---

20 물론 양립불가주의를 지지하는 학자도 얼마든지 자유의지를 부정할 수 있다. 이 경우 양립불가주의는 '강한 결정론(hard determinism)'이 된다(이 표현은 *William James*, The Dilemma of Determinism; in: *ders.*, The Will to Believe: And Other Essays in Popular Philosophy, 1896, S. 145 이하 참고).

21 *Singer*, Selbsterfahrung und neurobiologische Fremdbeschreibung, in: *Krüger*(Hrsg.), Hirn als Subjekt?, 2006, S. 53 이하, 56.

다. 논쟁에서 주요 쟁점이 되는 형이상학적 문제와 관련해서는 철학자들의 이러한 비판으로부터 도출되는 실질적 결론은 사실상 아무것도 없다.[22]

이와는 달리 다수의 신경과학자가 '의지'를 포함한 '정신'이 완벽하게 신경에 의해 결정되고, 따라서 '부자유'한지의 문제를 순전히 경험적 관점에서 해결할 수 있다고 보는 것은 부당하다는 반론은 비교적 큰 의미가 있다. 이 반론을 둘러싼 논의에서는 이른바 '준비전위(Bereitschaftspotential)'가 여러 측면에서 중요한 역할을 한다.[23] 즉 자발적 신체 운동을 유발하는 뇌 활동이 행위자가 행위 결단을 의식하는 시점보다 약 400에서 500밀리세컨드(Millisekunde) 앞서 표출된다고 한다.[24] 이 점으로부터 상당수 뇌과학자는 자유의지가 경험적으로 반박되었다는 결론을 도출한다. 준비전위에 따르면 행위라는 현상의 인과적 진행 과정은 행위하는 사람이 의식적으로 행위를 하기로 결단을 내리기 전에 이미 시작했기 때문이다.

그러나 이 결론은 설득력이 없다. 물론 의지의 활동은 뇌의 활동에 기초한다. 그리고 행위하는 사람이 뇌의 활동이 미치는 작용을 자신의 결단으로 의식하기 전에 이미 뇌는 활동을 시작한다는 점 역시 충분히 신빙성이 있고, 딱히 놀라운 일도 아니다.[25] 하지만 이 사실로 인해 의지의 '자유'가 배제되는지는 경험과학의 문제가 아니라 철학의 문제이다. 자유의 문제를 적절히 표현하는 단계에서 이미 자연과학으로는 설명할 수 없는 수많은 개념적 난관과 형이상학적 난관이 등장하기 때문이다. 예컨대 '의지'라는 명사를 수식하는 술어인 '자유'는 정확히 무슨 뜻인가? 무의미하기 짝이 없는 대안도 선

---

22 같은 말만 끝없이 반복할 뿐 실질적으로는 아무런 생산성도 없는 언어비판만 난무하는 문헌으로는 *Bennett/Hacker*, Philosophical Foundations of Neuroscience, 2003; *Pardo/Patterson*(각주 9) 참고.

23 이 개념에 해당하는 경험적 현상은 1964년에 발견되었다. 이에 관해서는 *Kornhuber/Deeke*, Hirnpotentialänderungen bei Willkürbewegungen und passiven Bewegungen des Menschen: Bereitschaftspotential und reafferente Potentiale, in: Pflügers Archiv 284(1965), S. 1-17 참고.

24 이와 관련된 획기적 연구로는 *Libet*, Subjective antedating of a sensory experience and mind-brain theories, in: Journal of Theoretical Biology 114(1982), S. 563-570; *Libet et al.*, Time of conscious intention of a freely voluntary act 참고. 리벳의 연구가 지닌 철학적 의미에 관해서는 *Walde*, Willensfreiheit und Hirnforschung. Das Freiheitsmodell des epismetischen Libertarismus, 2006, S. 88-99; 법학적 의미에 관해서는 *Sinnott-Armstrong/Nadel*(Hrsg.), Conscious Will and Responsibility, 2011 참고.

25 리벳의 연구 결과는 다른 연구를 통해서도 타당성이 증명되었다. 이에 관해서는 특히 *Hagaard/Eimer*, On the relation between brain potentials and the awareness of voluntary movements, in: Experimental Brain Research 126(1999), S. 128-133 참고.

택할 수 있다는 '자의적'이라는 뜻인가 아니면 행위하는 사람 고유의 가치와 소망을 토대로 삼을 때만 자유로운 것인가?(이때 가치와 소망 역시 자유롭게 선택한 것이어야 하는가?) 또는 '자유'는 신경에 의해 이미 결정된 토대 위에서 이루어지는 '합리적 자기통제'에 불과한 것인가? 이 자기통제는 소망과 가치까지도 포함하는가? 여기서 '통제'란 무슨 뜻인가? 행위하는 사람 자신의 뇌에서 발생하는 현상을 의식적으로 인과적으로 조종한다는 뜻인가? 만일 그렇다면 어떻게? '의지'를 통해? 이와 같은 '정신적 인과적 야기'를 어떻게 정합적으로 사고할 수 있는가? 정신적 현상이 신체와 신체 운동이라는 물리적 현상에 영향을 미친다는 식으로 생각할 수 있을까? 만일 그렇다면 '의지' 자체는 인과적 야기의 대상이 될 수 없고, 따라서 물리적 인과연쇄의 독자적 연원으로서 이로부터 출발해 결국에는 신체 운동을 수행하는 쪽으로 나아가는 것일까?

다른 문제들도 생각해볼 수 있다. 앞에서 제기한 '원칙적 반론'을 구성하는 요소들인 (1)-(5)를 고찰해보자. 이 요소들도 철학적 의문을 제기하게 만드는 다의적이고 논란이 큰 개념들을 포함하고 있다. 특히 (2)에서 표명된 테제, 즉 의지를 포함해 모든 정신적인 것이 신경생리학적 토대에 기초한다는 테제는 불명확하고, 핵심적인 측면이 제대로 이해되지 않고 있다. 이 테제는 (a) 인과적 연관성, (b) 비인과적 구성 관계, (c) 정신적인 것이 인과적으로 아무런 작용도 하지 않는 단순한 '동반'일 뿐이라는 의미의 동반현상(Epiphänomen) 관계, (d) 정신적인 것의 '창발(Emergenz)', (e) 신경적-물리적 현상을 통한 정신적인 것의 '실현', (f) 정신적인 것과 신경적-물리적 현상의 일치 또는 '환원(Reduktion)', (g) 최근의 철학적 논의에서 '수반(Supervenienz)'이라고 부르는 연관성 등등 다양한 측면을 염두에 둔 것일 수 있다. 이 개념들 가운데 그 어느 것도 명확하지 않으며, 그 어떤 개념과 관련해서도 경험적 증명을 위한 필요조건 또는 충분조건이 충족되지 않는다.[26]

26 이 개념들에 관해 간략하게만 설명하자면 이렇다. (a) 정신과 뇌 사이의 인과적 연관성을 전제하는 것은 설득력이 없다. 인과성은 공간에 위치하는 것들 사이의 관계를 지칭하는데, '정신'의 공간적 위치를 생각할 수 없기 때문이다. (b) '구성'이라는 표현은 한 대상의 미시물리학적 요소(예컨대 원자)가 거시물리학적 속성(연장성, 무게, 경도 등)과 맺는 관계를 유추해 사용하는 표현이다. (c) 동반현상 이론에 관해서는 *Huxley*, On the Hypothesis that Animals Are Automata, and Its History(1874), in: *ders.*, Collected Essays, Vol. I, 1893, S. 199-250 참고. (d)-(g)[창발, 실현, 환원 가능성, 수반]에 관해서는 *Kim*, Supervenience and Mind, 1993 참고.

이 개념들 가운데 하나를 자세히 고찰해보자. '환원 가능성'—즉 정신적인 것을 뇌의 현상으로 환원할 수 있다—이라는 개념은 상당히 논란이 많은 개념인데, 이 개념은 존재론적 환원주의, 의미론적 환원주의, 학문적(또는 이론적) 환원주의 등 세 가지 의미를 지닐 수 있다. 존재론적 환원주의는 특정한 대상들 사이의 체계적 동일성을 주장하고, 의미론적 환원주의는 다수의 서술체계 사이의 의미론적 등가성을 주장하며, 학문적 환원주의는 특정한 학문이론을 더 근본적인 이론으로 완벽하게 설명할 수 있다고 주장한다. 그러나 이 개념들 가운데 어느 개념도 경험적으로 확인하거나 반박할 수 없다.[27]

이 모든 서술로부터 두 가지 결론을 얻을 수 있다. 첫째, 심신(또는 정신/뇌) 일원론과 심신 이원론이라는 고전적 문제는 자유의 문제의 핵심에 속한다. 즉 뇌라는 물질로부터 의식이 어떻게 가능한가의 물음은 '정신철학(Philosophie des Geistes)'의 가장 심오한 신비로서 자유의 문제와 직접적 관련이 있다.[28] 둘째, 앞의 (2)에서 제기한 전제와 이 전제를 구체화하기 위한 '인과성', '수반' 등등의 개념은 경험적 테제를 표현한 것이 아니라 형이상학적 테제를 표현한다. 즉 정신과 뇌 사이의 수수께끼와도 같은 비대칭적 관계는 순수한 자연과학적 해명만으로는 제대로 이해할 수 없는 특수한 양태이다.

요약

이 결론은 자유의 문제에 대한 철학의 논의에서는 냉철한 사고를 촉발한다. 이미 2000년이 넘게 논의했지만, 여전히 합의 가능한 대답을 찾을 전망은 보이지 않는다.[29] 자유의지를 옹호하는 사람들과 비판하는 사람들이 수많은 이론적 구상을 제시했지만, 어떠한 구상이든 어느 지점에선가는 원칙적으로 증명할 수 없거나 명백히 잘못된 논거를 사용하고 있다는 사실이 밝혀졌다. 과학에 대한 일반적 신뢰를 배반이라도 하는 듯

27 이 점에 관한 명확한 설명은 *Kim*, Reduction and reductive explanation: is one possible without the other?, in: *ders.*, Essays in the Metaphysics of Mind, 2010, S. 207-233 참고.

28 정신철학과 관련된 철학 문헌은 그사이 개관하기 어려울 정도로 많아졌다. 관련된 문제에 대한 간략한 서술로는 *Merkel*, Willensfreiheit(각주 10), S. 79-96 참고.

29 상당수 철학자는 이 문제를 서양철학에서 가장 많은 논의가 이루어진 문제라고 생각한다. 예컨대 *Mackie*, Ethik. Auf der Suche nach dem Richtigen und Falschen, 1981, S. 311 참고.

신경과학 역시 이 문제를 해결하지 못한다. 물론 신경과학의 연구 결과는 대안적 가능성 원칙이라는 의미의 자유의지가 존재한다고 생각하는 것이 순진하기 짝이 없고, 자유의지에 기초한 주장이 한낱 환상에 불과하다는 점을 밝혀주었다. 하지만 이 점은 상당수 철학자가 이미 예전부터 알고 있던 점이다. 모든 결정된 것은 다른 대안이 없고, 모든 결정되지 않은 것은 통제할 수 없기 때문이다. PAM이나 '근거들의 공간'[30]이라는 의미의 자유의지에서는 이 두 가지 측면 모두가 필요하다. 그러나 두 가지 모두를 가질 수 없다. 그런데도 두 가지 측면을 사용한다면 우리의 과학적 세계상이 지나치게 제멋대로 날뛰는 형이상학적 가설에 대해 설정해놓은 한계와 충돌하게 된다. 이러한 한계는 신경과학을 통해서도 설정된다.

앞에서 보았듯이 이러한 한계를 넘어서지 않는 이상 인간의 눈높이에 맞는 자율과 자기결정에 관한 설득력 있는 이론구상이 얼마든지 가능하다. 이 구상들은 경험적 반박의 대상이 되지 않는다. 바로 그 때문에 인간을 전적으로 인과적으로 결정된 상태에서 작동하는 엄청나게 복잡한 기계로 보는 극단적으로 반대되는 견해 역시 설득력이 없기는 마찬가지다. 자유의 문제는 이 양극단 사이의 어느 지점에 예나 지금이나 엄청난 비밀로 자리 잡고 있다. 과연 이 비밀의 빗장을 열 수 있을지는 아무도 모른다.

13.2.2 형법적 책임개념에 미치는 결과?

많은 뇌연구자와 철학자가 생각하듯이 형법에서 책임개념을 폐지해야 하는지는 — 앞에서 말한 내용에 비추어 볼 때 — 신경과학의 결론을 통해 증명되지 않았으며, 또한 원칙적인 이유에서 증명될 수도 없다.[31] 물론 책임개념의 몇몇 전통적 토대는 최근의 철학적 논의와 신경과학의 연구 결과를 배경으로 삼으면 견지하기 어렵고, 따라서 다르게 생각하거나 수정해야 마땅하다. 특히 인간의 책임능력과 관련해서는 구체적으로

30 *Habermas*(각주 14).

31 그런데도 도덕적 책임이라는 개념을 심오한 철학적 논증을 통해 공격하는 *Waller*, Against Moral Responsibility, 2013; *Caruso*(Hrsg.), Exploring the Illusion of Free Will and Responsibility, 2013에 실린 여러 논문 참고. 도덕적 책임에 반대하는 논거들은 당연히 법적 책임개념에도 해당한다.

수행한 행위를 하지 않을 가능성, 즉 PAM의 의미에서 달리 행위할 가능성을 전제해야 한다는 생각이 여기에 속한다. 앞에서 언급한 연구들에 비추어 볼 때 PAM이라는 전제를 지지할 근거는 없다. 즉 행위자가 금지된 행위를 시작하는 순간—일단 행위자의 뇌 상태를 포함해 세계의 모든 객관적 조건이 전혀 변하지 않는다고 전제하자—다르게 행위할 수도 있다는 테제는 오늘날의 정신철학(philosophy of mind)에서 지배적인 자연주의와 신경과학에 비추어 볼 때 설득력이 없을 뿐만 아니라 거의 이해할 수 없는 테제이다.

그러나 책임능력과 관련된 이러한 기준은 상당수 형법학자와 연방법원이 생각[32]하는 것과 달리 이성적인 법적 책임개념 자체가 요구하는 기준이 아니다. 이 생각이 요구하는 '개인적인 비난 가능성'은 행위자가 궁극적인 책임을 부담한다는 의미의 책임을 전제하고, 이 궁극적 책임은 행위자에 대한 비난을 심지어 그의 영원한 법관(양심 또는 신?) 앞에서도 충분히 설득력을 지닐 수 있도록 만든다고 생각한다. 그러나 이런 식의 궁극적 책임은 유한성과 자연법칙적 경험으로 이루어진, 순수하지 않은 우리의 세계에서는 정당화될 수 없다. 따라서 궁극적 책임을 법적 기준으로 삼아서는 안 된다. 그보다는 충분히 자신을 통제할 수 있는 능력이라는 의미의 자율개념만으로—설령 이 자기통제 전체가 뇌의 신경물리학적 기능에 의존하고, 이 기능을 통해 제한된다고 할지라도—이미 법적 책임과 관련해 얼마든지 이해할 수 있고 명확한 기준을 설정할 수 있다. 이미 오래전부터 형법학에서 통용되는 용어를 사용하자면, 이 의미의 자율개념은 곧 '규범적으로 말을 걸 수 있다(normative Ansprechbarkeit)'는 뜻이다.[33] 신경과학이 비록 이 개념의 정당성을 증명할 수도 반박할 수 없는데도 불구하고 이 개념에 대해 딱히 반론을 제기하지는 못할 것이다.

---

32 1952년 연방법원 전원합의부의 기본적 결정(BGHSt 2, 200) 이후 판례가 취하는 지속적 견해이다. 상당수 형법학자는 형법 제20조로부터 반대추론(e contrario)을 거쳐 같은 결론에 도달한다. 몇몇 논거에 비추어 보면 이 결론이 타당하지만, 그렇다고 이 결론이 필연적이라고 볼 수는 없다. 이에 관한 설득력 있는 설명으로는 *Herzberg*, Willensfreiheit und Schuldvorwurf, 2010, S. 107 이하 참고.

33 이러한 구상에 대한 상세한 정당화는 *Merkel*, Schuld, Charakter und normartive Ansprechbarkeit, in: *Heinrich et al.*(Hrsg.), Strafrecht als Scientia Universalis. Festschrift für Claus Roxin, 2011, S. 737-761 참고.

신경과학과 책임능력의 감경

따라서 모든 심리적인 것(정신적인 것)이 뇌 신경이라는 토대에 의존한다는 사정으로부터 자유의지가 원칙적으로 불가능하고, 따라서 형법적 책임이라는 유의미한 개념 역시 원칙적으로 불가능한 것인지의 물음이 신경과학이 대답해야 할 물음은 아니다. 하지만 그렇다고 해서 구체적인 개별사례에서 행위자의 책임능력 또는 책임무능력을 밝혀야 하는 법정의 과제에서 신경과학이 지닌 의미가 점차 높아진다는 사실을 간과해서는 안 된다. 신경과학의 영향이 커진 이유는 무엇보다 이 학문이 전형적인 형태에서 벗어난 행동, 특히 폭력적 행동의 신경생물학적 조건을 갈수록 더 정확하게 규정할 가능성을 발전시키고, 이 가능성을 구체적인 개별사례에 비추어 증명하고 있기 때문이다.[34] 그러나 특정 형태의 금지된 행위가 신경생물학적 토대에 의존한다는 사실을 밝힌 연구는 이러한 행위가 — 적어도 행위자가 명백히 정신질환자가 아닌 이상 — 일차적으로 행위자의 '의지 통제'에서 벗어난 생리학적-인과적 현상이 아니라 행위자 자체의 악한 속성에 기인한다고 여기는 일상적 직관에 배치된다. 형사법관 역시 행위의 인과적 연원이 객관적 자연현상의 산물이라고 보기보다는 행위가 행위자의 악한 속성에 기인한다고 볼 때 훨씬 더 쉽게 '개인적인 비난'이라는 의미로 책임을 귀속시킬 수 있다.

이러한 차이가 현실의 법정에서 어떠한 의미를 지닐 수 있는지를 밝히기 위해 약 10년 전에 미국의 신경과학과 신경법(Neurorecht) 전문가들이 다루었던 사례 하나를 제시해보자. 여러 아이의 아버지이자 수십 년 동안 법을 준수하는 성실한 생활을 하던 고등학교 선생 한 명이 갑자기 그 이전에는 전혀 감지되지 않던 소아성애 성향을 발산했다. 체포 이후 전두엽 피질에 발생한 뇌종양이 원인으로 밝혀졌다. 전두엽 피질은 뇌에서 뉴런 연결망에 속하는 영역으로, 사람의 행위성향을 담당하는 부분이라는 사실이 오래전부터 잘 알려져 있다. 뇌종양과 소아성애 사이의 인과성에는 의문이 없었다. 종양을 제거한 이후 1년이 지나자 소아성애 성향이 사라졌고, 종양과 소아성애 성향 모두 치료되었기 때문이다. 그 후 종양이 재차 발견되어 수술했고, 이를 통해 성도착 현

---

34 새로운 '뇌의 범죄생물학'의 경이로운 발전에 관해서는 수많은 관련 문헌 가운데 특히 *Hodgins/Plodowski*(Hrsg.), The Neurobiological Basis of Violence, 2009; *Kiehl/Sinnott-Armstrong*(Hrsg.), Handbook on Psychopathy and Law, 2013; *Raine*, The Anatomy of Violence, 2013 참고.

상 역시 제거되었다.[35]

독일에서도 그렇지만 대다수 법원은 이 사례에서처럼 명백한 자연적 인과성으로 인해 금지된 행위를 했다는 사실을 증명하면 행위자의 책임능력을 판단할 때 이를 충분히 고려하게 된다. 결과적으로 이 선생이 뇌종양에 책임이 없고, 뇌종양이 없었다면 성범죄를 저지르지 않았을 것이며, 뇌종양에도 불구하고 성범죄를 회피할 수 있었는지는 (종양이 미친) 절대적 인과성을 명확하게 증명할수록 그만큼 더욱더 의심하지 않을 수 없다. 책임을 확인할 때 이러한 사정을 고려하지 않는 것은 공정하지 않다. 대부분의 법원은 최소한 책임능력 감경에 동의할 것이다.[36]

이 사례에 비추어 볼 때 비교적 위험하지 않은 가설 하나를 제기할 수 있다. 즉 앞으로 일탈행동의 신경생물학적 토대에 대한 과학적 지식이 확장할수록 책임능력의 감경을 인정하면서 유죄를 선고하는 판결이 점차 증가할 것이다. 이는 당연히 재판에 신경과학이 미치는 영향도 확대된다는 뜻이다. 이러한 예측은 다음 절에서 서술할 내용의 출발점이 된다.

13.3 새로운 관찰

13.3.1 토대

현재 확인되는 모든 징후에 비추어 볼 때 우리는 신경과학이 영상을 제공하는 방법(뇌영상; Neuroimaging)을 법의 영역에 체계적으로 도입하지 않을 수 없는 상황에 직면해 있다.[37] 이 방법은 기본적으로 세 가지 형태로 나뉜다. 즉 '구조적' 뇌영상은 해부학

---

35 *Burns/Swerdlow*, Right orbito-frontal tumor with pedophilia symptom and constructional apraxia sign, in: Acives od Neurology 60(2003), S. 437-440.

36 이 맥락에서 뇌종양으로 인해 발산된 소아성애 행위의 신경적 토대와 삶을 살아가면서 습득한 신경적 토대 사이에는 뇌의 기능과 구조의 측면에서 어떠한 차이가 있는지를 묻게 되면 자유와 관련된 논의가 상당히 혼란을 겪게 된다. 이에 관해서는 *Merkel*, Willensfreiheit(각주 10), S. 105 이하 참고.

37 미국에서는 이미 형사소송 실무에서 이 방법을 폭넓게 활용하고 있다. 이에 관해서는 *Denno*, The myth of the double-edged sword: An empirical study of neuroscience evidence in criminal cases, in: Boston

적 구조를 영상화하고, '분자적' 뇌영상은 미시생물학적 구조를, '기능적' 뇌영상은 뇌의 기능방식을 영상화한다. 구조적 방법의 대표적 예는 컴퓨터 단층촬영(CT) 또는 자기공명 단층촬영(MRT)이고, 기능적 방법의 예는 뇌파전위기록술(EEG), 양전자 방사 단층촬영(PET) 또는 기능적 자기공명 단층촬영(fMRT)이다. 법의 목적에 비추어 볼 때는 특히 기능적 방법이 중요하다. 이 방법을 통해 외부 관찰자가 특정한 정신활동을 하는 동안에 뇌가 어떻게 '작동'하는지를 관찰할 수 있고, 피실험자의 정신적 상태를 관찰할 수 있기 때문이다. 즉 이러한 관찰과 측정으로부터 다시 법적 문제에서 중요한 의미를 지닐 수 있는 주관적 태도를 추론할 수 있다.

물론 이 지점에서 이미 조심할 필요가 있다. 앞에서 말한 방법을 그저 막연하게 지적하는 것만으로는 일반인들이 오히려 혼란에 빠질 위험이 있다. 뇌의 기능을 직접 관찰할 수는 없으며, 더욱이 영상 데이터로부터 피실험자의 정신적 상태를 직접 도출할 수도 없다. 뇌영상 촬영기술의 기초를 분명히 밝히면 이 점은 더욱 분명해진다. 아래의 간략한 서술은 기능적 자기공명 단층촬영에 한정하겠다. 이 촬영기술이 현재 가장 발전한 기술이고, 뇌의 기능에 관한 기존 연구에서 가장 유망한 기술로 여겨지고 있으며, 그 때문에 법적 절차에 적용하는 문제와 관련해서도 가장 흥미로운 기술이기 때문이다.

기술

기능적 자기공명 단층촬영(fMRT)의 물리적 측면과 기술은 극도로 복잡하다. 이 촬영법의 토대는 양자역학의 원칙과도 관련이 있다.[38] 이 방법으로 얻은 데이터는 — 간단하게 말하면 — 혈관의 내용물과 혈관 주변 뇌조직의 내용물 사이의 자기장 속성의

College Law Review 56(2015), S. 493-551 참고. 이 연구에 따르면 1992년에서 2012년 사이에 800개의 형사소송에서 뇌영상 결과를 증거로 제출, 요구 또는 사용했거나 사용 여부를 판결에서 논의했다고 한다. 이 밖에도 *Farahani*, Neuroscience and behavioral genetics in US criminal law: an empirical analysis, in: Journal of Law and the Bioscience 2(2015), S. 485-509(2005년과 2012년 사이에 그 이전 10년보다 두 배 정도 뇌영상을 더 활용하게 되었다고 한다). 이 학술지의 같은 호에는 영국, 카나다, 네덜란드의 형사소송과 관련된 유사한 경험적 분석 결과를 담은 논문들이 실려 있다.

38 비전문가를 염두에 두고 짤막하지만, 충실한 내용을 담고 있는 *Logothetis*, What we can do and what we cannot do with fMRI, in: Nature 453(2008), S. 869

편차 그리고 뇌동맥 혈액과 뇌정맥 혈액 사이의 자기장 속성의 차이에 따른 것이다. 편차를 확인하기 위해 일단 피실험자에게 진단 스캐너 안에서 강한 자기장(0.5-5 테슬라)을 발사한 이후 빠른 속도로 단절적 광자극을 무수히 반복한다. 이를 통해 뇌혈관에서 아원자 수소분자(원자)의 다양한 자기장 반응속성이 활성화하고 이를 측정할 수 있게 된다.[39]

약 30분 정도 지속하는 fMRT 검사를 통해 엄청난 양의 데이터가 산출된다. 이 데이터 가운에 조직반응의 차이를 영상으로 기록하고, 이로부터 스캐너의 3차원 영상인 이른바 fMRT 영상이 만들어진다. 확인된 조직반응의 차이를 시각적으로 분명히 보여주기 위해 서로 다른 색깔로 채색하고, 사전에 구조적 MRT를 통해 촬영한, 피실험자 뇌의 해부학 영상에 투영한다. 서로 다른 색깔은 피실험자가 특정한 과제를 수행할 때 뇌의 각 부분에 공급되는 혈액량의 통계적 평균값을 표시한다. 이 수치로부터 이 과제를 처리하는 과정에 참여하는 뇌의 각 부분이 활성화하는 차이를 추론해낸다. 이 추론은 동맥과 정맥의 혈액 분자들이 '반향'하는 차이에 기초하기 때문에 fMRT라는 용어보다 BOLD(blood oxygenation-level dependent; 혈액 산화수준 의존성)이라는 약어를 선호하는 경우가 많다.

단층촬영은 뇌의 활동을 있는 그대로 보여주는 '사진'이 아니다

특정한 과제를 수행할 때 참여하는 뇌 부분의 상태와 그렇지 않을 때의 정상적 기능의 차이를 비교실험을 통해 어느 정도 신뢰할 수 있을 정도로 확인하게 되면, 피실험자가 특정한 인지적, 감정적 또는 의지적 활동을 하는 동안 어떠한 정신적 상태에 있는지를 추론해낼 수 있다. 하지만 통계 데이터로부터 구체적인 '정신적' 과제를 수행하는 과정을 테스트하는 동안 피실험자가 무엇을 생각하거나 느끼는지를 확인하는 추론은 여러 측면에서 간접적인 추론이고, 다수의 매개 과정을 거치는 추론이다. 다시 말해 뇌

39 자기장은 뇌의 촬영 부분에 있는 모든 수소 원자에 똑같이 영향을 미친다. 하지만 이 분자에 광자극을 가하면 이 통일성이 상실된다. 물론 광자극이 끝나면 원상태로 복귀한다. 이 과정에서 분자가 발산하는 미세한 양의 빛을 진단 스캐너가 측정해 기록한다. 이 미세한 빛은 빛이 발산되는 지점의 생물학적 속성(동맥, 정맥, 여타 세포조직)에 따라 강도의 차이가 있다. 이로써 발산되는 빛의 양이 지닌 생물학적 연원의 차이를 정확히 확인할 수 있다.

의 여러 부분을 촬영한 fMRT 컬러 영상은 '실제로 활동'하는 뇌를 있는 그대로 촬영한 사진이 아니다. 이 영상은 스캐너에 내장된 컴퓨터가 기록한 엄청난 양의 데이터로부터 산출된 것이고, 더욱이 특정 시점에서 실제로 활성화한 수치가 아니라 테스트가 진행되는 동안 검사 대상인 뇌 부분을 수없이 많이 측정해 확인한 통계적 중간수치일 따름이다. 이러한 절차의 복잡성을 고려하면 검사 결과를 해석하기가 얼마나 어려운 일인지를 잘 알 수 있다. 더욱이 다음과 같은 난점까지 추가된다. 즉 피실험자가 특정한 과제를 수행하는 동안 '활성화'하는 뇌 부분에 대한 검사와 이 부분의 '평상시' 상태에 대한 검사 사이의 특수한 편차를 충분히 확인할 수 있고, 이로부터 평상시 상태의 데이터를 '소거'함으로써 활성화한 뇌 부분의 특수한 기능을 추론할 수 있을 때만 비로소 피실험자의 정신적 활동과 뇌 신경의 상관관계를 설명하려는 연구 목적을 달성할 수 있다. 그러나 뇌의 모든 부분은 여러 가지 기능을 수행하기 때문에 이러한 연구는 소수의 특수 전문가만이 감당할 수 있는 극히 까다로운 과제이다.[40]

13.3.2 형사절차에 응용하는 방법

앞에서 자유의지와 관련된 논의를 할 때도 그랬듯이 비슷한 이유로 fMRT를 법에 응용하는 문제와 관련해서도 주로 형법에 집중해 논의하겠다. fMRT를 형법에 응용하는 두 가지 방식을 언급할 수 있다. (1) 수사절차에서 뇌에 직접 연결해 '거짓말 탐지기'로 활용하는 방식, (2) 형기를 마치고 보안처분의 고려 대상이 되는 범죄자에 대한 소견서를 작성할 때 이 범죄자가 지닌 장래의 위험성을 판단하는 '뇌 예측(Neuroprognose)'에 활용하는 방식.

거짓말 탐지 목적의 뇌영상

미국에서는 상당수 형사소송에서 fMRT나 다른 뇌영상을 증거로 허용했다. 물론 훨

---

40 이 '인지적 소거방법(cognitive subtraction method)'의 난점에 관해서는 *Langleben/Moriarty*, Using brain imaging for lie detection: Where science, law, and policy collide, in: Psychology, Public Policy, and Law 19(2013), S. 222-234 참고.

씬 더 많은 숫자의 형사소송에서는 뇌영상을 증거로 신청했지만, 법원이 이를 거부했다.[41] 증거 신청은 거의 모두 변호인 쪽에서 이루어졌다. 그 이유는 명백히 fMRT의 타당성과 신뢰성이 기소의 증거 목적이나 유죄판단을 위한 증거요건을 충족하기에는 과학적으로 확실하게 증명되지 않았기 때문이다. 즉 뇌영상만으로는 피고인 또는 증인의 주장이 진실인지 허위인지를 합리적 의심을 배제할 정도로 확실하게 밝히기 어렵기 때문이다. "의심스러울 때는 피고인의 이익으로!"라는 법치국가 원칙은 책임을 정당화하기 위해 확실한 증명을 요구한다. 따라서 현재에는 검찰이 피고인의 유죄를 증명하기 위해 fMRT 검사를 신청하는 것은 무의미한 일이다. 즉 fMRT는 아직 유죄증명에 적합한 증거방법이 아니다. 따라서 재판부는 형사소송법 제244조 제3항 2문에 따라 이러한 증거 신청을 각하하면 그만이다.

하지만 변호인의 관점에서는 사정이 다르다. 변호인과 피고인은 유죄를 증명할 필요가 없다. 재판부가 피고인의 책임에 대한 검찰의 확신을 의심하게 만들면 그만이다. 이러한 목적을 실현하는 데는 fMRT 영상이 이미 유용한 수단이 된다. 물론 증거가치는 낮다. 하지만 높은 증거가치를 가질 필요도 없다. 이 증거방법의 목표는 단지 피고인의 책임에 대한 의심에 근거를 제공하는 것일 뿐이기 때문이다. 더욱이 fMRT 기술 발전의 역동성에 비추어 볼 때 이 기술이 진술의 진위를 심사하기에 충분한 타당성과 신뢰성이 앞으로 크게 신장하리라고 기대할 수 있다. 따라서 독일의 형사소송에서도 머지않아 변호인이 뇌영상을 증거로 신청하는 사례가 늘어날 것이고, 이를 재판부가 인용하는 일도 발생할 것이다.

조심하고 신중해야 한다는 경고

이렇게 되면 여러 가지 문제가 제기된다. 무엇보다 법관은 fMRT 컬러 영상이 뇌의 '실제 활동'을 촬영한 사진이라고 착각해서는 안 된다. 이 영상은 세 가지 측면에서 테스트가 진행되는 동한 산출된 수백만 개의 데이터를 컴퓨터가 처리해 만들어낸 간접적

---

41 이에 관해서는 *Farahani*(각주 37); *Meixner*, Applications of neuroscience in criminal law: legal and methodological issues, in: Current Neurology and Neuroscience Report 15(2015), S. 513 이하 참고. 독일에서는 fMRT 영상을 증거로 신청한 형사소송 사례가 아직 없다.

결과에 불과하다는 사실을 알 수 있다. 첫째, 혈액의 자기장 속성의 편차를 측정해 피실험자가 테스트 과제를 수행하는 동안 해당하는 뇌 부분에서 사용된 산소량을 추론해 낸 결과일 뿐이다. 둘째, 산소의 사용량을 추론하는 토대인 데이터는 전체 테스트가 진행되는 동안 뇌의 각 부분의 활동을 촬영한 수천 개의 영상에서 확인된 수치의 평균치일 뿐이다. 셋째, 스캔된 3차원 화소(Voxel)[42]에서 이루어진 각각의 뇌 활동을 직접 측정할 수는 없다. 즉 각각의 화소에서 사용된 산소량의 평균치를 전체 계산과 비교함으로써 뇌의 활동을 추론한 것이다. 이러한 측면만을 고려하더라도 이미 fMRT 영상이 지닌 증거가치의 한계가 분명히 드러난다.[43] 물론 이것 말고도 또 다른 문제점들이 있다.

(1) 지금까지 실험실 테스트에서 사용된 질문들은 인위적으로 단순화한 것이기 때문에 '거짓말'을 증명하거나 반박하는 근거로 삼기 어렵다.[44] 따라서 테스트 결과가 실제 재판에서 무언가 중요한 의미가 있다고 보기 어렵다. 재판에서 진술하는 사람에게는 피실험자와는 달리 자신의 진술이 지닌 신빙성이 실존적 문제가 될 수 있기 때문이다. 이로 인해 스트레스가 유발될 수 있고, 이는 당연히 뇌에서도 표출되어 테스트 결과를 왜곡할 수 있다.

(2) 거짓말을 할 때도 다른 인지적 활동이나 감정적 상태와 마찬가지로 복잡하게 연결된 수많은 뇌 부분들이 활성화한다. 뇌에 '거짓말을 담당하는 부분'이 따로 존재하는 것이 아니다.

(3) 거짓말을 할 때 활성화하는 뇌 부분에 관한 현재의 대다수 fMRT 연구에서 활용하는 데이터들은 개별 피실험자에 관한 데이터가 아니다. "정신 활동 XY에서 a부터 n에 해당하는 뇌 부분이 개입한다"와 같은 결론은 오히려 수많은 뇌에 관한 데이터일 뿐이다. 다시 말해 이 결론은 수많은 피실험자에 대한 테스트에 기초한 통계적 평균치로부터 얻어낸 결론이고, 따라서 한 개인 또는 하나의 뇌가 확인된 전체 결과와 완벽하게 일치한다는 뜻이 아니다. 이 점에서 통계에 기초

42 이 용어는 'volume element'에서 파생된 것으로 2차원 평면의 단위를 표현하는 'Pixel'과 유사한 발음을 갖게 만든 신조어이다. 현재의 fMRT에서 화소 하나의 크기는 1-2 큐빅 밀리미터이고, 그 때문에 이 기술의 해상도는 상당히 높은 편이다. 테스트가 진행되는 동안 화소를 통해 각각의 반응 효과를 수천 번 촬영해 전체 계산에 수용한다.

43 이에 관해 자세히는 *Merkel*, Neuroimaging and Criminal Law, in: *Clausen/Levy*(각주 5), S. 1335-1363(1349 이하) 참고.

44 즉 피실험자가 테스트가 원하는 대로 사실과 다른 대답을 했다고 해서 이 대답을 곧장 '거짓말'이라는 개념으로 포착할 수 있을지 의문이다.

한 지식으로부터 구체적인 개별사례를 다루는 형사소송에서 어떠한 결론을 도출할 수 있는지는 확실하지 않다.[45] 물론 과학적 연구는 그사이 이러한 문제점을 극복하는 과정에서 커다란 진보를 이루었다고 보인다. 최근에 발표된 한 연구는 특정한 인지적 활동을 수행할 때 개별 뇌가 보여주는 개인적이고 지속적인 활성화 프로필을 밝힐 수 있음을 보여주고 있다.[46]

(4) 앞에서 언급한 난관들을 설령 극복할 수 있고, 과학이 이 방향으로 발전할지라도 거짓말 자체에 해당하고 동시에 뇌의 과정으로부터 거짓말을 밝히기 어렵게 만드는 개념적 문제가 여전히 남는다. 즉 '거짓말'이란 정확히 무슨 뜻인가? '예'라는 답이 정확한데 '아니요'라고 말하면 거짓말인가? 이야기를 약간 바꾸는 것은 거짓말인가? 어떤 부분을 빼고 얘기하면 거짓말인가? 어떤 사실을 전달하면서 애매한 표현으로 어떤 부분을 막연하게 만들면 거짓말인가? 조금 윤색해서 전달하면 거짓말인가? 이처럼 확실하게 대답하기 어려운 물음들이 꼬리에 꼬리를 문다. 현재 어떤 얘기를 조율하는 다양한 형태가 각각 뇌의 상태와 관련해 어떠한 차이에 기인하는지는 전혀 알지 못한다.[47]

재판부를 위한 감정인의 자문은 이러한 요건들에 주의를 기울여야 한다. 하지만 변호를 목적으로 fMRT 결과를 피고인 진술의 신빙성을 증명하는 방법으로 제출하는 것은 얼마든지 고려할 수 있다. 물론 이 결과의 증거가치는 낮다. 그러나 증거가치가 낮다고 해서 허용되지 않는다고 말할 수는 없다.[48]

그러나 (앞에서 서술했듯이) 뇌영상을 피고인의 책임을 증명할 목적으로 사용하는 것은 계속 허용되지 않는다는 점에서 변호인이 뇌영상을 증거방법으로 사용하는 것도 허

---

45 같은 과제를 처리할 때도 각각의 뇌마다 신경이 활성화되는 양태가 다르다(어떠한 뇌도 다른 뇌와 완벽하게 일치하지 않는다). 앞에서 말한 통계적 방법이 지닌 의미는 바로 이러한 편차를 '배제'한다는 점이다. 이에 관해서는 *Harri*, The neurology of individual differences of complex behavioral traits, in: Annual Review of Neuroscience 32(2009), S. 225-247 참고.

46 *Tavor et al.*, Task-free MRI predicts individual differences in brain activity during task performance, in: Science 352, Issue 6282(2016), S. 216-220.

47 진실과 거짓을 둘러싼 이 다양한 형태들이 예나 지금이나 형사소송의 증거평가에서 일상적으로 등장하는 문제라는 사실을 간과해서는 안 된다.

48 같은 견해로는 *Schauer*, Can bad science be good evidence?, in: Cornell Law Review 95(2010), S. 1191-1219 참고. 증거방법으로서의 뇌영상이 과학을 맹신하는 판사를 오도할 수 있다는, 흔히 표명되는 우려가 과장일 따름이라는 점은 *Schweitzer/Saks*, Neuroimage evidence and the insanity defense, in: Behavioral Sciences and the Law 29(2011), S. 592-607이 명확히 밝히고 있다.

용되지 않아야 한다고 생각할 수 있다. 거짓말(또는 진실) 탐지를 위한 fMRT 스캔 영상이 구체적 사례에서 책임을 증명할 수 있을 정도로 과학적 타당성을 확보하는 것은 (현재로서는) 불가능하다. 따라서 뇌영상을 피고인의 책임을 증명하는 데 사용하는 것은 허용되지 않는다. 이 결론은 무기평등과 공정한 재판이라는 소송원칙을 근거로 원용할 수 있고, 뇌영상이 예외적으로 검찰을 위해 허용되는 것은 당연히 거부할 수 있다.[49] 즉 이 원칙이 증거절차의 원칙이라면 당연히 변호인도 이 원칙에 따라야 한다고 생각할 수 있다. 그러나 이런 식의 생각은 소송 참여자들의 역할과 과제가 다르다는 사정을 오해하는 데 기인한다. 즉 검찰과 법원과는 달리 변호인은 책임의 성립요건과 관련해 어떠한 증명책임도 부담하지 않는다는 사정을 오해한 것이다. 이 점에서 변호인은 소송에서 자신이 수행하는 역할의 범위 내에서 검찰에게는 별다른 의미가 없는 증거방법일지라도 얼마든지 활용할 수 있다. 실제로 fMRT 테스트의 타당성은 이미 미국의 형사소송에서 흔히 '쓰레기 과학(junk science)'이라고 부르고, 그 때문에 소송에서 증거방법으로 허용되지 않는 낮은 수준을 뛰어넘었다.[50] 따라서 피고인 스스로 원한다면 그의 이익을 위해 뇌영상을 증거로 신청하는 것을 독일에서도 앞으로 허용해야 할 것이다.

이 점은 최근 신경과학 전문가들을 흥분시킨 두 개의 형사소송을 통해 분명히 밝힐 수 있다. 2008년 인도에서는 한 여성이 남편을 살해했다는 이유로 종신형을 선고받은 적이 있다. 재판부는 특히 뇌파전위기록술(EEG) 뇌스캔 결과를 유죄판결의 근거로 삼았다.[51] 당연히 신경과학자들은 이 판결을 격렬하게 비판했다.[52] 이와는 다른 사례도 있다. 2002년에 영국에서 한 여성이 자신이 보호하는 어린이를 독살하려고 했다는 이유로 살인미수로 자유형을 선고받았다. 이 여성은 형집행 중에도 계속 자신의 범죄사실을 부인했다. 그녀가 석방된 이후 전문가로 구성된 팀이 그녀에 대해 일련의 fMRT

49 무기평등 원칙에 관해서는 *Roxin/Schünemann*, Strafverfahrensrecht, 28. Aufl. 2014, § 11 Rn. 7 참고.

50 미국의 형사소송에서 통용되는 '쓰레기 과학'이라는 기준은 독일 형사소송법 제244조 제3항 2문에서 말하는 '전혀 부적절함(völliges Ungeeignetes)'에 해당한다. 미국의 이 기준은 '연방 증거규칙 702호'에 따른 것이다.

51 *Gridharadas*, India's novel use of brain scans in courts is debated, in: New York Times, 2008년 9월 14일, http://www.nytimes.com/2008/09/15/world/asia/15brainscan.html?_r=0.

52 예컨대 *Aggarwal*, Neuroimaging, culture, and forensic psychiatry, in: Journal of the American Academy of Psychiatry and Law 37(2009), S. 239-244 참고.

거짓말 탐지 실험을 했다. 이 실험에서는 그녀가 법정에서 한 진술과 검찰의 진술을 다시 듣도록 했다. 실험을 진행한 과학자들은 그녀의 진술이 '명확한 일관성'을 갖는다는 사실을 강조했다. 물론 과학자들 스스로 이 실험 결과가 이 여성의 무죄를 증명하는 것은 아니지만, 무죄 가능성은 증명한다고 보고했다.[53] 뇌스캔을 근거로 인도 여성에게 유죄를 선고한 판결은 그 자체 하나의 스캔들이었던 반면, 신경과학의 방법을 동원한 뇌영상을 근거로 영국 여성에게 무죄를 선고했다면 얼마든지 설득력이 있었을 것이다.

원칙적인 반론: 강제된 fMRT와 '자기부죄 거부' 원칙

거짓말 탐지를 위한 fMRT의 낮은 증거가치마저도 진술하는 사람이 협력할 때만 확보할 수 있다. 따라서 테스트를 강제하는 것은 의미가 없다. 강제된 테스트는 장애가 발생할 확률이 매우 높고, 피실험자의 '반대 전략'을 통해 차단될 확률도 높다. 이를 꽉 다문다거나 발가락에 의도적으로 힘을 주거나 팔근육에 힘을 주는 것만으로도 테스트 결과를 무용하게 만들 수 있다.[54] 어쨌든 강제절차로서의 fMRT는 진실을 확인하는 데 (현재에는) 아무 쓸모가 없다. 물론 이 사정도 앞으로 과학이 발전함으로써 극복될지도 모른다.[55] 그렇게 되면 당연히 진실을 확인하기 위해 진술하는 사람의 의지에 반해 fMRT 테스트를 강제할 수 있는지를 묻게 된다.

피의자와 관련해서는 무엇보다 책임비난을 해명하는 데 자신이 어떠한 형태의 조력도 거부할 권리가 있다는 사실을 확정해야 한다. 자기 자신에게 부담을 주는 것을 거부할 수 있는 이 특권 — 라틴어로는 'nemo tenetur se ipsum accusare'라고 부른다 — 은 피의자에게 인권과 기본권으로 보장된다.[56] 그러나 이 권리 때문에 피의자의 신체

53 *S. Spence et al.*, 'Munchhausen's Syndrome by proxy' or a 'misscarriage of justice'? An initial application of functional neuroimaging to the question of guilt versus innocence, in: European Psychiatry 23(2008), S. 309-314.

54 이에 관해서는 *Ganis et al.*, Lying in the scanner: Covert contermeasures disrupt deception detection by functional magnetic resonance imaging, in: NeuroImage 55(2011), S. 312-319 참고.

55 이에 관해서는 *Luber et al.*, Non-invasive brain stimulation in the detection of deception: Scientific challenges and ethical consequences, in: Behavioral Sciences ant the Law 27(2009), S. 191-208 참고. 이 실험에서는 fMRT를 수행하기 전에 피실험자의 뇌를 특정한 방식으로 자극했다. 이를 통해 쉽게 거짓말을 할 수 없게 만들었다(이 방법을 앞으로 형사소송에서 활용하는 것을 금지해야 할 것인지는 별개의 문제에 속한다).

를 강제할 수 있는 증거방법을 이용할 수 없는 것은 아니다. 독일과 같은 자유법치국가 소송에서도 피의자의 신체가 증거방법으로 이용되기 때문이다. 예컨대 엑스레이 촬영이나 초음파 촬영과 같이 특정한 신체적 속성을 밝히기 위한 해부학적 사진을 촬영하는 '고전적' 방법은 얼마든지 강제로 사용할 수 있다.[57]

그 때문에 뇌와 관련해서는 혼란스러울 정도로 이중적인 상황이 펼쳐진다. 즉 한편으로는 다른 신체 장기와 마찬가지로 뇌도 특정한 요건이 충족되면 예컨대 뇌영상 촬영과 같은 방법을 통해 강제로 검사할 수 있다. 다른 한편 진실을 확인하기 위한 fMRT는 일차적으로 신경생리학적 사실 자체의 확인이 아니라 피실험자의 뇌에서 '실현된' 특정한 정신적 상태의 확인을 목표로 삼는다. 피의자는 자신의 정신적 내면세계를 구성하는 요소들을 밝혀야 할 의무가 없다(자기부죄 거부 원칙). 그렇다면 fMRT의 경우 뇌는 일차적으로 신체 장기로 보아야 할까 아니면 '정신이 자리 잡은 곳'으로 보아야 할까?

독일의 지배적인 학설에 따르면 자기 자신에게 부담을 주는 것을 거부할 자유와 신체에 대한 조사를 감수해야 할 의무 사이의 구별은 피의자에게 적극적인 참여를 강제하는지 아니면 단지 소극적인 감수만을 강제하는지에 비추어 이루어진다고 한다(전자는 금지되고, 후자는 허용된다).[58] 하지만 이 기준은 우리의 문제에 대해 명확한 답을 주지 못한다. 피의자가 적극적으로 참여하지 않은 상태에서 뇌를 스캐너로 조사하는 것은 적극적 '활동'을 전제하기 때문에 이미 자기부죄 거부의 원칙에 반하는 것일까? 또는 외부 자극에 대해 단순히 자율 중앙신경계가 반응하는 현상 — fMRT 테스트는 이 현상에 기초한다 — 은 피의자가 적극적으로 참여할 필요 없이 그저 소극적으로 감수해야 하는 것에 속할 뿐일까?

미국 형사소송에서는 '적극적/소극적'이라는 기준이 아니라 피의자에게 강제해 획득한 증거가 '진술'증거인지 아니면 '물리적' 증거인지를 기준으로 삼는다. 즉 '피고인에게 불리한 진술증거(Incriminating testimonial evidence)'는 강제할 수 없고, '물리적

---

56 국제인권협약 제14조 제3항 (g).
57 피의자의 혈중알코올농도를 확인하기 위한 혈액검사도 마찬가지다(형사소송법 제81a조 제1항).
58 이에 관해서는 *Beulke*, Strafprozessrecht, 13. Aufl. 2016, Rn. 125 참고.

증거(physical evidence)'는 강제할 수 있다.[59] 이 기준 역시 명확한 결론을 제시하지 못한다. fMRT는 분명 두 가지 모두에 해당하기 때문이다. 그 때문에 미국 소송법학자인 폭스(Fox)는 "fMRT는 명백히 의식에 관해 '**물리적 증거에 유사한**' 형태로 '**진술증거에 유사한 정보**'를 제공할 수 있다"라고 말한다.[60]

독일법의 '적극적/소극적' 기준이든 미국법의 '진술증거/물리적 증거'의 기준이든 우리의 문제에 답을 주지는 못한다. 따라서 이 문제를 법적 및 법윤리적 관점에서 고찰할 필요가 있다. 뇌영상의 목표는 뇌의 생리학적 속성이나 상태를 밝히는 것이 아니라 관찰 가능한 신경 상태로부터 이 상태와 직접 상관관계를 맺는 특정한 정신적 현상을 탐구하는 것이다. 이 점에서 예컨대 뇌영상 촬영을 감수하게 만드는 강제는 주체의 극히 내면적인 통제기관을 '병합'하는 일이고, 자신의 심리 — 특정한 기억, 지식, 사고, 소망 등 — 에 대한 주체의 권위를 병합하는 일이며, 결국에는 인격을 구성하는 핵심에 대한 주체의 권위를 병합하는 일이다. 따라서 국가가 이처럼 '자아'를 정신적으로 병합하는 것은 인격과 인간 존엄에 대한 보호(기본법 제2조 제1항, 제1조 제1항) 때문에 허용될 수 없다. 즉 신체를 탐구함으로써 정신을 탐구하는 것은 자기부죄 거부 원칙에 반한다. 이 원칙의 보호범위는 피의자의 심리적 자기통제에까지 확장되어야 한다. 따라서 피의자에게 fMRT를 강제하는 것은 현재 금지되어 있고, 앞으로도 금지되어야 한다.

증인의 경우는 어떨까? 증인은 원칙적으로 증언거부권이 없다. 그렇다면 언젠가 피실험자의 협력이 없이도 충분한 타당성을 지닌 실험 결과를 얻어낼 수 있는 기술이 발전하면 증인에게 fMRT 촬영을 강제할 수 있을까? 이 역시 허용하지 않아야 한다. 자유헌법질서가 확립된 국가, 즉 롤스가 말하는 '좋은 질서를 가진 사회(well-ordered society)'[61]가 확립된 국가는 자율적 인격에 대해 증인의 의무를 이행하는 목적으로 뇌스캔을 강제해서는 안 되고, 가장 내면적인 자아를 구성하는 내용을 강제법을 동원해 '추출'해서도 안 된다. 자율적 인격은 자신의 정신적 자기결정을 존중하라는 청구권을

59 자기부죄 거부 원칙은 미국 제5차 수정헌법을 통해 보장된다. 연방대법원이 '진술증거와 물리적 증거'를 기준으로 삼은 판례로는 Schmenber v. California(1966), 384 U.S. 757 참고.

60 *Fox*, The right to silence as protecting mental control, in: Akron Law Review 42(2009), S. 763-801.

61 *Rawls*, Eine Theorie der Gerechtigkeit(1975), S. 493 이하.

갖고, 이 청구권은 인간의 존엄과 인격권을 통해 보호되며, 따라서 강제로 증인의 인격에 개입하는 국가의 행위는 금지된다.

13.3.3 보안처분에서 '신경예측' 목적의 뇌영상 촬영

fMRT를 통해 가능한 '신경예측'의 문제는 또 다른 물음들을 제기하게 만든다. 즉 범죄자의 장래 위험성을 규정하는 데 이 방법을 활용해 보호감호 처분에 관한 결정 근거로 삼을 수 있을까? 이 물음에 대답하기 위해서는 반드시 이와 관련된 핵심적인 전제를 분명히 밝혀야 한다. 간단히 말하자면, 보호감호는 누군가가 이미 저지른 행위 때문이 아니라 그가 미래에 저지를 위험이 있는 행위 때문에 부과된다.[62]

그 때문에 국가는 행위자의 장래 위험성을 규정하기 위해 과학적으로 충분히 타당성이 있는 모든 인식 원천을 동원할 의무가 있다. 현재 위험성 예측은 2명의 심리치료사나 심리학자의 소견서를 토대로 삼는다. 하지만 이 소견서의 인식 토대는 상당히 불확실하고 일관성도 없으며 착각으로 점철된 경우가 많아서 타당성에 의문이 제기되는 경우가 많다.[63] 따라서 fMRT 방법이 소견서가 활용하는 고전적인 인식 원천을 완전히 대체하기는 어려울지라도 이를 보충하기에 유용한 방법인지를 검토해볼 필요가 있다.

현재의 연구수준을 고려할 때 fMRT는 적어도 장래의 위험성을 보여주는 징표가 될 수 있는 두 가지 정신적 성향과 관련해서는 이미 유용성을 인정받고 있다. 하나는 성범죄자의 소아성애 성향이고, 다른 하나는 사이코패스 범죄자의 폭력 성향이다. 이 두 범죄자 집단이 높은 재범률을 보인다는 사실은 범죄학에서 이미 증명되었다.[64] fMRT 기

---

62 그 때문에 보호감호에는 최후수단의 원칙이 적용된다. 이에 관해서는 BVerfGE 128, 326(379) 참고.

63 국제적으로 이 문제와 관련해서는 수많은 문헌이 있지만, 이 가운데 특히 *Monahan et al.*, Rethinking Risk Assesment: The MacArthur Study of Mental Disorder an Violence, 2001; *Cavanaugh et. al.*, Confronting the demons of future dangerousness, in: Journal of Law and Criminal Justice 2(2014), S. 47-66 참고.

64 소아성애와 관련해서는 *Hanson/Morton-Bourgon*, The characteristics of persistent sexual offenders: A meta-analysis of recidivism studies, in: Journal of Consulting and Clinical Psychology 73(2005), S. 1154-1163; *Wilson et al.*, Pedophilia: An evaluation of diagnostic and risk prediction methods, in: Sexual Abuse. A Journal of Research and Treatment 23(2011), S. 260-274 참고. 사이코패스 폭력범죄자에 관해서는 *Olver/Wong*, Psychopathy, sexual deviance, and recidivism among sex offenders, in: Sexual Abuse. A

술은 오늘날 이미 상당히 발전되어서 성범죄자의 소아성애 성향을 높은 신뢰수준으로 확인할 수 있다.[65] 이보다 신뢰수준이 조금 더 낮긴 하지만 폭력범죄자의 사이코패스 성향도 fMRT 기술로 확인할 수 있다.[66] 이를 통해 구체적 개별사례에서 장래의 위험성과 관련된 징표를 획득할 수 있다.

이러한 발전에 비추어 볼 때 적어도 보안처분과 관련해서는 뇌영상 촬영이 머지않아 형사절차에 도입되리라고 예상할 수 있다. 물론 이 기술이 고전적인 심리치료 또는 심리학 소견서를 완전히 대체할 수는 없다. 하지만 뇌영상 촬영이 고전적 소견서를 보충할 수는 있다. 이 기술을 활용할 때는 당연히 최대한 조심하고 신중해야 한다. 특히 이 기술이 무엇을 증명할 수 있고 무엇을 증명할 수 없는지를 명확하게 인식해야 한다. 즉 누군가가 소아성애 성향이 있다는 사실은 이 사람이 실제로 소아성애 행위를 통해 이 성향을 발산한다는 뜻이 아니다. 구체적 사례에서 뇌스캔을 통해 이에 관해 명확하게 밝히는 것은 불가능하다.

뇌촬영 기술은 앞으로 보안처분법과 같이 법치국가적 관점에서 볼 때 극히 불확실하기 짝이 없는 영역을 조명하는 데 도움을 줄 수 있다. 하지만 이 기술이 그렇지 않아도 불확실한 영역을 더욱 불확실하게 만들어서는 안 된다. 즉 과학을 맹신한 나머지 이 기술을 과대평가하거나 남용해서는 안 된다. '범죄적인 뇌'는 존재하지 않는다. 하지만 범죄행위 위험을 높이는 행위성향은 존재한다. 다른 모든 행위성향과 마찬가지로 이 성향 역시 궁극적으로는 뇌에 기초한다(당연히 뇌가 유일한 기초라는 말이 아니다). 이러한 행위성향을 확인하는 데 도움을 주면서도 동시에 회의적인 태도로 주의를 기울이는 일

Journal of Research and Treatment 18(2006), S. 68-82; *Rice/Harris*, Psychopathy and violent recidivism, in: *Kiehl/Sinnott-Armstrong*(Hrsg.), Handbook on Psychopathy and Law, 2013, S. 231-249 참고. 사이코패스 성범죄자에 관해서는 *Porter/Wilson*, Crime profiles and conditional release performance of psychopathic and non-psychopathic sexual offenders, in: Legal and Criminological Psychology 14(2009), S. 109-118 참고.

65 이에 관해서는 *Ponseti et al.*, Assessment of pedophilia using hemodynamic brain response to sexual stimuli, in: Archives of General Psychiatry 69(2012), S. 187-194(평균 검증확률 약 95%); *Mohnke et al.*, Brain alterations in paedophilia: A critical review, in: Progress in Neurobiology 122(2014), S. 1-23 참고.

66 이에 관해서는 *Wahlund/Kristiansson*, Aggression, Psychopathy and brain imaging — Review and future recommendation, in: International Journal of Law and Psychiatry 32(2009), S. 266-271; *Hodgins/Viding/Plodowski*(Hrsg.), The Neurobiological Basis of Violence, 2009에 실린 논문들 참고.

은 신경과학과 기술이 앞으로 담당할 과제이다.

13.4 새로운 개입

13.4.1 토대; 형태; 구별; 제한

임상 신경과학과 이론 신경과학 모두 지난 몇십 년에 걸쳐 그리고 특히 21세기에 들어 인간의 뇌에 개입하는 새로운 방법을 다수 개발했고, 이 방법들 가운데 다수는 우리의 상상 속에 있던 미래를 현실로 만드는 듯한 인상을 불러일으킨다. 뇌에 깊숙이 개입하는 기술(이는 단순히 종양이나 혈전과 같은 역기능적 조직을 제거하는 데 그치지 않는다)은 곧 '자아', 즉 주체성에 개입하는 기술이다.[67] 그 때문에 이러한 개입은 규범적으로 문제가 된다. 물론 뇌는 다른 장기와 마찬가지로 우리 신체의 생물학적 장기이다. 하지만 뇌는 다른 장기와는 뚜렷이 구별되는 독특한 의미를 지닌다. 즉 뇌는 우리의 의식과 자기의식, 사고, 느낌, 의지, 행위의 원천이다. 옛날 스타일로 짧게 표현하면, 뇌는 우리의 '영혼이 자리 잡은 곳'이다. 따라서 뇌에 깊이 개입할 수 있게 되면, 우리 인간은 과연 무엇이고 또 무엇이 되고자 하는지를 묻지 않을 수 없다.

개입의 형태

개략적으로 유형화하면 다섯 가지 개입 방식을 구별할 수 있다. (1) 약품을 통한 개입, (2) 유전자 개입, (3) 전기자기장을 통한 개입, (4) 외과수술을 통한 개입, (5) 광유전자(Optogenetik) 개입. (3)은 예컨대 뇌혈류 자기장 자극, 초음파 자극 또는 뇌심부자극술(DBS)과 같이 뇌를 자극하는 새로운 기술이다.[68] 두개골을 절개해 세포조직을 이식(예

---

67 '정신과 뇌'의 연관성과 관련해 이원주의에 반대하는 견해(크게 보면 '자연주의' 또는 '물리학주의'라고 부를 수 있다)에 관한 앞의 서술(539면 이하) 참고.

68 이에 관해서는 *Merkel et al.*, Intervening in the Brain(각주 5), S. 161-180. 이 기술들 가운데 뇌심부자극술만 외과적 수술이 필요하고, 다른 두 기술은 뇌 외부에서 자극하는 데 그친다.

컨대 신경줄기세포 이식)하거나 유전자를 이식하는 기술, 뇌를 컴퓨터에 연결하고, 컴퓨터를 거쳐 다른 기계와 연결하는 뇌 보형물을 이식하는 기술(brain-machine interface)은 (4)에 속한다. (5)는 빛으로 뇌를 자극하는 혁명적 방법이다. 이 방법은 2단계 절차를 거친다. 먼저 바이러스 벡터를 통해 외부 유전자를 신경세포에 주입해, 이 신경세포가 특정 주파의 빛에 반응하게 만든다. 그 이후 극미세 광섬유를 뇌의 특정 부분에 이식해서 이를 통해 유전자 변형된 뉴런들에 빛이 전송된다. 이렇게 하면 광섬유가 이식된 부분의 활동을 자극할 수도 있고, 다른 주파수의 빛을 통해 활동을 '중단'하게 만들 수도 있게 된다.[69]

이 모든 기술과 각 기술의 하위형태는 일차적으로 앞으로 임상 의료에서 활용할 목적, 즉 질병 치료와 예방이라는 목적으로 개발되었다. 하지만 이 기술들 가운데 다수는 건강한 사람의 뇌 기능과 정신적 역량을 개선하는 데도 활용할 수 있다는 사실이 곧장 밝혀졌다. 뇌 기능을 최적화하기 위한 이러한 전략을 국제적인 논의에서는 일반적으로 '신경강화(Neuroenhancement)'라는 영어 용어로 표현한다. 이 논문에서도 이 용어를 사용하겠다. 이 용어가 일반적으로 사용될 뿐만 아니라, 만일 이 용어를 독일어로 신경'향상'으로 번역할 경우 이러한 개입의 규범적 문제가 아직 명확히 밝혀지지 않은 상태에서 긍정적인 의미를 지니는 것으로 오해될 수도 있기 때문이다.[70]

이제부터는 신경강화만을 목적으로 뇌에 개입하는 것을 고찰한다. 물론 치료 또는 예방의 목적으로 뇌에 개입할 때도 인격의 실질적 변화가 발생할 수 있고, 이 역시 해결하기 어려운 문제를 제기한다. 하지만 이 문제의 해결이 아무리 어렵다고 할지라도 기본적으로 의료윤리와 의료법의 원칙과 관련된 기존의 체계 내에서 해결 방법을 모색해야 한다.[71] 이와 반대로 건강한 사람의 최적화만을 목적으로 뇌에 개입하는 것은 통상

69 이 방법을 일반인도 이해할 수 있게 설명한 문헌으로는 *Buchen*, Illumination the brain, in: Nature 465(2010년 5월 6일), S. 26-28 참고. 실험용 쥐를 통해 이 기술의 실효성을 증명한 연구로는 *Aravanis/Deisseroth et al.*, An optical neural interface: In vivo control of rodent motor cortex with integrated fiberoptic and optogenetic technology, in: Journal of Neural Engineering 4(2007), Sp. 143-156 참고.

70 이하에서 '강화'라고 표현할 때는 언제나 '신경강화'를 뜻한다.

71 특히 정당한 목적이 지닌 효용과 이 목적을 추구하기 위해 투입된 기술의 위험 사이의 비교형량과 관련된 규칙과 원칙을 따라야 한다.

의 의료윤리가 제시하는 한계를 완전히 벗어나고, 결국에는 인간의 자기상에 관한 철학적 인간학의 문제에 직면하게 만든다.

신경강화를 목적으로 뇌에 개입하는 방법을 기술적 절차 형태가 아니라 개입이 추구하는 정신적 상태를 중심으로 유형화하면, 네 가지 형태로 구별할 수 있다.

(1) 기억력(또는 기억의 삭제), 집중력 또는 '관리' 기능[72]과 같은 인지능력의 강화
(2) 기분, 공감, 이타적 성향과 같은 감정적 상태와 감정능력의 강화
(3) 예컨대 신경에 개입해 공격적 충동을 억제하는 것과 같이 '도덕적 강화' 가능성을 포함해 인간의 동기와 관련된 상태를 강화
(4) 꿈, 성적 자극 등과 같이 자율신경계의 기능과 관련된 정신적 상태의 강화

외적 강화와 내적 강화

강화라는 개념은 여러 가지로 정의할 수 있다. 대다수 개념정의는 안일하고 직관적으로 이루어진다. 예컨대 강화는 "좋은 건강상태의 유지 또는 회복에 필요한 정도를 넘어서서 인간의 형태나 기능을 개선하는 것을 목표로 삼는 개입이다"[73]라고 말하는 경우가 여기에 속한다. 이보다 더 철저한 개념정의는 두 가지 개념요소를 명확히 표시한다. 하나는 기능적 최적화라는 적극적 요소이고, 다른 하나는 치료목적의 개입과 명확히 구별되는 소극적 요소이다. 다시 말해 '강화'는 "생리학적 상태 또는 정신적 상태의 변화를 유발하기 위해 사용되는 효과적인 또는 효과적일 수 있는 조치로서, 변화한 상태가 (1) 치료의 결과로 여길 수 없고, (2) 당사자 스스로 최소한 하나 이상의 측면에서는 상태의 개선으로 판단할 수 있어야 한다"라고 말한다.[74] '치료'라는 대비개념은 이 개념이 지시하는 대상으로 '질병'을 전제한다. 질병이라는 개념은 인간 실존과 관련해 '결핍에 지향된 모델'(이 모델의 반대는 '평안한 상태 모델'이다)을 통해 가장 설득력 있게

72 인지기관의 이른바 'supervisory anttentional systems'에서 수행되는 통제기능.
73 *Juengst*, What does enhancement mean?, in: *Parens*(Hrsg.), Enhancing Human Traits: Ethical and Social Implications, 1998, S. 29.
74 *Merkel*, Neuartige Eingriffe ins Gehirn, in: ZStW 121(2009), S. 919-953(929).

포착할 수 있다. 이 모델에 따르면 질병은 "인간 유기체의 생물학적-생리학적-심리학적 기능이 종에 특수한 정상적 상태에서 상당히 많이 벗어나 불이익이 발생한 상태"를 뜻한다.[75]

신경강화에 대한 규범적 분석이라는 우리의 목적과 관련해서는 외적 강화와 내적 강화라는 또 다른 구별이 중요하다. 이 구별은 다음과 같은 뜻이다. 인간은 예나 지금이나 환경에 있는 특정한 조건을 개선해 자신의 정신적 능력을 상승시키기 위해 노력한다. 문자와 인쇄술의 발명에서 시작해 학교와 대학에서 심리적 학습여건을 최적화하는 방법을 거쳐 컴퓨터나 인터넷과 같이 갈수록 더 높은 역량을 발휘하는 인지적 보조수단을 개발하는 행위는 모두 이러한 노력의 소산이다. 이러한 강화를 나는 외적 강화라고 부른다. 이와는 달리 생명기술을 이용해 살아 있는 인간 자체를 개선하는 방법도 있다. 이 방법을 나는 내적 강화라고 부른다. 아래에서는 내적 강화만을 다루겠다.

이 구별은 당연하게 여겨지고, 현상유형으로 보더라도 당연하게 여겨질 것이다. 그러나 이 구별을 규범적으로 정당화하는 것은 상당히 어려운 일이다. 예를 하나 들어보자. 어떤 매니저가 온종일 스마트폰에서 정보를 얻고, 스마트폰이 없이는 일상적인 일을 처리할 수 없는 상태라고 가정하자. 스마트폰이라는 미니컴퓨터가 이 매니저에게는 그의 인지적 자아를 구성하는 부분이 된 나머지 두개골을 정신적 자아와 환경을 구별하는 경계로 보기 어려울 정도가 되었다.[76] 이 매니저가 끝없이 호주머니에 있는 스마트폰을 만지는 것은 별문제가 없다고 생각할 것이다. 이에 반해 신경기술을 이용해 스마트폰을 직접 뇌에 이식해 사용한다면, 설령 그렇게 해도 이 매니저의 건강에 아무런 위험도 발생하지 않는데도 끔찍한 일로 여길 것이다.

왜 그럴까? 인간이 진화를 거쳐 갖게 된 자기상(Selbstbild)은 직관적으로 우리 신체

75 *Merkel*, Eingriffe(각주 74), S. 930. 질병에 관한 이 개념정의는 *Daniels*, Normal functions and the treatment-enhancement distiction, in: Cambridge Quarterly of Healthcare Ethics 9(2000), S. 309-322에 따른 것이다. 물론 질병의 개념에 관해서는 예나 지금이나 논란이 많다. 이에 관해서는 특히 *Humber/Almeder*(Hrsg.), What is Disease?, 1997; *Schramme*(Hrsg.), Krankheitstheorien, 2012 참고.

76 '두개골'을 자아와 환경을 구별하는 경계선으로 여기는 사고가 이제는 설득력이 없다는 점은 철학에서도 '확장된 정신(extended mind)'이라는 용어와 함께 폭넓은 논의가 이루어지고 있다. 이 용어를 처음 사용한 것은 *Clark/Chalmers*, The extended mind, in: Analysis 58(1998), S. 10-23에서이다. 이 논의에 관해서는 *Menary*(Hrsg.), The Extended Mind, 2010 참고.

의 바깥 껍데기를 자아의 경계선으로 표시한다. 그 때문에 피부 바깥에서 우리의 정신적 기능을 수행하는 것들은 모두 도구로 여기고, 피부 안쪽에 있는 것은 인격 자신의 한 부분으로 여긴다. 그러나 이 직관적 구별에 규범적 의미를 부여하기는 어렵다. 즉 외적 강화는 허용되고, 내적 강화는 금지된다는 주장을 정당화하는 징표로 끌어들이기에는 이 구별은 많은 혼란을 불러일으킨다. 우리가 요인 x에 관해 정신적 능력의 외적 상승을 인정할 뿐만 아니라, 이를 칭송해 마지않는다면, 똑같은 요인 x와 관련된 정신적 능력을 내적으로 강화하는 것을 곧장 비난해야 마땅한 일로 여기는 것은 이상한 일이다.

다양한 사례집단: 구별의 필요성

정신강화라는 문제를 규범적으로 분석하기 위해서는 일련의 다른 구별도 필요하다. 일단 자기 자신의 정신 능력을 상승하는 것과 타인의 정신 능력을 상승하는 것을 구별해야 한다. 전자의 사례유형은 두 가지 사례집단을 포함한다. 하나는 참여자가 한 사람인 경우(이른바 '한 당사자 사례')이고, 다른 하나는 참여자가 두 사람인 경우('두 당사자 사례')이다. 한 당사자 사례는 예컨대 특정한 신경 약품을 복용하는 것처럼 한 인격이 자기 자신에게 직접 개입하는 경우이다. 두 당사자 사례는 예컨대 뇌신경자극술처럼 의사 등 제3자의 도움을 받는 경우이다.

타인의 정신강화라는 두 번째 유형도 다시 두 가지 사례집단을 포함한다. 즉 개선 대상인 제3자가 동의 능력이 있는 사례집단과 그렇지 않은 사례집단으로 구별할 수 있다. 후자의 사례집단에 속하는 대표적 예는 부모의 소망에 따라 인지능력 상승을 위해 아동의 뇌에 개입하는 경우이다. 예컨대 보호감호 상태에 있는 위험한 사이코패스 폭력범죄자를 그의 동의를 받아 폭력 성향을 억제할 수 있기를 희망하면서 일정한 요건이 충족되면 취할 수 있는 '도덕적' 강화 조치를 수행하는 것은 후자의 사례집단에 속한다.

이러한 구별이 규범적으로 중요한 의미가 있다는 점은 분명하다. 더 나아가 이 구별에 따른 모든 사례유형에서는 윤리적 관점과 법적 관점을 뚜렷이 구별해야 한다. 하지만 이 몇 가지 구별만으로도 해결하기 어려운 문제들이 뒤엉킨 미궁에 빠지게 된다. 이하의 서술에서는 자율적 인격의 자기강화의 문제에만 집중하겠다. 즉 자기강화와 관련해 원칙적으로 정당한 자기처분에 한계가 설정되어야 하는지의 문제만을 다루겠다. 만일 이 문제와 관련해 명확한 기준을 밝힐 수 있다면, 다른 사례집단에 대해서도 통상의 윤리적 및 법적 원칙의 범위 내에서 이 기준을 확장 적용할 수 있을 것이다.

13.4.2 원칙적 반론

자기 자신의 인격에 대한 신경강화에 대해서는 윤리적 및 법적 측면에서 다음과 같은 원칙적인 반론이 제기된다.

(1) 부작용 문제. 즉 '개선'을 위한 뇌 개입의 안전성 문제. 자신의 뇌에 대한 개입을 제3자에게 동의함으로써 정당화되는 위험을 어느 정도 한계까지 인정할 것인지도 여기에 속하는 물음이다.[77]

(2) 자율의 문제, 즉 '진정성'과 인격적 정체성의 문제. 자율, 진정성, 정체성이 정신강화를 통해 침해되거나 심지어 파괴되는 것은 아닐까?

(3) 추구하는 목표를 사회 전반에 걸쳐 꺼리거나, 인공적으로 개선된 속성이라는 목표 자체가 장기적으로 볼 때 사회적으로 가치를 상실하게 되지 않을까?[78]

(4) 인간 본성의 타락? 인간 존엄의 타락?

(5) 지금까지 정상적으로 여겨지던 여러 정신적 속성들을 의료기술을 통해 수정해야 하는 상황이 펼쳐지지 않을까?

(6) 인간을 외부에서 조종하는 방향으로 남용될 위험?[79]

---

77 제3자가 자신의 신체를 침해하는 것에 동의할지라도, 이러한 자기처분은 형법적 한계가 있다(형법 제228조; 침해가 선량한 풍속에 위반될 때는 동의는 정당화사유가 되지 못한다). 대다수 법질서도 이와 유사한 방식으로 규정한다.

78 이 우려에 관해서는 *The President's Council on Bioethics*, Beyond Therapy. Biotechnology and the Pursuit of Happiness, 2003, S. 140 이하 참고. 이 우려가 터무니없는 것만은 아니다. 1997년에 체스 컴퓨터 'Deep Blue'가 당시 세계챔피언 가리 카스파로프를 처음으로 이겼던 사건을 생각해보면 된다. 과연 누가 그 당시 기계의 지적 역량에 대해 진지하게 감탄했을까? 특정한 정신적 역량이 전적으로 기계적 방법만으로 달성될 수 있고(시장에서 살 수도 있다면) 이 역량의 사회적 가치가 상실되는 것은 일반적인 사회적 현상에 속한다. 따라서 이러한 우려 자체가 아무 근거도 없다고 생각해서는 안 된다.

79 예컨대 광자극으로 외부에서 쥐를 조종하는 실험을 했던 연구팀(*Aravanis/Deisseroth et. al*; 각주 69)의

(7) 군사적으로 남용할 위험[80]

(8) 사회적 정의의 문제

이 반론들 하나하나 별도의 연구가 필요할 정도로 복잡한 문제이다.[81] 따라서 이 가운데 특히 법윤리학의 기본적 문제와 밀접한 관련을 맺는 두 가지 반론에만 한정해 논의하기로 한다.

자율, 진정성, 인격적 정체성에 대한 침해?

이 반론은 묵시적으로 앞에서 자유의지의 문제를 다루면서 이미 알게 된 형이상학적 전제에 기초한다. 즉 뇌는 모든 인간의 주체성을 구성한다는 전제이다.[82] 따라서 인간의 뇌에 깊이 개입해 중대한 정신적 결과를 낳는 것은 실질적으로 인격성을 변경할 수 있다고 한다.

신경강화가 자율적 결정을 위한 기초적 조건을 침해한다는 논거는, 결과를 알 수 없는 자아에 대한 변경에 대해서는 자율적으로 동의할 수 없다는 뜻이다. 즉 뇌에 대한 개입을 통해 인격성에 실질적 변화가 발생하거나 이를 의도한다면, 자율적 동의를 인정할 수 없다는 것이다. 그 이유는 "나중에 자신이 어떠한 사람이 될지"를 알지 못하기 때문이라고 한다.[83] 그러나 이 논거는 설득력이 없다. 이 같은 경우 도대체 누구의 자율이 침해되는 것일까? 동의하는 사람의 자율은 분명 아니다. 강화 조치를 통해 '새롭게' 성립할 인격의 자율이 침해된다고 보기도 어렵다.[84] 새로운 독자적 존재의 시작에 대해

광유전자 실험을 인간에 적용하는 경우를 생각해보면 된다.

80 이에 관해서는 *Moreno*, Mind Wars. Brain Science and the Military in the 21th Century, 2. ed., 2012 참고.

81 이 모든 반론에 대한 분석은 *Merkel et al.*(각주 5), S. 289-382 참고.

82 이 전제가 형이상학적인 이유는 전혀 경험적인 이해에 기초하지 않고 또한 아마도 경험적으로 이해할 수도 없는 내용을 담고 있기 때문이다. 하지만 물질과 '정신'의 관계는 세계의 원칙적 속성에 관한 형이상학적 전제로서 높은 설득력이 있다.

83 *Rehmann-Sutter*, Authentisches Glück? Ethische Überlegungen zu Neuro-Enhancements, in: *Maio/Clausen/Müller*(Hrsg.), Mensch ohne Maß?, 2008, S. 242-259(253).

84 이 논거는 신경강화를 통해 인격의 정체성에 극단적 변화가 발생한다고 전제한다. 오늘날의 방법으로는 이러한 극단적 변화가 불가능하다. 물론 미래에는 (특히 뇌와 컴퓨터의 연결을 통해) 가능할 수도 있다. 신경강화에서 인격적 정체성의 문제에 관해서는 *Merkel et al.*(각주 5), S. 189-287 참고.

그 이전의 실존이 동의한다는 것은 역설이다(극단적으로 다른 인격의 '새로운' 존재는 그저 그 이전 존재의 '옛' 몸속에 있다?). 즉 나중에 성립한 인격이 변경에 동의한 옛 인격과는 완전히 다른 인격이어서 새로운 인격이 예전의 인격에 대해 자신의 자율을 존중하라는 독자적인 권리를 갖는다면, 이 극단적 변화가 이루어지기 이전에 새로운 인격은 — 적어도 새로운 인격 '자신'에게 중요한 관점에서는 — 아예 존재하지 않았기 때문이다. 존재하지 않는 자의 동의는 필요하지 않을 뿐만 아니라, 애당초 불가능하다. 더욱이 태어나는 것에 대해 동의를 요구하는 일은 어불성설이다. 만일 동의가 필요하다면 아이를 자연적으로 낳는 일 자체가 정당성이 없게 된다.[85]

신경강화에 대해서는 '진정성', 즉 인간 그 자신의 '자기존재(Selbstsein)'에 대한 명령, 다시 말해 자신의 고유한 인격과 성격이라는 토대에 부합해 결정하고 행동하라는 명령을 무시한다는 관점에서 우려가 당연히 제기될 수 있다. 이 맥락에서 인격을 변경하는 유전자 개입에 대해 하버마스는 다음과 같은 첨예한 반론을 제기한다. 즉 우리 인간의 육체적-정신적 실존이 지닌 '자연발생적 성격이라는 원칙적 조건'이 유지될 때만 우리는 우리 자신과 다른 사람을 진정한 '삶의 주체'이자 '도덕적 사회의 평등한 구성원'으로 이해하고 인정할 수 있다고 한다.[86] 물론 이 논거 역시 설득력이 없다. 일단 '진정성' 개념이 정확히 무슨 뜻인지 알 수 없다. 설령 '진정성'에 대한 도덕적 명령이 사실상으로 존재할지라도, 진정성을 위해 인격적 토대를 변경하지 말아야 할 이유를 알 수 없다. 자기 자신에 대해 근본적인 변화를 불러일으키는 것이야말로 인격의 진정성에 속하는 것이 아닐까? 예컨대 삶의 과정을 거쳐 '진정한' 폭력범죄자가 된 사람이 신경강화를 통해 자신의 뇌를 변경해 그의 '자아'로부터 극단적으로 벗어나길 원한다면, 우리는 과연 진정성 명령을 이유로 그를 비난할 수 있을까?[87]

---

85 자율성/진정성 논거에 대해 자세히는 *Bublitz/Merkel*, Autonomy and authenticity of enhanced personality traits, in: Bioethics 23/6(2009), S. 360-374 참고.

86 *Habermas*, Die Zukunft der menschlichen Natur, 2011, S. 77. 이 책에서 하버마스는 (자기 자신이 아니라) 다른 사람의 유전자를 변경하는, 문제가 훨씬 더 많은 기술에 대해 반론을 제기한다. 하지만 그의 반론이 포괄하는 범위가 매우 넓기 때문에 인격이 자기 자신을 인공적으로 변경하는 문제에 대한 반론으로도 이해할 수 있다.

87 이 이야기는 영국의 폭력범죄자 토미 맥휴(Tommy McHugh)의 실화와 비슷하다. 맥휴는 뇌출혈을 겪은 이후 성격이 180도 변해 열정적인 예술가로 활동하고 있다. 이에 관해서는 *Giles*, Change of Mind, in:

인간 본성의 타락? 인간 존엄의 타락?

독일 헌법학에서 제기되는 유력한 견해에 따르면 인간 존엄의 보호는 "인간의 처분 불가능성, 즉 인간을 만들어 낼 수 없다는 것"도 포함한다고 한다. 따라서 예컨대 '종간 교배(Interspecies-Hybridisierung)'는 인간의 존엄에 대한 침해이다. 전반적으로 볼 때 기본법 제1조 제1항은 "인간 유에 조직적으로 개입해 최적화하는 조치를 차단하는 최종적이고 뛰어넘을 수 없는 한계선"으로 밝혀졌다고 한다.[88] 그렇다면 특정한 형태의 신경강화 조치도 여기에 속한다고 보인다. 특히 뇌-컴퓨터 연결을 통해 인간과 기계를 교배한 뇌의 능력은 인간 유의 정신적 한계를 훨씬 능가한다는 점에서 인간 존엄의 침해로 여겨질 수 있다.[89] 만일 이러한 신경강화가 인간의 존엄에 대한 침해라면 법적으로 금지해야 한다.

하지만 과연 이 반론이 설득력이 있을까? 이미 직관적으로 의문이 제기된다. 인간의 뇌와 원숭이의 뇌를 생물학적으로 교배해 하나의 '자아'라는 의식을 생산하는 기술은 컴퓨터 칩을 인간 뇌와 통합해 인간 유의 정상적인 한계를 뛰어넘는 정신적 능력을 발휘하게 만드는 기술보다 더 강한 비난의 대상이 되고, 그만큼 인간의 존엄을 더 강하게 침해한다고 여겨진다. 그 이유는 무엇일까? 기계가 유전적으로 인간에 가장 가까운 동물보다 더 높은 존엄성을 지니기 때문일까? 그렇지는 않을 것이다. 이 문제는 교배 자체와 관련된 문제가 아니다. 그보다는 인간-원숭이 결합을 통해서는 인간의 한계에 미치지 못하는 존재가 형성되는 반면, 인간-기계 결합을 통해서는 인간의 한계를 뛰어넘는 존재가 형성되기 때문에 후자에 대한 거부감이 더 약할 것이다.

하지만 이것만으로는 인간에 '조직적으로 개입해 최적화하는 조치'를 금지해야 할

Nature 400(2004년 7월 1일), 14. 맥휴는 자신이 뇌출혈과 이로 인한 뇌의 변화를 겪은 이후 진정한 '자아'를 찾았다고 주장한다.

88 *Höfling*, in: *Sachs*(Hrsg.), Kommentar zum Grundgesetz, Art. I Rn. 22 이하, 29.

89 인간/기계 교배 가능성은 더는 사이언스 픽션이 아니다. 이에 관해서는 예컨대 *Rajangam/Nicolelis et. al.*, Wireless cortical brain-machine interface for whole-body navigation in primates, in: Nature Scientific Reports 6, no. 22170(2016)[http://www.nature.com/articles/srep22170] 참고. 먼 거리에 있는 두 인간의 뇌를 연결해 외부 감각기관을 완전히 배제한 상태에서 감각과 행위 자극을 (인터넷을 통해) 직접 커뮤니케이션할 수 있는 기술적 가능성에 관해서는 *Rao et al.*, A Direct Brain-to-Brain Interface in Humans, in: PLOS 9/11(2014), e 111332 참고.

논거가 완전히 배제되지 않는다. 이 논거를 더 정확히 고찰해야만 논거에 제대로 된 의문을 제기할 수 있다. 정확한 고찰을 위해 리처드 도킨스(Richard Dawkins)가 다른 맥락에서 활용한 사고실험을 해보자. 여기 한 여성이 있고, 그 옆에는 이 여성의 어머니가, 그 옆에는 어머니의 어머니가 있고, 다시 그 옆에는 이 어머니의 어머니가 있다. 이 줄을 200km 이어가면 맨 끝에는 암컷 원숭이 한 마리가 있게 된다. 그리고 이 원숭이가 600만 년 전쯤 자신이 지닌 능력의 생물학적 한계를 영원히 엄격히 감시 통제하고, 능력의 최적화를 엄격히 금지하는 결정을 자발적으로 내렸다고 가정해보자.

이 사고실험은 전혀 농담이 아니다! '영원성 조항(기본법 제79조 제3항)'을 통해 인간 유의 생물학적 한계를 보호하는 최적화 금지는 결과적으로 진화 자체를 반대한다는 의미이다. 이는 어느 모로 보더라도 난센스이다. 인간의 존엄에 관한 기본법 제1조는 그런 식으로 해석할 수 없다. 진화와 관련해 도킨스가 제기한 사고실험은 인간 존엄의 보호 대상에 대한 이런 식의 잘못된 해석을 반박할 뿐만 아니라, 올바른 해석 방향도 알려준다. 우리의 선조인 원숭이에서 지금의 우리에 이르기까지 600만 년의 세월이 흘렀다. 이 길고 긴 시간 동안 커다란 격변을 겪지 않고 원숭이에서 인간으로 점차 진화할 수 있게 만든 끝없는 적응 과정을 거쳤다. 향후 100년 동안 지난 600만 년 동안 이루어진 정도의 진화적 도약에 성공하리라는 전망은 현기증을 불러일으킨다. 우리가 현재 알고 있는 지식에 따르면 인간의 뇌라는 물질은 전체 우주에서 가장 복잡한 물질이다. 수백만 년에 걸친 진화를 통해 도달한 뇌의 섬세한 균형이 기술적 개입을 통해 계속 장애를 겪게 될 것이다.[90] 그렇게 되면 생물학적, 심리학적, 사회적 측면에서 현격한 단절을 겪을 위험이 있다. 이제 중요한 것은 존엄이 아니라 안전이다. 더욱이 우리의 법질서가 지금까지 부분적 측면만을 보호했을 뿐 통일적 총체로 보호하지 않았던 보호이익의 안전이다. 이 보호이익을 여기서는 일단 '정신적 완결성(mentale Integrität)'이라고 부르기로 한다.

현재로서는 인간의 본성을 타락시키는 잘못된 방향으로 향할 위험이 당장 감지되지 않는다. 따라서 막연히 위험을 지적하면서 현시점에서 신경강화 조치를 전면금지하는

90 신경과학들도 이 측면에서 우려를 제기한다. 예컨대 *Inculano/Kadosh*, The Mental Cost of Cognitive Enhancement, in: The Journal of Neuroscience 33/10(2013), S. 4482-4486 참고.

것은 정당화될 수 없다. 하지만 입법자는 위험이 현실이 될 가능성을 염두에 두면서 신경강화 기술의 발전을 면밀하게 관찰해야 한다. 언젠가는 입법자가 헌법의 근거로 이 기술의 발전을 규율하기 위해 개입해야 하고, 이 기술의 발전으로 야기되는 생물학적 및 사회적 부작용을 억제해야 하는 상황이 올 것이다.

13.4.3 법의 과제

지금까지 서술한 내용을 배경으로 삼으면, 법이 수행해야 할 주요 과제는 다음과 같은 네 가지 과제로 집약할 수 있다.

1. 예컨대 뇌-컴퓨터 연결장치와 같은 신경기술 장치를 이식한 사람이 관련 당사자들의 동의가 없이 외부의 제3자에 의해 침해되지 않도록 보호하는 과제. 이식된 신경장치가 인터넷에 연결되면 치료하는 의사는 직접 또는 '스마트폰'을 통해 장치를 조종할 수 있다. 그 때문에 이 장치는 해킹 공격에 노출되어 있다. 이러한 공격은 매우 위험한 새로운 '사이버 범죄'의 온상이 될 수 있다. 이 기술 역시 사이언스 픽션에나 나올 법한 상상의 기술이 더는 아니다. 물론 유럽위원회가 2001년에 결의한 「사이버 범죄에 관한 부다페스트 협정」(이 협정은 2004년 7월 1일에 발효했다)을 작성하고 서명한 사람들은 이 기술에 대해서는 알지 못했던 것 같다.[91]
2. 신경강화용 기구를 판매하는 시장에 대한 규율. 특히 뇌자극 기구는 현재 의약품법의 엄격한 통제 대상이 아니고 누구나 인터넷에서 구매할 수 있다.[92]
3. 제3자가 신경을 '향상'한다는 명분으로 뇌에 개입하지 않도록 인격을 보호하는 과제.
4. 개인의 자기처분과 관련해 일정한 한계를 설정해 이를 보장하는 과제. 예컨대 인간을 그 자신으로부터 보호하는 후견주의적 조치나 사회 전체를 보호하는 조치가 이 과제에 속한다.

---

91 이에 관해서는 *Gasson/Koops*, Attacking human implants, in: A new generation of cybercrimes, in: Law, Invention and Technology 5(2013), S. 248-277 참고.

92 이에 관해서는 *Maslen et al.*, The regulation of cognitive enhancement devices: Extending the medical model, in: Journal of Law and the Biosciences(2014), S. 68-93 참고.

이 과제들 가운데 3과 4를 아래에서는 조금 더 자세히 고찰하기로 한다.

바람직하지 않은 신경강화를 차단하는 보호조치

이 조치는 이미 존재하지 않는가? 즉 개인의 동의를 받지 않고 신체 장기나 뇌를 개선하는 모든 방식의 개입은 이미 충분히 차단되어 있지 않은가? 이 물음에 대한 대답은 "그렇지 않다!"이다. 생각할 수 있고 또 우리의 맥락에서 중요한 의미가 있는 개입 가운데 상당수는 현재 아무런 차단장치도 없이 이루어지고 있다. (조금은 사이언스 픽션처럼 여겨지겠지만) 다음과 같은 상황을 상상해보자. 어떤 매니저 M이 기업인수 문제를 둘러싸고 상대방 K와 적대적인 분위기 속에서 힘겨운 협상을 하고 있다. 잠시 쉬는 시간에 M은 회의실에 무색무취의 신경물질 옥시토신(Oxytocin)을 다량 주입하라고 비서에게 지시한다. 이 물질은 회의실로 돌아온 K에게 커다란 변화를 불러일으킨다. 즉 K는 갑자기 M에게 공감과 신뢰를 표현하면서 마침내 계약서에 사인하게 된다. 다른 사람에 대한 친절과 호감을 신장하는 것도 신경강화에 해당한다면, K는 짧은 시간 동안 '강화'된 셈이다.

이 시나리오는 결코 우리가 사는 세계와 아무런 관련도 없는 사이언스 픽션이 아니다. 이미 10년 전에 신경과학자들은 사람들과의 관계에서 옥시토신이 신뢰를 촉진하는 작용을 한다는 사실을 밝혀냈다.[93] 머지않은 장래에 우리의 주인공 M이 이 물질을 사용하기에 충분할 정도로 옥시토신을 손쉽게 구할 수 있다고 가정해보자. 현행법상 M은 처벌받지 않는다. M의 행위는 상해죄, 강요죄, 사기죄 가운데 그 어느 것에도 해당하지 않는다. 다른 형벌구성요건은 고려 대상이 아니다. 그러나 M의 행위는 다른 사람의 자기결정에 대한 실질적 침해이고, 따라서 처벌해야 마땅하다.[94]

인간의 다른 성격적 특성들도 당사자의 동의가 없이 인공적으로 '개선'할 수 있다.

---

93 *Kosfeld et al.*, Oxytocin increases trust in humans, in: Nature 435(2005년 6월 2일), S. 673-677.

94 이 침해로 인해 뇌의 신경에 발생한 신체적 변화를 순수한 물리적 변화로 고찰하면, 이 변화를 상해죄로 포착하기에는 충분하지 않다. 즉 이 변화는 전적으로 정신적 작용의 측면에서 의미가 있을 뿐, 신경생리학적 토대의 변화는 중요하지 않다. 이 구별(이 구별은 형이상학적 이원주의가 아니라 단지 규범적 이원주의를 전제할 따름이다)에 관해서는 *Bublitz/Merkel*, Crimes against minds, in: Criminal Law and Philosophy 8(2014), S. 51-77 참고.

몇 년 전 『네이처(Nature)』에는 어떤 약물에 관한 보고서가 실렸는데, 이 약물은 뇌의 특정 부위를 의도적으로 조율함으로써 다른 사람에 대한 친밀감을 높일 수 있다고 한다.[95] 이 약물은 다양한 맥락에서 긍정적 의미를 지닐 수 있을 것이다. 예컨대 아이들 양육에 소홀한 '나쁜 부모들'의 감정을 긍정적 방향으로 바꿀 수 있다. 그러나 당사자의 동의가 없이 이 약물을 사용하는 것은 허용되지 말아야 한다. 당사자의 자율을 침해하기 때문이다. 당사자의 동의가 없이 약물을 사용하는 행위가 상해죄에 해당할지 의문이다. 상해죄 해당 여부는 수반되는 신체적 부작용의 정도에 달려 있다. 설령 신체적 부작용이 수반되더라도 가벌성의 전제는 상해가 아니라 당사자의 자율을 무시한다는 의미의 정신적 결과가 아닐까?

이러한 고려에 비추어 볼 때 — 그리고 앞에서 이미 언급한 것처럼 — 인간의 정신적 상태를 보호하는 새로운 주관적 권리를 창설할 필요가 있다. 물론 이러한 권리는 앞에서 제시한 네 번째 과제, 즉 자기강화와 관련된 법적 한계의 보장을 통해 제한되어야 한다. 이러한 제한이 구체적으로 어떻게 이루어져야 하는지를 논의하기 위해서는 이 새로운 주관적 권리를 먼저 논의해야 한다.

13.5 정신적 자기결정에 대한 인간의 권리

이 권리와 관련해서는 곧장 다음과 같은 물음을 먼저 제기하게 된다. 즉 이 권리는 다른 이름으로 오래전부터 이미 존재하지 않는가? 이 물음에 대한 대답 역시 "그렇지 않다!"이다. 물론 이 권리를 구성하는 개별 요소는 양심의 자유나 종교의 자유와 같은 전통적인 기본권과 인권의 보호 대상이다. 하지만 '정신적 자기결정'이라는 개념으로 섬세하게 포착될 수 있는 영역 전체에 대한 포괄적인 보호는 아직 존재하지 않는다. 물론 이 개념이 기본법 제2조 제1항에 따른 일반적 인격권의 보호에 속한다고 볼 수도 있다. 하지만 그렇게 되면 이 개념이 지닌 특수한 성격과 인격에 대해 이 개념이 지닌 특

95 *Young*, Love: Neuroscience reveals all, in: Nature 457(2009년 1월 8일), S. 148.

수한 의미를 제대로 포착하지 못한 채 그저 막연하게 이해할 위험이 있다.[96]

이 권리가 필요하다는 점 그리고 자유주의 헌법질서 자체가 놀랍게도 이 권리의 부재에 대해 별다른 관심을 보이지 않고 있다는 점은 다음과 같은 사실을 통해 확인된다. 다수의 인권협약에는 '사고(사상)의 자유에 대한 권리'가 명시적으로 등장한다(예컨대 1948년의 「세계인권선언」 제 18조, 「유럽인권협약」 제9조). 하지만 지금까지 어느 국가도 이 권리를 진지하게 받아들이지 않았다.[97] 즉 이 자유를 인권으로 선포하는 것 말고는 딱히 보호할 필요가 없다고 생각했다. 이렇게 된 이유는 예컨대 1942년 미국 연방대법원의 판결에서 명확히 확인할 수 있다. "사고의 자유는 그 자체 절대적 자유이다. 극단적으로 독재적인 정부도 정신 내부의 작용을 통제할 힘이 없다."[98] 그러나 이 말은 오늘날에는 맞는 말이 아니다. 이제 우리는 사고의 자유에 대한 보호만이 아니라 적절한 실정법규범을 통해 정신적 자기결정을 포괄적으로 보호해야 하는 시대에 살고 있다.

정신적 자기결정의 기본요소

인권으로서의 정신적 자기결정권은 두 가지 측면을 갖는다. 첫째, 이 권리는 다른 사람의 동의가 없이 직접 뇌에 영향을 미쳐 정신적 상태에 개입하는 행위를 차단하는 소극적 방어권이다. 둘째, 이 권리는 인간 자신의 의식상태를 자율적으로 처분할 수 있다는 의미의 적극적 형성권이고, 따라서 국가의 금지에서 벗어나 예컨대 신경강화를 통해 의식상태를 자율적으로 처분할 권리도 포함한다.

이 권리의 핵심 문제는 허용되지 않는 침해와 타인의 의식상태에 대한 일상적이고 사회적 상당성이 있는 개입을 체계적으로 구별하는 기준을 제시해야 한다는 점이다. 모든 커뮤니케이션, 모든 논거, 모든 진술, 다른 사람의 기분을 자극하거나 흥분시키는 모든 추파 등등 일상에서 이루어지는 상호작용의 모든 형태는 타인의 의식상태에 변화

96 기본권의 관점에서 정신적 자기결정의 보호 필요성을 논의하는 문헌으로는 *Albers*, Grundrechtsschutz und Innovationserfordernisse angesichts neuartiger Einblicke und Eingriffe ins Gehirn, in: *Lindner*(Hrsg.), Die neuronale Selbstbestimmung des Menschen, 2016, S. 63-98 참고.

97 이에 관해 자세히는 *Bublitz*, Cognitive liberty or the international human right to freedom of thought, in: *Clausen/Levy*(Hrsg.), Handbook(각주 5), Vol. 3, S. 1309-1333 참고.

98 Jones v. Opelika, 316 U.S. 584, 618(1942).

를 불러일으키고, 따라서 뇌의 변화를 불러일으킨다.

양자를 구별하는 결정적 기준은 이러한 개입 또는 개입에 따른 결과가 지닌 심리적 비중이 아니다. 심지어 타인의 정신을 고의로 손상하는 중대한 침해도 얼마든지 허용될 수 있다.[99] 결정적 기준은 다른 사람의 뇌에 직접 영향을 미친다는 사실이다. 일상적 형태의 커뮤니케이션에서 다른 사람의 정신에 영향을 미칠 때는 공적인 공간이 필요하고, 다른 사람의 감각기관을 거쳐 영향을 미치게 된다. 이에 반해 다른 사람의 뇌에 직접 영향을 미칠 때는 이 사람의 감각적 및 인지적 통제 메커니즘을 회피하거나 이 메커니즘을 무력화한다. 물론 이 권리가 지닌 방어권 기능을 주장하려면 미미한 심리적 결과만으로는 충분하지 않다. 하지만 미미한 정도를 넘어서는 심리적 결과가 발생한다면, 뇌의 개입이 생리학적으로는 최소한에 그칠지라도 정신적 자기결정을 현저하게 침해하는 결과를 낳을 수 있다.[100]

인간을 그 자신으로부터 보호해야 하는가?

개인이 자기 자신의 뇌를 침해할 수 있는 자기처분권을 강제가 수반된 법을 통해 제한하는 것은 원칙적으로 가능하고, 일정한 한계 내에서 정당화할 수 있다. 하지만 이 한계를 어떻게 설정해야 하는지는 현재 확실하지 않다.[101] 하지만 신경기술을 통한 자기강화와 관련된 현재의 발전수준이 이미 이러한 한계를 넘어섰다고 말할 수는 없다. 자유주의 법질서에서는 자율적인 인격에 대해 자신의 정신적 상태를 자유롭게 처분하지 못하도록 만드는 후견주의적 입법을 최대한 엄격하게 제한해야 한다. 이 점은 정신적 자기결정권과 관련해서도 너무나도 당연하다. 특히 형법은 인간 스스로 추동하는 기술적 진화에 대한 공포감에 사로잡혀 형법이 이 문제를 담당해야 한다거나 형법을 투입하는 것이 정당하다고 여기는 계기로 삼아서는 안 된다. 물론 때로는 기술발전이

---

99 예컨대 상대방의 필사적인 소망에도 불구하고 장기간 지속했던 연인관계나 혼인관계를 단절하는 경우나 개인에게 보장된 자유의 범위 내에서 발생하는 고통스러운 일을 생각해보면 된다.

100 이 점은 자세히 밝히고 있는 *Bublitz/Merkel*(각주 94); *Bublitz/Merkel*, Guilty minds in washed brain?, in: *Vincent*(Hrsg.), Neuroscience and Legal Responsibility, 2013, S. 335-374 참고.

101 이 문제에 관한 논의는 *Merkel et al.*(각주 5), S. 327 이하, 364 이하 참고. 단순히 신경강화만이 아니라 인간 유가 지닌 역량의 한계를 뛰어넘는 모든 형태의 '극단적 강화(radical enhancement)'를 반대하는 윤리적 논거로는 *Agar*, Truly Human Enhancement, 2014 참고.

상당히 걱정스럽게 여겨질 때도 있다. 하지만 전통적인 사회적 생활형식을 그대로 보존해야 한다고 요구할 권리는 원칙적으로 존재하지 않는다.

그렇지만 입법자는 사회 전체에 걸쳐 바람직하지 않거나 집단적 해악을 유발하거나 현저한 부정의를 낳을 수 있는 사회적 전개 과정을 주의 깊게 관찰할 의무가 있고, 이 점에서 개인들의 자기강화가 확산할 경우 앞으로 발생할 수 있다고 여겨지는 현상에 대해서도 주의 깊게 관찰할 의무가 있다. 물론 입법자가 순간적으로 예상되는 상황에 대해 곧장 법률제정으로 반응해서는 안 되고, 관찰의무를 준수하면서 느긋한 태도를 보여야 한다. 성급한 예방전략은 도움이 되지 않으며 적절하지도 않다. 이 점에서 필요한 관찰과 자율적 인격의 정신적 자기결정권에 대한 존중 사이에서 적절한 균형을 찾는 것이 바로 앞으로의 과제이다.

14. (형)법과 절차화

프랑크 잘리거

14.1 법의 절차화와 법에서의 절차화

절차화와 법의 연관성을 밝히고자 시도하면 곧장 서로 관련이 있는 두 가지 난관에 봉착한다.

14.1.1 '절차화와 법'이 지닌 다차원성

첫 번째 난관은 절차화와 법의 연관성을 주제로 삼을 수 있는 차원이 극히 다양하다는 사정 때문에 발생한다.[1] 그 때문에 — 절차화를 전반적인 절차 지향으로 파악하고 법의 개념을 실정법에 한정하는지에 관계없이 — 절차화와 법의 연관성은 원칙적으로 구별되는 두 가지 관점에서 고찰할 수 있다. 즉 법 자체의 절차화(또는 절차적 성격)를 물을 수도 있고, 법에서 이루어지는 절차화(또는 절차적 성격)를 논의 대상으로 삼을 수도 있다.[2]

---

1 따라서 입문에 해당하는 이글은 절차화와 법의 연관성을 둘러싼 모든 차원을 밝히려는 것이 아니라 가장 기초적인 차원을 밝히는 데 집중한다.

2 이 구별에 관해서는 특히 *Sandforth*, Prozeduraler Steuerungsmodus und moderne Staatlichkeit, 2002, S. 294 이하, 309 이하 참고.

법의 절차화(Prozeduralisierung des Rechts)에 대한 물음 자체도 다시 다양한 방식으로 파악할 수 있다. 일단 법 자체의 구조적 절차성은 충분한 연구 가치가 있는 주제이다. 모든 실정법은 추상적 텍스트로 시작하고, 이 텍스트는 실제 법적용 과정을 거쳐 비로소 현실성을 갖기 때문이다. 이 점에서 법철학적으로는 법적 절차가 정의에 도달하기 위해서는 어떠한 규범적 요건을 충족해야 하는지를 물을 수 있다.[3]

이 밖에도 법의 절차화를 역사적 또는 이상형적으로 파악할 수도 있다. 예컨대 법의 절차화를 근대 법발전의 종착점으로 파악하는 이론이 여기에 해당한다. 이런 의미에서 법사회학과 법이론의 절차화 이론은 절차적 법을 근대 법진화와 관련된 3단계 모델의 마지막 단계로 이해할 뿐만 아니라, 이와 동시에 학습 능력을 갖춘 법이라는 새로운 조종모델로 이해하기도 한다.[4] 이에 반해 절차적 정의에 관한 법철학적 이론들은 무엇보다 법의 정당화에 초점을 맞춘다. 이 이론들은 인식론과 실천철학에서 확실성의 상실과 정당화의 문제를 겪는 다원주의 근대의 특징에서 출발하면서 정의의 '본질' 대신 정의의 '방법'을 묻는다. 이 맥락에서는 기본적으로 칸트의 정언명령에서 등장하는 형식적 심사 절차[5]를 원용하는 이론들이 대표적이다. 예컨대 '무지의 베일'을 정의 원칙을 선택하는 방법으로 삼는 롤스의 계약이론[6]과 정당한 규범의 절차적 정당화[7]에 관한 하버마스의 논의이론[8]이 여기에 속한다. 끝으로 법의 일부 영역과 관련해 절차화 조종모델을 주장하는 연구도 법의 절차화에 속할 수 있다.[9]

---

3 이에 관해서는 예컨대 *Hoffmann*, Verfahrensgerechtigkeit. Studien zu einer Theorie prozeduraler Gerechtigkeit, 1992, S. 14, 39 참고. 정의를 생성하는 문제에 관한 이론은 뒤의 각주 8 참고.

4 이에 관해서는 뒤의 14.2 참고.

5 "보편법칙이 될 수 있는 준칙에 따라서만 의욕할 수 있도록 행위하라[*Kant*, Grundlegung zur Metaphysik der Sitten(1785), Weischedel-Ausgabe Bd. 7, 1968, S. 51]!"

6 롤스는 가상의 사회계약 파트너인 시민들은 '무지의 베일'로 가려진 상태에서 나중에 이 베일이 걷힌 사회에서 자신들이 차지할 지위에 관해 결정을 내려야 한다면, 정의로운 원칙에 합의할 수 있다고 생각한다[*Rawls*, Eine Theorie der Gerechtigkeit(1971), 독일어판 1975, S. 159 이하].

7 절차적 정의이론에 관해 자세히는 *Arthur Kaufmann*, Prozedurale Theorien der Gerechtigkeit, 1989; *Hoffmann*(각주 3), S. 166 이하; *Tschentscher*, Prozedurale Theorien der Gerechtigkeit, 2000, S. 133 이하(첸처는 절차적 정의이론과 정의의 생성과 관련된 이론을 구별한다). 그리고 앞의 *Ellscheid*, 3.2.7.2 이하도 참고.

8 하버마스에 따르면 행위규범은 "모든 가능한 당사자들이 합리적인 논의의 참여자로서 동의할 수 있을 때만" 타당하다고 한다(*Habermas*, Faktizität und Geltung, 1992, S. 138).

9 *Vesting*, Prozedurales Rundfunkrecht, 1997; *Bauer*, Die produktübergreifende Bindung des Bundes-

법에서의 절차화(Prozeduralisierung im Recht)는 법의 절차화와는 구별되어야 한다. 법에서의 절차화는 전통적인 절차적 및 조직적 규율 메커니즘의 증가와 새로운 절차적 및 조직적 규율 메커니즘의 확립을 둘러싼 모든 노력을 지칭하는 포괄적 개념이다.[10] 그 때문에 주제들의 스펙트럼도 매우 넓다. 예컨대 절차를 통한 기본권 보호로서의 헌법,[11] 개별 법영역[12] 또는 특수한 문제영역[13]에서 절차화가 지닌 의미를 연구하는 경우가 여기에 속한다. 이 밖에도 절차적 정의와 실질적 정의 사이의 대립에서 소송법이 지닌 고유가치를 둘러싼 고전적 논의도 법에서의 절차화에 속한다.[14] 그리고 헌법적 관

---

gesetzgebers an Entscheidungen des Bundesverfassungsgerichts, 2003; *Eicker*, Die Prozeduralisierung des Strafrechts. Zur Entstehung, Bedeutung und Zukunft eines Paradigmenwechsels, 2010.

10 *Sandforth*(각주 2), S. 309.

11 이에 관해서는 뒤의 14.3 참고.

12 법에서의 절차화가 적용되는 주요 분야인 행정법에 관해서는 *Wiethölter*, Entwicklung des Rechtsbegriffs (am Beispiel des BVG-Urteils zum Mitbestimmungsgesetz und — allgemeiner — an Beispielen des sog. Sonderprivatrechts), in: Jahrbuch für Rechtssoziologie und Rechtstheorie 8(1982), S. 38 이하(40 이하); *Grimm*, Verfahrensfehler als Grundrechtsverstöße, in: NVwZ 1985, S. 865 이하(867); *Eder*, Die Autorität des Rechts. Eine soziale Kritik prozeduraler Rationalität, in: Zeitschrift für Rechtssoziologie 8(1987), S. 193 이하(219) 참고. 행정절차와 관련해서는 *Quabeck*, Dienende Funktion des Verwaltungsverfahrens und Prozeduralisierung, 2010; 의료법과 관련해서는 Saliger, Legitimation durch Verharen im Medizinrecht, in: *Bernat/Kröll*(Hrsg.), Recht und Ethik der Arzneimittelforschung, 2003, S. 124 이하; 형법과 관련해서는 *W. Hassemer*, Prozeduralisierung, Wahrheit und Gerechtigkeit. Eine Skizze, in: *Pieth/Seelmann*(Hrsg.), Prozedurales Denken als Innovationsanreiz für das materielle Strafrecht, 2006, S. 9 이하; *Stratenwerth*, Prozedurale Regelung im Strafrecht, in: Festschrift für W. Hassemer, 2010, S. 639 이하; 경제형법과 관련해서는 *Francuski*, Prozeduralisierung im Wirtschaftsstrafrecht, 2014 참고.

13 절차적 정당화에 관해서는 *W. Hassemer*, Prozedurale Rechtfertigungen, in: Festschrift für Mahrenholz, 1994, S. 731 이하; *Saliger*, Prozedurale Rechtfertigungen im Strafrecht, in: Festschrift für W. Hassemer, 2010, S. 599 이하 참고. 안락사와 관련해서는 *Saliger*, Sterbehilfe nach Verfahren. Betreuungs- und strafrechtliche Überlegungen im Anschluß an BGHSt 40, 257, in: KritV 1998, S. 118 이하; *ders.*, Grundrechtsschutz durch Verfahren und Sterbehilfe, in: Schulz(Hrsg.) Verantwortung zwischen materialer und prozeduraler Zurechnung, ARSP Beihft Nr. 75, 2000, S. 102 이하 참고. 환자의 사전의료지시에 관해서는 *Popp*, Patientenverfügung, mutmassliche Einwilligungund prozedurale Rechtfertigung, in: ZStW 118(2006), S. 639 이하; *Arzt*, Patientenverfügung. Rechtsverlust durch Verfahren, in: Gedächtnisschrift für Wolf, 2011, S. 609 이하; *Sternberg-Lieben*, Gesetzliche Anerkennung der Patientenverfügung, in: Festschrift für Claus Roxin, 2011, S. 537 이하; *Borrmann*, Akzessorität des Strafrechts zu den betreuungsrechtlichen (Verfahrens-)Regelungen die Pateintenverfügung betreffend(§§ 1901a ff. BGB), 2016 참고.

14 이에 관해서는 형사소송에 대한 *Radbruch*, Vorschule der Rechtsphilosophie, 2. Aufl. 1959, S. 62 이하; *Geerds*, Strafrechtspflege und prozessuale Gerechtigkeit, in: Schleswig-Holsteinische Anzeigen, 1964, S. 57 이하; *W. Henckel*, Vom Gerechtigkeitswert verfahrensrechtlicher Normen, 1966; *U. Neumann*, Materiale

점에서 까다로운 규율의 문제를 실질적 기준을 통해 해결할 수 없는 경우에 입법자가 부담하는 정당화 의무, 심사 의무, 관찰 의무도 절차화라는 개념에 속한다.[15]

14.1.2 법에서의 절차화가 갖는 개념적 다양성

법에서의 절차화에 해당하는 마지막 예가 이미 보여주듯이 법의 절차화를 다룰 때는 다음과 같은 두 번째 난관에 봉착하게 된다. 즉 절차화라는 개념을 통일적으로 사용하지 않는다는 문제이다. 절차화는 법률에 규정된 법개념이 아니다. 따라서 이 개념은 법학 문헌에서 극히 다양한 방식으로 사용된다. 이 점에서 절차화라는 개념이 "이미 논의에서 상당히 남용되고 있다"고 말할 정도로 일종의 유행개념이 되었다.[16] 이 개념이 갖는 다양성은 법에서의 절차화에 관한 형법학의 논의를 예로 들어 밝혀보자.[17]

형법학에서는 하세머(W. Hassemer)의 이론을 통해 절차화 개념에 대한 이해가 확산하기 시작했다. 그에 따르면 형법에서 절차화를 불러일으킨 것은 특정한 계획에서 핵심적 역할을 하는 내용에 대한 특수한 무지(Nichtwissen)라고 한다. 이러한 상황에서는 절차를 통한 '우회로'가 직접 포착할 수 없는 내용을 밝혀주고, 이때 절차를 거쳐 획득한 결론은 모두 수용하게 된다고 한다. 절차화 개념에 대한 이러한 이해는 — 하세머에 따르면 — 극단적 상황(예컨대 카르네아데스 널빤지[18] 같은 긴급피난 상황), 예측의 불확실성(착각의 특권), 평가의 불확실성(상담을 거친 임신중절에 대한 형벌면제, 안락사)이 지배하는 예외적 사례에 초점을 맞춘다고 한다. 이 점에서 절차화라는 개념은 갈수록 높아지는 규율의 복잡성을 주의의무, 심사의무 또는 상담의무가 규정된 절차를 통해 극복하려는 모든 결정상황을 포괄한다. 이와 같은 의무를 수반하는 절차만이 전문가의 판단이나 윤리적 평가를 형법에 전달할 수 있기 때문이다.[19]

---

und prozedurale Gerechtgkeit im Strafverfahren, in: ZStW 101(1989), S. 52 이하; *Hoffmann*(각주 3), S. 27 이하 참고.

15 이에 관해서는 공무원법과 관련된 BVerfGE 130, 263(301 이하) 참고. 또한 *Frisch*, Voraussetzungen und Grenzen staatlichen Strafens, in: NStZ 2016, S. 16 이하(24)도 참고.

16 *Sandforth*(각주 2), S. 286.

17 다른 법영역과 관련해서는 *Eicker*(각주 9), S. 106 이하 참고.

18 난파선 생존자들이 한 사람만이 의지할 수 있는 널빤지를 서로 차지하려고 싸우는 상황.

이러한 토대에서 출발해 계속 구체화가 이루어지면서 절차화개념을 극히 섬세한 방식으로 이해하게 되었다. 그리하여 카르네아데스의 널빤지는 이제 절차화에 속하는 사례로 여겨지지 않는다. 이 사례에서는 절차 외부의 기준이 없는 탓에 특정한 평가를 선호해야 한다는 정당화가 불가능하고, 오히려 가치평가 자체를 포기해야 하기 때문이다.[20] 더 나아가 절차화에서 이용되는 절차와 관련해서도 개인들 상호 간의 논의에 국한된 좁은 의미의 절차개념과 한 개인의 내면에서 이루어지는 형식적 절차(예컨대 판사가 소장의 일관성을 심사하는 경우나 의사표시를 위한 형식적 요건을 표시자가 검토하는 경우)까지 포함하는 넓은 의미의 절차개념을 구별한다.[21] 그러나 혼란스럽게도 넓은 절차화개념을 지지하는 학자들은 정작 절차위반에 대한 제재를 규정한 형법 제218a조(낙태죄)와 거세법(Kastrationsgesetz) 제7조 또는 착상 전 진단술의 요건에 대한 윤리위원회의 심사 절차를 규정한 배아보호법 제3a조 제3항은 형법에서 절차화가 이루어진 형태에 해당하지 않는다고 한다.[22] 그 때문에 '넓은' 절차화개념의 적용 범위가 '좁은' 절차화개념보다 오히려 더 좁다.[23]

절차화를 역시 넓은 의미와 좁은 의미로 구별하는 세 번째 구별 방식까지 고려하면 혼란은 더욱 가중된다. 이 구별에 따르면 넓은 — 평범한 — 의미의 절차화는 단지 특수한 절차를 거쳤다는 이유만으로 구속력을 갖는 모든 법적 확인을 지칭한다. 이에 반해 좁은 의미의 절차화는 절차가 부분적으로나마 실질적(내용적) 규율을 대체할 때만 존재한다고 한다.[24] 이러한 구별에 따라 지금까지 절차화의 발현으로 논의된 모든 형태(환경형법에서 행정 종속성, 인공임신중절의 상담 절차, 안락사 허가 등)[25]는 적어도 좁은 의미

19 *Hassemer*(각주 13), S. 731(749, 751); *ders.*, Die Basis des Wirtschaftsstrafrechts, in: *Kempf u. a.*(Hrsg.), Die Handlungsfreiheit des Unternehmers, 2009, S. 29 이하(42); 기본적으로 하세머의 견해를 따르는 *Popp*(각주 13), S. 664 이하; *Francuski*(각주 12), S. 172 이하, 180, 187 참고.

20 *Popp*(각주 13), S. 668; (결론적으로 같은 견해인) *Saliger*(각주 13), 2010, S. 604 이하; *Francuski*(각주 12), S. 182 이하.

21 좁은 의미의 절차개념을 지지하는 견해로는 *Saliger*(각주 13), 2000, S. 127; *ders.*(각주 13), 2010, S. 604 이하; 넓은 의미의 절차개념을 지지하는 견해로는 *Francuski*(각주 12), S. 172 이하 참고.

22 예컨대 *Francuski*(각주 12), S. 193 이하, 194 이하, 200 이하.

23 좁은 의미의 절차화개념에 대해서는 *Saliger*(각주 12), S. 135 이하 참고.

24 *Stratenwerth*(각주 12), S. 639 이하.

25 이에 관해서는 뒤의 16.5 참고.

의 절차화가 아니라고 한다.[26]

끝으로 바로 앞의 구별을 끌어들여 개념적 혼란을 더욱 부추기는 한 테제에 따르면 환자의 사전의료지시와 관련된 민법 제1901a조 이하의 절차규율은 절차적 정당화가 아니라고 한다. 이 규율은 "어떤 측면에서는 절차적 정당화의 특징을 보이긴 하지만,"[27] 전반적으로 볼 때 이 규율이 실질적 규율을 대체하지는 않기 때문에 절차적 정당화로 해석할 수 없다고 한다.[28]

이러한 혼란에 비추어 볼 때 형법의 절차화개념과 이 개념의 발현형태에 대해 명확성을 기하기 위해 절차화가 발전한 역사적 배경을 재구성할 필요가 있다. 역사적 배경을 고려하면 갈수록 더 복잡해지는 문제에 관한 결정이 왜 갈수록 더 복잡한 결정절차를 요구하고,[29] 이에 따라 법에서 절차화가 갈수록 확대되는 현상이 왜 오늘날의 (형)법이 겪고 있는 조종의 문제와 밀접한 관련이 있는지를 설명할 수 있기 때문이다.

14.2 법의 진화의 세 단계

법의 진화에서 절차적 법이 차지하는 위상은 법사회학적/법이론적 절차화 이론을 통해 밝혀졌다.[30] 이 절차화 이론은 막스 베버의 개념을 원용해 근대법의 발전에 관한 3단계 모델(형식적 법- 실질적 법 — 절차적 법)에서 절차적 법이 역사적 및 체계적 관점에서 마지막 단계라고 해석한다.[31]

---

26 *Stratenwerth*(각주 12), S. 640 이하; 같은 견해로는 *Sternberg-Lieben*(각주 13), S. 550 참고.

27 *Borrmann*(각주 13), S. 180.

28 *Borrmann*(각주 13), S. 209.

29 *Saliger*(각주 12), S. 124.

30 이하의 서술에 관해서는 *Saliger*(각주 13), 2000, S. 108 이하, 117 이하 참고.

31 이에 관해서는 *Wiethölter*(각주 12), S. 39 이하; *Teubner*, Reflexives Recht, in: ARSP 68(1982), S. 23 이하; *Teubner/Willke*, Kontext und Autonomie, in: Zeitschrift für Rechtssoziologie 6(1984), S. 19 이하; *Eder*, Prozedurales Recht und Prozeduralisierung des Rechts, in: *Grimm*(Hrsg.), Wachsende Staatsaufgaben — sinkende Steuerungsfähigkeit des Rechts, 1990, S. 164 이하; *Ladeur*, Subjektive Rechte und Theorie der Prozeduralisierung, in: Kritische Justiz 1994, S. 42 이하; *Callies*, Prozedurales Recht, 1999, S. 39 이하, 49 이하, 60 이하 참고. 그러나 니클라스 루만의 유명한 책 『절차를 통한 정당화(Legitimation durch Verfahren)』는 이 3단계 모델에서 말하는 절차적 법과 관계가 없다. 이에 관해서는 *Luhmann*, Das Recht

이 모델에서 형식적 법은 특히 19세기의 자유주의적 부르주아 법치국가의 법이다. 자유 법치국가의 법은 주체들의 행위자유 사이의 경계를 설정하는 소극적 규율을 통해 '형식적' 틀로서의 질서를 확정한다는 점에서 형식적이다. 이러한 형식법에서는 사회적 문제(예컨대 불평등 문제)가 발생하고, 19세기 말에 등장한 사회국가와 복지국가의 실질적 법은 바로 이 문제를 완화하는 것을 목표로 삼았다. 실질적 법의 특징은 자유주의 형식법의 조건프로그램화('조건/결과' 형태의 금지 또는 명령)를 확장해 정치적 목적프로그램을 직접 추구하는 것도 법으로 규율한다는 점이다. 그러나 실질적 법의 목적프로그램화는 조종의 과잉으로 기우는 경향을 보이고, 이 경향은 조종의 난맥상(비효율성, 집행의 결핍, 체계 불안정성)과 자유의 제한이라는 부정적 현상을 낳는다. 이 부정적 현상이 1960년대 말부터 절차적 법의 도움을 받는 계기가 되었다. 절차적 법은 다원주의 헌법국가의 법으로 이해된다. 즉 절차적 법은 실질적 법이 겪는 조종의 문제를 비판적으로 성찰해 조직과 절차를 통해 간접적이고 동시에 학습능력을 갖춘 조종형태로 물러서는 법이다.

근대법의 발전에 관한 이 3단계 모델은 하버마스의 법철학적 논의이론에서도 등장한다.[32] 그에 따르면 절차적 법은 자유주의 법패러다임과 사회국가 법패러다임의 약점을 피하면서도 이 두 패러다임의 핵심을 더 높은 단계의 성찰을 거쳐 계속 유지하고 발전시킬 수 있다고 한다.[33] 하버마스는 과거의 두 법패러다임이 오로지 사적 자율에만 초점을 맞춘 오류를 범했다고 본다.[34] 즉 자유주의 법패러다임은 시민에게 소극적인 법적 자유를 보장하려고 노력함으로써 사실상의 불평등을 조장했고, 이에 반해 사회국가 법패러다임은 거꾸로 사회적 청구권을 보장함으로써 사실상의 평등을 확립하려고 노력함으로써 자유를 제한하는 후견주의를 조장했다고 한다. 이 점에서 두 법패러다임 모두 사적 자율과 공적 자율 사이의 연관성을 무시했고, 절차적 법패러다임이 비로소

der Gesellschaft, 1993, S. 332 Fn. 73 참고.

32 *Habermas*(각주 7), S. 472 이하. 이에 관해서는 *K. Günther*, Der Wandel der Staatsaufgaben und die Krise des regulativen Rechts, in: *Grimm*(각주 31), S. 53 이하, 66 이하(소극적, 적극적, 논의적 상호성 원칙의 구별) 참고.

33 *Habermas*(각주 7), S. 494, 500, 528.

34 *Habermas*(각주 7), S. 491 이하, 505.

사적 자율과 공적 자율을 매개할 수 있다고 한다. 그 때문에 절차적 법패러다임은 시민의 사적 자율과 공적 자율을 똑같은 가치로 실현하는 논의(Diskurs)를 법적으로 제도화할 것을 요구한다.[35] 그러므로 하버마스에 따르면 절차적 법패러다임은 세 가지 측면에서 역량을 발휘한다. 1) 이 패러다임은 "복잡한 사회에 대한 최상의 서술에 부합"한다. 2) 공동체는 자유롭고 평등한 구성원들 스스로 구성한다는 근본이념을 다시 한번 명확하게 밝힌다. 3) 법질서에서 특수주의가 만연하는 현상을 극복한다.[36]

근대법 발전에 관한 3단계 모델은 형법의 진화에도 적용할 수 있다.[37] 이에 따르면 포이어바하가 토대를 마련한 19세기 자유주의 형법은 형식적 형법이다. 형식적 형법의 특징은 죄형법정주의, 행위형법, 법익보호이다. 이에 반해 실질적 형법은 20세기 산업사회의 형법이다. 이 유형의 형법을 대표하는 이론은 프란츠 폰 리스트의 사회학적 형법학파이다. 실질적 형법의 특징은 목적프로그램, 행위자형법, 특별예방이다. 끝으로 절차적 형법은 오늘날의 위험형법, 예방형법, 안전형법을 통한 조종의 과잉과 관련이 있고, 그 특징은 보편적 법익(환경, 경제, 국민 건강 등), 위험범, 가벌성의 사전단계화(Vorverlagerung)이다. 절차적 형법은 이 새로운 형법의 조종 및 집행과 관련된 문제점을 완화하는 데 이바지해야 한다. 이를 위해 절차적 형법은 일종의 패러다임 전환을 거쳐 "합의, 협력, 커뮤니케이션을 통해 참여와 공개성이 보장되는 결정절차"의 형태를 취하는 '약한' 조종을 더 중시해야 한다.[38]

3단계 모델은 일찍부터 격렬한 비판을 받았다. 즉 이 모델의 역사적 타당성,[39] 조종이론의 관점에 비추어 본 절차적 법의 적절성[40] 그리고 절차적 법의 확대라는 경험적

---

35 *Habermas*(각주 7), S. 499, 503, 515, 532 이하.

36 *Habermas*(각주 7), S. 474.

37 *Eiker*(각주 9), S. 7 이하(10 이하); *Francuski*(각주 12), S. 49 이하[다만 패러다임 전환을 주장하는 Eicker의 견해를 따르지는 않는다(S. 103, 172)].

38 *Eicker*(각주 9), S. 79.

39 이에 관해서는 *Frommel*, Zur Beliebigkeit der (beliebten) Entwicklungsmodellen, in: Zeitschrift für Rechtssoziologie 7(1986), S. 280 이하 참고.

40 이에 관해서는 *Teubner*(각주 31), S. 31 이하; *Teubner/Willke*(각주 31), S. 4 이하에서 제기된 '반사적 법(reflexives Recht)' 테제를 비판하는 *Luhmann*, Einige Probleme mit 'reflexivem Recht', in: Zeitschrift für Rechtssoziologie 6(1985), S. 1 이하; *Münch*, Die sprachlose Systemtheorie, in: Zeitschrift für Rechtssoziologie 6(1985), S. 19 이하; *Nahamowitz*, 'Reflexives Recht', in: Zeitschrift für Rechtssoziologie 6(1985), S. 29 이하 참고.

전제 자체[41]까지 비판에 직면했다. 더욱이 하버마스와는 반대로 절차적 법패러다임이 과연 법질서가 갈수록 파편화하는 현상을 극복할 수 있는지에 대해 의문을 제기한다.[42] 실제로 형법의 패러다임이 탄력적이고 유연한 절차적 법으로 전환했다는 테제는 직관에 반한다. 형법이야말로 명확성, 원칙과 형식의 엄격성, 규칙에 대한 구속을 가장 강하게 요구하기 때문이다.[43] 하지만 절차적 형법에서 중요한 것은 이 측면이 아니다.[44] 절차화 이론에서 중요한 것은 법에서 이루어지는 절차화의 확대가 모든 사람이 공유하는 '올바른' 내용을 활용하는 일이 갈수록 어려워지는 오늘날 사회의 다원주의와 역동성에 기인하고, 이 점에서 절차화의 확대는 이러한 사회에서 법이 조종능력을 상실한다는 사정('개입국가의 위기')에 대한 반작용이라는 측면이다. 다른 한편 절차화 이론은 법에서의 절차화라는 개념을 더욱 섬세하게 구성할 가능성을 제공한다.[45]

14.3 법에서의 절차화 — 절차를 통한 기본권 보호

절차화 이론을 통해 법에서의 절차화라는 개념을 섬세하게 구성하기 위해서는 먼저 절차적 법의 헌법적 위상을 밝힐 필요가 있다. 이와 관련해서는 무엇보다 절차적 법이 절차를 통한 기본권 보호라는 이념의 표현이라는 점을 인식해야 한다.[46] 1968년에 연방헌법재판소 결정에서 처음 등장한 '절차를 통한 기본권 보호'라는 개념[47]은 기본권

41 이에 관해서는 *Rottleuthner*, Aspekte der Rechtsentwicklung in Deutschland, in: Zeitschrift für Rechtssoziologie 6(1985), S. 226 이하; *Röhl*, Verfahrensgerechtigkeit(Procedural Justice), in: Zeitschrift für Rechtssoziologie 14(1993), S. 22 참고.

42 *Alexy*, Grundrechte und Demokratie in Jürgen Habermas' prozeduralem Rechtsparadigma, in: Festschrift für Dießelhorst, 1996, S. 86 이하.

43 이에 관한 타당한 지적은 *Hassemer*, FAZ, 2011년 1월 14일(Eicker에 대한 서평) 참고.

44 법에서 이루어지는 절차화의 확대에 대한 비판이 타당하지 않다는 점은 뒤의 14.5에서 밝히겠다.

45 이에 관해서는 바로 뒤의 14.4 참고.

46 이하의 서술에 관해서는 *Saliger*(각주 13), 200, S. 103 이하, 121 이하; *ders.*(각주 12), S. 126 이하, 133 이하 참고. 또한 — 나의 테제를 지지하는 — *Eicker*(각주 9), S. 159 이하; *Francuski*(각주 12), S. 203 이하(216 이하)도 참고.

47 BVerfGE 24, 367(401) — 제방(Deich)법 판결, 기본법 제 14조 — 에서 처음으로 '본질적으로 기본권에 속하는 권리 보호'라는 표현을 사용했다.

의 실현과 보장이 원칙적으로 조직과 절차에 의존한다는 의미이다.[48] 기본권은 실체법에 영향을 미칠 뿐만 아니라 효율적인 기본권 보호를 담당하는 절차법에서도 결정적 의미를 지니기 때문이다.[49]

절차를 통한 기본권 보호를 이렇게 일반적 의미로 이해하면, 이 개념은 기존의 기본권 이론과 기본권 도그마틱에서 구조적 통일성이 형성되지 않은 매우 넓은 문제영역을 포괄하게 된다. 즉 특수한 절차가 기본권 보장 자체의 대상이 되는 고전적인 절차적 기본권(예컨대 기본법 제19조 제4항의 법적 구제절차의 기본권, 사법기본권)에서 시작해 절차규범에 대한 기본권 중심의 해석('절차에서의 기본권 보호')과 절차 참여에 대한 주관적 권리를 거쳐 국가에 대해 특정한 기본권을 절차를 통해 구체적으로 형성하고 보호하도록 요구하는 청구권에 이르기까지 다양한 문제영역이 이 개념에 포함된다.[50]

14.3.1 절차를 통한 기본권 보호의 근거

이 문제영역들에서는 기본권이 실질적 보호 기능을 제대로 충족할 수 없는 경우에 절차적 기본권 보호가 명령된다(이는 곧 절차를 통해 기본권을 보호해야 하는 '근거'이다).[51] 실질적 보호 기능을 충족하지 못하는 이유는 기본적으로 — 서로 연관성이 있는 — 세 가지로 나눌 수 있다. 첫 번째 원인은 규율의 규범적 결핍이다. 즉 기본권으로부터 국

48 *Hesse*, Bestand und Bedeutung der Grundrechte in der Bundesrepublik Deutschland, in: Europäische Grundrechte-Zeitschrift 1978, S. 427(434 이하); *Bethge*, Grundrechtsverwirklichung und Grundrechtssicherung durch Organisation und Verfahren, in: NJW 1982, S. 1; *Schmidt-Aßmann*, Verwaltungsverfahren, in: Isensee/Kirchhof(Hrsg.), Handbruch des Staatsrechts, Bd. V, 3. Aufl. 2007, § 109 Rz. 21 이하.

49 BVerfGE 53, 30(65) — 뮐하임-케얼리히(Mühlheim-Kärlich) 결정 — 원자력법상의 허가절차와 관련해 기본법 제2조 제2항 1문이 지닌 의미; 65, 76(94) — 망명절차; 84, 59(72) — 기본법 제12조 시험절차; 18, 158(170) — 교수자격논문 절차.

50 이에 관해서는 *Hesse*(각주 48), S. 434 이하; *Ossenbühl*, Grundrechtsschutz im und durch Verfahrensrecht, in: Festschrift für Eichenberger, 1982, S. 183 이하; *Huber*, Grundrechtsschutz durch Organisation und Verfahren als Kompetenzproblem in der Gewaltenteilung und im Bundesrat, 1988, S. 65 이하; *Stern*, Staatsrecht, Bd. III/1, 1988, S. 953 이하(961 이하, 965 이하); *Denninger*, Staatliche Hilfe zur Grundrechtsausübung durch Verfahren, Organisation und Finanzierung, in: *Kirchhof/Isensee*(각주 48), Bd. V, 2. Aufl. 2000, § 113 Rz. 7 참고.

51 BVerfGE 90, 60(96) — 방송수신료 판결; 기본법 제5조 제2항 1문에 따른 방송의 자유

가의 특정한 조치와 관련된 실질적 기준을 도출할 수 없거나[52] 문제영역의 속성 또는 법률의 목표에 내재하는 갈등으로 인해 국가의 행위와 관련된 실질적 요건을 규범적 개념과 일반조항 — 양자 모두 해석을 통해 내용을 보충해야 한다 — 을 동원해서만 서술할 수 있을 때는 이러한 결핍이 존재한다.[53]

기본권의 실질적 조종에 문제가 발생하는 두 번째 원인은 인식적 결핍이다. 즉 극도로 복잡한 문제를 국가가 결정하기 위해서는 법형식으로 조직된 절차의 커뮤니케이션 과정이 활성화할 수 있는 고도의 지식이 필요하다면 인식적 결핍이 존재한다. 특히 환경법과 기술법이 여기에 해당한다.[54] 세 번째 원인은 시간적 요인이다. 즉 시간적 요인으로 인해 실질적 기본권 보호가 불가능할 수 있다. 예컨대 일정한 결과에 대한 실질적 통제가 기본권침해를 더는 되돌릴 수 없는 시점에야 비로소 가능하게 되는 경우가 있다.[55]

이 모든 경우에는 단순히 결정 주체와 방식과 관련된 절차의 문제만이 중요한 것이 아니다. 이보다 더 중요한 것은 기본권 보호의 효율성을 확보하기 위해서는 시민에게 실질적인 보호를 제공하지 못하는 사후적 결과 통제 대신 결정절차 자체에서 이미 보호가 이루어져야 한다('사전적 ex ante 보호')는 점이다.[56]

14.3.2 절차를 통한 기본권 보호의 기능

절차를 통해 기본권을 보호해야 할 근거에 비추어 보면 이 절차의 기능 역시 밝혀진다. 즉 인식적 및 시간적 결핍을 상쇄하는 절차적 기본권 보호는 일단 실체법을 올바르게 실현 또는 생성한다는 법적 절차의 핵심 기능을 활성화한다.[57] 물론 절차적 기본권

52 각주 51 참고.

53 BVerfGE 33, 303(341) — 기본법 제12조; 대학인가와 관련된 역량확인.

54 BVerfGE 53, 30(76 이하). 이에 관해서는 *Hagenah*, Neue Instrumente für eine neue Staatsaufgabe, in: *Grimm*(Hrsg.), Staatsaufgaben, 1994, S. 488 이하; *Fröhler*, Effektiver Rechtssschutz bei der Genehmigung technischer Anlagen, in: Festschrift für Ule, 1987, S. 55(64 이하)도 참고.

55 BVerfGE 90, 60(96) 또한 BVerfGE 24, 367(401 이하); *Goerlich*, Grundrechte als Verfahrensgarantien, 1981, S. 58 이하도 참고.

56 BVerfGE 33, 303(341); 53, 30(64 이하, 75, 77 이하, 94 이하); 90, 60(96).

보호의 기능이 여기서 끝나는 것은 아니다. 여기서 한 걸음 더 나아가 절차를 통한 기본권 보호는 규범적 보호의 결핍을 상쇄함으로써 독자적인 정당화라는 더 중요한 기능을 수행한다. 이때 절차적 기본권 보호는 실체법을 정당화하는 기능도 함께 수행한다.[58] 이 점에서 절차적 법은 실체법을 보충 또는 대체한다.

연방헌법재판소 판례에는 절차를 통한 기본권 보호가 수행하는 또 다른 기능도 등장한다. 즉 절차적 기본권 보호는 행정법원이 "법적 심사의 중점을 기술 및 자연과학과 관련된 쟁점에 대한 난해한 판단으로부터 원래의 결정 담당자의 행동과 이 행동이 이루어진 절차에 대한 통제 쪽으로 옮길 수 있고, 이를 통해 법원이 자신의 과제를 더 잘 수행할 수 있으며, 시민에게도 더 적절한 권리 보호를 보장할 수 있도록 만든다는 매우 중요한 추가적 장점이 있다"고 한다.[59] 이는 곧 법적 절차의 법적 안정성 기능을 뜻한다. 절차적 기본권 보호가 (행정)법원의 통제를 더욱 강화하고, 이를 통해 시민을 위한 권리보호를 더욱 강화할수록 그만큼 법적 안정성 기능도 더 높게 충족되기 때문이다.

끝으로 절차를 통한 기본권 보호는 참여를 통한 정당화라는 기능도 수행한다. 판례는 이 정당화 기능도 지적한다. 즉 행정절차에 일반 대중이 참여하도록 한 법적 제도의 목적은 "절차법의 공정한 적용이 곧 국민이 (행정관청의) 결정을 수용하기 위한 필수적 전제조건이 된다"는 사실에 기초한다고 한다(이 점 역시 절차를 통한 기본권 보호가 갖는 중요한 추가적 기능이라고 한다).[60]

14.3.3 절차를 통한 기본권 보호의 구조

이로써 절차를 통한 기본권 보호의 근거(이러한 보호의 필요성 여부)와 기능을 설명했기 때문에 이제는 이 기본권 보호의 구조(방법)를 밝힐 수 있다. 절차를 통한 기본권 보

---

57 절차의 이러한 기능에 관해서는 *Luhmann*, Legitimation durch Verfahren, 1969(2. Aufl. 1983), S. 41; *Goerlich*(각주 55), S. 46; *Alexy*, Theorie der Grundrechte, 1986, S. 431; *Hoffmann*(각주 3), S. 40 이하(44) 참고.

58 이에 관해서는 *Saliger*(각주 12), S. 129, 163 이하; *ders.*(각주 13), 2010, S. 605 이하 참고.

59 BVerfGE 53, 30(81 이하).

60 BVerfGE 53, 30(81 이하). 이 인용문은 해당 결정의 소수의견에서 등장한다.

호를 형성할 때 가장 중요한 요인은 실질적 기본권 보호가 절차적 기본권 보호에 의존한다는 사실이다. 절차적 법이 일단 실질적 기본권 보호라는 목적을 위한 수단('통한'은 이 의미이다)인 이상 실질적 기본권 보호는 절차적 기본권 보호의 근거이자 한계이다.[61] 여기서 '근거'라는 표현은, 절차를 통한 기본권 보호는 실질적 기본권을 보호하기에 적합한 때만 정당하다는 뜻이다.[62] 그리고 '한계'라는 표현은, 절차를 통한 기본권 보호는 실질적 기본권의 보호 영역의 범위 내에서만 이루어져야 한다는 뜻이다. 절차적 기본권 보호는 이 두 가지 측면에서 오류를 범할 수 있다. 즉 절차적 법이 기본권 보호를 위한 도구가 아니라 기본권을 위협하고 침해하는 원천으로 변할 수 있다.[63]

절차를 통한 기본권 보호를 형성할 때 고려해야 하는 또 다른 요인은 비례성 원칙이다.[64] 국가의 모든 법이 그렇듯이 절차적 법도 적절하고, 필요하며, 수긍할 수 있어야 한다.[65] 절차적 법이 실질적 기본권에 대해 목적-수단의 관계로 구속된다는 사실로부터 이미 절차적 법의 적절성 요구가 제기된다. 물론 절차적 기본권 보호를 비례성 원칙에 부합해 구체적으로 형성하는 문제는 각각의 실질적 문제와 관련된 사정에 의존한다. 이때는 기본권 보장의 방식, 기본권침해의 강도, 규율과제의 복잡성, 사후적 통제의 효율성 등이 중요한 의미를 지닌다.[66] 끝으로 절차가 지닌 고유가치 역시 절차를 통한 기본권 보호를 형성할 때 고려해야 할 요인이다. 예컨대 형사절차가 합목적성에 대한 고려를 완전히 배제한 상태에서 절대적 원칙으로 삼는 고문 금지에서 볼 수 있듯이 절차가 지닌 고유가치가 절차에서의 기본권 보호로 등장하기도 한다.[67]

---

61 같은 견해로는 *Francuski*(각주 12), S. 216 참고.

62 이에 관해서는 BVerfGE 63, 131(143) — 일반적 인격권으로서의 반론권. "입법자가 제정한 절차법이 과제를 이행하지 못하거나 법의 적용에 커다란 장애물로 작용해 실질적 기본권의 위상이 가치를 상실할 위험이 있다면 이러한 절차법은 보호해야 할 기본권에 부합하지 못한다."

63 자세히는 뒤의 14.6.2 참고.

64 *Francuski*(각주 12), S. 224 이하 참고.

65 BVerfGE 16, 194(201 이하) — 기본법 제2조 제2항, 형사소송법 제81a조; *Kirchhof*, Mittel staatlichen Handelns, in: *ders./Isensee*(Hrsg.), Handbuch des Staatsrechts(각주 48), Bd. III, 1. Aufl. 1988, § 59 Rz. 55; Goerlich(각주 55), S. 67.

66 BVerfGE 84, 34(46); *Denninger*(각주 50), § 113 Rz. 19. 이에 대한 비판으로는 *Schmidt-Aßmann*, Grundrechte als Organisations- und Verfahrensgarantien, in: *Merten/Papier*(Hrsg.), Handbuch der Grundrechte, Bd. II/1, 1. Aufl. 2006, § 45 Rz. 28 참고.

67 이에 관해서는 BVerGE 17, 108(117) — 형사소송법 제81a조; *Neumann*(각주 14), S. 54 이하, 67 이하, 69

14.4 경계설정과 구별; 법에서의 절차화개념

근대법의 진화에 관한 3단계 모델의 재구성과 절차를 통한 기본권 보호라는 이념의 전개를 토대로 이제 법에서의 절차화라는 개념을 더욱 섬세하게 포착할 수 있다.

14.4.1 절차화와 소송법

절차화에 관한 이론으로부터 곧장 법에서의 절차화가 소송법(형사소송법, 민사소송법, 행정소송법)이나 소송법을 보충하는 조직법(법원조직법)을 통해 실체법을 사후적(ex post)으로 관철하는 것과는 관계가 없다는 점이 분명하게 드러난다. 즉 법에서의 절차화가 확대된 것이 20세기 후반에 실체법이 겪은 조종의 위기에 따른 결과라면, 이 절차화는 이미 19세기에 제정된 민사소송법, 형사소송법, 법원조직법 등의 법정절차 규정을 통한 고전적 법실현과는 아무런 관련성도 없다. 이 점에서 절차적 법의 적용 범위는 절차를 통한 기본권 보호의 적용 범위보다 더 좁다.[68]

그런데도 관련된 문헌에서는 실체법의 적용을 규율하는 권한, 조직, 절차 관련 규정들의 총체로서의 넓은 의미의 절차적 법과 실질적 문제의 결정에 관한 규율로서 결정의 합리성을 보장하거나 최소한 촉진하는 형식적 법규정에만 한정되는 좁은 의미의 절차적 법을 구별한다.[69] 적어도 절차적 법의 특성이 이 법을 통해 가능해지는 결정의 정당성과 관련이 있고, 따라서 좁은 의미의 절차적 법에 해당하며,[70] 그렇다고 해서 절차를 통한 법의 생성을 배제하지 않는다는 점[71]을 분명히 의식한다는 전제하에서는 이 구별은 큰 문제가 없다. 따라서 우리가 이 글에서 관심을 기울이는 절차화 또는 절차적 법은 과거에 발생한 사안에 대해 사후적으로 실체법을 적용하기 위한 고전적 소송법과는

이하; *Francuski*(각주 12), S. 218 이하 참고.

68 이에 관해서는 앞의 14.3과 각주 50 참고.

69 *Calliess*(각주 31), S. 175 이하; *Tschentscher*(각주 8), S. 132 이하.

70 *Calliess*(각주 31), S. 176 이하.

71 그러나 *Tschentscher*(각주 8), S. 133 이하; *Francuski*(각주 12), S. 132 이하, 173 이하에서는 절차를 통한 법생성을 부정한다.

뚜렷이 구별된다.

14.4.2 절차화와 실체법 — 절차적 법의 개념

절차적 법과 실체법의 관계는 이론적 논란의 대상이다. 어떤 견해에 따르면 절차적 법은 실체법의 한 부분이라고 한다. 이 견해는 법의 절차화의 핵심이 정의를 정당화하는 일이고, 따라서 절차적 법과 법생성으로서의 절차적 법적용을 엄격히 구별해야만 한다는 전제에서 출발한다. 그리하여 절차적 법은 실체법에 있는 절차규정만을 포함하고, 이 규정들은 예컨대 형법에서 가벌성에 관한 정의롭고 법익에 지향된 판단을 가능하게 만드는 것과 같이 실질적 규정인 실체법을 상당 부분 대체한다고 생각한다.[72] 따라서 "절차규정을 실체법(실체형법)에 편입시키고, 이 규정들을 준수해 찾아낸 결론을 '정당한' 내용으로 수용하고, 이 이상의 심사를 포기한다는 점에서 법이 수행하는 일종의 자기제한"이 곧 절차화라고 이해한다.[73]

절차화라는 개념을 이런 식으로 이해하는 견해는 절차적 법이 실체법의 한 부분일 수 있고, 따라서 실체법을 보충 또는 대체한다는 점에서는 분명 옳다. 예컨대 임부가 최소한 수술일 3일 전까지 상담을 받았다는 사실을 증명하는 확인서를 의사에게 제시하면 임부의 요구에 따라 행한 임신중절 수술은 수태 후 12주 내에서는 낙태죄의 구성요건 해당성이 없다.[74]

그러나 절차적 법이 이러한 기능에서 그치는 것이 아니다. 법에서의 절차화가 절차를 통한 기본권 보호를 표방하는 이상 절차적 법이 왜 절차적 기본권 보호라는 복잡한 기능, 특히 정당한 법생성이라는 기능에 참여해서는 안 된다는 것인지 알 수 없는 노릇이다.[75] 예컨대 거세수술을 할 때는 반드시 소견서 작성 기관이 참여해야 하도록 규정

72 *Francuski*(각주 12), S. 173 이하. 절차적 법의 기능을 이처럼 좁히는 견해로는 *Stratenwerth*(각주 12), S. 640; (절차적 정당화 전반에 관한) *Sternberg-Lieben*(각주 13), S. 550; *Borrmann*(각주 13), S. 209 참고.

73 *Francuski*(각주 12), S. 180. 또한 *Tschentscher*(각주 8), S. 133 이하도 참고.

74 이에 관해서는 *Hassemer*(각주 13), S. 736 이하; *Saliger*(각주 13), 2000, S. 127 이하; *Francuski*(각주 12), S. 190 이하 참고. 다른 견해로는 *Stratenwerth*(각주 12), S. 645 이하 참고.

75 앞의 14.3.2 참고.

하고 있고, 이 점에서 실질적 정당화에 속하는 거세법 제5조의 규정이 실체법의 정당화가 아니라 법실현에 이바지한다는 이유만으로 절차화로 볼 수 없다는 견해는 이해하기 어려운 견해이다.[76] 이러한 견해는 엄격한 절차적 보장이 거세법에 내재하는 규범적 불확실성에 대한 반작용이었다는 사실을 간과하고 있다. 즉 거세라는 중대한 침해와 관련해 통일적인 적용이 없던 당시의 상황, 강제 거세를 허용했던 나치 시대의 역사 그리고 1963년 연방법원의 판결에서 분명하게 밝혀져 있지 않았던 문제들에 대한 반작용으로 절차적 보장을 강화는 방향으로 선회했다는 사실을 간과한다.[77] 이 밖에도 후견인에 의한 특정한 안락사 처분을 민법 제1904조와 가정법원 비송사건법 제287조 제3항, 제298조[78]에 따라 후견법원의 허가절차에 구속되도록 만든 법규정을 절차적 법으로 인정하지 않는 견해 역시 거세법 규정과 마찬가지 이유에서 타당하지 않다.[79] 끝으로 형법 제218a조와 거세법 제7조와 같이 절차위반을 독자적인 형사제재의 대상으로 삼는 규정을 형법에서의 절차화로 분류하지 않는 견해도 직관에 반한다.[80] 이 제재규정들은 실질적 형벌위협(형법 제218조부터 제223조[81])과 별개의 반열에 있는 독자적 규정이고, 이 점에서 절차적 형법의 윤곽을 뚜렷이 드러내고 있기 때문이다.[82]

따라서 절차적 법과 실체법의 관계는 다음과 같이 규정하는 것이 옳다. 즉 소송법이 아니면서 처음부터(ex ante) 실질적 결정의 정당성과 관련을 맺는 절차규정은 모두 절차적 법이다. 이처럼 '처음부터' 결정의 정당성과 관련을 맺는다는 점에서 절차적 법은 실체법에 속할 수 있지만(예컨대 형법 제218a조 제1항), 동시에 절차법에 속할 수도 있다(예컨대 가정법원 비송사건법 제287조 제3항, 제298조; 행정절차법의 규정). 이 점에서 절차적

76 이러한 견해로는 *Francuski*(각주 12), S. 200 이하; *Borrmann*(각주 13), S. 197; 단지 넓은 의미의 절차화에 불과하다는 *Stratenwerth*(각주 12), S. 639 이하 참고.

77 이러한 배경에 관해서는 BT-Drucksache V/3702, S. 4 이하; *Saliger*(각주 12), S. 135 이하 참고.

78 이 법률의 정확한 명칭은 '가사사건 절차와 비송사건에 관한 법률'이다.

79 이에 관해서는 *Borrmann*(각주 13), S. 169, 209 참고. 반대 견해로는 *Saliger*(각주 12), S. 157 이하; *Popp*(각주 1), S. 670; (결론적으로 같은 견해인) *Francuski*(각주 12), S. 198 이하(프란쿠스키는 법의 실현을 절차화로 여기지 않는다는 점에서 독자적인 견해를 펼치지만, 이는 물론 그 자신의 전제에 모순된다).

80 *Francuski*(각주 12), S. 193 이하, 194 이하, 200 이하.

81 이 점에서 낙태죄 규정이 실체법적 측면과 절차법적 측면이 밀접한 관련을 맺는다는 점에 관해서는 *Saliger*(각주 12), S. 137, 141 참고.

82 이에 관해서는 긴급피난과 관련된 에저(Albin Eser)의 논의모델을 인공임신중절에 적용하는 *Hassemer*(각주 13), S. 737; *Saliger*(각주 12), S. 166 이하 참고.

법은 독자적 범주의 법[83]으로서 실체법이 조종과 관련해 겪는 규범적, 인식적, 시간적 문제점에 비추어 법을 정당화하고, 법을 생성(법적용)하며 법적 안정성과 참여를 보장하는 기능을 담당한다.[84]

14.4.3 넓은 개념의 '법에서의 절차화'와 좁은 개념의 '법에서의 절차화'

법에서의 절차화라는 개념을 넓은 의미와 좁은 의미로 구별해야 하는지, 구별해야만 한다면 어떻게 구별할 수 있는지는 합목적성의 문제이다. 앞에서 보았듯이 관련 문헌에서는 양자의 구별에 대해 여러 가지 기준을 제시하고 있다. 예컨대 모든 절차법의 총체로서의 절차적 법(넓은 의미)과 실질적 결정의 정당성을 확보하게 해주는 모든 절차규정의 총체로서의 절차적 법(좁은 의미)을 구별한다.[85] 이와는 달리 법적 절차를 통해 이루어지는 절차적 확인(넓은 의미)과 최소한 부분적으로나마 실질적 규율을 표방하는 절차적 법(좁은 의미)을 구별해야 한다고 제안하기도 한다.[86] 세 번째 제안은 절차화와 관련해 논의되는 절차 유형을 기준으로 삼는다. 즉 개인들 상호 간의 사회적 절차로서의 논의(좁은 의미)와 한 개인의 내면에서 이루어지는 형식적 절차까지 포함해 규율의 모든 형식적 측면(관할, 형식, 절차와 관련된 요건)으로서의 절차(넓은 의미)를 구별한다.[87]

---

83 이에 관해서는 *Eicker*(각주 9), S. 116 이하 참고. 아이커는 절차적 법을 실체법과 절차법의 중간으로 파악하고, 지식을 축적하는 절차, 실험적 절차, 참여 절차, 자기관찰(모니터링, 평가) 절차, 자기수정 절차 등으로 구별한다(S. 121 이하, 129).

84 절차적 법의 성격에 관한 이러한 규정은 절차 외부의 기준이 절차 결과의 성질에 대해 갖는 의미에 따라 순수한 절차적 정의(정당성과 관련된 절차 외부의 기준이 없기 때문에 절차의 준수만으로 정당한 결과에 도달하는 경우. 예컨대 추첨이나 로또), 불완전한 절차적 정의(절차의 준수가 실질적으로 정당한 결과에 도달할 개연성을 높이는 경우), 완전한 절차적 정의(절차의 준수가 희망하는 결과에 확실히 도달하는 경우. 예컨대 케이크 나누기)를 구별하는 롤스의 이론(*Rawls*, Eine Theorie der Gerechtigkeit, S. 105 이하)에 연결된 것이다. 법에서는 실질적 측면과 절차적 측면이 복잡하게 얽혀있고, 양자를 동시에 포함하는 지점이 많기 때문에 순수한 절차적 정의는 큰 의미가 없다. 이 점과 관련된 형법의 논의에 관해서는 *Popp*(각주 1), S. 667 이하; *Saliger*(각주 13), 2010, S. 604 이하; *Francuski*(각주 12), S. 150 이하, 170 이하 참고. 롤스가 말하는 완전한 절차적 정의 역시 법적 절차에서는 고려 대상이 아니다. 롤스의 정의이론에 관해서는 *Hoffmann*(각주 3), S. 174 이하(176 이하) 참고.

85 앞의 14.4.1과 각주 69.

86 앞의 14.1.2와 각주 24.

첫 번째와 두 번째 제안은 설득력이 없다. 법에서의 절차화가 확대된 이유가 20세기 후반에 실체법이 겪는 조종의 문제점 때문이라면, 넓은 의미의 절차적 법에 고전적 소송법까지 포함하는 것은 합목적적이지 못하다.[88] 그리고 두 번째 제안은 좁은 의미의 절차적 법의 기능을 실체법의 대체로 축소한다는 점에서 타당하지 않다. 절차적 법이 절차를 통한 기본권 보호를 의미하는 이상, 절차적 법은 법을 정당화하는 기능뿐만 아니라 법을 생성하는 기능도 갖기 때문이다.[89] 끝으로 세 번째 구별은 과대평가해서는 안 된다. 물론 절차를 통한 기본권 보호를 둘러싼 논의가 보여주듯이 논의가 이루어지는 절차는 절차적 법의 뚜렷한 특징이다. 그리고 논의 절차(예컨대 상담, 허가, 동의 등의 필요성)와 단순한 형식규정(예컨대 관할, 문서작성 등의 필요성)을 구별하는 것도 개념적 명확성의 관점에서는 의미가 있을 것이다. 그렇지만 소장의 논리적 타당성을 심사하거나 사전의료지시서를 작성하면서 환자 개인이 형식적 규정을 준수하는 것과 같은 순수한 개인적 사고 과정까지 '절차적' 법으로 지칭하는 것은 개념적으로 볼 때 수용하기 어렵다.[90] 이 밖에도 실무에서 절차화는 형식적 요소와 함께 논의적 요소도 포함한다는 사정도 고려해야 마땅하다.[91]

14.5 형법에서 절차화의 발현형태

앞에서 제시한 개념적 경계설정을 토대로 이제부터는 법에서의 절차화가 발현하는 형태들을 간략하게 살펴보기로 한다. 여기서는 특히 형법의 절차화가 발현하는 형태들을 다루겠다. 무엇보다 형법은 절차적 법에 강한 거부감을 드러내는 영역이기 때문이다. 즉 형법은 통상 명확한 실질적 가치평가를 중시하는 영역으로 여겨지기 때문에 절차화의 여지가 없다고 생각하고,[92] 그 때문에 "형법은 근원적으로 절차화에 적대적이

---

87 앞의 14.1.2와 각주 21.

88 앞의 14.4.1.

89 14.4.2

90 이에 관해 자세히는 *Saliger*(각주 13), 2010, S. 602 이하; *Francuski*(각주 12), S. 172 이하 참고.

91 자세히는 뒤의 14.5 참고.

다"라고 말하기도 한다.[93]

형법에서 절차화는 특수한 절차의 준수 여부에 따라 법익침해 또는 법익위협 행위의 가벌성이 배제되는 경우로 이해하는 것이 일반적이다.[94] 그 때문에 절차적 합법화는 범죄체계론에서 구성요건과 위법성의 차원에 놓인 문제가 된다. 이때 형벌배제 사유에 대한 사전 심사가 핵심이다. 다시 말해 고전적 형법처럼 행위가 수행된 이후에 사후적으로 심사하는 것이 아니라 행위 수행 이전에 심사가 이루어진다. 절차적 법은 실체형법 규정의 종속성과 결부되는 경우가 자주 있다. 여기서 종속성은 절차법을 포함해 실체형법 이외의 다른 법에 의존한다는 의미이다. 이 점에서 절차화는 형법으로부터 다른 법영역으로 비중을 옮기는 결과를 낳는다.[95] 형법에서 절차화가 이루어지는 형태와 범위는 극도로 다양하다. 즉 문서를 작성해야 할 형식적 의무와 서면형식 요건에서 시작해 특수한 결정절차의 준수와 다른 심사기관의 개입을 거쳐 감정기관, 상담기관, 윤리위원회, 후견법원에서 진행되는 상당히 정형화한 절차에 이르기까지 다양한 형태와 범위에서 절차화가 이루어진다. 그리고 순전히 절차를 위반한 사안에 대해 형벌 또는 과태료를 부과하는 규정 역시 절차화에 해당한다.

14.5.1 의료(형)법에서의 절차화

절차적 법은 의료(형)법에서 확산해 있는 현상이다. 이 영역에서 절차적 법은 기본적으로 동의의 절차화를 통해 실체법과 관련된 규정과 적용의 불확실성을 상쇄하고, 이로써 법적 안정성을 높이는 역할을 한다.[96] 시간적 순서에 따라 다음과 같은 규정들

---

92 그 때문에 *Stratenwerth*(각주 12), S. 646; *Sternberg-Lieben*(각주 13), S. 550에서는 형법에서 절차화는 일종의 '이물질'이라고 말한다.

93 *Borrmann*(각주 13), S. 181 이하(209). 물론 보어만의 이 말은 절차적 법이 실체법을 대체해야 한다는 오해에 기인한다.

94 *Saliger*(각주 13), 1998, S. 145; *ders.*(각주 13), 2010, S. 601 이하. 같은 견해로는 *Sternberg-Lieben*(각주 13), S. 549; *Francuski*(각주 12), S. 150 이하 참고.

95 *Saliger*(각주 13), 1998, S. 146 이하; *ders.*(각주 13), 2000, S. 131.

96 이하의 내용에 관해 자세히는 *Saliger*(각주 13), 2000, S. 127 이하; *ders.*(각주 12); *ders.*(각주 13), 2010, S. 607 이하; (안락사만을 다루는) *Eicker*(각주 9), S. 203 이하 참고. 그리고 절차적 법의 개념에 대한 다른 이해와 구별에 기초한 *Stratenwerth*(각주 12), S. 640 이하; *Francuski*(각주 12), S. 189 이하; *Borrmann*(각

을 열거할 수 있다.

- 거세수술을 하기 전에 소견서 작성기관 또는 후견법원이 허용요건을 심사하도록 규정한 1969년의 거세법 제5조와 제6조 및 절차위반을 형사처벌 대상으로 규정한 제7조
- 수태 후 3개월 내에는 상담을 거친 인공임신중절이 구성요건 해당성이 없다고 규정한 1995년의 형법개정(형법 제218a조 제1항), 상담절차에 관한 구체적 규정(형법 제219조 및 임신갈등법률), 절차규정 위반에 대한 제재(형법 제218c조), 기타 부수적 형벌규정(형법 제240조 제4항 2호, 제170조 제2항)[97]
- 사자의 장기를 적출할 때 의사 두 명의 독립된 증명절차를 거쳐 사망을 확인하도록 규정한 1997년의 장기이식법 제5조 제1항, 제2항, 서류작성 의무(제5조 제2항 3-5문),[98] 절차상의 제재(제20조 제1항 1호), 다른 사람의 동의에 기초해 사자의 장기를 적출하는 행위와 관련된 절차규정, 산 사람의 장기를 적출하는 경우 기증자에게 설명할 때 담당 의사 이외의 1명의 의사가 함께해야 한다는 규정, 문서작성 의무, 윤리위원회의 심사 절차, 설명의무 위반에 대한 제재[99]
- 사람에게 의약품과 의료제품을 임상 실험할 때 윤리위원회의 동의와 관할 행정기관의 허가를 전제한다는 1998년의 의약품법 제40조 제1항, 제20조 제1항 등의 규정
- 후견인이 환자의 의지를 확인하기 위한 절차 규정(민법 제1901조 제2항), 안락사를 후견법원이 허가하기 위한 절차 규정(민법 제1904조)
- 착상 전 진단술을 시행하기 위해서는 학제적으로 구성된 윤리위원회가 허가 요건을 심사하도록 한 2011년의 규정(배아보호법 제3a조 제3항 1문 2호)과 문서작성 의무 규정(제3a조 제3항 2문)

주 13), S. 186 이하도 참고.

97 이에 관해서는 *Eser*, Sanktionierung und Rechtfertigung durch Verfahren, in: KritV-Sonderheft — Winfried Hassemer zum 60. Geburtstag, 2000, S. 43; *Berdin*, Möglichkeiten und Grenzen prozeduraler Gerechtigkeitstheorien, in: Bucerius Lawschool Journal 2010, S. 39 이하 참고.

98 입법자도 이 규정을 '절차법적 요건'이라고 지칭한다(BT-Drucksache 13/4355, S. 19).

99 장기이식의 절차화에 관해서는 *Wagner/Fateh-Moghadam*, Freiwilligkeit als Verfahren, in: Soziale Welt 2005, S. 73(79 이하) 참고.

14.5.2 일반 형법에서 절차화

절차적 법은 일반 형법에서도 등장한다. 형법의 절차화가 뚜렷하게 등장하는 고전적인 사례는 다수 형법규정의 행정 종속성이다. 예컨대 허용되지 않는 도박(제284조)의 가벌성이나 환경형법의 범죄구성요건에서 '권한이 없이(제324조, 제326조)', '행정법상의 의무를 위반하여(제324a조, 제325조, 제325a조, 제328조)', '허가 없이(제327조, 제328조 제1항)' 등의 표지는 형법의 행정법 종속성을 표현한다.[100] 행정 종속성이 절차적 성격을 지니는 이유는 허가발급이 신청자와 잠재적 행위자가 참여(예컨대 참여자의 청문에 관한 행정절차법 제28조)하는 행정절차를 전제하고, 경제적 측면을 고려하는 특수한 권한에 기초해 법익에 대해 처분할 권한이 있는 공무원에 의해 허가발급이 이루어진다는 사정 때문이다.[101]

행정 종속성을 (좁은 의미의) 절차적 법으로 규정하는 견해에 대해서는 행정 종속성이 있는 경우에도 행정법적 규율이 이루어지는 절차가 결정적인 것이 아니라 단지 결과만이 중요하기 때문에 절차적 성격이 없다는 반론이 제기된다.[102] 그러나 이 반론은 절차적 법은 실체법을 대체해야 한다는 오해[103]에 기인한 것일 뿐만 아니라 환경법에서 형사불법이 일차적으로 환경법을 통해 구성된다는 사실도 제대로 인식하지 못하고 있다. 환경법의 핵심은 환경법이고, 이에 반해 형법은 단지 환경법을 지원하고 강화하는 기능만을 갖기 때문이다.[104] 더 나아가 폐기물처리 영업을 시민에게 허가했는데도 이 영업이 가벌성을 갖는다고 정당화하는 것은 불가능하다(형법 제327조 제2항 3호 참고).[105]

이 밖에 착오의 특권, 즉 절차상 아무런 하자가 없는 예측이 나중에 오류로 밝혀진

---

100 환경형법의 행정 종속성에 관해 자세히는 *Saliger*, Umweltstrafrecht, Rn. 63 이하 참고.

101 이에 관해서는 Leipziger Kommentar-*Rönnau*, 12. Aufl. 2006, Vor § 32 Rn. 273; *Heghmanns*, Grundzüge einer Dogmatik der Straftatbestände zum Schutz von Verwaltungsrecht oder Verwaltungshandeln, 2000, S. 183 이하 참고.

102 *Stratenwerth*(각주 12), S. 642.

103 이에 관해서는 앞의 14.4.2, 14.4.3 참고.

104 자세히는 *Saliger*(각주 100), Rn. 5 이하 참고.

105 행정 종속성을 절차적 법으로 파악하는 견해로는 *Amelung/Brauer*, Anmerkung, in: Juristische Rundschau 1985, S. 474 이하; *Saliger*(각주 13), 2010, S. 608 이하; *Francuski*(각주 12), S. 201 이하; *Borrmann*(각주 13), S. 203 참고.

경우 정당화사유를 인정하는 것(예컨대 형사소송법 제127조 제2항에 따른 체포가 정당화 사유에 해당하는 경우) 역시 실체형법에서의 절차화에 속한다.[106] 이에 반해 예컨대 카르네아데스의 널빤지 사례처럼 법으로부터 자유로운 영역(rechtsfreier Raum)은 절차적 법이 아니다. 이러한 사례에서 법을 정당화하거나 생성하는 절차는 부차적인 의미를 지닐 뿐이기 때문이다.[107]

14.5.3 경제형법에서 절차화

절차적 법은 — 특히 주의의무와 관련된 요건의 이행이라는 단순한 측면까지 포함하는 넓은 의미의 절차화개념에서 출발하면[108] — 경제형법에서도 확고하게 자리 잡았다는 사실을 알 수 있다.[109] 즉 경제형법에서도 절차적 법은 조종과 관련해 실체형법이 겪고 있는 규범적 문제(윤리적-도덕적 불확실성), 인식적 문제(전문화와 복잡성에 기인한 불확실성), 시간적 문제(예측의 불확실성)에 대처하기 위한 것이다.[110] 절차적 경제형법은 개별 경제영역의 합리성을 활성화함으로써 한편으로는 형법의 정지신호를 효율적으로 관철할 수 있고, 다른 한편으로는 경제활동을 하는 사람에게 처벌 대상이 되지 않는 행위가 무엇인지를 (비교적) 확실하게 알려주기에 적합한 방법이다.

특히 형법 제266조의 배임죄 구성요건에서 기업활동과 관련된 결정(예컨대 주식법 제93조 제1항 2문에 따른 경영판단규칙)을 내릴 때 발생할 수 있는 의무위반 규정의 불확실성, 파산형법(형법 제283조 이하)에서 '정상적인 경제의 요건'이라는 규정과 관련된 예측의 불확실성 그리고 부패범죄 구성요건(형법 제299조, 제331조 이하)과 관련해 불법적 담합의 불공정성을 확인해야 하는 경우 절차화를 고려하게 된다.[111] 그리고 행정 종

---

106 *Hassemer*(각주 13), S. 744 이하. 같은 견해로는 예컨대 *Popp*(각주 13), S. 665 이하.

107 *Popp*(각주 13), S. 668; *Saliger*(각주 13), 2010, S. 604 이하; *Francuski*(각주 12), S. 182 이하. 또한 앞의 14.1.2와 각주 18, 20도 참고. 다른 견해로는 *Hassemer*(각주 13), S. 739 이하 참고.

108 앞의 14.4.3 참고.

109 이에 관해서는 *Hassemer*(각주 12), S. 9(26); *ders.*(각주 19), S. 29(42); *Eicker*(각주 9), S. 168 이하; *Rönnau*, Die Zukunft des Untreuetatbestandes, in: Strafverteidiger 2011, S. 753(757 이하); *Francuski*(각주 12), S. 291 이하 참고.

110 *Francuski*(각주 12), S. 114 이하.

속성 역시 경제형법에서 절차화가 빈번히 등장하는 계기이다. 예컨대 무허가 은행업의 가벌성(금융법 제54조)이나 특정 재화를 사전 인가 없이 해외로 반출하는 행위의 가벌성(무역법 제18조)은 행정 종속성에 따른 절차화에 해당한다.

다른 한편 절차적 경제법으로 논의되는 모든 것이 절차화에 해당하지는 않는다. 예컨대 돈세탁법은 단순히 기본적인 범위만을 규정할 뿐, 형사소추를 사인에게 위임하는 자율적 규율이며 행정기관의 참여를 전제하고 있다는 점에서 돈세탁 억제정책은 절차적 경제형법에 해당한다고 한다.[112] 그러나 이 견해에 대해서는 두 가지 관점에서 의문을 제기할 수 있다. 첫째, 돈세탁법 해당 규정의 목적은 사전에 일정한 절차위반을 불법으로 규정하는 것이 아니라, 사후적으로 형사소추를 효율적으로 수행하도록 만드는 것이다. 둘째, 이 의무의 수범자는 은행직원 또는 법률에 규정된 업무 종사자이지, 돈세탁 정범이 아니다.[113]

14.6 (형)법에서의 절차화에 대한 반론과 절차화의 한계

14.6.1 절차화에 대한 반론

(형)법에서의 절차화에 대해서는 끊임없이 우려에 찬반론이 제기된다. 하지만 대다수 반론은 오해에 기인한다. 절차화에 공감을 표명하는 학자들 대부분은 형법 전체의 패러다임이 절차적 형법으로 전환되는 급격한 변화가 이루어졌다고 주장하지 않는

---

111 이에 관해서는 특히 *Francuski*(각주 12), S. 312 이하, 364 이하, 436 이하, 364 이하. 프란쿠스키는 지식의 축적, 투명성, 논의를 절차적 경제형법의 핵심 기준으로 강조한다. 형법 제266조에 관해서는 ― 절차화라는 개념을 사용하지 않지만 ― *Adick*, Organuntreue(§ 266 StGB) und Business Judgement. Die strafrechtliche Bewertung unternehmerischen Handelns unter Berücksichtigung von Verfahrensregeln, 2010 참고.

112 (스위스 돈세탁 억제 정책과 관련된) *Eicker*(각주 9), S. 168 이하.

113 BGHSt 47, 187(197)이 경영의 투명성이 없다는 점도 언급한다는 사정만으로 돈세탁법을 절차화로 보는 견해[예컨대 *Ransiek*, ZStW 116(2004), S. 634(674 이하)]도 의문의 대상이다. 기업이 행한 기부행위의 가벌성을 전제하기 위한 다른 기준들, 특히 부당한 동기라는 핵심 기준은 명백히 절차적 기준이 아니라 실질적 기준이기 때문이다.

다.[114] 이들 학자는 단지 실체형법이 조종과 관련된 규범적, 인식적 또는 시간적 문제를 겪는 특수한 상황에서 간접적이고 절차적인 조종 방식을 투입하는 것이 현명하다고 주장할 따름이다.[115] 따라서 절차화는 실체형법을 절차로 해소한다거나 책임을 불투명하게 만드는 것이 아니고, 오로지 형식으로부터 내용을 생산한다는 의미도 아니다.[116]

절차적 법이 실체적 법을 상당 부분 대체해야 한다는 오해도 절차화에 관한 일반적인 오해에 속한다. 바로 이 오해 때문에 절차적 법은 '단지' 실체법을 보조하거나 올바른 법적용을 보장할 뿐이라는 비판과 거부감이 표출된다.[117] 그러나 — 이 글에서처럼 — 절차적 법을 절차를 통한 기본권의 관점에서 포착하면 이러한 오해는 얼마든지 불식될 수 있다.[118]

형법에서의 절차화에 대한 관심의 실마리 자체를 오해할 때도 있다. 예컨대 민법 제1901a조 이하에 규정된, 환자의 사전의료지시의 절차화를 '절차를 통한 권리의 상실'로 낙인을 찍는 견해가 여기에 해당한다. 이 견해는 사전의료지시와 관련된 절차적 해결 방법은 "시민이 자신의 판단능력을 통제절차에서 증명해야 할 정도로 시민을 판단능력이 없는 사람으로 취급하는 것"을 뜻한다고 한다.[119] 그 때문에 "절차화의 목표는 합법화가 아니라 범죄화다!"라고 단정한다.[120] 그러나 절차적 형법이 원칙적으로 비범죄화에 초점을 맞춘다는 점 그리고 그 이유는 나의 이 글을 통해 명확하게 밝혔다. 더욱이 환자의 사전의료지시를 이행하기 전에 이 지시의 구속력을 심사하는 절차가 도대체 왜 당사자의 자기결정권을 침해한다는 것인지 이해하기 어렵다.

이 밖에도 절차적 법을 위반한다고 해서 자동적으로 가벌성의 근거가 되지는 않는다. 절차위반이 별도의 형벌규정을 통해 범죄화되어 있지 않은 이상 절차위반은 침해

114 패러다임 전환을 주장하는 유일한 사례는 *Eicker*(각주 9)이다. 아이커에 대한 비판은 앞의 14.2 각주 43 참고.

115 조금은 소극적인 견해로는 *Hassemer*(각주 13), S. 751 참고. 하세머는 절차적 법과 관련해 '예외' 또는 '잠정성'이라는 표현을 사용한다.

116 절차화에서 말하는 절차가 실질적 측면과 아무런 관련성이 없는 중립적 절차가 아니라는 점에 관해서는 *Saliger*(각주 13), 2000, S. 120 이하 참고.

117 앞의 14.1.2 각주 24-28.

118 14.4.2.

119 *Arzt*(각주 13), S. 618.

120 *Arzt*(각주 13), S. 619 Fn. 28.

와 관련된 실질적 요건이 충족되었다면 가벌성이 없다.[121]

14.6.2 한계: 과잉 절차주의

절차화에 대한 반론을 얼마든지 반박할 수 있긴 하지만 (형)법에서의 절차화는 명백히 한계가 있다.[122] 가장 중요한 한계는 후견주의적 과잉 절차주의(Hyperprozeduralismus)의 문제이다. 절차적 법이 기본권에 대한 실질적 의존성을 탈피할 때는 과잉 후견주의가 발생한다.[123] 즉 어떤 규율이 개인의 복리를 근거로 개인의 의지에 반해 또는 개인의 의지를 무시하고 행위자유를 침해한다면 이 규율은 후견주의적이다. 인격을 서로 평등한 논의 참여자로 승인하도록 요구하는 청구권이 인격의 자율과 욕구를 지향하면서 실현될 수 있는 절차의 형성은 인간의 존엄으로부터 직접 도출되는 주관적 권리의 대상이다.[124] 그렇다면 마련된 절차가 인격의 자율 또는 욕구 지향을 보장하는지 아니면 훼손하는지를 기준으로 절차를 평가할 수 있다. 즉 절차가 예컨대 환자가 현재 동의 능력을 갖추고 있는지에 관계없이 자율 지향을 원칙적으로 보장한다면, 이 절차는 자율 지향의 절차 후견주의이고, 이러한 후견주의는 자율을 지향하는 약한 의미의 후견주의로서 자유 법치국가에서도 얼마든지 정당성을 갖는다.[125] 이 절차적 후견주의는 실질적 기본권 보호에 의존한다는 점에서 이미 실체법을 보충하는 것일 뿐, 실체법을 결코 대체할 수 없다.[126]

그러나 마련된 절차가 지나치게 엄격한 나머지 자율 지향을 훼손한다면, 허용되지

121 현재 많은 논의의 대상이 되는 이 측면에 관해서는 *Saliger*(각주 13), 1998, S. 139 이하; 다양한 관련 문헌을 제시하는 *Borrmann*(각주 13) 참고.

122 이하의 서술에 관해 자세히는 *Saliger*, Menschenwürde und Verfahren, in: *Joerden/Hilgendorf/Thiele*(Hrsg.), Menschenwürde und Medizin, 2013, S. 265(286 이하) 참고.

123 앞의 14.3 참고.

124 인간의 존엄에 관한 이론을 자율 지향의 이론과 욕구 지향의 이론으로 구별하는 것은 *Birnbacher*, Annährungen an das Instrumentalisierungsverbot, in: *Brudermüller/Seel- mann*(Hrsg.), Menschenwürde: Begründung, Konturen, Geschichte, 2008, S. 1(9 이하) 참고.

125 이에 관해서는 *Fate-Moghadam*, Grenzen des weichen Paternalismus, in: *ders./Sellmaier/Vossenkuhl*(Hrsg.), Grenzen des Paternalismus, 2009, S. 21(27 이하, 39 이하) 참고.

126 *Neumann*, Der Tatbestand der Tötung auf Verlangen(§ 216 StGB) als paternalistische Selbstbestimmung, in: *Fate-Moghadam/Sellmaier/Vossenkuhl*(각주 125), S. 245(263).

않는 후견주의적 과잉 절차주의가 발생한다.[127] 예컨대 형법 제170조 제2항처럼 주변인까지 처벌하는 규정은 과잉 절차주의에 해당한다. 이 규정은 태아와는 아무 관련이 없는 이혼한 남편 — 전 부인이 다른 남자와 아이를 만들었는데도 단지 전 부인에게 부양료를 지급하지 않는다는 이유만으로 — 까지 포함한다는 점에서 처벌 대상이 지나치게 넓다.[128] 환자의 사전의료지시가 법적으로 유효하기 위해서는 공증인의 공증이 이루어져야 한다[129]거나 의사의 설명을 문서로 작성해야 한다[130]는 (실패한) 입법 제안 또는 별도의 위원회를 추가적으로 도입해야 한다는 제안[131] 등도 과잉 절차주의에 해당한다. 자살방조를 처벌하지 않는 내용의 법률안(이 법률안도 연방의회를 통과하지 못했다) 역시 절차위반에 대해 실체적 위반과 똑같은 형벌로 위협한다는 점에서 과잉 절차주의 경향을 보인다.[132] 절차적 후견주의의 허용 기준은 비례성 원칙이다.[133] 따라서 문제의 행위를 (실체법을 통해) 전면적으로 금지하는 것보다 더 중한 형벌을 받게 만드는 절차는 차단할 필요가 있다.

---

127 또는 절차적 과잉 후견주의라고 말할 수도 있다.

128 이 규정에 대한 비판으로는 Schönke/Schröder-*Lenckner/Bosch*, StGB, 29. Aufl. 2014, § 170 Rn. 34a; *Lackner/Kühl*, StGB, 28. Aufl. 2014, § 170 Rn.1, vor § 218 Rn. 24 참고.

129 예컨대 *Duttge*, Preis der Freiheit. Zum Abschlussbericht der Arbeitsgruppe 'Patientenautonomie am Lebensende', 2004, S. 19.

130 Bioethik-Kommission des Landes Rheinland-Pfalz, Sterbehilfe und Sterbebegleitung, Bericht von 23.04.2004, S. 41; *Schöch/Verrel u. a.*, Alternativentwurf Sterbebegleitung, in: GA 2005, S. 566 이하.

131 Enquete-Kommission Ethik und Recht der modernen Medizin des Deutschen Bundestages, BT-Drucksache 15/3700, S. 43 이하.

132 BT-Drucksache 18/5375, S. 4 이하, 11, 13. 절차적 의무위반이 실체적 의무위반보다 원칙적으로 불법의 정도가 더 낮다는 점에 관해서는 *Saliger*(각주 12), S. 167 이하; *ders.*(각주 13), 2010, S. 614 참고.

133 *Fate-Moghadam*(각주 125), S. 21(39 이하); 앞의 14.3.

필자 소개

울프리드 노이만(Ulfrid Neumann)

1947년생. 튀빙엔과 뮌헨 대학교에서 법학 수학. 1974년부터 뮌헨 대학교 법철학과 법정보학 연구소 연구원. 1978년 동 대학에서 박사학위, 1983년에 교수자격 취득. 1984년부터 프랑크푸르트 대학교 법과대학 법철학 담당 교수. 1987-1994년 자브뤼켄 대학교 형법, 형사소송법, 법철학, 법사회학 담당 교수. 1995년부터 프랑크푸르트 대학교 법과대학 교수. 독일 법철학회 회장과 세계 법 및 사회철학 학회 회장 역임. 법철학, 법이론, 형법 분야에서 다수의 논문과 저작을 출간.

라인하르트 메르켈(Reinhard Merkel)

1950년생. 보훔, 하이델베르크, 뮌헨 대학교에서 법학 수학. 1978-1983년 뮌헨 대학교에서 철학과 문학 수학. 1981-1988년 뮌헨 대학교 법철학과 법정보학 연구소 연구원. 1993년에 동 대학교에서 박사학위 취득. 1997년 프랑크푸르트 대학교에서 교수자격 취득. 2000년부터 함부르크 대학교 형법, 형사소송법, 법철학 담당 교수. 2015년 정년. 형법, 법철학, 철학, 문학 분야에서 다수의 논문과 저서 출간.

알프레드 뷜레스바하(Alfred Büllesbach)

1942년생. 뮌헨 대학교에서 법학, 사회학, 정치학 수학. 사법시험 합격. 뮌헨대학교 법학박사(지도교수: 아르투어 카우프만). 정보보호법 분야에서 오랫동안 활동했으며 브레멘 대학교 법과대학 겸임교수를 지냈다.

울리히 슈로트(Ulrich Schroth)

1946년생. 자브뤼켄 대학교와 뮌헨 대학교에서 법학 수학. 1972-1980년 뮌헨 대학교 법철학과 법정보학 연구소 연구원. 1983년 법학박사 학위 취득. 1987년부터 뮌헨 대학교 법과대학 형법, 형사소송법, 법철학, 법사회학 담당 교수. 법철학, 형사법 분야에서 다수의 저작을 출간했고, 특히 의료형법 분야의 선구적 연구자.

귄터 엘샤이트(Günter Ellscheid)

1930년생. 마인츠 대학교와 쾰른 대학교에서 법학을 수학하고, 1962년부터 자브뤼켄 대학교에서 법철학을 공부했다(지도교수: 아르투어 카우프만, 베르너 마이호퍼). 검찰과 판사로 재직했으며, 뮌헨대학교 법철학 연구소와 자브뤼켄 대학교 법 및 사회철학 연구소 연구원으로 재직했다. 1985년부터 1995년까지 자아란트 고등법원 법원장이었고, 자브뤼켄 대학교 법과대학 겸임교수를 지냈다.

프랑크 잘리거(Frank Saliger)

1964년생. 프랑크푸르트 대학교에서 법학 수학. 1994년부터 자브뤼켄 대학과 프랑크푸르트 대학교 조교. 1999년 법학박사 학위 취득(지도교수: 울프리드 노이만). 2003년 프랑크푸르트 대학교에서 교수자격 취득. 2005년부터 함부르크 부체리우스 로스쿨 교수, 2014년부터 튀빙엔 대학교 법과대학 교수, 2016년부터 뮌헨대학교 법과대학의 형법, 형사소송법, 경제형법, 법철학 담당 교수. 경제형법, 의료형법, 환경형법 및 법철학 분야에서 다수의 저서와 논문 출간.

아르투어 카우프만(Arthur Kaufmann)

1923-2001년. 1945년부터 1949년까지 하이델베르크 대학교에서 법학 수학. 1949년 박사학위 취득(지도교수: 구스타프 라드브루흐). 1952-1957년 카알스루에 지방법원 판사. 1957-1960년 하이델베르크 대학교에서 철학 수학. 1960년 하이델베르크 대학에서 형법, 형사소송법, 법철학 교수자격 취득. 1960년부터 자브뤼켄 대학교 형법, 형사소송법, 법철학 담당 교수, 1969년부터 뮌헨 대학교 법과대학 교수. 동 대학교 법철

학과 법정보학 연구소 소장을 역임했고, 1989년에 정년. 법철학과 형법 분야에 400여 편의 논문과 책을 출간했고, 스승 구스타프 라드브루흐의 전집 출간을 위한 책임편집인을 맡았다.

디트마 폰 데어 포르텐(Dietmar von der Pfordten)

1964년생. 뮌헨, 런던, 튀빙엔에서 법학, 철학, 정치학 수학. 1990-1992년 뮌헨 대학교 법철학과 법정보학 연구소 연구원. 1991년 박사학위 취득(지도교수: 아르투어 카우프만). 1993-1999년 괴팅엔 대학교 철학과 조교. 1994년 철학박사 학위 취득(지도교수: 율리안 니다-뤼멜린). 1998년 괴팅엔 대학교에서 교수자격 취득. 1999-2001년 에르푸르트 대학교 법철학과 사회철학 담당 교수. 2002년부터 괴팅엔 대학교 법과대학 법철학과 사회철학 담당 교수. 일반 철학, 법철학, 헌법 분야에서 다수의 저작과 논문 출간.

로타 필립스(Lothar Philipps)

1934-2014년. 뮌스터, 뷔르츠부르크, 자브뤼켄에서 법학 수학. 자브뤼켄 대학교 법 및 사회철학 연구소 연구원. 1963년 법학박사 학위 취득(지도교수: 베르너 마이호퍼). 1970년 교수자격 취득. 1972-1976년 자브뤼켄 대학교 법과대학 교수, 1977-1999년 뮌헨 대학교 형법, 형사소송법, 법철학 담당 교수.

빈프리드 하세머(Winfried Hassemer)

1940년에 태어나 2014년 1월 9일 사망. 하이델베르크 대학교, 제네바 대학교, 자브뤼켄 대학교에서 법학 수학. 1964-1969년 자브뤼켄 대학교 법 및 사회철학 연구소 연구원. 1967년 법학박사 학위 취득(지도교수: 아르투어 카우프만). 1970-1972년 뮌헨 대학교 법철학과 법정보학 연구소 연구원. 1972년 형법, 형사소송법, 법철학, 법사회학 교수자격 취득. 1972년부터 프랑크푸르트 대학교 법이론, 법사회학, 형법 담당 교수였고, 2002년 4월부터 연방헌법재판소 재판관을 역임했다.

인명색인

사항색인

옮긴이 후기

요즘은 그렇지 않지만, 우리나라에서 법철학을 공부한다는 것은 곧 독일 법철학을 공부한다는 뜻이었던 시절이 있었다. 1980년대 초반에 법철학을 공부하기 시작한 내게 부과된 첫 번째 과제는 독일어 공부였고, 그다음 과제는 독일 법철학을 대표하는 책을 손에 넣는 일이었다. 어떤 경로를 거쳤는지 이제는 희미한 기억의 건너편으로 사라졌지만, 어찌어찌 법철학과 관련된 두 권의 '원서'가 내 손에 들어왔는데, 하나는 라드브루흐의 『법철학』이었고, 다른 하나는 이 책 『현대 법철학과 법이론 입문』 제3판이었다. 기억이 어차피 과거에 대한 현재의 편집과 재구성이라면, 전자는 20세기 독일 법철학을 대표하는 책이라는 점 때문에 그리고 후자는 그 시점에서 법철학의 최신 경향을 쉽고 빠르게 접할 수 있다는 점 때문에 — 누군가에 의해 — 선택된 것 같다. '입문'이라는 단어 때문에 이 책을 먼저 읽어보려고 했지만, 초보자로서 당연히 많은 좌절을 겪었고 책 제목에 있는 '법이론'이라는 용어가 1970년대부터 부상한 독자적인 분과라는 사실 역시 제대로 알지 못했다. 그렇지만 1984년에 이 책의 기획자인 아르투어 카우프만이 고려대학교 대학원 건물에서 강연할 때 이 책에 사인을 받았던 일, 나중에 대학원에 입학할 때부터 독일 유학 시절에 이르기까지 내 머리에 '카우프만/하세머'라는 별칭으로 입력된 이 책의 신판이 나오면 어떤 변화가 생겼는지 궁금해 즉시 내 서가에 추가했던 일 등등 이 책의 역사와 나의 개인사는 어떤 식으로든 맞물리면서 세월이 흘렀다. 그래서인지 독일 법철학 전문서이든 교과서이든 현재 가장 높은 판수를 기록하고 있는 이 책의 — 현시점에서의 최신판인 — 제9판을 번역해 출간하면서 나는 다수의 저자가 참여해 여러 주제를 다루는 이 책의 형식에 빗대어 마치 법철학과 관련된 내 개인사의 앤솔로지(Anthologie)를 대하는 것 같은 묘한 착각에 빠져든다. 특히 이제는 다원성과 다양성을 지녔기에 더는 중심부를 가늠할 수 없고, 조금 비딱하게 보자면 파편화(Fragmentierung)를 겪는 것 같은 우리 법철학의 현재를 생각할 때 이 책은 한가운데 떡하니 자리 잡은 본채가 압도하던 아련한 과거에 대한 선부른 오마주(Hommage)를 갖게 만들기도 한다.

* * *

앞에서도 언급했고 책의 맨 앞에 나와 있는 세 개의 '서문'을 통해 알 수 있듯이 이 책은 초판이 출간된 1976년부터 주제, 필진 그리고 엮은이가 계속 조금씩 변화를 겪었다. 물론 초판의 기획자인 카우프만의 관점에서 주제들이 선택되고 필진 역시 대부분 카우프만의 제자들이라는 점에서 이른바 '카우프만 학파'의 집단 창작품이라는 점에는 변화가 없다. 그리고 엮은이의 변화는 시간의 흐름에 따른 자연스러운 변화에 속한다. 여기에 번역 출간하는 제9판(2016년)의 서막은 법철학의 학문적 정체성, 법철학과 법이론의 관계 그리고 법률의 해석과 적용에 집중된 통상의 법학에서 법철학과 법이론이 지닌 의미에 관한 짧지만, 강한 여운을 남기는 글이 장식한다. 카우프만의 이 글은 1976년의 초판부터 실렸고, '입문'이라는 책의 성격에 가장 잘 부합하는 '서론'에 해당한다. 뒤이어 등장하는 「법철학의 문제사」는 흔히 '법사상사' 또는 '법철학사'로 불리는 내용을 담고 있는데, 약 2000년에 걸친 역사를 개관하기 때문에 별도의 단행본으로 출간해도 무방할 만큼 책 전체에서 가장 많은 분량을 차지한다. 더 나아가 이 글에는 마이스터 카우프만의 풍모가 그대로 드러나고 그가 수용한 철학적 해석학(Hermeneutik)이 법률 텍스트를 이해하는 방법을 넘어 법의 해석학적 본성에 대한 철학적 이해로서 법철학의 역사와 현재의 논의에까지 녹아들어 있다. 물론 역사적 개관이 어쩔 수 없이 부딪히게 되는 단순화의 한계가 눈에 띄고, 또 제9판부터 공저자로서 참고문헌의 업데이트와 오류의 수정을 담당한 폰 데어 포르텐이 글의 마지막에 추가한 자신의 법철학(2.6)이 생뚱맞게 읽힌다는 문제가 있긴 하지만, 이 「문제사」는 법철학과 법이론의 역사적 토대를 개관하기에 조금도 부족함이 없고 현재의 논의 상황을 명확하게 조망할 수 있게 해준다는 점에서 책 전체를 대표하는 글이라 할 수 있다.

서론과 역사적 토대를 뒤로하면 이제부터 법철학과 법이론의 핵심주제들이 등장한다. 법철학의 고전적 주제인 '자연법(3)'과 '법과 도덕(4)'은 카우프만 제자 그룹의 좌장격인 엘샤이트가 맡았다. 엘샤이트는 존재와 당위의 관계에 관한 걸출한 박사학위 논문을 썼지만, 학계에 남지 않고 평생 판사로서 실무에서 활동했다. 그래서인지 이 두 가지 극히 이론적인 주제를 현실과의 관련성 속에서 서술하려는 의도를 여기저기에서 확인할 수 있고, 이론적 완성도 역시 상당히 높긴 하지만, 난이도의 측면에서는 입문에 어울리는 글이라고 할 수는 없다. 특히 역사철학이나 사회학과의 연결 가능성을 염두에 둔 서술은 입문서에서 감당하기 어려운 내용이다. 다만 일반 철학과도 밀접하게 맞닿아 있는 두 주제를 법학적 법철학에서는 어떻게 다루는지에 관심이 있는 독자나 기존의 논의를 심화할 필요를 느끼는 독자에게는 얼마든지 나침반의 역할을 할 수 있을 것이다.

5-9는 좁은 의미의 법이론에 해당하는 글들이다. 즉 이미 19세기부터 학파논쟁의 대상이었던 주제인 법률과 판결 또는 입법과 사법의 관계를 법전편찬을 배경으로 예리하게 분석한 하세머의 글(5), 「법학적 해석학(6)」, 「법논리학(7)」, 「규범이론(8)」 등 역사적 연속성 속에서 새로운 형태로 논의가 전개된 법이론 주제 그리고 1970년대부터 법이론 논의의 한 축을 차지한 법적 논증이론(9)이 등장한다. 각 주제가 지닌 비중을 명확하게 확정할 수는 없지만, 가다머의 해석학 철학의 영향권 속에서 새롭게 발전한 법학적 해석학은 상대적으로 너무 장황하게 서술된 것에 반해, 역사적으로든 내용의 측면에서든 매우 넓은 스펙트럼을 지닌 규범이론은 너무 단면적으로 서술되었다는 인상을 받는다. 물론 이 다섯 편의 글이 주제에 관한 흥미를 유발하거나 이미 가진 관심을 확대하기에 얼마든지 제 몫을 할 수 있다는 점을 의심할 필요는 없다. 여기서 한 가지 밝혀두어야 할 사항이 있다. 독일어 원문에는 「법적 논증이론」 다음에 요헨 슈나이더(Jochen Schneider)가 집필한 「법적 결정이론(Theorie juristischen Entscheidens)」이 있다. 내 판단으로는 제9판에 실린 글 가운데 가장 난삽하고 번역기술의 측면에서도 혼란스러울 뿐만 아니라 우리 법철학의 논의와 연결될 가능성도 희박해 이 번역서에 함께 싣지 않는 과감함을 발휘했다. 독일에서 내년쯤 출간될 제10판에서도 이 글은 배

제되는 것으로 알고 있다.

법학 자체에 대한 성찰이론(Reflexionstheorie)에 해당하는 「법학의 학문이론(10)」과 「법경제학(11)」은 법학의 학문적 위상이나 법학보다 현실에서 훨씬 더 강한 영향력을 발휘하는 경제학적 사고와의 관련성을 밝히려는 의도에서 기획되었다. 독일 법철학에서는 학문이론이 더 주목을 받지만, 국제적 차원에서는 법경제학이 차지하는 비중이 매우 크다는 사실을 고려하면 11이 지나치게 짧아 아쉬움이 남는다.

끝으로 최신의 법철학적 경향들을 소개한다는 의미에서 「의료윤리, 생명윤리 그리고 법(12)」, 「신경과학과 법(13)」, 「법의 절차화(14)」 등 세 편의 글이 실렸다. 제9판이 출간된 2016년의 시점을 고려하면 당시에는 시의성이 높은 주제들이었고, 지금도 이에 관한 논의가 전개되고 있지만 그사이 시의성이 조금은 떨어진 느낌이다. 지금은 아마도 '인공지능과 법'과 같은 주제가 시의성이 높은 주제에 해당할 것이다. 그리고 12와 14를 읽기 위해서는 독일 실정법, 특히 '특별형법'에 관한 사전지식이 필요한 경우가 자주 있는데, 해당하는 법조문을 번역해 추가하기보다는 번역문 자체로 배경을 이해할 수 있을 정도로만 원문을 우회해 번역한 때가 자주 있었음을 밝혀 둔다.

이렇게 14편의 글로 채워진 이 책은 주제의 측면에서 고전과 신규의 조합이기도 하고, 법철학적 논의의 연속성과 불연속성을 확인할 수 있는 논의의 장이기도 하다. 또 이제는 희미해진 '학파'가 무엇인지를 간접적으로나마 확인할 수 있는 계기가 되기도 한다. 한 학자가 그 이전 세대로부터 이어받은 전통을 자신의 다음 세대에 물려주면서도 그 전통의 물길이 반복과 고수의 물길이 아니라 사방으로 흘러 나중에는 그 연원이 어디인지조차 흐릿해지는 역사를 바라보는 것만으로 부러움을 자아내기에 충분하다. 하지만 다수의 필진이 참여할 때는 늘 그렇듯 글과 글 사이의 편차가 느껴지는 경우가 있고, — 앞에서 여러 번 지적했지만 — '입문서'에는 걸맞지 않은 어려운 논의가 가끔 등장하는 일이 나를 당황하게 만들기도 했다는 점을 여기에 적어두기로 한다. 나뿐만 아니라 제10판을 준비하고 있는 독일의 엮은이들도 이 점을 분명하게 인지하고 신판을 기획하고 있다. 이 비판적 언급은 당연히 이 책이 현대적 고전이라는 사실에는 아무런 흠집도 내지 않는다.

* * *

이 책은 내가 번역한 법철학 관련 책 가운데 가장 두툼하다. 필자들 가운데 상당수는 면식이 있고, 특히 엮은이들과는 오래전부터 친교를 맺고 있다. 스승 노이만 교수, 친구인 잘리거 교수가 이 책의 번역에 보여준 관심에 당연히 감사의 말을 전해야 한다. 하지만 무엇보다 이 후기를 쓰면서 떠오르는 엮은이는 빈프리드 하세머 교수이다. 그의 열린 사고와 이 사고의 실천은 늘 기억에 남아 있지만, 무엇보다 그의 '사람 보는 눈'은 학문적 통찰력과 일상 사이의 친화성을 보여주는 대표적인 사례로 내 머리에 깊이 박혀 있다. 하세머 교수의 너무나도 이른 죽음을 생각하면서 이 자리에서 다시 한번 추모의 마음을 기록해두고 싶다.

번역 초고를 작년 이맘때쯤 완성했는데, 뜻하지 않은 병마가 찾아와 예정보다 출간이 많이 늦어지고 말았다. 조금 더 완벽하게 만들어야 한다는 생각만 있을 뿐 생각을 행동으로 옮기지 못했다. 그나마 제자들이 꼼꼼하게 교정해주지 않았다면 이 정도에도 미치지 못했을 것이다. 많은 양의 초고를 읽어준 강영선 씨, 박석훈 씨, 한혜윤 씨에게 평소보다 더 큰 목소리로 고맙다는 말을 전하고 싶다.

* * *

끝으로 심재우 선생님의 학문적 유산을 기리는 「몽록 법철학 총서」의 제9권으로 이 책이 출간되는 기쁨을 말해야 한다. 그렇지만 선생님께서 우리를 떠나시고 5주기가 되는 마당에 변변한 행사 하나 없이 이 책으로 갈음하기에 송구하고 죄송한 마음뿐이다. 그저 선생님의 뜻을 이어가기 위해 총서의 발전에 온 정성을 다하겠다는 말씀을 드리고 싶을 따름이다.

2024년 여름
옮긴이
윤 재 왕

엮은이

울프리드 노이만(Ulfrid Neumann)
1947년생. 튀빙엔과 뮌헨 대학교에서 법학 수학. 1974년부터 뮌헨 대학교 법철학과 법정보학 연구소 연구원. 1978년 동 대학에서 박사학위, 1983년에 교수자격 취득. 1984년부터 프랑크푸르트 대학교 법과대학 법철학 담당 교수. 1987-1994년 자브뤼켄 대학교 형법, 형사소송법, 법철학, 법사회학 담당 교수. 1995년부터 프랑크푸르트 대학교 법과대학 교수. 독일 법철학회 회장과 세계 법 및 사회철학 학회 회장 역임. 법철학, 법이론, 형법 분야에서 다수의 논문과 저작을 출간.

프랑크 잘리거(Frank Saliger)
1964년생. 프랑크푸르트 대학교에서 법학 수학. 1994년부터 자브뤼켄 대학과 프랑크푸르트 대학교 조교. 1999년 법학박사 학위 취득(지도교수: 울프리드 노이만). 2003년 프랑크푸르트 대학교에서 교수자격 취득. 2005년부터 함부르크 부체리우스 로스쿨 교수, 2014년부터 튀빙엔 대학교 법과대학 교수, 2016년부터 뮌헨 대학교 법과대학의 형법, 형사소송법, 경제형법, 법철학 담당 교수. 경제형법, 의료형법, 환경형법 및 법철학 분야에서 다수의 저서와 논문 출간.

빈프리드 하세머(Winfried Hassemer)
1940년에 태어나 2014년 1월 9일 사망. 하이델베르크 대학교, 제네바 대학교, 자브뤼켄 대학교에서 법학 수학. 1964-1969년 자브뤼켄 대학교 법 및 사회철학 연구소 연구원. 1967년 법학박사 학위 취득(지도교수: 아르투어 카우프만). 1970-1972년 뮌헨 대학교 법철학과 법정보학 연구소 연구원. 1972년 형법, 형사소송법, 법철학, 법사회학 교수자격 취득. 1972년부터 프랑크푸르트 대학교 법이론, 법사회학, 형법 담당 교수였고, 2002년 4월부터 연방헌법재판소 재판관을 역임했다.

옮긴이

윤재왕
고려대학교 법학전문대학원 법철학 및 법사상사 담당 교수로 재직 중.

몽록(夢鹿) 법철학 연구총서 9

현대 법철학과 법이론 입문

초판발행 2024년 9월 28일

엮은이 울프리드 노이만/프랑크 잘리거/빈프리드 하세머
옮긴이 윤재왕
펴낸이 안종만 · 안상준

편 집 이승현
기획/마케팅 조성호
표지디자인 이영경
제 작 고철민 · 김원표

펴낸곳 (주) 박영사
서울특별시 금천구 가산디지털2로 53, 210호(가산동, 한라시그마밸리)
등록 1959. 3. 11. 제300-1959-1호(倫)
전 화 02)733-6771
f a x 02)736-4818
e-mail pys@pybook.co.kr
homepage www.pybook.co.kr
ISBN 979-11-303-4583-3 93360

정 가 42,000원